公共管理硕士(MPA)系列规划教材

社会科学研究方法

尹保华　编著

Shehui Kexue Yanjiu Fangfa

中国矿业大学出版社

内容提要

《社会科学研究方法》是中国矿业大学公共管理硕士(MPA)系列教材之一。本书共分十章:社会研究的概念与方法体系,社会研究的逻辑与过程,测量、操作化、抽样,社会研究的伦理与政治,选题艺术、文献述评与研究设计,研究方式的设计与运用(上),研究方式的设计与运用(下),其他研究方法的设计与运用,资料分析的操作,研究成果的表达。本书从基础理论与实践应用两个层面论述了社会科学研究方法,内容翔实,体系完备,适合MPA学员及相关专业人员阅读使用。

图书在版编目(CIP)数据

社会科学研究方法 / 尹保华编著. —徐州:中国矿业大学出版社,2017.12

ISBN 978-7-5646-3781-1

Ⅰ.①社… Ⅱ.①尹… Ⅲ.①社会科学—研究方法—研究生—教材 Ⅳ.①C3

中国版本图书馆CIP数据核字(2017)第276409号

书　　名 社会科学研究方法
编　　著 尹保华
责任编辑 侯　明
出版发行 中国矿业大学出版社有限责任公司
(江苏省徐州市解放南路　邮编 221008)
营销热线 (0516)83885307　83884995
出版服务 (0516)83885767　83884920
网　　址 http://www.cumtp.com　**E-mail**:cumtpvip@cumtp.com
印　　刷 江苏淮阴新华印刷厂
开　　本 787×960　1/16　**印张** 32.75　**字数** 624千字
版次印次 2017年12月第1版　2017年12月第1次印刷
定　　价 56.00元

总　序

公共管理硕士(Master of Public Administration)作为一种专业硕士学位，旨在培养在公共部门尤其是政府机构中从事公共事务管理的领导者、管理者、决策者以及中高级管理人员，契合了中国公共管理日益科学化与现代化的需求，能够满足国家和社会对高层次复合型公共管理人才的需要。在20世纪末，国务院学位委员会于1999年5月第17次会议上正式批准在我国设置公共管理硕士(MPA)专业硕士学位。公共管理硕士(MPA)偏重于应用性与实践性，是国际上通行的专业学位，与工商管理硕士(MBA)、法律硕士(JM)并列为文科高层次职业研究生教育的三大支柱。

中国矿业大学顺应我国公共管理学科快速发展的潮流，积极推进公共管理专业建设与学科发展。国家安全生产监督管理局于2004年12月致函国务院学位委员会，推荐在中国矿业大学设立公共管理硕士(MPA)专业学位授权点，并达成委托中国矿业大学每年为其培养一批公共管理硕士(MPA)人才的协议。淮海经济区各级地方政府人事管理部门(如徐州市、连云港市、淮安市、商丘市、宿州市、枣庄市、临沂市等)纷纷与中国矿业大学签订委托培养公共管理硕士(MPA)人才的相关协议。2005年2月，国务院学位办批准我校成为公共管理硕士(MPA)专业学位第三批培养单位。中国矿业大学高起点、高标准开展公共管理硕士(MPA)教育，结合公共管理学科特点及学科特色，设立了区域行政管理、土地(矿产)资源管理、教育经济与管理、社会保障、公共安全与危机管理5个专业研究方向，充分体现了中国矿业大学公共管理硕士(MPA)教育的办学特色和方向。12年来，中国矿业大学MPA教育已经得到了全国MPA教指委、国家安监总局、淮海经济区各级政府部门及非政府公共机构的广泛关注和广大学生的热烈欢迎。在2013年全国第三批MPA培养院校教学合格评估工作中，中国矿业大学MPA教育经过自评、专家匿名评审、专家组实地评估，成绩优秀。为了进一步适应培养更高水平公共管理人才的需要，突出中国矿业大学MPA教育的办学特色，中国矿业大学对公共管理学科有关院系进行重新规划，实现学科与教育资源的优化重组，于2016年11月在文学与法政学院基础上，整合高等教育研究所，成立了“公共管理学院”，打破了院系壁垒，调整完善了专业师资结构，进一步实现教育资源共享，提高了中国矿业大学MPA教育的整体实力和教育质量。

为进一步加强中国矿业大学公共管理硕士（MPA）教育的内涵建设和特色发展，2016年6月公共管理学院筹集专项资金，成立公共管理硕士（MPA）系列教材编写委员会，由段鑫星任编委会主任，王超、王义保任副主任，根据MPA教指委的课程大纲要求，结合我校多年来MPA教育的经验，拟定了公共管理硕士（MPA）系列教材编写方案。

这套教材努力在“专”“精”“实”上突显特色。“专”表现为参与教材编写的教师都是从事MPA教学的一线教师，系列教材融入了他们多年专注、专心与专业的教学经验，特别是对于一些概念的阐释，更贴近MPA学员的实际，案例选择从课堂中来，从学员的现实生活中来；“精”表现为每一部教材的篇幅都要求短而精，努力以精练、简约、规范的学术语言表达思想，让学员易学易懂；“实”表现为注重实效与实用，努力做到内容“管用”，针对MPA学员的学习特点，重视理论与案例相结合、理论与实际相结合，用理论观照现实。

根据这一构思，我们计划编写出版《公共管理学》《公共政策分析》《政治学概论》《公共经济学》《宪法学与行政法学》《非营利组织管理》《公共伦理学》《社会科学研究方法》《电子政务》《公文写作》《领导科学与艺术》《制度分析与设计》《社会主义建设理论与实践研究》等一套13本教材。这些教材既有教指委的核心课程教材，也有一些具有特色的方向课教材。期待这套教材能够受到MPA学员的喜欢，能够对探索MPA教学起到积极的作用。

这套教材的推出，离不开全国MPA教指委的指导，离不开中国矿业大学出版社的鼎力支持！

我们期待MPA同行、MPA学员能够对本套教材提出宝贵的意见与建议！我们也会根据大家的批评、建议不断修改、完善，努力为MPA教育贡献一份绵薄之力！

编委会

2017年8月

目　录

上　篇

基础理论部分

第一章　社会研究的概念与方法体系

本章重点

1. 传统求知方式以及科学方法的核心
2. 社会研究的定义与特征
3. 社会研究方法体系的构成层次及其关系
4. 西方社会研究的方法论之争
5. 马克思主义社会研究方法论的基本内容和原则
6. 定量研究与定性研究的比较

第一节　社会研究的概念

一、科学与社会科学

（一）科学的含义与功能

“科学”（science）是人们在日常生活中经常使用的概念，但对其含义却往往不甚了解，或者说人们平时所理解的科学的含义并不是严格意义上所谓“科学”应有的含义。

从词源角度说，“科学”一词最早起源于西方，大约在16世纪以后，由于受东西方文化交流的影响而传入中国。当时，中国学者将“science”翻译成“格物致知”，简称“格致”。“格物致知”是古汉语中的一个历史悠久的词语，早在《礼记·大学》中，就有“格物”和“致知”两个词语。其原文是“致知在格物，物格而后知至”。朱熹在《四书章句集注》中称：“所谓致知在格物者，言欲致吾之知，在即物而穷其理也。”①这里的“即”是“接近”的意思，“穷”就是“穷究”“推究”，也就是说，通过接近事物而穷究或推究事物的道理之意。此后，“格致”一词便成为历代学者普遍使用的词语，如元代朱震亨撰写的《格致余论》，明代胡文焕撰写的《格致丛书》，清代陈元龙撰写的《格致镜原》等。日本直到19世纪下半叶也一直沿用“格致”一词，将“science”译作“格致学”，至其产业革命兴起才译成“科学”。

① 朱熹：《四书章句集注》，齐鲁出版社1992年版，第6页。

1885年康有为在翻译介绍日本的书目时，首先把“科学”这个词引入中国。1894～1897年，严复在翻译《天演论》《原富》等名著时，也把“science”译成“科学”。

那么，究竟什么是科学呢？或者说科学的特点是什么？对此大家有许多不同的回答。有观点认为，不是所有“研究”都是科学的研究，也不是所有研究的结论都是可信或可靠的。检验或判断一个研究是否是科学的研究，需要看它是否符合“科学”的必要条件（而不是充分条件），亦即科学的特点，主要包括客观性、条件性、否证性、可检验性、存在失败的可能、逻辑上的合理性或可解释性等。① 袁方教授认为，简略地说，“科学是从确定的研究对象的性质和规律这一目的出发，通过观察、调查和实验而得到的系统的知识”②。从其发展到形成的整个演化历程看，科学具有如下基本特征：科学是一种系统的可靠的知识体系；科学是一种人类创造知识的活动；科学是一种职业化组织的社会建制；科学是一种生产力，而且是第一生产力；科学是一种认识和研究方法；科学是一种文化；科学的发展永无止境。③ 袁方教授指出科学最主要或最核心的特征是：它是人的有目的的活动与客观的、可实证的知识体系的结合。也就是说，科学是科学研究与科学知识这两种形式的结合。科学知识是科学研究的基础，缺乏科学知识就很难从事科学研究；科学研究则是科学知识的来源，科学知识体系是依靠研究成果来建立、充实和完善的。科学知识和科学研究二者相互联系、相互依存。④

科学可以按照不同的标准进行分类：按照研究属性可以划分为基础科学、技术科学和应用科学三大类；按照研究领域可以划分为自然科学和社会科学（或人文社会科学）两大类；按照门类结构可以划分为若干不同的学科领域——国外大体有两种做法，一种如日本和俄罗斯，国家统一规定各级学位授予的学科门类，分类一般比较粗，另一种如美国、英国等，是由各学位授予单位自行规定授予的学科，国家只是在统计时加以综合分类，不做统一的规定。我国学位学科门类的划分，是1997年由国务院结合我国实际情况，统一规定了12个学科门类，2011年又将“艺术学”独立出来，目前共有13个学科门类：01哲学、02经济学、03法学、04教育学、05文学、06历史学、07理学、08工学、09农学、10医学、11军事学、12管理学、13艺术学等；每个学科门类又包含若干一级学科，如05文学包括0501中国语言文学、0502外国语言文学、0503新闻传播学等；03法学包括0301

---

① 乔晓春：《中国社会科学离科学还有多远？》，北京大学出版社2017年版，第31～36页。

② 《韦伯斯特新世界大辞典》，“科学”词条。

③ 王定祥：《研究方法与论文设计》，高等教育出版社2013年版，第17～20页。

④ 袁方：《社会研究方法教程》，北京大学出版社1997年版，第3页。

法学、0302 政治学、0303 社会学、0304 民族学、0305 马克思主义理论、0306 公安学等；12 管理学包括 1201 管理科学与工程（可授管理学、工学学位）、1202 工商管理、1203 农林经济管理、1204 公共管理、1205 图书情报与档案管理等；13 艺术学包括 1301 艺术学理论、1302 音乐与舞蹈学、1303 戏剧与影视学、1304 美术学、1305 设计学（可授艺术学、工学学位）等。①

关于科学的功能，学界有很多不同的说法。一般而言科学不外乎两大社会功能，即科学的物质功能和精神功能。科学的物质功能，也可以认为科学是一种实用性的工具，是一种为实用目的而服务的手段。科学的物质功能是通过科学的衍生物或副产品技术为中介而实现的满足人类基本需要的功能。科学的精神功能主要包括科学的批判功能——破除迷信和教条的功能；科学的社会功能——帮助解决社会问题的功能；科学的政治功能——促进社会民主、自由的功能；科学的文化功能——塑造世界观和智力氛围的功能；科学的认知功能——认识自然界和人本身的功能；科学的方法功能——提供解决问题的方法和思维方式的功能；科学的审美功能——给人以美感和美的愉悦的功能；科学的教育功能——训练人的心智和提升人的思想境界的功能。袁方教授认为科学有三种主要的功能：学术功能、技术功能和社会功能。科学的学术功能是说，科学是一种探索未知、发现真理、积累知识、传播文明、发展人类的思维能力和创造能力的活动。科学的目的在于解释世界万事万物，这种解释能够提供新思想，能够充实和改造人类的世界观，促进思想革命。科学的技术功能是指科学主要被当作一种满足人类基本需要的技术手段加以利用。科学的社会功能主要是说科学具有认识世界和改造世界的作用。比如科学是社会变迁的主要影响因素之一。尽管“批判的武器不能代替武器的批判”，但是人们一旦掌握了科学知识或科学理论，就能将它转换为改造世界的巨大力量。② 爱因斯坦曾经说过，“政治学要比物理学更难，世界更容易由于坏的政治学而毁灭，而不是坏的物理学”。③ 这些都是从不同的角度强调了科学（无论是自然科学还是社会科学）的重要价值和巨大功能。

（二）社会科学的含义

在中国，人们习惯于使用“社会科学”这个名字，它是关于人类群体生活方方面面的知识领域，在国外通常有人把它称为“行为科学”，他们认为这一词语更为

① 国家学位办、教育部：《学位授予和人才培养学科目录》，2011 年 3 月颁发。

② 参见袁方：《社会研究方法教程》，北京大学出版社 1997 年版，第 4～6 页。

③ 转引自乔晓春：《中国社会科学离科学还有多远？》，北京大学出版社 2017 年版，第 27 页。

中性，更容易被人接受。① 对“社会科学”的定义涉及对知识的分类问题，目前比较流行的方法是根据不同的研究对象领域将知识分为自然的、社会的和人类思维的三大类别，这些类别的知识涉及的研究领域几乎涵盖了自然界、人类社会、人自身等所有方面，由此，现在已经形成的知识领域人们一般将其划分为三大类：自然科学、社会科学和人文科学。

社会科学各学科是从19世纪开始发展的，但直到近几十年它们才汇聚在“社会科学”这一名称下。② 从学科史和方法论史的角度来看，“社会科学”是一个相对晚出的概念，是近二三百年才发展出来的一个学科群。它的母体是古典人文学科，是直接从“人文学科”中分娩出来的。由此，“社会科学”与“人文科学”之间的界线比较模糊，经常被合起来作为一个与自然科学相对立的整体，统称为人文社会科学，如“社会科学” 或“道德科学”(J. 密尔)、“历史科学”(W. 文德尔班)、“文化科学”(H. 李凯尔特)、“精神科学”(W. 狄尔泰)、“人文科学”或“人文研究”等。在英美的学术传统中，所有学科包括三类：自然科学、社会科学和人文学。自然科学属于严格意义上的科学，社会科学有一定的科学性，人文知识则不能被看作科学。德国人把科学分为两类：自然科学和精神科学(文化科学)，其中精神科学(文化科学)与我们今天讲的人文社会科学相似，包括社会科学和人文科学。换言之，在德国人的理解中，人文学也属于科学。③ 在中国的高中和大学里，学科的分类就是按照文科和理科两分法，将社会科学和人文科学合为一体。

人文社会科学是人文科学与社会科学的合称，过去多称“哲学社会科学”或简称为广义的“社会科学”。人文科学又可称作人文学科，主要包括哲学、文学、艺术学、语言学、伦理学和宗教学等学科，侧重于研究人的思想、意识和精神世界以及作为人的主体意识和内在世界之投射和积淀的文化传统。而社会科学主要包括政治学、经济学、教育学、法学、社会学和军事学等学科，侧重于对社会组织、结构等社会现象及其发展、运作的客观规律的研究。从功能上说，人文科学或学科旨在涵养人的精神、提高人的素质、保存和弘扬优秀文化传统；而社会科学重在通过对社会发展规律性的认识，解决社会问题，促进社会发展。虽然人文科学与社会科学研究各有侧重，功能方向不一，但随着现代科学不断分化又不断综合化的发展趋势，自然科学与人文社会科学之间，人文科学与社会科学之间，以及社会科学各门学科之间，相互交叉、相互渗透，出现了许多交叉学科、边缘学科、

① 杨国枢等：《社会及行为科学研究方法》(上册)，重庆大学出版社2006年版，第11页。

② 参见袁方：《社会研究方法教程》，北京大学出版社1997年版，第14页。

③ 参见劳伦斯·马奇、布伦达·麦克伊沃著，陈静、肖思汉译：《怎样做文献综述——六步走向成功》，上海教育出版社2011年版，《代丛书序》第2页；吴鹏森、房列曙：《人文社会科学基础》，上海人民出版社2000年版，第1页。

新兴学科，从而不仅促使人文社会科学发展成为拥有众多分支的庞大的学科群，也使得人文科学与社会科学的关系更为密切。①

至于把社会科学与人文科学区分开来，分别解读它们的含义的讨论，说法不尽相同。1980年版的《美国百科全书》认为："社会科学"主要是指那些对人类关系进行学习和研究的领域，其知识范围非常广泛，一般包括人类学、历史学、政治学、心理学、社会学、精神病学、宗教学等，后来又发展出一些分支，如人种学、人口统计学、经济地理学、地理政治学、社会心理学等。《辞海》对社会科学的解释是："社会科学"是以社会现象为研究对象的科学，如政治学、经济学、军事学、法学、教育学、文艺学、史学、语言学、经济学、宗教学、社会学等，它的任务是阐述各种社会现象及其发展规律。② 根据《美国百科全书》的观点，"人文科学"是有关人类思想和文化的学科，原来专指对古希腊和古罗马文学作品的研究，现在已经扩大到对一切有关语言、文学、历史和哲学的研究，比如在现代人文课程中包括建筑学、美学、舞蹈、戏剧、历史、语言、文学、音乐、哲学、神学等。而《大英百科全书》对"人文科学"的定义是：那些既非自然科学也非社会科学的学科的总和。一般认为人文学科构成一种独特的知识，即关于人类价值和精神表现的人文主义的学科。人文科学包括如下研究范畴：现代与古典语言、语言学、文学、历史学、哲学、考古学、法学、艺术史、艺术批评、艺术理论、艺术实践以及具有人文主义内容和运用人文主义方法的其他社会科学。③

总之，可以认为：社会科学是以经验研究的方式发展出来的人类知识体系，从西方社会科学的角度看，包括在实证主义方法论和人文主义方法论基础上运用各种研究方式及方法得来的理论与知识；人文学科是传统意义上的人文知识，一般是以非经验研究的方式发展出来的人类知识体系，其研究方法大都表现为纯粹的思辨演绎等。经验研究与思辨演绎的"打通"，是现代社会科学研究方法论原则基本主张的发展趋势之一；"科学知识"与"非科学知识"的分野主要体现为以经验研究方式得来的知识被看成是"科学"的知识，否则为"非科学"的知识。

（三）自然科学与人文社会科学的关系

如今，自然科学与人文社会科学的长期区隔与严格区分，以及二者相对独立的发展，使得人们产生了把自然科学与人文社会科学完全对立起来的认识误区，在实践层面也表现出来重理轻文等现象。须知，这种把二者对立起来的观念是

---

① 张夏靖：《试论高校人文社会科学的功能》，载《杭州师范学院学报》1998年第2期，第100页。

② 《辞海》，上海辞书出版社1979年版。

③ 参见朱红文：《人文科学与社会科学关系之争述评》，载《哲学动态》1994年第9期，第7页。

与科学的整体性特征相背离的。德国著名物理学家普朗克(M. Planck)在其著作《在世界物理图景的统一性》中指出:“科学是内在的统一体,它被分解为单独的部门,不是由于事物的本质,而是由于人类认识能力的局限性。实际上存在着从物理学到化学,通过生物学、人类学到社会科学的连续链条。”①国内学者陈其荣认为,要使科学在推进人类文明建设的过程中显现更大的价值,还需人文文化对科学文化加以补充和调节,实现自然科学和人文社会科学的紧密结合。所以,科学、正确的认识是:既要看到自然科学与人文社会科学的明显区别,也要高度清醒地意识到它们二者实际上的统一性和紧密联系的事实。首先,自然科学与社会科学的差异,主要表现在研究对象、研究目的、研究方法、研究的侧重点等方面。其次,自然科学与社会科学的紧密联系与融汇,主要表现为:自然科学与社会科学的概念、理论与方法相互渗透;在自然科学与社会科学之间涌现出了一系列综合学科;系统科学成为沟通自然科学和社会科学的桥梁;技术、生产与管理成为自然科学与社会科学融汇的结合点。②

其实,自然科学与人文社会科学的分离是近现代以来的事情。在古代,没有自然科学与社会科学之分,那时候的知识或人类的认识是一个“混沌”的统一体——当然是在很低的认识水平上形成的统一体。可以说,那时的“哲学”包含了所有的科学知识,科学家(用“思想家”这一称谓可能更为妥帖)的研究范围包括了所谓的自然科学与社会科学。像古希腊著名学者亚里士多德,既研究哲学以及政治、历史、伦理、逻辑等社会科学,也研究物理、天文、气象、生物等自然科学。到15世纪下半叶,随着生产力的发展,科学才逐渐分离成两大门类。到19世纪中叶,自然科学与社会科学又开始出现了相互融合的趋势。对此,马克思在《1844年经济学哲学手稿》中曾指出:“自然科学往后将包括关于人的科学,正像关于人的科学包括自然科学一样:这将是一门科学。”③自然科学与人文社会科学的相互交汇和融合的趋势,不但是历史的必然,而且也是客观的必然。一方面,客观世界运动形式的可微分性,使人们有可能按照研究对象的特征来划分科学知识;另一方面,客观世界本身的普遍联系和物质统一性,构成了科学知识整体统一的牢固基础。自然现象和社会现象在表现形式上虽有差异,但本质上又有共同的规律和基础。随着人类认识能力的提高,人们对这种统一性的认识程度不断加深,自然科学和社会科学之间的关系将会更加密切。④

---

① 夏禹龙等:《科学学基础》,科学出版社1983年版,第5页。

② 陈其荣:《自然辩证法导论》,复旦大学出版社1995年版,第237页。

③ 《马克思恩格斯文集》(第1卷),人民出版社2009年版,第194页。

④ 参见王定祥:《研究方法与论文设计》,高等教育出版社2013年版,第29~30页。

（四）哲学演绎在社会科学研究中的作用

如前所述，经验研究与思辨演绎的“打通”，是现代社会科学研究方法论原则基本主张的发展趋势之一。如果从社会研究发展久远的历史进程的角度看，其实人们的认识也可以说经历了一个辩证否定的过程：起先，科学研究是混沌存在的，所谓科学知识基本上呈现出“忠实于”自然世界和社会世界的“原本面目”的朴素认识，这些朴素认识的最典型形式或最高智慧即为哲学的思考得出的认识，这些认识亦即“形而上学”。欧洲中世纪被宗教神学控制的人类世界，从认识上即是以宗教神学为核心的“形而上学迷信”现象。这是第一个阶段。欧洲文艺复兴特别是启蒙运动以来，近代科学发展神速，尤其自然科学的发展取得的成就几乎令人们对其顶礼膜拜，以至于出现了某种意义上的“科学迷信”。尤其到19世纪中后期逐渐兴起的实证主义，极力推崇自然科学的原则和方法，要创造一门关于社会的“科学”，认为传统的形而上学等关于人类社会的认识已经不足以解决社会发展的问题，必须严格区分科学与形而上学的界线，将形而上学驱逐出科学的领域。此为第二阶段。这个阶段的结果是：人们跨越了自然现象研究与社会现象研究之间的鸿沟，打破了自然科学研究与社会科学研究之间在人们思想认识上的壁垒——这是极为积极的一次思想大解放；但是，受到认识水平的局限，却人为制造出了“科学”和“思辨”之间的壁垒。第三阶段即为现当代人们已经认识到的，需要“打通”科学（或社会科学）与形而上学或思辨演绎之间的壁垒（这个壁垒其实是近代以来人为制造出来的），跨越二者之间人为设置的鸿沟。这个阶段的来临建立在重新评估思辨演绎的科学功能基础之上，并出现了越来越多理智的思考和的认识。哲学家罗素在讨论哲学价值的时候谈道：“哲学和别的学科一样，其目的首先要获得知识。哲学所追求的是可以提供一套统一的科学体系的知识和由于批评我们的成见、偏见和信仰的基础而得来的知识。但是我们却不能够认为它对于它的问题提供确定的答案时，会有极高的成就……”“哲学虽然对于所提出的疑问，不能肯定告诉我们哪个答案对，但却能扩展我们的思想境界，使我们摆脱习俗的控制。因此，哲学虽然对于例如事物是什么这个问题减轻了我们可以肯定的感觉，但却大大增长了我们对于事物可能是什么这个问题的知识。”①按照波普的观点，研究的初始阶段做一些主观判断或推断是必要的，它可以作为试探性猜测或试探性解答，为进一步研究提供方向。因此在一项研究的初始阶段，通常要做两件事情：一个是对以往的理论进行批判性整理和回顾，从中发现自己要研究的问题；另一个是对要研究的问题构建试探性的理论框架。这两件事情都需要进行哲学式的推理和演绎，这是科学研究中很重要的一步。

① ［英］罗素：《哲学问题》，商务印书馆2007年版，第128、130页。

我们可以这么说，哲学能够为科学提供两个方面的帮助：一方面，哲学用于澄清概念，利用已有的信念构建框架和关系，这些框架和关系反映的是一种可能性，或个人或理论信念中发生可能性最大的事情，此时我们可以把哲学看成是一种活动，它使模糊、杂乱的思想变得更为清晰和有条理；另一方面，哲学为科学提供了发散性思维方式，让科学家的思想不受现有知识和理论的束缚，使其提出更多具有开拓性和创新性的假说，为获得新知识提供更大的空间，成为科学发展的动力。其实，一个完整的研究过程是从形成假设开始，中间经过检验假设得出结论，最后对结果进行分析和理论建构。在这三个环节中，第一个环节需要通过理论和逻辑演绎而得到；第二个环节使用统计方法，而不是哲学或逻辑的方法；第三个环节仍然需要用归纳和演绎的方法来实现，需要研究者既要有一定的理论功底，还必须有归纳和演绎的能力。很明显，在研究过程的起点和终点，哲学是必不可少的工具。①

二、求知方式

（一）传统求知方式

一般来讲，求知方式可以分为传统的求知方式和科学方法。科学方法是获取知识的一种手段，但不是唯一的手段。人们可以从各种来源获得知识。来源不同，知识的性质与可信程度也就不同。区分知识来源主要看以下三个方面：提供知识的是什么人？知识是通过什么方式得到的？知识的作用是什么？② 在科学产生之前，知识的主要来源是权威、经验和思辨，与之相应的求知方式分别是权威法、经验法和思辨法。③

1. 权威法

在古代，知识是由圣贤、智者、巫师、主教、政治领袖等权威人物提供的。在现代，专家、学者、教授或政府和新闻报道也被认为有很大的权威性。当人们遇到困惑不解的问题时，他们常常是查阅经典著作或专业书籍，看看权威们是如何讲的。在几种不同的意见中，人们更相信权威的意见。

权威提供的知识是很必要的，如果人们只相信由自己的感官所获得的信息，那么他一生得到的知识是很有限的。权威的知识可以作为研究的出发点，但必须注意的是，这些知识有许多错误的成分，它们有可能把研究引入歧途。

2. 经验法

经验法是依靠人的感官来获取知识。经验是知识的主要来源，它包括的范

---

① 乔晓春：《中国社会科学离科学还有多远？》，北京大学出版社 2017 年版，第 172 页。

② W. Wallace, *The Logic of Science in Sociologe*, Chicago: Aldine-Atherton Inc, 1971, p. 11.

③ 袁方：《社会研究方法教程》，北京大学出版社 1997 年版，第 8～13 页。

围很广，其中有传统或前人的经验之谈，有个人在生活中的观察和体验，还有周围大多数人共同接受的常识。

但是，前人的经验和个人的日常观察往往是不精确的，有很大片面性，在将它们概括为系统的知识时，常常也会出现以偏概全、主观臆断等推理错误。所以，尽管经验是知识的主要来源，但是无条件地相信经验往往是有害的，因为经验中包含着许多谬误、偏见和虚假的成分。

3. 思辨法

思辨法是依靠直觉、洞察和逻辑推理来获取知识。古代的思辨哲学家认为，经验是不可靠的，它只是反映事物的表象，而真理是超越感觉经验的，因此只有通过直觉和洞察才能发现事物的本质。

思辨法所提供的知识是靠逻辑推理来证明的，只要“公理”是真实的，那么由它推论出的知识就是真实的。但思辨法的缺陷恰恰在于，它无法证明“公理”是真实的，因为“公理”是超验的，无法被经验证实。

（二）科学方法

科学作为一种较可靠的求知方式并没有什么神秘之处，它也需要依靠经验观察和逻辑推理。人们所想象的与科学相联系的那些先进技术，如仪器、图表、实验、统计技术、计算机等，都只是用于观察和推理的工具。实际上，科学与其他求知方式的不同之处主要在于它的方法，即科学的研究程序。

科学的研究程序是科学方法的核心，它由以下几个步骤构成：① 建立假设，即通过对理论的演绎建立研究假设；② 操作化，即假设必须转化为以操作化术语表述的命题；③ 经验观察或实验，即研究者需要采用特定方法去收集经验资料，并对资料进行整理和分析——这些资料是对研究假设的实际验证；④ 得出结论，即利用归纳推理得出研究结论，也就是说，结论一般是通过对各种经验资料的归纳推理得出的。这一程序称为科学的逻辑，它是本书所讲的社会研究的基本程序，后续有关章节将有详细论述。

科学虽然比其他知识来源更可靠、更客观，但是科学的求知方式也有其局限性：① 从科学之方法来看，主要是用于检验已有的知识，而很少用于发现新知识，科学发现常常是依靠直觉、猜想或偶然的机遇。尽管检验过程中也可能发现新知识，而且判断哪一种假说更可信并不亚于新的发现，但是人们尚未将科学发现的过程纳入科学方法的体系中，这不能不说是科学的缺憾。② 从科学之程序看，科学需要依靠对抽象概念的操作化，即对概念的明确界定和精确测量，但在实际研究中往往很难做到完美的操作化。人们对抽象概念有各种不同的理解和解释，他们会对研究者的操作化方案提出各种疑问，例如，用“职业划分”来表示“劳动分工”是否合适，研究者对阶级的定义是否与马克思的定义不同，某些国家的统计资料是否准确，等等。③ 科学知识虽然都曾得到经验事实的检验和证实，但它也是一种相对真理，它也可能是错误的。科学哲学家波普尔指出："一种经验或科学的体系必须能被经验所检验，……但这种经验科学体系也很可能被经验所驳倒。"[①]这是由于新的现象的出现往往会导致现有理论的失效或过时。④ 科学方法主要适用于可直接观测的现象，不仅如此，对于某些理论上可实证的现象，科学还必须依赖技术手段和理论的发展。例如，"日心说"和"地心说"这两种假说尽管是可以实证的，但是只有到天文观测手段和物理学发展之后才能对它们做出判决性检验。目前在社会科学中，正是由于研究手段和理论的滞后，人们对许多现象还无法做出科学的解释。

当然，科学是在不断发展的。20 世纪以来，科学方法论和社会科学的迅速发展表明，科学在逐渐克服自身的局限性，在不断改进和完善科学的方法手段，以便能提供更有效、更广泛的知识。

通过以上对几种求知方式的说明可以看到，各种知识都有其适用范围和局限性，没有哪一种求知方式可以完全排斥其他的求知方式。不管是在日常生活中，还是在调查研究中，人们都从这几种不同的来源获取知识，都要利用观察、逻辑推理、权威的论述、前人的经验、直觉和想象等手段，只不过人们对不同来源的知识的信任程度不同罢了。本书所介绍的社会研究方法，是社会科学家们在获取知识时经常使用的手段。在他们看来，相比较而言，科学方法更可靠、更有效，但这并不妨碍他们有时或有条件地利用其他手段。正如本书前面所说：经验研究与思辨演绎的"打通"，是现代社会科学研究方法论原则基本主张的发展趋势——即是有时或有条件地利用其他手段（比如思辨法）的典型体现。

三、社会研究的定义与特征

（一）社会研究的定义

社会研究（social research）是个比较宽泛的概念。它既包括社会科学各学科的研究，也包括各个社会工作部门的研究。在一般情况下，科学家并不对这一概念做严格的定义。例如苏联学者认为："任何有关一定社会生活现象的研究都可称为具体的社会研究。"[②]美国也有学者持有相似的看法。[③] 只是在一些专业场合，科学家才将它限定为社会科学各学科的"科学"研究。有时为防止概念混乱，他们不笼统地使用社会研究一词，而直接用社会学研究、人类学研究、政治学

① [英]卡尔·波普尔：《科学发现的逻辑》，科学出版社 1961 年版，第 40～41 页，转引自袁方：《社会研究方法教程》，北京大学出版社 1997 年版，第 13 页。

② [苏]社会学研究所：《社会学手册》，浙江人民出版社 1983 年版，第 16 页。

③ [美]K. D. 贝利：《现代社会研究方法》，上海人民出版社 1986 年版，第 3 页。

研究或经济学研究等。[①] 风笑天认为，社会研究是一种以经验的方式，对社会世界中人们的行为、态度、关系，以及由此所形成的各种社会现象、社会产物所进行的科学的探究活动。从这一定义可知，社会研究是科学的一个部分，它的目标是探索和理解我们生活于其中的社会世界。而从事这种活动所用的方法，就是社会研究方法。社会研究方法是各门社会科学的重要组成部分之一，它也是社会科学区别于哲学等具有思辨色彩的人文学科的重要标志之一。在某种意义上，我们可以说，正是以经验性、实证性为特征的社会研究方法使社会科学与哲学相区分，使社会科学与人文学科相区分。[②] 在美国及其他一些国家或地区的著作中，通常将其称为"社会研究方法"(methods of social research)，或者"社会科学研究方法"(research methods in social science)；在社会学的语境中，即为"社会学研究方法"。当然，之所以将"社会学研究方法"称作"社会研究方法"，或许还与这种方法不仅在社会学这门学科中所使用，同时还在政治学、法学、犯罪学、人类学、教育学、心理学、管理学、传播学等社会科学中广泛使用有关。在一定意义上说，社会研究方法是众多研究社会现象的社会科学都可以普遍采用的一般性方法。[③] 本书作为公共管理硕士(MPA)系列规划教材，因为在 MPA 教指委颁布的课程体系中将该门课程称作"社会科学研究方法"，因此本书的书名也就采用了"社会科学研究方法"的称谓，但是，在本书后面的行文中，主要还是采用了"社会研究"或"社会研究方法"的说法。

（二）社会研究的特征

作为科学研究的一个部分，社会研究是对人类社会的认知和理解，其理论目标是探索和理解我们生活于其中的社会世界，形成和产生有关社会世界的系统的知识，增加人类对自身以及所生存的世界的理解；同时，开展社会研究的实践目的是为了了解社会的真实情况，探究各种社会问题的因果关系，探索社会现象的本质及其发展规律，从而寻求解决社会问题和促进社会发展的对策。社会研究作为一种特定的科学研究类型，具有以下几个特征。[④]

1. 研究的主题聚焦于社会世界

研究的主题(subject)指的是研究所涉及的现象领域或范畴。这也就是说，与自然科学相比，社会研究的主题定位是社会现象，而非自然现象。或者说社会

---

① 袁方：《社会研究方法教程》，北京大学出版社 1997 年版，第 8～13 页。

② 风笑天：《社会研究方法》(第四版)，中国人民大学出版社 2013 年版，第 3 页。

③ 参见风笑天：《社会学研究方法》(第三版)，中国人民大学出版社 2009 年版，第 3 页。

④ 参见袁方：《社会研究方法教程》，北京大学出版社 1997 年版，第 16～17 页；风笑天：《社会研究方法》(第四版)，中国人民大学出版社 2013 年版，第 4～5 页；周璐：《社会研究方法实用教程》，上海交通大学出版社 2009 年版，第 4～6 页。

研究的主题首先必须是有关社会的。这一特征意味着：社会研究的对象必须包括作为社会主体的人，必须包括人的社会行为，以及由人们的行为所构成的各种社会现象。它涉及人们如何行动、如何与他人交往，涉及人们如何思考、有何感受；它也要关注由人们所组成的各种社会群体、各种社会组织、各类社区，关注个人与个人、个人与群体、个人与社会、群体与群体、群体与社会之间的各种社会关系，关注人们如何与不断变化的社会相互适应，等等。总之，社会研究的主题十分广泛，它涉及人类生活的方方面面，涉及社会世界的各个角落。换句话说，在人类社会的“舞台”上所上演的各种“剧目”，所构成的各种“场景”，所涉及的各类“演员”，所看到的各种“表演”，都是社会研究的主题的构成部分。

当然，这里所说研究的主题聚焦于社会世界，并不否定社会研究不涉及自然世界。恰恰相反，社会研究的某些主题不可避免地会涉及一部分自然现象，比如研究社区发展或者研究社会问题时可能会涉及自然环境条件，但社会研究的目的、着眼点、焦点等则与各种自然科学对这些现象的研究有着根本的不同。

2. 研究的方式聚焦于经验性研究

社会研究的经验性，是指社会研究必须依据可获取的经验资料，并能通过经验资料的验证。或者说，所谓经验性，指的是社会研究必须依据可感知的资料，即社会研究只对那些可以看到、听到、接触到的东西感兴趣。“经验性意味着根植于经验的”，“可观察的人的行为，人所创造的东西以及以语言为中介的意见和关于态度、价值判断、意愿等，都属于经验上可感觉的社会事实”。① 比如人们烧香拜佛的行为，人们所发表的对天堂和地狱的看法，以及现实社会中存在的寺庙、教堂等，就是这种“经验上可感知的社会事实”的例子。

社会研究者所收集的大量类似的经验资料，反映了更大规模的社会现象的某些部分。将所有这些部分的资料合起来，我们就可以“经验地”认识社会现象的整体。比如，我们可以去观察人们烧香拜佛的行为，也可以去询问人们对天堂和地狱的看法。以系统的方式去观察这样的行为、去询问这样的看法，并在此基础上对它们之间的关系做出解释，我们就可以回答“人们为什么会信仰宗教”这样的问题。这正是社会科学经验研究的一般模式。同样的，我们虽然无法直接观察一个社会的社会结构，但是，通过观察这个社会中许多不同的个体的社会地位——他们的职业、收入、教育水平等，我们仍然能经验地“看到”这种结构。在美国社会中，我们可以直接观察到占地好几英亩的富人的宅邸，看到坐落在城市郊区地带的中产阶级住宅区，也可以看到在政府提供的公共住房和分租房屋中

① [德]彼得·阿特斯兰德著，李路路、林克雷译：《经验性社会研究方法》，中央文献出版社 1995 年版，第 3 页。

穷人狭窄的套间。社会研究者正是通过考察美国社会中富人、中产阶级和穷人的住所，而“经验地看到了”美国社会结构中的分层现象。正是由于“经验性”是社会研究方法最重要的特征之一，因此，有的著作甚至直接将其称为“经验性社会研究方法”（如德国学者阿特斯兰德）。

社会研究虽然并不排斥其他求知方式，并且当代研究者也开始主张经验研究与思辨研究的结合或互补，但其主流定位仍然是经验性研究。这种经验性研究方式不同于思辨性研究方式的地方在于：首先，社会研究资料来源于经验事实，一切事实来自调查，一切结论来自经验。研究所使用的资料是通过观察、试验、访问等客观调查手段获得的，是对社会现象的经验获取，而不是通过猜想、臆测或思辨而得到的。研究者经过调查充分掌握第一手资料和必需的文献资料后，才能获得可靠的结论——不是纯粹依靠抽象归纳的推理，而是主要依靠经验事实来说明自己的结论。也就是说，一项社会研究得到的结论与资料所显示的结果必须一致。其次，研究结论具有可验证性和重复性。在科学研究中，不可重复的结论都是不可靠的。为使他人能够判断研究的真伪，研究者必须说明资料的来源及获取资料的方法。社会研究还应当具有确定的研究程序，使其他研究者可以依据确定的研究程序重复研究，以验证原有结论的真伪。最后，主张研究概念的明确性和研究结果精确性。只有对研究中的核心概念进行明确的定义和操作化，才能达致研究结果的精确性。明确性和精确性的主要策略就是数学化或数量化。自然科学家对它们所研究的概念必须做出明确的定义，并严格规定一套测量的方法，如对“重力”、“速度”、“加速度”的定义和测量。在社会科学中，对概念的明确定义显得更加重要，因为日常生活中使用的“社会”、“文化”、“进步”等概念通常是相当含糊的，人们对这些概念有不同的理解和定义。因此研究者必须说明他对概念的定义，并对概念操作化。例如用“工业生产总值”来表明“工业化”的不同程度。尽管有些人可能不赞同仅仅用“工业生产总值”来衡量“工业化”，但他们明确地知道研究者在这一研究中是如何定义和测量概念的。所谓社会研究主张或追求研究结果的精确性，是指在对研究概念操作化的基础上，对社会研究的经验资料进行定量处理。也就是说，在定性分析的基础上，如果有可能还需要对研究的社会现象再进行数学的运算，以达成对社会现象的精确测量。

3. 研究的问题聚焦于实然层面

这也就是说，社会研究的问题属于实然的问题，或者说是属于实证性的问题，而非应然的、判断的或规范的问题。换句话说，社会研究者不应该去探讨某一现象“是否应该如此”的问题，而只应该去探讨某一现象“状况究竟如何”，或者“为什么如此”的问题。这种区分的一个关键之处在于所提的问题是“科学的”还是“非科学的”。比如，对于社会科学家来说，提出下列问题是合适的：“哪些人相信有天堂和地狱存在？”“社会中的哪些人笃信宗教？”“他们为什么比其他人更可能成为宗教信徒？”“为什么一种组织类型比另一种组织类型更富有成效（或效率更高）？”“为什么随着现代化的发展家庭规模在逐渐变小？” 而另一类问题，比如，“是否应该相信有天堂和地狱存在？”“宗教是愚昧的吗？”“效益比道德更有价值吗？”“家庭应该存在吗？”等等，就超出了科学的范围，因为我们无法通过经验的观察对其进行回答。社会科学理论处理的是“是什么”，而不是应该如何，即非哲学或信仰。“社会理论”与“社会科学理论”是两个不同的概念，几个世纪以来，社会理论一直都包含着“是什么”和“应该如何”这两种取向，社会哲学家随意地混合了他们对周围事物的观察、对事件成因的臆测，以及他们认为事情应该如何的观点。虽然当代社会科学家还经常做同样的事，但重要的是要认识到“社会科学”必须探究事情真相和了解其原因，这就意味着科学理论（甚至整个科学本身）不能建立在价值判断上。科学是以逻辑实证（logic of empirical）为特色的。也就是说，科学的两大支柱就是逻辑和观察。科学对世界的理解必须言之成理，并符合我们的观察。这两者对科学而言都不可或缺，而且和科学研究的三大层面密切相关：理论（theory）、资料搜集（data collection）和资料分析（data analysis）。概略地说，科学理论处理的是科学的逻辑层面；资料搜集处理的是观察的层面；而资料分析则是比较逻辑预期和实际观察，寻找可能的模式。换句话说，社会科学包含了理论、资料搜集和分析三个要素，后二者体现的也就是通常所说的“实证”或“实证性”或“实证研究”的本意。从一定意义上说，资料搜集和资料分析的过程，就是“实证研究”的过程。①

社会研究所探讨的不是某种现象“是否应当如此”，而是某种现象“实际情况如何”或“为什么如此”。也就是说，社会研究不涉及价值判断，或者说研究者在研究中要保持一种“价值中立”的态度。这是因为一旦涉及价值判断，人们就很难获得一致的测量标准。而如果没有一套大家公认的测量标准，而且可以通过测量得到验证，任何科学研究都无法令人信服。例如对“企业的经济效益”这一问题，人们会用“利润率”、“产值”或其他类似指标来作为衡量的标准，用这样的指标来描述一个企业的经济效益或者与其他企业相比较，不会有什么异议。但对于“企业是否应当牺牲经济效益来获得社会效益”这个问题，显然无论用“行业地位”、“公众形象”等指标都难以作为公认测量的标准，因而也无法得出科学的结论。与之类似的还有“哪种政治制度更好”、“宗教是否应该存在”、“艾滋病患者是否应当结婚”这类问题，同样也因为涉及价值判断而不适合直接作为社会研

① ［美］艾尔·巴比著，邱泽奇译：《社会研究方法》（上），华夏出版社2000年版，第34～35页。

究的选题。不过，我们可以换一个角度，将其转换为实证性研究课题，如“企业经济效益与社会效益的关系考察”、“对两种政治制度的比较”、“某一宗教信徒的世界观”、“艾滋病患者婚姻状况调查”等。事实上，在社会研究中，研究者出于其本身的因素，也很难保持绝对的价值中立。

需要说明的是，“实证性”是与“规范性”相对应的范畴，相应的，“实证研究”与“规范研究”二者也是对应性范畴。实证研究回答“是什么”或“怎么样”的问题，研究者通过收集信息来客观描述某种现象或行为的真实情况，而不是去评论这种现象或行为是否合理或是否道德，例如“2005 年全国离婚率为 2.73‰”就属于客观描述。而规范研究回答“应该是什么”的问题，也即包含了价值判断的研究，诸如“现在社会的离婚率太高了”这种表达方式就是加入了价值判断的评论。规范研究以其特定的规范主义哲学思想为基础，其核心观点主要是[①]：① 事物的“条件和状况”是自然决定的，与人的行为无关，因而人们只能做“好”或“坏”的价值判断，而不能做“正确”或“错误”的评价。例如，2008 年的“汶川地震”就是由人类不可抗拒的自然因素所决定的，人们只能对其做“好”或“坏”的评价，不能做“正确”或“错误”的评价，即不能说“汶川地震”是“错误的”。② 由人类行为因素决定的事物或现象（如“南水北调”工程建设）既可以做“好”或“坏”的价值判断，也可以做“正确”或“错误”的价值判断。③ 规范主义强调要研究人们认为有价值的问题，如改善生态环境、增加收入、提高福利、提升生活质量等问题。其逻辑是：假定人们应该怎么做，那么结果才能是最佳的。所以，在对策研究中，研究者往往要为决策部门提出可行的建议，即建议其“应该怎么做，才能达到最好的效果”。④ 在进行科学研究时，不涉及“正确”或“错误”的道德问题，但会涉及“好”与“坏”的道德问题。例如，在经济研究中，经济决策往往就是在多种“坏”的情况下做“最好”的选择，如“两者之中取其大，两害之中取其轻”。⑤ 强调客观的价值性知识的重要性。所谓价值性知识的客观性，是指这种价值性知识能够被观察或被经验和逻辑所证实，其合意性可以被其他人广泛地理解和接受，而不仅限于研究者个人的理解上。

4. 研究的基础聚焦于科学理性

所谓社会研究的科学理性，是指研究者需要在一定的科学理论指导下，遵循科学的逻辑法则，用科学的方法开展研究活动。这种科学理性是理论的科学性、逻辑的科学性、研究方法和技术的科学性的统一。一方面，研究者在哲学和社会科学有关理论指导下进行调查研究，并通过调查研究来检验理论的真伪，达到理论创新的目的。另一方面，研究者运用科学的方法和技术收集资料、分析资料，

① 王定祥：《研究方法与论文设计》，高等教育出版社 2013 年版，第 45 页。

并在此基础上得出对事物的规律性认识。从研究过程看，在社会研究中，研究者或者是从一定的理论出发，演绎出系统的理论假设，经过资料的收集、分析和综合，通过归纳概括出研究结论，证实或证伪原先的理论假设；或者是在大量观察的基础上，掌握大量的事实，运用归纳方法、经过抽象思维，提出对社会现象具有解释和预测功能的一般理论。正如学界所指出的：科学是建立在逻辑与观察这两大支柱之上的。① 简单地说，科学的理论处理逻辑方面的问题，它描述世界万物间的逻辑关系，而研究则处理观察方面的问题，它提供现象或事物的事实资料，并提供证明与检验现象之间逻辑联系的程序与方法。

需要说明的是，目前社会科学理论还未达到成熟阶段，对社会的研究很多是采用归纳方法；即使是采用演绎与归纳相结合的方法，大多也停留在经验演绎的阶段，还没有像自然科学那样达到高度抽象的理论演绎阶段。

扩展阅读

社会研究与社会调查

谈到社会研究或社会研究方法，人们往往容易将其和社会调查研究相等同，而其中“调查研究”在我国又是一个使用频率相当高的词，譬如毛泽东“没有调查就没有发言权”、“解剖麻雀”的思想等在我国的影响力之大之广，是显而易见的。但越是这样耳熟能详的概念，对其含义的理解，就越容易出现歧义。② 从世界范围来看，社会研究或调查研究的历史可以追溯到很久之前，可以说自从有了人类活动，就已经产生和存在了一定意义上的社会研究或调查研究活动；但是，较为规范、科学的社会研究或调查研究则始于近代以来的西方社会，尤其是工业革命之后，现代意义上的社会研究或调查研究逐渐产生和发展起来。我国 20 世纪初从西方引入社会调查研究方法，在此后的二三十年的时间内社会研究迅速发展：一是以毛泽东为代表的中国共产党人极大地推动社会调查运动开展，二是以社会学等学科为主要研究力量的学术性研究活动取得了丰硕的成果。到 20 世纪 50 年代后，一方面，由于种种原因，我国学术性社会研究几乎中断，只在少数领域得到进展；但另一方面，在 50～60 年代国内开展了大规模的调查研究，建立了较为完善的行政统计调查系统，为制定党和国家的方针政策起到了一定的作用。20 世纪 80 年代以来，随着我国社会科学各学科的重新发展，现代西方社会研究方法得以再次广泛引入。也正是从这时起，国内不同学者对社会研究方法这一

---

① 参见袁方：《社会研究方法教程》，北京大学出版社 1997 年版，第 92 页；[美]艾尔·巴比著，邱泽奇译：《社会研究方法》(上)，华夏出版社 2000 年版，第 34～35 页。

② 周璐：《社会研究方法实用教程》，上海交通大学出版社 2009 年版，第 2 页。

概念的使用有了不同的理解，提出了很多不同的名称说法，体现在各种著作和论文之中。常见的相关提法有：社会研究方法、社会科学研究方法、社会学研究方法、社会调查方法、社会调查研究方法、现代社会调查方法等。这些提法又分为两种观点，主要分歧集中在是否使用“调查”两字上。一种观点是从较宽泛的定义来理解，认为社会调查方法、社会调查研究方法等同于社会研究方法，是社会研究方法的另一种说法，都是对社会现象和社会行为研究、解释和预测的科学方式和方法，具体方法几乎涵盖了全部有关社会的研究方法，包括调查研究法、实地研究法、实验法、文献法等。由于历史习惯的原因，这一观点在学术界以外的实际工作部门中，特别是行政部门中，得到了广泛的认可。很多情况下“社会调查方法”或“社会调查研究方法”被用来泛指社会研究中使用的各种方法，“调查”则泛指各种资料收集的手段。另一种观点则主张严格按照国外学术界的有关定义。在英美等西方国家，社会研究（social research）和社会调查研究（social survey research）是有差别的：前者的定义更宽泛，泛指任何对社会现象或问题的研究；而后者特指一种结构化、量化的资料收集方法，也即问卷调查方法。因此，这一观点的持有者认为，社会调查方法与社会调查研究方法相同，是社会研究方法中的一种，仅指一种量化的社会研究方法。而“社会调查方法与社会研究方法是两个虽有较密切联系但却有着明显差别的概念；前者只是后者的一种类型或方式；因而，将实验法、文献法、观察法等作为资料收集方法纳入社会调查方法体系中的做法是不科学的”。① 为了强调定量调查研究与我国传统上定性社会调查方法的区别，有学者特别将定量调查方法称为“现代社会调查方法”，其中“调查”特指的是一种通过结构化问卷收集资料的方法。②

我们认为，社会研究是一种有人们意识的科学研究，其目的是收集各类动态信息，了解社会的真实情况，客观地描述社会现象的现状，科学分析存在的问题、解释其原因，以及提出解决问题的对策，揭示社会现象的本质和发展规律，并预测社会各种发展趋势。社会研究是一种科学的认识方法和工作方法，作为一种特定的求知方式，从社会科学的各学科研究角度出发，采用“社会研究”或“社会研究方法”这样的术语比“社会调查”似乎更为适合些。

（三）社会研究的类型

根据不同的标准，可以将社会研究分为不同的类型：按研究方式，可将社会研究分为调查研究、实地研究、实验研究和文献研究四种基本方式（在本书后面的章节中将分别对这四种方式进行详细的阐述，此处略）；按研究性质，可将社会

① 风笑天：《社会调查方法还是社会研究方法》，载《社会学研究》1997年第2期，第21～30页。

② 周璐：《社会研究方法实用教程》，上海交通大学出版社2009年版，第2页。

研究分为理论性研究和应用性研究;按研究目的,可将社会研究分为探索性研究、描述性研究和解释性研究;按调查对象的范围,可将社会研究分为普遍调查、抽样调查和个案调查;按时间维度,可将社会研究分为横向研究和纵向研究;按研究的应用领域,可将社会研究分为行政统计调查、学术性调查、民意调查和市场调查等。① 社会研究的类型划分具体见表 1-1。

表 1-1　　社会研究的类型划分

序号	划分标准	具体类型
1	研究方式	调查研究、实地研究、实验研究和文献研究
2	研究性质	理论性研究和应用性研究
3	研究目的	探索性研究、描述性研究和解释性研究
4	调查对象	普遍调查、抽样调查、个案调查
5	时间维度	横向研究、纵向研究
6	应用领域	行政统计调查、学术性调查、民意调查、市场调查

1. 理论性研究和应用性研究

根据研究的性质,无论自然科学研究还是社会科学研究都可分为理论性研究和应用性研究两大类。所谓理论性研究也称为基础研究,顾名思义就是对学科最基础的研究,是为了认识现象,获取关于现象和事实的基本原理的知识而开展的研究,不以任何专门或特定的应用或使用为目的。而应用性研究,是围绕特定目的或目标而进行的,在研究过程中获取新的知识,为解决实际问题提供科学依据。

社会研究中的理论性研究是通过对社会现象和问题的调查来检验和发展有关理论,试图理解和解释社会现象之间的相互关系和社会运行的规律,并从理论高度解析现实生活中的各种问题,是一种建立或检验各种理论假设的经验性研究。理论性研究的基本方法通常是"假设演绎法"。它是从理论出发,通过建立与理论相联系的研究假设,然后根据研究假设演绎出一套系统的测量指标,对根据测量指标收集的调查资料进行分析、综合,最后对研究假设及其理论进行验证。

社会研究中的应用性研究主要侧重于对社会现实问题的研究。从研究目的看,它要在一定的理论指导下对社会问题进行科学的解释。更为重要的是,应用性研究必须在经验研究的基础上提出解决社会问题的建议和对策,或者为改善

① 参见周璐:《社会研究方法实用教程》,上海交通大学出版社 2009 年版,第 15 页。

社会状况、解决社会问题提供有用的信息。从这个意义上说，应用性研究往往是和“社会诊断”、“政策研究”相联系的。

理论性研究和应用性研究既有联系，又有区别。从两者的联系上看，首先，理论性研究是应用性研究的基础，应用性研究往往需要从基础理论出发，运用理论工具来分析实际社会问题。值得注意的是，在不同的理论指导下，研究者会采取不同的研究设计、程序、方式及手段，最终研究所得出的结论和对策也会有较大差别。其次，实际研究中，许多研究课题具有理论性研究和应用性研究的双重性质。也就是说在研究具体问题时，既希望对社会理论的发展有所贡献，同时也企图对所研究的问题提出解决的办法；或者以其中一方面为主，兼顾另一个方面。

理论性研究和应用性研究最主要的区别体现在它们研究的侧重点不同：理论性研究以对社会现象进行透彻的认识为目的，探讨的是一个学科最具有普遍性、基础性的问题，最终希望能够发展和完善该学科的理论；而应用性研究是对理论的实际运用或检验，最终关注的是如何有效地解决社会问题。相同的研究课题，从理论性研究或应用性研究不同的关注点出发，将会得出不同的最终结果。

2. 探索性研究、描述性研究和解释性研究

开展科学研究的目的一般来说主要有三种，即探索、描述和解释。因此，根据研究目的，社会研究可以分为探索性研究、描述性研究和解释性研究。由于研究目的不同，探索性研究、描述性研究和解释性研究在研究要求、研究对象、研究方法以及具体的程序和技术方面，会有比较大的区别。

探索性研究是研究者对于确定的研究课题和研究对象进行初步了解和熟悉的过程，通过初步考察，获得对研究对象的感性认识和理性思考。探索性研究从理论上说可以分为两种形式：一是独立的探索性研究，往往是对全新领域的研究，比如对一个刚发现的原始部落的社会形态研究。但目前在社会研究领域中这样的探索性研究是比较少的。二是辅助性研究，作为正式研究的组成部分——先导性研究，为后续研究提供研究思路或研究假设。

探索性研究的具体方法主要有三种：第一，查阅文献，即根据研究课题收集与课题有关的文献资料，并在对文献资料分析的基础上提出具体的研究问题。第二，咨询“专家”。这里的专家是广义上的概念，既包括这一研究领域中的学者和科研人员、政府管理人员，也包括被调查对象中的“知情者”和会讲故事的人。咨询专家的目的就在于了解他们对问题的看法和思路，被研究现象的最新动态和特点及其背景，以及不见于文献的信息。第三，现场观察，即到调查现场，通过对若干个对象的观察和访问，初步了解调查对象的具体情况。

描述性研究是系统地了解社会问题或社会现象的状况及其发展过程，通过对现状的准确、全面的描述，反映总体的特征及其分布，解答社会现象“是什么”的问题。从科学研究的逻辑来说，描述性研究方法基本上以归纳法为主。人们必须通过对大量现象的反复观察，才有可能获得对现象的认识。描述性研究可以是实地研究也可以是调查研究。实地研究中的个案调查基本上就是以归纳方法为主。研究者在对个案的长期观察过程中，收集大量资料，经过分析和综合，反映研究对象的基本状况及其特征。调查研究方法中的普查和抽样调查也可以用来做描述性研究，其中应用最为广泛的是抽样调查。研究者在探索性调查的基础上，提出需要调查的项目或研究设想，然后采用问卷调查的方法收集资料，经过统计分析，就可以在综合的基础上获得对事物基本状况的认识。与探索性研究不同，描述性研究采用的抽样方法必须是概率抽样，资料的收集必须采用以封闭式问题为主的问卷，以自填、结构式访问等方法收集资料，以统计方法作为主要分析资料的方法。同时，描述性研究一般是大样本调查，这样才能获得具有普遍意义的结论。

解释性研究是要说明社会现象发生的原因，探索社会现象的发展趋势，揭示社会现象之间的相互关系和因果关系，解答社会现象“为什么”的问题。它是在描述性研究的基础上进行的。正如上面指出的那样，没有对社会现象的状况及其特征的准确了解，就不可能深入地发现社会现象的内在规律，也不可能探索社会现象的变化和发展的趋势。

由于解释性研究是回答社会现象“为什么”会这样，是解释原因、说明关系，因而它往往是一种理论性研究，或者更多的是和理论性研究结合在一起。当然，应用性研究也可以是解释性研究，但是理论性研究必须是解释性的。因此，解释性研究通常是根据一定的理论，从与理论相联系的研究假设出发，经过对社会现象的调查，收集资料并通过对资料的分析来检验假设，最后达到对社会现象进行理论解释的目的。也正因为如此，解释性研究除了与描述性研究一样，具有准确性和概括性的特点之外，还必须更严谨、更周密。从方法论看，解释性研究比较接近于社会研究方法中的实验研究，都是以揭示和解释社会现象之间的因果关系为目的的。在研究设计中，解释性研究必须提出明确的研究假设，运用操作化的方法设计测量指标，然后根据测量指标设计问卷。因此在解释性研究中，问卷设计必须紧紧围绕所要验证的研究假设。例如，对“农民工的城市适应”的研究中，描述性研究只要调查农民在城市适应中遇到的问题和障碍，全面、准确地描述农民工各主要特征的分布，而解释性研究则需要深入地探讨农民工在城市适应过程中遇到问题和障碍的原因，并且要在理论的高度上进行解释和分析。

探索性研究、描述性研究和解释性研究具有内在的联系，它们之间是一个逐步递进的关系。从探索性研究、描述性研究到解释性研究构成了一条科学研究链，也就是说任何科学研究都必须从探索性研究开始，然后过渡到描述性研究，在此基础上才能深入发展到解释性研究。当然，解释性研究也可以他人的描述性研究成果为基础进行。

3. 普遍调查、抽样调查和个案调查

根据调查对象的选取范围，社会研究（调查）方法可以分为普遍调查、抽样调查和个案调查，其中普遍调查和抽样调查属于定量研究的具体方法，个案调查是定性研究或实地研究的具体方法。

普遍调查简称普查，是对构成总体的每个个体进行毫无遗漏的逐个调查，以准确地了解在一定时点或时期状态下的总体情况。凡是在一定范围里，对全体对象所进行的全面调查，都是普遍调查。

抽样调查通常是学术性社会研究采用的最主要方法。人们在日常生活、生产乃至科学研究中，经常采用抽样的方法来认识事物的特性。例如，为了解某种饮料的味道，只要尝一口而不用喝完一整瓶，要检查一批产品的质量只需要挑出几件来检验，诸如此类的现象是不胜枚举的。抽样调查正是这种非全面调查的方法。它是按照科学的原理和计算，从若干个体组成的总体中，抽取足够数量的调查单位，组成“样本”进行调查，并把调查的结论或数据推及或推算到总体中去。抽样调查作为一种方法，是通过对于部分事物的考察达到对于现象总体的认识的。这种由个别到一般、由局部到整体的认识途径，符合认识论的一般逻辑，因而是一种科学的认识方法。从 20 世纪初开始，随着抽样理论、统计学、问卷设计技术以及计算机技术的发展，抽样调查方法逐步得到运用和普及。尤其是计算机技术的发展，使得抽样调查能够实现大样本调查资料的处理和多元变量的统计分析。目前，抽样调查已成为人们认识社会、研究社会现象的最主要方法。

从理论上说，普遍调查的方法能获得对各种现象的量的认识，是最好的方法，但是普遍调查的调查项目有限，成本很高。与普遍调查相比，抽样调查的成本低、时间短、资料详细、应用范围广泛。虽然不像普遍调查那样对总体的所有个体都要进行调查，但是抽样调查是建立在对抽样误差估计的基础上，研究者可以根据置信水平和置信区间等方法判断抽样调查的结果或数据的准确性程度。可以说，抽样调查是非全面调查方法中用来推论总体的最完善、最具科学根据的方法。

个案调查也称为个案研究，它是对一个具体研究对象进行详细考察的研究方法。其中的研究对象就是“个案”，它可以是个人、家庭、小群体，也可以是一个小型社区、组织、社会事件等。在一项个案研究中，研究者搜集与研究对象有关的现状、过去经验和环境因素，以对其进行深入研究。个案研究的资料可以从许多地方获得，如请研究对象自行描述现在、过去及将来的意见与愿望，或从其个人档案、日记、书信，及利用其他社会心理测量方法取得资料。资料也可以从研究对象的亲友、父母、兄弟姐妹、学校、工作单位等处取得。因此，个案研究也需要开展一定的资料收集活动。但与普遍调查、抽样调查不同的是，后两者是从许多样本上搜集有限变量的资料以了解总体的状况，而前者则是对有限的代表性个案做深入研究。虽然个案研究探讨的范围比较狭小，但是却较透彻，质的资料较为丰富。因此，个案研究常用于弥补定量研究的不足之处。

我国常用的典型调查也是从研究对象中选取若干具有代表性的个体，对他们进行深入调查。典型调查是毛泽东在中国革命的实践中总结和倡导的，由典型推及一般的社会调查方法，他形象地把这种调查比喻为“解剖麻雀”，以少量典型来概括或反映总体，从特殊性中发现一般性。从调查对象的范围和调查方式上说，典型调查与个案调查有很大相似之处；但从它们的主要作用上说，两者又有很大区别。典型调查的主要作用在于真实、迅速地了解全局情况。与个案调查不同，典型调查要求被调查的对象具有典型性，因此，选取典型是这种方法的关键。毛泽东在《关于农村调查》中指出：“怎样找调查的典型？调查的典型可以分为三种：一、先进的，二、中间的，三、落后的。如果能依据这种分类，每类调查两三个，即可知一般的情形了。”①当然，还可以根据各种具体情况来分类和选择典型。典型调查试图解决由个别推论一般、由个性概括出共性的任务，在这一方面它有很大的独创性和应用价值。但它的局限在于，研究者所选择的典型是否具有代表性是很难判断的，因此由这种主观选择的典型而得出的研究结论并不一定能适用于总体或全局。无论个案调查还是典型调查，共同的特点是能详细地解剖某一个案，能够在实际生活中体验到当时、当地的情景和气氛，能够深入了解社会行为的背景和发展过程；但调查资料难以标准化，只能依靠主观判断得出研究结论，结论的客观性和普遍性难以检验。

4. 横向研究和纵向研究

时间维度是研究设计中另一个重要的方面。除了社会研究本身需要时间以外，研究方法本身也具有时间的方向性，即是截取时间的横断面还是按照时间的序列进行调查研究。根据时间点的选择，研究方法分为横向研究和纵向研究。

横向研究（cross-sectional study）也称为横剖研究或截面研究，是调查研究最常见的一种形式，它指的是收集一个时间点上的研究资料，用以描述调查对象在这一时间点上的状况，或者探讨这一时间点上各个变量之间的关系。时间点

① 《毛泽东文集》（第二卷），人民出版社 1993 年版，第 383 页。

可称为"时点"或标准时点，它是指研究资料的所属时间。时间点的精确性要根据资料的变化速度而定。如果资料的变化速度很快，时间点就很短，如人口普查的时间点是以"秒"为单位的，第五次全国人口普查的规定时间点是 2000 年 11 月 1 日 0 点整。但如果调查研究中资料的变化速度不是很快，例如人们的住房情况、职业、收入、婚姻状况等都有一个相对稳定的时期，而人们的价值观念更具有相对的稳定性，那么，调查研究的时间点就可能是相对比较短的一段连续时间，通常以"月""年"为单位。

纵向研究（longitudinal study）也称为纵贯研究，指的是在比较长的时期内的若干个不同时间点上收集资料，用以描述社会现象的发展过程，解释社会现象之间的相互关系，分析社会现象产生的历史背景和社会条件，探讨社会现象的前后联系，力图揭示社会现象的发展规律和发展趋势。纵向研究有三种类型：

（1）趋势研究（trend study），它指的是对一般总体随时间推移而发生的变化的研究，目的是通过对一般总体在不同时间点的资料比较，揭示和发现现象的变化趋势和规律。例如通过对我国 1953 年、1964 年、1982 年、1990 年和 2000 年五次人口普查结果的比较，可以分析我国人口发展变化的趋势和规律。利用一般总体在不同时间点的资料进行趋势研究，一个最重要的条件是在不同时间点所进行的若干次横向研究，必须是具有同样的调查项目，采用的是同样的测量方法，即每一次调查研究基本上是同质的，甚至每次调查的问题都应该是一样的。如果调查项目或测量方法不同，就失去了比较的意义。

（2）同期群研究（cohort study），又称为同龄群研究、世代研究、人口特征组研究，它关注的是某一特殊人群随时间推移而发生的变化。在这种研究中，每次调查的样本并不相同，即每次调查的具体对象可以不一样，但他们必须都同属于这一特殊人群。同期群研究的研究对象通常都与时间或年代有关。例如，以 1968 年被动员去农村的"老三届"学生为一特殊人群，分别调查他们在 1978 年和 1998 年的情况，以反映这一特殊人群在我国几个特定历史时期所发生的变化，就是一个同期群研究。又如，美国社会学家曾做过一项关于出生于 20 世纪 30 年代初大萧条时期的人的经济态度的研究。这一研究的基本方式是每隔 10 年进行一次全国性调查。1950 年，他们从 20～25 岁的人群中抽取调查样本；1960 年，从 30～35 岁的人群中抽取样本；到了 1970 年，他们再从 40～45 岁的人群中抽取样本。虽然这 3 次调查的样本都是由不同的人组成，但却代表了出生于 1930～1935 年的那一代人。①

---

① ［美］艾尔·巴比著，邱泽奇译：《社会研究方法》（上），华夏出版社 2000 年版，第 132 页。

(3) 同组研究(panel study),又称为定组研究或追踪研究,它关注的是同一组人随时间推移而发生的变化。同组研究与同期群研究比较相似,两者的区别在于同组研究每次调查的都是同一批受访者或样本。即第一次调查了这些人,以后每次再调查时,依旧还是找这些人做样本。无论这些人分散在哪里,都要一一找到进行调查。同组研究主要用来探讨人们的行为、态度或意向的改变模式和变化过程,分析影响这种改变的各种因素。例如,关于城市居民消费方式的研究,采用趋势研究或同期群研究的方法,也许发现消费习惯并没有很大的改变,城市居民的食物结构中偏好肉食类的比例保持在60%左右,偏好素食类的比例在40%左右。但是当采用同组研究的方法时,就可以非常具体地了解哪些人的食物结构由原来偏好肉食类转变为偏好素食类,哪些人的食物结构由原来偏好素食类转变为偏好肉食类。这样的研究也可以详细描述人们食物结构的变化及其过程和内在原因。由于同组研究每次进行调查时都使用同一个样本,但被调查者随时间推移所发生的各种变化是难以预料的,因而进行同组研究最大的困难往往是在第二次、第三次等后续的调查中,无法找到或获得首次调查样本中的全部被调查者。越是后面的调查,找全样本就越难。这样,就会使不同时期的数据难以进行比较。由于同组研究要与样本的所有成员保持联系,研究人员需要经常给所有研究对象写信和打电话,或者在过节、过生日时寄送贺卡,因而是一种成本较高、难度较大的研究。也正因为如此,同组研究很多采用小样本进行调查,当然在条件允许的情况下,也可以进行大规模的抽样调查。

综上所述,纵向研究不但可以描述事物变化的过程,而且与横向研究相比更能解释和探索不同现象相互之间的因果关系。但是,纵向研究的这种优点是以比横向研究花费更多的时间和费用成本为代价的,尤其是同期群研究和同组研究。因此,在社会研究中,纵向研究尤其是同期群研究、同组研究较少被研究者采用。

5. 行政统计调查、学术性调查、民意调查、市场调查

从社会研究的应用领域来看,社会研究(调查)方法最早运用于行政统计调查,行政统计调查的历史可以追溯到公元前数千年的古埃及和中国古代以征兵和课税为目的的人口统计调查。18世纪以后,随着资本主义制度的建立,社会研究(调查)方法开始进入学术性调查的领域,对现实社会中人们的生活条件、生活状况和社会问题进行了大量的调查和研究,学者们试图探索和讨论隐藏在社会现象背后的本质和一般规律;20世纪二三十年代以后,社会研究(调查)涉及的领域进一步扩大,在民意调查中大量应用,也开始被用于进行市场调查,分析各种产品的市场需求、市场销售、产品评价以及消费者的各种消费行为,成为建立市场营销策略、产品设计和生产规划的重要方法。从行政统计调查发展到市

场调查的过程，实际上也是社会研究（调查）的发展历史。

行政统计调查是由国家或者各级政府组织的、大规模的国情或地区情况调查，涉及人口、经济、产业、资源和社会概况等。

学术性调查一般由科研机构或高校组织开展，是学术研究的一种形式。学术性调查广泛应用于社会科学的各个领域，如社会学、人类学、政治学、经济学、教育学、心理学、新闻传播学等，它的主要方法是调查研究和实地研究。

民意调查也称为舆论调查，主要由一些专职调查机构采用抽样调查方法，了解人们对各种社会问题、社会现象或社会热点的看法和评价。最为典型的民意调查是对国家或政府领袖、公众人物、社会公共政策的民意测验。

市场调查一般是由企业的市场研究部门负责实施或委托专业市场调查公司进行，为企业开展市场预测和营销决策提供客观的、准确的资料。

扩展阅读

江村调查

开弦弓村是江南鱼米之乡一个普普通通的村子，却因为一个不平凡的人而不再普通。这个不平凡的人就是中国社会学人类学泰斗、已故的费孝通教授（1910～2005）。1936 年的 7、8 月间，年轻的费孝通在开弦弓村一边养伤一边做了一个多月的实地调查。随后负笈英伦，到著名的伦敦政治经济学院攻读人类学博士学位。在马林诺夫斯基教授的指导下，费孝通用在开弦弓村调查所获得的资料撰写成博士论文《开弦弓，一个中国农村的经济生活》。论文获得通过的当晚，马林诺夫斯基就把它推荐给英国的劳特利奇（Routledge）书局出版，并预言该书“将被认为是人类学实地调查和理论工作发展中的一个里程碑”。书局建议把书名改为《中国农民的生活》（*Peasant life in China*），还在书的扉页印上了中文书名《江村经济》（图 1-1）。从此，江村就成了开弦弓村的学名。随着《江村经济》的一版再版，江村或开弦弓村的知名度不断上升，在社会学人类学学子的心目中，江村已是中国农村社会调查的“圣地”，[①]或者说是公认的具有地标意义的中国社会学的学术圣地（费孝通初访江村留影见图 1-2）。在此之后，从 1937 年至 2002 年的 66 年期间，费孝通教授先后近 30 次到开弦弓村调研走访。2002 年 9 月 30 日，92 岁高龄的费孝通先生在老县长于孟达的陪同下最后一次访问江村，走访了老保姆邱纪珍及重访江村时的老房东周文昌，同他们一起回顾江村发展和家庭生活变化。听说周文昌的长子是开弦弓小学的一名优秀教师，费孝通即请他把班级的学生带来，并对小朋友们说：“你们是祖国的花朵，未来的希

① 周拥平：《江村七十年》，载《中国农业大学学报（社会科学版）》2007 年第 1 期，第 42～45 页。

望。你们要热爱祖国，热爱家乡，努力学习，做一名现代化建设的有用人才。”①费孝通先生对乡土中国的观察和描述，不是隔靴搔痒，而是深入骨髓；对美好社会的探寻，不是纸上谈兵，而是躬身实践。费孝通先生说：“生命和乡土结合在一起，就不怕时间的冲洗了。”费孝通先生在见证江村巨大变迁的同时，为增加农民收入，发展农村经济，发表了一系列重要的观点，在我国广大农村地区的建设、区域经济的发展、城市化进程的发展乃至其他许多方面，均做出了卓有成效的贡献。

图 1-1　被学界誉为具有里程碑意义的费孝通先生的著作《江村经济》

图 1-2　沈宝法（上图中），开弦弓村民。1936 年，年仅 8 岁的沈宝法与年轻的费孝通留下的这帧合影，是目前唯一保存下来的费孝通初访江村留影

在 1996 年纪念费孝通教授学术活动 60 周年欢聚会暨学术研讨会上，与会人士对江村调查给予了高度评价：一位学者在一个村子里持续进行了 60 年的调查，不仅跟踪村民的生产与生活，而且更将其作为一个样本，作为中国农村社会的一种类型来透视中国社会生活的发展与变迁，这无论在社会学还是人类学上都是绝无仅有的。2016 年 10 月 22 日～23 日，由北京大学社会学系、南京大学社会学院、中共吴江区委宣传部联合主办的纪念费孝通教授“江村调查”80 周年

① 张冠生：《探寻一个好社会——费孝通说乡土中国》，广西师范大学出版社 2016 年版，第 234 页。

学术纪念会在(太湖)群学书院(吴江七都镇开弦弓村所在地)召开。会议认为，如果从1902年章太炎翻译日本学者岸本能武太《社会学》算起，“社会学”学科在中国已经走过了115年的岁月。百余年来，中国社会学群星璀璨、名作迭出，但其中公认的具有地标意义的“学术圣地”，则非苏州吴江七都镇开弦弓村莫属。北京大学社会学系主任张静教授以《费孝通与燕京社会学派的新角色》为题目在本次会议上发言。她认为，费孝通先生的工作对于中国社会学有特殊意义。他是北大社会学系1982年恢复重建的重要推动者，也是北大社会学的前身——燕京社会学派的重要代表。我们举办纪念活动，不仅仅因为他是前辈——我们的前辈中有许多优秀学者，也不仅仅因为他的学术观点——这些观点的争议一直存在(比如中国的城市化模式——小城镇还是大城市？比如小城镇建设——是苏南模式还是温州模式？比如中国的工业化道路——农工混合的乡土经济还是现代企业制度？比如中国的社会结构——是独有的乡土社会差序格局吗？这是历史性特征还是恒定的模式特征？我们欢迎争议，因为讨论利于促进事实探索)，纪念费先生的特殊意义，在于他及他们那一代学者，尝试运用新的角色——现代的专业性研究者角色——工作，这一开始，给中国社会学及人类学研究，注入了新的生命活力和思想。我们需要传承这一角色。这不是说，之前的传统社会研究缺少价值，事实上中国有深厚的社会历史研究，很有价值；而是说，仅仅通过一种情怀及热爱，或者以居高临下的统治者、劳心者立场来认识社会，是不够的，还需要引入其他的焦点目标。理解社会及文化的历史变迁和现代转型，需要比较性的分析、多元视角的观照、宏观进程的探索，以及系统性的方法论，我们称之为专业性的角色。这样的角色在近代中国出现，第一代社会学学者群中的燕京学派，费先生是引人注目的代表。如果《江村经济》是燕京学派的代表作之一，那么它显示了当时中国学者不同于以往的问学尝试：试图运用和国际学界共享的类别逻辑和分析框架，来认识中国社会。费孝通在《江村经济》中，明确意识到了自己作为“社会科学工作者”的角色。作为社会科学研究者的角色来工作，不是燕京学者偶然的相似，而是意识清楚的作为。他们认识到了中国社会的研究需要新角色、提出新问题。在今天看来这虽然不稀奇，甚至可以堪称不能再平常的角色，但是在当时，并没有什么学问或者派别，以与民众平等的态度，系统地采用经验研究方法，来分析中国社会现象。之前的中国研究主要关注的是精英和君臣的思想和历史实践，较少真正触及社会现实，其方法主要是考据、解说、抒意、策论和颂圣，其目标在正当性论述及例规引领，其价值在以史为鉴提示世人，其角色是教化劝导，包括君臣和大众。但燕京社会学派的工作显然不同于此，从潘光旦、费孝通、吴文藻、杨庆堃、林耀华、瞿同祖等一批学者的作品中，可以清楚看到这一不同。他们的工作，显然有别于之前的概念逻辑体系，与传统治学展现了有意识的不同。所以,以费先生为代表的燕京学派,开启了新的社会研究,其主要特点,与其说是本土化道路的提出,不如说是研究角色、议题、方法及目标的转换:在角色方面,不再是作为帝师或教化者存在,而是社会科学研究者;在议题方面,不再面向统治学说,而是面向它的行为及后果展现;在方法方面,不再采用考据、解说、抒意、策论和颂圣,而是采用专业领域共享的分析逻辑和原则;在目标方面,不再是正当性论述及例规引领,而是描述、解释、评估影响、预测未来。这些努力虽还不够系统,但有重大意义,它意味着不同于以往的专业性标准开启:在此之前,社会研究并非这样进行,研究者的角色也并非如此立基。燕京社会学派的这一转换,不仅使社会科学经验研究在中国落地,而且使中国学界汇入世界社会学及人类学,并赢得了国际学界的广泛承认。

有研究认为,"江村调查"对我们有许多有益的启示:在以经济建设为中心的今天,人文社会科学可以大有作为;在信息发达的今天,调查研究仍是认识世界的基本手段;在价值取向多元化的今天,高度责任感仍是学人成功的重要前提。①

社会科学是以社会现象为研究对象的学科,而社会研究是人类认识社会、改造社会的重要方法。现代社会瞬息万变,不断进步的科学技术在促进人类社会发展的同时,也带来了许多新的问题。尤其是我国正处于社会转型时期,新的社会现象和社会问题不断出现在人们面前,如经济发展、文化变迁、人口、就业、社会保障、医疗卫生、教育、公共服务、社会治理、社会关系、心理危机等。要解决这些问题,首先必须对人类社会本身进行深入了解,把握社会发展规律,预测社会发展趋势,社会研究也就成为必须开展的基础工作。

第二节 社会研究的方法体系

一、社会研究方法体系的构成层次

从语义学角度的解释,所谓"方法"是指"按照某种途径"(出自希腊文"沿着"和"道路"的意思);从字面上讲指的是"一门逻各斯",即"关于沿着——道路——(正确地)行进的学问"。《中文大辞典》中的解释是:方法指的是人的活动的法则,是"行事之条理和判定方向之标准"。具体地说,"方法"就是人为了达到一定的目的而必须遵循的原则和行为。"研究方法"是从事研究的计划、策略、手段、工具、步骤以及过程的总和,是研究的思维方式、行为方式以及程序和准则的集合。

一般来说,"研究方法"可以从三个层面进行探讨:① 方法论,即指导研究的

① 常江:《费孝通江村调查60年的启示》,载《苏州大学学报(哲学社会科学版)》1997年第3期,第118~120页。

思想体系,其中包括基本的理论假定、原则、研究逻辑和思路等;② 研究方式或方法,即贯穿于研究全过程的程序与操作方式;③ 具体的技术和技巧,即在研究的某一个阶段使用的具体工具、手段和技巧等。① 也就是说,社会研究方法体系主要是由三大层次构成:社会研究的方法论、社会研究的基本方式、社会研究的具体方法,或曰技术和工具,如图 1-3 所示。

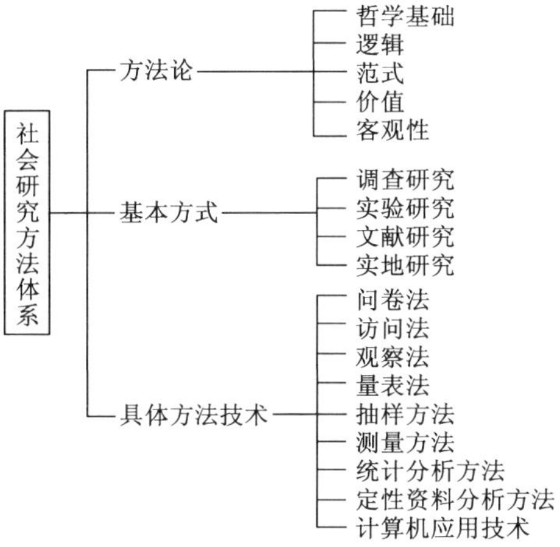

图 1-3　社会研究方法体系图示②

(一) 方法论

1. 方法论的含义及其组成方面

所谓方法论(methodology),从词意上说就是关于方法的理论学说。也就是说任何方法都是在一定理论指导下产生的,是在一定理论指导下研究问题、解决问题的手段和工具。同时,方法论还意味着理论的实践作用,当用一定的理论去观察问题、解决问题的时候,理论也就具有了方法的意义。艾尔·巴比认为,认识论(epistemology)是知识的科学;方法论(methodology,认识论的一支)或许可以称为寻找解答的科学。③ 众所周知,世界观和方法论是哲学领域的两个主要范畴。所谓世界观,就是人们对自然界和人类社会形成的基本认识和看法,这些认识和看法绝大多数形成了系统的理论逻辑,构成了众多领域的理论或知识体系。当然,也有一些认识和看法暂时还是零散的,没有形成完整的理论体系。但无论怎样,世界观在高级层面上表现出的就是各种各样的知识体系。所谓方法论,就是人们从事科学研究活动、认识和了解世界(包括自然界和人类社会)中使

① 袁方:《社会研究方法教程》,北京大学出版社 1997 年版,第 24 页。

② 风笑天:《社会研究方法》(第四版),中国人民大学出版社 2013 年版,第 9 页。

③ [美]艾尔·巴比著,邱泽奇译.《社会研究方法》(上),华夏出版社 2000 年版,第 34～35 页。

用的各种程序、工具、手段和方法，由此而构成的集合体就是方法论。[①] 虽然世界观决定方法论，但二者又是相辅相成的，人们需要通过科学的方法论认识世界和理解世界。如果没有科学、系统、有效的方法论，也就形成不了科学的、正确的世界观，因此，方法论的重要性是不言而喻的：方法论在知识体系中的作用，就好像自我意识对人、对于人格的作用、对于一个独立的行为主体一样。就特定的知识和学科来说，如果没有成熟而系统的方法论作为预设和前提，就表明这一学科和这一类知识对于自己的逻辑依据和研究程序、自己的视野和边界以及自身的社会功能和社会作为，尚缺乏系统而清晰的认识。[②]

方法论是由相互联系的三个方面组成的，即哲学方法论、学科方法论以及逻辑学。[③] 哲学方法论提供的是人类对于社会、自然的认识和思考，是构成社会研究体系的基础。例如，马克思主义哲学阐述的社会是一个客观存在的实体；社会的发展是一个自然历史过程；人与人之间的关系建立在一定生产方式的基础上；等等。现代社会宏观理论有的也具有哲学方法论的意义，如吉登斯的"结构二重性"理论。学科方法论主要是指各种社会科学的学科理论在社会研究中的地位和作用。比如在社会学学科中，一般社会学理论是对人类社会生活的各种独特形式和内容进行具体解释的理论，各种社会学分支理论是社会学宏观理论与对社会进行具体经验研究的中介。在社会学理论指导下，社会学的理论概念可以成为实证研究的分析概念或操作概念，从而界定研究对象的范围、设计调查大纲、制定各种测量指标，等等。例如，对于家庭的调查研究，只有根据家庭社会学关于家庭的理论，才能确定其范围，制定出具体的测量指标。逻辑学是关于思维的规律、形式和方法的科学，是关于具体研究方法和技术的一般理论。逻辑学提供的概念、判断、推理和假说等思维形式以及归纳和演绎、分析和综合、抽象和具体的思维方法，是科学研究具体方法和技术的最一般的概括。[④]

2. 社会研究方法论的主要议题

社会研究的方法论是社会研究的指导思想，是研究者在研究活动中始终要遵守的一些基本假设、原则、逻辑，或者说方法论所涉及的是规范一门科学或学科的原理、原则和方法的体系。方法论从理论上论述研究者应该站在什么立场上、运用什么观点、遵循什么原则去认识研究对象方能获取正确的科学成果。方法论是指导研究的一般思想方法或哲学，或者说方法论所涉及的主要是社会研

---

① 王定祥：《研究方法与论文设计》，高等教育出版社 2013 年版，第 2 页。

② 朱红文、冯周卓：《社会科学方法论研究的意义和视角》，载《求索》2003 年第 5 期，第 163～165 页。

③ 仇立平：《社会研究方法》，重庆大学出版社 2015 年版，第 40 页。

④ 周璐：《社会研究方法实用教程》，上海交通大学出版社 2009 年版，第 10 页。

究过程的逻辑和研究的哲学基础。袁方教授认为，社会研究方法论所要探讨的主要议题是：① 社会科学能否像自然科学那样客观地认识社会现象？② 是否存在客观的社会规律？③ 应采用何种方法来研究社会现象？④ 如何判断社会科学知识的真理性？⑤ 人的主观因素（如价值观、伦理观）对社会研究有什么影响？研究必须以一定的方法论为指导，但方法论并非统一的。方法论是与一定的哲学观点和学科理论相联系的，不同的理论学派有不同的方法论，不同的学科也有不同的方法论。① 风笑天教授则认为，社会研究方法论所探讨的主要议题包括：社会现象的性质及其理解，社会研究的哲学基础及其假定，社会研究过程和结果的客观性问题，社会研究者的价值与研究之间的关系，社会研究中的不同范式及其应用，不同研究方式的内在逻辑等。②

3. 社会研究中两种基本的方法论之争

社会研究必须以一定的理论和方法论为指导，但方法论并非统一的，不同的理论学派有不同的方法论，不同的学科也有不同的方法论。例如实证主义和人文主义学派的方法论就是相互对立的。再比如，经济学的“经济人”假设认为人的行为是理性的受经济利益驱动的；而社会学的基本假设之一是人的行为是受社会结构或社会环境制约的。在开展具体研究时，研究者所选择的方法论将会影响到其对研究方式的选用。在西方主流的社会研究领域，存在着两种基本的、同时也是相互对立的方法论倾向：一种是实证主义方法论，一种是人文主义方法论。长期以来，实证主义方法论一直占据着社会研究方法论的主流地位。

实证主义方法论认为，社会研究应该仿效自然科学的研究方法，将社会现象当作纯粹客观的现象来测量和分析，通过对社会现象进行具体、客观地观察，对经验事实做出客观的研究结论。实证主义方法论所采用的研究范式或方式最为典型的是定量研究，通过定量研究将社会现象及其关系和变化趋势用精确的统计语言描述出来，从而达到认识和预测社会世界的目的。实证主义的核心是唯科学主义，它的本质特点在于对社会现象采取客观主义或自然主义的态度以及所谓“价值中立”的立场。也就是说，这一方法论的基本观念是立足于自然主义公设，以及社会文化现象可还原为自然现象的假定之上，并由此逻辑地导出该方法论的如下一些基本原则：社会文化现象和自然现象本质是同一的，社会现象与过程同自然现象与过程相比，不是另一种新的现实，因此，可以依靠自然规律来予以解释；社会科学的知识体系应按照自然科学的模式来建立，并运用它的方法论观点；作为学者的社会科学家必须遵循“价值中立”的要求，放弃对研究对象和结果做任何价值的判断

① 袁方：《社会研究方法教程》，北京大学出版社 1997 年版，第 24～25 页。
② 风笑天：《社会研究方法》（第四版），中国人民大学出版社 2013 年版，第 7 页。

与评价；社会科学知识体系本质上只是一种工具(或工具性知识)。①

人文主义方法论亦称为反实证主义方法论，它认为，社会现象和人们的行为与自然界的运动是不同的，人类自身的特殊性要求我们对社会现象和人类行为的研究采用特殊的方法和视角，主张通过深入到被研究者的内心世界去理解他们的行为及其所产生的社会后果(“理解的方法”)，以及结合人类行为主体对社会世界的认识能力和能动特性、思维与意志等，来描述或建构研究对象的经验世界。人文主义取向的社会科学研究常常采用定性或质性研究的范式进行，它对社会生活的描述也较为深刻和细致。② 实证主义方法论与人文主义方法论的主要分野见表 1-2。

表 1-2　　实证主义方法论与人文主义方法论的主要分野③

<table>
<tr><th></th><th>实证主义方法论</th><th>人文主义方法论</th></tr>
<tr><td rowspan="2">关于社会规律性</td><td>主张社会现象与自然现象一样，都有其内在规律性。社会科学不是研究个别人和个别事件，而是研究普遍的社会现象，这些现象是在各种社会力量的作用下产生的客观事实(即社会事实)，它们是受一定的社会规律支配的(迪尔凯姆)</td><td>否认社会现象的规律性。社会现象不同于自然现象，因为人们的行为不同于物体的运动，人有自由意志，因此无法对人的行为做出预测；此外，社会历史事件都是独特的，非重复性的，因而无规律可循(狄尔泰)</td></tr>
<tr><td colspan="2">韦伯的折中或综合：社会现象都是与人的行动和人的主观动机有关的，它们与自然现象有区别；但是人们的行为是理智的、有目的的，这种理性行为具有一定的规律性。通过对社会行为的外部原因和内部动机的分析，就可以发现社会现象的规律性</td></tr>
<tr><td rowspan="2">如何认识社会现象</td><td colspan="2">主要不同：(1) 宏观研究与微观研究的对立；(2) 整体认识与个体认识的对立(整体主义方法论与个体主义方法论)；(3) 客观检验与主观判断的对立</td></tr>
<tr><td>(1) 在宏观层次上通过对大量样本的调查和统计来研究社会现象。如迪尔凯姆强调说，社会现象表现为多数社会成员的共同行动，它们的规律性只能通过统计分析来发现
(2) 对社会现象的认识是要说明社会整体的特征，如社会结构、社会制度、生产力发展水平、历史、地理条件等，是这些因素而不是个人特征决定了社会现象的产生、发展与变化
(3) 在检验真理的标准上，主张以经验为客观标准，研究者在收集社会事实时只要坚持“价值中立”原则，就能得到客观的事实和理论认识，并能对理论做出客观检验</td><td>(1) 在微观层次上通过实地调查来直接了解具体的社会生活状况。认为统计分析所得到的“社会事实”忽略了具体个人的具体行动，因而无法完全反映真实的社会现象
(2) 社会是由个人所构成的，任何社会现象都可以还原为人的活动，因此，不了解人的行为动机和价值观念就无法认识社会现象
(3) 在社会科学中，不带个人价值和偏见的研究是很难做到的，研究者的世界观、价值观、信仰、阶级地位等都会对他的认识有影响，此为，不同的研究者在观察角度、指导思想、使用的概念和方法上等的不同，都会导致对社会事实和理论认识上的不可避免的主观性或阶级性，对这种“真理”没有一个客观的标准，只能依靠主观判断</td></tr>
</table>

① 参见[英]吉尔德·德兰逖著，张茂元译：《社会科学——超越建构论和实在论》，吉林人民出版社 2005 年版，第 3 页。

② 风笑天：《社会研究方法》(第四版)，中国人民大学出版社 2013 年版，第 7 页。

③ 本表格形式为笔者制作，表中内容来源于袁方：《社会调查原理与方法》，高等教育出版社 2000 年版，第 22～24 页。

续表 1-2

	实证主义方法论	人文主义方法论
如何分析和解释社会现象	主要不同：(1) 客观解释与主观解释的对立；(2) 静态分析与动态分析的对立；(3) 定量分析与定性分析的对立	
	(1) 主张对社会现象进行客观的解释，这种解释像自然科学那样客观说明现象产生和变化的外部原因；依据这种客观的因果解释就可以对现象进行预测 (2) 在分析方法上，强调静态分析和数量分析。因为社会结构和系统各部分之间的联系是相对稳定的，所以只要剖开社会的横断面，通过大量样本的调查和数量分析就可以了解各种关系	(1) 除外部原因外，影响社会现象的因素还有内在原因，与自然科学不同，人的内在动机是无法观察到的，它们只能在具体的场合、条件和情境中通过主观理解法才能加以说明。主观理解法的特点是研究者要设身处地体验被研究者的处境，由此理解其为何采取此种行为而非另一种行为，它揭示的只是某一现象的个性和特殊性，而非普遍性 (2) 在分析方法上，强调动态分析和定性分析。只有在事件和行为的自然历史过程中进行主观理解，才能判断事物的性质，说明事物之间的联系

4. 马克思主义社会研究方法论

西方社会理论研究的主流观点认为，在社会研究领域一直存在着三种截然不同的理论取向(或传统)，即实证主义、人文主义、批判主义。比如在社会学领域，实证主义主要开创者是孔德和斯宾塞，经其最突出的代表人物迪尔凯姆的发展后日渐成熟，并开始长期占据社会研究的主流地位。人文主义的早期著名代表之一是狄尔泰，后经著名古典社会学家韦伯的修正或折中而以解释或理解社会学著称，由此也在社会研究领域站稳脚跟，并开始与实证主义分庭抗礼。马克思开创的批判主义理论传统，认为社会学理论的主要任务和作用就在于对现实社会的批判性检视，其基本特征就是不断强调社会学批判的、革命的性质，强调理论和理论家在改造、变革现实社会中的重要作用，反对那种旨在维护、修补现存社会结构的单纯解释性的“科学”研究和把现代工业社会的既定现实当作合法的做法；主张以辩证的“总体性分析”方法来观察和分析社会现实，即将社会现象置于社会的与历史的总体过程中，从它们在社会的与历史的总体过程当中所具有的地位与作用来确定它们的性质、意义，考察它们的产生、变化和发展。西方社会学研究中这三种理论传统的并存实际上也就是社会研究方法论的三种不同取向，因此，“社会学理论上的分裂与对立是与其研究方法上的分裂与对立相一致的。社会学理论研究实际上也一直是处于这三种不同传统的张力之中”①。

① 文军：《历史困境与未来挑战：当代西方社会学理论面临的主要危机》，载《社会科学辑刊》2004年第3期，第36～41页。

长期以来，以实证主义取向为主要特色的社会学理论研究一直占据着主流地位，事实上反映了西方认识论中的主体与客体、理性与情感、事实与价值、文化与自然、公共与私人等相互分离的二元论特征。因此到20世纪60年代以来，实证主义遭到了学界的猛烈抨击，诠释学、现象学、后经验主义、后结构主义、后实证主义、后现代主义等非实证主义思潮兴起，实证主义社会学理论的典范地位不仅受到质疑，同时也开始动摇，加之各种非实证主义派别之间又存在着严重的不可通约性，它们各执一词，难以在解释共同的社会现象上达成共识，社会学知识的无序态势日益严重，社会学理论的研究由此也陷入了前所未有的危机与困境之中。当然，如果从整个社会学发展的历史看，这种分裂与对立的局面从其诞生之日起就开始了，它不仅似乎没有妨碍社会学的发展，反而在某种意义上给社会学的发展提供了更加广阔的空间，这或许与社会学的研究领域既涉及自然科学特征，又富有人文学科韵味的综合性学科特征有关。正如布尔迪厄所说，社会学的危机可理解为正统社会学的危机，而所谓多元化的“异端邪说”的增加，反倒意味着学科的进步。其实，从整个社会科学的角度看，这种分裂与对立的历史困境之更深层次的原因，主要根源于科学与人文之间的长期对立，而这种对立的根源又在于现代性内在的矛盾性以及现代性与现代化之间存在的张力。比如现代社会中科学技术的滥用所导致的人与自然、人与人之间关系的恶化，不仅造成了人文精神的缺失异化，也造成了科学技术本身的异化与危机。加之社会领域各种复杂矛盾的交织，更加剧了西方社会科学的困境与危机。这种情况，从一个侧面反映出社会研究需要更为科学的方法论思想的指导。马克思主义社会研究方法论的产生与不断发展，正是这一需要的产物。

(1) 马克思主义社会研究方法论的基本内容和功能定位。

从内容体系上来说，马克思主义社会研究方法论以辩证唯物主义和历史唯物主义为根本方法，包括以实践为基础的研究方法、社会系统研究方法、社会矛盾研究方法、社会主体研究方法、社会过程研究方法、社会认知与评价方法、世界历史研究方法等，构成了一个科学的和开放的方法论体系，涉及如何正确处理主体与客体、系统与要素、矛盾与过程、个人与群众、认知与评价、世界历史与民族历史等一系列社会发展中的重大关系问题。

从根本性质和基本功能上来说，我们认为，马克思主义社会研究方法论是不能与西方社会研究方法同日而语的，它既不同于西方主流的实证主义和人文主义(或曰反实证主义)各执一词的争论，更不同于西方社会科学固有的和特定的意识形态属性。① 马克思主义社会研究方法论批判继承人类认识史上的积极成果，克服唯心主义和旧唯物主义的历史局限，依据人类文明进步与发展而变革创新，开启了科学认识人类社会的新时代，形成了正确的社会研究的指导思想和真正科学意义上的方法论原则。列宁高度评价了马克思主义的创立，认为它是社会认识史上的伟大革命变革，“马克思的历史唯物主义是科学思想中的最大成果”②，是“唯一科学的历史观”③，它使“过去在历史观和政治观方面占支配地位的那种混乱和随意性，被一种极其完整严密的科学理论所代替”④。毛泽东同志对马克思主义的形象比喻十分科学，他指出：“我们的眼力不够，应该借助于望远镜和显微镜。马克思主义的方法就是政治上军事上的望远镜和显微镜。”⑤可以看出，马克思主义社会科学研究方法论的功能定位是：可以帮助人们树立正确的立场、观点、方法，可以为各门社会科学的研究提供基本原则和合理途径，从而有利于人们在科学方法论指导下从事社会历史问题研究，进而正确分析、选择和运用各种具体的社会科学方法。⑥

因此，在社会研究中，必须深入学习和理解马克思主义社会科学方法论的基本内容，科学把握马克思主义社会科学方法论的根本属性和功能定位；在实际的各门社会科学研究中，要坚决以辩证唯物主义和历史唯物主义的根本方法论为指导，遵循马克思主义社会科学方法论的基本原则，主要包括普遍联系的观点，历史的、发展的观点，对立统一的观点，质与量相结合的观点等，⑦同时还要与时俱进，坚持和不断发展马克思主义社会科学方法论。⑧

---

① 国外社会理论学界经常把马克思与西方的一些学者相提并论，比如，西方社会学界把马克思与迪尔凯姆(或译为涂尔干)、马克斯·韦伯并列为社会学的奠基者。再如，英国当代著名社会理论家吉登斯表示：认为孔德和马克思对社会科学后来的发展产生了卓越的影响确是合情合理的。孔德和马克思同样期待并致力于神秘和神秘化的终结。马克思和孔德一样可以被认为是先知性的，而且他们都努力建立一门关于社会的科学，在对人类社会生活的研究中，这门社会科学将再产生出已经被自然科学放弃的、同样出色的阐释力和解释力(安东尼·吉登斯著，田佑中、刘江涛译：《社会学方法的新规则》，社会科学文献出版社 2003 年版，第 70～71 页)。虽然他们高度评价了马克思的学术贡献，给予和肯定了马克思极高的学术地位，但是对他们的一些观点和做法我们并不完全认同。我们认为不能简单地把马克思与西方社会理论领域的其他学者等量齐观。

② 《列宁专题文集：论马克思主义》，人民出版社 2009 年版，第 68 页。

③ 《列宁专题文集：论辩证唯物主义和历史唯物主义》，人民出版社 2009 年版，第 163 页。

④ 《列宁专题文集：论马克思主义》，人民出版社 2009 年版，第 68 页。

⑤ 《毛泽东选集》(第一卷)，人民出版社 1991 年版，第 212 页。

⑥ 参见研究生思想政治理论课教学大纲编写组：《马克思主义与社会科学方法论》，高等教育出版社 2013 年版，第 8 页。

⑦ 袁方：《社会调查原理与方法》，高等教育出版社 2000 年版，第 24 页。

⑧ 参见研究生思想政治理论课教学大纲编写组：《马克思主义与社会科学方法论》，高等教育出版社 2013 年版，第 8～13 页。

(2) 马克思主义社会科学方法论的基本原则。①

第一,客观性原则。按照人类社会的本来面目认识和理解人类历史,以理论体系不断的自我更新和研究方法不断的自我改进,科学揭示社会历史在运动和发展过程中"自己构成自己的道路",坚持认识论的实践标准、历史观的生产力标准和价值观的人民利益标准,反对任何一种形式的主观主义。

第二,主体性原则。从人自身的求真、求善、求美等内在要求出发,全面认识和评价社会历史客体,并在观念中能动地创造和构建起社会历史发展的未来理想图景,在真理认识、功能评价和审美追求的统一中把握人在社会认识中的自觉能动性,特别要着力揭示人民群众创造历史的伟大作用,为人民群众改造世界提供强大的精神动力和理论指导,坚持群众史观,反对英雄史观。

第三,整体性原则。正确认识自然与社会的关系,把对社会的研究纳入自然-社会的大体系中加以考察,社会认识活动以宏观的历史背景;正确认识个人与社会的关系,以现实的、活动着的个人作为出发点,去把握社会的运动和结构;把各种分散、零碎的社会现象看作社会总体运动的有机组成部分,在各种社会要素的有机联系中揭示社会有机体的内在组织结构,特别要着力揭示生产方式在社会体系演变中的决定作用,坚持历史唯物主义,反对历史唯心主义。

第四,具体性原则。具体问题具体分析是马克思主义活的灵魂。坚持具体地看问题,反对抽象地看问题。分析任何一个社会问题,都要把它放在一定的历史范围之内,对社会现象应当从其内在性质、空间范围和时间特性等方面进行具体的考察研究,做出定性、定量和定时的分析与判断,从与其他事物的各种联系中获得对于特定社会时间的具体了解和掌握。在阶级社会和有阶级存在的社会中,要着力分析各阶级之间具体的阶级利益和阶级对立,揭示阶级社会的特殊矛盾结构和阶级斗争的客观规律,探寻不同阶级、阶层在经济上的不同地位,用以解释他们在社会政治权利和思想文化上的差异与对立。

第五,发展性原则。在社会的相对稳定中揭示社会的运动与变化,在社会的运动与变化中揭示社会发展的趋势和规律,在社会内部矛盾和外部矛盾的交互作用中揭示社会发展的动因与条件,全方位勾画社会有机体的立体和动态结构。以对现实的把握为基点,去回溯社会发展的历史、展望社会发展的未来。坚持历史地看问题,反对静止地看问题。

① 研究生思想政治理论课教学大纲编写组:《马克思主义与社会科学方法论》,高等教育出版社2013年版,第8~10页。

(3) 坚持与发展马克思主义社会科学方法论。[①]

坚持马克思主义社会科学方法论的指导地位，积极推动其与时俱进，是自觉推动社会文明进步的要求，是深化社会科学研究的需要，也是由马克思主义与时俱进的性质所决定的。

第一，坚持马克思主义社会科学方法论的指导地位。马克思主义社会科学方法论具有严格的科学性和意识形态的先进性。它是马克思主义世界观、历史观在方法论上的体现，是人类思想史的结晶，是人民群众认识社会、改造社会的锐利思想武器。它在学校实践观的基础上，正确回答了社会存在与社会意识、主体与客体、生产力与生产关系、经济基础与上层建筑、个人与群众等范畴之间的辩证关系，把唯物主义和辩证法彻底地贯彻到了社会历史领域，为人们科学认识社会历史和正确从事社会实践活动提供了根本的方法论指导。

第二，正确对待当代西方社会科学方法论。当代西方社会科学方法论主要表现为科学主义与人文主义、个体主义与整体主义以及结构功能主义等不同流派。科学主义是用自然科学的眼光看待人文社会科学的研究对象、学科性质和研究方法，主张在自然科学的规范和方法论系统中构建人文社会科学的研究方式和体系。人文主义强调人文社会科学与自然科学在研究对象、学科性质和研究方法方面的根本区别，否认在人文社会科学研究中运用自然科学方法的必要性和可能性。个体主义认为个体及其行动是社会运动和社会结构的基础，主张从个体出发揭示社会现象。整体主义认为社会整体决定社会个体，主张从整体出发解释社会现象。结构功能主义主张借鉴现代自然科学方法来研究人类行为和社会系统，揭示人类社会系统与生物、物理系统相同的结构和机制。西方社会科学方法论有悠久的历史，也有许多积极成果，特别是在微观层次和操作层面有许多科学合理的因素，值得我们借鉴和吸收。

第三，马克思主义社会科学方法论是开放的科学体系。马克思主义社会科学方法论在与社会实践的互动中展示出自己所特有的开放性。我们应当自觉以马克思主义为指导，认真总结社会主义的历史经验，借鉴和吸收人类一切文明成果，直面当代人类文明发展中的各种矛盾和问题、各种理论和方法，通过深入研究和探索，不断丰富和发展马克思主义社会科学方法论。经济全球化和新的科学技术革命深刻地改变了当今世界的面貌，使人类社会的生产方式、生活方式和思维方式发生了并将继续发生历史性巨大变化。恩格斯说："随着自然科学领域中每一个划时代的发现，唯物主义也必然要改变自己的形式；而自从历史也得到

① 研究生思想政治理论课教学大纲编写组：《马克思主义与社会科学方法论》，高等教育出版社2013年版，第10～13页。

唯物主义的解释以后，一条新的发展道路也在这里开辟出来了。"[①]面对当代世界的新变化和当代中国的新发展，哲学社会科学工作者应当破除迷信，解放思想，超越陈规，与时俱进，以更加开放的心态、更加广阔的视野、更加缜密的思维，坚持和发展马克思主义社会科学方法论。

扩展阅读

社会研究方法论的困境[②]

社会科学自诞生之日起，就陷入了方法论问题的困扰之中，这是社会科学步履蹒跚、转型迟缓的重要原因之一。

科学主义和人文主义的对立，是贯穿于社会科学一切方法论争论中的根本问题。造成这种对立的根源，就在于前者把"社会世界"归结为"自然世界"，后者把"社会世界"归结为"精神世界"。换言之，前者认为社会科学必须以自然科学为方法论基础，后者认为社会科学必须以"人文研究"为基础。困难恰恰在于："社会世界"本身是二重性的，它既是"事实世界"，又是"意义的"、"价值的世界"；它既不能归结为"自然世界"或"精神世界"，又不能脱离"自然世界"和"精神世界"。

如果抛开"二元对立"，那么社会世界的二重性就表现为多质多层次的复杂结构。自然科学方法主要是通过社会生活的物质基础层进入"社会世界"的，但对其他层次的适用性依次递减；人文认识（理解）方法主要是通过社会生活的价值和意义层进入"社会世界"的，但对其他层次的适用性也依次递减。

自然科学方法和人文认识方法在它们所属的层面上都有其合理性，但它们的适用性又都是有限的。由于社会世界的多质性和多层次性，以它为对象的社会科学的方法论基础应该是综合的。这种综合不是自然科学方法和人文认识方法的简单相加，而是在它们相互交融基础上的新的"创造"，即创造出适合于社会现象特质的综合基础。

这个综合基础，应该是由以下三大方法所支撑的作为有机整体的综合基础。三大方法是：定性与定量相结合的系统研究方法，个体论与整体论相结合的综合研究方法，实证性和评价性相结合的集成研究方法。三大方法是对社会科学中三个基本关系（定性与定量、个体与整体、事实与价值）的辩证解决，是既体现马克思主义辩证思维精神，又与社会现象的复杂性相适合的，因而，它们可以构成适应现代科学整体化趋势的方法论基础。

---

① 《马克思恩格斯文集》(第4卷)，人民出版社2009年版，第281～282页。

② 景天魁：《社会科学走向现代化的理论思考》，载《求是》1994年第22期，第37页。

（二）研究方式

研究方式指的是研究所采取的具体形式或研究的具体类型。通常，我们把社会研究的基本方式划分为四种主要类型，即调查研究、实验研究、实地研究和文献研究。其中每一种方式都具备某些基本的元素或特定的语言，构成一项具体社会研究区别于其他社会研究的明显特征。同时，运用每一种方式都可以独立地走完一项具体社会研究的全部过程。

调查研究的主要形式有普遍调查、抽样调查，是定量研究或量化研究的主要形式。调查研究的基本要素包括抽样、问卷、统计分析、相关关系等。实验研究在社会研究中是最接近自然科学方法的。它是根据一定的研究假设，改变或控制一个或几个变量，然后观察其他变量是否随之发生变化，从而检验变量之间的因果关系。社会研究中的实验研究一般应用于教育学、心理学和社会心理学中的小群体研究。实验研究主要分为两种类型：实地（自然）实验和实验室实验；实验研究的构成要素包括操纵与控制、实验组、控制组、前测、后测、实验刺激、因果关系等。实地研究也叫“实地调查”、“田野调查”，与“调查研究”方式相对应，它是一种定性或质性研究方式；实地研究的具体方法主要是参与观察和非参与观察、个案研究、社区研究等；实地研究构成要素包括观察、研究者的角色、投入理解、扎根理论等。文献研究主要是利用二手资料进行分析。作为独立的研究方式，文献研究的具体方法主要有内容分析法、二次分析方法（相对于元分析法）、统计资料分析方法、历史文献分析法等；文献研究构成要素包括抽样、编码与解码、二次分析、统计分析等。

从大的方面看，这四种研究方式反映了两种方法论倾向：以实验研究、调查研究和文献研究为代表的定量研究方式，比较集中地体现了实证主义方法论的倾向；而以实地研究为代表的定性研究方式，则集中地体现了人文主义方法论的倾向。类似地，不同的研究方式也分别被用于不同的研究目的：调查研究最经常地被用来描述一个大的总体的状况，以及探讨不同变量之间的相关关系；实验研究则主要被用来探索和证明两个变量之间的因果关系；实地研究更多地是在深入理解社会现实，以及在提炼和建构理论方面发挥作用；而文献研究则常常被用于帮助研究者去探讨那些既不会引起研究对象的任何反应、又是其他方式存时间和空间上无法达到的社会现象和问题。

表 1-3 对这四种研究方式进行了概括和总结。①

① 风笑天：《社会研究方法》（第四版），中国人民大学出版社 2013 年版，第 8～9 页。

表 1-3 社会研究的基本方式简介

研究方式	子类型	资料收集方法	资料分析方法	研究性质
调查研究	普遍调查 抽样调查	统计报表 自填式问卷 结构式访问	统计分析	定量
实验研究	实地实验 实验室实验	自填式问卷 结构式访问 结构式观察 量表测量	统计分析	定量
实地研究	参与观察 个案研究	无结构式观察 无结构式访问	定性分析	定性
文献研究	统计资料分析 二次分析 内容分析 历史比较分析	官方统计资料 他人原始数据 文字声像文献 历史文献	统计分析 定性分析	定量 定性

当然，除了这里所简要介绍的四种基本研究方式，在国内外社会研究方法的同类教科书中还有其他一些研究方法的讨论。比如被称作所谓“第三次方法论运动”、“第三范式”等的“混合研究方法”(或混合方法研究)①；此外，还有一些教科书中讨论了社会研究中一些比较常用的和相对具体的研究方法，例如比较研究法、历史分析法、案例研究法、逻辑推演法、SWOT 分析法、因果分析法、矛盾分析法、分析和综合法、系统分析法、结构-功能分析法等。② 考虑到对学生来说学习和运用的方便，本书将在后面相应的章节之中，对调查研究、实验研究、文献研究和实地研究这四种基本研究方式分别系统论述，另外再有选择地介绍若干在社会研究(尤其是论文写作)中比较常用和相对具体的研究方法。

(三) 具体方法与技术

社会研究方法体系的第三个层次是各种专门技术和工具，或曰具体方法与技术，指的是在研究过程中所使用的各种资料收集方法、资料分析方法，以及各种特定的操作程序和技术。社会研究方法的专门技术主要有社会测量技术、资料收集技术和资料整理、分析技术。社会测量技术主要包括各种测量指标的设

① 参见[美]约翰·克雷斯维尔、薇姬·查克:《混合方法研究:设计与实施》,重庆大学出版社 2017 年版;[美]约翰·克雷斯维尔:《混合方法研究导论》,上海人民出版社 2015 年版;[美]约翰·克雷斯维尔:《研究设计与写作指导:定性、定量与混合研究的路径》,重庆大学出版社 2007 年版。

② 参见:水延凯、江立华:《社会调查教程》(第六版),中国人民大学出版社 2014 年版,第 310～328 页;王定祥:《研究方法与论文设计》,高等教育出版社 2013 年版,第 212～222 页、第 299～337 页;曹堂哲:《公共管理研究方法》,北京大学出版社 2014 年版,第 336～365 页。

计，量表、测验表、问卷的设计以及指标的综合等。资料收集技术主要有观察技术、访谈技术以及对文献资料的审阅、摘录、评估等。资料整理、分析技术则有资料的审核、分类、编码、复查、登录、汇总、统计等。社会研究的工具主要是指收集资料的量度工具和各种辅助器械。量度工具包括各种观察记录表、量表、测验表、问卷或调查表等；辅助器械则有录音机、照相机、录像机。它们处于社会研究方法体系的最具体的层面，具有专门性、技术性、操作性的特点。

二、社会研究方法构成要素之间的关系

社会研究方法体系三个构成要素，其中的方法论是内核层，它是社会研究方法体系的理念层或指导思想层；研究方式是社会研究方法体系的中间层，它是理念层的基本体现；社会研究的具体方法与技术，是社会研究方法体系的外表层，它是理念层和中间层的具体表达和运用。三者的关系如图 1-4 所示。

图 1-4　社会研究方法体系三个构成要素的关系图示

社会研究的方法体系是一个有机的整体，三大层次是相互联系、相互制约的。虽然它们之间有层次上的差别，但各种方法论、研究方式、具体方法和技术都不是各自独立、互不相关的。方法论与研究方式之间、研究方式与具体方法和技术之间，都存在着十分紧密的内在联系。社会研究方法体系的方法论是社会研究方法体系的基础。其中哲学方法论起着决定性的作用，是最基本的方法论。方法论决定和影响着学者如何去观察、研究社会现象，以及采用什么具体方法和专门的技术工具。而具体方法和技术、工具的发展也会促进方法论本身的发展。

风笑天从两个层面对其关系进行了论述：①

首先，由于方法论是指导研究的一般思想方法和哲学基础，因而它与研究方式之间的关系尤为密切。不同的方法论观点不仅影响着研究者对研究问题的选择，同时更直接影响着研究者对研究方式的选择，以至于在研究方式和方法论之间，逐渐形成了一种常见的模式。比如：具有实证主义方法论的社会研究者，通常采用调查研究、实验研究，以及定量的文献研究的方式，以凸现研究的规范性、精确性、客观性。从建立研究假设、变量操作化、数据资料收集、定量分析方法的运用，直到研究结果的解释和假设的检验，其一招一式都尽可能严格地按照自然科学研究的方式进行。而具有人文主义方法论的研究者，则更经常地采用实地研究的方式，以及定性的文献研究方式，以凸现研究过程的特殊性、深入性、主观性。他们在研究的思路和策略上更多地依赖于研究者的主观体验和感悟，方法上更多地依靠研究者的参与和对情景的分析。反过来，不同的方法论倾向及其与之相适应、相配合的研究方式，又在一定程度上制约和影响着研究者对研究领域，特别是对研究问题的选择。

其次，就像不同的研究方式与不同的方法论之间存在某种内在的联系一样，各种不同的具体方法和技术与不同的研究方式之间，也存在着一种内在的联系。比如，调查研究的方式往往需要运用抽样的方法，需要设计问卷的技术，需要运用计算机对收集的资料进行统计分析；实地研究的方式则往往需要运用参与观察的方法、无结构访问的方法，以及定性资料的分析技术；而实验研究则需要运用随机指派的方法、量表测验的方法、量表制作技术、实验刺激的技术、实验控制的技术；文献研究的方式往往需要运用内容分析方法、统计分析方法等。

三、定量研究与定性研究的比较

任何事物都具有量和质两个方面的规定性。在社会研究中，相应地存在着定量研究（或量化研究）与定性研究（或质的研究、质化研究、质性研究）②两种不同的探讨方式（如前述社会研究的基本方式简介表中的“研究性质”一栏）。研究者对定量研究与定性研究之分野的讨论形成了很多说法，大多集中于哲学基础、本体论、价值主张、知识观、研究方式、资料收集和分析方法等方面进行比较。比

① 风笑天：《社会研究方法》（第四版），中国人民大学出版社2013年版，第10页。

② 需要说明的是，关于“定量研究”与“定性研究”的理解学界有不同的认识，特别是“定性研究”是否就是“质的研究、质化研究、质性研究”等的讨论目前看远未达成基本一致的认识。考虑到学界讨论的复杂情况，本书在此处的词汇运用不作严格意义上的区分性讨论。有关这方面的思考和讨论，有兴趣者可以参见陈向明关于“质的研究”概念的讨论（陈向明：《质的研究方法与社会科学研究》，教育科学出版社2000年版），风笑天的研究（风笑天：《定性研究与定量研究的差别及其结合》，载《江苏行政学院学报》2017年第2期，第68～74页），以及其他相关研究成果。

如定量研究和定性研究，在哲学基础方面，一个是实证主义、经验主义，另一个是人文主义、解释主义、建构主义、现象学；在本体论方面，一个是实在论者，另一个是情境论者；在价值观方面，一个是主张价值中立，另一个主张价值介入；在知识观方面，一个是主张客观性，另一个是主张主观性；等等。此处仅选取国内外比较有代表性的观点各一例简要介绍，并且为了对二者进行比较的方便，仅用表格形式予以表达，见表1-4、表1-5。

表1-4　　风笑天关于定量研究与定性研究方式的比较①

	定量研究	定性研究
哲学基础	实证主义	人文主义
研究范式	科学主义	自然主义
逻辑过程	演绎推理	归纳推理
理论模式	理论检验	理论建构
主要目标	确定相关关系和因果关系	深入理解社会现象
分析方法	统计分析	文字描述
主要方式	实验研究、调查研究	实地研究
资料收集	量表、问卷、结构观察等	参与观察、深度访问等
研究特征	客观	主观

表1-5　　戴维和萨顿关于定量研究与定性研究方式的比较②

定性研究	定量研究
在资料收集与分析方面，定性研究通常比定量研究更重视语词。作为研究策略，定性研究是归纳法优越论者、建构主义者和诠释论者，但定性研究人员并不总是认同上述所有三个属性(Bryman，2001:506)	在资料收集与分析方面，定量研究通常重视数字。作为研究策略，定量研究是演绎法优越论者、客观主义者，并在研究过程中纳入自然科学模式(特别是那些受实证主义影响者)，但定量研究人员并不总是认同上述三个属性(Bryman，2001:506)
定性方法：不使用任何定量标准和技术的社会研究方法；以符号互动论、诠释学及常人方法学的理论与方法论原则为基础(Sarantakos，1998:467)	定量方法：应用定量理论与方法论的原则、技术以及统计学的方法(Sarantakos，1998:467)
定性观察：不以任何标准化的编码形式加以记录的科学观察(Ellis，1994:377)	定量观察：用数字化或其他标准化编码形式加以记录的科学观察(Ellis，1994:377)
定性资料：通常以词语以及感觉、价值和态度方面的信息等形式呈现出来的资料(Lawson and Garrod，1994:218)	定量资料：可以用数字形式，如数字、百分比、表格等，呈现出来的资料(Lawson and Garrod，1994:218)

① 风笑天：《社会研究方法》(第四版)，中国人民大学出版社2013年版，第13页。

② 参见[英]戴维、萨顿著，陆汉文等译：《社会研究方法基础》，高等教育出版社2008年版，第32～37页。

戴维、萨顿认为定性研究和定量研究这两种不同的探讨方式，似有“信仰之争”的问题。“性质”和“数量”这两个概念在社会研究中被用来标明一种差别。这种差别引起了关于社会研究以及社会生活性质的热烈讨论。对这种分化的力量，一些人认为，它代表着社会研究领域一种根本性的意识形态上的分裂，这种分裂无法通过事实和辩论加以弥合，因为争论的每一方均没有打算接受另一方的“事实”和“辩论”所支撑的东西。如果进一步地区分，这两种分化的观点或力量，其实“不在于怎样研究人，而在于对人之为人的理解的差异！”定性研究与定量研究表现出的诸多方面的差别，是方法论问题和本体论问题的混合。“方法论问题涉及的是如何最恰当地得出关于人的结论，本体论问题涉及的是我们在最本原的位置看到的是什么(即人实际上意味着什么?)。……看起来‘单纯的’定性与定量间的选择经常反映了研究者关于人类本质的基本信念。对怎样才能最恰当地理解人这一问题的看法取决于你认为人究竟是什么。社会科学中最基本的对立是数字本体论和现象本体论的对立。”①在实际的研究中，其实必须做出的每一项选择中都存在折中的情况，显而易见的解决方案是开展定性-定量研究，或者作为分开的项目、或者作为整合性的项目。也就是说，社会研究中的定性方法与定量方法不是截然分开的，定性研究和定量研究之间的界线也不是由任何单一的原则或一套统一的原则确定的。比较科学的策略或研究取向是“混合研究”。既然所有研究在本质上既是定性的，也是定量的，那么具体研究方法就可以存在于归纳或演绎、语言或数字、深入度或可概化度、自然主义或控制等系列之间。混合方法的应用显然是为了综合各种角度的不同方法的好处，是为了促成各种可能中的最好结果。混合方法应用并不只是为了定性和定量方法的平衡。美国哈佛大学教授 Gary King 认为到了大数据时代，尽管随着信息技术和统计方法的进步，大数据为我们处理之前不曾或者不能处理的数据提供了可能，但我们仍然需要意识到，定性研究不仅离我们并不遥远，而且比我们想象的更重要。定性研究与定量研究的对立存在于各个科研领域，而且这两种研究往往是彼此交融的。实际上，不仅定性研究需要定量研究来帮助其验证各种观点，定量研究也需要定性研究为其提供数据量化的理论依据。得益于现代科技，文本、影像等大量研究资料既可以用于定性研究，也可以用于定量研究，这意味着二者的联系变得更加紧密而非疏离。在未来的大数据时代，定性研究和定量研究唯有携手共进，才能有所突破。如果我们将数据比作一辆汽车，那定量研究便是车辆的引擎，而定性研究则是汽车的方向盘。总之，唯有两种研究通力合作，

① 参见[英]戴维、萨顿著，陆汉文等译：《社会研究方法基础》，高等教育出版社 2008 年版，第32 页。

才能研制出人类可控的计算机技术，让人们在信息高速公路上纵横驰骋。①

四、社会研究方法的新趋势

当代一些社会科学学科的研究，在研究方法论思考及具体研究方法的运用策略方面均出现了一些新的动向。

首先，方法论主张方面的发展动向。比如在社会学领域，一些当代的社会学家极力主张在方法论原则上必须打破经验研究与思辨研究的壁垒，跨越以往由于人们的认识水平有限而制造出的认识鸿沟。比如美国著名社会学家彼得·布劳就是其中的杰出代表，他所建构的一套极为复杂的宏观社会结构理论就是典型的尝试。我们知道，在社会科学创立发展的早期阶段，一些先贤逐渐意识到社会研究也应该学习借鉴自然科学的研究方法，以使社会研究的结果更客观、更科学、更有效等。比如社会学的先驱圣西门、孔德等，就极力推崇自然科学的研究方法，认为社会学也必须像自然科学那样，运用实验、观察、比较等的研究方法，反对或排斥思辨演绎等传统研究方法，这就在一定程度上打破了自然科学研究与社会科学研究之间的壁垒。从历史发展的角度看，其思想解放的贡献和推动社会科学研究实证化研究发展的贡献是巨大的。但是，这些早期的努力背后反映了社会科学的“科学化”和“建制化”的需要。例如，作为社会学的开创者和奠基者的实证主义范式的代表人物孔德和迪尔凯姆等，当时都面临着一个共同的使命，即如何为他们所主张的“新学问”——关于社会现象的学问而不是关于自然现象的学问，能够在世俗社会中争得一席之地而进行不懈努力。然而，随着实证主义研究范式的发展，人们却渐渐开挖了一条经验研究与思辨研究之间的方法论鸿沟，这不能不说在一定程度上使人们误认为只有经验研究这一条道路可走，除此之外好像都是“异端邪说”。可以说，社会科学的“科学化”及其在实证哲学上的表达，是社会科学建制化时期的特点。但是，在社会科学逐渐形成自己的建制和风格的同时，也一直存在否定社会科学独立性的力量；而且，伴随社会科学疆域的扩展，其无知之域也在同步、甚至在更大的范围内扩展。这样，“开放”社会科学，成为进一步发展社会科学的新的努力，其实际的意图无非是使社会科学与其他知识和文化形式之间重新展开对话，哲学的复兴无疑是这种对话意识的表达和表现形式。② 因此，当代的社会研究对这个问题的警醒以及主张经验研究与思辨研究相结合的重大努力，是一个必须高度予以关注的发展趋势。

---

① [美]Gary King:《大数据与数据无关》，载钟扬主编:《实证社会科学》(第三卷)，上海交通大学出版社 2016 年版，第 3～10 页。

② 朱红文:《社会科学与哲学的关系:社会科学史的视角》，载《天津社会科学》2003 年第 5 期，第 4～9 页。

其次，具体方法层面的发展新动向。有研究认为该层面的新动向主要包括：① 研究的规范化程度不断提高。这主要体现在两个方面，其一是在定量研究中，数理统计的应用更加广泛；其二是定性研究的范式化倾向越发明显。② 定性与定量：由泾渭分明走向融合。定量技术与定性技术趋于融合，是近年来社会研究方法的又一特点。Devine 和 Heath 把这一现象称为“方法论上的折中主义”(methodology eclecticism)。她们在研究了英国近 10 年来的 8 个经验研究之后总结说，现在社会学家使用的方法是一个“混合体”，而不是孤立的某一方法，是非常普通的事情。在这 8 个研究中，有 3 个使用了不止一种方法，另外 3 个同时使用了定量和定性的技术：定量调查加上深度访问、个案研究和文献分析。近些年来学术研究中的所谓“混合研究方法”其实质就是定量研究与定性研究（或质性研究）融合的表现（混合研究方法将在后面的有关章节部分予以论述）。③ 科学技术尤其是网络技术的进步为社会研究带来了全新气象。语音设备使得开放式数据的收集有了更高的信效度；电脑软件使得大规模的数据分析不再令人望而生畏；远程交流设备更直接地推动了新的调查技术的涌现，比如电话访问、电视会议（座谈会）以及网上调查。①

扩展阅读

社会研究范式②

社会研究范式是社会研究方法领域十分重要的议题，在社会研究发展进程中有关范式的讨论形成了一些很具启发价值的观点。考虑到学术界有关研究范式的探讨十分复杂和抽象，此处仅选择一篇“社会学四大范式”的文献，帮助大家了解社会研究范式这一理论议题。

基于社会学的基本性质、研究旨趣、理论预设、分析框架、方法选择等维度，许多学者认为可将社会学划分为不同的传统或流派，并提出了各种各样的分类方法。社会学教科书通常将社会学的理论划分为三大流派（或体系、板块）——功能论、冲突论和互动论，或将社会学简化为宏观社会学与微观社会学两大部分；另一种比较流行的做法是将社会学划分为实证主义和非（反）实证主义两大类（或将其划分为定量社会学和定性社会学两块）；而美国社会学家瑞泽尔认为社会学是一门多元范式的学科，主要包括旨在探索以社会事实、社会行为和社会释义为标志的三大范式。

① 参见陈曼蓉：《当前社会研究方法的特点、趋势及问题》，载《社会》2002 年第 5 期，第 22～23 页。
② 张小山：《社会学四大范式，你知道吗？》，载《中国社会科学报》2015 年 5 月 22 日，第 741 期。

1. 实证主义、解释主义、批判主义三大范式已确立

英国当代社会学家吉登斯在其早期代表作《资本主义与现代社会理论》中，重点考察了与现代资本主义密切相关的三大古典理论家——马克思、迪尔凯姆、韦伯，并认为他们分别阐述了现代性(社会学的核心问题)的三个重要维度——资本主义、工业主义和理性化。此后，越来越多的社会学家认同马克思、迪尔凯姆、韦伯是现代社会学的奠基者。一般认为，上述三大家提出的社会学理论与方法论，奠定了西方社会学的基本框架与走向，并形成三个相当具有号召力的社会学传统或范式：以迪尔凯姆为代表的实证主义，以韦伯为代表的解释主义和以马克思为代表的批判主义。事实上，当代社会学理论的发展在很大程度上是对上述三大家所开创理论的不断批判与重建的过程。德国当代社会理论大师哈贝马斯关于合法性知识划分的主张与三大范式是吻合的，他从认识旨趣的角度将合法性知识划分为三类——经验-分析型、历史-解释型和批判型，相应的三种认识旨趣分别是控制、实践与解放。总之，三大范式的划分逐渐在社会学界较大范围内形成共识。

2. 后现代主义范式有一定潜力

后现代主义作为一股重要的文化思潮兴起于20世纪60年代至70年代的西方，逐渐流行后不断向全球扩散。它以拒斥现代性为基本特征，其核心源自后结构主义，摈弃现代主义思想教条的哲学与理论立场。它对当代西方社会科学各个领域造成了极大的冲击，引发了众多社会研究的新探索。问题是，后现代主义能否称得上是一种与前面三大范式并列的社会研究或社会学范式？对此存在较大争议。一个重要原因是后现代主义主要由非常松散、内部差异很大的相关话语混合而成，具有反宏大叙事、反理论化、反系统化倾向，而且其发展也存在诸多不确定性，呈现为“一系列处于不断变化的碎片”。

后现代主义是一种有潜力的、不断形成的社会学及社会研究的重要范式或准范式，理由主要有五点：其一，虽然学界关于“范式”的理解有很大分歧，但可在比较宽泛的意义上使用这个概念，主要指一群研究者(或学术共同体)所拥有的相同或相似的信念、视角、研究模式及理论框架等；其二，尽管存在诸多混乱和分歧，但各种后现代主义拥有一定的共识，并表现出某些共同的旨趣和相似的特征；其三，可以在哈贝马斯的三种认识旨趣的基础上补充“解构与审美”这样一种旨趣，即后现代主义也可提供一种以反思-另类为特征的合法性知识类型；其四，后现代主义着重从文化社会学的角度考察现代性，并对它提出独到、深刻的诊断和犀利的批判；其五，后现代主义确实在社会研究方面具备不同于其他三大范式的特征，蕴含值得挖掘的潜力，并可能发展出一种社会分析的新路径。另外，可将齐美尔看作社会学中后现代主义范式的早期代表或奠基者，其相关理论及研

究实践所呈现的解构主义的学术旨趣、建构主义的社会观念、另类及边缘的研究选题、多元主义的方法取向、不拘一格的表述风格、与晚近后现代主义学者的家族相似等特色，为此提供了比较充分的依据。

3. 多种范式满足研究者不同需要

为了对社会学四大范式的主要特征和基本关系有更加直观和简明的把握，可以用一个 2×2 的交互分类表(表 1-6)对四大范式进行逻辑归类(韦伯意义上的理想类型)，其中，两个变量维度分别是看待社会现实的基本立场(变量取值:实在论与建构论)以及针对研究伦理的态度取向(变量取值:价值中立与价值介入)。如此，实证主义就属于本体论上的实在论和方法论的价值中立型，批判主义属于本体论上的实在论和方法论的价值介入型，解释主义属于本体论上的建构论和方法论的价值中立型，后现代主义属于本体论上的建构论和方法论的价值介入型。

表 1-6　社会学四大范式的主要特征和基本关系

本体论 / 方法论	价值中立	价值介入
实在论	实证主义	批判主义
建构论	解释主义	后现代主义

首先，无论是实证主义还是批判主义都假定存在一个独立于认知者的真实世界，不过批判主义更强调一种可改变的压迫性结构的真实存在；而解释主义和后现代主义则认为社会现实是人们建构的。尽管解释主义认为社会世界充满主观意义，研究者必须去理解行动者的意图与动机，但这些具有主观色彩的内容却独立于研究者的主观意识与符号系统。与此不同的是，后现代主义否认任何独立于研究者的主观意识与符号系统的外部实在。一般来说，认同实在论的实证主义和批判主义倾向于从事宏观社会学的研究，即致力于研究较大规模的社会模式，关注社会整体及其主要构成因素，如经济、政治、文化体系及其运作，社会分层与流动，阶级关系和冲突等，主要采取方法论的整体主义立场，其分析单位往往是群体而不是个人，强调结构脉络的关键作用。而认同建构论的解释主义和后现代主义则倾向于从事微观社会学的研究，致力于考察发生在相对较小的群体和社会情境中的社会行为，如邂逅、家庭成员的面对面互动等，主要采取方法论的个体主义的立场，其分析单位往往是个人而不是群体，强调个体意识的关键作用。

其次，实证主义和解释主义通常强调在研究过程中尽可能遵守价值中立原则，以避免研究者的价值观歪曲研究结果，努力再现研究对象的本来面貌，千方百计弱化或隐藏自己的价值观(而且，实证主义在这方面要更加执着坚定)，至少他们都将价值中立当作研究的理想标准要求自己，坚信客观性是社会研究的主要目标。而批判主义和后现代主义则主张放弃价值中立的原则，认为这根本就是一个乌托邦，现实研究中是完全无法做到的。在他们看来，严格意义的客观性只是一个幻想，是一种从未实际存在过的神话。价值介入是任何研究所固有的，不但不能消除、回避，相反应该提倡与鼓励；知识和权力密切相关，并总是通过研究者的政治立场传递，一切知识的范围和内容都受制于历史行动者的价值取向。不过，批判主义坚信存在某种超越其他、更加正确可取的价值立场，即政治上正确，它在很大程度上能保证研究的有效性与客观性。正是由于先进正确的价值观，某些批判主义者往往对自己的研究局限、消极后果缺乏批判性的反思。与此不同，后现代主义则断定所有价值立场都是平等的，没有哪种立场拥有唯我独尊的特权。后现代主义者认为关键是要对介入社会研究的价值观进行批判性反思，审视价值观介入给研究过程及结果带来哪些影响。社会研究最终要回答的问题是：谁把“真理”带给我们？谁从这些“真理”中受益？简言之，后现代主义旨在提供一种反思的、另类的地方性知识。

社会学的四大范式在研究旨趣、本体论、认识论、方法论等方面存在明显差异，进而导致它们在研究方式及策略、具体方法与技术的选择上也有很大的不同。它们能为实际的社会研究提供有价值的指导，并可满足不同旨趣研究者的多种需要。

思考与练习

1. 简述主要的求知方式。科学与其他求知方式的不同之处是什么？科学程序由哪些步骤构成？

2. 试述哲学演绎在社会科学研究中的作用。

3. 简述社会研究的含义与特征。

4. 联系实际举例说明社会研究所面临的主要困难。

5. 如何理解“研究的方式聚焦于经验性研究”？

6. 举例说明纵向研究的三种类型。

7. 社会研究的方法体系由哪几个部分构成？方法论、研究方式和具体方法之间存在着怎样的关系？

8. 定量研究与定性研究存在哪些主要的差别？如何理解二者之间不存在好坏优劣之分？请说明理由。

9. 实证主义方法论的主要特点是什么？人文主义方法论的主要特点又是什么？如何看待这两种不同的方法论主张？

10. 找几篇发表在《社会学研究》或其他社会科学学术刊物上的研究报告或论文进行阅读，看看它们分别采取的是哪种研究方式，以及具体的资料收集和资料分析方法。

第二章 社会研究的逻辑与过程

本章重点

1.“科学环”理论
2. 假设检验逻辑
3. 概念、变量与指标
4. 假设的陈述与来源
5. 社会研究的一般过程

第一节 社会研究的逻辑程序

各门不同的社会科学虽然各自侧重的具体方法和技术略有不同,但它们在研究的基本逻辑、原理、原则、程序和要求上都是一样的。实际上,社会研究的一般逻辑过程与科学的程序或科学逻辑是相一致的。

一、“科学环”:研究的逻辑

美国社会学家华莱士在《社会学中的科学逻辑》一书中,提出并详细阐述了社会研究的逻辑过程。他所概括的这一过程被人们称作“科学环”并广泛运用,见图 2-1。

华莱士所提出的“科学环”告诉我们:科学是理论与研究之间不断相互作用的过程。在这一“科学环”中,研究者有两个入口:① 有时研究者首先从观察事实、记录事实入手,通过描述和解释他们所观察到的事实,形成经验概括并上升为理论。然后在他们的理论的基础上做出预测,即对未知事物的假设,再通过观察新的事实以检验这种预测。② 有时研究者首先从理论出发,由理论产生假设,再由假设导致观察,然后由观察形成经验概括,用这种概括支持、反对或建议修改理论,或提出新的理论。

另外两种角度的“科学环”分析:首先,华莱士认为,科学环的左边一半意味着从观察和对观察的理解中进行归纳和理论建构;而科学环的右边一半则意味着从理论出发,通过演绎,应用理论于观察中,进行理论检验。其次,华莱士认为,科学环的上面一半代表着运用归纳和演绎等逻辑方法的理论化过程;而科学环的下面一半则代表着运用研究方法所从事的经验研究过程。换句话说,图中

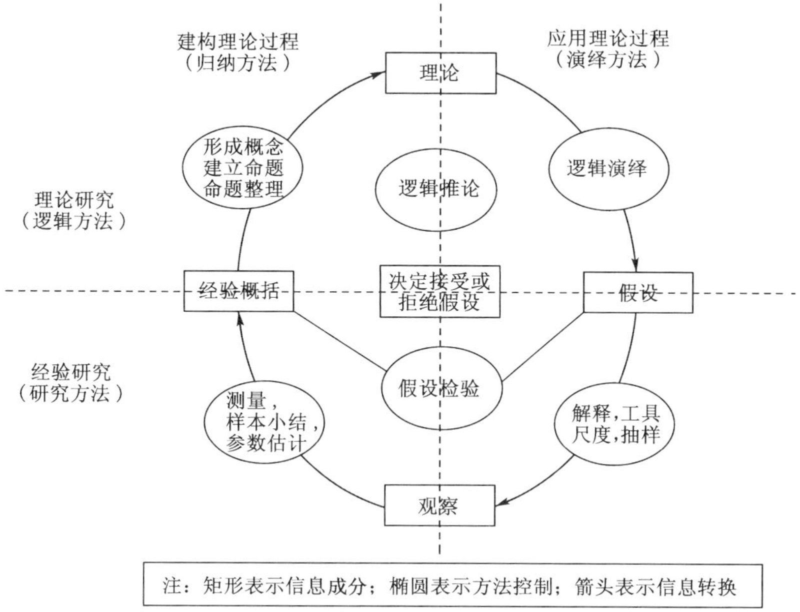

图 2-1　科学过程中的主要信息成分、方法控制和信息转换图示

的水平虚线将抽象的理论世界与经验的研究世界区分开来。

需要说明的是，华莱士的"科学环"是对社会研究的一般逻辑过程而言的，即对于社会研究总的过程来说，它有两个起点（理论或观察），反复循环，螺旋上升。

风笑天认为，对于任何一项具体的社会研究来说，它往往只是走完整个圆环的一半：理论建构的研究往往只走完左半圆——从观察到理论；而理论检验的研究则只是走完右半圆——从理论到观察。并且，同是观察产生的事实，在其作为导出理论的起点时和其作为检验理论的终点时是不一样的；类似地，同是理论解释，在其作为推出假设、指导观察的起点时和其作为具体观察和经验概括的终点时也是不一样的。为了更好地说明这一差别，他提出了具体社会研究过程的逻辑，如图 2-2 所示。①

图 2-2 表明，研究问题是一项具体研究的逻辑起点。在现实所提出的各种问题面前，研究可以采取两种不同的研究路线。一是从观察入手，通过经验概括和归纳推理，得出理论，并用这一理论对最初的观察进行说明和解释；二是从现有理论入手，运用演绎推理得出假设，再通过经验的观察来检验（证实或否定）最初的理论。因此，理论和研究是一个永恒的循环中的两个相对独立的组成部分。

① 风笑天：《社会研究方法》（第四版），中国人民大学出版社 2013 年版，第 30～31 页。

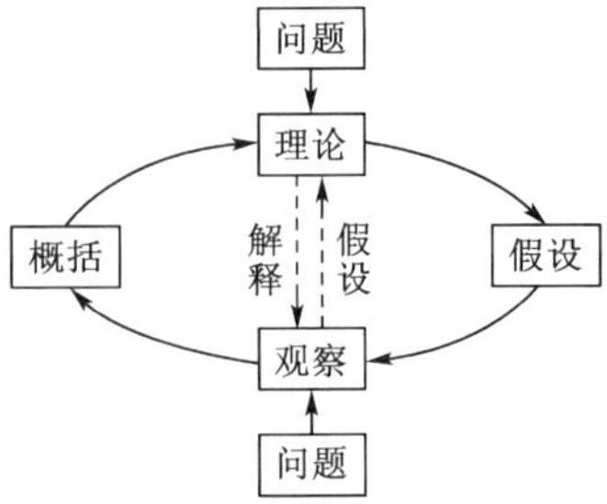

图 2-2 具体社会研究过程的逻辑图示

理论鼓励人们去进行可以用来证实或反驳它的研究，而研究成果则被用来证实、否定或修改这一理论，同时也为新的理论的建立提供依据。社会知识正是在这样一种循环往复、永无休止的过程中一步步积累起来的。

尽管在具体的社会研究中，研究者可能只采用二者之一作为他的起点，但他有义务考虑他的工作对二者间互动的意义。如果他集中于经验研究，他就必须考虑这种研究与社会理论的相关性；而如果他的主要兴趣在于发展社会理论，那么，他就必须说明依据经验研究来检验和扩充他的理论的具体方式。“我们不欣赏那种只会空谈不会观察，或只会观察不会思想，或只会思想而不能使自己的思想经受系统经验检查的社会学家，而不管他们是什么权威。”①

二、两种推理方式：归纳与演绎

科学要运用归纳和演绎这两套逻辑体系。与其他科学研究一样，社会研究中研究者普遍使用两种推理方式：归纳推理和演绎推理。

（一）归纳推理

归纳推理是从特殊事实中概括出一般原理的推理形式和思维方法。它是从个别的、单一的事物的性质、特点和关系出发，概括出一类事物的性质、特点和关系。因此归纳过程是由感性认识上升到理性认识、由个别到一般、由具体到抽象、由特殊到普遍。在社会研究中，归纳推理就是从经验观察出发，通过对大量客观存在的、某一类型的社会现象的观察和描述，以观察（调查）到的大量的客观资料为依据，概括出社会现象的共同特征和性质，并得出理论结论。例如，某个研究者要研究学生的学习成绩为什么会有比较大的差异，选择一个班级的学生进行观察，试图发现影响学生学习成绩的因素。在观察过程中，研究者发现学生的学习时间和学习成绩之间存在一定的关系，然后他又选择了其他一些班级进行观察，发现也存在着相似的情况。由此，他得出一个结论，学生的学习成绩是

① ［美］罗伯特·默顿：《论理论社会学》，华夏出版社 1990 年版，第 92 页。

和他的时间投入有关的，学生在学习上花的时间越多，他的学习成绩就越好。

归纳推理对科学的发展和探索具有很大的作用，尤其是在科学还处于描述性的阶段时，不仅可以认识研究对象的基本状况，还可以在大量观察的基础上提出假设，做出猜想，发现规律。但是归纳推理也有其局限性：第一，由一些个别事例概括出的一般性结论并非是可靠的，它有可能被其他未观察到的事例所推翻。其原因主要是由于在现实中常常不可能进行完全的、穷尽的具体观察，因而由归纳推理所得出的结论也容易遭到意想不到的驳斥。在这方面最为人们所熟知的例子是由卡尔·波普尔等人所引证的有关白天鹅的结论。许多年来，人们所观察到的天鹅都是白色的，因而生物学家们设想所有的天鹅都是白色的。但是当人们在塔斯马尼亚看到黑天鹅时，"天鹅是白色的"这一概括就在顷刻间被证明是错误的了。第二，由归纳不可能逻辑地推论出一般原理，因为归纳得到的结论只是对一些具体的、个别的经验现象的概括，它只适合于一定的时间、地点、场合、范围，它仍然停留在经验层次。由感性上升到理性，即由观察结论上升到理论命题实际上是经历了认识上的一个"飞跃"，这一过程要依靠猜测、想象、洞察和思辨，而并非靠归纳完成的。可以说，归纳逻辑的主要作用是发现经验事实之间的联系，而不是总结一般原理。

（二）演绎推理

演绎是从一般原理或理论出发，通过逻辑推理来解释具体的事件或现象。与归纳推理的过程相反，演绎推理的过程是从一般到特殊。研究者从他所希望检验的一般性理论开始，然后到现实中去观察、收集资料，以检验这种一般性理论。也就是说，演绎推理是从一般到特殊的过程，它是根据一类事物都具有的一般属性、关系、本质来推断这类事物中的一些个体所具有的属性、关系和本质的推理形式和思维方法。在社会研究中，演绎推理就是从一般原理或理论出发，通过逻辑推理来解释具体的事件或现象。演绎推理最为著名的就是亚里士多德的演绎三段论，是由大前提、小前提推导出结论，即大前提是所有 M 都是 P；小前提是 S 是 M；结论是所以，S 是 P。

演绎推理最主要的作用是：第一，可以用一般原理或理论假说指导科学研究；第二，演绎推理还使人们产生新的创意或新的发现，在科学研究中，可以从抽象的理论推导出具体的、未知的现象；第三，演绎推理可以帮助我们论证或反驳某种理论。但是演绎逻辑同样有其局限性：第一，如果大前提或者一般理论是错误的，那么由此推导出来的结论也可能是错的；第二，纯粹的演绎推理不能发现一般原理或理论的错误，需要把演绎推理和观察或实验结合在一起，通过观察或实验来发现其中可能存在的错误，或者证明理论的正确性。①

历史上，归纳逻辑与演绎逻辑往往是对立的。古代哲学家多强调演绎方法，他们认为感性经验不可靠，主张用思辨的方法发现一般规律，然后运用演绎三段论的形式来说明具体现象。近代科学则建立在观察与归纳的基础上，培根等人把归纳逻辑作为科学的主要工具，认为一切真知都来源于经验事实。他们反对凭空构造理论，强调科学的实证性。一直到20世纪初，由于波普等人的贡献，归纳逻辑与演绎逻辑才在假设检验法（或试错法）中结合起来，形成科学研究的一般逻辑或过程，即“假设演绎法”。

三、假设检验逻辑

波普提出的假设检验法或假设演绎法是由归纳和演绎这两种逻辑构成的，它有助于克服单纯的归纳逻辑和演绎逻辑两者的局限性。假设检验法是从理论推导出研究假设，然后通过观察来检验假设，假设如果被证实，就可以对被观察到的具体现象做出有效的理论解释；假设如果被证伪，就要对理论做出修正或推翻原有理论、发展新理论。假设检验逻辑可以运用下面的例子予以具体说明：假如要研究社会主义国家的经济体制改革与政治体制改革的关系问题，人们可以运用假设检验法，从某种理论出发来研究。例如，① 从马克思的“经济基础决定上层建筑”这一原理出发，可以推导出“人们的经济地位决定人们的政治意识”这一理论命题，由它还可以继续推导出“人们的收入水平决定人们的政治参与水平”，用变量的语言表述，即“收入水平越高，政治参与程度也越高”，它称为研究假设；② 有了这种假设，就可以进行观察或调查来检验假设，例如收集一些地区或国家的人均收入和政治参与程度的资料；③ 然后将观察结果与假设进行比较，最后决定是否接受或拒绝假设。由上述例子可以看出，假设检验法包括演绎推理和归纳推理这两种逻辑：“①”是单纯的演绎，“②”和“③”是单纯的归纳。演绎只是从一般原理推到具体现象，而假设检验则需要完成一个循环，即再从具体观察返回到理论，在返回过程中是运用归纳逻辑。这样，一般原理才有可能在实践中得到应用或检验。也就是说，假设检验法比培根等人的归纳法多了一个理论演绎的过程，这是波普对科学程序的一个重要修正。它的优越之处在于：① 如果没有理论假设的指导，那么经验观察就有可能是盲目的且缺乏系统性。② 单纯归纳法只能得出经验现象的概括，而不能检验理论结论是否正确；假设检验法则可以将经验概括与假设进行比较来检验理论的真伪。目前在社会研究中，假设检验法已成为普遍运用的方法。华莱士的科学环逻辑模型正是依据这

① 参见袁方：《社会研究方法教程》，北京大学出版社1997年版，第94～95页。

一逻辑建立的。①

第二节 理论与研究

社会科学知识的积累和发展过程,包含两个相互依存的方面:理论与研究。二者缺一不可,相辅相成。理论向人们提供了认识和理解世界的一般框架,同时,它也指导着人们去探索具体的事件。可以这样说:理论是经验研究的"探照灯"。尽管理论常常是一种理性思维的产物,很少经验数据的支持,但在科学发展的过程中,理论与观察之间的联系变得越来越紧密。研究与理论携手共进才能增进人们对社会世界的认识,二者对对方都有十分重要的贡献和影响,因为"没有理论,经验性社会研究工具的使用就是经验主义;而缺少经验性的检验,关于社会的理论就是一种不负责任的或轻率的意识形态"②。

一、理论含义及其层次

(一) 理论的含义

理论(theory)是一个有着广泛含义的概念。在不同的场合、不同的背景、不同的学科中,理论的概念具有十分不同的内涵。在社会研究中,"理论"的含义也与在其他场合出现的理论有所不同。以下是两种对理论的定义:

《现代汉语词典》对理论的解释:人们由实践概括出来的关于自然界和社会的知识的有系统的结论。《哈伯科林斯社会学词典》(美国)对理论的解释:① 由逻辑的或数学的陈述所连接的一组假设或命题,它对经验现实的某一领域或某一类现象提出解释。② 在不太严格的意义上,有关现实某一领域的任何抽象的、一般性的陈述都可称为理论,它通常包括对一般性概念的详细阐述。③

在实际的社会研究中,人们所涉及的理论通常并不是前述第一种定义那样的理论,而第二条定义中的两种解释则较好地代表了众多社会学家对理论的理解。这些学者的定义,归纳起来大概包括:① 命题说。美国著名社会学家默顿认为,理论"是指逻辑上相关联并能推导出实验一致性的一组命题"④。美国华裔社会学家林南也认为:"理论是一组相互联系的命题,其中一些命题可以通过经验检验。"⑤② 解释说。美国社会学家巴比认为:"理论是对与生活某一方面

---

① 袁方:《社会研究方法教程》,北京大学出版社 1997 年版,第 97 页。

② [美]罗伯特·默顿:《论理论社会学》,华夏出版社 1990 年版,第 54 页。

③ David Jary & Julia, *The Harper Collins Sociology Dictionary*, New York: Harper Perennial, 1991, p. 519.

④ [美]彼得·阿特斯兰德,《经验性社会研究方法》,中央文献出版社 1995 年版,第 300 页。

⑤ [美]林南:《社会研究方法》,农村读物出版社 1987 年版,第 18 页。

有关的事实与规律的系统性解释。"[①]美国社会学家乔纳森·特纳也认为:理论"是一个提出观念的过程,这些观念使得我们能够解释事件如何以及为什么发生"[②]。

上述各种定义表明理论具有如下几个方面的特征:第一,理论来自经验的实践。第二,理论是一种抽象的、系统的认识。第三,理论的目标是对经验现实做出解释。因此可以对社会研究中的(或从社会研究的角度)"理论"做出如下定义:理论是以一种系统化的方式将经验世界中某些被挑选的方面概念化并组织起来的一组内在相关的命题。[③] 这一定义指出,理论是一组逻辑相连的符号,这些符号表示现实世界中我们所思考的那些事物。理论及其构成因素只是人们认识活动的一种工具,是人类想象和思考的产物。构成理论的这些假设或命题可能属于同一层次,也可能属于不同的层次。大多数的理论,往往具有两层以上的假设或命题。较低层次的假设或命题可以由较高层次的假设或命题演绎或推论出来,而这样推论所依据的则是逻辑法则。

(二)理论的层次

理论是一个具有不同层次的命题体系。有的理论十分抽象,具有很强的一般性;有的理论又相对具体,具有较强的特殊性。在社会研究中,研究者通常将理论划分为三个层次,即宏观理论、中观理论(又称为中层理论)和微观理论。

宏观理论(或者说一般性理论)亦称"巨型理论",往往以全部社会现象或各种社会行为为对象,提供一种高度概括的解释框架。它的体系通常十分庞大,结构十分复杂,概念十分抽象。比如马克思主义理论,达尔文的进化论,社会学中的结构功能主义理论、社会交换理论、冲突理论等。这种宏观理论往往并不直接与具体的、经验的社会研究发生联系,它们更多的是作为研究者观察问题、分析问题时所采取的一种理论视角或所依据的一种理论背景。

中观理论(中层理论)则"既非日常研究中大批涌现的微观而且必要的操作性假设,也不是一个包罗一切、用以解释所有我们可观察到的社会行为、社会组织和社会变迁的一致性的自成系统的统一理论,而是介于这两者之间的理论"[④]。这种理论以某一方面的社会现象或某一类型的社会行为为对象,提供一种相对具体的分析框架。它由有限的几组假定所组成,通过逻辑推导可以从这些假定中产生能直接接受经验研究证实或证伪的具体假设。它只涉及有限的社

① Earl Babbie, *The Practice Social Research* (Fourth Edition), America: Wadsworth Publishing Company, 1986, p. 37.

② [美]乔纳森·特纳:《社会学理论的结构》,浙江人民出版社 1987 年版,第 6 页。

③ 风笑天:《社会研究方法》(第四版),中国人民大学出版社 2013 年版,第 31 页。

④ [美]罗伯特·默顿:《论理论社会学》,华夏出版社 1990 年版,第 54 页。

会现象，其抽象程度远比宏观理论要低得多。比如社会学中常见的社会流动理论、社会分层理论、角色理论、参照群体理论，等等。

微观理论则是一组陈述若干概念之间关系、并在逻辑上相互联系的命题，其中一些命题可以通过经验检验。这种理论具有三个重要特征：第一，它是由一组命题组成的；第二，这些命题在逻辑上是相互联系的；第三，这些命题中的一部分是可以通过经验来检验的。在具体的社会研究中，大多数理论都是属于这种形式的理论。在最简单的意义上，一个陈述两个变量之间关系的命题就是一个理论。比如"高的受教育程度倾向于低的生育率"、"工业化导致人际关系疏远"等，都可以说是一种"理论"，它们都试图概括出一个变量对另一个变量的影响，即"文化程度"对"生育率"的影响、"工业化"对"人际关系"的影响。

由于实践方面的原因，研究者在一项具体研究中往往只掌握数量非常有限的变量，所以，他们在社会研究中所涉及的，通常并不是上述宏观层面的理论，而是那种微观层面的相对简单、相对具体、相对小型的理论，以及那些中观层面的理论。

（三）判断理论优劣的标准

一般来说，判断理论优劣的标准有三条，这就是，在其他条件相同的情况下：第一，解释范围越广泛的理论越是好的理论。第二，解释越精确的理论越是好的理论。第三，结构越简练的理论越是好的理论。这三条标准决定了理论的解释力。第一条标准反映的是理论的影响面或概括范围；第二条标准反映的是理论的效果或精确程度；第三条标准反映的是理论的效率或节俭性。需要说明的是，由于这三条标准所强调的是理论的不同方面，因而在实际研究中对几种不同的理论进行比较时，有可能出现不同的理论在不同的标准上优劣不同的情况。所以我们在发展理论时，必须从中进行选择，直到找到某一种理论，它在所有三方面都优于其他理论，这时我们才能抛弃其他理论。①

二、理论的构成要素

社会研究者的任务是从经验的观察中得出理论上的解释。了解理论的构成要素，有助于研究者在实际研究中运用理论和建构理论。不管各种理论在具体含义和层次上如何不同，它们都是由一些基本的要素构成的，即概念、变量、命题和假设。

（一）概念、变量及指标

1. 概念

(1) 概念的定义及其层次。概念是对现象的一种抽象，它是一类事物的属

① 参见风笑天：《社会研究方法》(第四版)，中国人民大学出版社2013年版，第22～23页。

性在人们主观上的反映。我们知道，人都有抽象概括的能力，因此，任何一个人根据自己的经验和观察，都会从一组相似的个体事物中归纳出一些共同属性。这种从相似的个体中抽离出共同属性的活动，称为抽象化过程，而经由这种过程所获得的共同属性便是概念(concept)，即建立在对具体事物抽象基础上的对某类事物一致性的认识。因此，一个概念便是一个类名(class name)，所代表的是该类事物的一种或数种属性。比如，“凳子”是一个很简单的概念。当说到凳子时，不同的人头脑中会出现具有各种不同特征的凳子：材质有木头的、塑料的，也有钢铁的；形状有方形的，也有圆形的；颜色有黄色的、棕色的、黑色的；等等。尽管这些凳子不完全一样，但是它们却有某些共同的特征：由若干条腿支撑着一个供人坐的平面。这一共同特征可以说就是“凳子”这一概念的内涵。凳子的概念正是对这些具体的、各不相同的凳子进行抽象的结果。概念在形式上常常是用字、词或词组来表示，因而有的学者把概念定义为“表达某种思想的字或者符号”。[①] 比如“房屋”、“游行”、“拥挤”等，就是现实生活中用来表示事物、现象及其特征的概念。类似的情况是，在不同的学科领域均有其一套特定的概念，比如在社会学中的“社区”、“互动”、“分层”、“初级群体”、“社会化”等。

概念就是一种文字的或有声的语词，用来代表一个事物或一类事物。[②] 概念由外延和内涵构成。概念的外延就是概念所代表的事物的全部。许多概念的外延边界是模糊的；有时无法确切地肯定某事物是否属于某概念。概念的内涵就是概念所指事物的共同特点。这些特点是在把这些事物与其他事物相比较时获知的；与不同的其他事物相比较，就会得出不同的特点，因而概念的内涵中包含了众多特点。与外延边界的模糊相对应，有些概念的内涵中特点的组成并不是完全确定的。

概念通常由定义来表达。这种定义通常以语言的，又时也可以以数字的或者符号的形式来指明和限定概念所指称的现象。只有在做出定义之后，概念才有意义。研究者正是根据概念的定义来理解和想象该概念所指示的现象。概念既可以用来表示社会世界中各种有形事物或现象，比如苹果、书、房屋等；也可以用来表示社会世界中许多不能直接观察的事物或现象，比如歧视、爱、社会地位、同情心等。

现实世界中不同事物和现象的类型不同、结构不同、复杂程度不同，所以概念的抽象程度也有高有低。比如歧视、爱、社会地位、同情心等这样的概念，其抽象层次就比苹果、书、房屋等这类概念的抽象层次要高。而概念的抽象层次越

① 转引自风笑天：《社会研究方法》(第四版)，中国人民大学出版社 2013 年版，第 23 页。

② 张小天：《论操作化》，载《社会学研究》1994 年第 1 期，第 54～60 页。

高，就越难以进行直接的观察和描述。这是因为概念的抽象层次越高，其涵盖面就越大，特征也就越含糊。相反，一个概念的抽象层次越低，其涵盖面也就越小，特征也越明确。关于概念的各种特征之间的关系，可用图 2-3 表示。

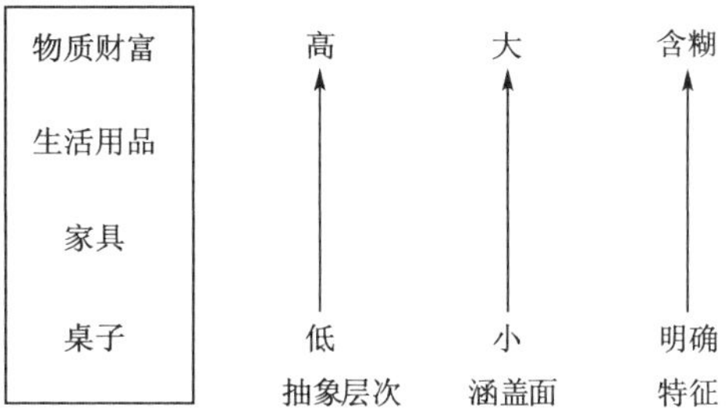

图 2-3　概念的各种特征之间的关系示意图

（2）概念的功能。概念在科学研究中的功能或作用十分突出，主要体现在：

首先，概念是人们认知事物或现象的窗口。人们在讨论问题时，在进行交流时，在研究问题时都离不开概念。讨论、交流或研究任何问题时，一个最基本的前提是要对有关概念有一个统一认识。例如当学生们谈论到如何“努力学习”的话题时，有的人会觉得将一半以上的课余时间用于学习是努力的表现，而有的人认为努力学习意味着上课认真听讲、完成作业，可能还有些学生觉得能不旷课、不迟到早退就是努力学习了。如果不能对“努力学习”的具体含义达成一致看法，关于如何“努力学习”的讨论将无法进行下去。

其次，概念是建构理论的基础。形象地说，概念是建构理论的“砖石”和“基本料”。正是经过逻辑地联系起来的概念形成了理论。概念的抽象性对于理论有着重要的作用，它提供一种观察或勾画那些无法直接观察到的事物的方式。从牛顿发现重力的事例中，我们可以看到这一点：许多世纪以来，人们经常看到苹果从树上掉下来，但却不能真正理解这一现象发生的原因。直到抽象的“重力”概念的发现，人们才找到答案。同时，它还使许多类似的现象在重力概念的范围内得到了说明。

再次，概念引领着社会科学领域的研究。每一门学科发展到今天，都产生了大量的专业术语，这些术语几乎都经历了一个漫长的产生、发展的过程，积累了许多学者的工作，最后被赋予一致认可的含义。如社会学中的“镜中我”、“性别角色”、“社会冲突”、“社会失范”；经济学中的“经济人”、“沉没成本”、“边际效用”、“比较优势”；教育学中的“教育结构”、“外铄论”、“内发论”、“发展关键期”；等等。就连“术语”这个词本身，也是一个专门用语。以上这些词语，有其特定的内涵和意义，如果没有经过专门学习的话，人们往往不知道其具体含义或出现理解上的不全面甚至错误。如“镜中我”就并不只是“我照镜子看到的那个人”，而是指一个人的自我观念的形成过程。要成为从事某一领域研究的专业人士，就必须系统学习这些术语，掌握其特定的含义，这样才能方便学术领域中的交流。有研究认为，概念的发展为研究者提供了一种思想的网络，它将各种单个的研究成果相互连接，并且使得不同时期的经验得以组织和再组织——正是这种由概念所形成的思想网络，指引着各个领域的具体研究。比如，生物学中染色体和基因的概念形成了某种模式，它一直指引着这个领域的研究；而文化、制度、角色、地位等概念所形成的思想网络，则一直指引着社会学领域的研究。①

（3）概念的应用。应用概念时前提是要认识到，概念作用的大小主要取决于以下三个方面的考虑：第一，有用的概念所指称的现象必须至少是潜在可观察的。这并不是说有用的概念必须指称那些可以直接观察到的事物，社会科学中一些十分有用的概念所指称的都是我们所不能直接观察的事物。潜在可观察的含义是指可以被直接或间接观察到。第二，有用的概念必须是精确的。它们必须是指现象的一组且仅一组性质。当我们运用一个概念来描述一个对象时，我们必须能够确切地知道我们所谈的是什么。第三，有用的概念是具有理论重要性的概念。所谓具有理论重要性，指的是它与理论中的其他一些概念相互联系，并且在解释现象上扮演着最基础的角色。

应用概念时需要注意以下两点：

首先，社会研究中研究者必须对他使用的概念加以明确界定。在开展研究时，除了要用到各学科的基本术语外，研究者常常还需要对研究的对象和内容做出界定。如想要了解“失业人员”的情况，就要先界定出“失业人员”的范畴，如“暂时不想工作的人”算不算失业，“正在找工作的人”算不算失业（如果不算的话，还要确定经过多长时间还没找到工作才算失业）。在研究中对各种相关概念的界定，一方面是为了讨论和交流的需要，另一方面也是为了避免研究过程中出现前后理解上的偏差。事实上，在社会研究活动中，研究者感到最困难的工作便是用适当的概念来代表他们研究的现象，以及说明他们所观察的结果。

一门科学发展的重要标志之一，是这一科学共同体中的成员相互之间具有某种共同的语言，即具有作为交流媒介的科学概念和术语。在自然科学中，这一特征特别明显。比如，物理学中的“密度”被明确地定义成“物体的质量与其体积的比率”；“速度”概念则被明确地定义为“物体在某个特定方向上移动的距离与所用时间的比率”。并且这一类概念常常还可以用数学公式表示：d（密度）＝m（质量）/v（体积）；v（速度）＝s（距离）/t（时间）。这种用数学公式来表示科学概念的能力，意

① 参见风笑天：《社会研究方法》（第四版），中国人民大学出版社 2013 年版，第 24 页。

味着研究者在科学研究中所用语言的含糊性将减少到最低限度。

在社会研究中,情况会有很大的不同:一方面,在社会研究中,往往不存在自然科学中那种精确的、含义十分明确的概念,这也可以说是社会研究比自然科学研究更为复杂的表现之一。正是由于社会研究中所涉及的概念的复杂性和模糊性,因而在实际研究中就很难避免这一现象:同一个概念对不同的研究者来说,其含义理解会不太一样;或者说,同一个概念在不同的研究者那里所指称的现象可能会不同。因此,在社会研究中研究者必须对他使用的概念加以明确界定。另一方面,由于社会研究的对象和内容就是现实的社会世界、人们的日常生活,因而社会研究中所使用的概念在指称事物和现象时与日常生活中人们所使用的语言、术语、符号等往往很接近、相似甚至相同,这就增加了研究者在社会研究中区分日常语言与学术语言的难度和负担——也就是说,社会研究中的"概念"与现实社会、人们日常生活经历的"接近性",与自然科学研究相比在研究者使用概念时就增加了特定的难度。因此,也需要研究者在使用概念时必须先精心明确地定义概念。

其次,社会研究中研究者必须恰当地运用或科学地提炼概念。如何恰当地运用概念,或者如何合理地形成概念,是体现一项经验研究所具有的理论色彩和理论深度的关键一环。需要特别指出的是,研究者必须认识到:各种具体的现象、事实和材料也许是人们司空见惯的,普通平常的,甚至是随手可得的和"一文不值"的;但是,一旦我们从这些现象、事实、和材料中抽象出、提炼出某种概念,即将它们冠以某种新的"概念标签",这些现象、事实、材料也许就会令人耳目一新,对社会研究而言更显得弥足珍贵、大有价值。因此,研究者需要不断发展自己运用、形成(或提炼、抽象)概念的能力,尤其是创造性发明和提炼概念的能力。在社会研究中,恰当地运用和科学地提炼(或形成)概念的工作通常有两种基本的方式:一是从理论文献中借用概念;二是从经验材料中抽出概念。

2. 变量

(1) 变量的定义。概念是从各种具体事物的许多属性中剔除非本质的属性、抽出本质属性概括而成的,它是反映对象本质的思维形式,是科学研究必不可少的工具。有些概念及其属性在量上或质上会有所变化,这种会发生变化的概念及其属性在统计上也叫作变量。社会科学包含了对变量和构成变量属性的研究,社会科学理论是以变量语言写成的。① 所谓变量,就是包含两个(含两个)以上属性,或具有一个以上不同或多个取值(不同的子范畴、不同的属性,或不同的亚概念)的概念。相应的,常量是仅有一个取值的概念。这样,概念就可以分

① [美]艾尔·巴比:《社会研究方法》(上),华夏出版社2000年版,第41页。

为两种类型:一类概念仅仅标识某类现象。比如“太阳”、“月亮”,这也就是所谓的常量。另一类概念则往往包括若干个子范畴、属性或亚概念,它们反映出概念所指称的现象在类别、规模、数量、程度等方面的变异情况。比如上述的“性别”这一概念就包括男性和女性两个子范畴,或者说“性别”这一概念是由男性和女性这两个“属性”所构成的;而“职业”这一概念就包括工人、农民、干部、教师、医生等多个子范畴,或者说是由多个不同的属性所构成的。正是因为概念具有这种多值的特性,因此,在社会研究中,人们借用了一个数学术语,把所研究的概念称作“变量”(或变项)。①

① 变量与属性。属性(attributes)或称为价值,指事物的特征或本性。例如,描述人的特殊或本性时,会出现女性、亚裔、疏离、保守、不诚实、聪慧、农夫,等等。任何用来形容自己或是别人的词语,都牵涉到属性。变量(variable)则是很多属性逻辑的组合。例如男性和女性是属性,而性别则是由男性和女性两个属性组合的一个变量。同样的,“职业”是一个包括工人、农民、干部、教师、医生等多个取值的变量;“文化程度”是一个包括文盲半文盲、小学、初中、高中、大专以上五个取值的变量;“收入”则是一个包括从零到几千元或者上万元不断变化的各种取值的变量。有时候把属性想象成构成变量的类目会颇有助益。②

② 属性和变量间的关系是科学描述和解释的核心。首先看对单个变量的描述。例如,我们用性别变量来描述一个大学班级,需要报告所观察到的男性和女性这两个属性出现的频率:“这个班级有60%的男性,和40%的女性。”失业率可以是用就业和失业这两个属性对劳动力职业状况这个变量的表述。甚至某个城市的家庭收入报告,也是对构成这个变量(收入报告)的诸多属性的概括,而这个变量的属性可能包括:3124美元,10980美元,35000美元,等等。其次要认识到,理论用来描述(可以逻辑地预期的)变量间的关系,这种预期常常包含因果关系。一个人在某个变量上的属性会造成、倾向于或促进另一个变量的某个属性。举一个涉及两个变量的简单的例子:教育和偏见。为了简便起见,假定教育这个变量只有两个属性:受过教育的和未受过教育的。同样地,我们也给偏见这个变量两个属性:有偏见的和没有偏见的。这样,这两个变量的四个属性之间的关系组合就很复杂:未受过教育无偏见;未受过教育有偏见;受过教育有偏见;受过教育无偏见。如果经过调查有数据支撑,你就可以得出结论,即检验这样一个假设:一个人受教育与否,会造成这个人有或者没有偏见。也就是说,一个人如果

---

① 风笑天:《社会研究方法》(第四版),中国人民大学出版社2013年版,第25页。

② [美]艾尔·巴比:《社会研究方法》(上),华夏出版社2000年版,第41页。

受过教育就会少有偏见。这里，理论处理了两个变量，即：受教育程度和偏见。由此可知，理论处理的不是人这个个体本身，个体只是这两个变量的介质，所以这两个变量的关系只能通过观察个体而得到答案，而理论是以变量语言来建构的。理论所描述的，是不同变量的属性之间逻辑上可能有的关联性。因而我们会发现，在进行解释和接近科学理论的变量语言核心时，属性和变量之间的关系就变得更为复杂了。①

③ 变量和常量是相对的，在一定的时空条件下，一个概念才能被确定是变量还是常量。例如，同一所大学里的每个学生在学籍上是相同的，都是这个学校的学生，因此，在调查同一个学校的学生时，学籍是常量；而一个省的所有大学生的学籍就是变量了，因为一个省有多所大学，不可能所有学生都来自一个学校。在社会研究中，我们研究的主要是变量，甚至全部是变量，但是这并不意味着常量是不重要的。

④ 社会科学包含了对变量和构成变量属性的研究。社会科学理论是以变量语言写成的，或者说，在社会研究中，理论可以说是由变量语言构成的，其目的是描述不同变量及其不同属性之间所存在的某种逻辑的关系。②“社会学，正像一切科学一样，也要运用这么一种语言：其基本词汇由变项（即变量）构成，而其句法则在于确定这些变项之间的关系。”③为了便于分析和探讨现象之间的因果关系，社会研究者也像其他科学家一样采用变量的语言，即从变量之间的相互影响和相互关系来分析事物产生的原因和结果。

（2）变量的分类。① 根据变量取值的性质不同，可以把变量分为类别变量、顺序变量、间距变量和比率变量四种类型。与之对应的测量层次分别称为定类层次、定序层次、定距层次和定比层次，即变量的测量也就分为四个层次：定类测量、定序测量、定距测量和定比测量（详见后面“测量”部分）；并且这四种测量的层次由低到高逐渐上升，高层次的测量具有低层次测量的功能。

② 根据变量取值的分布状态，可以将变量分为连续变量和离散变量两类。连续变量是指某一区间内有无限多数值的变量，如收入、产值、学习成绩等。它们的取值均由一组不同的数值所组成，可以反映客观事物之间量的差异。而离散变量的取值只有有限的类别，如性别、受教育程度等，它们的各个取值并不反映量的差异，而是反映质的不同。有时变量可用小数点标示来加

---

① 参见[美]艾尔·巴比：《社会研究方法》（上），华夏出版社 2000 年版，第 41～46 页。

② [美]艾尔·巴比：《社会研究方法》（上），华夏出版社 2000 年版，第 41 页；风笑天：《社会研究方法》（第四版），中国人民大学出版社 2013 年版，第 26 页。

③ [法]布东：《社会学方法》，上海人民出版社 1987 年版，第 8 页。

以简单区分：可标示的就是连续变量，即连续变量可以取小数，例如身高、体重等；而不可标示的则为离散变量，离散变量一般都是整数，例如人口总数、企业数目等。

③ 根据变量相互之间的关系，又可以把变量分为自变量、因变量以及中介变量。引起其他变量变化的变量叫作“自变量”，并用 X 来表示；那种由于其他变量的变化导致自身发生变化的变量叫作“因变量”，并用 Y 来表示。而用“→”表示“引起”或“导致”。当一个变量影响另一个变量，或者说一个变量的变化“引起”或“导致”另一个变量的变化时，就形成了某种因果关系，用符号来表示即是：“$X \rightarrow Y$”。比如，“高的受教育程度倾向于低的生育率”，“工业化导致人际关系疏远”，“酒后开车会造成交通事故”，这些说法都是用一种因果关系把两个变量联系起来。在实验研究中，自变量是实验者主动操纵其变动的变量，即实验刺激；而因变量则是受实验刺激影响而变动的变量。在调查研究中，自变量多为属性变量，比如性别、年龄、民族等；而因变量多为行为或态度变量。

在实际社会研究中，常常还会出现这样的情况：同一个变量可能会在某种关系中作为自变量出现，而在另一种关系中则作为因变量出现。比如，在“高的受教育程度倾向于低的生育率”这一关系中，“生育率”是“受教育程度”的因变量；但在“低的生育率导致人口老龄化”这一关系中，“生育率”又成为影响“人口老龄化程度”的自变量了。究竟一个变量是作为自变量，还是作为因变量，或是作为中介变量，要根据研究的理论框架和理论分析来决定。

通常，一项基本的因果关系只需要一个自变量和一个因变量；但在更为复杂的关系中也会出现所谓的中介变量。中介变量是出现在更为复杂一些的因果关系链中的第三个变量。在同一因果关系链中，中介变量既是相对于自变量来说的因变量，又是相对于因变量来说的自变量。它在自变量与因变量的联系中处于二者之间的位置，表明自变量影响因变量的一种方式或途径。原来两个变量之间的因果关系是通过中介变量而相连接的。比如，迪尔凯姆在研究自杀现象时，提出了一种理论来说明“婚姻状况”与“自杀率”之间的关系。他发现结了婚的人比那些单身的人较少自杀。他认为，这主要是因为结了婚的人具有更高的社会整合程度，即具有某种群体或家庭的归属感。而有一类自杀现象的主要原因则是人们缺乏这种归属感。因此，他的理论就与三个变量有关：婚姻状况、社会整合程度、自杀率。其中，婚姻状况是自变量；自杀率是因变量；而社会整合程度则是中介变量，它处于自变量与因变量之间，既是自变量的结果，同时又是因变量的原因。概括地说，婚姻状况是通过社会整合程度影响到自杀率的。这种对因果链的说明使得理论中的变量联系更为清楚，同时也能帮助研究者去检验复杂的解释，见图 2-4。

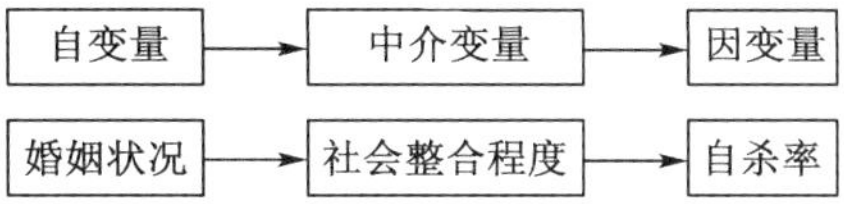

图 2-4　婚姻状况与自杀率之间的关系

对于中介变量的理解，还有一种更进一步的看法。这种看法把中介变量定义成与“可观察变量”相对应的一种“不能经由人类的感官（无论借助仪器与否）而觉知其质和量的变量”。比如动机、智力、敌意、态度、思想、情绪、习惯、兴趣、需要及价值观念等。“中介变量所指称的是无法直接观察的内在心理历程，其‘位置’系在行为与行为的原因（环境与生理因素）两者之间，而有承前启后的作用。”环境及生理因素影响中介变量，而中介变量又影响行为。中介变量既是环境和生理因素的结果，又是行为的原因。这种理解与上面的理解有一个共同之处：中介变量处于自变量与因变量之间。所不同的是，它认为中介变量往往是一些“无法直接观察”而只能从行为上来推断或测量的特殊变量。比如可以从学习成绩来推断学习态度或学习动机，从攻击行为来测量敌意的强弱，等等。研究者正是通过某种行为来推断或测量中介变量，然后又用中介变量来解释另一种行为的。因此，我们可以将这种意义上的中介变量看作中介变量的一种特定类型，或者说，许多中介变量具有这种“无法直接视察”的特征。

3. 指标与取值

（1）指标（index）是我们认识研究变量的指示项，是我们用来描述一个概念或变量的一组可观测的事物。相对于抽象的概念，指标是具体的、可以观测的，是客观存在的事物，是研究变量在经验层次上的一种体现。例如，对于“社会地位”这个研究变量，我们可以用职业、收入、教育水平这样一组测量指标来加以描述。又比如，家庭生活中的“夫妻权力”是家庭社会学中的一个重要概念，通过操作化，我们可以用购买大件家用电器的决定权、选择子女报考学校的决定权、家庭收入的管理权等指标来对它进行测量。

（2）取值（value）。取值即一个指标所包含的子类别。指标是对研究变量内涵的具体展开，因而也具有像变量这样可多个取值的特性。如“职业”作为“社会地位”这个变量的一个指标，包含工人、农民、知识分子等多个不同的取值。指标是揭示抽象层次研究变量内涵的指示标志，是研究变量的具体量度，可以用来测量研究变量的不同状态或不同程度，但通常它只指代变量内涵的某一方面或某一部分。对于简单的变量，我们可以用一两个指标进行测量。如文化程度、经济效益等就可以用一个简单的指标来评定。而对于复杂的变量，我们就需要用多个指标才能对其进行有效的测量，如“社会地位”、“智力水平”、“社会发展”、

“社会保障水平”等。

(3) 指标的类别。指标所反映的经验现象,不仅包括客观现象,也包括主观现象。因此,指标按其属性可以分成两大类,即客观指标和主观指标。

客观指标主要是用来测量社会生活的事实或条件,是反映客观状况的测量指标。它所测量的现象既包括能够被人们直接观察或感觉到的社会现象,也包括已经发生过的但可以回忆起来的社会事实。从个人角度来说,客观指标可以分成两个方面:① 测量个人属性的指标,包括人的自然属性和社会属性的指标。如年龄、性别、民族、籍贯、出生地、职业、教育程度、婚姻状况等;② 测量个人社会生活或行为状况的指标,包括个人生活方式、物质条件等。例如个人的衣食住行、经济行为、工作情况、闲暇活动等各种行为。

主观指标用来测量个人对某种现象或事物的感受、评价和态度。它是在客体和主体的相互作用过程中所形成的个人对社会客观状况的一种主观看法。主观指标主要分为三种类型:① 评价型指标,测量人们对某种现象的看法或意见。例如,对目前生活的满意程度、社会风气好坏评价、对某些价值观念肯定与否等。② 情感型指标,测量人们对某件事物或观点的厌恶或喜欢,愿意和不愿意。例如,在对外来移民和城市居民的融合研究中,可以采用社会距离量表的方法,测量他们之间的关系,其中就包括情感型指标,如是否喜欢外来移民,是否感受到他们是城市生活不可缺少的组成部分等。③ 取向型指标,也可以称为“情境型指标”,指在某种假定的条件或情境下,测量人们将要表现出的态度、价值观念或发生的行为,有些取向型指标也包含情感型指标。取向型指标有价值取向型指标和行为取向型指标之分。例如,“当三个不会游泳的人看到有人落水以后,甲马上逃离现场,乙立即跳下水救人,丙打 110 呼救,你认为谁的做法比较合适?”就属于价值取向型的指标。“如果有人落水,您将怎么办?”就属于行为取向型指标。应该说明的是,上述分类是相对的,因为无论是评价型指标、情感型指标,还是价值取向型指标或行为取向型指标,都是人们价值观念或主观态度的一种反映,它们的区别只是在于指标所反映的测量强度的差异。一般来说,同一概念的客观指标和主观指标是有内在联系的。由于主观指标的测量往往要受到被测量者具体情况的影响,例如,在测量时被测量者心情不太高兴,可能会影响对问题的回答,或者不愿真实地反映自己的想法,而且态度价值观念一类指标的测量也易受到社会思想和社会状况的影响,它们在不同的时期会有所变化,因此,在设计主观指标时,不仅应该谨慎一些,而且还应该用一些客观指标来加以确证,并且尽可能采用客观指标。例如,对家庭气氛的测量,除了要有主观评价指标以外,还应该有客观指标,如夫妇交谈情况、子女敬重长辈情况、家务劳动分工情况等,以便在分析资料时相互对照。另外,客观指标不能完全取代主观指标的功能，特别是对于一些比较深入的社会研究，必然要了解人们对某些事物的态度、价值观甚至信仰等，但在客观指标设计时要注意方法和技巧。

4. 概念、变量和指标的关系

概念形成于人们在生活中不同的观察，是对反复出现的社会现象的某种共同特征进行概括，达成共识的结果。变量则源自概念的明确和分解，它是研究对象的特性之和。指标则是反映调查对象特性变异特征的范畴，是对变异方面的规定性的具体化。每一项指标反映着一个特定的现象或事物。概念、变量和指标之间存在着比较密切和复杂的关系。

一般来说，在社会研究中，变量是概念的具体表述方式，概念必须用变量的形式反映。概念的抽象程度有高有低，那些抽象程度较低的概念因为与经验生活直接有关，可以直接当作变量；而那些抽象程度较高的概念，则需要通过操作化的方法建立一套指标进行测量。

指标是变量的特殊形式，也就是说当某个特定的变量成为某个概念的指标时，变量就是指标，但是如果一个变量是单独存在的，不具有测量抽象概念的作用，那么它仍然是变量。因此，指标是相对于抽象程度较高的概念来说的，一旦某个抽象概念通过一套指标得到测量，这个概念就取得了变量的形式。例如，如果我们用职业地位、收入和教育程度来测量“社会地位”，职业地位、收入和教育程度对于“社会地位”来说就是指标，是变量的特殊形式，是社会地位的指示和标志。但是如果职业地位、收入和教育程度是单独存在的，它们就是变量而不是指标。由于职业地位、收入和教育程度是抽象程度较低的概念，人们可以在经验中直接判断它们的意义，因而它们直接就是变量。“社会地位”本来是一个抽象程度较高的概念，通过指标的测量就取得了变量的形式，也就是说通过指标的测量，研究者可以知道社会地位高低及其差异性。

相对于概念和变量来说，指标一般是具体的、可以被观察的。但是对于一个高度抽象的概念来说，有些指标本身就是概念，需要进一步操作化或指标化。例如，有些学者也会使用生活方式来区别人们的社会地位。相对于社会地位来说，生活方式是一个测量指标，但是生活方式本身就是一个抽象的概念，需要对生活方式概念进行操作化界定，建立一组指标，例如，消费结构、闲暇生活以及其他更为具体的指标。因此，不是所有的指标都是可以直接观察到的，由此也就产生了所谓的“一级指标”、“二级指标”甚至“三级指标”。概念、变量和指标的关系如图2-5所示。

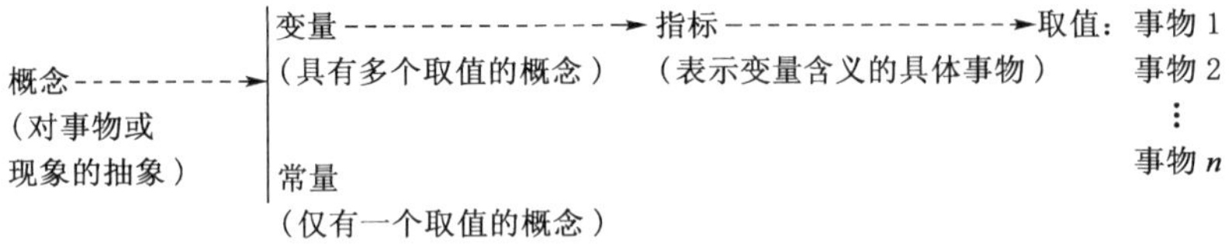

图 2-5　概念、变量和指标的关系

（二）命题与假设

1. 何谓命题与假设

前面我们说过，理论的基本组成部分是概念。但理论并不是直接由概念构成的。实际的情形是，概念直接和一种被称作“命题”的陈述相关联，或者说，直接由概念构成的是命题，而理论则是由一组命题构成的。如果把概念称为建筑理论大厦的“砖石”的话，我们就可以把命题说成是建筑理论大厦的“预制板”。所谓命题(proposition)，我们指的是关于一个概念的特征或多个概念间关系的陈述。比如，“工业化水平很高”就是关于“工业化”这一概念的特征的陈述。而“工业化使得人际关系疏远”则是关于“工业化”概念与“人际关系”概念之间关系的陈述。命题具有不同的类型，比如公理、定律、假设、经验概括等。在社会研究中最常用的命题形式是假设。

假设(hypothesis)是一种有关变量间关系的尝试性陈述，或者说是一种可用经验事实检验的命题。如同变量是概念的一种特殊形式一样，假设也是命题的特殊形式。这种特殊性体现在两个方面：一是命题中的基本元素是抽象的概念，而假设中的基本元素则是相对具体的变量；二是假设中的变量关系应该是经验可测的，即可以通过经验的观察进行检验。比如，我们说“天才往往不幸福”是一个命题，它陈述的是概念“天才”与概念“幸福”之间的关系。而我们说“人们的智商与他们在幸福量表上的得分相关”则是一个假设，它陈述的是变量“智商”与变量“幸福量表上的得分”之间的关系。显然，只有后者才是经验上可检验的。

在社会研究中，研究者更多地是与假设而不是命题打交道。因此，可以说假设是抽象的理论和经验的研究之间重要的结合部。在大量的社会研究中，研究者的目的往往都可以归结到探讨两个或多个变量之间的关系上，因而常常需要提出和检验假设。

2. 假设的陈述与来源

一般而言，假设有如下三种陈述方式：条件式陈述、差异式陈述和函数式陈述。条件式陈述的表达形式是“如果 A，则 B”。比如，“高的受教育程度倾向于低的生育率”，“离婚的增加与青少年犯罪的增加相伴随”，等等，就是这种条件式陈述假设的例子。差异式陈述的表达形式是“A 不同，B 也不同”，或者“A 不同，

B 相同”。比如，“年龄不同的人，生活方式也不同”，或者“年龄不同的人，生活方式上没有差别”。函数式陈述的表达形式是“A 是 B 的函数：$A=f(B)$”。这种形式的假设实际上是在陈述变量 A 与变量 B 之间存在的某种关系，它在自然科学中比较常见，在社会研究中则很少见到这种完全以数学公式表达的假设。在社会研究中，与这种形式相对应的假设通常是以“本研究的目的在于探讨 A 与 B 之间的关系”这样的说法来代替的。

实际研究中的假设常常来源于下述几个方面：常识、个人预感或猜测、现有调查资料、现有理论。常识来自人们对现实生活现象的经验总结，它经常直接涉及两种或多种不同现象之间的关系。当研究者关注于此，且能从中抽出具有一定理论意义的变量时，就可以形成研究的假设。个人的预感或猜测也可能产生研究的假设。这是因为个人的经历和日常生活经验每时每刻都在为人们认识新现象和解释新问题提供一种无形的参考框架。当研究者受到某些经验现象和感性认识“火花”的启示，发生某种“顿悟”时，常常可以提出解释现象之间关系的假设来。与前述两种假设来源相比，现有调查资料和现有理论更经常地成为假设的重要来源，因为调查资料通常来自科学的和系统的经验研究，它所提供的信息比起常识和个人经历来往往更为全面、更为系统，其变量定义更为明确，发现和建立变量之间关系也更为容易。理论本身包含着众多抽象的命题，只要经过合适的逻辑演绎，经过恰当的操作化，这些来自理论的命题都可以转化为探讨变量之间关系的经验假设。

三、理论与研究的相互促进功能

（一）理论对经验研究的功能①

第一，理论作为研究的基础、背景，为研究提供特定视野和概念框架。这种基础和背景的作用首先是从研究课题产生的角度来说的。具体的社会研究课题有两个最基本也是最重要的来源：一是现实；二是理论。许多经验研究直接来源于理论并服务于理论的事实很好地说明了这种作用。另外，对于从具体的社会现实中所提出的研究课题，理论也通过提供特定的视野和概念框架来体现这种作用。理论告诉研究者应该提出什么样的问题，以及为了回答这一问题应该去探讨什么。比如，城市经济体制改革以来，下岗或失业职工再就业问题，是我国社会中的一种具体现象。当我们从社会现实中提出这一研究课题后，理论可以给我们提供许多不同的探讨角度和分析视野。无论是“社会资本”理论、“地位获得”理论，还是“社会分层”理论、“社会网络”理论，都会使我们对具体现象的探讨更为深入。这些不同理论视野所具有的概念框架将把我们探讨下岗职工再就业

① 风笑天：《社会研究方法》(第四版)，中国人民大学出版社2013年版，第32～33页。

现象的研究进程引向新的境地。具有这种理论背景、运用这些概念框架的经验研究，在增进人们对具体现象的认识方面将具有更大的作用，产生更好的效果。

第二，理论指导研究的方向。在进行一项经验研究时，理论可以告诉研究者现实中哪些事实是与研究有关的，理论可以指导研究者去收集特定的事实，对于解释性研究就更是如此。当然，需要指出的是，对于同一种现象，当不同的研究者用不同的理论做指导去进行观察时，他们各自所看到的“相关事实”是不同的。这种不同并不意味着由这些事实所得到的结论一定是相互矛盾的，相反，正是由于这些源于不同理论的不同视野关注到现象或问题的不同方向，产生出不同的相关事实，使得人们对问题或现象的认识变得更加全面。比如，对于青少年犯罪现象的研究，就可以有多种不同的理论视野。一种是“制度的视野”，另一种是“互动的”视野。前者的理论兴趣在于发现社会中导致各种青少年犯罪现象的“社会机制”。根据这种理论视野，研究者往往会去考察犯罪青少年的家庭背景，考察社会的婚姻制度，考察学校教育制度以及处置青少年犯罪的司法制度，等等。而后者则更加注重青少年犯罪的“互动情景”。根据这种视野，研究者会集中考察犯罪青少年的社会交往范围、交往对象、交往过程，特别是青少年与其同辈群体之间的互动及相互影响等。

第三，理论提供研究的解释。在资料的分析过程中，理论也有着十分重要的作用。比如，在具体的因果关系模型的确定方面，为什么不是图 2-6(a)的形式，而是图 2-6(b)的形式；在相关变量的选择方面，为什么用变量 x_1 与变量 x_2 进行相关分析，而不用变量 x_3 与 x_2 进行分析；或者为什么是选取变量 x_1、x_2、x_3 与变量 y 做相关分析，而不选用变量 x_5、x_6、x_7 来与 y 作相关分析……这些都与研究者所依据的理论有关。还有对变量之间相关关系及因果关系的判断和解释等，也都离不开理论框架的指引和正确的逻辑分析。

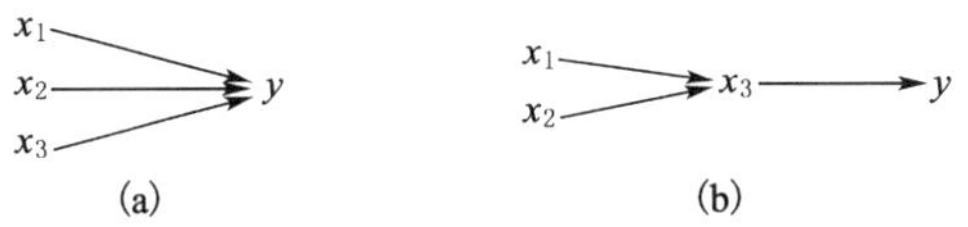

图 2-6 因果关系模型

举例来说，假设一位社会学研究者通过调查得到这样的结果：黑人男性与白人女性结婚的比例明显超过黑人女性与白人男性结婚的比例，前者的比例为 20%，后者的比例为 4%。如果缺乏理论，研究者往往只能描述这种现象的存在及其特征。一旦涉及“为什么会有这种现象发生”或者“二者的情况为什么会如此”这样的问题，就必须依靠理论来解释。因为“比例为 20%和 4%”这样的数字，本身并不能说明什么，数字和资料不会自我解释。我们必须依据某种理论，比如交换理论，来对上述数字所表达的现象做出合理的说明：由于该社会中，男性的社会地位普遍高于女性的社会地位，黑人男性用较高的社会地位去“换取”白人女性较高的人种地位，而黑人女性却难于做到这一点。同样，当我们通过大规模的调查，发现夫妻双方在家庭生活中许多方面的决策权力大小不同时，我们也必须为这种差别寻求一种理论解释。一个可能的解释是“资源理论”，即夫妻双方在家庭生活中决策权力的大小与双方所占有的资源多少有关。

总的来看，理论通过对研究提供有显著意义的指导，通过将基本过程相似的分散结果进行合适的联系，以及通过对所观察到的各种现象、各种联系提供一种解释，大大地增加了研究成果的价值和意义。可以说，一项研究越是被系统的理论所指引，它的结果就越可能对知识的发展和进一步的累积做出贡献。

（二）经验研究的理论功能

经验研究所起的作用并不只是被动地为理论服务，即被动地检验理论、证实理论，它还扮演着另外四种主动的角色。美国著名社会学家默顿对此进行了专门的阐述。默顿认为，经验研究“至少执行四个主要功能以帮助决定理论的发展”。他所说的这四个功能是：开创理论、重整理论、扭转理论、廓清理论。①

第一，经验研究中所获得的那些“不期而遇、异乎寻常而有关全局的资料”，常常成为某种理论的开创者。而越是富有成效的经验研究，就越可能成为新的假说和理论的发源地。默顿还特别强调，正是这种不期而遇、异乎寻常和有关全局的经验事实，构成了一种“偶发机遇模式”。这种情形就像在霍桑工厂所进行的管理实验一样，研究者所关注的本来是劳动条件与工人生产的产量之间的关系，然而研究在这方面却并未获得结果。幸运的是，研究者意外地从实验中得到了的某种更为重要的“副产品”，即一个以前未被研究者所认识、但却对各种社会及行为科学研究有着重要影响的现象——那些意识到自己正在被别人观察的个人具有改变自己行为的倾向——这就是著名的“霍桑效应”。

第二，如果说前述的偶发机遇模式把注意力集中在迫切要求解决的明显的矛盾上，那么，“重整理论的模式”则是把注意力集中在那些到目前为止被忽视了、但却是有着重要关系的事实上，正是这些被忽视的事实迫切要求扩展和改善原有的概念系统。任何一项具体的理论都具有某种相对性，它们往往主要针对现实中的某一类特定现象或过程。但是，实际社会研究中人们往往会发现一些新的、原有理论框架和概念系统并未注意到的事实。这些事实提出了一些新的变量，它迫使研究者把这些新的变量与一个具体的理论相结合，导致原有理论的

① 参见[美]赖特·米尔斯：《社会学与社会组织》，浙江人民出版社1986年版，第59～82页。

重整。

第三，经验研究中新的研究方法和研究技术的运用大大拓展了研究者探索现实、建立理论和检验理论的能力，比如问卷调查方法、计算机技术、统计软件、历年人口统计资料数据库、内容分析方法、二次分析方法、心理测验、参与观察、焦点小组讨论等。这些新的研究方法和技术将会产生出许多原先人们无法得到或无法利用的新的资料，而这些新的资料又会促使研究者形成新的假设，并导致产生新的理论关注点。可以说，新的研究方法的运用不断帮助研究者形成新的理论兴趣中心，不断为研究者打开建立新理论的窗口和途径。

第四，经验研究促使概念的澄清。概念是理论建构的砖石，而概念含义的准确、清晰，则是进行理论建构的基础与前提。许多事例表明，正是经验研究的需要，才促使人们去澄清公认的概念。在理论探讨中，长期不加分辨的概念问题却在经验研究的过程中被首当其冲地提了出来。事实上，"理论化"的工作的一个重要部分就是进行概念的澄清。经验研究的一个基本要求就是要对概念进行界定。同时，经验研究还通过对所讨论的变量的选取和确定指标来澄清概念。这种被称作"概念操作化"的过程，要求研究者将概念的内涵与外延、概念的维度、概念的层次性等弄得清清楚楚，因为只有这些方面确切了，研究者才便于设计出恰当的、反映概念本质特征的并且是可观察的指标来。

四、理论建构与检验的过程

在社会研究中，研究者的任务不仅仅是去收集各种资料，经验的观察所得到的资料需要理论来解释。同样，各种理论解释也需要用经验的事实来检验。社会研究的过程正是一种包含着观察、解释、进一步的观察、对解释的进一步修正等不断循环往复的过程。正如前面"科学环"图中所示，一种理论解释的发展包含着两个相互联系的过程或阶段，即以归纳推理为标志的理论建构过程和以演绎推理为特征的理论检验过程。这两个过程并不是到达好的理论解释的替换方式，而是代表两种有着不同起点的研究阶段。理论建构过程以观察为起点，然后通过归纳推理，得出解释这些观察的理论。而理论检验过程则是以理论为起点，通过演绎推理，做出预言或预测，并通过对实际事物的观察来检验预言的正确性。如果观察与现实不符，那么，不是我们的理论解释不对，就是我们的预言没有合乎逻辑地从理论中导出。我们可以通过图 2-7 和图 2-8 来直观地说明二者的区别。①

① 参见 David de Vaus, *Surveys in Social Research*, London: George Allen & Unwin Ltd., 1986, p. 23.

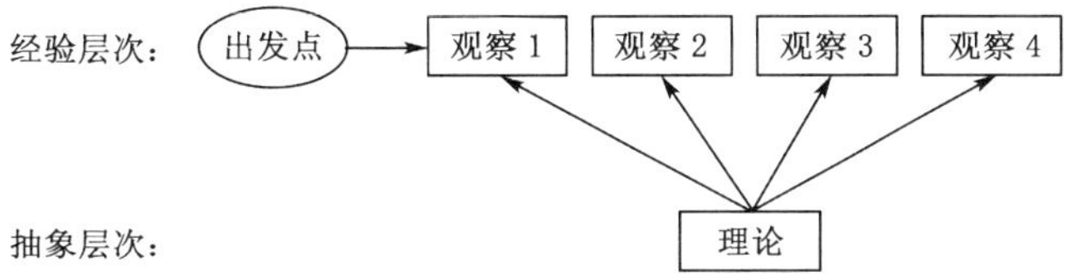

图 2-7　理论建构方式图示

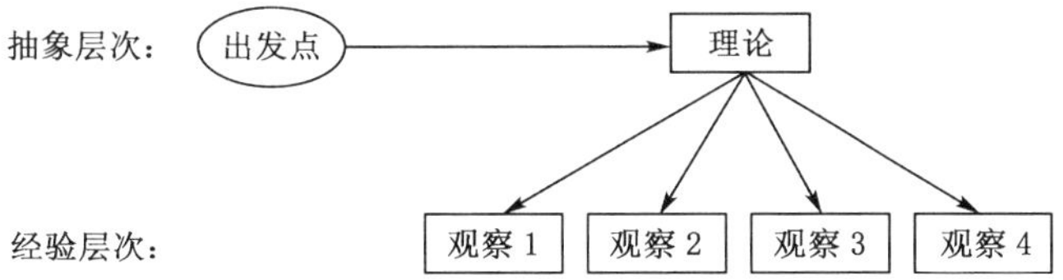

图 2-8　理论检验方式图示

（一）理论建构的过程

（1）从观察到概括。理论建构起始于对经验现象的观察。这种观察既可以是定量的，也可以是定性的。比如采用调查研究的方法，收集大规模的资料，通过描述统计、概括出样本的特征和规律，并以此推断总体结构和特征。这就是定量观察的一个例子。而研究者对观察结果的概括通常是以"调查结果表明，不同文化程度的人，其生育意愿不同；文化程度高的人，希望生育孩子的数量少"这样的形式来表述。同样，研究者也可以采用定性研究的方法，具体地、深入地、逐个地进行观察，并运用分类、综合等手段，抽取出现象的内涵，形成对各个具体现象的具体描述。比如，他可以来用实地研究的方法，深入到某个村或镇，与当地居民交谈，详细记录他所得到的回答和访问对象的各种特征。通过对访问资料的综合、比较、归纳和分析，他也可以概括出人们所具有的生育意愿类型及与之相关的各种因素。无论哪种方式，研究者都要完成从具体的观察结果到对现象的经验概括这一提升过程。

所谓经验概括（empirical generalizations），指的是对现象反复出现的规律或特征的总结，或者是对变量之间反复出现的某种相互关系的一种说明。它是对一种由经验数据证实了的变量特征或者变量间关系的一般性阐述。它适用于所研究的整个一类变量，而不是其中的某一种具体情况。另外，经验概括所阐述的是整个一类变量的或然性，而非必然性。比如，"文化程度低的人，倾向于多生育子女"就是经验概括的一个例子，它是我们通过观察一个个具体的对象所得到的一种综合印象。它表明，在"文化程度"和"生育子女数目"这两个变量之间，存在着某种关系。但是，它并不能预测和说明某一个具体的个人所具有的文化程度与其所具有的子女数目的实际状况。

(2) 从概括到理论。从实际研究来看，理论建构的第一阶段目标(从观察到概括)相对比较容易实现。然而，要真正建构起某种社会理论，还必须完成从经验概括到理论解释的第二次飞跃。应该说，这是较之于第一阶段归纳工作更为困难但意义更大的一步。

在我们将大量的、个别的、具体的现象上升为一般性的经验概括时，我们已舍弃了存在于每个特定个案身上的特殊性，而集中了它们身上所存在的共性特征。正是这种共性的特征向我们展示了现象的某种规律。比如，当我们从几十个、上百个访问对象身上概括出"文化程度越高，越倾向于少生育孩子"这样的经验概括时，或者当我们通过一项大规模抽样调查，得出"女性比男性具有更强的宗教信仰"这样的经验概括时，我们对现象的认识已有了很大的提高。然而，这种提高的层次只是初步的和相对的。它仍然没有向我们揭示出为什么人们的生育意愿会随着人们的文化程度的不同而不同，为什么女性的宗教信仰会比男性强。

要进一步提高人们对现象的认识，需要对我们所观察的现象寻找一种似乎有理的解释。而当我们试图对某种事物或现象提出一种解释时，我们就是在发展理论。换句话说，理论正是在我们获得理解的努力中被创造出来的。我们思考"文化程度"与"生育意愿"相互关系的内涵，寻求和探索将"性别"变量与"宗教信仰"变量逻辑相连的概念框架——我们进一步从经验概括中抽象出某种具有内在逻辑结构的概念间关系，形成我们对这一现象及其背景的更为一般性的命题。这样，我们又一次地深入发掘了我们在第一阶段大量具体观察中所得到的资料的意义，初步建立了解释和说明这一现象的理论。

(二) 理论检验的过程

(1) 竞争解释和理论检验的需要。在理论建构阶段我们所得到的理论或者理论解释是一种"扎根理论"(grounded theory)，一种"事后的解释"。这种理论并不是我们解释过程的终点，因为对于我们在现实世界中所观察到的每一种现象，都可能会得到不止一种这样的理论解释，它们都在某种程度上或者在某些方面与我们所观察到的事实相符，我们需要以某种方式来判定这些相互竞争的解释中，哪一种最好。

一位西方社会学者举出下面的例子来说明对同一事实所存在的各种不同的竞争解释，以及对这些竞争解释进行检验的必要性。[①] 在许多国家所进行的若

① 参见 David de Vaus, *Surveys in Social Research*, London, George Allen & Unwin Ltd., 1986, p. 23.

干研究都一致地发现：在所有的测量结果中，妇女比男人的宗教信仰程度要高。对于这一来自观察的经验概括，不同的研究者发展出各种不同的理论解释来进行说明，这些理论解释都与观察的结果相符合。比如：

负罪理论。这种理论解释认为，妇女之所以比男人对宗教的信仰程度更高，这主要是由于宗教具有减轻负罪感的功能。而在现实社会生活中，妇女的负罪感要比男人严重，因此，妇女信仰宗教的程度要比男人高。

弗洛伊德理论。这种理论解释认为，人们具有与自己性别不同的父母相认同甚至发生崇拜的倾向，这就是弗洛伊德所说的“恋父（恋母）情结”。而上帝的化身是男人——特别是作为父亲的象征。因此，妇女正是被这个男性的、父亲般的上帝吸引到宗教中来的。这一理论解释同样也适用于人们在天主教中所发现的与此不同的事实：在天主教中，妇女与男人信仰宗教的程度是一样的。这是因为，天主教中，教徒信奉的既有圣父，又有圣母玛丽亚——男人们是被圣母玛丽亚吸引到宗教中来的。

剥夺理论。这种理论解释认为，由于社会生活中妇女所受到的剥夺比男人更多，被剥夺的程度也更深，而宗教具有某种安抚人们的心灵的作用，因此，正是这些在社会中遭受更多剥夺的妇女将自己投向宗教，以从宗教中得到某种精神上、心灵上的安慰。

社会学习理论。这种理论解释认为，女孩在社会化的过程中往往被教导成为那种具有温柔、顺从、富于情感、被动和谦恭特点的人，而宗教正好也鼓励这些特征和品质，因此妇女们比男人们更容易感到宗教所具有的吸引力。

角色理论。这种理论解释认为，妇女的基本职责就是抚育子女，而（在西方国家中）儿童的很多活动都与教堂相伴随。由于教堂十分看重家庭，同时教堂在道德教育中扮演着十分重要的角色，因此，母亲的角色加上教堂的作用，就使得妇女被他们的孩子拉到教堂里来了。

当然，除了上述五种理论解释以外，我们还可能会有其他的解释。问题是：哪一种理论解释更科学、更可信呢？这是这些通过对观察到的事实进行归纳所得到的理论无法回答的问题，也是这种理论建构的研究者所无法回答的问题。这一现实提示我们：有必要对这些看起来都似乎有根据、且都与事实相符合的理论解释进行进一步的检验，以判别它们的真伪。

（2）理论检验的步骤。理论检验的步骤包括如下几个阶段：

① 详细说明待检验的理论。例如，“由于流动和熟练劳动力的需要，工业化是扩大式家庭减少和核心家庭增加的主要原因”。

② 由理论导出（演绎出）一组概念化的命题。比如，根据上述理论逻辑可导出下列一组命题：第一，一个国家工业化程度越高，其家庭结构就越倾向于核心

家庭化;第二,在任何国家中,农村地区扩大式家庭结构的特征强于工业化的城市地区;第三,因工作而迁移的人,比那些没有迁移的人,与扩大式家庭的联系更弱。

③ 用可检验的命题形式即假设的形式重述概念化命题。这一步即是将命题“操作化”为假设。如前所述,假设是有关变量间关系的尝试性陈述,这些变量是经验可测的。理论检验的这一步包括操作化的全部任务,即决定如何把抽象的概念“翻译成”具体的、可直接观察的事物。只有这样,我们才能用可检验的词句重述这些命题,我们也才能清楚地知道需要观察什么。例如,将“工业化”操作化为“汽车产量”、“每百户电话拥有量”等。

④ 收集有关的资料。即根据操作化以后的命题,采取不同的方法,收集所需的资料。比如,对于上述假设,可以采用实验、观察或抽样调查的方法收集资料。

⑤ 分析资料。即看有多少证据支持可检验的命题,有多少证据支持概念化的命题,又有多少证据支持原来的理论。

⑥ 评价理论。研究完全支持原始理论的情况很少,研究结果通常是含糊的和相互冲突的。理论在某些方面得到支持,而在另一些方面却没有得到。正是这些含糊和冲突促使我们去思考、修正和发展我们原来的理论,从而不断取得进步。当我们企图理解这些与原始理论不一致的事物时,我们实际上又一次开始了理论建构的工作。即我们从已取得的观察中重新概括出与原始理论不同的新的理论(即修正的理论)。而要确认这种修正的理论,同样需要接受严格的检验。

从社会研究的整个过程来看,理论建构是发展一种好的理论解释的第一阶段,而理论检验则是紧随其后并对前一阶段所得出的尝试性理论解释进行严格检验的阶段。在实际社会研究中,这一过程通常包含着建构理论与检验理论这二者之间的不断相互作用。研究者很少进行纯粹的理论建构研究或者纯粹的理论检验研究。

第三节 社会研究的一般过程

一、社会研究的五步程序

(一) 确定选题

对于社会研究者来说,选择一个合适的研究问题并非一件十分简单的事情。从程序上看,选择研究问题是一项社会研究活动的起点,是整个研究工作的第一步。研究问题一旦确定,整个研究活动的目标和方向也就随之确定。有众多的因素决定着和制约着研究问题的选择。这些因素包括研究者的理论素养、生活阅历、观察角度、研究兴趣，也包括他所处的社会环境、他所具有的客观条件等。研究问题选择得如何，在一定程度上决定着整个研究工作的成败，决定着研究成果的好坏优劣。因此，应当对选题阶段的工作给予高度的重视。

选题阶段的主要任务包括两个方面：一是选取研究主题，即从现实社会中存在的大量的现象、问题和领域中，根据研究者的兴趣、需要与动机确定一个研究主题，比如家庭关系、人口流动、越轨行为、企业制度等；二是形成研究问题，即进一步明确研究的范围，集中研究的焦点，将最初比较含糊、比较笼统、比较宽泛的研究领域或研究现象具体化、精确化，将其转化为既有价值又有新意，同时还切实可行的研究问题。一般来说，我们首先选取一个研究主题，然后在这一主题领域中，选择和形成一个研究问题。这一过程既是一种包含着从一般到特殊的"过滤"过程，也是一种从模糊到清晰的"聚焦"过程。

（二）研究设计

研究设计也称为准备阶段或计划阶段。如果从准备阶段的角度看，它主要包括初步探索、研究设计和试验性调查三个步骤的工作。① 当研究课题确定并进入准备阶段之后，首先要做的一件事就是初步探索，即探索性研究或先导性研究，经过文献梳理、访问专家、实地观察等方法确定研究课题的具体问题。② 研究设计是准备阶段最主要、最困难的工作。它要在初步探索的基础上提出研究设想以及相关的理论解释，确定研究方法和方式，拟定调查提纲，建立测量指标，设计各种量表或调查问卷，确定资料收集和分析方法，以及抽样方案、研究计划等。风笑天认为，如果说选择研究问题的意义在于确定研究的目标和方向，那么研究设计阶段的全部工作就可以理解成为实现研究的目标而进行的道路选择和工具准备。所谓道路选择，指的是为达到研究的目标而进行的研究设计工作，它涉及研究的思路、策略、方式、方法以及具体技术工具等各个方面，包括从研究目的、研究的用途、研究方式、分析单位，直到具体的研究方案的整个过程。就像实施一项工程之前必须进行工程设计一样，要保证一项社会研究工作的顺利进行，保证研究目标的完满实现，也必须进行周密的研究设计。所谓工具准备，主要指的是对研究所依赖的测量工具或信息收集工具如问卷、量表、实验手段等的准备。当然，这种准备工作还包括对社会研究中各种信息的来源——研究对象的选取。[①] ③ 研究设计完成后，并不意味着直接就可进入收集资料阶段，尤其是量化研究一定要经过试验性调查，检验问卷和量表的有效性，修正问卷或量表中存在的问题。因为，量化研究的成本很高，并且通常是一次性调查，如果先期的

---

① 风笑天：《社会研究方法》(第四版)，中国人民大学出版社 2013 年版，第 14 页。

研究设计存在很大缺陷，将会导致调查研究的完全失败。

（三）资料收集

有的书中出将此阶段称为“研究实施”阶段。① 这个阶段的主要任务，就是具体贯彻研究设计中所确定的思路和策略，按照研究设计中所确定的方式、方法和技术进行资料的收集工作。这个阶段的主要特点是：研究者往往要深入实地，要接触被研究者；或者要设计出实验环境、实施实验刺激和测量；或者要收集大量的文献资料。在这一阶段中，所投入的人力也最多，遇到的实际问题也最多，因此，需要很好地进行组织和管理。另外需要注意的是，由于社会现象的复杂性，或者出于现实条件的变化，我们事先所考虑的研究设计往往会在某些方面与现实之间存在一定的距离或偏差，这就需要我们根据实际情况进行修正或弥补，发挥研究者的灵活性和主动性。

（四）资料分析

资料分析阶段在有的书中也称为“研究阶段”。这一阶段的主要任务是，对研究者所收集到的原始资料进行系统的审核、整理、归类、统计和分析。就像从地里打下的粮食，要经过很多道加工的工序，才能最终成为香甜可口的食品一样，从现实社会中所得到的众多信息和资料，也要经过研究者的各种“加工”和“处理”，才能最终变成研究的结果和结论。这里既有对原始数据资料的整理、转换和录入计算机等工作，也有对原始文字资料、图片资料、音像资料等的整理、分类和加工工作；既有对数据资料进行的各种定量分析，也有对定性资料进行的综合、归纳和解读分析等。

（五）得出结果

本阶段也可以称为总结阶段。这一阶段的任务主要包括：撰写研究报告（或学术论文、学术著作、学位论文等），评估研究质量，交流研究成果。研究报告是一种以文字和图表将整个研究工作所得到的结果系统地、集中地、规范地反映出来的形式。它是社会研究成果的集中体现。而撰写研究报告也可以说是对整个社会研究工作进行全面的总结。从研究的目的、方式，到资料的收集、分析方法，到研究得出的结论、研究成果的质量，都要在研究报告中进行总结和反映。同时，还要将社会研究的成果以不同的形式应用到社会实践中去，真正发挥社会研究在认识社会现象、探索社会规律方面的巨大作用。

上述五个阶段可用图 2-9 表示。该图表明，社会研究的过程始于研究问题，经过若干个不同的阶段，最终到达研究结果。图中的箭头则表明，从问题到结果的“道路”不止一条，它暗示着社会研究可以有多种不同的方式选择。

---

① 风笑天：《社会研究方法》（第四版），中国人民大学出版社 2013 年版，第 14 页。

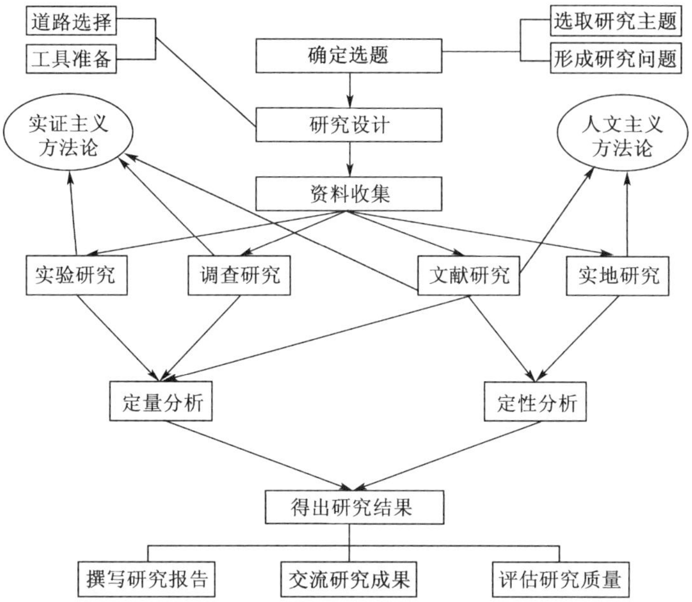

图 2-9 社会研究一般过程图示①

另外需要说明,图示之研究过程及其阶段的划分只是一种理想的模式,并非所有的社会研究都丝毫不差地按上述规定进行。在不同的情况下,不同社会研究的具体程序或步骤可能会略有不同。特别是这种过程的划分比较明显地带有定量研究方式的烙印,对于实地研究这样的定性研究来说,不一定完全合适。比如,实地研究中的资料收集和资料分析就常常是交织在一起的,且要经过多次的循环反复,很难明确划分为两个阶段。但无论如何,上述框架的确是多数具体社会研究的实际过程和设计研究计划时的一种参考。

二、社会研究一般过程的特征

社会研究一般过程具有如下四个特征:

第一,研究过程的每一个步骤都是相互依赖的。任何一个步骤都必须在前一步骤完成之后才能进行,都必须依赖下一步骤而深化。

第二,研究过程是一个不断循环的过程。任何课题在经过一轮研究循环之后,除了取得研究成果以外,还可以提出需要进一步研究的问题,这些问题就成

① 本图参照风笑天教授的成果改编而来。参见风笑天:《社会研究方法》(第四版),中国人民大学出版社 2013 年版,第 15 页。

为新的研究循环的起点，形成新的研究课题。它可以使我们对某些特定社会现象或问题的认识不断深入，提高社会研究的水平。

第三，研究过程保证了研究结论的可验证性。经过研究后得出的结论是否科学，一个重要标准就是研究结论是否可以验证。特别是那些经过周密调查而得出的具有重大社会意义的研究结论，都应该能够让其他研究人员进行检验。这种验证就是按照原研究设计的步骤，即按照原先的研究过程重复研究。因此社会研究过程或步骤可以使原研究重复进行，以检验研究结论的科学性。

第四，无论是定量研究还是定性研究，它们的研究过程或步骤基本上是一致的，但是在每个具体的阶段或步骤中还是有很大的差别。一般而言，在准备阶段，定量研究的研究设计是比较精细的，定性研究的研究设计相对比较"粗放"或者是比较"开放"，因此定量研究的准备时间比较长，定性研究的准备时间相对较短。在调查阶段，定量研究一般是"一次性"的，定性研究是"反复"的。也就是说，定性研究需要经过反复调查、反复观察，才能获取有价值的资料。因此定量研究的调查时间相对较短，而定性研究的调查时间相对较长。定量研究每个阶段都有比较明确的时间节点，调查的阶段性特点比较明确，而定性研究的各个阶段有时是重叠的。也就是说，在定性研究过程中，研究设计有时需要根据资料的收集情况加以调整和完善，根据调查资料充实或修正自己的理论框架，在调查阶段同时要进行资料的整理和分析，并且资料的整理和分析也基本上是同步的。定量研究和定性研究的上述区别主要在于定量研究基本上采用的是假设演绎法，而定性研究虽然有时也尝试采用假设演绎法，但是比较多的是采用归纳法。

三、研究过程示例

整整一代独生子女是 20 世纪 70 年代末以来出现在中国这个世界人口第一大国中的特殊群体，这一代特殊群体的产生引起了广大社会学、人口学、心理学、教育学研究人员以及整个中国社会的普遍关注。20 世纪 80 年代以来，不少研究者对这一问题进行了研究。这里，我们以风笑天 1987～1992 年所做的一项研究为例，[①]具体说明社会研究的一般程序，以及其中所蕴含的社会研究方法论、具体方法和技术运用的有关知识。

---

① 有关这一研究的详细信息，可参见风笑天：《独生子女：他们的家庭、教育和未来》，社会科学文献出版社 1992 年版。这里所介绍的有关内容主要参见风笑天：《社会研究方法》（第四版），中国人民大学出版社 2013 年版，第 16～17 页。

扩展阅读

(1) 选择研究问题。1987年在北京大学社会学系攻读博士学位时，导师袁方教授给笔者(即风笑天，下同)提出了博士论文的选题：中国独生子女问题研究。可以说，导师所定的题目只是确定了研究的主题(并非研究问题)。由于独生子女这一主题中包含众多的内容，涉及众多的方面，比如独生子女人口的结构及分布、独生子女家庭的结构与关系、独生子女家庭的生活方式、独生子女的教育问题、独生子女的社会化、独生子女文化、独生子女家庭老年保障等，因而需要将比较宽泛的研究主题转化为比较具体明确的研究问题。经过阅读和分析当时国内这一领域中的已有文献和一部分国外文献，笔者发现，国内还没有关于独生子女家庭基本状况的研究成果，因而从社会学角度讨论各种独生子女问题尚缺乏经验的基础。另外，笔者发现独生子女的教育问题是当时最为集中的研究焦点，但运用较大规模的调查资料进行分析和探讨的研究很少，多为一般性的、空泛的议论，而与独生子女家庭密切相关的养老问题则还没有引起人们的注意。根据这些情况，笔者确定了三个方面的研究问题：第一，独生子女家庭在结构、关系等基本方面具有什么样的特征？第二，独生子女究竟是不是"小皇帝"？独生子女家长是不是更加"望子成龙"？独生子女的出现给当前的教育带来哪些冲击和影响？第三，独生子女家庭养老将面临哪些挑战？

(2) 研究设计。为了达到上述研究目标，笔者决定采用以调查研究为主的方式进行探讨。笔者选取了地处全国中部，在人口结构、家庭规模、人口出生率、独生子女比重、社会经济发展水平等方面均处于全国平均水平的湖北省作为调查地区，以武汉市、黄石市、沙市市、仙桃市、云梦县城关镇作为调查点(分别代表特大城市、大城市、中等城市、小城市、城镇，以及综合性的中心城市、重工业城市、轻工业城市、县级市和镇)，其目的是为了尽可能提高研究结果的代表面。根据研究者所拥有的时间、经费和人力等条件，研究采取了横剖调查的形式，确定了以描述为主的研究目标，选择了小学生中的独生子女作为分析单位，小学生中的非独生子女作为比较对象，小学生家长作为资料收集的对象。研究设计了分层、多阶段、整群随机的抽样方法，以及收集调查资料的主要工具——《小学生家长调查问卷》，并对问卷调查表的发放与回收、问卷调查资料的审核与输入、问卷调查资料的统计分析方法等均进行了比较周密的设计和考虑，并于1988年4～5月间进行了试调查。然后根据试调查的结果再次修改了调查问卷。

(3) 资料收集。1988年9～11月，笔者在整整三个月的时间里，独自一人奔赴五个调查城市，开展问卷的发放与回收工作。在每一所抽中的小学里，笔者先与学校领导交谈，了解学校总体情况，并根据研究设计，分别从高年级和低年级中抽出两个调查的班级，然后分别访问班主任老师，向他们了解小学独生子女与非独生子女在学习、个性、家庭等方面的情况；并布置好问卷调查的方式、方法、要求等有关事宜；此外，研究着还在老师和学生的帮助下，访问了一部分小学生家长，获得了比较丰富的个案资料。

(4) 资料分析。问卷资料回收后，笔者首先对所有问卷进行了审核。经过核查，剔除了少数空白、未填完等不合格的问卷。然后，由北京大学社会学系的10名本科生对问卷资料进行了编码过录，并请一名博士生将编码过录后的问卷资料全部输入计算机。问卷资料的统计分析均在计算机上运用 SPSS/PC＋软件进行。根据研究的目的、要求，同时兼顾到时间等客观条件的限制，笔者主要进行了单变量的描述统计、双变量的交互分类统计和相关分析。

(5) 得出结果。通过对调查资料的系统分析和深入探讨，笔者得出了“三口之家是独生子女家庭的典型特征”，“生育两个孩子是大部分独生子女父母的生育意愿”，“小学独生子女父母的角色中增加了教师的角色及同龄伙伴的角色”，“独生子女并非都是小皇帝”，“独生子女家庭养老将面临精神交流与支持减少、居住分离、子女流动两难等严重挑战”等一系列研究结果和结论。当然，笔者也客观地指出了其研究所存在的局限性，提示了研究结果的适用范围，以及值得进一步研究的问题。1990 年，笔者将这些结果撰写成一篇博士论文。1992 年，笔者又在这篇博士论文的基础上，形成了一本从社会学角度系统研究我国独生子女问题的学术专著——《独生子女：他们的家庭、教育和未来》。

思考与练习

1. 理论的结构要素包括哪些？它们之间的相互关系是怎样的？

2. 为什么社会研究中常见的理论只是某种“中层理论”，甚至只是“陈述变量之间关系的假设”？

3. 理论对研究的主要作用体现在哪些方面？用实际研究中的例子说明理论的这些作用。

4. 默顿提出的经验研究对理论发展的功能是什么？结合实际研究中的例子说明其中的一个功能。

5. 找几篇描述性研究报告，看看报告中是如何对观察进行经验概括的。试以其中的两个经验概括为基础，尝试建立解释它们的理论。

6. 社会研究的一般过程包括哪五步程序？画出这一过程并简述其主要内容。

7. “研究过程示例”研讨：① 结合案例内容简述社会研究的一般程序。② 简要说明该案例材料中体现的抽样技术的运用。③ 依据案例材料，分析该项研究在确定选题方面所体现出来的高超艺术。④ 该项研究采用的主要研究方式是什么？⑤ 研究者是如何分别开展资料收集和资料分析这两个阶段工作的？有何启示？⑥ 从本案例所采用的主要研究方式这个角度，谈谈你对社会研究方法论问题的认识。

第三章 测量、操作化、抽样

本章重点

1. 测量的概念、层次与工具
2. 操作化的含义与作用
3. 操作化的方法流程及其示例
4. 抽样的原理与程序
5. 抽样的方法
6. 样本规模与抽样误差

第一节 测 量

一、测量的概念与层次

关于测量，美国学者史蒂文斯(S. S. Stevens)给了一个简短的定义："测量就是依据某种法则给物体安排数字。"风笑天认为，所谓测量，就是根据一定的法则，将某种物体或现象所具有的属性或特征用数字或符号表示出来的过程。① 在调查研究中，测量是在对抽象概念或理论概念化和操作化的基础上，通过一套指标体系测量人们的特征、行为和价值观念并使之数量化的过程。比如，用人口登记的方法来测量一个国家的人口数量和人口结构，用电话访问的方法来测量人们对社会热点问题的看法，用自填问卷的方法来测量大学生的择业倾向等。测量的主要作用，在于确定一个特定分析单位的特定属性的类别或水平。它不仅可以对事物的属性做定量的说明(即确定特定属性的水平)，同时，它也能对事物的属性做定性的说明(即确定特定属性的类别)。一项有效的测量，需要具备基本的要素，也应注意所测变量的测量层次问题。

(一) 测量的要素

根据测量的定义，可以看出测量所需的四个要素分别是：测量的客体，测量的内容，测量的法则，数字或符号。②

① 风笑天：《社会研究方法》(第四版)，中国人民大学出版社 2013 年版，第 79～96 页。

② 周璐：《社会研究方法实用教程》，上海交通大学出版社 2009 年版，第 68～72 页。

(1) 测量客体，即测量的对象。它是客观世界中所存在的事物或现象，是我们要用数字或符号来进行表达、解释和说明的对象。在社会研究中，最常见的测量客体是各种各样的个人，以及由若干个个人所组成的各种社会群体、社会组织、社区等。在测量的四个要素中，测量客体所对应的是“测量谁”的问题。

(2) 测量内容，即测量客体的某种属性或特征。实际上，在任何一种测量中，所测量的对象虽然是某一客体，但所测量的内容却并不是客体本身，而是这个客体的特征或属性。社会中的个人、群体、组织以及社区等是我们的测量客体，是社会研究中的测量对象，但所测量的却并不是这些个人、群体、组织、社区本身，而是他们的各种特征。比如测量个人的行为、态度和社会背景；测量群体和组织的规模、结构和管理模式；测量社区的范围、人口密度和人际关系等。测量内容所对应的是“测量什么”的问题。

(3) 测量法则，即用数字或符号表达事物各种属性或特征的操作规则。也可以说，它是某种具体的操作程序和区分不同特征或属性的标准。比如，测量人们的收入状况，“将被调查者工资单上的应发金额数加上每月奖金发放统计表上他所得的数额”就是一种测量法则。测量法则所对应的是“怎么测”的问题。

(4) 数字或符号，即用来表示测量结果的工具。比如，3500 元、4600 元等就是测量某行业员工月收入的结果。在社会研究中进行测量的结果，许多是用数字来表示的。比如被调查者的年龄、收入、上下班路途所需时间，被调查家庭的人口数、用于购置大件家电商品的费用，被调查组织的规模等。但是，同样也有许多结果是用文字来表示的。比如，被调查者的性别(男、女)、婚姻状况(未婚、已婚、离婚、丧偶)，被调查者对住房相关政策的态度(赞成、反对)等。尽管许多用文字表达的测量结果在统计分析时都转换成了数字，但这种数字并不能像算术中的数字那样进行加、减、乘、除运算，最多只能作为不同类别的代号进行频数统计。数字或符号所对应的是“如何表示”的问题。

(二) 测量的层次

史蒂文斯 1951 年创立了被广泛采用的测量层次分类法。他将测量层次分为四种，即定类测量、定序测量、定距测量和定比测量。该分类法在我国得到了广泛的认可。①

(1) 定类测量。定类测量(nominal measurement)，又称类别测量、定名测量、名义测量，是测量层次中最低的一种。定类测量在本质上是一种分类体系，即将研究对象的不同属性或特征加以区分，标以不同的名称或符号，确定其类别。定类测量的数学特征主要是等于与不等于(或者属于与不属于)。在社会研究

① 周婷:《社会研究方法实用教程》，上海交通大学出版社 2009 年版，第 68～72 页。

究中，性别、职业、婚姻状况、宗教信仰等特征的测量，都是常见的定类层次的测量。

由于定类测量实质上是一种分类体系，所以分类既要有穷尽性，又要具有互斥性。这样，我们所测量的每一个对象都会在我们的分类体系中占据一个类别，并且仅仅只会占据一个类别。比如，将性别分为“男性”和“女性”两类，将职业分为“工人”、“农民”、“干部”、“专业人员”、“商人”、“其他”，等等。定类测量应具有两种属性，一是对称性，即甲对乙的关系也就是乙对甲的关系；二是传递性，如果甲与乙同类，乙与丙同类，那么，甲一定与丙也同类。其他的几种层次的测量，也都把分类作为其最基本的测量内容。或者说，其他几种层次的测量中，都无一例外地包含着定类测量的分类功能。

(2) 定序测量。定序测量(ordinal measurement)，又称等级测量、顺序测量，其取值不仅可以像定类测量一样将不同的事物区分为不同的类别，还可以按照某种逻辑顺序将研究对象排列出高低或大小，确定其等级及次序。或者说，定序测量可以按某种特征或标准将对象区分为强度、程度或等级不同的序列。其数学特征是大于或小于。

在社会研究中，常对社会地位、生活水平、住房条件、文化程度、满意程度、工作能力等做定序测量。人们通常可以根据测量结果来分出个体间在所测变量上的高低之别。例如，就文化程度而言，人们通常会认为“大学毕业”的人比“初中毕业”的人水平更高。

(3) 定距测量。定距测量(interval measurement)又称等距测量、区间测量，不仅能够将社会现象或事物区分为不同的类别、等级，而且可以确定它们相互之间不同等级的间隔距离和数量差别。我们不仅可以说明哪一类别的等级较高，而且还能说明这一等级比那一等级高出多少单位，即结果之间可以进行加减运算。但是定距测量没有绝对的零点，其零点是任意选取的，因此这一测量类型所得出的数据只能做加减运算，而不能做乘除等运算。

如智商测试、公元元年等就是典型的定距测量。IQ 测试结果为 120 分的人比得 100 分的人高出 20 分，衡量了二者智商的差距程度，但不能说前者比后者聪明 1 倍，因为不存在绝对笨(智商为 0)的人。

(4) 定比测量。定比测量(ratio measurement)又称等比测量、比例测量，除了具有上述三种测量的全部性质以外，还具有一个绝对的零点(有实际意义的零点)。所以，测量结果既能进行加减运算，又能进行乘除运算，一般可以用百分比来表示。是否具有实际意义的零点存在，是定比测量与定距测量的唯一区别。在社会研究中，收入、年龄、出生率、性别比、离婚率、人口密度等变量均适用于定比测量。表 3-1 通过具体示例对各测量层次进行了对比。

表 3-1　　**测量层次举例**

测量层次	变量	测量内容说明
定类	工作岗位	如某企业的岗位可分为营销类、人力资源、生产及设计等
定序	行政级别	如某政府部门领导的级别可分为科级、处级和厅级等
定距	智商分数	大多数智力测验的平均分为 100 分，低于 65 分或高于 140 分的人较为罕见。得 140 分并不比得 70 分的人聪明 1 倍
定比	年龄	年龄有真正的零点，即刚出生，且可以说 50 岁的年龄是 25 岁的 2 倍。类似的变量还有收入水平、受教育年数等

测量层次的差别有着实质性的意义，如表 3-2 所示，各种测量层次有不同的属性和数学功能，也与可用的统计程序相关。对于定距、定比类的变量，有较多有检验力的统计程序可供使用。这对于研究设计和测量层次的选择至关重要。纽曼认为，如有可能，应尽量以较高的测量层次来概念化与测量变量。① 其判断是基于实用上的理由。较高的测量层次可以降低成较低的层次，但是反过来却办不到。换句话说，是可以先以非常精确的层次来测量一个构想，收集非常明确的信息，然后再略过或放弃某些细节。但以不太精确的层次或不够明确的信息来测量一个构想，就没法把它变得精确。

表 3-2　　**四种测量层次的对比**

测量层次	不同的类型	排列等级	受测类别间的距离	真正的零点	数学功能
定类	是				分类
定序	是	是			＋排序
定距	是	是	是		＋差值
定比	是	是	是	是	＋比值

这四种测量层次的变量可以归为两类。定距和定比层次的变量属于连续变量，而定类和定序层次的变量属于间断变量。连续变量有无限个沿着一个连续体分布的值或属性，这些值可以分成许多较小的区段。间断变量又称离散变量，具有一组数目相对固定、各自分离的值或变量属性，典型的如婚姻状况、政治派别等。在调查研究实践中，研究者常常将定序测量值当作连续变量来使用，如用

① [美]劳伦斯·纽曼著，郝大海译：《社会研究方法：定性和定量的取向》，中国人民大学出版社 2007 年版，第 240 页。

李克特量表来测量人们的公益心，并计算样本人群的公益心均值时，至少要使用五个定序类别，且需取得较多的观察值。Johnson & Creech(1983)针对那些被概念化为连续变量，并以一系列定序类别加以操作化的测量误差进行了检验，他们发现，如果定序的类别超过四个，且样本数量充足时，所造成的误差并不严重。①

二、测量工具：量表

作为社会研究的重要环节，测量需要借助恰当的测量工具才能对社会现象进行观察和测定。用来收集数据资料的测量工具很多，而量表是其中应用非常广泛的一种。量表(scale)是一种测量工具，常被用来测量调查对象如何感觉或思考某事物，研究者借助它来测量某个建构的强度、方向和层次等。一般而言，研究者通过构建和使用量表，让人们在一个极点到另一个极点之间，指出符合自己态度的一点来。它以一个连续体的方式来排列回答值或观察值，然后对其结果加以分析。量表的构建旨在创造以顺序、等距、比例形式测量变量的数字分数，而数字的指派有助于人们进行量化思考。研究者常常需要测量人们的态度、看法、意见、性格等主观性较强的内容，或测量较为复杂的社会现象。一方面，这些概念具有潜在性的特征；另一方面，其构成也比较复杂，很难用单一的指标进行测量。基于复合测量的理念而产生的形式多样的量表，可以有效解决上述测量问题。下面选择社会科学研究领域常用的量表加以介绍。

（一）总加量表

总加量表(summated rating scale)也称作总和量表，它由一组反映人们对事物的态度或看法的陈述构成，回答者分别对这些陈述发表意见，根据回答者同意或不同意的程度(风笑天给出的定义将回答限定为同意或不同意)分别给予不同的分数，然后将回答者在全部陈述上的得分加起来，就得到了该回答者对这一事物或现象的态度得分。② 这个分数是其态度的量化结果，它的高低就代表了个人在态度量表上的位置。

根据每个陈述的权重是否相同，总加量表的形式可以略有变化，艾尔·巴比将其进一步分为指标和量表，并通过政治狂热度的例子做了说明。③ 图 3-1 列举了人们可能采取的六种政治行动，大体上说，不同的行动可以代表相似的政治

① David Richard Johnson, James C. Creech: "Ordinal Measures in Multiple Indicator Models— A Simulation Study of Categorization Error", in *American Sociological Review*, 1983, 48(3), pp. 398～407.

② 风笑天：《社会研究方法》(第四版)，中国人民大学出版社 2013 年版，第 92～93 页。

③ [美]艾尔·巴比著，邱泽奇译：《社会研究方法》，华夏出版社 2009 年版，第 155～156 页。

狂热度。为了建立一个全面反映政治狂热度的指标，人们给每个行为赋予一定的分值，如每题 1 分，那么，被访者勾选的行动类型越多，其总加量表得分就越高，政治狂热度就越高。那些总得分相同的回答者具有同样程度的态度，得分高的回答者要比得分低的回答者在政治上更为狂热。

图 3-1 政治狂热度总加量表(指标)

相比之下，图 3-2 则呈现了多个陈述的权重不同时建构量表的逻辑：这里的一些政治行动代表了十分不同的狂热程度，如参与竞选公职比简单地参与投票代表了更高的政治狂热度。而且，政治活动更狂热的人也会参与一般的政治活动。为了建立政治狂热度的量表，我们可以根据图 3-2 中的理想模式近似地描述每个人的政治狂热度，并给予分值。如赋予“竞选公职”的回答者 4 分，“为政治运动出力”得 3 分，“为政治运动捐款”和“参与投票”的得分依次递减。这样，选择“竞选公职”的回答者就比选择“为政治运动出力”的回答者多 1 分，也就是在政治上更为狂热。

竞选公职	否	否	否	否	是	4
为政治运动出力	否	否	否	是	是	3
为政治运动捐款	否	否	是	是	是	2
参与投票	否	是	是	是	是	1

图 3-2　政治狂热度量表

（二）李克特量表

李克特量表(Likert scale)是总加量表的一种特定形式，也是社会调查问卷中用得最多的一种量表形式。它是由美国社会心理学家李克特(R. A. Likert)于1932年在原有的总加量表基础上改进而成的。李克特量表由一组对某事物的态度或看法的陈述组成。为了提高测量的信度，量表增加了反向的语句。与前述总加量表所不同的是，回答者对这些陈述的回答不是被简单的分成“同意”和“不同意”两类，而是被分成五类，如“非常同意、同意、不知道、不同意、非常不同意”。多年来，经过李克特量表的开发者和使用者的各种修改，在答案的选择上，后来的量表有采用三种、四种、六种和七种答案选择的。采用偶数的答案选择反映了部分量表设计者的看法：有些被访者为了避免明确的抉择，可能采用“中间派”的回答，采用偶数回答选择，就迫使被访者只能在赞同和不赞同之间做出抉择。图3-3呈现了制作李克特量表的基本步骤。①

李克特量表的制作步骤

(1) 收集大量(50～100)与测量的概念相关的陈述语句。

(2) 研究人员根据测量的概念将每个测量的项目划分为“有利”或“不利”两类，一般测量的项目中有利的或不利的项目都应有一定的数量。

(3) 选择部分受测者(一般不能少于20人)对全部项目进行预先测试，要求受测者指出每个项目是有利的或不利的，并在下面的方向～强度描述语中进行选择：

a. 非常同意　b. 同意　c. 不知道　d. 不同意　e. 非常不同意

(4) 对每个回答给一个分数，如从非常同意到非常不同意的有利项目分别为1、2、3、4、5分，对不利项目的分数就为5、4、3、2、1分。

(5) 根据受测者的各个项目的分数计算代数和，得到个人态度总得分，并依据总分多少将受测者划分为高分组和低分组。

(6) 选出若干条在高分组和低分组之间有较大区分能力的项目，构成一个李克特量表。如可以计算每个项目在高分组和低分组(各占样本的25%)中的平均得分，选择那些在高分组平均得分较高并且在低分组平均得分较低的项目。

图3-3　制作李克特量表的基本步骤

李克特量表在社会心理学领域有着广泛的应用。例如，“罗森伯格自信心量表”(Rosenberg self-esteem scale)由美国心理学家罗森伯格(M. Rosenberg)制订，它是世界上最常用的测量个人自信心的量表。它共有10个测题，用以测量

① 参见风笑天：《社会研究方法》(第四版)，中国人民大学出版社2013年版，第92～93页。

个人对自我感觉的好坏程度，见表 3-3。①

表 3-3　　罗森伯格自信心量表

陈述	很不同意	不同意	同意	非常同意
1. 我认为自己是个有价值的人，至少基本上是与别人相等的。	1	2	3	4
2. 我觉得我有很多优点。	1	2	3	4
3. 总括来说，我觉得我是一个失败者。	1	2	3	4
4. 我做事的能力和大部分人一样好。	1	2	3	4
5. 我觉得自己没有什么值得骄傲的。	1	2	3	4
6. 我对于自己是抱着肯定的态度。	1	2	3	4
7. 总括而言，我对自己感到满意。	1	2	3	4
8. 我希望我能够更多地尊重自己。	1	2	3	4
9. 有时候我确实觉得自己很无用。	1	2	3	4
10. 有时候我认为自己是一无是处。	1	2	3	4

（三）博格达斯社会距离量表

如果研究者希望定量地测量人们相互间交往的程度、相互关系的程度或者对某一群体所持的态度及所保持的距离，则可采用博格达斯社会距离量表(Bogardus social distance scale)，该量表由美国社会心理学家博格达斯(Bogardus)于 1925 年创建。这种量表形式的核心在于不同陈述或选项之间的递进关系。在使用此量表时，调查对象会被询问是否愿意接受与某些人产生相互关系，而各种回答则可以适当地以一些单一的分数表示出来，也代表了能接受的最为亲近的关系程度是什么，因为能接受其中较近关系的人，一定也能接受距离最远的关系。例如，在表 3-4 中，就能有效测量人们对有着不同问题的人持何种距离感，且能同时测量每个选择的意愿强度。②

根据研究需要，还可以采用反转的社会距离量表(Lee)来测量某一群体被

① 参见田录梅：《Rosenberg(1965)自尊量表中文版的美中不足》，载《心理学探新》2006 年第 2 期，第 88～91 页。

② 赵荣江、牛雅娟、杨少杰等：《中国北方城乡两地居民对 10 种特殊人群社会距离及社交限制的调查》，载《中国神经精神疾病杂志》2015 年第 7 期，第 395～400 页。

他人接受的程度，例如下列 5 个陈述[1]：

(1) 他们愿意您做他们的亲戚、与他们通婚吗？

(2) 他们会愿意您做他们的亲密朋友吗？

(3) 他们会愿意您住在他们隔壁吗？

(4) 他们是否愿意您住在他们附近？

(5) 他们是否愿意您成为某国公民？

表 3-4　　社会距离量表：不同情境下的人际关系

如某人曾犯罪入狱，您在多大程度上愿意选择他做您的朋友？将愿意程度分为“非常愿意”、“愿意”、“不太愿意”、“不愿意”四个等级，请您选择。

答案编码为：1＝非常愿意；2＝愿意；3＝不太愿意；4＝不愿意

	曾犯罪入狱	患高血压	有过自杀行为	是同性恋者	有过严重抑郁	感染艾滋病病毒	家人自杀死亡	有过吸毒	住过精神病院	曾酗酒
1. 选择做您的配偶										
2. 选择做您的朋友										
3. 选择做您家保姆										
4. 选择做您家装修工										

需要注意的是，在使用博格达斯社会距离量表收集资料时，一定要注意提醒调查对象，对方应该是根据自己对这个群体的整体感受做出选择，而不能根据自己认识的或了解的这个群体中的某个人的印象做出判断。按受测者接受难易的程度排列各项目，从前者到后者有递进关系。仔细分析各样本的得分情况，能发现其中存在着逻辑结构。

(四) 语义差异量表

语义差异量表(semantic differential scale)也称为语义分化量表，其独特性在于强调选项的明确含义对于测量的重要性，主要用来研究概念对于不同的人所具有的不同含义。这种量表最初是美国心理学家奥斯古德(C. G. Osgood)等人在他们的研究中使用的。它“在研究小政治群体、态度或更一般性的政治问题时特别有用”。奥斯古德等人在其研究报告中还指出，这种方法具有很高的再测信度和表面效度。

在社会学、社会心理学和心理学研究中，语义差异量表主要用于文化的比较

---

① Motoko Y. Lee, Stephen G. Sapp, Melvin C. Ray, “The Reverse Social Distance Scale”, in *Journal of Social Psychology*, 1996, 136(1), p. 17.

研究、个人及群体间差异的比较研究,以及人们对周围环境或事物的态度、看法的研究等。语义差异量表的形式由处于两端的两组意义相反的形容词构成,如“有趣”与“无趣”,“复杂”与“简单”,“和谐”与“嘈杂”,“传统”与“现代”等。每一对反义形容词中间分为7个等级,每一等级的分数从左至右分别为7、6、5、4、3、2、1,也可以计为+3、+2、+1、0、-1、-2、-3。被测量的概念或事物(比如某一群体、某种问题、某个国家等)放在量表的顶端,调查时要求被调查者根据自己的感觉在每一对反义形容词构成的量尺中的适当位置做记号,比如打×或√。研究者通过对这些记号所代表的分数的统计和计算,来研究人们对某一概念或事物的看法或态度,或者进行个人或团体间的比较分析。语义差异量表所采用的数对形容词要能够考察被调查者对某个群体的感觉和态度的各种要素或各种维度。

上述四种类型的量表基本反映了复合测量的基本原理和典型应用情景,除此之外,还有反映不同题项权重差异的瑟斯东量表(Thurston scale),以及反映不同题项的逐渐升高或下降变化的加特曼量表(Guttmann scale)等。各种量表的设计差别体现在项目权重和排序上。在总加量表中,因为各个具体的陈述(项目)没有设计权重,即在得分加总时都是等价的,所以一般情况下这种“趋强的顺序”对测量结果(单个样本的得分和总样本的平均得分)没有影响。如果一定要在测量中反映样本的行为与态度的程度,可以采用李克特量表(可以测量每一陈述的得分差异)或博格达斯社会距离量表(可以区分简单项目与困难项目)的方法,并考虑有递进关系的陈述的得分的权重差异。① 需要注意的是,只用少数陈述项目来测量含义宽泛的潜在概念时,存在显著的项目限定效应,即很多被访者未曾经历过提问所描述的情境,从而无从回答。基于复合测量的理念而设计的量表可以有效避免这个问题,但也增加了测量的工作量,并影响到被访者回答的认真程度。为此,可以通过项目的精挑细选来减轻回答负担,也可以通过设置反向题来甄别那些不认真回答的被访者。

三、测量的信度与效度

对于任何一种测量尺度或测量手段来说,必然会涉及这样一些基本问题:测量所得的数据或资料是否与人们感兴趣的特征有关?测量所得的结果是否正是人们所希望测量的东西?当这种测量的时间、地点、操作者发生改变时,测量的结果将会受到什么样的影响?研究者在建构和评估测量时,主要关注两个技术性指标:信度(reliability)和效度(validity)。

---

① 风笑天:《社会研究方法》(第四版),中国人民大学出版社2013年版,第92~93页。

（一）信度

由于访问者态度和行为的影响，不同的访问者会从同一个受访者那里得到不同的答案。当我们让受访者提供自己的信息时，类似的问题也会发生。有时候，我们问的是对方不能确切回答的问题，如“你总共去过教堂多少次？”有时候我们问的是根本与他们毫无关系的问题，如“你对于现今南非和摩洛哥之间的关系感到满意么？”有时我们提出的问题过于复杂，尽管受访者有清楚的观点却无法清楚地表达，这样，同一个问题询问两遍就会得到两个不同的解答。这就涉及测量工具的可靠性问题，即信度。

信度是指使用相同研究技术重复测量同一个对象时，得到相同研究结果的可能性，即测量工具能否稳定地测量所测的概念或变量。要完成这种重复测量，可以有多种方式，但大部分信度指标都是基于重复测量之间的相关性程度，并由相关系数(r)来表示。以下主要介绍以下三种类型。①

(1) 再测信度(test-retest reliability)。对同一群对象采用同一种测量方法，在不同的时间点先后测量两次，根据两次测量的结果计算出相关系数，这种相关系数叫作再测信度。这是一种最常用、最普遍的信度检查方法。使用这种方法时，两次测量所采用的方法、所使用的工具是完全一样的。

再测信度的缺点是容易受到时间因素的影响，即在前后两次测量之间的某些事件、活动的影响，会导致次测量的结果客观上发生改变，使两次结果的相关系数不能很好地反映两次测量的实际情况。因此，如何把握再测信度中两次测量的间隔时间是很关键的问题。此外，在有些情况下，可能无法进行复测，如与调查对象失去联系，或者调查对象拒绝再次回答同样的问题。再有，调查对象对测量工具的熟悉，也会影响结果的准确性。

(2) 复本信度(parallel-forms reliability)。如果一套测量工具可以有两个以上的复本，则可以让同一群研究对象同时接受这两个复本测量，并用所得的分数来计算其相关系数。学校考试时出的A、B卷就应该具有比较一致的难度和知识点覆盖率。在社会研究中，研究人员可以设计两份调查问卷，每份使用不同的项目，但都用来测量同一个概念或事物，对同一群对象同时用这两份问卷进行测量，然后根据两份问卷所得的分数计算其复本信度。复本信度可以避免上述再测信度的缺点。但是，它的要求是所使用的复本必须是真正的复本，即两者在形式、内容等方面都应该完全一致。然而，在实际调查中，真正使用调查问卷或其他类似的测量工具达到这种要求往往是一件十分困难的事情。

(3) 折半信度(split-half reliability)。再测信度与复本信度都要经过至少

① 周璐：《社会研究方法实用教程》，上海交通大学出版社2009年版，第156页。

两次的测量，成本较高。因此，在调查研究中，对信度的检验一般采用折半信度的方法。折半信度指将研究对象在一次测量中所得的结果，按测量项目的单双号分为两组，计算这两组分数之间的相关系数。通常研究者为了采用折半信度来检验测量的一致性，需要在所设计的测量问卷中增加一倍的测量项目。这些新增的项目与原有的项目在内容上是重复的，只是表面形式不同而已。如果被调查者在前后两部分项目上的得分之间高度相关，则可以认为这次测量是可信的。折半信度检验的依据在于问卷或量表中的指标之间具有内在理论和经验逻辑的一致性。折半信度比较适合量表的信度检验，因为量表测量的目标是单一的、明确的。

对于信度的判断，也可以采用不同的测量方法对同一对象进行测量，从而比较不同测量方法所获得的测量结果的稳定性或一致性。例如，对于大学生择业观的测量，可以在大学生群体中采用抽样调查方法进行测量，也可以采用深度访问方法了解大学生的择业观，或者通过观察方法发现大学生在择业时表现出来的价值偏好，然后比较三种测量的结果是否一致，如果一致性程度比较高，说明测量的信度较高，反之则较低。

（二）效度

测量的效度(validity)也称作测量的有效度或准确度。它是指工具或测量手段能够准确测出所要测量的变量的程度，或者说能够准确、真实地度量事物属性的程度。效度强调实证测量在多大程度上反映了概念的真实含义，毕竟通过调查获取研究对象的真实信息才是研究者所追求的根本目标。根据学者们的长期实践和归纳，测量的效度可以从三个层面加以评估，即表面效度、准则效度和建构效度。

(1) 表面效度。表面效度又称内容效度、逻辑效度，指的是测量内容或测量指标与测量目标之间的适合性和逻辑相符性。首先必须知道所测量的概念是如何定义的，其次需要知道这种测量所收集的信息是否和该概念密切相关，然后评价者才能尽其判断能力之所及，做出这一测量是否具有表面效度的结论。比如，公民意识测试不能只限于正式的公共事务参与，还应该包括日常生活场景中对公共秩序的维护；不能只限于是否投身于公共事务的行动，还应包括参与公共事务或律己的意识。

(2) 准则效度。准则效度也称实用效度，即用一种不同以往的测量方式或指标对同一事物或变量进行测量时，将原有的一种测量方式或指标作为准则，用新的方式或指标所得到的测量结果与原有准则的测量结果做比较，如果新的测量方式或指标与原有的作为准则的测量方式或指标具有相同的效果，那么，我们就说这种新的测量方式或指标具有准则效度。准则有两个来源，一是未来的实际情况，即预测效度。预测效度是将已经得到的测量结果与未来实际发生的情况进行比较，以检查两者的一致性。例如评价汽车驾校笔试成绩的效度，要看考生毕业后的实际驾车技术，这里，考生的实际驾车技术就是评价其笔试成绩效度的标准。二是新的测量，即共变效度。共变效度可用来判断其他的测量工具是否可以取代作为效标的测量工具，研究者想采用更简便的测量来代替复杂的测量，或者在社会发展变化时使用新的测量指标来代替旧的测量指标，都可以利用共变效度来检验新的指标的有效性。

(3) 建构效度。它涉及一个理论的关系结果中其他概念(或变量)的测量。如果理论上认为变量 A 与 B 呈正相关、M 与 N 呈负相关、X 与 Y 不相关，那么，一套操作化的指标或量表的实际测量结果也应该呈现这样的关系，如表 3-5 所示。[①]

表 3-5　　建构效度的解释

变量	A	B	M	N	X	Y
理论认知	+	+	−	−	0	0
操作化	+	+	−	−	0	0

比如，假定我们设计了一种测量方法，来测量人们的"婚姻满意程度"。为了评价这种测量方法的效度，我们需要用到与婚姻满意程度有关的理论命题或假设中的其他变量。假定我们有下列假设：婚姻满意程度与主动做家务的行为有关；婚姻满意程度越高，越是主动承担家务。那么，如果我们的测量在婚姻满意程度与承担家务方面的结果具有一致性，则称我们的测量具有建构效度。如果婚姻满意程度不同的对象在承担家务方面的行为都是一样的，那么，我们测量的建构效度就面临挑战。

效度评估的这三种类型，从表面效度到准则效度，再到建构效度，可视为一个累进或积累的过程，因为表面效度只需要评价单一概念的测量工具，准则效度则需要对一个概念的两个以上的测量方法，而建构效度则需要两个甚至两个以上的相关概念以及两种和两种以上的测量工具。

对许多社会现象，比如人的智力、社会群体的凝聚力、社会职业的声望等，社会科学家还没能甚至根本就不可能建立起某种公认的、适合于多种不同情况的测量单位和测量标准，以及与之相适应的测量工具和测量方法。作为评价测量

① [美]罗伯特·F. 德维利斯著，魏勇刚等译：《量表编制：理论与应用》，重庆大学出版社 2010 年版，第 59～60 页。

品质的两个维度，信度和效度之间存在某种紧张关系，研究者常常为了获得效度而舍弃信度，或为了求得信度而牺牲效度。如果想测量工厂员工的士气，那么让自己进入生产线，观察员工日复一日的例行工作，与他们交谈，就会比计算申诉案件数量的方法更有效度，因为你可以更清楚地了解员工士气的高低；但是，用计算的办法却更有信度。这种情形正是一般研究测量的困境。通常，可信的操作化定义和测量的具体化会减损概念的丰富内涵（即效度），就像员工士气不仅仅表现为员工申诉案件的多少一样。然后，如果允许概念有较多的变化或丰富的内涵，那么，在具体的情境下就概念运用达成共识的机会就大大减少，这样反而降低了信度。

在某种程度上，这种两难的困境也解释了社会研究中两种不同取向的延续：定量的、通则式的和结构化的技术（如调查与实验）；定性的和表意式的方法（如实地研究和历史研究）。对社会研究者而言，这是一个始终存在且无法避免的两难。如果无法就测量某个概念达成共识，就用多种方法进行测量。如果某个概念有多个维度，就去测量所有的维度。

第二节 操 作 化

案例导入

操作化的几个例子

例 1："溺爱孩子"①

风笑天在研究独生子女的教育问题时，需要了解和比较独生子女父母与非独生子女父母在溺爱孩子方面的行为表现和心理状态。研究中，对"溺爱孩子"的概念进行了如下的操作化处理：首先，根据"溺爱孩子"概念的名义定义，将其操作化为四个不同的维度，以反映这一概念的四个不同层面。这四个维度是：① 不注意培养孩子的生活自理能力；② 不注意培养孩子的劳动习惯；③ 对孩子过分迁就；④ 物质上对孩子尽量满足。

然后，在每个维度上选择若干个具体指标。

第一个维度所选择的指标有：是否自己洗头、洗澡、穿衣、收拾书包、整理床铺、自己上下学。

第二个维度所选择的指标有：在家是否擦桌、扫地、洗碗、洗手绢、上街买东西。

① 风笑天：《独生子女——他们的家庭、教育和未来》，社会科学文献出版社1992年版，第122页。

第三个维度所选择的指标有：是否孩子想看电视就可看电视、想看的电视节目不一致时尽量依孩子、上公园玩时具体上哪儿听孩子的、孩子要什么东西赶快给他买。

第四个维度所选择的指标有：是否一去商店就给孩子买东西，是否经常给孩子零用钱，是否具有尽量满足孩子需要的想法。

例 2："人的现代性"①

美国著名社会学家英克尔斯及其合作者在研究"现代人"时，需要对"人的现代性"这一概念进行测量。为此，他们进行了非常周密细致的操作化工作。最终将人的现代性操作化为具有 24 个维度的个人现代性综合量表，并在此基础上形成了一份总共包括 438 个具体问题（即指标）的访问问卷。这 24 个维度是：

(1) 积极参与公共事物	(2) 年老者的角色
(3) 教育期望与职业期望	(4) 可依赖性
(5) 对变革的认识与评价	(6) 公民权
(7) 消费态度	(8) 对尊严的评价
(9) 效能	(10) 家庭大小
(11) 意见的增多	(12) 与国家的认同
(13) 信息	(14) 大众传播媒介
(15) 亲属义务	(16) 社会阶级分层
(17) 新经验	(18) 妇女权力
(19) 宗教	(20) 专门技能
(21) 对时间的评价	(22) 计划
(23) 工作信念	(24) 了解生产

每一个维度下面，又分解成若干个更为具体的指标。比如，第一个维度"积极参与公共事务"下面，就又分解成下述六个指标：① 是否属于某一个组织；② 所参加的组织的数目；③ 哪一个组织在政治上持有自己的观点；④ 是否用谈话或书信方式向政府官员表明自己的观点；⑤ 参加投票的次数；⑥ 是否曾高度关心某件公共事务。

例 3："父母投资"②

陈皆明博士在有关父母投资与子女赡养关系的研究中，将"父母投资"定义

---

① 参见[美]英克尔斯：《从传统人到现代人——六个发展中国家中的个人变化》，中国人民大学出版社 1992 年版，第 146、461 页。

② 参见陈皆明：《投资与赡养：城市居民代际交换的因果分析》，载《中国社会科学》1998 年第 6 期。

为“父母为子女所做的各种帮助”，并操作化为“早期家庭帮助”、“近期给予的帮助”和目前“正在给予的帮助”三个大的方面（即维度）以及一系列具体的指标。其基本的操作化框架如图 3-4 所示。

- 父母投资
  - 早期家庭帮助
    - 被访者早期对家庭帮助的依赖
      - 是否在家做作业
      - 在升学上是否得到帮助
      - 在职业上是否得到帮助
      - 在换工作上是否得到帮助
      - 在分房上是否得到帮助
    - 父母为子女结婚所花的费用
    - 被访人的教育水平
    - 婚后的居住情况
  - 近期给予的帮助
    - 照看孩子
    - 做家务
    - 提供经济上的帮助
  - 正在给予的帮助
    - 照看孩子
    - 做家务
    - 提供经济上的帮助

图 3-4 父母投资操作化

例 4:“现代化的生存环境”①

李银河博士在研究浪漫爱情时，试图检验这样一个假设：人们的生存环境越接近现代化，则他们越会看重浪漫爱情。为此，她需要对“现代化的生存环境”进行操作化。在研究中，她将这一概念操作化为三个不同的维度和四个主要的指标：① 时间继度——年龄（越年轻者其生存环境越接近现代化）；② 空间维度——城乡（城市居民的生存环境比农村居民的生存环境更接近现代化）；③ 社会经济地位维度——受教育程度、职业地位（一般而言，受教育程度越高者，或者职业地位越高者，其生存环境越接近现代化）。具体见表 3-6 所示。

表 3-6　　现代化生存环境的操作化

概　念	维　度	指　标
现代人的生存环境	时间维度	年龄
	空间维度	城乡社区
	社会经济地位维度	教育程度
		职业地位

① 参见李银河：《中国人的性爱与婚姻》，河南人民出版社 1996 年版，第 56 页。

当然，同一领域的其他研究者还可以增加其他维度和指标，比如增加“生活水平”的维度，以及诸如“人均收入”、“是否有电话”、“是否有电脑”等指标。①

一、操作化的含义与作用

（一）操作化的含义

1. 操作化概念的方法论和认识论解读

科学知识的一个重要特点就是这种知识具有一致性（consensus）②，而不是具有个人性。有些学者把这个特点称为客观性，有的则称之为可复制性或可检验性，或称之为“主观共享性”。③ 从实证主义的角度看，社会科学知识要具有这样的“主观共享性”，就必须像自然科学那样具有一套可复制或可检验的测量工具，如测量用的问卷或一套测量程序等。但是，众所周知，社会生活中使用的概念与自然科学的概念不同，它们通常都是一些比较模糊或含义不太确切、含混不清的词语，如“价值观”、“社会规范”、“生活质量”、“同情心”等等。如果社会研究也要像自然科学那样取得所谓客观的、确切的“主观共享性”知识，就必须首先对研究中使用的概念做出界定，在此基础上才能够进一步对这些概念所指称的现象进行观察和度量。这就涉及社会研究中的一个重要术语“操作化”。如果说测量是社会研究（尤其是实证主义范式的调查研究、实验研究等）必不可少的内容，操作化则是测量中的重要环节。尤其是从实证主义的角度来看，科学研究必须使用变量的语言，因为它需要精确描述现象和事物的状态，需要了解某一现象的变化如何与另一现象的变化相联系。由于变量具有明确性和可观察性，因此只有使用变量语言才能进行有效的经验研究。因此，艾尔·巴比认为，在操作化时，我们用具体的经验过程来获得变量的测量。④

从方法论的角度说，操作化是实证主义社会研究方法的极其重要的概念。操作化理论不仅以实证主义为其方法论基础，而且还以传统二元对立的认识论为后盾。⑤ 从认识论的角度讲，社会研究者面对着两个世界：一个是观念或理论

---

① 风笑天：《社会学研究方法》（第一版），中国人民大学出版社 2001 年版，第 109 页。

② M. W. 瓦托夫斯基著，范岱年等译：《科学思想的概念基础——科学哲学导论》，求实出版社 1982 年版，第 28～29 页。

③ E. R. Babbie，*The Practice of Social Research*，America：Wadsworth Publishing Company Inc.，1979，p. 52.

④ 参见[美]艾尔·巴比著，邱泽奇译：《社会研究方法》（上），华夏出版社 2000 年版，第 208～209 页。

⑤ 吴肃然认为，“操作化”是实证主义社会学研究方法的核心概念，目前许多社会学家对它的理解都源于以语言图像论为代表的传统社会科学哲学。语用学转向后的当代社会科学哲学则推翻了语言图像论，指出语词的意义并不在于它所对应的客观对象，而在于语词自身的实践用法及其相应的生活形式。这种观点为社会学家们提供了对于操作化的重新理解，也为超越目前社会学方法论的二元对立提供了可能。（参见吴肃然：《论操作化：当代社会科学哲学的启示》，载《社会》2013 年第 5 期，第 54～87 页。）

世界，另一个是经验世界。这两个世界是相互对应的，观念或理论世界无法被科学考察，人们必须在经验世界中找寻理论概念所对应的可测量的范畴，以此来检验理论命题的真假。也可以说，这两个世界分属于两个层次，一个是理论的或概念的层次，一个是经验的层次。前者由概念构成，后者由经验现象构成。概念是不能被人们直接观察到的，但是在概念层次的每一个概念在经验层次都有对应物。因此测量一个概念时就必须架通概念层次和经验层次的桥梁，找出一个经验地测量概念的方法，即在经验层次为这个概念找到一组指标或一个量表。操作化就是这种沟通概念层次和经验层次的过程。①

2. 操作化的简明定义

所谓操作化(operationalization)，简单说，就是将抽象的概念转化为可观察的具体指标的过程。比如，将抽象概念“同情心”转化为“主动帮助盲人过街”、“主动给讨饭者钱物”、“ 主动向灾区捐款”等，就是操作化的一个例子。再如对抽象概念“智力水平”进行操作化的一个例子，就是“将学生的语文、数学、外语三门课程的成绩按 3、2、1 的权重分别加权，然后相加并计算出平均值”。由此我们可以看出，操作化就是把我们无法得到的有关社会结构、制度或过程，以及有关人们行为、思想和特征的内在事实，用代表它们的外在事实来替换，以便于通过后者来研究前者，也即将抽象的概念转化为可观察的具体指标的过程。②

当然，对于操作化的定义，学界也有很多不同的解释。艾尔·巴比认为，操作化是概念化的一个延续过程，是我们在真实世界中区分变量不同属性的具体说明。操作化永无止境，它始于研究设计，并贯穿于包括资料收集之前(比如问卷设计)和资料收集之中，以及资料分析在内的整个研究过程。③ 胡仕勇、叶海波认为，操作化是一步步从抽象层次(概念)下降到经验层次(指标)，使概念操作为可观察的事物的实践过程。④ 还有不同的学者用“操作化”这一术语指代不同的过程：① 形成指标、指数、或量表的过程；② 形成测量的方法及步骤的过程。我们认同这样的观点，即“操作化”是指前一种过程，因为有时候，后一过程中包括有前一过程，这时前一过程是这些后一种过程的主要部分。同时总可以认为任何一个前一种过程都是某个后一种过程的一部分。因此可以说指代前一过程的“操作化”是狭义操作化，指代后一过程的“操作化”是广义操作化。⑤ 我们在

① 参见肯尼思·D. 贝利著，许真译：《现代社会研究方法》，上海人民出版社 1986 年版，第 71～73 页。

② 风笑天：《社会研究方法》(第四版)，中国人民大学出版社 2013 年版，第 86 页。

③ [美]艾尔·巴比，邱泽奇译：《社会研究方法》(上)，华夏出版社 2000 年版，第 208～209 页。

④ 胡仕勇、叶海波：《操作化流程及其在社会研究中的应用探讨》，载《武汉理工大学学报(社会科学版)》2003 年第 5 期，第 507～510 页。

⑤ 张小天：《论操作化》，载《社会学研究》1994 年第 1 期，第 54～60 页。

本书中所讨论的属于狭义操作化。

（二）操作化的重要作用

操作化是具有定量取向的社会研究的关键一环，直接影响测量的质量和社会研究的价值。从理论思维的天空，到经验研究的大地，有着相当的近距离，而操作化的过程，正是连接二者的梯子。正如有研究所述，操作化是沟通抽象的理论概念与具体的经验事实的“桥梁”，是由抽象概念转换到可测的具体指标的“枢纽”，是制约社会研究中能否由理论到实际、由抽象到具体这一过程的“瓶颈”。研究者在理论上使用的主要是思想的工具，其中，最基础的就是被称作“理论大厦砖石”的概念。而研究者在经验研究中所能够处理的，则必须是可以测量，易于操作的具体现象和行为。这样，从抽象的理论层面到具体的经验层面，概念的测量或概念的操作化过程就成为研究者无法回避的关键一环。① 正因为如此，风笑天才将这种变抽象概念为具体事物的操作化过程称作是经验研究的“瓶颈”，并以此来说明操作化的困难性及重要性。

我们不仅可以从理论上说明操作化的重要作用，还可以通过解析具体研究实例的方式，增强社会研究者对于操作化重要作用的认识。

举例来说，假设我们要采用调查研究的方法来对“独生子女与非独生子女青少年的社会化结果”进行比较和分析，那么，对“社会化结果”这一概念进行操作化并进行具体测量就是我们进行这一调查研究的“瓶颈”。如果不能将“社会化结果”的概念操作化为可以在现实中测量的具体指标，就无法开展我们的研究，我们的调查研究目标也就不可能达到。按照操作化的程序和方法，首先是要对“社会化结果”这一概念的内涵进行界定，或者叫作“给出概念的名义定义”，即用文字叙述这一概念指的是什么。然后，再给出这一概念的“操作性定义”，即指出在现实社会中如何来测量这一概念。或者说，如何将这一抽象的概念“分解为”、“转化为”那些具体的、可测量的现象。下面我们以“独生子女青少年的社会化过程及其结果”这项实际研究为例，来说明如何对“社会化结果”这个概念进行界定和测量。

扩展阅读

基本变量及其测量②

社会化结果，指个人通过基本的社会化过程，在生活技能的掌握，社会规范的学习、人格特征的形成、价值观念的内化、生活目标的确立、社会角色的认同等

① 风笑天：《社会研究方法》（第四版），中国人民大学出版社 2013 年版，第 85～86 页。

② 风笑天：《独生子女青少年的社会化过程及其结果》，载《中国社会科学》2000 年第 6 期。

方面的发展程度或所达到的水平。在本研究中，将其操作化为研究对象在性格与行为特征、生活技能、社会规范、角色认同、社会交往、生活目标、自我认识等方面的发展状况。

性格与行为特征。这是青少年社会化状况的最基本的体现。本研究根据现有研究的结果并结合青少年的实际情况，选取了10个基本的方面作为指标进行测量。测量方式是要求被调查者在成对的性格和行为特征中挑选择自己更接近的方面。

生活技能。根据人的社会化的理论，青少年时期社会化的一件重要的内容是学习和掌握一定的生活技能，以适应成年后独立参与社会生活的需要。这种生活技能可以从两方面来理解：一是基本的生活自理能力，二是初步的谋生技能。其中第一方面更为基本。在本研究中，我们将分析的重点也放在这一方面，测量指标包括独自去医院看病、独自去理发等；对小学生则包括自己穿衣、自己洗澡等。

社会交往。社会交往既是个人实现社会化的一种渠道，同时也是个人社会化发展状况的一种衡量指标。本研究根据研究对象的实际情况和所处的环境，尝试用与同学的关系、好朋友的数目、是否有孤独感、对新环境的适应等来对此进行测量。

生活目标。基本社会化阶段的成果之一是个人逐渐明确未来生活的目标。对于中学生来说，这种未来生活的目标集中体现在他们所要达到的受教育程度和所希望选择的职业上。本研究正是用教育期望和职业期望这两个指标来对此进行测量。

社会规范。社会规范是用以指导和调整社会中人们行为的各种文化和制度的规定。其内容十分丰富，涉及社会生活的各个领域。本研究主要结合中学生学校生活的特点，选取了遵守纪律、讲究文明、礼貌等指标进行测量。

角色认同。我们主要采用间接的方式，通过询问青少年的自我感受和心理状态，对其所具有的成人意识进行测量。

自我认识。自我认识指人们对自我特点的认识及对自我形象的评价等。在本研究中，主要用学生对自己在父母、老师、同伴等“重要他人”眼中形象的认识，学生对自己在行为表现、智力发展、基本素质和能力等方面的主要评价来进行测量。

上述文字先是对这一概念的内涵进行界定，然后将其操作化为(分解为)七个“子概念”，由于这些子概念依旧是概念，因而研究者在后面的每一小段中，同样先对这些子概念的内涵进行界定，再分别对它们进行操作化，即给出具体的测量指标。有了这些具体的指标，研究者就可以在调查问卷中设计出具体的问题了。

综上所述，我们不难看出操作化流程是主观概念的经验化过程，是主观世界与经验世界沟通的桥梁，而社会研究是在经验层次对社会现象和社会生活的考察，因此社会研究往往需要操作化这样一个桥梁去帮助我们完成研究的任务和社会理论的建构。风笑天教授说得更明白：操作化是社会研究中由理论到实际、由抽象到具体这一过程的"瓶颈"。操作化的作用正是让那些通常只存在于我们头脑中的抽象概念，最终在我们所熟悉、所生活的现实世界中"现出原形"，让那些本来只能靠我们的思维去理解、去体验的东西，"变成"我们看得见、摸得着的东西。①

二、操作化的方法流程及其示例

（一）操作化的方法流程

一般来说，操作化都涉及三个基本概念：概念、变量和指标。正如我们前面已经指出的，概念是对现象的抽象，它是一类事物的属性在人们主观上的反映，是理论的"砖石"；变量指的是具有一个以上取值的概念；指标则表示一个概念或变量含义的一组可观察到的事物。相应的，操作化也包含三个相互关联的过程，即将研究命题概念化，然后进行变量选取或构造，进而通过具体指标及其取值加以表征。

这里需要强调的是，从测量与操作化的角度进一步理解指标及其取值的含义十分必要。如前所述，概念是抽象的，而指标则是具体的，因此，概念只能想象，而指标则可以观察和辨认。比如，"社会阶级"是一个抽象概念，通过操作化，我们可以用一组指标来测量它，这组指标包括职业、收入、文化程度等。又比如，家庭生活中的"夫妻权力"是家庭社会学中的一个重要概念，通过操作化，我们可以用购买大件家用电器的决定权、选择子女报考学校的决定权、家庭收入的管理权等指标来对它进行测量。取值，即一个指标所包含的子类别。比如，前述的"职业"是测量"社会阶级"的一个指标，它包含工人、农民、教师、干部、商人等多个不同的取值。因此，弄清楚概念、变量、指标各自的含义及其它们之间的关系，是操作化的前提。

关于操作化的具体流程，有研究认为，操作化流程实际上是一个从抽象层次到可操作层次，然后再到经验层次这样一个三部曲的过程，如图 3-5 所示。②

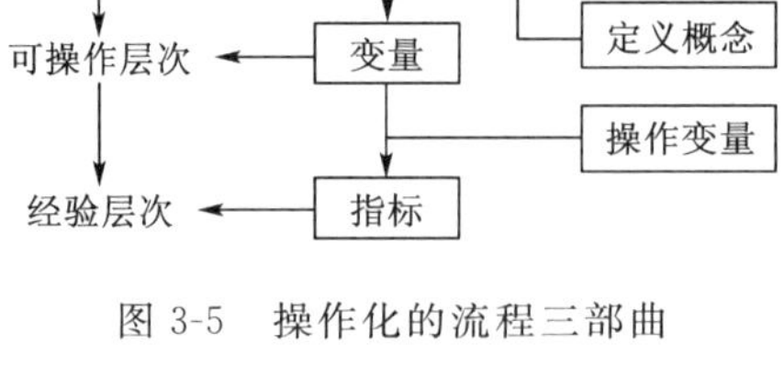

图 3-5 操作化的流程三部曲

① 风笑天：《社会研究方法》(第四版)，中国人民大学出版社 2013 年版，第 86 页。

② 胡仕勇、叶海波：《操作化流程及其在社会研究中的应用探讨》，载《武汉理工大学学报(社会科学版)》2003 年第 5 期，第 507～510 页。

实际上，对概念进行操作化处理，就是要给出概念的操作定义，这种定义即一套程序化的工具，它告诉研究者如何辨识抽象概念所指称的现实世界中的现象。从大的方向看，这种操作化过程主要包括两个方面的工作：一是澄清与界定概念；二是发展测量指标。① 当然，在这两个大的方面的工作中，各自又都包含着一些具体的内容。

1．澄清与界定概念

就一项具体的社会研究课题而言，起初使用或表述出来的概念一般都是比较粗糙的。或者说，由于社会研究概念的抽象性本质所决定，同样是一个概念或者名词，但是不同的研究者对它的理解和解释往往会有很大的差异。也就是说，人们所定义的概念常常潜在地包含着大量不同的成分，而以这种概念为名组织起来的资料往往也就会具有某些实质性的差异。因此，在研究中需要对主要的概念进行某种澄清和界定的工作。如果不同的人用同一个概念（词语）来表达不同的含义，那么，这样的概念也就没有用了。除非人们用同样的词语来表达同样的事物，否则交流就是不可能的。默顿指出："概念澄清的一个功能，是弄清包摄于一个概念之下的资料的性质。"②通过精确地指出一个概念包括什么，排斥什么，就可以为我们提供对资料进行分析和组织的指导性框架；同时，它也可以使得各项具体的经验研究中所含的资料更加具有一致性和可比性。这也就是澄清和界定概念的必要性。

（1）弄清概念定义的范围。

在具体操作上，我们首先要弄清概念定义的范围。在采用或给出某个具体的定义之前，可以先看看其他的研究者对这一概念所下的定义是怎样的。而对于那些并未对该概念下正式的定义的研究来说，我们就需要从其对概念的运用中来确定他对这一概念的界定。当我们通过收集和查询，了解到有关这一概念的各种不同的定义，从而对这一定义的大致范围有所理解以后，便可以对这些定义进行分类。比如，对于"社区"的概念，有的社会学研究人员曾列举出 94 种不同的关于社区的定义。社会学家贝尔和纽拜则通过分析和分类，发现这些定义中绝大部分都包含这样三项基本的元素：① 地域；② 共同的纽带；③ 社会互动。这种方式可以帮助研究者形成对这一概念范围的总的理解和把握。

（2）决定一个定义。

所谓决定一个定义，是说在我们列出了有关这一概念的各种类型的定义，或者总结出各种定义中最具共同性的元素后，我们就可以确定在何种意义上使用

① 风笑天：《社会研究方法》（第四版），中国人民大学出版社 2013 年版，第 86～88 页。

② ［美］罗伯特·默顿：《论理论社会学》，华夏出版社 1990 年版，第 186 页。

这个概念了。至于采取哪一种定义方式了，一般有两种不同的选择：既可以直接采用一个现成的定义（即从现有的各种定义中确定一个自认为比较科学、比较确切的），也可以在现有定义的基础上自己创造出一个新的定义。采用现成的定义时，既可以用一个十分经典的定义，也可以用一个比较现代一些的定义。需要特别注意的是，选择何种方式来决定一个定义，应该以研究者进行具体社会研究的需要为标准，哪种定义方式最适合研究的目的，就应该重点考虑哪种定义方式。① 比如，一项有关单位组织中的资源获得的研究需要对“资源”的概念进行操作化，研究者首先对这一概念进行了澄清：“吉登斯（Giddens）将资源定义为，‘改革事物的一种能力’；科尔曼（J. S. Coleman）对资源做了更宽泛的理解，他认为资源是那些能满足人们需要和利益的物品、非物品（例如信息）以及事件（例如选举）。”在此基础上，研究者对其研究中的资源概念进行了界定：“本文基本上采用科尔曼对资源的定义，即资源是那些可使人们满足必要且重要的经济、政治、社会以及与此相关的各种需要的东西。”②

2. 发展测量指标

概念的澄清和界定只是解决了概念名义定义的内涵问题，即相当于给我们划定了概念内涵的具体范围。对于经验性的社会研究来说，还需要对其进行具体的操作化，使其转化成能具体观察和测量的事物——这个任务就是寻找与这些内涵相对应的经验指标。这一工作更为具体，也更具有挑战性。通常的做法：首先是选择测量指标，包括列出概念的维度和建立测量指标；其次还要编制综合指标体系。

（1）选择测量指标。

第一，列出概念的维度。正如前面所介绍的，许多比较抽象的概念往往具有若干不同的方面或维度。或者说，一个抽象的概念往往对应于现实生活中的一组复杂的现象，而不仅仅只对应于一个单纯的可直接观察到的现象。比如，“人的现代性”和“妇女的社会地位”就是这种具有多个不同维度的概念的两个例子。因此，我们在界定概念的定义的同时，指出概念所具有的不同维度，对于概念的操作化，对于概念的测量指标的选择，以及对于综合的理论思考与分析，都是十分有用的。比如，要测量社会中某一群体的社会地位，往往是先将这一概念的主要维度列举出来。全国妇联曾于 1990 年在全国范围内进行过一项大规模的“中国妇女社会地位研究”，在其研究方案中，就是将社会地位的含义区分为政治地位、经济地位、法律地位、教育地位和家庭地位几个不同的维度。英克尔斯在测

① 风笑天：《社会研究方法》（第四版），中国人民大学出版社 2013 年版，第 87 页。

② 李汉林等：《资源与交换》，载《社会学研究》1999 年第 4 期。

量人的现代性时，也是先将这一概念分成20多个不同的维度的。

第二，建立测量指标。对于有些概念来说，建立一个测量指标是简单的。比如，人们的“性别”、“文化程度”、“婚姻状况”这样的概念就是如此。但是，对于其他一些比较复杂、比较抽象的概念来说，发展和建立测量指标就不是一件容易的事。通常，我们可以采取下列两种方式来发展概念的指标：

第一种方式是寻找和利用前人已有的指标。尤其是对于一些测量人格、态度方面的量表，往往经过多次的运用和修改，常常可以成为我们可用的指标。当然许多前人的指标不一定完全适合我们的概念，需要做一定的修改和补充。用前人的指标具有可与其他研究所得结果进行比较的优点，同时，这种做法比每个研究者都发展一套自己特定的指标的做法，更有利于社会知识的积累和形成。

第二种方式是研究者先进行一段时间的探索性研究，采用实地观察和无结构式访问的方式，进行资料收集的初步工作，尤其是与被研究者中的关键人物进行比较深入的交谈，从这些人那里获得符合实际的答案。这样做可以帮助研究者从被研究者的角度、用被研究者的眼光来看待事物，了解被研究者的所思所想，以及他们考虑问题的方式。所有这些都会对研究者发展出测量概念的指标提供极大的帮助。

(2) 编制综合指标。

通过以上工作，我们就可以编制出一个测量概念的综合指标体系。比如“社区建设”概念的操作化，研究者首先对它进行初步分类，列出十个一级指标(维度)：社区环境、社区服务、社区秩序、社区教育、社区组织、社区风尚、社区文化、生活质量、社区共建、社区人口等；然后对这十个一级指标的每一个又可以分为若干个二级指标，然后再把这些二级指标细分为若干三级指标。下面我们以其中一个一级指标的操作化过程为例予以具体说明，见表3-7。

表3-7　　社区生态环境的操作化的综合指标体系①

一级指标系统	二级指标体系	三级指标体系
社区生态环境	社区环境绿化 社区环境整洁	(1) 人均公共绿化面积 (2) 绿化覆盖率 (3) 垃圾袋装化率 (4) 噪声治理达标率 (5) 社区污水处理率 (6) 废气处理达标率

① 胡仕勇、叶海波：《操作化流程及其在社会研究中的应用探讨》，载《武汉理工大学学报(社会科学版)》2003年第5期，第507～510页。

（二）操作化的方法流程示例：中医学健康概念的操作化流程①

为了帮助大家系统掌握操作化的含义和流程与步骤，下面我们展示“中医学健康”这个概念操作化的实例，综合说明操作化的含义、方法与流程或程序（即如前所述，操作化就是将抽象的概念转化为可观察的具体指标的过程，或者说，是对那些抽象层次较高的概念进行具体测量时所采用的程序、步骤、方法、手段的详细说明；操作化流程或程序的主要或核心步骤包括：① 定义概念；② 列出概念的维度；③ 发展测量指标）。

1. 操作化的原则

在对中医学健康概念进行操作化的时候，需要遵循一些基本的原则，包括：① 以中医学健康观为依据；② 比较中医学健康观和现代医学健康观的异同，力求突显中医学健康观的优势，以利于两种医学的优势互补；③ 参照古典医籍和古代医家对健康行为表现的论述，包括对饮食、睡眠、运动、心态、心情及外界环境等方面的大量的中医古籍文献描述，力求在条目设置上溯本求源；④ 条目的编写同时考虑主观感受和客观表现；⑤ 参照当前量表通用的术语，力求应用现代的语言及通用的术语表述条目。

2. 对中医学健康概念的操作化

依据上述的中医学健康概念、操作化的程序及原则，进行中医学健康概念的操作化。

（1）定义概念。中医学的健康是指在精神、意识、思维活动正常的前提下，保持机体内部功能活动的稳态、协调和有序，且与外在的自然环境、社会环境相适应的一种生命活动状态。

（2）列出中医学健康概念的维度。采用专家提初稿和小组讨论相结合的方式，对中医学健康概念包括的维度做明确的界定。依据中医学健康概念，个体的健康状态可以从以下几个方面得到反映：A. 总体健康状态；B. 精神意识思维状态；C. 生理功能活动状态；D. 适应自然环境能力状态；E. 适应社会环境能力状态。这几个方面也就是中医健康量表的初始维度。

（3）指标或条目的设置。由核心小组成员根据需要组织议题小组针对各个维度进行指标或条目的编写，编写主要经历两个步骤：一是设置指标；二是编写条目。经过核心小组为主要成员组成的专家组对条目池进行修改和删减，合并相同或相近含义的条目，删减重复的条目，对容易产生歧义的条目进行修改，确保条目的编写符合操作化原则。

---

① 吴大嵘、赖世隆：《中医学健康概念及其测量操作化探讨》，载《中国中西医结合杂志》2007 年第 2 期，第 174～177 页。

① 各维度的具体指标如下：

A. 总体健康状态：a. 抗病能力；b. 参与运动的状况；c. 精神面貌。

B. 精神意识思维状态：a. 魂；b. 魄；c. 意、志、思、虑、智。

C. 生理功能活动状态：a. 元气：与人的整体生理功能状态有关；b. 宗气：与人的呼吸言语声音、肢体运动筋力有关；c. 中气：与消化系统功能活动有关；d. 营气和卫气：与人体的防御功能及免疫系统功能活动有关。

D. 适应自然环境能力状态：a. 适应气候（含冷热环境）变化的能力状态；b. 适应地域环境变化的能力状态。

E. 适应社会环境能力状态：a. 应对不良刺激的能力；b. 和人打交道的能力。

② 条目池的内容（无。原文中没有该方面内容，但从后面的"指标/条目的设置举例"图示中可略见一斑，比如"季节的转变对您的健康有影响吗？"等——笔者注）

3. 其他

健康概念及其测量操作化的整个过程都是在核心小组的指导下完成的，这个小组的成员包括中医专家、临床流行病学专家、卫生统计学专家、中医临床医师、护理人员等。

议题小组是由核心小组根据不同维度议题的需要进行组织的，主要任务是收集和提出条目。议题小组主要包括的人员有中医专家、临床流行病学专家、临床医师、社区健康人员、医学院校学生、护理人员、陪护人员、患者及其家属等。

4. 指标或条目的设置举例

指标/条目的设置举例见图 3-6。

三、指标选择的多样性问题

有些抽象概念往往很难、甚至不可能在具体现象中找到其所对应的指标，而且在许多情况下，一个操作性定义往往不能够完全代表一个概念，这也是社会研究有时受到批评和指责的原因之一。同时，对这种抽象概念进行操作化时，往往在具体方法和测量指标方面，存在多种不同的选择。这也即是说，对同一个概念进行测量时，可能会产生出不同的测量指标。而一项具体社会研究的结果，又与它所采用的操作化方式及其所产生的测量指标密切相关。

比如，以对前述的"夫妻权力"的测量为例，研究者通常将这一概念界定为"夫妻在家庭中的决策权"。对其进行操作化时，不同研究者所用的指标不尽相同。1960 年，美国社会学者布拉德和沃尔夫在他们的研究中，选取了他们认为既能涉及丈夫又能涉及妻子在家庭中的决策权的 8 个指标。[①] 这 8 个指标是：

① ［美］埃什尔曼：《家庭导论》，中国社会科学出版社 1991 年版，第 418 页。

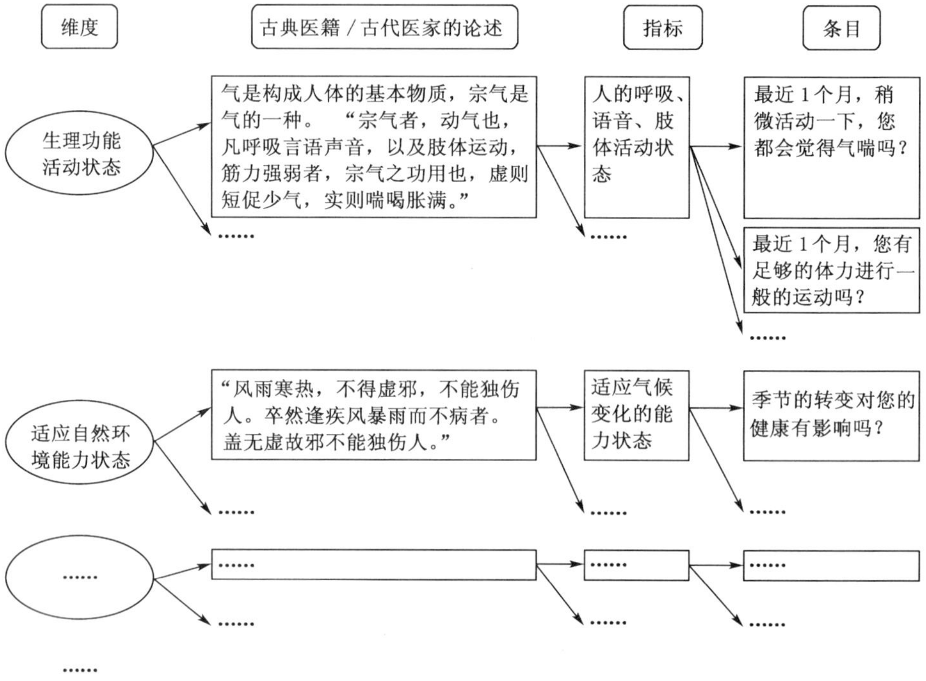

图 3-6 指标/条目的设置举例

① 丈夫的职业选择；② 买什么样的汽车；③ 是否买人寿保险；④ 到什么地方度假；⑤ 买什么样的房子；⑥ 妻子是否应该参加社会工作；⑦ 家里有人生病时，应去看哪位医生；⑧ 全家每周在食品方面应花多少钱。

他们根据调查测量的结果得出结论说，丈夫和妻子在家庭决策中各有侧重，二者的权力相当。这一研究结果被广泛引证，并大大促进了后来的许多研究。但是，1971 年森特斯等研究者在对同一问题进行研究时，将“家庭中决策权”的概念操作化为 14 个指标，除了上述的 8 个以外，他们又增加了下面 6 个指标：⑨ 请谁来做客和与谁一起出门；⑩ 怎样装饰房间和摆设家具；⑪ 收看什么电视节目和广播节；⑫ 家庭的正餐吃什么；⑬ 买什么样的衣服；⑭ 配偶应买什么样的衣服。

在森特斯等的研究中，前 8 个问题的调查结果与布拉德等人的研究结果几乎完全一致，但加上 6 个新问题时，丈夫的权力下降了。这种结果表明，夫妻权力的对比和分布随着所考察的决策方面的不同而不同。[①]

① [美]埃什尔曼：《家庭导论》，中国社会科学出版社 1991 年版，第 448～450 页。

我国台湾的社会学者也曾研究过夫妻权力的问题。陈明穗1986年在研究夫妻权力时，是通过以下15项指标来进行测量的：① 丈夫的职业选择；② 妻子的职业选择；③ 家人生病该看哪个医生；④ 家庭生活费的支配；⑤ 度假、旅游及休闲活动；⑥ 生育子女数目；⑦ 购买贵重物品；⑧ 置产（买房子、土地等）；⑨ 房子布置及购买家具；⑩ 订阅报刊、选择电视节目等；⑪ 子女的教育；⑫ 谁代表参加婚丧喜庆；⑬ 谁决定送礼与馈赠礼物；⑭ 是否买保险；⑮ 何种家电用品该淘汰换新。而伊庆春、蔡瑶玲1988年的研究则是用这样15项指标来进行测量的：① 丈夫的职业或工作选择；② 妻子是否外出工作或改变工作；③ 家用支出分配；④ 储蓄、投资、保险等；⑤ 婚丧喜庆时贺礼的数额；⑥ 买房子或房地产；⑦ 要不要搬家；⑧ 是否与上一代同住；⑨ 生几个孩子；⑩ 用哪种避孕方法；⑪ 小孩上哪所学校；⑫ 小孩教育；⑬ 请哪些客人吃饭；⑭ 娱乐休闲活动的计划；⑮ 家中的布置及买家具。

可以看出，上述这些测量指标都具有表面效度——它们都是在测量夫妻在家庭中的决策权。美国和我国台湾地区的两组指标也有许多相似和相同的地方，但也有一些小的差别。如果我们根据中国内地的情况对"夫妻权力"的概念重新进行操作化，所用的指标可能与上述两者都不完全一样，相对而言，可能会比较接近我国台湾学者所用的指标，但肯定还会有一些与其不同的地方。因为，祖国大陆的社会现实与我国台湾地区的不同，而与美国的差别就更大。

上述例子告诉我们，就像语言学家在翻译其他语言的作品时，常常会碰到同一部作品由不同的人翻译，译文互不相同、有好坏优劣之分一样，对同一概念的操作化结果也存在着好坏优劣之分。社会研究中众多理论概念的操作化的结果也不是唯一的。各种不同的操作化结果相互之间只是在反映概念内涵的准确性和涵盖性上存在着程度上的差别，唯一的、绝对准确、绝对完善的操作化指标是不存在的。[①]

四、概念操作化过程中的经验借鉴

概念操作化过程中的一个错误做法是研究者独自一人冥思苦想，闭门造车。事实上，无论我们研究的问题是什么，在对概念进行操作化、对测量指标进行选择和确定的时候，研究者都应先通过文献回顾看看以往的研究者对这一概念是如何进行操作化的，看看前人是采用什么指标来进行测量的。通过这种系统回顾，可以发现前人的操作化或者测量指标中有哪些是可以借鉴的，有哪些是不适合、不恰当的，还有哪些指标是可以补充的。

举例来说，如果我们希望探讨夫妻权力与妇女家庭地位之间的关系，那么

① 风笑天：《社会研究方法》（第四版），中国人民大学出版社2013年版，第88～89页。

“夫妻权力”以及“家庭地位”概念的测量就必不可少。在自己动手进行操作化和设计测量指标之前，通过查阅相关文献，我们会发现，关于夫妻权力的概念，众多的研究都将其界定和操作化为夫妻在家庭中对各种家庭事务所具有的决策（决定）能力。从最早由布拉德等人基于美国社会文化提出的有关家庭决策的 8 条指标，到森特斯等人在此基础上补充构成的 14 条指标，一直到我国台湾学者和内地学者在此基础上结合各自社会文化特征所构成的其他指标，基本上都是采取多维度的方式，并且大都涉及相同和相似的几个方面。①

当我们了解和熟知了以往的研究者对这一概念的操作化方式及其测量的指标后，就可以决定在自己的研究中如何进行测量了。通常的情况有两种：一种是以往的学者所使用的都是大体相同的操作化方式，采用的都是大体相同的一套测量指标。这时研究者就可以借鉴前人的做法。这种情况往往发生在早期的研究十分经典，同时后继研究者与以前的研究者所探讨的主题和领域完全一样的情形中。比如关于人们的社会经济地位与其成就获得之间关系的探讨，研究者往往都会参考或者直接采用美国社会学家布劳-邓肯的操作方式和测量指标。另一种则是自己的研究领域或主题相对较新，前人的操作方式和测量指标又互不相同的情形。此时研究者往往很难完全借鉴和采用前人的方式和指标，只能自己进行设计。另外，即使是参考或借用以往研究者的测量方式和指标，也往往需要根据中国的国情和社会文化背景进行相应的调整和补充。比如，我们在使用前人的“夫妻权力”的测量指标时，结合我国社会中的实际情况和研究对象的特殊性质增加了若干指标进行补充：

此外，本研究中除了沿用传统的指标外，还增加了另外三个方面的指标作为一种补充，即通过询问“谁管钱?”“家务事谁做得比较多?”“过年去谁的父母家吃年饭?”来进行另一些侧面的测量。第一，夫妻经济收入的管理权对于现阶段中国社会中的普遍夫妻来说，应该是一个相对重要的衡量指标。或者说，财权在夫妻权力中占有相对重要的分量。因此，笔者单独将其作为一个指标。第二，很多研究将夫妻做家务事的情况也作为夫妻权力的一个指标。本研究中也考虑到了这一因素。但不同的是，本研究并没有去统计夫妻在具体家务事类别上的多少，因为如果将家务事分别列出进行统计的话，也会像家庭事务决策权那样，容易受到具体家务事项的内容、数量以及中国社会传统规范等因素的影响。因此，本研究中笔者改为用直接询问“你们夫妻两人相比较而言，谁承担的家务更多一些?”的概括方式进行测量。同时需要说明的是，即便如此，本文分析的焦点也不是看

① 风笑天：《已婚独生子女身份与夫妻权利》，载《广西民族大学学报》2011 年第 5 期。

丈夫和妻子谁承担家务事更多或更少，而是着眼于将夫妻的独生子女身份与承担家务事多少的状况进行比较。第三，“过年去谁的父母家吃年饭”是以往研究中所没有、本研究中专门增设的一个新指标。从表面上看，这一问题似乎与夫妻权力不太相关，但实际上，每年面对这一客观的难题，夫妻之间在心里总会有很大的纠结。对这一问题的具体回答除了有传统文化因素的影响外，夫妻之间权力的大小也可能具有一定的影响。①

如果研究者不注意回顾前人的研究，不注意借鉴与参考前人的研究经验，往往会造成对同一概念的操作化结果不一样，测量的指标也各不相同。这样一来，不同的研究结果相互之间也就缺乏可比较性，研究的结果就缺乏累积性。比如，风笑天教授曾对“我国大学生就业研究”的 30 项研究成果的状况进行过回顾，发现众多研究都探讨了人力资本、社会资本与大学生就业的关系，但能够借鉴前人方法和测量指标的比较少，结果造成不同研究中对概念的操作化不同。②

无论是人力资本的测量指标，还是社会资本的测量指标，现有研究之间的差别都比较大，见表 3-8。

表 3-8　现有研究中对人力资本和社会资本的测量指标

	人力资本指标	社会资本指标
郑　洁		父亲职业；母亲职业；父亲文化程度；母亲文化程度；家庭收入
阎凤桥等		你认为你的家庭社会联系是否广泛 你认为你个人的社会联系是否广泛 参与各类社团组织并拥有成员资格的数量
秦永等		父母的最高职务；父母的最高受教育水平；是否党员
谢勇等	学习成绩；学校的声望；专业类别；专业对口情况	家庭收入；家庭所在地；人情支出；就业信息获取渠道
郑晓涛等	是否参加了党团组织、学生会、班委会、社团会协会	个人讨论网
陈海平	教育程度；学校等级；资格证书；个人素质；健康状况	春节拜年网
陈宏军等		网络规则；网络差异；网络顶端；父母社会地位；亲戚社会地位；关键人物社会地位；与关键人物熟悉程度；与关键人物联系频率；关键人数量

① 风笑天：《已婚独生子女身份与夫妻权利》，载《广西民族大学学报》2011 年第 5 期。

② 风笑天：《社会研究：设计与写作》，中国人民大学出版社 2014 年版，第 83 页。

续表 3-8

	人力资本指标	社会资本指标
黄宏宝	高校;学科专家;政治面貌;成绩;英语;计算机;其他证书;发表论文;干部;实习;奖学金	
陈成文等	学习成就;专业;工作经历;工作能力;应聘技巧;政治面貌;学校;生源地;外貌;性别	学校就业指导中心;父母社会地位;亲戚的社会地位;网络规范
胡永远等		学校类型;党员;学生干部;家庭所在地;父母最高文化程度;父母工作性质
赖德胜等	学习成绩;英语四级;英语六级;专业英语;托福等英语;职业资格证书;党员;学生干部;奖学金;兼职	社会关系规范;联系强度;亲近程度;帮助者职位;帮助力度

从上表可以看出,不同研究者在测量同一个变量时,所采用的指标不仅没有完全相同的,有的相互之间差别还相当大。正是由于这些研究相互之间缺乏比较和借鉴,结果造成同样的研究所用的测量指标各不相同。它在一定程度上反映出这样一种状况:一些研究者往往是申请到课题后自己做自己的,不注意系统回顾和了解同一领域中前人的研究。这种状况造成的结果是,各项研究所得出的不同结果无法与前人结果进行比较和鉴别。研究者的研究结论也自然就变成自说自话了。这一状况对于促进大学生就业研究领域的提高和发展来说,显然是一个很大的障碍,值得在今后的研究中注意。①

扩展阅读

定性方法的操作化问题

由于研究范式有较大差异,定量研究与定性研究中的操作化流程和方法有着相对独立的体系。② 劳伦斯·纽曼分别介绍了定量方法和定性方法的不同操作化问题。其中,关于定性方法的操作化问题,他认为,定性方法的操作化与定量方法一样,也是"概念化";但是定性研究的概念化过程不同于定量研究。定性研究者在收集数据和分析过程中创立并定义"研究想法",而不是在研究过程的早期阶段把抽象的想法定义为理论概念。概念化是形成清晰的理论定义的过

① 风笑天:《我国大学生就业研究的现状与问题——以30项重点经验研究为例》,载《南京大学学报》2014年第1期。

② [美]劳伦斯·纽曼著,郝大海译:《社会研究方法:定性和定量的取向》,中国人民大学出版社2007年版,第224~228页。

程，在此过程中，研究者要努力“寻找感觉”，组织资料以及有关研究的最初的想法。① 当研究者收集和分析定性资料时，他要发展新概念、形成概念的定义，并考虑概念之间的关系。最后，他要将概念连接起来形成理论关系，这可能是因果关系，但也可能不是。定性研究者一般是在审视定性资料（例如，田野笔记、照片和地图、历史档案等）时形成概念。通常研究者还针对资料提出一些理论问题。例如，这是一个基层治理冲突的案例吗？事件序列是什么？可能有些什么不同？为什么发生在此地而不是其他什么地方？定性研究者通过给构想发展简洁的、清楚的定义实现概念化。这些定义有一定的抽象性，并与其他想法有关联，但它们通常还紧密地与特定的资料连在一起，并且能用话语和研究对象的具体行动表示出来。在定性研究中，概念化很大程度上取决于资料。

定性研究的操作化与定量研究的操作化有显著的不同，经常先于概念化，研究者除了在观察和收集资料时经常采用初步的“工作想法”外，还要形成概念定义。定性研究者操作化时，并不需要将概念化定义转换成一系列操作测量，而是通过描述如何实现对资料进行特定的观察和思考，这些资料有助于形成工作想法，而工作想法则构成了概念定义和理论定义的基础。

定性研究中的操作化就是研究者如何在观察和收集资料过程中发展工作想法的描述。这是一个将特定的观察、资料、关于资料的初步想法，以及努力将资料构想成概念的过程。与其说这是一个事前计划技术，倒不如说是一种事后描述。几乎就是与定量研究相反的过程，资料收集是在操作化之前或同时完成的。正如定量操作化对严格演绎过程的偏离一样，定性研究者遵循的过程也是多重相互作用中的一种。研究者从特定研究场景的资料以外获取想法。定性操作化描述研究者是如何收集资料的，这包括研究者使用预先存在的技术和概念，它们总是与资料收集过程中出现的技术和概念混在一起。

第三节 抽　　样

在现代社会研究中，抽样技术的运用已越来越广泛。它与问卷法、计算机技术以及统计分析方法相结合，共同构成了现代社会研究方法最为突出的特征。由于受到主客观条件的限制，研究者往往很难对研究对象实施全面调查，因此常以抽样调查来代替。抽样实际上是一种选择具体调查对象的程序和方法，其目的在于科学地从研究对象的整体中挑选部分代表，以便通过对这些代表的研究，

① [美]劳伦斯·纽曼著，郝大海译：《社会研究方法：定性和定量的取向》，中国人民大学出版社2007年版，第226页。

取得能够说明整体的足够可靠的资料，并准确地推断整体的情况，认识整体的特征或规律。

由于研究范式的差异，定量研究和定性研究对于使用抽样方法有着截然不同的理由。大部分有关抽样的讨论来自定量研究者，他们通过抽样研究较小的群体，并对较大的群体进行精确的推论。他们倾向于使用以数学上的概率理论为基础的抽样类型，即概率抽样或随机抽样。这样做的好处有二：一是节约时间和成本，如果操作得当，一个从2000人的样本中获得的资料与从2000万人中获得的资料是一样的。二是结果准确，一个设计良好、认真执行的概率抽样能够获得有关人口总体的准确信息，这在人口普查中已经得到广泛应用。定性研究者则不太关注样本的代表性和抽取一个概率样本的技术细节，因其目的是收集特定个案、事件和行动，以澄清和深化理解，侧重的是发现个案，以提升研究者在特定内容方面对社会生活过程的认识。因此，定性研究者倾向于采用非概率抽样。①

一、抽样的概念、作用及类型

在许多情况下，社会研究者希望对某一社会现象的整体或某一类人的总体进行描述和研究。如果对这些总体中的每一个元素（或个体）都进行研究，当然是最为全面的，但它却往往是最不现实的。比较理想的情形是：只研究总体中的一部分个体，但所得到的，却不仅仅是这一部分个体的情况，而是渗透在、折射在、体现在这一部分个体身上的总体的情况。因此，选择能够代表总体的一部分个体，成为社会研究者必须解决的主要问题之一。经过长期的探索和实践，社会研究者充分地借助了在现代统计学和概率论基础上发展起来的抽样理论与方法，使自己的研究更能适应现代社会高异质性、高流动性、高变动性的现实。

（一）抽样的概念

（1）总体。总体通常与构成它的元素共同定义。总体是构成它的所有元素的集合，而元素则是构成总体的最基本单位。比如，当我们对某省大学生的择偶倾向进行研究和探讨时，该省所有在校大学生的集合就是我们研究的总体，而每一个在校大学生便是构成总体的元素。又比如，我们打算研究某城市居民的家庭生活质量，那么，该市所有的居民家庭就构成我们研究的总体，而其中的每一户家庭都是这个总体中的一个元素。

（2）样本。样本就是从总体中按一定方式抽取出的一部分元素的集合。比如，从某省总数为12.8万人的大学生总体中，按一定方式抽取出1000名大学生

① [美]劳伦斯·纽曼著，郝大海译：《社会研究方法：定性和定量的取向》，中国人民大学出版社2007年版，第266～267页。

进行调查，这1000名大学生就构成该总体的一个样本(当然，从一个总体中可以抽取出若干个不同的样本)。在社会研究中，资料的收集工作往往是在样本中完成的。

(3) 抽样。所谓抽样，指的是从组成某个总体的所有元素的集合中，按一定的方式选择或抽取一部分元素(即抽取总体的一个子集)的过程，或者说，抽样是从总体中按一定方式选择或抽取样本的过程。比如，从3000名工人所构成的总体中，按一定方式抽取200名工人的过程；或者从1000户家庭构成的总体中，按一定方式抽取一个由100户家庭构成的样本的过程，都叫作抽样。

(4) 抽样单位。抽样单位就是一次直接的抽样所使用的基本单位。比如，上面所举的例子中，单个的大学生既是构成某省12.8万名大学生这一总体的元素，又是我们从总体中一次直接抽取出1000名大学生的样本时所用的抽样单位；但是，当我们从这一总体中一次直接抽取40个班级，而以这40个班级中的全部学生(假定正好1000名)作为我们的样本时，抽样单位(班级)与构成总体的元素(学生)就不是一样的了。

(5) 抽样框。抽样框又称作抽样范围，它指的是一次直接抽样时总体中所有抽样单位的名单。比如，从一所中学的全体学生中，直接抽取200名学生作为样本，那么，这所中学全体学生的名单就是这次抽样的抽样框；如果是从这所中学的所有班级中抽取部分班级的学生作为调查的样本，那么，此时的抽样框就不再是全校学生的名单，而是全校所有班级的名单了，因为此时的抽样单位已不再是单个的学生，而是单个的班级了。

(6) 参数值。参数值也称为总体值，它是关于总体中某一变量的综合描述或者说是总体中所有元素的某种特征的综合数量表现。在统计中最常见的总体值是某一变量的平均值。比如，某市待业青年的平均年龄、某厂工人的平均收入等等，它们分别是关于某市待业青年这一总体在年龄这一变量上的综合描述，以及某厂工人这一总体在收入这一变量上的综合描述；需要说明的是，总体值只有通过对总体中的每一个元素都进行调查或测量才能得到。

(7) 统计值。统计值也称为样本值，它是关于样本中某一变量的综合描述或者说是样本中所有元素的某种特征的综合数量表现。样本值是从样本的所有元素中计算出来的，它是相应的总体值的估计量。比如，样本的平均值就是通过对样本中的每一个元素进行调查或测量后计算出来的，它是相应的总体平均值的估计量。抽样的目的之一，就是要通过这些样本值去估计和推断各种总体值。由于从一个相同的总体中可以根据不同的抽样设计得到若干个不同的样本，所以，从每一个样本中所得到的估计量，都只是总体的许多个可能的估计量中的一个。抽样设计的目标，就是尽可能使所抽取的样本的估计量接近总体的参数值。

（二）抽样的作用

从抽样的定义中不难看出，抽样主要涉及和处理有关总体与部分之间的关系问题。抽样作为人们从部分认识整体这一过程的关键环节，其基本作用是向人们提供一种实现“由部分认识总体”这一目标的途径和手段。在社会研究中，抽样主要解决的是对象的选择问题，即如何从总体中选出一部分对象作为总体的代表的问题。在不可能对总体中的所有个体都进行研究的情况下，为了解决研究中的时间、经费、人力等方面的难题，抽样的方法就成为架在研究者十分有限的人力、财力和时间与庞杂、广阔、纷繁、多变的社会现象之间的一座桥梁。有了它的帮助，研究者可以方便地从较小的部分到达很大的整体。

实际上，抽样早就在人们的日常认识活动中发挥着这种作用了。抽样的基本思想或基本逻辑早就被人们自觉或不自觉地运用着。比如厨师在做菜时，常常从一大锅汤中舀一勺汤尝一尝，以便知道整锅汤的味道如何；顾客在买米时，往往先从一大袋米中随手抓一把看看，便知道这批米的质量好不好；医生只要从病人身上抽取很少的一点血液，便可以了解病人全部血液的各种情况。当然，抽样方法更广泛地应用在各种形式的社会科学研究、自然科学研究，以及生产、销售等经济活动中。例如，对社会热点问题进行民意测验、对不同水稻品种的产量进行估计、对各种商品的质量进行检验或评比，都少不了抽样方法的运用和帮助。

抽样的作用十分突出地表现在抽样调查的广泛应用之中。在西方国家，最热门的莫过于在政治选举中使用的抽样调查，而且这种预测马上就会被随后的大选结果所检验。比如，1984 年 11 月，罗纳德・里根以 59％比 41％的优势当选为美国新一任总统。正式投票选举的前夕，一些政治民意测验机构就已根据他们抽样的结果预言了里根的胜利。表 3-9 是美国的一些全国性的民意测验机构在 10 月底或 11 月初的预测结果与实际投票结果的比较。

表 3-9　　1984 年美国总统选举预测与实际结果比较

	里根支持率	蒙代尔支持率
《时代》/《扬基拉维齐》	64％	36％
《今日美国》/《黑蛇发女怪》	63％	37％
哥伦比亚广播公司/《纽约时代周刊》	61％	39％
盖洛普民意测验/《新闻周刊》	59％	41％
美国广播公司/《华盛顿邮报》	57％	43％
哈里斯民意测验	56％	44％

续表 3-9

	里根支持率	蒙代尔支持率
罗珀民意测验	55%	45%
实际投票结果	59%	41%

从该表中可以看出，尽管各种民意测验的结果互不相同，但是，他们一方面都正确地预言了谁将获胜；另一方面，他们所预言的结果基本上都是紧紧围绕在实际投票结果的周围。在当时将近1亿的美国选民中，他们实际调查的对象还不到2000人。这就是抽样所具有的力量和效率。对此，艾尔·巴比有着生动的描述：有些人还在怀疑抽样调查的准确性，也有一些人抱怨民意测验将所有的悬念都抽离了——因为它过早地预测了结果。不过，回到2000年的美国总统大选，各个民意测验机构都一致认为双方势均力敌，以至于难以预料输赢。尽管存在差异，但是各个机构所预测的结果却惊人地相似①。而实际大选得票最终结果也是非常接近：小布什得票率50.37%，戈尔得票率49.44%（总计538票，小布什271票，距离胜利分界线270票仅多出1票，戈尔以266票惜败）。

另外，2001年"9·11"恐怖袭击事件前后，小布什支持率的变化也很好地显示了抽样的威力。多个不同民意测验机构所报告的结果都描述了同样的模式——恐怖袭击之前的9个月，他的支持率持续低迷，徘徊在50%～60%区间，"9·11"之后，支持率在短期内迅速飙升至80%～90%区间，并随着事态逐渐稳定，他的支持率又逐渐回落到60%～70%区间。②

（三）抽样的类型

根据抽取对象的具体方式，我们把抽样分为各种不同的类型。从大的方面看，各种抽样都可以归为概率抽样与非概率抽样两大类。这是两种有着本质区别的抽样类型。概率抽样是依据概率论的基本原理，按照随机原则进行的抽样，因而它能够避免抽样过程中的人为误差，保证样本的代表性；而非概率抽样则主要是依据研究者的主观意愿、判断或是否方便等因素来抽取对象，它不考虑抽样中的等概率原则，因而往往产生较大的误差，难以保证样本的代表性。在概率抽样与非概率抽样这两大类中，还可细分出若干不同的形式，具体情况见图3-7。

---

① [美]艾尔·巴比著，邱泽奇译：《社会研究方法》（第11版），华夏出版社2009年版，第182页。

② [美]艾尔·巴比著，邱泽奇译：《社会研究方法》（第11版），华夏出版社2009年版，第182页。

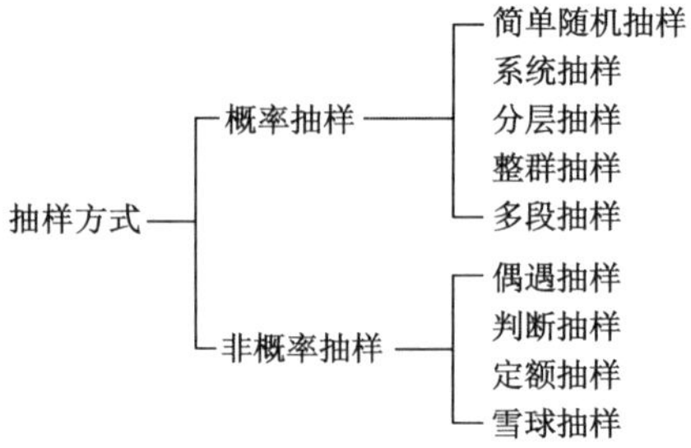

图 3-7　抽样的类型

二、抽样的程序与原则

(一) 抽样的一般程序

各种抽样方法的操作要求虽然不尽相同,但是就其一般情况而言,它们抽样的基本程序主要包括以下几个方面。

1. 界定总体

总体是由元素构成的,元素即总体中的个案,可以是任何一个被测量的个体、组织、书面文件或符号信息,甚至是社会行动,如一次被捕记录、一次离婚、一种行为。

界定总体就是对总体的范围和界限进行具体而详细的规定,以方便从中抽取样本(又称元素或个案),具体包括明确总体的范围、内容和时间等。例如,2015 年全国 1%人口抽样调查将总体定义为:2015 年 11 月 1 日零时全国(除香港、澳门、台湾外)31 个省、自治区、直辖市具有中华人民共和国国籍并居住在中华人民共和国境内大陆的常住人口。对于总体的明确界定可以保证在一定的时空条件下,确保构成总体的单位不被遗漏,尽量减少抽样误差。

除了特定的小规模总体外,很难得到一个固定的总体来测量,所以,总体是一个抽象概念。就研究开展的时段而言,根据定义所界定的总体中,总会有些个案得不到及时的调查。研究者通常需要估计总体的大小。为了实施调查,总体需要一个操作性定义,即抽样框。

2. 编制抽样框

编制抽样框就是依据已经明确界定的总体,收集其中全部抽样单位的名单,并通过对各单位进行统一编号进而组合成一种可供选择的形式,如名单、代码、符号等。在概率抽样中,抽样框的确定非常重要,它会直接影响到样本的代表性,关系到抽样的质量。

好的抽样框是抽样的关键。列出总体的元素听起来容易,但很可能没有现成的元素名单,或者现成的名单遗漏了某些群体。抽样框与概念所界定的总体之间的不吻合，可能是偏差的主要来源。最著名的例子莫过于《文学文摘》在1936年美国总统选举中的预测失利。[①]

扩展阅读

抽样框"框住"的是谁？

《文学文摘》(*Literary Digest*)是美国1890～1938年期间的一份普及型新闻杂志，因成功预测了1920年、1924年、1928年与1932连续四届总统选举结果而名声大噪。1936年，美国总统选举在民主党候选人富兰克林·罗斯福和共和党候选人阿尔弗·兰登之间展开。大选之前，《文学文摘》杂志按照先前的做法，仍然根据电话号码簿和汽车执照登记名单向全美公众发出明信片进行抽样调查。与以往不同的是这次发出了空前的1000万张明信片，并回收了200万张，预测罗斯福和兰登的得票比是43∶57，认为兰登将当选。就在人们信以为真时，最后的选举结果却是罗斯福以61%的选票最终登上总统宝座。《文学文摘》杂志从此名声下降，最终落得破产倒闭的下场。

这次预测失败的主要原因在于《文学文摘》所采用的抽样框是根据电话号码簿和汽车执照登记名单制定的，而当时美国经济正处于萧条时期，许多选民家中没有汽车甚至没有电话，所以未被抽中参加民意测验，但事实上他们中的大部分人却是罗斯福新经济政策的支持者，并在实际选举时将手中选票投给了罗斯福。而被这次民意测验抽中的被调查者显然多数是共和党的支持者，自然投的是兰登的票。也就是说这次民意测验实际上只能反映富人的意愿，而贫民中的很多人已经被排除在抽样框之外，所以民意测验的失败是必然的结果。这个事例告诉我们，编制抽样框并不仅仅是一个技术性问题，它还要求研究者了解社会经济的变化状况，根据现实状况的变化编制相应的抽样框。

3. 选择适当的抽样方法

对于各种不同研究目的、调查范围、调查对象和客观条件的社会调查研究来说，它们所适用的抽样方法也不一样。这就需要我们在具体实施抽样之前，依据研究目的的要求、调查对象的特点以及人力、物力和财力的条件等有关因素来决定具体应采用哪种适当的抽样方法。

4. 确定样本的规模

样本规模是指一个样本中包含元素的多少。抽样数目过多，就会多花人力、物力和财力，造成浪费；抽样数目过少，又会使调查结果发生较大的误差，不能保

---

① 参见[美]肯尼思·D.贝利著，许真译：《现代社会研究方法》，上海人民出版社1986年版，第113～114页。

证样本对总体的代表性，也就不能对总体做出正确的推论。影响样本规模的因素主要有：总体规模的大小、总体内部的差异程度以及对调查结果可信度与精确度的要求等。

5. 实际抽取样本

实际抽取样本就是在上述几个步骤的基础上，按照所选定的抽样方法，从抽样框中抽取调查样本。依据抽样方法的不同，以及依据抽样框是否可以事先得到等因素，实际的抽样工作既可以先抽好样本，再下去调查，也可以一边抽取样本一边开始调查。

在大城市抽样中，一般都要依赖居委会的帮助，根据户口簿抽样，但是由于城市的流动较大以及户籍管理上的问题，经常会发生人户分离的情况。在规模较大的总体中抽样时，一般由研究者负责第一级和第二级抽样，最后一级的抽样主要是由调查员或者督导员实施。因此，调查员或督导员要具备有关抽样的具体知识。同时，在收集资料的过程中，总会遇到拒访或者调查对象由于特殊原因不能接受调查的情况。因此，在抽样时，还要根据实际情况抽取一定比例的预备样本。

6. 评估样本质量

评估样本质量的基本方法是：将能够获得的反映总体特征的指标与样本的同类指标进行比较，若两者之间的差异很小，则可认为样本的质量较高，代表性较高。

（二）抽样设计的原则

在进行抽样设计时，应遵循一定的原则。美国著名的抽样专家科什（Kish）教授在其名著《调查抽样》中提出了一个优秀的抽样设计所应该满足的四条标准。这四条标准也可以说是进行抽样设计时所应遵循的四条原则。它们是：

(1) 目的性原则。该原则是指在进行抽样方案设计时，要以课题研究的总体方案和研究的目标为依据，以研究的问题为出发点，从最有利于研究资料的获取，以及最符合研究的目的等因素方面来考虑抽样方案和抽样方法的设计。

(2) 可测性原则。该原则指的是抽样设计能够从样本自身计算出有效的估计值或者抽样变动的近似值。该值在研究中通常用标准误来表示。这是统计推断必需的基础，是样本结果与未知的总体值之间客观、科学的桥梁。通常，只有概率样本在客观上才是可测的，即概率样本可以计算出有效的估计值或抽样变动的近似值。

(3) 可行性原则。该原则是指研究者所设计的抽样方案必须在实践上切实可行。它意味着研究者所设计的方案能够预料实际抽样过程中所可能出现的各种问题，并设计了处理这些问题的方法。由于在理论上设计抽样方案和在实际中执行中是两码事，因而可行性是抽样设计的一条重要标准。

(4) 经济性原则。该原则主要指的是抽样方案的设计要与研究的可得资源相适应。这种资源主要包括研究的经费、时间、人力等。

由于这四条标准相互之间存在着一定的制约关系，甚至会相互冲突，因而在实际设计中，常常存在这样的情况，即研究者很难设计出一个在上述四个原则上同时达到最大值的抽样方案。在更多的情况下，实际的抽样设计就成为研究者在这四条标准中进行取舍和保持平衡的过程。比如说，如果要加强抽样方案的可测性，研究者就应该尽可能加大样本的容量，然而在这样做的时候，却同时又意味着增加抽样所需的资源，这就使得抽样设计的经济性原则进一步减弱。相对而言，这四条标准中，目标定向原则和可行性原则是首要的。抽样设计要服务于研究的目标，这是设计的出发点和基本目的。而可行性则是设计方案得以实现的前提和保证。研究者应该在优先考虑这两条标准的基础上，去进一步增加方案的可测性同时减少所需的资源。

三、概率抽样的原理与方法

(一) 概率抽样的基本原理

为了理解概率抽样的原理或逻辑，我们需要对社会群体的同质性与异质性做一点探讨。社会中由不同的个人所组成的各种各样的群体、组织、阶层等，经常构成社会研究中的总体。如果某个总体中的每一个成员在所有方面都相同，那么，我们说这个总体具有百分之百的同质性。在这种情况下，抽样也就没有必要了，因为只要了解了一个个体，就可以了解到整个总体的情况。然而，“世上没有两片完全相同的树叶”，现实社会中更没有两个完全相同的人，现实社会研究中的绝大多数群体通常都存在着程度不同的异质性，即总是存在着这样或那样的差别。在各种社会总体都普遍存在异质性的现实面前，严格的概率抽样程序与方法就必不可少，而概率样本所要反映的正是总体本身所具有的那种内在的异质性结构。

抽样的最终目的在于通过对样本的统计值的描述来相对准确地勾画出总体的面貌。概率抽样的方法可以帮助我们实现这一目标，并且可以对这种勾画的准确程度做出估计。随机抽取(random selection)是这一过程的关键。所谓随机抽取，就是保证总体中的每一个个体都有同等的机会入选样本。或者说，总体中的每一个成员被抽中的概率相等(也即被抽中的机会相等)。而且，任何一个个体的入选与否，与其他个体毫不相关，互不影响。或者说，每一个个体的抽取都是相互独立的，是一种随机事件。为了理解事件的随机性与事件发生的概率之间的关系，最好的例子也许是投掷硬币。

对于投掷硬币的结果(总体)来说，只有正面和反面(个体)两种可能。每次投掷硬币相当于一次抽样过程(从两种可能性中抽取一种);这种抽样是随机的(两种可能性都可能出现,且出现的机会均等);尽管一次具体的随机抽样(一次投掷)只会有一种结果,或者说出现某一种情况(正面或反面)的概率为100%;但是若干次不同的抽样的结果,却总是趋向于两种情况出现的次数各为50%——即趋向于两种不同结果本身所具有的概率,或者说趋向于总体内在结构中所蕴含的随机事件的概率。

这个例子告诉我们,在各种随机事件的背后,存在着事件发生的客观概率,正是这种概率决定着随机事件的发展变化规律。概率抽样之所以能够保证样本对总体的代表性,其原理就在于它能够很好地按总体内在结构中所蕴含的各种随机事件的概率来构成样本,使样本成为总体的缩影。

在讨论概率抽样的问题时,应对有关放回抽样与不放回抽样的问题略做说明。严格地说,由于研究者在实际抽样中所做的基本上都是不放回抽样,因而并没有完全满足抽样的独立性要求。这种独立性要求指的是:任何一个元素的抽取都不会影响到其他元素被抽取的概率。然而,只要总体相对于样本来说要大很多,我们就可以忽略这种不放回抽样所产生的微小改变。因为事实上对于一个相当大的总体来说,缺少一个元素可以说基本上并不改变总体中其他众多元素被抽中的概率,同样的,即使将抽中的元素放回总体中,它也基本上不会有第二次被抽取的机会。

其实,要想更好地理解概率抽样的原理,通常还需要学习和掌握抽样分布方面的有关知识。抽样分布是指从一个总体中不断抽取样本时,各种可能出现的样本统计值的分布情况。并且,在概率抽样中,有一个对抽样分布十分有用的"中心极限定理"。这个定理说明,当样本足够大时(通常假定大于30),无论总体的分布如何,其样本平均数所构成的分布都趋于正态分布,其形状图如图3-8所示。

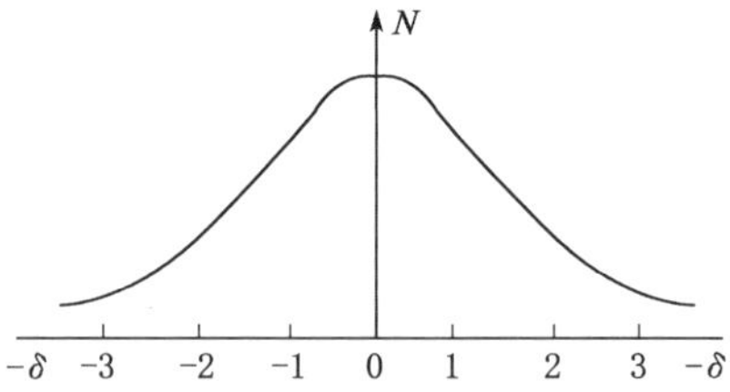

图3-8 正态分布图

数学的中心极限定理表明,随着抽样分布中不同的随机样本组数的不断增加,直至无限大时,样本的模式和总体参数将变得越来越可预测,在很多组随机样本下,抽样分布会呈现出一条正态曲线。而且随着抽出样本组数的增加,曲线的中点会趋近总体的参数。这一定理能够帮助研究者计算出任意抽取一个样本时，样本统计量偏离总体参数的概率，即计算抽样误差和置信区间。

总之，抽样分布是根据概率的原则而成立的理性分布，该方面的知识可以说使概率抽样具有了科学的依据。当然，更为详细的介绍可参见各种概率统计教材。

（二）概率抽样的主要方法

依研究目的的不同，抽样方法主要可以分为概率抽样与非概率抽样两大类。概率抽样又称为随机抽样，是指依据概率论的基本原理，按照随机原则进行的抽样。现实生活中，绝大多数的抽样调查都采用概率抽样方法来抽取样本，其中的原因在于概率抽样能避免抽样过程中人为因素的影响，保证客观地从研究对象整体中选取具有代表性的样本。概率抽样主要包括简单随机抽样、等距抽样、分层抽样、整群抽样、多段抽样、PPS 抽样等类型。①

1. 简单随机抽样

简单随机抽样也称为纯随机抽样，是指从总体 N 个元素中任意抽取 n 个元素作为样本，使得每个可能的样本被抽中的概率相等的一种概率抽样方法。严格来说，应采用可放回的重复抽样，才能保证每个样本被抽中的概率相等。但当总体规模足够大时，不重复抽样结果与重复抽样结果的差距不大，因而常被采用。具体的抽取方法包括抽签法、随机数表法和随机函数生成法。目前，各种统计应用程序都提供了专门的功能来生成任意规模的随机样本。

简单随机抽样是其他抽样方法的基础，它简单易行，从理论上来说也最符合随机原则，当总体规模不太大时，实施起来并不困难。但当总体规模很大时，若直接采用简单随机抽样不仅费时费钱，而且工作繁杂，所抽样本可能分布比较分散，缺乏代表性，并且抽样误差可能较大。因此，在实际调查研究中一般不轻易直接使用这种抽样方法。

2. 等距抽样

等距抽样也称为系统抽样或机械抽样，它是指首先将总体中各元素按一定顺序排列，根据样本容量要求确定抽选间隔，然后随机确定起点，每隔一定的间隔抽取一个单位的一种概率抽样方法。

例如，要在某高校 4000 名学生中，抽取一个容量为 100 的大学生样本。我们先将 4000 名学生按姓氏笔画排队并依次编上号码，然后按上述公式可求得抽样间隔为：40（$K=4000/100=40$），即每隔 40 名学生抽取一名作为样本。为此，我们先在 1～40 号中，采用简单随机抽样的方法抽取一个号码，假如抽到的是

① 风笑天：《社会研究方法》（第四版），中国人民大学出版社 2013 年版，第 116～123 页。

15，那么就以15为第一个号码，间隔40名再抽一个，以此类推，我们便可得到15，55，…，3975总共100个号码，而这100个号码所对应的100名学生即构成本次调查的一个样本。由于采用相等的间隔距离抽样，故等距抽样方法简单易行，省却了一个个抽样的麻烦，适用于大规模的调查研究。同时，等距抽样还能使样本比较均匀地分散在总体中，不会只集中于某些类型或层次，故而可以增强样本的代表性，减少抽样误差。

等距抽样要求具有详细的样本信息，且需避免抽样间隔与样本排队标准的周期性同步而产生的系统性偏差。

3. 分层抽样

分层抽样，也叫类型抽样，是指将总体中的所有元素按其属性特征分成若干类型或层次，然后在类型或层次中随机抽取样本单位的一种概率抽样方法。分层抽样的关键问题在于选择合适的分层标准。

第一，选择需要研究的主要变量或相关变量作为分层的标准。这样的分层标准能够直接满足研究的需要。例如，当我们要研究大学生的消费状况时，最能说明大学生消费状况的是月生活费。因此，月生活费是研究大学生消费状况比较理想的分层标准。

第二，选择能够反映层次或类型主要特征的变量作为分层标准。这一标准既要能保证各层次内部具有较大的同质性，又要能保证各层次之间具有较大的异质性。例如，研究大学生的择业意向时，可将专业作为分层标准。因为一般来说，不同专业大学生的择业意向是不同的，并且相同专业的大学生具有较高的同质性，不同专业之间的大学生又有明显的差异。

第三，选择已有明显层次区分的变量作为分层标准。例如性别、年龄、文化程度、职业等，经常被用作社会调查的分层标准。分层抽样进行分层的主要目的在于把总体分成一个个同质性较强的部分，即同质的层次，而层与层之间则是异质的。这样一来，在每一层次内，由于同质性程度较高，抽样时误差就会比较小。

使用分层抽样需考虑特定情况。分层信息准确的话，分层抽样产生的样本会比简单随机抽样具有更高的总体代表性。此外，如果研究者感兴趣的层占总体的比例很小，随机过程可能会漏失该层资料的时候，更适合采用分层抽样。在特定情况下，研究者甚至可使某层的比例高于其在总体中的真实比例，以便对该小规模群体进行更系统的分析。

4. 整群抽样

整群抽样又称聚类抽样，是指先将总体划分成几个群，然后从这些群中随机抽取若干个群，对这些群内所有元素均进行调查的一种概率抽样方法。例如，假如需要对1000位小学生进行城市小学生的自主学习能力调查，既可以选择每校抽取10个样本，共抽取100所学校，也可以只抽取4所学校，每个学校的250位适龄学生都加入样本。这样设计抽样方案，既可以节约调查费用，又能充分利用城市小学的学生异质性较强的特点，因为学区制使得同一学校的孩子家庭背景较为多元化，小学生的自主学习能力也会受到诸多因素的影响。

整群抽样中对群的抽取可采用简单随机抽样、等距抽样或分层抽样的方法。整群抽样不仅可以简化抽样的过程，还可以降低收集资料的费用，同时还能相对地扩大抽样的应用范围。在应用整群抽样时，要求各群具有较好的代表性，即要保证群内差异尽可能大一些，而群间差异尽可能小一些。

5. 多阶段抽样

多阶段抽样，也称为多级抽样、多阶抽样或分段抽样，是指在抽取样本时，分为两个及两个以上的阶段从总体中抽取样本的一种概率抽样方法。中国人民大学负责开展的中国综合社会调查(CGSS)采用的就是多阶段抽样：先在全国各省中抽取若干城市，然后从抽中的城市中抽选若干城区，接着从抽中的城区中抽选若干街道，再从抽中的街道中抽选若干居委会，最后从抽中的居委会中抽选若干家庭进行调查。当我们面对的总体单位数很庞大，而且分布范围很广时，就适合采用多阶段抽样。

采用多阶段抽样时可相对增加开头阶段的样本数而适当减少最后阶段的样本数，以达到减少抽样误差的目的。此外，在运用多阶段抽样方法时，要注意根据各个抽样阶段中的子总体同质性程度、各层子总体的单位数以及研究者所拥有的人力和经费等客观条件来合理确定每一阶段抽样的单位数。

当研究者从较大地理区域中进行抽样，且需前往寻找每一个元素时，整群抽样与多阶段抽样都能显著地降低交通费用，但也都面临准确性和成本之间的权衡取舍。例如，从全国公务员中抽取1500位组成一个样本，若甲采用简单随机抽样，需前往1000个不同的地点，在每个地点访问1～2位公务员。乙采用整群抽样，则可以选出3个地点的政府部门，从每个地点的各部门中各选出500位公务员。丙也可以从全国政府部门中选择300个，再前往每个地区分别抽选5位公务员进行访问。如果前往每个地区的差旅费平均为1000元，那么，上述3种抽样方案的成本分别为10万元、3000元和3万元。甲的样本最广，但丙却能以1/3的花费得到稍微低一点的准确性，乙的样本最便宜，但也是最没有代表性的样本。

6. PPS抽样

PPS抽样(sampling with probability proportional to size)是指抽样的概率与群规模成比例，其优点是不要求各阶段的群规模大小相同，只通过多阶段不等的抽样概率，来最终实现总体中的元素具有相同的抽样概率。

假设从某市 500 家不同规模企业的 50 万职工总体中，抽取 1000 位职工进行工作安全意识的二阶段抽样调查。如果首先从 500 家企业中随机抽取 10 所；然后再从这 10 家企业中分别抽取 100 位职工（100×10＝1000）构成样本。需要注意的是，这 500 家企业的规模是不同的：最大规模的企业职工人数多达 20000 人，而最小规模的企业职工人数则只有 200 人。如此抽样，就会高估规模较大企业的职工表现。而采用 PPS 抽样则可以避免这种企业间职工入样概率不同的问题。具体实施 PPS 抽样的步骤如下（见表 3-10）：①

表 3-10　　　　假设的 PPS 抽样示例

序号	规模	所占比例/%	累计/%	选择号码范围	所选号码	入样单元
企业 1	3000	1.5	1.5	001～015	012	单元 1
企业 2	2000	1	2.5	016～025	048、095	单元 2、3
企业 3	16000	8	10.5	026～105		
企业 4	200	0.1	10.6	106		
企业 5	1200	0.6	11.2	106～112		
企业 6	6000	3	14.2	113～142	133	单元 4
企业 7	800	0.4	14.6	143～146		
企业 8	600	0.3	14.9	147～149	148	单元 5
…	…	…	…	…		
企业 98	400	0.2	98.8	979～988		
企业 99	18000	0.9	99.7	989～997	995	单元 20
企业 100	600	0.3	100	998～1000		

首先将各个元素（即企业）排列起来，然后写出它们的规模、计算它们的规模在总体规模中所占的比例；将它们的比例累计起来，并根据比例的累计数依次写出每一元素所对应的选择号码范围（该范围的大小等于元素规模所占的比例见表 3-10 中第一、二、三、四列）；然后采用随机数表的方法或系统抽样的方法选择号码，号码所对应的元素人选第一阶段样本（见表 3-10 第五、六列）；最后再从所选样本中进行第二阶段抽样（即从每个被抽中的元素中抽取 50 名职工）。由于规模大的企业其所对应的选择号码范围也大，而选样号码范围大时，被抽中的概

① 参见风笑天：《社会研究方法》（第四版），中国人民大学出版社 2013 年版，第 130 页。

率也大(有些特别大的企业还可能抽到不止一个号码,如企业3就抽到两个号码。那么在第二阶段抽样中,就要从企业3中抽取50×2=100名职工)。由于规模大的企业在第一阶段抽样时被抽中的概率大于规模小的企业,这样就补偿了第二阶段抽样时规模大的企业中每个职工被抽中的概率小的情况,使得无论规模大还是规模小的企业中,每个职工总的被抽中的概率都是相等的。所以,这种方法最终抽出的样本对总体的代表性也大。

上述随机抽样方法均有其优势和劣势,研究者应根据研究设计和资源条件加以选用。此外,在入户调查中,还需要解决户内抽样的问题,以避免户内成人的入样概率出现系统性偏差。例如,在中西部相对传统的地区,经常是家庭主妇为入户调查员开门,并予以接待,就会人为降低家庭中男主人的入样概率。为此,也需要对户内的成年人进行随机抽选来确定被访者。常用的规范方式有KISH表法,能够适应不同规模的家庭调查,详细使用说明参见一般的抽样调查专著即可。相对简便的是生日法,即设定一个日期,然后让户内生日最接近该日期的成年家庭成员作为被访者。

四、非随机抽样的方法

非随机抽样又称非概率抽样,是指主要依据研究者的主观意愿、判断或是否方便等因素所进行的抽样。非概率抽样简单易行,并能通过样本大致了解研究对象整体的某些特征。此外,这种抽样方法见效快,通常在时间较紧、人力和物力不足的情况下采用。有时研究者无法确定总体或对其并不了解,也需要通过非概率抽样法对总体进行探索性研究。这种抽样方法包括以下五种类型。

(一)任意抽样

任意抽样也称偶遇抽样、自然抽样或方便抽样,是指凭借偶然的机会或方便的条件,研究者任意选择样本的一种非概率抽样方法。例如,为了解市民对公共交通的意见,可在附近的车站随意选择正在候车的乘客进行调查。电视节目上进行的街头访问也属于任意抽样。电视访问员带着摄影机和麦克风,走到街上访问一些容易接受访问的人。受访者不代表任何人,电视访问员经常选择那些在他们看起来"正常"的人,而避免选择没有吸引力、贫穷、年龄过大或不善言辞的人。再如,报社要求读者从报纸上剪下一则问卷,填完后寄回。谁会看报纸、谁对这个问卷主题感兴趣、谁愿意花时间按要求寄回,可能为数不少,但这种任意抽样可能得到扭曲的观点,从而成为总体的一个错误代表。

任意抽样简便易行,可以及时取得所需资料,节约时间和费用。这种方法适用于探索性调查研究,或调查研究前的准备工作,但样本没有足够的代表性。

（二）判断抽样

判断抽样又称“立意抽样”，是指根据研究者的主观经验从总体中选择那些被判断为最具代表性的单位作为样本的一种非概率抽样方法。例如，要对全国高校发展的基本状况进行重点调查，有关部门选择北京大学、清华大学、复旦大学、南京大学、中山大学等高校作为样本，这种做法就是判断抽样。当研究人员对自己的研究领域十分熟悉，对调查总体比较了解时，采用这种抽样方法，可获代表性较高的样本。

这种方法常用于探索性研究或实地研究中，适合于下列三种情况：一是研究者需要选择特定个案来提供独特信息。例如，研究者采用内容分析法来研究《公共管理学报》杂志，就可以了解国内公共管理领域实证研究的主题、水平和进展，因为该杂志以较规范的实证研究著称。二是研究者采用判断抽样来选取很难接近的特殊群体成员。例如，潘绥铭对于国内“红灯区”娼妓业地下经济的研究就是按判断抽样的方式选择研究地点和要观察和采访的研究个案的。① 三是研究者想要确认特殊个案类型，以便进行深入探究，并借助深入访问来产生见解、异例和矛盾，它们可以形成用定量社会科学方法验证的假设。②

（三）配额抽样

配额抽样也称“定额抽样”，是指研究者将调查总体样本按一定标志分类或分层，确定各类（层）单位的样本数额，在配额内抽选样本的一种非概率抽样方法。进行配额抽样时，研究者应首先依据有可能影响研究变量的因素对总体进行分类或分层，然后根据各层成员在总体中所占比例，分配样本数在各层中的份额，使样本中的成员在上述各种因素、各种特征方面的构成和在样本中的比例尽量接近总体中的情形。表 3-11 通过假设数据示范了配额抽样的基本方法，即根据已知的职工在科室、职级上的分布进行按比例的抽选，保证样本对总体具有较好的代表性。

表 3-11　　　容量为 500 人的配额样本分布表

	男(200 人)								女(300 人)							
科室	行政科室(100 人)				业务科室(100 人)				行政科室(150 人)				业务科室(150 人)			
职级	一	二	三	四	一	二	三	四	一	二	三	四	一	二	三	四
人数	30	30	20	20	30	30	20	20	45	45	30	30	45	45	30	30

① 潘绥铭：《存在与荒谬》，群言出版社 1999 年版，第 5 页。

② [美]劳伦斯·纽曼著，郝大海译：《社会研究方法：定性和定量的取向》，中国人民大学出版社 2007 年版，第 270 页。

任意抽样中，所有的受访者可能有相同的年龄、性别或民族。配额抽样是任意抽样的一种改进，因为研究者可以确保样本具有总体的某些差异。但是，一旦确定了抽取类别和每一个类别要抽取的样本数后，便要任意抽样了。由于“人以群分”，研究者无法避免碰巧遇到的受访者是假意友善的，还是乐于接受方法的一群人。1948 年，美国民意调查机构盖洛普预测出了错误的总统候选人。造成这种错误的原因包括访问结束过早，许多投票者当时还没有决定要投票给谁，但其中一个主要的原因是配额类别并没有正确地代表所有地理区域和所有实际去投票的选民。①

（四）滚雪球抽样

滚雪球抽样也称网络、关系链或声望抽样，是指当研究通常为人们了解不多或者无法确定总体的研究对象时，可从总体中少数成员入手进行调查，然后通过他们再扩大样本范围的一种非概率抽样的特殊方法。

滚雪球抽样以若干个具有所需特征的人为最初的调查对象，然后依靠他们提供所认识的合格调查对象，再由这些人提供第三批调查对象，依此类推，样本如同滚雪球般由小变大。它适合于在总体元素信息不足的情况下无法正常开展概率抽样的状况。例如，要研究农民工进城务工的生活状况，可以先到建筑工地去结识几位农民工，然后再通过他们结识其朋友，不用很久，你就可以认识一大批所要调查的对象并使调查得以顺利进行。再如，研究上层社会的某个主题，也适合采用滚雪球抽样。通过这种方式，研究者可以很快达到研究的极限，从而可以对所选样本所构成的社会关系网络进行全面的研究。

（五）异常个案抽样

当研究者搜寻与主导模式不同，或与其他个案主要特征不同的个案时，可以采用异常个案抽样。例如，研究高中辍学学生时，此前的研究表明辍学学生大多来自低收入、单亲或不稳定、经历过地域搬迁的家庭。在这种家庭环境中，家人受教育程度较低，辍学的学生经常被卷入违法行为中，甚至辍学前就有违法记录。使用异常个案抽样的研究者会从辍学的学生群体中，寻找那些没有违法记录或违法行为、双亲稳定、高收入、没有地域搬迁，又受到很好教育的辍学学生，来验证前人理论的准确性。

五、样本规模与抽样误差

样本规模又称为样本容量，是指样本中所包含的单位总数。样本大小是决定推论结果可靠性的重要因素，也受限于研究者可资利用的投入。为了避免样

① ［美］劳伦斯·纽曼著，郝大海译：《社会研究方法：定性和定量的取向》，中国人民大学出版社 2007 年版，第 269 页。

本过大或过小，就必须确定必要的样本规模。以下就样本规模的主要影响因素进行分析。

（一）总体的差异性

总体的差异性是指总体元素之间的差异程度。在其他条件不变的情况下，样本规模与总体的差异性成正比关系，即总体差异性愈大，说明总体分布愈不均匀，则需要抽取的样本单位愈多。那么，如何获取总体差异性的信息？主要采用历史资料（如普查数据）作为基数，根据近期总体的显著变化及变动方向来来估算总体内部的差异性。

（二）抽样推断的可靠程度

要求估计的把握程度高，则需要抽取的样本单位数就应增多。在社会科学研究中，学者们确定了约定俗成的推断可靠性，一般为 95%。如果人为变更这一数据，将影响不同研究者对同一问题研究结论的可比性。因此，这一因素对于研究者而言，是不可控的。

（三）允许误差的大小

一般来说，允许误差要求越小，样本规模越大。允许误差的大小主要取决于调查目的和费用的投入。调查结果要求比较精确，又有足够的费用投入，允许误差可小一些。

抽样误差是由于抽样本身的随机性所引起的样本统计量与总体参数之间不可避免的偏差。从总体中抽取部分代表单位构成样本，再利用样本统计量推断总体参数，就免不了存在抽样误差，该误差是抽样调查所固有的。虽然由于随机性因素使抽样误差无法避免，但是可以通过科学计算，确定其数量界限，并通过抽样设计程序加以控制。

（四）抽样方法

对一项调查研究来说，采用不同的抽样方法，对于样本规模也有一定的影响。一般情况下，纯随机抽样比分层抽样和系统抽样需要抽取的样本单位数多；整群抽样比纯随机抽样、分层抽样和等距抽样需要抽取的样本单位数多；多阶段抽样比单阶段抽样抽取的样本单位数要多。

根据抽样推断的基本原理可推导出最低的样本规模。在简单重复随机抽样条件下，由样本均值推断总体均值时，样本规模 n 可以通过如下公式确定：

$$n=\frac{t^2\alpha^2}{(\Delta x)^2}$$

其中，t 为置信度所对应的临界值（也称为概率度）；α 为总体的标准差；Δx 为抽样允许的误差范围（又称抽样极限误差，即在一定置信度下，保证样本统计量与总体参数之间的误差范围不超过某一给定的最大可能范围）。

在上述计算公式中，由于置信度是事先确定的，所以其临界值 t 可从标准正态分布概率度表中查出，也是研究者根据需要事先确定的，但是总体的标准差 α 却往往是难以获得（因为总体是未知的）。因此，在实际抽样过程中，研究者往往无法直接运用上述公式计算所需的样本规模，而只能采取某些变通的办法。比如，利用历史资料，即前人所做的关于同一总体的调查资料，来估计总体方差，或以样本标准差作为估计值来代替总体标准差，对其平方后算出总体方差的估计值，再代入上述计算公式得出必要样本规模。

对于其他抽样设计，可以在这个基本公式的基础上加以变通，确定更为贴切的样本规模。总之，在确定样本规模时，精度要求与费用、抽样误差与非抽样误差始终是两对难以处理的矛盾。

采用抽样的方式进行调查研究，控制误差的大小是研究者需要关注的重要问题。误差的来源是多方面的，既有因组织不当、调查过程质量控制不力导致的登记性误差，也有因抽样方法固有的随机偏误而产生的代表性误差，即抽样误差。抽样误差是统计推断所固有的，虽然无法避免，但可以运用数学公式计算，确定其具体的数量界限，并通过抽样设计程序加以控制，因此抽样误差也可以称为可控制的误差。如样本容量计算公式所示，由于总体平均数、总体成数是唯一确定，而样本平均数、样本成数是随机变量，因而抽样误差也是一个随机变量。抽样误差越小，说明样本的代表性越高。同时抽样误差还说明样本指标与总体指标的相差范围，因此，它是推断总体指标的依据。①

最后，需要说明的是，样本规模的确定需要综合考虑各方面因素，没有一成不变的规定。考虑到初学者实践的需要，风笑天教授根据他自己多年的观察与实践，将现实中各种调查的样本规模进行归类，提出了一套常见的样本规模的类别，对于从事各种不同的社会调查研究者来说，可以参考这套标准来确定自己的样本规模。该套标准是：小型调查的样本规模在 100～300 之间；中型调查的样本规模在 300～1000 之间；大型调查的样本规模在 1000～3000 之间。② 小型调查类的样本规模通常用于非正式的或要求不高的、总体规模较小的情况，比如大学生上调查方法课需要做调查时，或者硕士研究生采用调查方法收集论文资料时，或者在一所中学做某项调查时等。正式的调查研究一般要求达到中型调查类的样本规模，这也是目前实践中采用最多的一类样本规模。在一般的情况下，它兼顾到了样本的误差大小、研究者的人力物力时间，以及调查的组织和实施等多方面的因素。而大型调查的样本规模则主要用于全国性的调

① 张厚粲、龚耀先：《心理测量学》，浙江教育出版社 2012 年版，第 105 页。

② 风笑天：《社会研究方法》（第四版），中国人民大学出版社 2013 年版，第 137 页。

查项目中。

另外，袁方教授也曾经讨论了"经验确定样本数的范围"这个问题，认为在一般的调查研究中，实际上并不要求很高的精确度，调查人员一般是凭经验确定样本数目的大致范围，表 3-12 给出的就是经验确定样本数目的大致范围。当然，应当注意的是，由经验确定的样本调查，不能由样本的状况来精确推论总体的状况，它们的调查结论仅作为了解总体状况的一种参考。①

表 3-12　　　　经验确定样本数目的大致范围

总体规模	100 人以下	100～1000 人	1000～5000 人	5000～1 万人	1 万～10 万人	10 万人以上
样本占总体的比例	50%以上	50%～20%	30%～10%	15%～3%	3%～1%	1%以下

当然，上述这些关于样本规模确定的讨论也只是相对于一般情况而言的，如果调查项目十分特殊，那么就要另当别论了。

思考与练习

1. 简述测量的含义与层次。对人们的"婚姻状况"、"受教育年限"、"学术水平"的测量属于哪一层次的测量？

2. 量表主要是用来测量什么的？请设计一份测量人们对夫妻家庭角色看法的李克特量表。

3. 试举例简要说明概念、变量、指标三者之间的联系与区别。

4. 请举例说明操作化在社会调查中的地位和作用。

5. 试对概念"越轨行为"、"上进心"、"媒介接触"和"生育意愿"进行操作化。

6. 试比较全国妇联《中国妇女社会地位调查》中用来测量"妇女社会地位"的指标与中国社会科学院人口研究所做的同类研究中所用的测量指标，并给出你的评价。

7. 什么是抽样中的随机性？为什么概率抽样的方法能够保证样本对总体的代表性？

8. 抽样设计的基本原则是什么？

9. 分层抽样与整群抽样的具体操作方法是怎样的？二者之间有何异同？

10. 在实际社会调查中，有哪些因素影响到研究者对样本规模的确定？

11. 某市有 300 所小学，共 240000 名学生。这些小学分布在全市 5 个行政区中。其中重点小学有 30 所，一般小学有 240 所，较差的小学有 30 所。现要从

① 袁方：《社会调查原理与方法》，高等教育出版社 2000 年版，第 189 页。

全市小学生中抽取 1200 名学生进行调查，以了解全市小学生的学习情况。请设计一种抽样方案。

12. 从《社会学研究》或其他社会科学期刊中选择 3 篇研究报告，分析并评价这些研究中所采用的抽样方法。

第四章　社会研究的伦理与政治

本章重点

1. 科研伦理与科研道德
2. 社会研究的道德伦理责任
3. 社会研究的伦理原则
4. 社会研究的政治蕴涵

第一节　社会研究中伦理与政治议题的提出

一、问题的提出

社会研究有很多方面的限制因素，除了通常大家都能明确意识到的人力、物力、财力及技术条件等因素外，还有许多诸如政治、行政、文化、道德、伦理等主观或客观、显性或隐性因素的限制。经验社会研究必然涉及研究者与被研究者等之间的关系，这些关系或多或少均会对研究起到影响、限制等作用，从事研究工作中的政治因素、伦理规范以及研究者的道德品质成为一个不可回避的问题。认真考虑研究中的伦理道德问题以及政治因素影响问题，不仅可以使研究者更加严谨地从事研究工作，使研究者本人“良心安稳”，而且可以提高研究本身的质量。正如艾尔·巴比所指出：我们了解了科学的逻辑所要求的特定研究步骤，不过，我们也知道有些符合科学的研究设计，在行政（或财力）上是不可行的，因为一些几近完美的研究设计，不是费用昂贵，就是太过耗时。至于在现实世界中进行研究时需要考虑的另外两大因素：伦理与政治又如何呢？正是因为这两类因素很微妙，所以要辟专章进行讨论。就如大家不会使用一些不切实际的方法一样，有些研究方法也会因为有伦理上的禁忌或政治上的困难而难以执行。艾尔·巴比用自己的切身经历表明了社会研究中伦理与政治议题的重要性：①

几年前，我应邀列席加州一个法律教育计划的研讨会。这项研究计划是由一所大学的研究中心和加州律师协会联合实施的。这项计划的目的是为了了解

① ［美］艾尔·巴比著，邱泽奇译：《社会研究方法》（下），华夏出版社2000年版，第107页。

在法学院校中，哪些学习经验有助于学生在律师执照考试中过关斩将，以便改进法学教育课程。这项计划的基础是准备一份调查问卷，以便收集个人在法学院校中学习过程的详细资料。当有人要参加律师执照考试时，就必须回答这份问卷。通过分析不同学习经验的人在执照考试中的表现，可能找出哪些因素起作用，哪些没有。至于研究结果，则可以提供法学院校做参考，最终目标将是改善法学教育。

与律师协会合作的优势在于所有恼人的争议，都会得到妥善的处理。譬如说，可以在考试的同时进行问卷调查，而不会有拒访的困扰。

我满怀对这项研究的希望离席。当我兴奋地向一名同事吹嘘拒访问题已经圆满解决时，她当场的反应就推翻了一切。“这么做是不道德的。没有明文规定应试者非得填写问卷，参与研究的人必须是自愿的。”结果这项研究计划最后并没有实行。

艾尔·巴比说：“叙述这个故事是表明我已经了解，硬性规定他人参与研究是不恰当的。或许在我说出同事的评论之前，大家早就看到了这一点，所以直到现在我都还觉得很尴尬。每个人都会认为自己并不完美，但却比大多数人更加道德。然而，社会研究所存在的问题(在生活中也可能存在)是，我们并非时时刻刻都在关注道德问题。因此，我们会在忽视伦理道德的情况下，卷入某些活动，直到被他人点破。当我向策划小组的其他成员指出这点时，大家一致同意硬性规定他人回答问卷是不合理的，对于当初的疏忽也都感到尴尬。同样，每个人都会看出，需要折腾小孩子的研究是不道德的。我知道，如果我建议访问他人的性生活，然后在当地的报纸刊登访谈内容，你们一定会严加斥责。但是，即使至善至美，在某些情景中，也会完全忽略伦理问题——并不是你们的品性不佳，而是我们都在所难免。”

探讨社会研究中的伦理问题，其中需要列举一些被公认为可说明道德或不道德的规范。然而更重要的是希望能借此提高大家对伦理的敏感度，使大家做研究时留心这方面的内容，甚至让大家知道当情境的伦理层面存在争议时，该如何争辩。

研究中的政治考虑也是微妙的、两可的和有争议的。上述的例子就同时包含了政治和伦理的问题。虽然社会学家的道德规范认为研究的参加者必须出于自愿，但是这项规定显然是从维护人身自由的政治规范中衍生出来的。在其他国家，上例所提的研究方案也许完全不会被认为是违反道德的。讨论社会研究中的政治问题，和伦理问题一样也经常会出现没有所谓正确答案的情况，我们的目的是帮助大家对卷入的政治因素保持更高程度的敏感，但不会像政党那样给大家说明：在政治上什么是可以接受的，什么是不可以接受的。

二、相关研究简介

就我们目前所收集和阅读的国内学者编著的社会研究方面的书籍来看，专门讨论社会研究伦理道德议题的并不多见，鲜有的一些讨论如：风笑天在《社会研究方法》(第四版)中关于研究伦理的讨论，主要是针对参与观察中隐蔽研究者身份的做法引发的问题。① 陈向明在《质的研究方法与社会科学研究》一书中设专章讨论了“质的研究中的伦理道德问题”，诸如自愿和不隐蔽原则、尊重个人隐私和保密原则、公正合理原则、公平回报原则等。② 张建民在《公共管理研究方法》一书中讨论了科学研究中的诚信原则、尊重和保护研究参与者原则这两个伦理议题。③

国外比较有影响的书籍，大都有社会研究的伦理、道德、政治等议题的讨论，比如艾尔·巴比的《社会研究方法》中分别讨论了自愿参与、不伤害参与者、匿名与保密等伦理原则。④ 再如戴维和萨顿的《社会研究方法基础》中设专章讨论了社会研究的“合伦理性”问题，诸如决定开展研究时的伦理问题、研究实施过程中的敏感性、利用社会研究结果时的敏感性等。⑤ C. 克里斯琴斯在《定性研究中的伦理与政治》中讨论的伦理准则有知情同意、反对欺骗，保护隐私与隐秘性，确保数据的精确性，指出伪造和骗取资料、省略和杜撰既是不科学的也是不道德的。⑥ 米歇尔·法恩等在《为了谁——定性研究、描述和社会责任》中写道：“我们希望发出伦理上的呼吁，或者更直接一些，叫作伦理的指示。”他认为要将研究所涉及的政治层面的警示“保持在心中，把作为研究者责任的反思也体现在我们所有的文本里。如果没有那样的反思，而以中立或研究者的公正为名，那么我们就会丧失对社会的责任，学术界亦会在道德权威日渐破产的时代里，停留在另一种没有灵魂的制度中”⑦。邓津在《解释的实践与政治问题》中，从民族志研究的角度讨论了定性研究范式的伦理与政治议题：女性主义传播的伦理模式为公众的民族志写作提供了一系列的规范。这套规范建立、形成在四个无可商议的新

---

① 风笑天：《社会研究方法》(第四版)，中国人民大学出版社 2013 年版，第 251 页。

② 陈向明：《质的研究方法与社会科学研究》，教育科学出版社 2000 年版，第 425～443 页。

③ 张建民：《公共管理研究方法》，中国人民大学出版社 2012 年版，第 9～10 页。

④ [美]艾尔·巴比著，邱泽奇译：《社会研究方法》(上、下)，华夏出版社 2000 年版，上册第 52 页，下册第 108 页。

⑤ [英]戴维、[英]萨顿著，陆汉文等译：《社会研究方法基础》，高等教育出版社 2008 年版，第 14～19 页。

⑥ 诺曼·K. 邓津、伊冯娜·S. 林肯主编，风笑天等译：《定性研究(第 1 卷)：方法论基础》，重庆大学出版社 2007 年版，第 142～163 页。

⑦ 诺曼·K. 邓津、伊冯娜·S. 林肯主编，风笑天等译：《定性研究(第 1 卷)：方法论基础》，重庆大学出版社 2007 年版，第 113～139 页。

闻规范之上，即准确、无伤害、知情权以及道德立场公开。民族志研究者的道德故事的写作不是为了那些被主导的、镇压性的文化系统压抑的人们造成伤害（无伤害原则）。那些被描述者的身份永远应该受保护。读者有权利阅读民族志研究者所了解的东西，但是知情权应该与无伤害原则保持平衡。作者对读者必须诚实。文本应该为有关自我的道德真实的追求提供一个论坛。旨在寻求一种存在的、解释的民族志，可以为文化批判提供蓝本的民族志——这种文化批判扎根于民族志所描写的具体的世界，它理解，所有的民族志研究都充斥着理论与价值。在一些研究那里可以了解到民族志、审美和政治永远不能绝对分开。民族志像艺术一样，永远都是政治的。①

我们认为，近些年来我国学术研究界（当然包括社会研究领域）中出现的包括学术不端行为等在内的许多复杂问题，在很大程度上都与对社会研究的道德、伦理、政治议题的重视不够有密切关系。因此，解决学术研究包括社会研究中的不良问题，迫切需要在实践中加强对社会研究伦理道德的教育、训练和普及，也需要相关学科的研究者大力推动该领域的研究，把社会研究的道德、伦理、政治议题这方面的研究引向深入。

第二节　社会研究中的伦理议题

在实际的社会研究中，关注从事研究工作的道德责任、伦理原则和伦理规范是一个不可回避的问题。也就是说，社会研究——无论是实证主义方法论的定量研究范式，还是人文主义的定性或质性研究范式，尤其是人文主义的质性研究范式——都有自己"坚硬的"道德原则和伦理规范，而且要求研究者必须自觉地遵守这些原则和规范。社会研究者应该相信，"好的伦理与好的研究方法是同时并进、相辅相成的"②。如上所言，遵守道德规范不仅可以使研究者本人"良心安稳"，而且可以提高研究本身的质量。研究者对当事人（即研究对象）的责任与对研究的责任之间并不存在冲突，认真考虑研究中的伦理道德问题可以使研究者更加严谨地从事研究工作。

一、科研伦理与科研道德

在东西方伦理思想史上，"道德"与"伦理"表达了非常相近的含义，但在词源

① 诺曼·K.邓津、伊冯娜·S.林肯主编，风笑天等译：《定性研究（第4卷）：解释、评估与描述的艺术及定性研究的未来》，重庆大学出版社2007年版，第957～981页。

② J. E. Sieber, "Planning Ethically Responsible Research", in *Library Quarterly Information Community Policy*, 1992, 49, pp. 125～155.

学上又有细微的区别。“道德”关注的是做人的美德、品行、修养或德性；而“伦理”关注的是人与人之间应有的行为规范或准则，是对人类道德现象的系统思考。当涉及应该做什么样的人或做什么事，而这种做人做事会影响到他人的利益时，就进入了伦理领域，引发的问题就是伦理问题，包括“该不该做”，“应该怎样做”等等。①

科学研究活动本身涉及伦理道德，身处象牙塔的科研人员也会成为道德主体，科研活动也会成为道德研究之对象。科研人员应遵循科学共同体公认的的行为准则或规范，及时调整自身与合作者（包括其他科研人员、资助者、受试者、社会公众/消费者）、科研人员与物（包括试验动物、生态环境等）之间的关系，合乎伦理地开展研究工作。这就引出了“科研伦理”和“科研道德”两个新的概念。在科学研究活动中，科研伦理和科研道德可能会同时进入人们的视野。鉴于“伦理”与“道德”的细微区别，“科研伦理”和“科研道德”的含义也各有侧重。科研伦理是指科研人员与合作者、受试者和生态环境之间的伦理规范和行为准则。科研道德考察的是科研人员自身的道德修养、品行和诚实及杜撰、抄袭、剽窃及学术不当（不端）行为产生的根源、表现、危害及对策。在科学研究活动中，科研伦理和科研道德可能会同时进入人们的视野，“黄禹锡丑闻事件”就是明证。韩国科学家黄禹锡在干细胞研究中进行“数据造假”，这是一个科研道德问题；但他在女性研究人员不情愿的情况下，胁迫其捐卵子用于科学研究的行为又违背了知情同意原则，这是一个科研伦理问题。对此，伊斯雷尔表达了相似的观点：在西方国家，科研伦理（research ethics）和科研诚信（research integrity）是两个相关联且各有侧重的概念，其中科研诚信的含义与汉语中的科研道德基本一致。②“科研道德”和“科研伦理”之间的区别见表 4-1。③

表 4-1　　科研道德与科研伦理的区别

内容	科研道德	科研伦理
（1）关注重点	科研人员的道德品质、道德修养、机构的利益冲突及其后果	科研行为本身的动机、行为过程、后果
（2）科研课题设计与申报中的问题	弄虚作假，违反诚实、客观等原则，骗取科研资源	课题研究潜在的生态风险、人身伤害、有无研究价值

① 高兆明：《伦理学理论与方法》，人民出版社 2005 年版，第 1～2 页。

② 全国科学道德和学风建设宣讲教育领导小组：《科学道德与学风建设宣讲参考大纲（试用本）》，中国科学技术出版社 2012 年版，第 49 页。

③ 全国科学道德和学风建设宣传教育领导小组：《科学道德与学风建设宣讲参考大纲（试用本）》，中国科学技术出版社 2012 年版，第 49 页。

续表 4-1

内容	科研道德	科研伦理
(3) 科学研究过程中常见的问题	剽窃他人成果,篡改实验数据或杜撰,滥用科研经费	在涉及人的科研中,违反了尊重、不伤害、有利和公正等伦理原则;或在科研活动中对生态环境及人群造成较大的风险或灾难
(4) 科研结果及运用中常见的问题	署名不当,隐瞒不利结果,一稿多投,侵犯或损害他人著作权,有意不准确报告结果	泄露个人或群体可识别的信息,侵犯隐私权,利益分享不公,没有按承诺保守机密
(5) 底线的界定	背离了基本的学术规范,出现严重的科研不端行为	严重违反了一个或多个基本伦理原则并导致恶劣的影响
(6) 社会责任	对纳税人、资助者和政府负责	保障受试者的合法权益,维护国家和集体利益
(7) 建设重点	科研诚信建设	伦理审查能力建设

二、六个方面的伦理道德责任

国外学者 Soltis(1990)和 Whyte(1984)认为,在社会研究中,研究者的伦理道德行为至少涉及五个方面的人或社会机构,他们相互作用,对研究者的伦理道德原则和行为规范产生不同程度和不同方式的制约。这五个方面是:研究者本人,被研究者群体,研究者的职业群体,资助研究的人、财团和政府机构,一般公众。[①] 参照学术界的上述研究成果,我们认为可以从如下六个方面讨论社会研究的道德伦理责任这一问题,即研究者本人,被研究者(个人或群体),研究者的职业群体,研究资助者(个人、财团、政府、基金会等),一般公众,研究者的雇佣机构。

(1) 研究者本人。研究者是作为一个个体在从事研究活动,自己在研究过程中所有的行为举止都对自己具有道德的意义。比如是否能够完成自己的研究任务以对自我有个交代的道德义务,产生某种道德上的情绪体验,比如成就感、负罪感等;再如作为一个学生的研究者(硕士研究生、博士研究生),是否能够完成学业、顺利取得相应的学位以及进入就业等,均会涉及你对自我、对家人的交代等道德伦理责任,同样也会伴随许多心理情感的体验,比如我对得起自己和家人吗?

(2) 被研究者(个人或群体)。研究者对待被研究者的态度、处理与被研究者有关的事物的方式以及研究双方之间的关系都会反映出研究者的道德规范。

① 陈向明:《质的研究方法与社会科学研究》,教育科学出版社 2000 年版,第 425 页。

研究者的道德观念和行为方式会对被研究者群体产生影响，有时甚至会直接影响他们的日常生活。

(3) 研究者的职业群体。研究者群体享有一些共同的道德信念和行为规范，研究者所做的一切都来自这一集体规范或帮助形成这一集体规范。如果研究者违背职业规范，不仅会使这个职业在社会上遭到唾弃，而且会给后续的研究者(包括研究者自己)进入研究现象带来困难。因此，研究者遵守必要的伦理道德不仅仅是为了坚持某些原则，也不仅仅是为了别人和研究者群体，而且也是为了研究者自己的利益。

(4) 研究资助者(个人、财团、政府、基金会等)。研究者需要对这些人和机构做出一定的承诺，比如，你完成了预定的研究任务吗？政府等方面出钱资助的项目，其项目经费花的怎样呢？花的道德吗？等等，而且研究者在研究过程中与他们频繁接触。研究者与他们的互动关系可以反映出研究者本人的道德规范和行为准则，而且也会对自身的伦理道德观念产生影响。

(5) 一般公众。研究者所做的一切事情都发生在社会文化的大环境中，研究者可以通过自己的具体工作推进或减弱社会公德。比如良好的学术研究的口碑会给社会整体的道德发展增加"正能量"，而学术领域的造假、剽窃、腐败等行为自然也会污染整个社会的道德环境——这些方面的事例近些年来表现得比较突出，似乎人们对此已经是习以为常，或者是见怪不怪了。

(6) 研究者的雇佣机构。研究者对自己所工作的单位或者所服务的机构，肩负着不可推卸的道德伦理责任。不管是一个在职的为某个单位服务的工作者，还是一个在高等学校正在学习的学生，道理都是一样的。比如，作为一个研究生身份的研究者，不仅对自己所在的学校、学院、系科等负有伦理道德责任，同时对自己所学习的学科以及自己的导师等都必须承担起必要的道德责任，履行必要的道德义务。

扩展阅读

江苏省研究生基本学术规范

第一章　总　　则

第一条　为了规范本省研究生的学术行为，确保研究生培养和学位授予质量，根据国家有关法律法规和文件精神，结合本省实际，制定本规范。

第二条　本规范适用于本省各研究生培养单位的研究生(含以各种形式攻读博士、硕士学位的研究生)以及同等学力申请博士、硕士学位人员在学期间或申请学位期间的学术行为。

第三条　本规范所称的学术活动，包括科学研究、学术论著发表、学术交流、学位论文撰写、答辩及评优申报等。

第二章 基本学术规范

第四条 研究生在学术活动中，应当坚持科学真理，诚实守信，恪守国家相关法律、法规及学术道德，尊重他人的研究成果。

第五条 研究生导师应带头践行学术道德，遵守学术规范，并认真履行职责，指导研究生规范学术行为，从事学术活动。

第六条 研究生必须遵守以下基本学术规范：

（一）严格遵守有关科学研究的规定和程序；

（二）数据资料的采集、整理、分析、引用和发表，应当做到客观、真实可靠和准确；对研究（实验）工作的原始数据应当详细记录，妥善保管；制作实验记录一般应载明实验日期、实验内容和目的、实验方法、操作步骤、实验现象、实验数据、工作人员签名等内容；

（三）凡以人类为对象的研究，应当遵守伦理规范，尊重个人隐私，保护研究对象的身心健康；

（四）在研究成果中凡引用他人著述、观点、方法、资料、数据等研究成果的，必须注明出处；引文一般应来自原始文献和第一手资料，如从他人作品转引第三人成果，应当如实注明转引出处；引用他人的成果不应构成本人研究成果的主要部分或者实质部分；

（五）学术研究成果应按对成果的实际贡献程度实事求是署名；合作研究成果在发表前应征得合作者的同意、并经过所有署名人审阅；署名人须对本人作出贡献的部分负责，合作研究的主持人须对研究成果整体负责；

（六）对参与导师主持课题所获得的研究成果，对外公开前应当征得导师同意；

（七）在各种研究项目申报和学术交流中，对个人学术经历、学术成果等应当如实陈述，确保真实性；

（八）评价他人或自己的研究成果，应当科学、客观、公正、准确；

（九）学术界公认的其他学术规范。

第三章 违反学术规范的行为及处理

第七条 研究生在学术活动中有下列违反学术规范行为之一的，研究生导师及培养单位应当予以批评教育，并责令限期改正；逾期不改或者情节较重的，按照有关规定给予取消奖励或者延缓答辩；情节严重的，依法给予撤销学位或者不授予学位的处理，并可以根据高校学生管理的相关规定给予纪律处分：

（一）引用、转述他人研究成果不注明出处；在发表成果时未如实注明著作、编著、译著、编译等，甚至抄袭、剽窃、侵吞他人学术成果；

（二）伪造或篡改实验、调查等原始记录；

（三）不如实报告个人学术经历、学术成果，伪造有关证书、专家鉴定或其他学术能力证明材料等；

（四）在未作出实质性贡献的研究成果中署名；未经被署名人同意，将他人列为研究成果署名人；

（五）将同一论文、作品或实质内容基本相同的论文、作品同时投寄多个出版机构或学术会议发表；

（六）由他人代写或代替他人撰写学位论文或学术论文，由他人代替或代替他人参加有关考试；

（七）未经导师或项目负责人许可，私自发表集体研究成果，故意藏匿隐瞒集体研究项目中重要科研成果或科学发现；

（八）违反有关保密的法律、法规，对外泄露应保密的学术成果或事项；

（九）采用不正当手段干扰和妨碍他人研究活动，故意毁坏或扣压他人研究设施和文献资料；

（十）参与他人的学术造假，庇护他人学术不端行为，打击报复学术不端行为举报人；

（十一）利用科研活动谋取不正当利益；

（十二）其他违背学术界公认的学术规范行为或规定的学术机构认定的不规范学术行为。

第八条　违反学术规范的行为构成犯罪的，由司法机关依法处理。

第九条　研究生违反学术规范行为，如查实其导师和他人应承担责任的，则同时依规依法追究其导师和相关人员的责任。

第四章　附　　则

第十条　研究生培养单位应当依据国家有关法律法规和本规范，制定、修改或者完善实施办法，并及时公布。

第十一条　本规范由江苏省学位委员会、江苏省教育厅负责解释。

第十二条　本规范自2012年2月1日起施行。

三、社会研究的伦理原则

（一）社会研究的基本伦理原则

就一般科学研究来看，国际科学界形成了一系列科研伦理准则、规范和评价标准，对科研伦理行为起着倡导、约束甚至禁止的作用。这些国际伦理文件包括：世界医学理事会不定期修改完善的有关生物医学研究伦理规范的《赫尔辛基宣言》，1997年联合国教科文组织（UNESCO）发表的《世界人类基因组与人权宣言》，2000年世界卫生组织（WHO）发表的《评审生物医学研究的伦理委员会工作指南》和2002年发布的《涉及人类受试者的生命医学研究国际伦理准则》，2005年第59届联合国大会法律委员会通过的一项政治宣言要求各国禁止有违人类尊严的任何形式的克隆人。20世纪90年代以来，我国政府和学界开始重视科研伦理规范与法规在保障科技进步方面的重要作用。例如，国家药品监督管理局于1999年出台了《药品临床试验管理规范》，科技部和卫生部先后制定了《中国人遗传资源管理暂行办法》(1998年)、《人胚胎干细胞研究伦理指导原则》(2003年)、《涉及人的生物医学研究伦理审查办法(试行)》(2007年)等。为了识别、分析和解决科学研究中的伦理问题，科研人员需要牢牢把握基本的伦理原则，进而确立一种伦理分析评价的思维框架，增进科研伦理决策能力。学术界一般认为，在涉及人的科研活动中要遵守以下若干基本的伦理原则：尊重原则、知情同意原则、匿名和保密原则、无伤害原则，以及公平正义原则等。①

第一，尊重原则。尊重原则是指，在科研活动中必须尊重人的自主性。自主性是一位有行为能力的人在不受外力干扰的情况下，按照自己的意愿来选择行动方案的能力或过程。① 尊重受试者受访者的自主性表现在：在收集涉及人的社会信息、科研数据或生物材料的过程中，信息或数据提供者、生物样本捐赠者有自主决定权。比如在自然科学的人体试验中，受试者可以自主选择参加，可以中途自由撤出试验；在社会研究中，受访者同样可以自主选择参加以及中途退出，研究者不得以任何理由干涉受访者的这些自主权。② 尊重科研人员的自主性表现在：在遵从自然规律和社会规律、遵循科学规范和伦理规范的基础上，科研人员可以在专业范围内自由探索未知世界，社会和科研机构要为研究者努力营造一个宽松、自由的科研创新环境。

第二，知情同意原则。在开展涉及人的科学研究时，科研人员必须事先征得受试者或受访者的知情同意。为此，科研人员需要以通俗易懂的方式向受试者或受访者提供下列信息：研究目的、方法、过程、可能的风险(损伤)和受益等方面的信息，让受试者或受访者在理解的基础上自主做出是否参加试验或受访的选择。坚持知情同意，就要做到信息的充分告知、信息是可以理解的、自由表达意愿及有同意能力。知情同意过程中的任一环节出现问题，均可能引发伦理问题。比如有的科研人员有意无意地抹杀了“研究”与“治疗”的区别，误导他人参加高风险的试验研究；有的科研人员因科研压力较大或商业利益的驱动而背离了知

① 参见翟晓梅、邱仁宗：《生命伦理学导论》，清华大学出版社2005年版。转引自全国科学道德和学风建设宣传教育领导小组：《科学道德与学风建设宣讲参考大纲(试用本)》，中国科学技术出版社2012年版，第55～60页；[美]艾尔·巴比著，邱泽奇译：《社会研究方法》(下)，华夏出版社2000年版，第110页；陈向明：《质的研究方法与社会科学研究》，教育科学出版社2000年版，第425～443页。

情同意原则，引诱、胁迫他人参与风险较高的人体试验；有的科研人员为了在短时间内招募到足够的受试者而隐瞒动物试验或前期临床试验中不良事件信息。

扩展阅读

知情同意书

所有参与者必须签署和了解受试者或研究对象知情同意书。知情同意是一种程序，通过该程序，研究课题可能的参与者同意一套最低标准。这一标准包括了解研究课题是什么、参与者在其中扮演什么样的角色、潜在的利弊以及参与者的权利有哪些。涉及儿童和来自特定人群的参与者的研究，需要使用一系列不同的标准来经受审查，以确保受试者或研究对象的权利受到保护并且不会暴露于危险或威胁的情境下。例如，这些特定人群的知情同意需要由他们的父母或法定监护人做出，即"代理同意"。尽管实际的知情同意书随着研究项目和机构的不同而不尽相同，但它们至少都包含以下内容或要素[①]：研究目的；选择不参与的权利；作为研究的一部分的实施过程将消耗大量的时间；潜在的危险；潜在的利益；可供选择的参与；保密性；项目进展和（有关全部小组）完整的结论的附加信息等。以上所有这些项目的表述语言要求能够完全被理解，不能过度专业化，还必须给予潜在参与者充足的时间来阅读和理解上述内容。

第三，匿名和保密原则。社会研究中一个经常讨论和值得重视的伦理道德问题是个人"隐私"和"保密原则"，其核心是保护个人或群体的隐私不受侵害。合理理解"隐私"的概念，需要分辨"私人领域"与"公众领域"之间的区别。所谓的"私人领域"指的是与被研究者个人的私事有关的、需要被研究者个人私下处理的事情的范围；而"公众领域"指的是被研究的社会成员在公开场合集体处理的事情的范围。虽然我们可以在理论上对这个两个概念进行定义，但是在实际生活中不同的文化对这两个领域的划分是很不一样的。例如，西方人的"人际关系"通常是指由独立的个体相互选择而形成的，因此他们的"私人领域"的界限比较明显，与"公众领域"形成比较明显的对比。个人工作上的事情都属于"公众领域"，一般采取"公事公办"的态度；而个人生活上的事情都属于"私人"的领域，处理的时候采取相互尊重和回避的态度。相比之下，中国人的"私人领域"和"公众领域"之间的区别则没有这么明显。中国人的"私人领域"通常比较宽泛，往往把西方人认为是"公众领域"的事情划入"私人"的范畴，而"私人领域"的事情也可以进入"公众"事物的范畴。比如，一方面，中国人的同事关系可以非常密切，彼

---

① [美]尼尔·萨尔金德著，赵文等译：《社会科学研究方法100问》，北京大学出版社2014年版，第47页。

此之间可以交谈很多私人的事情；另一方面，朋友交情对工作的影响非常大，很多工作上的事情都必须通过个人关系的中介。公事私办、私事公办的情况非常普遍。从研究的角度而言，有关被研究者的“私人领域”中的信息还可以进一步划分为“个人的信息”和“隐私的信息”。前者指的是有关被研究者的个人的一些一般的情况，可以在公开场合谈论；而后者指的是那些被认为属于个人“隐秘的”、不能在公开场合谈论的事情。“个人的信息”与“隐私的信息”之间不是一个完全对等的关系，被认为是“个人的信息”不一定是“隐私的信息”，而被认为是“隐私的信息”则一定是“个人的信息”。与“私人领域”与“公众领域”之间的划分一样，“个人信息”与“隐私信息”之间的区别在不同的文化中也是不一样的。比如，在中国文化里，一个人的年龄、婚姻状况、宗教信仰、工资收入等被视为是“个人信息”，但是并不被列入“隐私”的范畴；而在美国白人中产阶级文化中，这些信息则被认为是“隐私的信息”，研究者不能在公开的场合随便询问。

隐私是一个人不容许他人随意侵入的领域，或不得泄露给他人的有关个人或群体的可识别信息/资料。在收集、储存和使用被研究者生物样本或资料以及社会信息资料时，研究者要尊重和保护受试者或受访者的隐私，妥善保存受试者或受访者的可识别的个人信息资料，不得将涉及受试者或受访者隐私的资料和情况向无关的第三者披露。这些数据信息一旦被泄露，就可能会影响到个人就业、升学和婚姻，甚至引发基因歧视以及社会歧视、社会排斥等。美国学者巴比认为匿名和保密是保护隐私的两种常用技巧。① 其基本的做法是：第一，研究开始时研究者需要告知研究对象有关的保密事项。在研究开始之前，研究者就应该主动向被研究者许诺保密原则，告诉对方自己不论在任何情况下都不会暴露他们的姓名和身份，一切与他们有关的人名、地名和机关名都将匿名，必要时还应该删除敏感性材料。第二，在研究过程中，研究者也要注意不断提醒自己，不要因为与被研究者关系密切就可以随便向其他人提及他们的情况。特别是当被研究者不止一个人，而他们在研究的过程中又彼此认识的话，研究者应该特别注意不要在他们中间传播彼此的情况，并且告诫他们不要将彼此的情况告诉其他的人。如果被研究者因为与研究者关系密切，暴露了一些自己平常不会暴露的信息，过后又感到后悔，研究者应该再一次向对方许诺保密原则，使对方放心。第三，研究成果的写作中需要采取匿名化处理等保密措施。比如，在研究报告中使用匿名在大多数情况下可以隐蔽被研究者的身份，能较好地起到保密的作用。但是也要注意到，研究者要做到完全为被研究者保密不是一件十分容易的事情，有时候即使研究者采取了这样的措施也不可能确保万无一失。比如，有的当事

① ［美］艾尔·巴比著，邱泽奇译：《社会研究方法》（下），华夏出版社 2000 年版，第 110 页。

人声名显赫，只要提到有关的信息，任何一位读者都会知道这些人是谁。如果读者属于被研究者的文化群体，更容易辨别研究报告中所指对象的真实身份。在这种情况下，研究者可以采取的一个办法是：在初稿出来以后请被研究者阅读，看有没有敏感的对方需要修改或删除的内容。如果研究报告计划公开出版，研究者需要在出版之前与被研究者商量，看对方是否愿意出版。在我国和一些西方国家，研究生的学位论文全部存放在学校的图书馆里或者已经公开展示在网上，任何人都有可能看到。因此，即使这样的论文不属于“正式出版”的范畴，研究者也应该事先告诉当事人这个情况，以免产生误会。无论采取什么方式，研究者需要事先让对方知道，自己的研究结果将以什么方式呈现出来，谁将使用这些信息，如何使用这些信息。如果对方对这些方式有疑虑，研究者应该给予说明，必要的时候对这些方式进行修改。再如，质性研究报告通常包括一个向有关人员致谢的部分。如果作者在这个部分明确列出被研究者的名字，那么为他们制造匿名的努力便会前功尽弃。因此，在撰写这个部分之前，研究者需要与被研究者商量，问他们是否愿意将自己的真实姓名列出来。有的被研究者也许可能需要阅读研究报告的初稿以后才能做出决定，在这种情况下研究者应该给他们寄一份初稿。如果研究报告定稿之前研究者因为某些原因没有与被研究者就这个问题达成共识，一般的做法是在致谢部分不提及被研究者的真实姓名以及他们生活或工作的地点。① 第四，需要认识到的是，使用匿名并不是一个固定不变的原则，应该视被研究者的意愿而定。在这里，“尊重个人隐私”与“保密原则”应该结合起来考虑。如果被研究者明确表示希望自己的名字被公众所知（以此获得有关部门的注意，给予他们所需要的帮助和支持，或提高自己的名声），那么研究者就不必严格遵守保密原则。

第四，无伤害原则。该原则也可称为伤害或风险最小化原则。国外有研究认为，最重要的是优先考虑不要伤害——包括心理伤害、情感伤害和肉体伤害——参与者。② 也就是说，该原则主要是指尽量降低对受试者或受访者的身体伤害（包括疼痛和痛苦、残疾和死亡）、精神伤害和经济损失，尽量减少对人群的公共卫生风险或危险以及对生态环境的危害等。比如在自然科学研究中，对于那些涉及人群健康或生态环境的重大科研领域，如转基因作物、纳米研究、人类基因组研究、合成生物学等，要通过以下方式规避科研风险：① 在科学家、人文社科专业人员、环保专家、政策制定者及公民代表共同参加下制订研究规范和

---

① 陈向明：《质的研究方法与社会科学研究》，教育科学出版社 2000 年版，第 432～435 页。

② ［美］尼尔·萨尔金德著，赵文等译：《社会科学研究方法 100 问》，北京大学出版社 2014 年版，第 20～21 页。

伦理准则；② 对潜在的群体健康影响、生物安全和生物防护问题进行科学评估；③ 在研发的上游设计阶段或课题申请阶段，科研人员应考虑对受试者身心、人群健康和生态环境的风险或危害，明确哪些研究不应该做；④及时报告严重不良事件，建立一套分析和预防不良事件的制度。① 在社会研究中，最常见的是研究对象很有可能受到心理伤害，因为在研究中研究对象经常被要求透露他们的反常行为、不为一般人所认同的态度，或有关低收入、领取社会救济金等贬低身份的个人特质，②或者其生理的缺陷、婚姻家庭问题等一些不体面的事情。透露这些资料多少都会让研究对象感觉到不舒服等。

第五，公平正义原则。对这一原则的认识，一般科学研究强调在科研活动中要坚持正义与公道，公平合理地分配科研资源，在程序、回报、分配等方面公平对待受试者。坚持该原则必须做到：一要坚持程序公正。① 在科研课题申请过程中，资助单位要做到程序的公开、透明，具有相同资质的申请人应该有相同的机会获得资助。同行匿名评审制度就在很大程度上保证了程序公正。② 在技术职称晋升、岗位评聘、课题负责人准入、教育培训等方面，一个运行良好的科研体制会给科研人员提供平等的机会，鼓励公开、公正的竞争。③ 在涉及人的科学研究中，也应提倡程序公正。尤其应做到，在招募受试者时，科研人员在事先制定明确的“准入”和“排除”标准，知情同意过程要公开公正。二要坚持回报公正。① 一线的科研人员的辛勤付出应该得到在物质、精神上的公正回报。特别是，科研人员做出了科学发现，应该享有至少名誉上的优先权；② 受试者因参与研究而承担风险、耗费时间和精力，或遭受意外的人身伤害的，应该得到公平地经济补偿和医疗救助；③ 如果研发出了有效的干预措施或产品，那些参与了研究的个体、人群或社区应该能够优先、低价获得。三要坚持分配公正。在《赫尔辛基宣言》等国际研究伦理准则中均有分配公正方面的相关规定：① 确定“入选”和“排除”标准，公正地选择受试者；② 当研究涉及早期胚胎、胎儿、新生儿、儿童、孕妇、老年人、囚犯等脆弱人群时，要特别注意风险和受益的公正分担。在宏观层面，科研资源的分配应该本着“有所为，有所不为”的原则，公正合理地分配科研人力、财力和物力。

社会研究尤为强调对研究对象的公平回报原则。尤其在质的（质性或定性）研究中，被研究者通常需要花费很多时间和精力与研究者交谈或参与其他一些活动，他们为研究者提供对方需要的信息，甚至涉及自己的个人隐私；研究本身就是一个权利不平等的关系，涉及双方的利益问题，研究者往往可以从研究成果

① 张新庆、邱仁宗：《合成生命的伦理问题与社会规制》，科学出版社 2011 年版，第 266～274 页。

② ［美］艾尔·巴比著，邱泽奇译：《社会研究方法》（下），华夏出版社 2000 年版，第 110 页。

中获得利益(比如发表论文、晋升、成名等),而被研究者在某种意义上不但没有得到任何利益,而且还可能被研究者所“利用”。一定意义上说,无论是礼品还是真诚的口头表达都无法回报被研究者所给予的帮助。因此,研究者对被研究者所提供的帮助应该尽其最大努力表示感谢,不应该让对方产生“被剥夺”感。或者说,一定的回报不但是应该的,而且是可能的,无论研究者内心感到如何歉疚,一定的物质和语言多少能够表达自己的感激之情。比如,研究者可以根据被研究者“贡献”的时间长短以及工作难度支付一定的劳务费。如果被研究者需要自己花钱为研究服务(如坐出租车到研究者的住所来、复印有关资料等),研究者一定要为这些费用报销。在很多情况下,研究者得到了财团或政府机构的经费支持,应该将其中的一部分作为被研究者的报酬。如果经费比较少,或者直接给被研究者金钱不太合适,也可以送给对方一些礼品,以表达自己的感激之情(当然,选择具有何等价值的礼品也是一个令人头疼的问题。如果经费太少,礼品的分量太轻,研究者可能感到这些礼品似乎不能表达自己的心意)。除了上述“直接”的回报方式,有的研究者还主动采用一些“间接”的方式向对方表达自己的心意,如帮助对方种地、盖房子,为他们的孩子补习功课,帮他们处理法律纠纷,借自己的东西给他们用,帮他们在城里买东西等。有的研究者还主动做当地人的听众,听他们诉说自己生活中的困难,帮他们出谋划策。比如,赵丽明(1998)在湘西做研究时,就经常到县里为当地的老乡“争利益”、“说话”,帮助他们搞经济开发脱贫致富。有人(如 Jorgensen,1989)认为,主动为被研究者做事比直接给他们金钱更好,因为后者会使研究者感到自己与研究者之间是一种“公事公办”的关系,因此很难与其建立研究所需要的“友谊”。这种说法听起来似乎有点“虚伪”、“做作”,但是,如果研究者在这么做的时候是真心希望帮助对方,而不是为了“建立关系”而建立关系,那么对方是可以感觉得到的。①

（二）科研人员应该坚守的伦理底线

科研人员要遵守好上述若干基本伦理原则,就必须学会识别科研中现实的或潜在的伦理问题,依据基本的伦理原则进行分析论证,进而开展伦理决策。科研伦理决策过程包括以下步骤:界定科研伦理问题的表现、性质、根源,以及潜在的后果或消极影响;选择恰当的伦理分析框架,对伦理问题及相关的社会、法律或哲学问题进行分析论证,提炼论点;确定、比较和选择行动方案或表明立场,评估和检验实施方案。在此基础上我们还要认识到,科学研究还会引发诸多尖锐的伦理问题,对现有的基本社会伦理概念、道德共识、风尚习俗带来严重的挑战。所以,科学研究还必须坚守伦理底线(ethical baseline),明确哪些无论如何是不

① 陈向明:《质的研究方法与社会科学研究》,教育科学出版社 2000 年版,第 442～443 页。

能研究和应用的。坦率地讲，在这方面，不同文化背景、不同科技发展阶段的社会成员的回答不尽相同。即使在同一社会文化中，随着时代的进步，伦理底线也可能会动态变动。不过，科研伦理底线的评判标准大致有如下几种：[①]第一，特定社会的多数成员对某种行为的强烈的厌恶感。例如，人食人、乱伦、人兽性交等行为均为文明社会所不齿，也突破了绝大多数社会成员所能接受的道德底线。第二，在特定历史和文化情境或社会习俗中的犯忌，如有些宗教派别禁止不同种族之间男女的通婚，有些宗教团体坚决反对堕胎，有些社会文化不能接受同性恋。在科研领域，不少社会成员不能接受人兽杂合体、克隆人，认为那也是犯忌。第三，违背自然规律，破坏了物种整体性。在一些绿色环保主义者看来，转基因动植物、异种器官移植、人工合成生命、克隆人、基因增强等方面的研究均是不自然的或反自然的，因而触犯了伦理底线。第四，对受试者的身心造成严重伤害，甚至使受试者因参加研究而死亡。例如，日本 731 细菌部队和纳粹德国医生的人体实验，臭名昭著的美国亚拉巴马州梅肯县的梅毒试验（1932～1972 年），此类行为极其不道德，甚至是泯灭人性的活体研究。还有一些研究者为了个人或集团的私利，设计并实施了一些对受试者、生态环境有极大危害的研究，这些也冲破了人类文明社会所能接受的伦理底线。第五，部分研究仅仅考虑了自身局部的、眼前的、直接的、暂时的利益，而忽略了或根本不顾及人类根本的、长远的、社会-自然整体利益。这也突破了伦理底线。

四、社会研究的伦理冲突讨论举例[②]

正如大家想到的那样，采纳和遵循职业行为准则并不能完全解决研究中的伦理问题。对于一些一般性的准则，社会科学家们仍然存在分歧，即使原则一致，在特定方面也有歧见。研究的伦理是一个两难却又重要的课题。虽然解决伦理的问题并不容易，但这却不能成为回避问题的借口。为了让大家对于伦理问题的内容更加敏感，下面准备了一系列在现实生活当中可能发生的或假设性的研究情境。看看大家是不是能发现其中的伦理问题，以及感觉是什么？其中的处理方式是不是可以接受？在研究方法课堂上与同学共同讨论这些问题将对我们大有帮助。

（1）一位心理学教授在一门心理学入门课上要求他的学生填写问卷，作为这位教授出版期刊文章的资料。

（2）研究者在对暴乱中的越轨行为实地调查之后，执法警官要求研究者指

① 全国科学道德和学风建设宣传教育领导小组：《科学道德与学风建设宣讲参考大纲（试用本）》，中国科学技术出版社 2012 年版，第 62～64 页。

② ［美］艾尔·巴比著，邱泽奇译：《社会研究方法》（下），华夏出版社 2000 年版，第 123 页。

认在暴乱中涉嫌趁火打劫的嫌疑犯。为了避免被警方误认为是嫌疑犯的同伙，研究者决定和警方合作。

(3) 研究者即将出版一项研究的结果。但是在检查完草稿之后，他赫然发现2000个样本中，有25个是访员造假的。研究者仍然决定忽略这些错误的样本并按照原定计划出版这项研究成果。

(4) 研究者获得了一张右翼激进分子的名单，而这正是他们想要研究的对象。研究者立刻联络这些人，并且说明他们都是经过随机抽样选出来的。希望能获得他们的意见作为公众意见的样本。

(5) 一位大学教师想研究教师的不公平评分和斥责会对学生产生什么样的影响。因此，他在课堂上进行了一次考试。他把学生分为实验组和对照组，两个组的表现相差不多。为了实验，教师故意把实验组的分数打得较低并对他们严加责备。不久之后，这名教师再对两组学生进行考试。他发现被严厉斥责的学生的表现果然每况愈下。这个结果证实了他的假设，他因此得以发表一份研究报告。

(6) 在一项研究性行为的实验中，最大的问题在于研究对象不愿意描述自己的偏差行为。为了克服这个障碍，实验者用一种迂回的方式问话：他们问研究对象，每个人或多或少都有过手淫的经验，你们自己的手淫经验又是如何呢？

(7) 一位研究校园宿舍生活的研究者发现，有60%的住宿生定期违反禁止喝酒的规定。但是这个研究发现如果发表，一定会在校园内引起骚动。再加上目前对于饮酒行为并没有进一步的分析研究，因此这位研究者决定暂不要发布这项研究结果。

(8) 研究者为了测试普通人在被问及自己一无所知的事情时如何保住自己的面子，他要求研究对象就子虚乌有的事情表达态度。

(9) 在学生注册资料中有一份研究者发出的问卷，虽然学生不一定要完成这张问卷，但是研究者希望将问卷夹带在注册资料中，让学生误以为这是他们必须要完成的答卷，这样就确保了问卷的完成率。

(10) 一位运用参与观察法的研究者成功地混进了一个激进的政治团体，还进入了这个团体的核心部门。在遇到以下的情形时，这位研究者应该怎么办？

A. 这个团体计划进行一个和平却违法的示威。

B. 这个团体计划在确认没有人的时间，引爆一栋公共建筑。

C. 这个团体计划暗杀一名重要的政府官员。

第三节　社会研究的政治蕴涵

在实际的社会研究中，政治因素的考量是一个不可回避的问题。作为社会科学领域的各学科研究，其意识形态方面的特征十分明显，对这个问题的刻意回避或无意的隐含，某种意义上会陷入学术界所批判的所谓"意识形态的虚无主义"；如果对政治因素的影响和限制处理不妥当，社会研究很难在实践中付诸实施，即使能够开展具体的研究活动，也会使其研究质量大打折扣。因此有必要专门探讨社会研究中的政治因素这一重要议题。

一、伦理问题和政治问题的二分思维①

伦理和政治都与意识形态搅在一起。在研究中，尽管政治问题和伦理问题一样有很多争议，但我们仍然可以从两个方面将伦理问题和政治问题分开讨论。

首先，尽管许多人认为政治观点与伦理意识有相当密切的关系，但分野还是有的。社会研究中的伦理争议大多与研究方法有关。但是政治观点的争议，则发生在研究的性质和运用中。举例来说，批评家以伦理学的眼光来看米尔格拉姆的"电击实验"，他们认为这个方法伤害了研究对象。但是从政治的视角出发，批评家则直接质疑这项实验的意义，他们认为研究人类的顺从行为没有意义。因为第一，我们不应该对于人们的顺从行为妄下结论；第二，这样的结论可能使人们更加盲目地迷信权威。

其次，政治与伦理观点的不同之处，还在于现实社会不像伦理争议一样存在着正式的行为规范。尽管一些伦理上的规范也含有政治层面的意义，如不伤害受访者的观念就来源于保护人权的政治观念，但是到目前为止，还没有一种能让社会科学家一致接受的政治规范。

二、客观性与意识形态

由于研究者与生俱来的主观性，社会研究永远不可能达到客观的境界。科学作为集体的事业，是通过互为主观性而趋近于客观性的。这就是说，不同的科学家尽管各有不同的主观观点，但通过运用被广泛接受的研究方法，还是可以接受相同的结果。一般而言，研究者在研究过程中要抛开个人的观点和价值观，这样才能使结果在一定程度上获得共识。

---

① 本节所讨论议题的现有研究十分有限，此处所述容主要参考以下文献：[美]艾尔·巴比著，邱泽奇译：《社会研究方法》(下)，华夏出版社 2000 年版，第 106～132 页。当然，对于艾尔·巴比所谈论的政治或意识形态的一些错误主张我们不敢苟同。

在社会研究中，对客观性和中立性的经典论述就是韦伯的“科学作为一种职业”的演讲。韦伯提出了“价值中立的社会学”这一术语。他认为社会学就像其他的学问一样，应该不受个人价值观的影响，并因此而对社会有所贡献。不论个人的判断如何，自由的或保守的，都应该认同社会科学中被称为“事实”的部分，不论这些事实是否和自己的政治观念相符。

大部分（并非全部）科学家都能够认同韦伯的这个抽象理想。近年来，马克思主义和新马克思主义学者主张，社会科学和社会行动不能也不应该分开讨论。他们认为，所有对社会现状的解释都是在为既得利益者辩护。举例而言，要从社会功能的角度来说明歧视问题，就是放任歧视继续存在。因此，忽视对社会及其病症的研究且缺乏把社会变得更人性化的使命感，无疑是一种不负责任的行为。

除了抽象地争论社会科学到底能否或是否应该做到价值中立之外，社会研究界还存在着一些其他的讨论，如某一特定的社会研究到底有没有可以遵守的价值中立的标准，或者研究者是否应该以自身的政治观点介入研究。大部分的学者都否认自己主观介入，不过，这种否认也遭到了质疑。

三、无孔不入的政治

社会研究研究常常受到意识形态的困扰。希望大家能够了解，政治在社会研究中渗透得远比我们想象的深远。社会研究一旦与有争议的社会问题发生关联，就不可能保持百分之百的纯客观性。而在社会研究的范畴中，当意识形态不同或彼此利益冲突时，也都会失去客观性。

曾经在法庭中担任“专家证人”的社会学者或许会同意，追求真理的科学理想，在法律的殿堂中，其实是一种无可救药的天真。尽管“专家学者”似乎应该没有立场，但实际上还是站在了付给他们报酬的一方。虽然专家证人不会因此而作伪证，但不可讳言，当事人总是要寻找对他有利的专家作为证人。

因此，学者一旦成了专家证人，就表示他的中立和职业角色事实上倒向了支付报酬的一方。当专家学者走进了法院，发誓自己所言句句属实的同时，其实他已经无法表现得客观公正了。接下来就是胜负问题了。专家证人会输掉的是别人对他的尊敬。但是对大部分的社会学者来说，受人尊敬仍然是相当重要的。艾尔·巴比谈到了他自己的一个亲身体验：①

> 我曾经代表一群因为某个粗劣的社会学研究而被削减生活津贴的公务员到联邦法院作证。我必须提出更科学的社会学证据来推翻原来削减公务员福利的

① ［美］艾尔·巴比著，邱泽奇译：《社会研究方法》（下），华夏出版社2000年版，第128～129页。

研究。我曾经在一项研究中说明了我的研究成果(Babbie,1982:232～243),在这里就不赘述。我站在证人席上,觉得自己像一个备受推崇的教授兼教科书作者。但是,我却发觉自己正在远离学术的领域,统计上的检测和抽样误差等学术论证不堪一击。首先,来自华盛顿的对方律师企图引导我,让我说自己熟悉某份根本不存在的专业期刊,我觉得自己受了屈辱,而且发现自己似乎转变阵营了。我的态度转趋强硬,尽量少扮演好好先生,并成了忍者教授(ninja-professor)阵营的一员,而且一直要到成功报复了那位律师才觉得痛快。

虽然那些公务人员成功地拿回了他们的生活津贴,但是我还是得承认,在法庭上的时候,我非常关心自己的表现。讲这个小小的经验是希望能让大家了解,在原本应该讲究科学和客观的研究中,也会有人类互动中个人恩怨因素存在。只要是“人”在进行研究,我们就必须要把人性纳入最后评估研究结果的考虑中。这不是要降低研究的效度,只是要列入考虑。

四、正视政治问题

当然,社会科学家一定要对研究的伦理及政治方面特别注意。此外,这两个方面之间有一个非常清楚的交叉点。当政治人物或公众发现社会研究违反伦理和道德标准时,他们会很快地用自己的方法进行回应,还有受到保护也许并不是学术界的标准,即使研究者会支持立法目标,但法律所指明的手段却可能破坏研究本身。

政治和意识形态的影响力不仅仅涉及社会科学的研究,自然科学也有同样的困境,直到现在也不例外。在社会研究的“实证”方面,前面的讨论提示了三个重点:

首先,我们必须知道科学领域也有政治力量的介入,尤其是社会科学,因为社会科学是社会生活的一部分。我们研究的都是人遇到的问题,是人们有深刻感觉并影响人们生活的事物。社会学研究者本身也是凡人,他们的情感也在他们的研究中表露出来。如果以为一切都是超然客观,那就太天真了。其次,即使面对政治压力或争议,科学研究还会继续。就算研究者已经被激怒,甚至恶言相向,或者遭到了外在环境的抨击,科学研究也会永不间断。科学的探讨,研究的进行,结果的发表,新知识的学习,都将继续。总而言之,意识形态的争端无法阻止科学的进行,相反,将使得研究更富有挑战性。最后,希望大家能将意识形态列入考虑的范围:这将在大家学习不同社会研究方法的时候让你更加敏锐。许多现存的科学方法是为了要帮助我们考察和改善我们的缺点;否则,我们将用一种封闭的眼光看世界,永远自闭于个人的偏见和专断之中。

思考与练习

1. 了解《江苏省研究生基本学术规范》,探讨研究生必须遵守哪些基本学术规范。

2. 试述社会研究中所涉及的六个方面的伦理道德责任。

3. 简述社会研究的基本伦理原则。

4. 例析如何持守匿名和保密原则。

5. 例析如何持守无伤害原则。

6. 例谈科研人员应该坚守的伦理底线。

7. 何谓社会研究中的伦理议题和政治议题的二分思维?

8. 社会研究者是否应该以自身的政治观点介入研究?

9. 如何理解"社会研究常常受到意识形态的困扰"这一命题。

10. 举例讨论如何正视社会研究中的政治问题。

下　篇

实践应用部分

第五章　选题艺术、文献述评与研究设计

本章重点

1. 选题的概念及其重要作用
2. 选题的来源与选题策略
3. 文献述评的含义、类型与文本样式
4. 文献述评的意义与过程
5. 研究设计的含义及其主要考量的要素
6. 研究计划书的结构内容及其撰写要领

第一节　选题的艺术

一、选题的概念及其重要作用

（一）选题的含义

所谓选题，指的是一项具体的社会研究中，从比较宽泛、复杂的研究领域和研究主题中，科学选择和确定研究问题的过程，或者简单来说，就是选择和确定具体的研究课题。

研究问题(research question or research problem)指的是一项社会研究所要回答的具体问题。与研究问题紧密相关的另外两个概念是研究领域和研究主题。

风笑天教授关于研究领域、研究主题和研究问题的讨论很有启发价值。他在《社会研究：设计与写作》一书中论述道：所谓研究领域，指的是针对某一类社会现象的各种研究主题、各种研究对象及在二者基础上形成的各种研究问题的集合。简言之，研究领域是与某一社会现象有关的各种研究的集合。与某一种社会现象有关的各种对象、各种学科主题，共同构成了一种宽泛的内容范围。它往往只有一个关键词作为标签，概括这一领域中的多个方面和各种内容。比如，现实中，当我们提到某位学者的研究领域时，往往会说"他是研究婚姻家庭问题的"，或者"他是研究离婚问题的"，也可能会说"我是研究农民工问题的"，或者"我是研究移民问题的"，还有的则可能说"张三是研究社会分层的"，"李四是研究社会流动的"，"王五是研究社会网络的"，等等。而我们每一项具体的社会研

究所需要的，或者说所能涉及的，则是这种宽泛的内容范围中某个特定的、具体的、清楚明确的方面的内容。这种特定的、具体的、清楚明确的方面的内容，就是这里所要集中讨论的研究问题。① 参照学术界的其他有关讨论，我们认为还需要进一步讨论和理清研究领域、研究主题、研究问题三者之间的联系和区别：

第一，研究领域一般是指研究课题所在的学术领域，但研究领域不等于学科，或不仅仅限于某个学科范畴。日本社会学家富永健一认为，所谓"领域"是指认识和系统化的对象的特定化，"学科"则是指认识和系统化原理的特定化；一个对象领域可以由几个不同的学科从多方面进行研究，一个学科也可以研究多个不同领域。比如"经济"、"社会"是领域，经济学和社会学都是学科，经济学不但可以研究经济领域的问题，也可以运用经济学的原理研究社会领域的问题。同样道理，社会学不但可以研究社会领域的问题，也可以研究经济领域的问题。

第二，研究主题一般是站在某一个学科的角度来理解的范畴，指的是一个特定的社会研究的学科范围内所涉及的某一类现象或社会问题领域，因此，研究主题与研究领域相比较，它属于某一特定学科的范畴，比研究领域相对具体了一些。比如，同样是"中国独生子女问题"的研究，从多学科研究的角度看这是一个一般性的、十分宽泛的研究领域，如果具体到社会学、教育学或其他学科范围内进行研究，就可以把它界定为是一个相对具体一些的研究主题；当然，与研究问题或曰研究课题相比，研究主题还是显得相对宽泛，也更具有一般性。

第三，如上所述，研究问题指的是一项社会研究所要回答的具体问题，所以研究问题或曰研究课题通常比研究领域和研究主题更为集中、更为具体，表述出来也要更为明确。也就是说，研究主题和研究问题两者之间既有密切联系但又有区别。比如，婚姻、家庭、人际交往、社会流动等属于研究主题，而"大学生择业观念的变迁"，"影响城市居民消费行为的因素调查"等，则是研究问题的例子。一般来说，一个研究主题中，可以包含许多个不同的研究问题。而选择研究问题的过程则常常是从比较宽泛的研究主题开始，逐步缩小到更为集中的研究问题。当然，就一项具体的社会研究的选题来看，从某个学科角度开展研究，其研究主题所包含的研究内容，还可以提炼出若干更为具体、明确的具体问题。比如风笑天的博士论文，是从社会学学科的角度对中国独生子女这一研究主题的研究，该研究所提炼和选择的具体和明确的研究问题就包括三个方面的内容②：第一，独生子女家庭在结构、关系等基本方面具有什么样的特征？第二，独生子女究竟是不是"小皇帝"？独生子女家长是不是更加"望子成龙"？独生子女的出现给当前

① 风笑天：《社会研究：设计与写作》，中国人民大学出版社 2014 年版，第 20～21 页。

② 参见风笑天：《独生子女：他们的家庭、教育和未来》，社会科学文献出版社 1992 年版。

的教育带来哪些冲击和影响？第三，独生子女家庭养老将面临哪些挑战？

（二）选题的重要作用

首先，选题是研究者必须闯过的第一道难关。社会研究始于研究问题，或者说是选择和确定研究问题。作为社会研究过程中的第一个环节，选择研究问题常常成为相对缺少经验的研究者遇到的第一道难关。美国学者理查德·沙沃森等认为："所有科学研究都必须提出清楚的、可以进行实证性研究并建立在已有知识基础上的问题。"①一项具体的社会研究开始于对研究问题或课题的选择，好的选题相当于解决了一半问题。爱因斯坦说过："提出一个问题往往比解决一个问题更重要，因为解决一个问题也许是一个数学上或实验上的技能而已。而提出新的问题、新的可能性，从新的角度去看旧的问题，都需要有创造性的想象力，而且标志着科学的真正进步。"弗兰西斯·培根也说过："如果你从肯定开始，必将以问题告终；如果你从问题开始，则将以肯定结束。"问题的提出是反复思考的出发点，也是进行研究的第一要素。总之，许多研究者的经验告诉我们，要做好社会研究，十分重要的一点就是要有很好的问题意识，特别是要选择一个合适的研究问题。

其次，选题能够体现一个研究者的水平如何。之所以研究问题的选择能体现研究者的水平，这主要是因为，在选择和确定研究问题的过程中，既需要用到研究者所掌握的专业理论知识、研究方法知识，又需要研究者具有比较开阔的视野、比较敏锐的洞察力、比较强的判断能力，同时，还需要研究者具有一定的社会生活经验。一个具体的研究问题从选择到最终确立，是很多方面因素共同作用的结果，而研究者在上述任何一个方面的欠缺或不足，都会在所选择和确立的研究问题上留下"痕迹"，当然也会直接影响到所选问题的水平和质量。

再次，选题直接影响到社会研究的层次深浅和质量高低。社会研究作为一种具体的社会认识活动，会有层次深浅、质量高低等差别。这也就是说，有的社会研究能够在比较深入的层次上，揭示社会现象的内在联系，而有的则只能在比较浅显的层次上，一般性地描述社会现象的表面特征；有的社会研究能够在比较高的层次上，概括社会现象的整体状况、发展变化规律，而有的则只能在比较低的层次上，简单列举社会现象的个别状况和具体表现；有的社会研究能够及时回答人们在社会中新遇到的、普遍关心的焦点问题，而有的则只能再次重复人们早已明了的事实、状况和结论。所有这些差别的形成，虽然有着多方面的原因，但是，研究问题选择上的差别，却往往是其最重要的原因。②

① ［美］理查德·沙沃森等：《教育的科学研究》，教育科学出版社2006年版，第94页。

② 风笑天：《社会学研究方法》（第一版），中国人民大学出版社2001年版，第46～47页。

因此，掌握选题的艺术是一个研究者开展社会研究必备的关键性知识和技能之一，研修这方面的内容当然也就成为研究者的必修内容之一。

二、研究问题的来源

尽管在社会科学中、在现实社会生活中，都存在着大量的尚未解决的现实问题，但是，要从中选择出一个有着明显研究需要和较大研究价值的特定的问题，也并不总是一件容易的事情。正如美国政治学者贝蒂·H.齐斯克所说："依靠丰富的想象创立并发展一个可行的研究问题是研究工作中最为困难的一部分。"①特别是对于初次独立进行一项社会研究的人来说，他们常常会有这样一种感觉，那就是，要找到一个合适的研究问题似乎比实际去研究这个问题还要困难。这主要是因为，对于社会现象的研究者来说，要选择一个有价值的、有新意的、可行的并且适合个人情况的研究问题，并没有普遍适用的方法。有的问题可能主要来源于研究者的某种好奇；有的问题则可能起源于研究者偶然碰到的一件事情；有的问题可能来自于研究者与朋友的一次聚会或交谈；有的问题则来源于研究者无意之中读到的一篇文章、一本杂志或一部著作。当然，应当指出的是，我们不能总是寄希望于这种碰运气似的机会，或者总是期待着某种突发的"灵感"。与此相反，我们应该主要依靠自己所掌握的理论知识，所熟悉的生活经验，所面对的社会现实，所具有的观察、分析能力，以及对选择研究问题过程中的某些带规律性的方法和常见的选题途径的熟悉和了解。

所有的研究都是从某种具体的思想开始，这些思想有时是规范的假设，有时是研究者个人的直觉，有时则仅仅只是偶然的思想火花。了解这些思想是怎样转化为具体的、系统的研究计划的，对于社会研究者有着重要的意义。我们先用下面的例子来描述一种思想的发展过程，特别是这种思想转化为具体研究设计的过程。美国心理学家特里普利特是个自行车迷。在研究美国自行车竞赛联合会的比赛记录时，他发现集体项目的成绩比个人计时赛的成绩要好得多。在这项具体观察所得到的发现的基础上，他提出了人的行为动力渊源问题(这个理论是当代社会促进论的原型)。他的理论基本上提出了"其他人的行为是一个刺激因素"的观点。特里普利特认为，如果他的这个结论正确，它就不仅适用于自行车比赛，同时也应该适用于其他类似的活动。为了验证他的这一理论，他设计了一项绕线的实验。他选择了40个儿童，并让其中一部分孩子自己单独绕线，而让另一部分孩子在一起比赛绕线。实验的结果证实了他的理论假设：一起比赛的孩子比单独的孩子绕线的速度要快得多。因此，特里普利特从一个简单的观察开始，进而把其思想应用于实验研究，提出了社会心理学研究的核心问题：其

---

① [美]贝蒂·H.齐斯克：《政治学研究方法举隅》，中国社会科学出版社1985年版，第34页。

他人的活动怎样影响到行为的个体?①

社会研究的问题有哪些主要的来源?或者说,我们可以从哪些方面或通过哪些途径去寻找一个合适的研究问题呢?答案是:现实社会生活、个人特定经历、各种文献资料等构成了社会研究问题的最主要来源。②

(一)现实社会生活

社会科学的研究对象和目标启示我们:千姿百态、形形色色的社会生活是各种社会研究问题最主要、最丰富和最经常的来源。各种可以作为研究问题的社会现象、社会行为、社会问题、社会事件总是客观地存在于我们的周围。之所以有时难于被我们发现,主要是由于我们每时每刻都生活在它们中间,对它们早已"司空见惯",因此常常对它们"熟视无睹"。比如,对于生活在城市社区中的人们来说,居住在单元楼房,安个防盗门,出门锁门,回家关门,邻里之间很少串门等,都是人们十分熟悉、在城市社区中很普遍、很一般的现象。然而,当我们从认识和理解城市居民生活方式以及城市社区邻里关系这一目的出发,向自己提出一些"为什么"的时候,就会从这种很熟悉、很普遍、很一般的现象中,抽出诸如"城市居民居住方式与邻里关系研究"、"城乡社区邻里关系比较研究"这样一些值得探讨的社会研究问题来。

从现实社会生活中发现研究问题的关键,是要善于观察、勤于思考。在日常生活中,我们要养成对各种社会现象、社会行为、社会心理、社会问题经常问个"为什么"的习惯。这样做往往可以使我们从纷繁复杂的生活大潮中、从变化无穷的社会现象中,抽出值得研究和探讨的研究问题来。对于这一点,我们可以借用一句格言来概括,这就是:处处留心皆"问题"。同时,一项好的研究问题的发现,也和作家写小说一样,既需要"深入生活",也需要"灵感和火花"。这里所说的"深入生活",主要指的是广泛地接触社会,而"灵感和火花"则指的是那些可以发展成为研究问题的最初的想法和思路。应该指出的是,没有广泛的与现实社会生活的密切接触,这种"灵感和火花"也就成了无本之木、无源之水。

(二)个人经历

个人经历和经验是人们参与社会生活的特定记录,也是人们对社会生活的认识、感受的积累和沉淀。这种经历形成了人们观察各种事物、理解各种现象的基本视角和出发点。因此,对于以观察和了解社会现象为目的的社会研究来说,同样也离不开个人经历和经验的帮助。

---

①　[美]杜加克斯等:《八十年代社会心理学》,生活·读书·新知三联书店 1988 年版,第 26～27 页。

②　风笑天:《社会学研究方法》(第一版),中国人民大学出版社 2001 年版,第 48～50 页。

我们每一个人总是生活在社会的某个特定的角落，所走过的也往往是一条特定的人生道路。不同的人对现实社会的认识不同，对社会生活的具体感受也不同。一种现象在有些人看来也许是理所当然、司空见惯；但在另一些人看来或许会大惑不解、十分新奇。这是因为，每个人特定的人生经历为他观察现实世界、观察社会生活提供了一个特定的视角。从这些各不相同的视角里所看到的世界并不完全一样。因此，我们自己在社会生活中的各种经历、各种体验、各种观察、各种感受，常常是众多合适的研究问题的最初来源。许多有价值的、有创造的并且切实可行的研究问题，正是从研究者个人的经历和经验中，特别是从个人特定的生活环境、特定的生活感受中发现和发展起来的。发生在社会研究人员身边的一件事情、他与朋友进行的一次交谈、他所参加的一次活动，都有可能成为导致一个研究问题产生的最初的火花。

比如，一对中年夫妇离婚了，一个完整的家庭破碎了。对于与之关系不密切的一般人来说，他们可能会无动于衷，或者只是将其作为一种闲聊的话题，因为现实社会生活中这种事情、这种现象并不稀奇。“城外的人想打进去，城里的人想逃出来”嘛。但是，如果这件事发生在一个社会学研究人员的周围环境中，或者说他的邻居、或他的好朋友、或他的姐姐与姐夫离婚了，他也许会从另一个角度来看待这种现象。他也许会从身边发生的具体现象入手，去问一些“如何”、“怎么样”或“为什么”的问题。比如，“当前社会中的哪些人最容易产生离婚的行为?”“为什么城市中年知识分子离婚的比较多?”“有哪些主要的原因会导致人们选择离婚?”“中年人离婚所带来的主要后果是什么?”等等，从而导致他选择一项“城市中年知识分子离婚的特点、原因和后果研究”的研究问题。

从某种意义上说，这种从个人自身经历中寻找问题的方式，是一种十分简单实用的方法。它常常是以“坐在椅子上空想”的方式，去静静地思考个人的经历、经验、观察和体会。千万不要小看这种方式，在许多情况下，它常常可以帮助我们找到既十分有趣、又值得探讨的研究问题。

（三）相关文献

可作为研究问题的想法、灵感和火花，常常可以从学术著作和教科书的内容中，从报纸杂志的文章和标题中，以及从学习笔记和谈话记录中采摘到。尤其是各种社会科学的报纸杂志，常常成为这种灵感、火花和想法的重要来源地。我们的许多研究问题正是在此基础之上得以形成的。有大量的社会科学期刊可供我们去发现和探索特定的研究问题。在目前国内最主要的社会科学期刊比如《中国社会科学》、《社会学研究》、《经济研究》、《政治学研究》、《法学研究》、《人口研究》、《中国人口科学》、《教育研究》，以及《青年研究》等中，每年都会发表大量的与社会研究有关的论文和研究报告。这些论文和研究报告代表着以前的和现在的研究者对社会世界各个方面的探索成果。正如后面将谈到的，这些专门的社会科学期刊常常是研究者寻找研究问题的重要来源之一。就是从一些非专业的、综合性的，甚至是大众性、通俗性的文献中，我们有时也能发现这样的火花，找到合适的研究问题。从文献中寻找研究问题，可以采用这样两种方法：

方法之一是在阅读各种文献时，始终带着审视的、提问的、评论的眼光，不要过于"恭敬地"、"崇拜地"和盲目地接受书上、文章中所说的一切。由于眼光不同了，我们对同样的文献、同样的内容、同样的材料的看法就会有所不同，就会产生一些新的疑问，就会产生一些新的思索，就会迸发出一些新的火花。而从这些新的疑问、思索和火花中，我们往往能够找到值得研究、也能够研究的问题的。比如，假设我们读到一篇文章，谈到独生子女具有许多不同于非独生子女的特点，并得出二者之间存在明显差别的结论。但如果我们发现文章所提供的证据主要来自几个十分特别的个案资料时，只要我们的头脑中对这种证据多保留几个疑问，对这种结论多打几个问号，就可能会形成一个与此相关的研究问题："独生子女与非独生子女行为特点的比较研究"，以此来检验这篇文章的结论，揭示现实生活中的实际状况。

方法之二是要进行广泛的联想。我们可以从纵向与横向、形式与内容、对象与方法、时间与空间等不同角度、不同方面、不同层次，对所阅读的文献展开广泛的联想，由此及彼，换个角度观察，往往也能碰撞出一些新的火花，开启一些新的思路，并在此基础上进一步提炼出切实可行的新的研究问题来。比如，当我们在文献中读到了有关市场经济大潮对目前大学生的择业趋向产生了重大影响的研究报告或其他文献时，我们就可以进一步展开联想：市场经济大潮对目前大学生的学习态度、价值观念、消费行为、人际交往等方面是否也产生了同样的影响呢？从另一个角度还可以问：既然市场经济大潮对大学生的择业趋向产生了重大影响，那么，它对青年工人、青年农民、青年军人、青年科技人员等的职业选择、职业流动和职业评价，又是否产生了影响，或者产生了什么方向的影响呢？显然，这些都是同样值得去探讨的研究问题。

三、选题的策略

（一）掌握选题的基本标准

如上所述，研究问题或研究课题有诸多来源。那么怎样选择一个合适的研究课题呢？通常情况下，研究者可以根据自己的学术旨趣、自己的研究能力和研究条件、抑或自己的价值偏好来选择研究课题，当然也可以选择政府希望研究的课题等。实际上，在评价一个课题的选择是否成功这个方面，虽然大家仁者见仁，智者见智，不同的学者都会有自己的看法，但这并不意味着完全没有评价标准。美国麻省理工学院的 Larson 教授提出了选择所谓“好问题”的三条规则：[①]第一，你一定要觉得你自己的问题有趣而且很重要，否则你就不会有激情，不会投入。第二，你一定要有能力解决问题。假如不能完全解决问题，起码你要问自己能够做些什么，部分解决了哪些问题。第三，除了你自己的肯定，还有其他人也认为你的问题很重要，并且这样的人越多越好。概括而言，一个好的研究课题，大体要符合如下几个方面的基本标准：

第一，重要性(significance)。重要性即是指问题所具有的意义或价值。通俗地说，重要性就是指一项研究所具有的用途或用处。而意义或价值可分为理论方面的意义和实践方面的意义。理论方面的意义，主要体现在研究问题对一门科学的发展、对某种理论的形成或检验、对社会价值规律的认识、对社会现象的解释等所能做出的贡献上；而实践方面的意义或价值，则主要体现在研究问题对现实社会生活所提出的各种具体问题能否进行科学的回答、能否提供合理的解决办法。例如，研究问题“城镇青年待业时间与受教育程度的关系研究”，主要关注和探讨城镇青年失业现象与其受教育程度之间的关系，因而具有理论方面的价值；而研究问题“当前我国青少年犯罪及其防治对策研究”，则主要针对现实社会生活中存在的具体社会问题，因而具有明显的实践意义。

第二，创造性(creativity or innovation)。创造性也可称作创新性或独特性，它指的是研究问题应该具有某种新的东西，具有某种与众不同的地方，具有自己独特的特点。著名物理学家李政道说过：“随便做什么事情，都要跳到前线去作战，问题不是怎么赶上，而是怎么超过。要看准人家站在什么地方，有些什么问题不能解决。不能老是跟，那就永远跑不到前面去”，“要下决心走自己的路，才能做出开创性的工作”。这种开创性是指全新的、前人没有做过的问题，即属于“史无前例”、“填补空白”型的。这样的问题通常在社会转型期特别多，比如我国当前的“三农问题”、“转型时期执政党的执政方式研究”等。但是我们也注意到，无论在哪个领域，严格意义上的完全无人涉足的问题几乎不存在。所以，我们这里所指的问题的创新性，更经常地是指该问题在研究的思路、研究的角度、依据的理论、研究的对象、采用的方法等某一方面或某几方面，与前人的研究有所不同，有自己独到的、新颖的地方。例如，一个对大学生职业选择问题感兴趣的研究者，在他看到前人做过“大学生职业选择调查”的课题后，选择做一项“女大学生职业选择调查”的课题，或者选择做一项“中西部大学生职业选择调查”的课题，这就在调查的对象上有了创新性；如果他选择做一项“大学生职业选择与适应心理调查”的课题，或者“大学生职业选择与职业价值观调查”的课题，这就在

① 张旺：《方法论与国际论文发表》，见 http://blog.sina.com.cn/s/blog_48b5e6e10100m75i.html。

调查的内容上有了创新性。如果前人的课题所调查的是某一特定时期的现象或问题，比如“20 世纪 80 年代大学生的择业观念调查”，那么，我们可以选择对同一主题、同一内容、同一对象但不同时期的这一现象或问题进行调查，即可以选择“21 世纪大学生的择业观念调查”。当然，选择课题时的这种“与众不同”要有明确的目的，要根据理论上或实践上的价值和需要来定，而不能单纯地为不同而不同。

第三，可行性(feasibility)。可行性指的是研究者是否具备进行或完成某一研究课题所需要的主客观条件。具体来说包括研究者的研究能力、研究条件和各种社会因素。研究能力是一个综合性的概念，它不仅包括研究者的性别、年龄、语言、体力等纯生理因素，还包括研究者的知识结构、社会经验、对问题的洞察力以及组织能力等。所以在选择研究课题时，首先要考虑的一个问题是“我有多大选择余地?”选择研究课题时最好不要超越自己的知识结构，在自己的学术领域内选择相应的研究课题是最有把握的，也是最容易出成果的。例如，一个长期进行城市问题研究的学者，由于缺乏对农村生活的了解，很难进入农村问题的研究领域。同样，一个年轻的男性大学生如果要研究“离婚妇女的心理冲突与调适”，以他的年龄、性别、社会生活经历，以及对相关背景知识的熟悉程度等来看，是很难圆满完成这一问题的研究的。研究条件主要是指研究经费、研究时间、研究队伍的组织以及有关文献资料的获取。一般来说在我国经费主要来自政府，也可以来自各种社会基金或事业单位的赞助。研究经费的多少直接决定了研究规模的大小，甚至研究水平的高低。如果研究时间不够、研究经费不足、有关文献资料不能取得，所涉及的对象、单位和部门不能给予必要的支持和合作，就会导致研究课题无法进行。社会因素包括经济的、政治的、文化的和道德的因素。如果研究经费来自政府或各种基金，研究者所选择的课题必须符合政府或基金会的宗旨。政治因素在课题选择时也必须考虑，它包括法律上合法，法规和政策方面符合规定，意识形态因素也不能忽视，这在国内外都是如此。同样，研究问题的选择要考虑一定的社会文化和道德因素，如果与被研究者的生活习俗、宗教信仰相违背，就会形成研究课题无法进行的客观障碍。

（二）“好问题”的参考标准

风笑天教授认为，上述重要性、创造性和可行性是“好问题”或好的研究课题的最基本标准。但除了这几条基本标准外，还有其他几个方面的标准也可以作为“好问题”或好的研究课题的进一步的参考标准：

第一，与研究者的兴趣相接近。该研究问题是不是你的研究兴趣所在？如果研究者对某一现象或问题特别感兴趣，那么，这种研究者的动机就会成为他做好这一研究的一个十分有利的条件。社会中可以成为研究问题的现象或事物成千上万、多种多样。对于任何一个具体的研究者来说，选择研究哪种现象或事物，虽然有许多其他因素的考虑，但他对这一现象或事物的兴趣却是最基本的动力。正如有的学者所指出的："一个研究题目是个严密界定的兴趣。"研究的成果和质量在相当大的程度上也与研究者对这一问题的研究兴趣有关。

然而，初学者往往很难从研究兴趣中将题目缩小到足以进行一项研究计划的地步。如何从兴趣中找到研究问题，这也是一个重要问题。实际上，每个人对社会现象的兴趣并不是十分明确、十分固定地放置在某个地方，它往往是一种潜在的、飘忽不定的状态，也可以说它是一种精神上、心理上的感觉。这种状态或感觉只是为我们提出研究题目准备了某种基础，而真正引发兴趣的则往往是现实生活中的一些具体事件或经历。这种引发兴趣的事件或经历常常出现在我们与他人的交谈中、我们的有目的的或是漫无目的的阅读中、我们不经意的上网浏览和现实生活的观察中。学会在日常生活中积累这种由各种事件和经历引发的兴趣点，往往会在今后某个时刻引出一项有价值、有意义的研究课题。因此，在指导学生选择论文题目时，往往首先要求学生从自己感兴趣的现象、事物或领域出发，同时兼顾到自己的经历、特长、条件等因素，先尝试着找出几个自己想研究的问题，然后再和老师交流、探讨。

除了对选题有作用外，对于整个研究而言，研究者的兴趣还有一个很大的好处就是它能更多地调动研究者的热情、智慧和责任心，投入到研究中去，遇到困难时研究者也会有更大的韧性和不放弃的精神。当然，任何事物都会有两面性：个人兴趣对于社会研究而言同样如此。需要注意的是，研究者倾心于某一现象或问题时，往往也是其产生个人偏见和受个人主观性影响最大的时候。比如，在选题阶段，它有时会导致研究者目光短浅，将研究的关注点放在过于微观、过于狭窄的现象或事物上；在研究阶段，则可能无意中促使研究者只想去接近他心中的结论，而不愿意去揭示与他们的兴趣无关的、或者他们不愿意看到的事实。因此，研究者应该对这一点保持清醒的认识。

第二，研究问题得到了相关专家的肯定。这条标准对于学生以及缺乏经验的研究者来说十分重要。它指的是研究问题是否征询过指导老师或者有经验的研究者的意见。对于在读的学生来说，指导老师在学业上所能给予你的最大帮助可能就在于对论文选题的指导上了。一般来说，老师们所能看到的各种资料和书籍，学生也都能看到。在这些方面老师们并不占有什么优势。但是在对学术领域的了解、对前沿问题的把握和对研究方向的判断方面，老师们则占有明显的优势，明显强于大多数学生。如果你的研究问题得到了指导老师的肯定甚至赞许，那么成为好的研究问题的把握就更大了。

第三，大背景中的小问题。除了上述观点和建议外，我们认为还有一条标准也十分重要。这就是研究问题要是一个"大背景"中的"小问题"。实际上,"许多研究就是这样开始的:并非始于这个领域里众所皆知的'大'问题,而是起于研究者心里渴望而想要追究的小问题"。不难理解的是,越是具有重要性的现实问题往往也越容易形成大的研究题目。但是这种大的题目往往是学生和普通研究者难以把握、难以实际开展研究的。所以,对于经验不足的研究者来说,在选择自己的研究问题、特别是选择一个好的问题方面,这里的一个建议是:努力朝着"大背景"中的"小问题"的方向思考,努力去选择一个"大背景"中的"小问题"。

强调"大背景",是为了增强研究问题所具有的理论的或现实的意义,即强调和保证研究问题所具有的重要性;而强调"小问题",则是因为一个学生的毕业论文研究往往不可能去做一个相对较大的题目,即强调和保证的是研究问题的可行性。实际上,当我们真的把小问题选好,把小问题搞深搞透,然后上升、扩展、回溯到大背景、大问题中进行讨论,这样,就既是最可行的,同时也是最有效果的。因此,我们应该努力从这种大的背景、容量过大的问题中,细心梳理和构思出若干小的问题,然后将自己的焦点集中在其中的一个小问题上,将这个与大背景有关联的小问题作为自己的研究问题。

第四,研究问题是清楚明确地表达的。这一条标准十分具体,也更具有操作性。它不仅要求研究问题可以用清楚明确的语言陈述出来,还特别要求研究问题陈述中的概念和术语,都应有清楚明确的定义。只有这些概念和术语是明确定义的,在经验层面进行操作才具有现实性。而一旦研究问题不能清楚明确地陈述出来,则一方面说明研究者并没有把问题想得很清楚,另一方面也会给实际的研究带来困难和障碍(本标准的具体论述见下述的"掌握研究课题明确化的方法")。

以上基本原则是很多专家学者经验的总结,也是大多数研究者选择研究问题应遵循的选题的艺术准则。但是,对于初学者,我们认为还需要特别注意处理好以下两个问题:

其一,解决好选题的学科归属问题。这是作为一个学生身份的研究者首先必须解决的关键性问题。也就是说,不管你是一个本科生,还是一个硕士或博士研究生,选择一个属于你所学习的本专业领域的研究课题做你的学位论文,这是最关键的前提性原则;否则,你选择了一个不属于自己所学学科或专业范畴的课题,即使花费了九牛二虎之力,写出了洋洋洒洒若干万字的文本,最终还是不能通过论文答辩的。在既往现实实践中,有许多经验教训值得吸取,不少学生因为学位论文选题的学科归属问题没有处理好而吃到了巨大的苦头,甚至不能如期毕业。

其二,处理好"热门"或"前沿"与"冷门"的关系问题。这方面需要避免一个认识误区，即认为研究问题的重要性体现在关注人数的多少，关注的人越多，说明问题越重要。所以，大家都关注的“热门”课题就是最佳选择。那么选一个热门题目是否一定最好呢？事实上追“热门”，有风险。首先，因为不是首创，很难做出非常“新”的东西，最多是有一点“新”。其次，有许多人做，真正是“基于时间的竞争”，给你的时间不多，如果别人先出成果，你的工夫就白费了。不过，“冷门”题目更难选。希望选的题目在现在是“冷门”，将来会是“热门”，这需要有很高的判断能力，否则只有靠运气了。可以说，选题有一个学习过程，可以先跟别人做，然后自己做；先做“热门”，再做“冷门”；先作小文章，再作大文章。除了你自己的肯定，还要有其他人也认为你的问题很重要，并且这样的人越多越好。[①]其实，“新”问题还是“老”问题，“热门”（或“前沿”）问题还是“冷门”问题，一般来说也是相对而言的，需要具体情况具体把握：一是全新型课题。全新型课题即需要研究的问题是一种新的社会现象，还没有被其他人研究过，也就是人们所说的“新问题”、“新现象”。例如，在互联网日益普及的今天，涌现出许许多多新的现象，如果某一现象在现有文献中的确还没有进行过真正的研究，那么这就是一个全新问题。二是变幻型新课题。变幻型新课题即对已经研究的问题用一种新的理论进行解释和分析，或者用一种新的方法对一个曾经进行过研究的问题再进行研究。例如，你可以用社会学理论来解释经济学中的消费者行为，或者用经济学中的经济人假设来检验社会学理论。三是常做常新型课题。如果把曾经进行过的研究与现实生活相比较，发现已经发生了比较大的变化，需要重新进行研究，客观描述这一问题新的基本状况，或者在此基础上进行解释和分析，这也可以构成一个调查研究的课题。例如，城市居民消费行为的研究，在十年前就已经做过调查研究，十年后，虽然还是同样的课题，但现实情况已经发生了很大变化，就可以重新作为一个研究问题来进行研究。

（三）掌握研究课题明确化的方法

1. 研究课题明确化的定义

所谓课题的明确化（focus the problem），指的是将最初比较含糊的想法变成研究范围或研究领域，继而将比较笼统、比较宽泛的研究范围或研究领域变成研究主题，最后再将研究主题变成具体、清楚的研究问题或研究课题并明确地陈述和表达出来。

在实际选择一项研究课题时，初学者（一般都是比较缺乏经验的研究者）经常犯的一个毛病，就是往往只选择某一个比较宽泛的或者是比较笼统的问题领

---

① 陈晓红：《博士学位论文的选题、写作与论文发表》，见 http://webcenetorgcn/web/shushing/indexphp37 file=indexphp3。

域，甚至是某一类社会现象或社会问题，而不是明确的、具体的研究问题。比如，有学生在做论文时选择“我国的失业问题研究”、“我国的社会结构研究”。这样的研究课题不是不能做，但是在可行性上它们都比较欠缺，在内涵上过于广泛，过于一般。比如“社会结构”研究是一个相当大的研究领域，以大学生的知识结构和能力来说做起来有相当大的难度。再看“我国的失业问题研究”，也是范围很大的一个问题。失业问题不仅存在于城市，也存在于农村，不仅存在于大城市，还存在于小城市，并且造成失业的因素也时多元化的。如果进行研究，就应该缩小其范围，把课题具体化和明确化，否则研究工作很难进行和完成。

2. 研究课题明确化的方法

从操作上讲，将研究课题明确化，可以从以下两个方面进行：

第一，缩小课题研究的范围。首先，把一个很大的研究范围，如一个国家，缩小为一个省市、一个地区甚至一个单位；其次，把一个大课题分解为若干个子课题，把比较抽象的研究主题变为经验研究中可以操作的具体问题。比如“我国的失业问题研究”可以缩小为“江苏省城镇就业状况和趋向分析”。当然，如果能进一步缩小问题的范围，突出基本的研究变量则更有利于调查研究的开展。比如，研究“我国青少年犯罪问题”可以先缩小问题的范围，转化为“我国青少年犯罪的原因研究”或“青少年犯罪的特点研究”，然后再突出基本的研究变量，如“家庭关系与青少年犯罪”、“网络暴力与青少年犯罪”等。这样一来，研究问题就变得比较具体和明确了。

第二，明确陈述和表达所要研究的课题。陈述研究问题是选题过程中一个重要的环节。缺乏经验的研究者常常意识不到问题的陈述所具有的重要性。实际上，这种重要性主要体现在以下两个方面：一是问题陈述划定了与研究相关的资料范围，它使得研究者知道哪些资料必须考察，同时哪些资料可以放在一边；二是问题陈述可以帮助研究者选择合适的研究方法和研究路径。研究问题的陈述的策略是：

首先，问题陈述必须清楚明白，且可以采用提问的形式。比如“跨文化交流短训班明显地改善了参与者的跨文化交流能力吗?”而一个更为普遍的、更为常用且有效的提问形式是：“现象(或变量)A 与现象(或变量)B 之间存在什么关系?”比如“人们看电影的频率与其看电影的动机之间存在着什么样的关系”、“人们的受教育程度与人们的生育意愿之间存在什么关系”、“儿童的年龄与留守儿童生活技能社会化程度之间存在什么样的关系”等。顺便说一下，在学术刊物发表的研究报告中，问题的陈述有时是在研究目的陈述中出现，有时则是在文献评论的结尾处作为小结出现。

其次，除了单纯的描述性研究外，一般来说，研究问题的陈述必须至少包括两个变量。比如,上面几个问题陈述中,第一个包含了“参加培训班与否”与“跨文化交流能力”两个变量;第二个包含了“看电影的频率”与“看电影的动机”两个变量;而第三个包含了“受教育程度”与“生育意愿”两个变量;第四个则包含了“儿童年龄”与“生活技能社会化程度”两个变量。只包含一个变量的问题陈述如“我国人口总体的文化程度如何”、“当前的大学毕业生具有什么样的择业意愿”,它们分别只包含了一个“文化程度”变量和一个“择业意愿”变量。

最后,问题陈述必须是可检验的。这种可检验的含义包括两个方面:一是指问题陈述的现象和变量之间的关系,是可以通过收集经验材料来检验的;二是指这种可检验的问题必须能够产生不止一种回答。比如“参加培训班与否”,既可能增强了“跨文化交流的能力”,也可能没有增强这种能力;“看电影的频率”既可能与“看电影的动机”有关系,也可能与其没有关系;人们的“受教育程度”既可能与人们的“生育意愿”有关系,也可能与“生育意愿”没有关系。即使有关系,也既可能是正的相关关系,又可能是负的相关关系,等等。如果是只有一种答案的问题,那就将是无法检验的。

第二节 文献述评的写作

一、文献述评的含义、类型与文本样式

(一) 文献述评的概念

所谓文献述评,在既往的研究中很多都表述为“文献回顾”,即英文中的literature review(也译为文献考察、文献探讨、文献评论、文献综述等等),也有一些学校的学位论文模板中称为“国内外研究动态与评析”(或简称为“研究动态”)等。我们认为,能够简明扼要表述这一方面工作的词语还是“文献述评”。总体来看,虽然不同的学者或不同的学校等组织使用的名词不一样,对于其具体的定义也不完全一样,但大家对其基本内涵的理解和表述却相差不大。例如,美国学者芬克(Fink)教授认为:“文献回顾是一种对现存的、由研究者、学者和实际工作者所产生的大量著述进行识别、评价和解释的系统、明确和再现的方法。”① 另两位美国学者戴维和萨顿(David and Sutton)教授也认为,文献述评是对“通过识别和查找现存公开发表的、与研究者感兴趣的主题有关的研究和理论”所得结果进行评价的过程。② 同样,美国学者杜里(Dooley)教授则认为,文献述评是“对与某一主题相关的研究进行分析,以识别该领域中一致的结果或者解决其中

① Arlene Fink, *Conducting Research Literature Rreviews*, London: Sage Publication Inc., 1998, p. 3.

② David and Sutton, *Social Research: the Basics*, London: Sage Publication Inc., 2004, p. 365.

的矛盾”[①]。劳伦斯·马奇、布伦达·麦克伊沃的定义是：文献综述是一种书面论证。它依据对研究课题现有知识的全面理解，建立一个合理的逻辑论证；通过论证，得出一个令人信服的论点，回答研究问题。[②] 风笑天认为：“所谓文献回顾，指的是对到目前为止的、与某一研究问题相关的各种文献进行系统查阅和分析，以了解该领域研究状况的过程。或者说，就是一个系统识别、寻找、考察和总结那些与我们的研究有关的文献的过程。”[③]韩映雄、马扶风认为，文献综述是在确定了选题后，在对选题所涉及的研究领域的文献进行广泛阅读和理解的基础上，对该研究领域的研究现状（包括主要学术观点、前人研究成果和研究水平、争论焦点、存在的问题及可能的原因等）、新水平、新动态、新技术和新发现、发展前景等内容进行综合分析、归纳整理和评论，并提出自己的见解和研究思路的一种不同于毕业论文和研究论文的文体。它要求作者既要对所查阅资料的主要观点进行综合整理、陈述，还要根据自己的理解和认识，对综合整理后的文献进行比较专门、全面、深入、系统的论述和相应的评价，而不仅仅是相关领域学术研究的“堆砌”。[④] 我们认为，既然叫作“文献述评”，其基本含义应该包括两个层面：一是对既往研究文献的综合性介绍，二是对既往研究成果的分析评价。在教学和研究的实际中我们发现，有不少初学者（比如一些硕士研究生）往往忽略对第二个层次含义所说的工作开展的重要性的认识，或者是因为对既往学术界的相关研究成果没有很好地理解和把握而有意回避研究评析这部分的写作。

风笑天在《论社会研究中的文献回顾》一文中指出，从目前情况看，虽然不同学者的定义都十分明确，但在不同学者的具体介绍中，却又反映出作者们对文献回顾实际上存在着不同理解的状况。其表现是，在不同的研究方法著作中，文献回顾常常被作为不同的内容在研究方法的不同部分以及在研究过程的不同阶段进行介绍。比如，在有的研究方法著作中，文献回顾是放在研究的准备阶段，与研究的一般程序、选择研究题目等内容一起介绍；而在另一些研究方法著作中，则是将文献回顾放在研究的结束阶段，与撰写研究报告或研究计划书等内容一起介绍。这正如美国学者纽曼教授在其方法教材中所指出的：“在许多有关社会研究的教材中，作者将人类作为实验对象的争议和对研究更高层次的政治关注

① David Dooley, *Social research methods* (*Fourth Edition*), New Jersey: Prentice Hall Inc., 2001, p. 346

② 劳伦斯·马奇、布伦达·麦克伊沃著，陈静、肖思汉译：《怎样做文献综述——六步走向成功》，上海教育出版社2011年，前言第3页。

③ 风笑天：《社会研究：设计与写作》，中国人民大学出版社2014年版，第39页。

④ 韩映雄、马扶风：《文献综述及其撰写》，载《出版与印刷》2017年第1期，第64～69页。

放在一章中，而将如何进行文献回顾和撰写最终研究报告放在另一章中。”①（只有很少的研究方法著作在前后两个部分中对文献回顾都有介绍。）由于将文献回顾放在研究方法的不同部分时，作者所介绍的具体内容差别很大，这往往会给初学者造成理解上的困难，并常常形成一定程度的混淆。② 因此，有必要对不同类型的文献述评进行必要的澄清和区分。

（二）文献述评的文本特点

概括起来，文献述评的文本具有以下几个特点。③

（1）综合性。这是指要尽可能地把前人在某个研究领域的所有重要研究成果都要予以体现或呈现出来。切忌只是叙述或引用你认为正确、赞同或喜欢的观点，也切忌只是叙述或引用该领域某几个知名学者或某个学派的成果。当下有一种潜规则就是有些杂志社要求作者尽可能多地引用你欲投稿的某刊物上的论文，也有一些作者被要求要尽可能多地引用同一个研究机构其他同事的论文。有些时候，作者也会尽可能多地引用自己曾经发表过的论文。凡此种种，都与当前刊物或论文的评价规则有紧密关系。但是，这些做法都有可能会对综合性这一特点造成潜在的影响。

（2）代表性。代表性事实上是在综合性基础上的筛选。综合性尽管要求要尽可能囊括所有研究成果，但一篇综述的容量有限，因此就涉及如何选择的问题。代表性就是要求去选择那些能对后续研究产生持续影响或起推动作用的观点或看法。最典型的就是有一定的学派传承的那类成果。遗憾的是，在我国的某些研究领域，可称之为学派的研究成果并不多见。更多的时候，人们更喜欢对同一个现象冠以不同的名词或概念重复讨论并将其视为创新性研究。一个概念不断得到学者们认识和理解的深化，其内涵最终得到不断丰富；一个现象在不同时代或不同社会文化背景下得到不同学者的多种解释或归因；等等。这些研究就具有持续影响。

（3）评价性。顾名思义，文献述评既要有综合地叙述，也要有评论。初学者往往注重或容易做到叙述，但不一定能够综合。与此同时，初学者往往很难评论。初学者或在读研究生看完若干文献后经常觉得很苦恼，因为感觉文献中的观点都是正确的，似乎找不出已有文献的问题或不足。于是，他们就撰写不出恰当的或有说服力的评论。关于文献评论，最重要的并不是要求你忠诚地说赞成。

① ［美］劳伦斯·纽曼：《社会研究方法：定性与定量的取向》（第五版），中国人民大学出版社 2007 年版，第 122 页。

② 风笑天：《论社会研究中的文献回顾》，载《华中师范大学学报（人文社会科学版）》2010 年第 4 期，第 40～46 页。

③ 参见韩映雄、马扶风：《文献综述及其撰写》，载《出版与印刷》2017 年第 1 期，第 64～69 页。

恰恰相反，你应该指出该领域研究或研究成果的下一步研究空间在哪里。一般而言，可以从以下几方面去思考和寻找：

一是概念的界定。某个概念可能在某作者当时撰文时是正确的，但随着时间推移以及人们理解的深入，概念本身的内涵或外延发生了变化。基于此，该作者文中建立在该概念基础上的判断和观点也随之有进一步研究或讨论的空间或必要。

二是自变量的变化。某论文实证研究发现，某社会现象 Y 在 T 年代主要受 X_1、X_2 和 X_3 三个因素的影响。但现在到了 $T+5$ 年代，有可能随着社会背景变化，其所受到的影响因素有增加或变化。这个假设就足以支持一项新的研究。与此同时，这也就构成了文献评论的一个主要切入点。

三是样本局限。在社会实证研究中，即使再怎么完善或大型的抽样，总是存在着样本局限的某些缺陷。也就是说，总是存在着被遗漏的样本。而这恰恰就给了你进一步研究的空间和机会。

四是研究方法或工具局限。尽管学者们之前普遍认为，某类特定的社会问题总是存在着某种相对而言较为恰当的研究方法，要么是质性研究，要么是量化研究，但现在随着社会现象复杂性的增加以及信息科技与人工智能的不断发展，越来越多的学者开始探索并倾向于使用混合研究，即既使用质性也使用量化的研究方法来推动研究。由此，这就为我们创造和引出了难以估量的新课题或新命题。另外，研究工具如问卷、量表或试题等也会不断地得到改进或优化，这也会催生一批新的研究机会。

当然，能够帮助我们寻找下一步研究空间的入口或线索还有很多，这里并未穷尽。有时候，有些论文会在结尾时自己报告或指出该领域或该论文的不足或进一步研究的方向或议题。例如，王祖林曾直接在其文章中指出了我国大学发展战略与规划研究有如下方面的不足：定性研究方法居多，学理探究不足，有关发展战略与规划的具体操作技术、评估与监控方法、规划效能评估、基础理论与典型案例研究不足，尤其是发展规划与组织结构变革相结合的研究有待开拓。①

（三）文献述评的类型

1. 过程性文献述评和结果性文献述评

总体上看，目前各种社会研究方法著作中对文献述评的介绍呈现出“在同一个概念和名称下，指称了两件虽然密切相关、但又并不完全相同的现象”的状况。它反映出目前学术界对文献述评存在着两种不同的理解。概括地说，其中一种

① 王祖林：《近十年我国大学发展战略与规划研究的进展与趋势 基于 CNKI 数据库期刊文献(2000—2010 年)的梳理》，载《现代教育管理》2013 第 4 期，第 20～25 页。

理解是指围绕某一主题，对相关的现有文献进行系统搜索、查找、阅读、分析的过程；而另一种理解则主要是指以总结和综述的形式将上述过程的结果表达出来。从本质上看，前一种理解是将文献述评看作一种特定的“过程”；而后一种理解则是将文献述评看作这种过程的文字“结果”。简言之，一种是“作为过程的文献述评”，另一种是“作为结果的文献述评”。或者说，一种是需要研究者去“做”的文献回顾(doing the literature review)，另一种则是需要研究者去“写”的文献回顾(writing the literature review)。前一种理解的文献回顾通常是在研究的选题阶段进行介绍；而后一种理解的文献回顾则通常是在撰写研究报告或者研究计划书(proposal)阶段进行介绍。比如在社会研究报告的撰写中，往往会有一个以“文献回顾”命名的部分。“但研究报告中的文献回顾实际上是对选题阶段所做的大量查阅和分析工作所进行的总结”①，而不是这种查阅和分析工作的过程本身。

根据这些讨论可以清楚地看出，文献述评是一个既包括对相关文献进行查找、阅读和分析，又包括对这些文献进行归纳、总结和评论的完整过程。风笑天在《论社会研究中的文献回顾》一文中认为，一些研究对于作为过程的文献回顾的理解和介绍上也还存在着一些偏差。其中最主要的偏差是将文献回顾仅仅看作一种搜索文献资料的方法和技术的倾向。一些研究方法方面的著作在介绍文献回顾的内容时，往往更多地将注意力放在介绍文献的各种类型、说明在哪里可以找到相关文献、有哪些不同的查找文献的方法，以及如何有效地查找文献等技术性的问题上。而对于社会研究中文献回顾的地位或作用是什么、在社会研究中为什么要进行文献回顾、文献回顾对于项具体的社会研究来说究竟具有什么样的意义、文献回顾与具体的社会研究之间又有着什么样的关系等问题则重视不够。其结果往往会造成初学者相对关注外在的操作性内容、忽视内在的实质性内容，从而很难从根本上把握文献回顾的关键，并获得对所关注领域中前人文献的整体理解。

2. 单独成篇的文献述评和作为整体一部分的文献述评

根据文献述评不同的表达形式，我们可把它分为“单独成篇”的文献述评和“作为整体一部分”的文献述评。② “单独成篇”的文献述评在发表时，往往会采用诸如“研究综述”、“文献综述”或“研究述评”等名称，其目标是对一段时期、某一研究领域中的研究文献进行系统的梳理、归纳、陈述和评价。这种文献述评对于总结该领域的发展状况、主要结果，特别是值得重视和值得进一步探讨的相关

---

① 风笑天：《社会学研究方法》(第三版)，中国人民大学出版社 2009 年版，第 58 页。

② 风笑天：《社会研究：设计与写作》，中国人民大学出版社 2014 年版，第 52 页。

问题等，有着十分重要的作用。“作为整体一部分”的文献述评又可分为两种情况：一是作为学术期刊上发表的研究报告或论文的一部分的文献述评，二是一本专著或者研究生学位论文中的文献述评。对于一本专著或者研究生学位论文中的文献述评来说，其容量、篇幅会更大一些，所包含的内容也会更加丰富、详细和充实一些。这样的文献述评在学术专著中往往需要用专门一章的篇幅来表达，在研究生的学位论文中往往也要求用专门一章或一节的篇幅来表达。而对于在学术期刊上发表的研究报告或论文来说，其文献述评的篇幅受到学术期刊版面的限制，通常是只作为论文中单独的一节或者一个目的内容来表达，当然也可以不单独列出一节，而是直接将文献述评的内容融在导言里表达。

（四）文献述评的文本结构样式

一般而言，常见的文献述评文本结构有如下几种样式：①

（1）年代序列式结构。这种结构就是指将某领域的研究成果按照一定的年代顺序由远及近依次叙述。这种结构与历史教科书或著作很类似。在每一个年代或时期，撰写者还会尽可能地总结不同历史时期的特征并分析其与特定时代之间的关系，或者说，会尽可能寻找和挖掘不同历史时代的特定影响因素。诸如教育理念、教育政策的演变等议题，人们会经常使用这种结构来安排综述。在教育史领域的研究论文中，这种结构样式也被经常采用。以柳靖和柳桢的《论职业教育价值观的嬗变》一文为例，文章按年度顺序列举了职业教育价值观的六个发展阶段的嬗变历程。文章的时间线索经历了从原始社会到中世纪，然后到18、19世纪，最后到达20世纪末、21世纪初这样一种序列式发展。

（2）学派发展式结构。这种结构就是指将某领域的研究成果以某些学派代表性学者的观点为主要脉络依次分别叙述。这其中，会有可能产生多种微样式。既有并列式的，即学派A、B、C、D相对独立的叙述；也有交叉式或分叉式的，即学派A中衍生出了学派B，或是学派A和学派B的结合中生成了学派C等。以王帅的《当代西方主流教育领导理论新进展》一文为例，他在文章中列举了六类当代西方主流教育领导理论。六类理论在时间上都同属于当代，但都是教育领导理论的主流代表。它们相互之间并没有明确的继承和发展的关系，而是相对独立而存在的。但是，作者经过总结发现了教育领导理论发展所存在三个方面的特征。

（3）货架问题式结构。这种结构就是指将某领域的研究成果归为某几个问题或议题并加以详细叙述。在这种结构中，问题或议题之间并不是没有一丁点逻辑关系，但有时候这种逻辑关系却很微弱。换句话说，它们之间的关系如同同

① 韩映雄、马扶风：《文献综述及其撰写》，载《出版与印刷》2017年第1期，第64～69页。

姓家族的后代们之间的关系。由此，这类结构的综述在取材上就因人而异了。更多的时候，取材完全依赖于作者所关注的问题及其界限。以俞佳君的《以学习为中心的评价研究：理论与方法述评》一文为例，他把文章分为了概念内涵、逻辑基础、标准研究和方法研究四个部分。文章的四个部分其实只是作者研究需要，四个部分相互之间的关系并没有任何显性的逻辑关系。如果你对该问题的其他方面感兴趣，你完全可以加入到你的研究之中。

上述不同结构样式并无优劣之分。究竟该采用哪种结构，事实上没有固定的原则或要求，这完全取决于你所研究的问题和文献的现状。没有分类原则也没有逻辑地将若干研究者的成果依次引用或叙述出来的这种文献综述样式是最不可取的，但却也是当前最常见的。这种做法存在以下问题：一是你为什么选取这些人的成果而不是那些人的成果？二是这些研究成果之间究竟有什么内在的关系呢？这种做法还有一个潜在风险就是会导致论文的查重率比较高。要知道，有些杂志或是研究机构对查重率都有一定的明文规定的。笔者认为，比较妥当的做法是，对于同一个议题，要依次表达出人们在该议题上的认识和变化过程。这种表达方式可以称为“专题提炼法”。

二、文献述评对社会研究的意义

按照波普的观点，研究的初始阶段做一些主观判断或推断是必要的，它可以作为试探性猜测或试探性解答，为进一步研究提供方向。因此在一项研究的初始阶段，通常要做两件事情：一个是对以往的理论进行批判性整理和回顾，从中发现自己要研究的问题；另一个是对要研究的问题构建试探性的理论框架。① 韩映雄、马扶风认为，文献综述的目的是帮助读者确认该论文所研究的问题与以往同类或同领域论文相比较所具有的价值及在选题或研究内容与方法上是否具有创新性或新的进展。在科学研究的道路上，后人总是踩在前人肩膀上的。因此，文献综述事实上就是在寻找和确认前人肩膀究竟在哪里的过程。在科学研究中，如果缺少全面系统的文献综述工作的话，该项研究很有可能只是踩在别人的腰上，甚或是没踩到前人任何部位即踩空了或者踩偏了。另一方面，文献综述也有助于编辑和审稿人迅速有效地对该项研究的价值予以判断。由此说，文献综述其实对提高投稿的命中率是有一定帮助作用的。② 风笑天将文献述评对社会研究的意义概括为以下几个方面：③

第一，将研究的问题置于社会知识累积的体系中。

---

① 乔晓春：《中国社会科学离科学还有多远?》，北京大学出版社 2017 年版，第 172 页。

② 韩映雄、马扶风：《文献综述及其撰写》，载《出版与印刷》2017 年第 1 期，第 64～69 页。

③ 风笑天：《社会研究：设计与写作》，中国人民大学出版社 2014 年版，第 41～44 页。

社会研究"是一种以经验的方式，对社会世界中人们的行为、态度、关系，以及由此所形成的各种社会现象、社会产物所进行的科学的探究活动"①，其主要目的是要了解和认识各种社会现象的状况，探讨不同社会现象之间的内在联系，揭示社会现象发生和发展的规律。简言之，就是要建立有关社会世界的结构和运行规律的知识。尽管每一项具体的社会研究都怀着同样的目的，但是却没有一项社会研究能够单独完成这一使命。因此，作为一种科学的探究活动，社会研究同样具有科学所要求的系统性和累积性特征。任何具体的社会研究也都必须将自己的研究问题置于社会知识累积的体系之中。正是在这一点上，文献述评体现出其所具有的特殊意义。

文献述评既是科学研究方法的基本规范，也是科学知识积累的内在要求。虽然每一项具体的社会研究都开始于对研究问题的选择，但每一项新的社会研究课题的产生，无不依赖于其他研究者的已有发现和眼光。文献述评正是研究者在选择研究问题过程中，建立起目前的研究与之前的研究之间的联系的关键途径。文献述评基于以下两个假设："知识是积累起来的，以及我们从他人的成果中学习并在他人的成果基础上建立起我们自己的研究。"而研究者开展文献述评的主要目标之一，就是要"建立与发展中的知识之间的连接"，"并且告诉读者这个研究在整个知识领域内的地位及含义"。②

文献述评的过程，可以帮助研究者明确自己的研究问题和研究计划是如何建立在与这一主题有关的整个知识背景的框架中的。其最重要的意义在于强调"每一项研究都应该把现有知识当作它的出发点，然后以此为基础进行研究"③，同时也"通过回顾文献来显示其研究是对现有知识的一种补充"④。通常我们在探讨一项研究问题的意义或价值时，总是会从理论和实践两个方面来考虑。但实际上，当我们从建立有关社会世界的知识的角度来看，这二者是统一的。一项社会研究的价值主要体现在"对知识缺口的细致理解、前人提出问题中的不足、资料搜集方法的欠缺，或对结果解释的欠妥"等方面，"因此，文献综述就成了一种用来说明如何以及为什么这一切可以做得更好的工具"⑤，一种用来说明现有的研究问题可以如何有效地填补这种知识体系中的缺口、如何可以成为前人研

---

① 风笑天：《社会学研究方法》(第三版)，中国人民大学出版社 2009 年版，第 4 页。

② [美]劳伦斯·纽曼：《社会研究方法：定性与定量的取向》(第五版)，中国人民大学出版社 2007 年版，第 122～124 页。

③ [英]马丁·丹斯考姆：《做好社会研究的 10 个关键》，北京大学出版社 2007 年版，第 41 页。

④ [英]马丁·丹斯考姆：《做好社会研究的 10 个关键》，北京大学出版社 2007 年版，第 41 页。

⑤ [美]劳伦斯·F. 洛柯、维涅恩·瑞克·斯波多索、斯蒂芬·J. 斯尔弗曼：《如何撰写研究计划书》，重庆大学出版社 2009 年版，第 65～66 页。

究发现的后续工作的工具。

第二，为研究者参与有关某一研究领域或研究主题的对话奠定基础。

围绕一个特定的研究主题(比如社会分层，或者职业流动)，往往会有许多的研究者在不同时期、不同地区、针对不同对象和不同的具体问题，开展不同的研究进行过探讨。他们所得出的各种研究结果和研究发现，以及在此基础上得出的各种理论解释，实际上构成了一场围绕这一主题的持久的、连续的、跨越时空的、多侧面的，并且存在多种声音和多种观点的学术讨论。其中的每一项具体社会研究及其结果，都可以看成是研究者参与这场学术讨论的一个发言，是关于这一领域或主题中某一具体内容的一种声音和一种观点。正如美国学者劳伦斯·F. 洛柯教授所说:“学科内的研究领域是作为正在进行中的对话存在于那些做学术研究的人之间。一个领域已经出版的文献构成了这些对话的记录。”[①]文献述评可以将现有的研究放到历史与理论的脉络之中，提供进一步研究的背景，说明目前的研究与以往的研究之间的联系。同时，文献述评也从现有文献中找出趋势和争论。正是这些联系和脉络，将参与这一主题讨论的学者连接了起来。

因此，任何一个对这一领域和主题感兴趣的新的研究者，在开展对这一领域或主题中的某个具体问题的社会研究之前，都必须首先做好文献述评的工作。即首先要去阅读和分析以往的研究者在这一领域中的研究，特别是要阅读和分析那些经典的、重要的、有影响的研究者，以及那些所做研究与自己的研究问题联系最为密切的研究者所做的研究。要去认真倾听他们关于这一主题的发言、争论和对话。“看看它们已经说了些什么(什么时候、由谁以及在什么样证据的基础上说的)……直到理解了对话的历史和目前的状况为止。”[②]当我们认真做好了这种文献回顾的工作，完全清楚了以前的研究者们关于这一主题的各种发言，我们实际上也就具备了亲自参与到这种长长的对话中，发表自己的看法(当然，是基于经验研究证据的看法)，并让自己的声音被讨论这一问题的其他人听到的基础。认真扎实的“文献综述将与读者一道分享那些早已完成的与本研究紧密相关的其他研究成果;它能使研究超越时空就相关问题进行对话;它为确定研究的重要性提供了一个框架，也为与其他相关研究成果进行比较提供一个基准”[③]。

---

① [美]劳伦斯·F. 洛柯、维涅恩·瑞克·斯波多索、斯蒂芬·J. 斯尔弗曼:《如何撰写研究计划书》，重庆大学出版社 2009 年版，第 59 页。

② [美]劳伦斯·F. 洛柯、维涅恩·瑞克·斯波多索、斯蒂芬·J. 斯尔弗曼:《如何撰写研究计划书》，重庆大学出版社 2009 年版，第 59 页。

③ [美]约翰·W. 克雷斯威尔:《研究设计与写作指导:定性、定量与混合研究的路径》，重庆大学出版社 2007 年版，第 24 页。

第三，帮助研究者熟悉和了解本领域中已有的研究成果和发现。

熟悉和了解前人已有的研究成果，是一项研究能够创新的前提。通过系统的文献述评，研究者可以比较全面地了解本领域中的研究状况，特别是已取得的研究成果和发现。这种了解对于帮助研究者选择和确定合适的研究课题具有十分重要的作用。它将研究者自己的研究放到现有一系列研究和发现的背景中去，便于他们确立自己的研究在该领域中的位置。文献述评还能帮研究者认识到自己的工作对增加人们的认识，对学科理论的发展，或对实际问题的解决所具有的特定意义和贡献。

对于文献述评在社会研究中的这种意义和作用，我们可以通过各种社会研究基金申请书的要求来进一步说明。思考一下，为什么所有的社会研究基金课题申请书中，都往往首先要求申请者对所申请课题相关的现有文献进行回顾？实际上，这种要求的主要目的，就是要申请者非常熟悉和了解该研究领域的过去和现在，非常熟悉和了解该研究领域的最重要成果，同时也非常熟悉和了解该研究领域中前人研究还存在的局限和不足。文献述评通过总结和概括，可以整合该领域中已有研究结果所反映的最重要的“已知”和“未知”、“共同点”和“差异点”，以及“误区”和“不足”等。正如有学者指出的：“文献的考察使你能够理解哪些是已知的，同时也使你能够了解现有的知识体系中哪里还存在一定的漏洞和薄弱环节。”①申请者也正是通过文献回顾来说明自己的研究的必要性和创新性，说明自己选择的研究问题所具有的重要意义。即申请者必须列举具体的事实证明，对于自己所提出的研究问题来说，现有文献中几乎找不到有针对性的研究结果，先前的研究者也没有提供明确的答案。

第四，为研究者提供可供参考的研究思路和研究方法。

通过文献述评，我们可以了解到之前的研究者在探索该问题领域时所采取的各种不同的研究角度、不同的研究策略、各种具体研究方法，以及所使用的研究工具和手段。这些研究角度、研究策略和研究方法，代表了之前的研究者所尝试过的各种不同的探索道路。无论其成功与否、结论如何，都为我们在自己的研究中确定研究视角进行研究设计以及选取研究方法提供了一种借鉴和参考的框架。“这些文献为你提供了该领域有关研究方法的知识，也提供了有关理论及应用方面的内容。”②特别是之前的研究者如何切入你所关注的主题，如何收集回

① M. Morse, L. Richards, *Readme First for a User's Guide to Qualitative Methods*, London: Sage, 2002, p. 69.

② [美]劳伦斯·F. 洛柯、维涅恩·瑞克·斯波多索、斯蒂芬·J. 斯尔弗曼：《如何撰写研究计划书》，重庆大学出版社 2009 年版，第 60 页。

答你的问题所需要的资料等等。文献述评的结果，既可以使我们在一种与先前研究稍微不同的框架中来重新安排自己的研究，也可以帮助我们去探讨这一问题的一些新的方面。同时，“文献回顾是研究者呈现研究逻辑的重要过程”，文献述评通过将研究的问题与分析的框架、资料的性质等紧密联系起来，可以清楚地呈现出研究设计的内在逻辑。研究者通过评价前人研究中各种各样的研究设计的成功之处，便于在自己的研究中进行借鉴。有了前人研究的这些帮助，研究者在自己的研究过程中就能够避免走弯路，还能够有所创新。

此外，文献述评还可以帮助研究者发现和利用现有研究中对某些关键变量的操作化方法和测量指标，前人研究中所用的样本类型，前人在测量某些关键概念或变量时所使用的工具和量表等。通过仔细地阅读每一篇相关的文献，我们可以寻找到那些与自己的研究紧密相关的部分，特别是那些真正对自己开展研究有参考价值的关键点。比如，前人研究中所用研究方法的效果、利弊得失，以及这些方法与自己研究的适合性等。当然，对于前人研究中与自己的研究相同的概念或变量，要进行仔细的检查和比较，不要想当然地认为只要名称相同，其内涵就一定相同，因而自然是可比的。特别是要搞清楚在各个不同的研究中，同一名称的概念是如何操作定义的，又是如何测量的，因为，常常存在着这样的情况，在不同的研究者所做的研究中，同一名称的概念，实际上却意味着两种不同的内容。

第五，为研究者提供理解和解释研究结果的背景资料。

文献述评的又一个重要意义是它在客观上给我们提供了一种与所探讨的研究问题或领域有关的背景资料。这种背景资料既是研究者在选择研究问题时的参考框架，同时也是研究者在对自己的研究结果和研究发现进行解释时所依据的一种大的背景。这种大的背景不仅可以解释研究者的研究问题是从哪里来的，解释研究问题在这一领域中处于什么位置，也可以解释目前研究的结果和发现对以往这一领域的知识具有什么样的补充或修正意义，解释目前研究的结果和发现对于这一领域中知识的积累以及对关于这一主题的长长的对话来说所具有的特定意义。此外，任何一项社会研究都可能会产生出一些研究者未曾预料的结果，或者产生一些与研究者所期望的结果有所不同、甚至完全相反的结果。而要正确地理解这些结果，合理地解释这些结果，都离不开前期文献述评过程所给予我们的这种背景资料。当我们回到前期文献述评中所梳理出的某些研究结果和发现，当我们将以往各种不同的研究结论重新进行综合、归纳、分析比较时，目前研究中这些未曾预料的、与预期不一致的、看似矛盾的，以及难以解释的结果所蕴含的意义或许就会凸显在我们的眼前。

扩展阅读

文献回顾与研究的关系

文献回顾在整个社会研究过程中处在什么位置？它和整个研究过程中的哪些部分关系最为密切？从上述有关文献回顾的意义探讨中，我们不难找到回答这些问题的具体答案。概括地说，文献回顾处于一项研究过程的最初阶段，它和研究问题的选择以及研究的设计这两个部分之间的关系最为密切。具体来看，文献回顾与研究的关系主要体现在以下两方面。

1. 文献回顾是选择研究问题的重要途径之一

如前所述，所有具体的社会研究都起始于研究问题的选择。而文献回顾则正是选择研究问题的重要途径之方面，对某个领域感兴趣的研究者，常常会在阅读该领域的其他研究者的论文和研究报告的过程中，在梳理不同学者对这一主题的各种观点所形成的长长对话的过程中受到启发，发现值得探讨的问题。现实中许多社会研究问题的产生和确定，就是研究者在阅读、分析这些专门文献的过程中，找到需要弥补的缺陷而产生的。另一方面，研究者头脑中那些可以发展成为研究题目的最初的灵感，也有很大一部分来自于各种文献。“作为研究问题的想法、灵感和火花，常常可以从学术著作和教科书的内容中，从报纸杂志的文章和标题中，以及从学习笔记和谈话记录中采摘到。尤其是各种社会科学的报纸杂志，常常成为这种灵感、火花和想法的重要来源地。”①因此，在一定意义上可以认为，文献回顾是与选择研究问题同时进行的。

文献回顾虽然会对一项研究的各个部分都提供有用的信息，但它尤其与研究课题的选择密切相关。阅读和评论已有文献，将帮助研究者识别与自己的研究主题相关的发现；理解和组织这些发现，将为研究者寻找自己的研究问题提供推动力，即提供那些导致、引导研究者进入到一个特定的研究问题的力量或因素。从实际过程来看，文献回顾与选择研究问题这二者之间往往存在着一种交叉影响、相互促进的作用，使得研究问题的选择呈现出一种由宽到窄、由模糊到清晰的层层深入的过程。在很多情况下，研究者最初可能由某种自己感兴趣的现象引起好奇，也可能由阅读某种文献引起对某一问题的注意。当研究者试图对此现象或问题进行一项系统的社会研究时，会首先去围绕这一现象或问题领域开展相对宽泛的查阅文献工作；在这种文献查阅的基础上，研究者初步确定自己的研究主题，并围绕这一主题展开新一轮内容更为集中、焦点更为明确的文献查阅；而这种专门的文献查阅的结果，就进一步帮助研究者最终形成明确具体的

---

①　风笑天：《社会学研究方法》（第三版），中国人民大学出版社 2009 年版，第 48 页。

研究问题。这一过程表明,通过广泛查阅和系统阅读,从而了解和熟悉同一研究领域的现状和主要研究成果,对于研究问题的选择以及研究问题的明确化具有明显的作用。此外,文献回顾还能“使我们知道所要研究的题目是否以前已被研究过?研究的结果如何?碰到何种难题?先前的研究对未来的研究又有何种建议?”即可以使我们避免重蹈覆辙。

2. 文献回顾有助于研究设计

除了对研究问题的选择有明显作用外,文献回顾还对研究的设计有着重要的影响。研究设计是研究者针对研究问题,对所要采取的研究视角、研究思路、研究方法和具体技术事前做出的一种考虑。其目标是为找到研究问题的答案而制定出切实可行的操作方式。从程序上看,研究设计通常发生在研究问题确立之后,似乎与帮助研究者确定研究问题的文献回顾没什么关系。但实际上,无论是研究问题的确立,还是研究设计的考虑,都与文献回顾联系十分紧密。从上述对文献回顾各种意义的分析中,我们不难发现,文献回顾不仅与选择研究问题同时进行,在一定程度上也与研究设计有一些交叉。很多情况下,研究者的研究设计实际上也是从文献回顾就开始考虑的。研究者往往是在阅读以往的研究者所发表的各种研究结果的同时,就在关注他们探讨问题的特定视角、他们所采取的研究方式、他们收集和分析资料时所采用的研究方法和具体技术。而在这种关注中,研究者也会主动地思考自己的研究应该或者可以采用什么研究方式、方法和技术。

总之,在整个社会研究过程中,文献回顾处在研究最初期的位置上,或者说,文献回顾是研究者在进行一项研究的早期阶段所遇到的具体和实际问题。正如纽曼所指出的:“无论你采用的是社会科学中的哪种方法,对某个问题进行累积性知识的回顾,都是研究过程中基础性的早期阶段。”①在这个阶段中,与文献回顾关系最为密切的两个环节分别是选择研究问题和开展研究设计。换句话说,文献回顾的过程发生在从选择研究问题开始,到进行研究设计为止的这两个阶段。也正是因为文献回顾与这两个对整个研究来说至关重要的环节密切相关、密不可分,它对整个研究所具有的重要意义也就不难理解。我们之所以在研究的开始阶段要去系统查阅、认真分析那些与我们感兴趣的研究问题密切相关的文献资料,是因为它们对我们的研究有着十分重要的影响。更直接地说,是因为它们在很大程度上决定着我们的研究应该从哪里出发。因此,文献回顾并非可有可无,也并非可轻可重,而是社会研究的早期阶段最为重要的任务之一。无论

① [美]劳伦斯·纽曼:《社会研究方法:定性与定量的取向》(第五版),中国人民大学出版社 2007年版,第 122～124 页。

是对于提升具体社会研究项目的价值，还是对于提高社会研究者的研究水平，文献回顾都是一个值得特别重视的关键环节。

在美国一些大学中经常会看到的一种现象也可以给我们一些启示：一般来说，研究生入学的头两年中，需要根据导师的研究方向，选择自己感兴趣的研究领域。在选定某个研究领域后，这个方向的导师们往往会给学生开列一份包括该领域最经典和最重要文献的目录，这种目录通常会包含一两百篇（部）论文和著作。在两年中，研究生除了选修专业基础课程外，另一项重要的任务就是阅读这些文献。两年后的博士资格考试就是针对这些文献的。只有通过资格考试，才能成为博士候选人，才能进入做博士论文的阶段。其实，他们要求研究生前两年所做的，实际上就是这里所论述的文献回顾的工作。他们这样做的逻辑是：每个学生的研究工作都是从阅读、理解和总结这些文献开始的。你要从这个领域中选择自己的研究题目，就必须先认真阅读和了解这个领域中前人最重要的研究成果。而当你对该领域中最重要的前人研究成果以及该领域中各种学者关于这一主题的对话都了解得清清楚楚时，你也就知道还有哪些问题值得进一步研究了。这样选出的研究问题在研究的意义和研究的创新上自然就容易得到保证。

3. 文献回顾与研究之间关系的例子

我们通过一个实际的例子来简单展示文献回顾在社会研究中的重要意义，展示文献回顾对提出研究问题、确定研究思路、选择研究方法所具有的决定作用，同时也说明文献回顾与选题和研究设计之间的紧密关系。

两位美国研究者对“兄弟姐妹数量与儿童智力发展”之间的关系感兴趣，在确定他们自己的研究问题之前，他们对至少50多篇相关的重要文献进行了系统回顾。他们发现，“1987年，高尔顿（Galton）就指出了长子具有智力优势。但是在家庭结构的各个方面，只有兄弟姐妹数量一直被研究发现是不利于孩子的智力获得的，或者更一般地说，是不利于‘孩子质量’的”。同时，关注这一主题的“大多数研究者都同意，兄弟姐妹数量和智力发展之间存在着统计上的负向关系。这一研究发现不仅在美国的数据中得到确认，而且在法国、苏格兰以及英国的关于在校生的大规模调查中得到确认”。“对于这个结果，目前有两种解释。其中较为普遍的解释认为这种关系是因果的……第二种解释则认为，它们之间的关系是虚假的。”①

这首先表明，对于这两位研究者所关注的主题，前人已做过很多的研究，得

① Guang Guo, Leah K. van Wey, “Sibship Size and Intellectual Development: Is the Relationship Causal?”, in *American Sociological Review*, 1999, 64(2).

到了很多的研究结果(他们所列举的文献或许只是其中最重要的一部分)。其中有些结果得到了反复的验证,而有些则受到了质疑。换句话说,关于这一主题,有很多的研究者都发了言,他们的研究所得出的各种观点之间,既有一致性,也有不一致的地方。

正是在认真听取关于这一主题长长的对话的过程中,这两位研究者发现:“就数据而言,几乎所有关于兄弟姐妹数量与孩子质量之间关系的证据都来自基于截面数据的常规回归分析,因而对统计关系的因果解释经常受到质疑。而另一种可能的解释是,统计发现的兄弟姐妹数量与孩子质量之间的负向关系是虚假的,这种关系是由其他因素导致的,或者是由与兄弟姐妹数量高度相关的其他因素,如家庭的社会经济地位、家庭遗传,或者家庭总的智力环境等共同导致的。”①

正是在这种背景下,他们确定了自己的研究问题,同时也为回答这一问题制定了研究策略和研究方法:“在本研究中,我们通过兄弟姐妹研究以及对相同个体的重复测量研究来检验兄弟姐妹数量对孩子智力发展影响的后一种解释。”(即兄弟姐妹数量与孩子智力发展之间的关系是虚假的)而他们所寻求的回答,实际上也是对这一领域中科学知识的一种积累或补充。当他们利用相关数据资料,通过专门的研究,在控制“诸如家庭智力环境、家庭价值体系以及家庭遗传等无法测量的影响因素”的条件下,发现“兄弟姐妹数量与智力发展之间的负向关系消失了,这就对以往研究中发现的负面关系的因果解释提出了质疑”②时,他们实际上也为人们更好地认识和理解这一问题提供了一种新的知识。

三、文献述评的过程

经由前面的讨论,我们不难理解,文献述评工作,简单地说就是“对研究的研究”,即对与研究主题有关的前人的研究成果所进行的系统研究。要很好地完成这一工作,必须做好文献述评的不同环节的工作。国外有学者把文献述评的整体过程分为六个步骤(见图 5-1),即选择主题、文献搜索、展开论证、文献研究、文献批评、综述撰写。③

---

① Guang Guo, Leah K. van Wey, “Sibship Size and Intellectual Development: Is the Relationship Causal?”, in *American Sociological Review*, 1999, 64(2).

② Guang Guo, Leah K. van Wey, “Sibship Size and Intellectual Development: Is the Relationship Causal?”, in *American Sociological Review*, 1999, 64(2).

③ 劳伦斯·马奇、布伦达·麦克伊沃著,陈静、肖思汉译:《怎样做文献综述——六步走向成功》,上海教育出版社 2011 年,前言第 3~5 页。

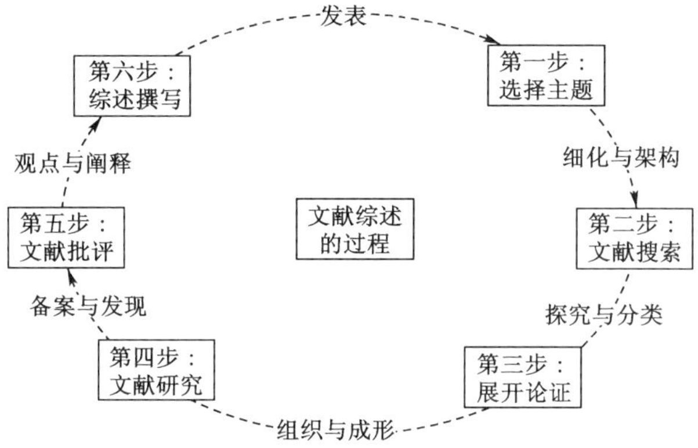

图 5-1　文献述评过程六个步骤图示

选择主题：一个好的研究课题通常是从对现实问题的兴趣中产生的。这种兴趣必须要从日常生活语言转化为能够成为研究课题的想法(ideas)。这个研究课题必须是一个明确的问题，并与具体的学术领域相联系。使用学科语言、提炼研究兴趣、选择学术观点，这是建立研究课题的必经路径。这些任务完成之后就可以得出一个确定的研究课题，从而为第二步指出方向。

文献搜索：文献搜索决定文献综述将包含的信息。文献搜索的任务是选择信息，找出能支持论题的最有力的资料证据。在搜索文献时，必须预览、选择和组织资料，可以借助浏览、资料快速阅读和资料制图等技术对相关资料加以分类和存储。

展开论证：要成功地论证主题，需要建立和呈现论证方案。论证方案要对论断进行逻辑安排，对相关资料加以组织，使之成为证据主体。证据主体则要对关于研究课题的现有知识进行解释。

文献研究：文献研究即对检索到的资料进行集中、综合和分析，从而建立探究式论证，依据证据，建立一系列合乎逻辑的、可信的结论和论断。这些结论就是阐释研究问题的基础。

文献批评：文献批判是对研究课题现有知识的理解，分析先前的知识是如何回答研究问题的。

综述撰写：文献综述论文①的写作使研究项目转变为可供别人参考的资料。通过构思、塑造、修改，文献综述成为一份可以准确传递研究内容，让目标读者明白研究问题的书面资料。写作者要经过撰写、审读和修改等步骤创造出精雕细

①　此处所说的文献综述的论文写作，属于本书前面讨论到的"单独成篇"的文献述评的范畴。

琢的成稿。

上述国外学者所论述的"六步走向成功"的文献综述法，主要是针对本书前面所述的"单独成篇"的文献述评而言的。就一般意义上的文献述评工作来说，我们认为，概括而言，"六步走向成功"的文献综述法中的选择主题步骤，属于前面我们论述的"选题的艺术"阶段的工作，其他五个步骤概括起来不外乎是查找、检索或搜索、遴选文献，阅读和理解、分析与评价文献，以及组织与表述文献（即撰写文献述评文本）这几个主要环节的工作。我们更加认同风笑天教授关于这个问题的观点，他认为，文献回顾（即文献述评）的过程整体而言必须努力做好三个环节工作，即文献查找、文献阅读、文献表达。[1] 这三个主要环节的工作我们可以叫作"三步工作法"：查找与检索文献—研读与分析文献—组织与表达文献。这三个步骤，不仅涵括了选择和确定研究课题的阶段，而且贯穿于一项社会研究的全部过程之中。

（一）查找与检索文献

显然，该步骤的主要工作任务就是在具备了一定的文献检索知识的基础上，运用特定的技术与方法，对以往的相关学术文献进行查找、检索与遴选等，比如快速阅读、分类、储存等。

首先，要了解文献来源。文献来源是指你想阅读的文献从哪里来。对于专业研究者而言，毫无疑问，文献来自于专业出版物，主要包括期刊、图书以及部分报纸的理论版等。随着数字出版的不断壮大，越来越多的数字期刊也逐渐成为文献的来源之一。但总体上，目前还是以纸质版的专业出版物的电子版为主要的文献来源。大学和研究院所的科研工作者所在机构的图书馆一般都提供较为全面丰富的电子资源文献。最为常见的数据库包括中文和外文两种。

常见的中文数据库有：

- 中国期刊全文数据库（中国知网）
- 万方资源（含期刊、学位论文、会议、成果等）
- 读秀学术搜索
- 超星数字图书馆
- 万方学术期刊
- 万方学位论文
- 人大报刊复印资料
- 中文社会科学引文索引（CSSCI）

---

① 风笑天：《社会研究：设计与写作》，中国人民大学出版社2014年版，第48～53页。

- 龙源期刊网
- 人民日报

常见外文数据库有：

- Science Direct
- Web of knowledge 平台(含 SCIE,SSCI,AHCI,INSPEC,BCI 等)
- EBSCO 总平台(含 ASP,BSP,PsycInfo,PsycArticle,ERIC,Ebooks 等)
- Springer Link Journals
- JSTOR
- Springer Link Books
- Reaxys
- ERIC
- ProQuest 学位论文全文库
- Oxford Journals
- Royal Society of Chemistry(英国皇家化学学会,RSC)
- Cambridge Journals

上述每一个数据库都有专属的特色,这些特色既有可能体现在学科或主题上,也有可能体现在文献年代上。科研工作者可以在图书馆的数据库介绍中了解和知晓不同数据库的文献特色,并在此基础上选择能够有效服务你当前研究领域或主题的特定数据库。

其次,要区分学术文献与非学术文献。尽管从最广泛的意义上说,一切文献都可以作为社会研究的材料,但这却并不意味着一切文献都是文献回顾的对象。文献回顾中所指的文献主要是那些发表在正式学术期刊上的论文和正式出版的著作。其他像通俗读物、大众传播媒介中的信息,以及非学术性的期刊等则都不是文献回顾的对象。所以,本章中所谈的文献仅指这里所说的学术性文献。

查找文献是文献回顾的第一步。要从浩瀚的文献中找到与研究课题相关的文献,必须具备一定的文献检索知识。在这方面,我们可以向大学图书馆或者图书情报专业的老师咨询,也可以通过阅读这方面的书籍来了解。在这里我们只对常见的期刊论文查找方式做一个简单介绍。

中文期刊的文献一般可以通过上网登录"中国学术期刊全文数据库"(CNKI)来进行查找。在 CNKI 的检索方式中,最常用的方法是采用主题、关键词、篇名的方式进行检索。实践中,研究者对与研究课题相关的文献的查找常常依据两个主要方面:一是研究的主题,比如社会适应、择偶方式、社会分层等;二是研究的对象，比如三峡移民、青年、留守儿童等。单独按研究主题或按研究对象进行检索时，文献的数量可能会很大。所以，较好的方式是将二者结合起来进行检索。下面我们以三峡移民社会适应以及青年择偶方式两个方面为例来进行说明。表 5-1、表 5-2 是研究者分别采用主题检索、关键词检索以及篇名检索的方式对不同内容进行检索所得到的结果。①

表 5-1　　“三峡移民社会适应”相关文献检索结果

检索方式	检索内容			
	移民	三峡移民	社会适应	三峡移民+社会适应
主题检索(篇)	27 180	1 170	5 468	24
关键词检索(篇)	5 244	892	1 382	13
篇名检索(篇)	10 739	428	693	4

表 5-2　　“青年择偶方式”相关文献检索结果

检索方式	检索内容			
	青年	择偶	择偶方式	青年+择偶方式
主题检索(篇)	209 084	1 088	96	37
关键词检索(篇)	23 065	160	79	10
篇名检索(篇)	57 742	314	6	1

从表 5-1、表 5-2 中可以看出，主题检索结果覆盖的范围最广，关键词次之，篇名检索的范围则相对最小。一旦将主题与对象结合起来进行检索，范围就非常集中了。需要指出的是，研究者除了阅读主题结合检索最终所得到的几十篇论文外，还应该从单独主题中挑选某些重要文献进行阅读。比如，三峡移民社会适应研究一例中，研究者还需要从“社会适应”单独检索所得结果中，以及从“三峡移民”单独检索所得结果中挑选某些重要论文进行阅读；同样的，青年择偶方式研究一例中，研究者还需要从“择偶方式”单独检索的结果中，以及从“择偶”单独检索结果中挑选某些重要文献进行阅读。

由于单独检索的结果往往很大，如何从几十篇、几百篇甚至更多的文献目录中挑选重要的文献呢？这方面似乎并没有固定的方法，但我们可以有两个选择的原则：一是相关性原则。即要尽可能挑选那些与自己的研究题目相关的文献。一篇非常相关的文献往往比一批不相关的文献更有价值。二是可靠性原则。即

① 表中数据为风笑天 2011 年 11 月 2 日在“中国学术期刊全文数据库”所查得的结果。

要尽可能挑选那些来源可靠、资料可靠、质量可靠的文献。同样，一篇可靠的文献往往比一批不可靠的文献更有价值。相关性原则比较容易把握。可靠性原则的把握相对困难。我们可以从以下几方面来进行判断、分析和选择：一是根据论文发表的刊物的性质来判断。专业性强、学术水准高的刊物上的论文总体上水平会高一些，质量会好一些，因而也相对重要些。二是根据被引用状况来挑选。那些在以往研究中，学者引用相对多一些的文献，其重要性程度也往往高一些，因为被引用次数高的文献往往是该领域中的经典文献或是争论的焦点文献，或是对某一领域全面综述的文献。三是依据论文作者的学术知名度来选择。一般情况下，学术知名度较高的学者，其研究的总体水平较高，论文质量也相对较好一些。当然，这只是指的一般情况。有时，一些不知名学者的论文质量也会很高，相反一些知名学者的论文质量也会较低。

对于英文文献，比较常用的数据库是"西文过刊全文数据库"，其英文缩写为JSTOR。另外还有一种常用的英文期刊数据库是 ProQuest。这些英文文献数据库，一般大学的图书馆都会购买其使用权，供学校内的教师和学生上网检索和下载相关文献。JSTOR 打开后，有一个输入框，如果知道文献标题，可直接将标题键入空白框中，然后点击 search 进行搜索。也可以根据主题(topic)、关键词(keyword)、作者(author)等进行检索。此外，还可以点击空白框下面的 advanced search 按钮，打开选择页面，对若干搜索条件进行限定，然后再进行搜索。其他的西文文献数据库，比如 ProQuest 等的检索方式也大都与此相似。读者可以在大学图书馆里通过网络进行检索和查找。初次使用时可以向图书馆的老师咨询和了解。

（二）研读与分析文献

本步骤主要工作就是认真阅读、理解文献，以及开展分析与评价文献的思维过程。

与一个具体的研究课题相关的文献往往是众多的。但这些文献与研究课题的相关程度则是有所差别的。有的关系密切，有的则并不直接相关。而且一般来说，越是不直接相关的文献往往越多。正如约翰·W. 克雷斯威尔曾指出的，与研究课题有关的参考文献往往是"一个倒置的三角形，这个倒三角形的底端是正在计划中的研究课题，且这项研究的范围很窄而集中(没有相关研究)。一旦我们把视线拓展到这个三角形被倒置的底边上，就可以发现仍有很多资料可供参考，尽管它们跟我们所着手的这项研究不直接相关"①。所以，在进行文献回

① [美]约翰·W. 克雷斯威尔：《研究设计与写作指导：定性、定量与混合研究的路径》，重庆大学出版社 2007 年版，第 66 页。

顾的时候，研究者应该将注意力集中在这个倒置的三角形的底端，对那些与研究课题最为相关的文献进行认真阅读和综述。

当我们根据前述各种标准和方式选择了几十篇（一般情况下二三十篇）最重要的相关研究论文后，接下来的任务就是对这些文献进行认真阅读和归纳了。关于阅读的顺序，有学者给出了很好的建议："从最近的研究成果开始你的阅读常常是有益的。它可以达到两个目的：一是使你更快地注意知识和认识的现状，二是最新研究常常包括以前研究的参考资料。"①在对每一篇文献进行阅读时，应主要关注文献中的研究问题、研究目标、研究对象、研究设计、具体方法、主要结果、研究结论，以及研究中存在的问题或局限。特别需要提醒的是，阅读时头脑中始终应该记住自己的研究主题和研究问题，这样就会在阅读中将焦点集中在前人研究与自己的研究相关的内容上，并能敏锐地发现现有研究中最有价值的部分和最主要的不足。

关于文献阅读方法，笔者给读者的一个建议是：在阅读中要随手做些记号，将论文中的关键内容凸显出来。同时，还可以将自己在阅读这些论文中的思考、疑问、认识和看法记在论文空白处，以便于以后进行文献的归纳、组织和整理，也为思考和建构自己的研究思路、方案等提供参考。

前人的研究虽然会给我们很多的启发和帮助，但同时也会给我们留下一些缺憾。不管你研究的问题是什么，只要真正认真地深入到与你的研究问题相关的文献中，认真阅读，一定会发现现有研究或多或少存在的某些不足和局限。在某种意义上说，正是以往研究的这些不足和局限，给自己的研究提供了新的方向和空间。

（三）组织与表达文献

简单说本步骤就是撰写文献述评文本。也就是说，有了对前人研究文献的详细了解，只是为自己的研究打下了一个好的基础。只有将自己阅读过的这些文献很好地概括、梳理和组织起来，有条理地展现在读者面前时，文献述评才达到了它所要达到的目的。

表达文献回顾的结果或者说撰写文献述评文本，关键是要抓住研究的主题来组织。有学者认为，好的文献述评应该具备这样几条："① 前沿性。文献综述应该关注学术的最新发展，不是为了赶时髦，而是为了防遗漏。② 覆盖性。一个好的综述应该涵盖所有重要文献，围绕研究的中心问题，探索方方面面的答案，包括自己不同意的答案。对与自己的假设或发现不一致的文献或理论，尤其不能忽略。……③ 相关性。在坚持全面原则的同时，我们又不能对所有文献不

① ［美］唐·埃思里奇：《应用经济学研究方法论》，经济科学出版社1998年版，第132页。

加选择地包揽。我们只需要回顾与本研究直接相关的或至少间接相关的文献，避免讨论不相关文献。④ 分析性。分析而不是堆砌文献，罗列文献是初级水平，成熟的文献综述要有分析。最重要的分析技巧包括辨识有重要理论贡献的关键文献，依据不同的理论视角将文献进行归类，比较各种观点之间的差异和逻辑关系，并且批判性地评估各种观点的理论价值和经验证据。⑤ 连贯性。好的研究综述应该自始至终围绕一条主线，为作者的思路服务，一步一步推演出研究假设。年轻的学者容易被烦琐的文献牵着鼻子走，偏离主题。[①]"这些看法可以作为我们表达文献的一种很好的参考。

1. "单独成篇"的文献述评的写法

一般来说，"单独成篇"的文献述评通常都会包括"述"和"评"两个部分(因此有的文献回顾论文的标题往往会写成"某某问题的研究述评")。在这种文献回顾中，既要介绍该研究领域中的状况，又要在此基础上进行评价和议论。其中"述"的部分，即是要通过作者对众多文献的系统阅读和分析，将该领域中的整体研究状况进行分类整理，或按时期、主要的专题或分支进行综合介绍，同时还要适当展现出每一时期、每一专题或分支中最为重要的研究结果。由于这种文献回顾所涉及的内容较多，因此，写作中往往还需要进一步将文献整体内容细分为"次主题"。而文献回顾中"评"的部分，则是要在归纳整体研究状况的基础上，指出现有研究中存在的主要问题或不足，特别是要对若干重要的、已有研究尚未充分讨论的问题提出来进行探讨，或者提出一些新的研究方向。至于"述"和"评"两部分的侧重或比例问题，一般来说，"述"的部分比重和篇幅相对较大；但有的文献综述相反，提出来的问题和讨论部分相对较大，或者说"评"和"论"的部分相对较大(有关这方面的例子，读者可参阅风笑天的三篇文献。第一篇是其博士论文中的"文献回顾"一章[②]，另外两篇是对两个领域的研究状况的整体回顾及探讨。其中，关于独生子女研究状况的文献回顾就相对侧重于"述"一些[③]，而关于生活质量研究的文献回顾就相对侧重于"评"和"论"一些[④])。

此外，我们还特别推荐读者读一篇题为《中国农村留守儿童研究述评》的文献回顾。在这篇研究述评中，作者"致力于寻找、辨析留守儿童存在的真实问题。文章分两条线索：一是对已有研究的再研究，主要是通过中国知网、中国学术期刊网络出版总库的筛选，查阅来自期刊论文中影响较大且方法比较

---

① 彭玉生：《"洋八股"与社会科学规范》，载《社会学研究》2010年第2期。

② 参见风笑天：《独生子女：他们的家庭、教育和未来》，社会科学文献出版社1992年版，第2章。

③ 参见风笑天：《中国独生子女研究：回顾与前瞻》，载《江海学刊》2002年第5期。

④ 参见风笑天：《生活质量研究：近三十年回顾及相关问题探讨》，载《社会科学研究》2007年第6期。

规范的文献，做重点解读，从中提炼出现有研究中能够反映留守儿童真实问题的主要结论；二是在此基础上，通过对其他相关文献的分析，结合笔者的研究经历和参与的调查，对农村留守儿童问题进行延伸的分析”①。从这篇文献述评中，我们可以进一步了解到作者是如何选择文献、分析文献、归纳文献、评论文献的。而读者通过阅读这篇文献述评，也会获得对这一研究领域中的现状、焦点问题、重要结果、理论视角等方面的全面了解。这正是文献述评所发挥的作用的体现。

2.“作为整体一部分”的文献述评的撰写

“作为整体一部分”的文献述评，包括作为期刊论文一部分的文献述评、作为学术著作一部分的文献述评、作为学位论文一部分的文献述评。在此，我们主要以介绍作为期刊论文一部分的文献综述为例，说明“作为整体一部分”的文献述评的结构与写作方法。

作为期刊论文一部分的文献述评，也存在不同的具体结构形式与写作套路。一种情况是可以将文献回顾放到导言中进行介绍的写法，这种文献回顾的写作方法我们可以称为“融入导言的文献回顾”；另一种情况是作为期刊论文一个独立部分的文献回顾的写法，这种文献回顾也可以称为“单独列出的文献回顾”。②在较多的情况下（特别是在研究生学位论文中），文献综述的写作往往采用的是这种单独列出的方式。③

从学术界所发表的论文来看，这种单独列出的文献综述在内容结构上，大体可以归纳为以下两种不同的模式（这只是大体的归纳，实际存在的写法显然并不都是如此）。一种可以称作“自变量与因变量”写作模式，或者称作“原因/观点列举”写作模式；另一种则可以称作“综合式”写作模式，或“陈述式”写作模式。④

不论哪种模式，都需要在文献述评的最后部分做一个总结，特别是要指出现有研究的不足或局限。这种不足或局限可能是研究方法方面的问题，可能是研究对象方面的问题，也可能是研究者对研究主题的某个方面有所忽视造成的，还可能是以前不具备某种客观现实条件，等等。不论哪种情况，总结这些不足或缺

① 谭深：《中国农村留守儿童研究述评》，载《中国社会科学》2011 年第 1 期。

② 参见风笑天：《社会研究：设计与写作》，中国人民大学出版社 2014 年版，第 167 页、172 页。

③ 需要说明的是：实际上，“融入导言的文献回顾”不能算作文献述评的一个独立类型，把它理解为属于“导言”写作中的一种具体形式更好，因此具体的写法此处省略，将在后面的“研究成果的表达”一章中予以叙述。

④ 有需要的读者可阅读风笑天编写的《社会研究：设计与写作》，中国人民大学出版社 2014 年版，第 172～180 页。

陷，都可以作为开展自己的研究设计的逻辑起点。另外，在文献述评中我们不能只有概述或者综述而没有分析，要注意从综述中引出问题，将其引向你的关注焦点，从现有不足或缺陷中，为提出你的思路、你的观点、方案做准备。

第三节　研究设计的操作

一、研究设计概述

（一）研究设计的含义与作用

研究者在确定要研究的问题后，接下来要做的事情就是考虑这项课题该如何进行，这其实就是需要进行研究设计。一般而言，研究设计就是对整个研究进行规划，制定出研究特定社会研究课题的具体策略，确定研究的最佳途径，选择恰当的研究方法，制定详细的操作步骤，以及制订出研究活动的人、财、物和时间等各方面的具体计划。有研究者指出："研究设计是一项研究的基本计划，它包含四个方面的主要观点，首先是策略，其次是概念框架，再次是研究谁和研究什么的问题，最后是收集和分析经验材料时所用的工具和程序。"①可以说，研究设计既是一份研究计划的说明书，又是有关研究设想的阐述，并对研究步骤、研究方法做了详细的规定。

研究设计在社会研究中扮演着十分重要的角色：确定了研究问题，等于确定了研究所要达到的目标，剩下的问题就是我们如何才能达到这一目标，这正是研究设计所要解决的问题。研究设计一方面产生于研究问题和文献回顾的过程中，另一方面又影响到研究的实施和结果的形成。所以说，研究设计其实是一项社会研究的核心和关键所在。② 众所周知，研究设计的成果形式就是制定出具体的研究方案，作为整个研究的指引—— 从这个角度看，研究设计的具体作用主要包括：第一，它是整个研究的指导大纲，有了方案，研究就明确了方向、目的，它指导整个研究的全过程。第二，它又是研究计划的说明书，方案是对研究者有关研究项目总体设想的概括和详细说明。第三，有了研究方案还便于对整个社会研究过程实施监督、管理和控制。根据工作计划，可以对何时、何阶段必须完成何种任务，以及阶段性研究成果完成质量进行检查。除此之外，研究设计（主要体现为具体的研究方案）还能发挥申报研究课题的重要功能，即有了一个详细具体的研究方案，就可以据此向有关方面申请研究项目和研究经费。我们知道，在

---

① Keith F. Punch, *Introduction to Social Research: Quantitative and Qualitative Approaches*, London: Sage, 1998, p. 66.

② 风笑天：《社会研究：设计与写作》，中国人民大学出版社 2014 年版，第 54 页。

实际的社会研究活动中，不少社会研究的项目都来源于政府有关部门、企业或各种基金会等发布的研究课题，这样就需要研究者通过撰写课题申报书的形式提出申请，供课题发布方组织专家对申报的研究项目进行评审。

（二）研究设计主要考量的要素

1. 研究目的

社会研究通常要满足很多目的。对着研究对象进行研究时，其研究目的可谓千差万别，但是归纳起来，所有这些研究都不外乎三个基本的目的：探索、描述和解释。

（1）探索（exploration）。所谓探索是指对所研究的现象或问题进行初步了解，以获得初步的印象和感性认识，同时为今后更周密、更深入的研究提供基础和方向。进行探索性研究的目的主要有三个：① 满足研究者的好奇心和对某事物更加了解的欲望；② 探讨对某个问题进行细致研究的可行性；③ 发展和尝试后续研究中需要使用的方法。从这三个目的来看，探索性研究应属于先导性研究，它主要是为后续研究指引方向和提供途径。所以探索性研究在方法上的要求相对比较简单，也不太严格。它通常采用参与观察和无结构式访问等方法收集资料，所研究的对象的规模也比较小。从资料中所得出的各种结果，并不用来推论调查对象所取自的总体，也不用来检验某种理论假设，而主要用来“探测”某类现象或问题的基本范围、内容或特征，给人们一个大致的轮廓或印象，用来“提示”深入研究这一现象或问题的可能途径，用来尝试可用于这一现象或问题研究的合适的方法与工具。比如，大城市上下班高峰的交通拥堵问题，研究者可任意地从该城市中找几条公共汽车线路随意找几十位行人、乘客、汽车司机、交通警察等作为调查对象，围绕与城市交通相关的各种问题，对他们进行开放式的访问。从这样的调查中，研究者不仅可以初步了解到本市交通问题的主要内容、状况及与之相关的各种因素，同时还可以发现某些值得深入研究的问题，也可以为在大规模的抽样调查中采用结构式问卷来测量这种复杂现象或问题，提供可行的方法和手段。①

但需要注意的是，探索性研究的主要缺点是尽管它可以为获得答案和寻求确切答案的研究方法提供线索，但很少能圆满地回答所研究的问题。这主要是因为一项探索性研究所得到的各种结果和结论，都只是某种现象或问题的“初步印象”，它难以对所研究的现象或问题提供比较系统、比较肯定和比较令人满意的答案。或者说，探索性研究的结果，往往只是新的、更为系统的、也更加专门的研究的一种背景或起点。

---

① 风笑天：《社会研究方法》（第四版），中国人民大学出版社 2013 年版，第 59 页。

(2) 描述(description)。许多社会科学研究的主要目的是描述情况及事件。细致的描述对于研究计划是很必要的,它可以极大地丰富我们有关社会形态和本质的知识。通常许多政府资助的研究属于描述性研究,包括人口普查、收集广泛的社会指标和经济信息,如家庭支出结构、就业、犯罪统计等。描述可以是具体的,也可以是抽象的。相对具体的描述,比如描述一个城市的人口年龄变化概况或工作场所的性别构成等。相应的,描述也可以是一些更抽象的问题,如“贫富差距是在扩大还是在缩小?”“西部农村的贫穷程度如何?”描述性研究应当注意两个方面:一是描述的准确性;二是描述的概括性。准确性指的是对社会现象的分布状况、基本特征等,都要做出定量的和精确的描述和说明;概括性则是指研究结果所描述的不应当是个别的或片面的,而应当是能反映出总体及各个组成部分一般状况的普遍现象。或者说,根据样本研究的结果,应能够反映出总体的水平和趋势。

总之,描述性研究在对社会现象的认识上,比探索性研究前进了一大步,而且许多定性研究的基本目的就是描述。不过,研究活动并不限于描述,研究者通常还会探讨事物存在的理由及其所隐含的意义。所以,社会学研究的第三个目的就是解释。

(3) 解释(explanatory)。解释性研究关注的是“为什么”的问题。如果说描述性研究解决的是“是什么(what)”,探索性研究解决的是“怎么样(how)”,那么解释性研究就是在两者基础上进一步弄明白事物和现象“为什么(why)”。比如,描述一个国家的犯罪率,检验其随时间变化的趋势,或比较不同国家的犯罪率,最终要解释犯罪率为什么如此之高、为什么某些类型的犯罪在增加或为什么某些国家的犯罪率高于其他国家,这就属于解释性研究的范畴。

由于解释性研究的目标是回答“为什么”,是解释原因,是说明关系,因而它的理论色彩往往更强。它通常是从理论假设出发,经过实地调查,收集资料并通过对资料的分析来检验假设,最后达到对社会现象进行理论解释的目的。也正因为如此,解释性研究在调查方案的设计上,除了与描述性研究一样,具有系统性和周密性以外,还比描述性研究显得更为严谨,针对性也更强。它更接近于社会研究方法中的实验设计。解释性研究在内容上不要求具有广泛性,不要求面面俱到,但是,它特别注重调查内容的适用性和针对性。它往往要求调查内容必须紧紧围绕所要验证的理论假设。例如,对青少年初次犯罪原因的解释性研究,它在内容上就不像描述性研究那样,对青少年初次犯罪的概况,比如年龄、特点、类型等,做全面而详细的了解,而只需要将调查的焦点集中在对各种可能的原因和解释进行检验、分析、探讨和说明上。

解释性研究最常用的方法是“因果解释”。我们可以设计一个包含很多相互关联的因果链条的模型来解释，也可以用因果关系的决定论或概率来解释。比如，我们认为收入水平受到性别的影响，这可以用很简单的因果关系解释，也可以用比较复杂的因果关系解释。如图 5-2 所示：第一种解释认为性别对收入有直接影响，如单纯的性别歧视[图 5-2 中的(a)]。第二种解释，可以用一个因果链条来说明，如性别影响到培训机会，培训机会又影响到职业的选择，职业选择与升迁机会有关，升迁机会又会影响到收入水平[图 5-2 中的(b)]。或者我们可以假设一个更为复杂的模型[图 5-2 中的(c)]。①

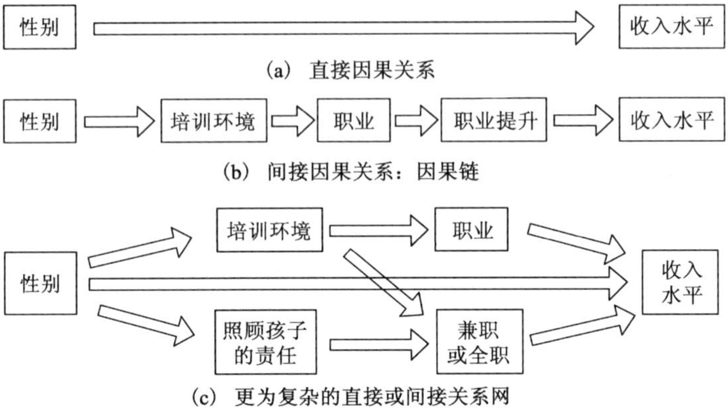

图 5-2 因果链条模型图

除此之外，还有两种考虑因果关系的方式：决定性的和概率性的。比如，有些吸烟者否认吸烟会导致患癌症，因为他吸烟很凶，但是没有患上癌症，这就是因果决定论。另外，医学权威指出吸烟者患癌症的概率更大，这就是因果概率论。事实上，社会科学中的大部因果解释都是概率性的而非决定性的。

需要说明的是，对研究目的的划分并不是绝对的，而只是相对的。现实生活中的每一项具体社会研究往往表现为更侧重于某一种目的，但同时还可能包含其他两方面的目的。所以，现实中的大多数研究是描述和解释两种作用兼而有之，只是对两者的侧重程度有所不同而已。表 5-3 是对三种不同目的研究类型的特征的总结。②

① [澳]戴维·德沃斯著，郝大海译：《社会研究中的研究设计》，中国人民大学出版社 2008 年版，第 4 页。

② 风笑天：《社会研究方法》(第四版)，中国人民大学出版社 2013 年版，第 62 页。

表 5-3　　三种不同目的研究类型的特征

	探索性研究	描述性研究	解释性研究
对象规模	小样本	大样本	中样本
抽样方法	非随机选取	简单随机、按比例分层	不按比例分层
研究方法	观察、无结构访问	问卷调查、结构式访问	调查、实验等
分析方法	主观的、定性的	定量的、描述统计	相关与因果分析
主要目的	形成概念和初步的印象	描述总体状况和分布特征	变量关系和理论检验
基本特征	设计简单、形式自由	内容广泛、规模很大	设计复杂、理论性强

2. 研究性质

社会研究从性质上划分为理论性研究和应用性研究两大类，两者又称为基础研究与应用研究。理论性研究指的是那些侧重于发展有关社会世界的基本知识，特别是侧重于建立或检验各种理论假设的经验研究。而应用性研究则指那些侧重于现实社会问题、有针对性地提供特定的社会政策的经验研究，包括社会状况研究、社会问题研究、社会政策研究和社会影响评估等。

理论性研究与应用性研究从性质上看研究的侧重点各不相同，但是并不意味着在进行问题研究时两者只能取一，实际上同一个研究问题既可以采取理论性研究方式也可以采取应用性研究方式。比如，同样是研究企业职工下岗和再就业问题，理论性研究主要关注诸如“下岗职工个人的人力资本对其再就业的影响”、“社会身份与职业地位获得”等，而应用性研究则更可能关注“下岗职工具有哪些基本特征”、“如何增加下岗职工再就业的途径”等问题。所以，从定义上我们很容易把理论性研究和应用性研究区分开来，但在实践中却很难将两者截然分开。

3. 研究方式

（1）基本研究方式的考量。一项完整的社会研究，包含着研究问题的形成、文献的回顾、研究设计、研究实施、资料分析、得出研究结果等多个环节。在不同的环节中，研究者的任务是不同的，对研究者能力的要求也是不同的。如果说研究问题的提出和形成主要体现的是研究者具有的“思想的”或“产生想法的”能力，而研究的实施，包括资料收集、资料分析和结果表达等，主要体现的是研究者“动手的”或“操作的”能力，那么，研究设计就是体现研究者“构思”、“规划”、“权衡”和“运筹帷幄”的能力。因而，也可以说研究设计是对研究者综合运用社会研究方法和技术的能力的考验。① 因此，确定研究方式是研究设计的一个重要组

① 风笑天：《社会研究：设计与写作》，中国人民大学出版社 2014 年版，第 58～59 页。

成部分。根据不同研究课题的目的及其性质，可采用不同的研究方式。研究者可以选择的基本研究方式一般来说有调查研究、实验研究、文献研究和实地研究四种。① 调查研究。调查研究指的是一种采用自填式问卷或结构式访问的方法，系统地、直接地从一个取自总体的样本那里收集量化资料，并通过对这些资料的统计分析来认识社会现象及其规律的社会研究方式。调查研究方式通过结构式方法收集资料，可以获得大量个案的信息，是社会科学研究最重要的也是常被采用的方法。有资料显示，在社会科学研究中采用统计调查方法呈不断递增的趋势，统计调查在对社会现象的一般状态的描述方面具有独特的优势。而统计方法也大多应用在调查研究方式之中。② 实验研究。实验是一种在高度控制的条件下，通过操作某些因素来研究变量之间因果关系的方法。在实验过程中，研究者通过引入、控制或操纵某个变量，同时观察另一个变量所发生的变化，以此来探讨不同现象之间的因果联系。在研究实践中，实验法主要运用于社会心理学和小群体的研究，原因是实验研究的范围较小，不可能像问卷调查那样进行大量的样本调查，因此难以反映群体的一般情况，但是在研究个体的行为方式或者心理活动时却具有独特的优势。③ 文献研究。文献研究是利用现存的文献资料进行社会科学研究的一种常用方法，它主要是根据第二手资料进行的间接研究。根据研究内容的不同，文献研究分为历史文献研究、统计文献研究和内容分析。文献研究的最大特点是不接触研究对象，它主要利用第二手资料进行研究，因而具有很明显的间接性、无干扰性和无反应性。缺点是容易脱离社会实际，造成为研究而研究，并且各种文献所反映的并不一定是社会现象的真实状况，所以，会对研究带来一定的误导。④实地研究。实地研究是一种定性的社会研究方式，它通常以参与观察、个案研究的形式进行。其基本特征是深入到所研究对象的生活环境中，作为其中一员与他们共同生活一段相当长的时间，通过参与观察和询问，去感受、感悟研究对象的行为方式及其在这些行为方式背后所蕴含的文化内容，以逐步达到对研究对象及其社会生活的理解。实地研究者往往力求从所研究对象的角度，而不是从局外观察者的角度来认识和了解社会世界。实地研究的优点在于可以对研究对象进行真实、深入、细致的观察和理解，往往可以达到其他研究方法难以达到的调查深度。缺点是使研究带有主观成分。

(2) 选择研究方式的策略。以上四种基本研究方式可以应用在不同性质、不同条件的社会研究之中，但它们并非截然分开的，在很多具体的研究当中，往往融会了多种研究方式，不同研究方式在研究当中可以起到相互补充的作用。不同学科的社会研究者在进行经验研究时，往往习惯于、或者倾向于使用其中的某一种方式。比如，心理学者经常采用实验研究的方式；社会学者经常采用调查研究的方式；人类学者经常采用实地研究的方式；而传播学者则经常采用文献研究的方式等。因此，这四种方式也可以说是四种不同的研究策略，它们各有利弊，对于社会研究来说都是重要的。这四种研究方式中的任何一种，都可以用来完成特定的社会研究课题。社会研究者在研究设计阶段要考量的重要工作之一，就是要决定自己将采用哪一种或哪几种研究方式开展一项具体课题的研究工作。风笑天认为，研究方式选择的一个重要策略，就是将研究问题与研究方式相连接。①

首先，依据研究问题所要达致的目的选择研究方式。在研究设计中，研究者一旦确定了研究问题，研究方式的问题就会提上议事日程。应该采用哪种研究方式，主要看你的研究问题所提出的目标是什么。例如，如果你的研究目的是测量某种社会现象的整体状况或趋势，或者是收集系统的经验证据用以检验某种理论，那么，调查研究的方式将是你的最好选择。如果你的研究目的是理解一个特定社会背景中起作用的各种因素及其相互之间的复杂关系，或者是探究一个特定事件的发生、发展和变化过程，那么，你的最好选择就是实地研究的方式。如果你的研究目的主要集中在揭示某种社会现象产生的直接原因，特别是希望观察某种特定的因素对这种社会现象的影响，那么，最好的方式就是进行一项实验研究。如果你的研究目的是探索一种新的主题和提供一种新的眼光，或者是澄清某种概念，建构某种新的理论，那么，你的最好选择就是扎根理论的方式。而如果你的研究目的是描述某种特定文化的实践和传统，或者是解释某种特定文化内部的社会互动，那么，最为合适的研究方式就是民族志了。

需要说明的是，每一种不同的研究方式同时也就意味着更多方面、更为具体、一系列的不同研究设计内容，包括研究程序的制定、研究对象的选择、研究工具的设计和选择、具体研究技术的运用、研究伦理因素的考虑等。在设计上述各方面的内容时，都要充分考虑到现实社会中的各种障碍因素，并提前准备和制定出相应的解决办法和替换措施。总之，在进行研究设计时，研究者头脑中应始终记住：所选择的方式与方法，对于回答研究问题来说，既应是最合适的，又应是可行的。

其次，同一研究问题不同研究方式的设计。对于同样一个研究问题，并不意味着只有一种固定的研究方式，研究者可以设计选择一条特定的到达研究目标的路径。例如20世纪70年代初关于“密度对人类居民的影响”问题的研究，有两组研究者分别采用了不同的研究设计：一是1971年格里菲勒等人采用的一项

① 风笑天：《社会研究：设计与写作》，中国人民大学出版社2014年版，第58～60页。

“实验室研究”的设计。他们在一个九英尺①长、七英尺宽、九英尺高的房间里，通过调整房间中的人数来“制造出”不同的密度，然后通过对这些参与实验者进行“人际评判量表”的问卷调查，来测量“侵犯性”程度（即对人类居民的一种负面的影响）。结果表明，高密度使人彼此之间不喜欢的倾向增长。二是1972年加勒等人采用的一项“现有统计资料分析”的研究设计。他们利用了1960年的《芝加哥地方社区事实手册》里的统计资料。该资料里既有“每英亩②居民数”（即人口密度指标），也有诸如“死亡率”、“生育率”、“对青少年犯罪率”、“精神病比例”（即对人类居民的负面影响的指标）等统计资料。但这一研究设计中，由于存在着影响密度与病态之间关系的其他因素，因此，研究者对阶级等变量进行了控制。结果发现，“密度并不造成病态，而密度和病态两者的差异，却是由社会阶级的差异造成的（例如，众所周知，穷人居住在比较拥挤的地区，并有较高的青少年犯罪率）”。研究者进一步的研究表明，“当密度按每间人数测量时，就确实存在着密度和病态之间的关系，假设就得以证实”③。

需要说明的是，不同的设计在具有各自的优势的同时，也存在各自的局限。在上述两种设计中，也同样如此。比如，实验室设计的人工环境是格里菲特等人的研究设计的最大缺点。而加勒等人研究设计的缺点是：“研究人员不能自由设计最好地测量人口密度及其影响的可能方法，而只能囿于该手册里所包含的资料。还有一些缺点是，资料陈旧……而且研究人员对该项研究无直接控制……不能控制密度，而只是简单地研究已发生过的事情。”④

再次，一个研究问题同时采用多种研究方式。在这种研究设计中，不同的研究方式在研究中扮演不同的角色，共同完成回答某个研究问题的任务。比如，社会研究中比较常见的一种方式是将深入的个案访谈的研究方式与大规模的抽样问卷调查的方式同时运用于一种研究中。前者往往作为整个研究过程的前期探索性研究，主要为后者的设计和实施提供必要的支持，同时也可以为研究者理解和解释定量调查的数据分析结果提供一定的参考。尤其是针对比较复杂的研究问题，可以根据其包含的不同方面的具体内容，设计不同的研究方式，分别进行回答，最后这些局部的、具有内在逻辑联系的答案，共同完成回答整个研究问题的任务。下面是风笑天教授运用多种研究方式进行研究（设计）的一个例子：在

① 1英尺＝0.3048米。

② 1英亩约等于4046.86平方米。

③ 参见［美］肯尼迪·D.贝利：《现代社会研究方法》，上海人民出版社1986年版，第17～23页。

④ 参见［美］肯尼迪·D.贝利：《现代社会研究方法》，上海人民出版社1986年版，第19～26页。

当前的中国社会中，大众媒介是不是存在着对独生子女“妖魔化”的倾向？[①]

该项研究中的三个具体的研究问题：第一，现实社会中大众媒介对独生子女的评价是什么？特别是，大众媒介对独生子女的评价是否主要是负面评价？第二，现实社会中独生子女的实际表现如何？如果大众媒介存在着对独生子女的负面评价，那么，现实社会中独生子女的实际表现是否如大众媒介所描述的那样具有负面性？第三，如果大众媒介的评价与独生子女的现实表现之间的确存在明显差异，即大众媒介的确存在“妖魔化”独生子女的倾向，那么大众媒介是如何形成对独生子女的这种误解的？或者说，大众媒介是如何将独生子女“妖魔化”的？

针对上述三个问题的研究方式的考虑和选择：首先，为了系统、客观、全面地收集和了解大众媒介对独生子女的评价，决定采用内容分析的方法，对大众媒介中有关独生子女的新闻报道进行系统的定量的分析，从总体上描述大众媒介的新闻报道对独生子女所持有的评价倾向，以说明大众媒介所建构的独生子女形象是什么。其次，针对大众媒介的普遍认识和看法，有针对性地采用调查研究的方法、现存统计数据分析的方法，收集定量数据进行统计分析，并用所得的经验结果与媒介的认识和看法进行比较，以说明媒介的认识评价与社会现实之间是否存在差距。最后，在定量分析的基础上选取具有典型意义的新闻报道，对大众媒介报道独生子女的方式、材料和推动的逻辑进行定性分析，以考察媒介新闻得出某种评价倾向的特定机制，揭示媒介新闻报道方式与独生子女形象的建构之间的关系。

正是通过采用内容分析、调查研究、现存统计数据分析、定性文本分析等多种不同的研究方式和方法，该研究较好地证明了大众媒介存在着对独生子女的“妖魔化”现象，帮助人们提高了对现实社会生活中独生子女的相关认识。

4. 确定分析单位

在研究设计中，研究者还应当明确研究的分析单位，以便于把这些分析单位的特征汇集起来以描述由它们组成的较大集合体或解释某种社会现象。所谓的分析单位（unit of analysis）就是研究中将被分析和描述的对象，包括人或事物。一般来说，分析单位等同于抽样单位。例如，要描述学生的思想状态可抽样一个个学生，要描述学校的思想政治工作可抽样一个个学校。但有时分析单位可能与抽样单位不一致。例如，要分析家长对子女的态度，这时分析单位是家长，而

---

① 有关这一研究的详细情况，请参见风笑天：《社会研究：设计与写作》，中国人民大学出版社 2014 年版，第 228～253 页。

抽样单位可能是“户”。另外要注意,分析单位不一定是研究结论中所解释的单位。比如一份社会研究报告中的分析单位是个人,报告分析的也是个人特征(年龄、性别、贫富等),但报告要解释的可能是不同群体自杀率。所以,分析单位的选择和确定,也是研究设计中的一项重要内容。我们可以把分析单位分为以下五种类型:

(1)个人。个人是社会研究中最基本的分析单位,大部分社会研究都要通过分析个人特征来解释和说明各种社会现象,作为分析单位的个人可以用他所隶属的社会群体来指示其特征。因此,描述性研究中一般旨在描述由那些个人所组成的总体,比如“出生于干部家庭”或者“出生于工人家庭”。而解释性研究则是为了发现存在于该总体中的社会动力,比如“受过高等教育的人”或者“受过中等教育的人”。但是值得注意的是,社会研究通常不会停留在个人层次,因为它的主要目的是描述或解释由个人行为组合而成的社会现象。

(2)群体。群体主要指具有某些共同特征的一群人,如妇女、儿童、青少年、老年人、白领、富人等。它可以作为社会研究的独立的分析单位。需要注意的是它不等同于群体内个人特征的集合。例如,以家庭作为研究的分析单位时,可以根据家庭的收入、是否拥有电视机等来描述每个家庭,对家庭的平均收入和电视机拥有量进行归类,然后确定家庭收入与电视机拥有量的关系,这里的研究对象就是家庭,不等于家庭里各个成员的特征加总。但是,在某些情况下,社会群体的特征也可以从其成员的特征中抽象出来。例如,用父母的年龄、受教育程度等来描述家庭的特征。另外,需要注意的是,当我们以社会群体作为分析单位时,我们的研究分析就不能下滑到群体层次之下,即个体层次,这时我们所研究的群体就是资料集合中的最小单位。

(3)组织。组织是指由具有共同目标和正式分工的一群人所组成的单位,如企业、公司、学校、医院、机关单位、政党等。社会组织是社会研究的重要对象。社会研究一般要分析某一组织在社会系统中的位置和功能,它与其他部门的联系以及组织内部的结构与人际关系等。组织作为分析单位时,要根据组织特征,对其构成要素或对它所属的更大群体的描述进行刻画。例如,对企业,可以根据职工数、净利润、资产等刻画其特征。

(4)社区。社区是按地理区域划分的社会单位,如乡村、小城镇、城市等。社区内的人们一般都共同从事社会、政治、经济等项活动,并具有较一致的文化规范和价值标准。以社区为研究单位时主要是用社区的人口规模、社区异质性程度、社区习俗特点、社区的空间范围等特征对它们进行描述。也可以通过分析社区不同特征之间的关系,来解释和说明某些社会现象。例如,关于地区的家庭破裂比例与地区犯罪率的关系。这里所谈的相关变量是地区的家庭破裂率,不是单个破裂家庭，是地区犯罪率不是个人犯罪率。

(5) 社会产品。社会研究中的分析单位不仅仅是个人以及由个人组成的群体、组织和社区，还包括其他一些分析单位形式，称为社会产品。其范围包括各种形式的人类行为以及由人类行为所导致的各种社会产物，如书籍、歌曲、图片、公告、建筑服饰等，也包括婚礼、公务员考试、实习、政治制度、经济制度等。由于不同的社会产品反映出不同时期社会的构成状态和活动规律，所以社会产品也可以成为社会调查研究的对象。

以上是社会研究中经常使用的五种分析单位。这五种分析单位在实践中并不存在明显的分界线，往往是相互交织的。所以在调查研究过程中要注意两个问题：首先，一项调查课题可以采用多种分析单位，调查者应根据社会现象的复杂程度和调查研究目的的需要来选择分析单位；其次，一项调查研究课题虽然可采用多种分析单位，但这并不是说分析单位越多越好，而应在满足课题要求的条件下，为了减少调查工作量，尽量选择那些最主要的分析单位，力求深入调查研究，保证社会调查工作的质量。

在社会研究中，需要警惕与分析单位有关的两种错误，即如果分析单位不明确、分析层次混乱或研究内容狭窄就会导致区群谬误或简化论。区群谬误(ecological fallacy)又称为层次谬误或体系错误，指的是在社会研究中，研究者用高层次的分析单位做研究，却用低层次的分析单位做结论。比如，调查者收集的资料中显示，有些黑人多的社区犯罪率高，他因此得出黑人犯罪率高的结论，这就犯了区群谬误。简化论(reductionism)又称简约论，它指的是研究者用特殊的个体资料解释宏观层次的现象，与区群谬误相反。例如，研究者调查了100名来自甲市的游客和100名来自乙市的游客，发现甲市游客的平均收入明显高于乙市游客，于是认为甲市比乙市更发达。这就犯了简化论的错误。导致简化论发生的一个基本原因，是由于社会研究很容易获得有关个人的具体资料，而宏观层次的分析单位的运行则往往比较抽象和模糊。要避免犯简化论以及层次谬误这两种错误，关键的一点是要保证你做出结论时所使用的分析单位，就是你运用证据时所使用的分析单位。这提醒我们在做社会研究时，必须对所使用的分析单位有一个清楚的认识。

二、研究计划书的撰写

当我们从事一项研究时，我们不仅要在头脑中进行研究设计各方面任务的考量，仔细考虑研究进程中的每一个细节，在很多情况下还必须以某种形式将这种研究设计和研究计划的细节写出来，形成某种书面报告，以便向有关方面说明这一研究的重要性、合理性和可行性。这就是形成一个具体的研究方案并撰写研究计划书的工作。在实际工作中，研究方案的具体内容涉及从研究课题的确定开始，直到资料收集、分析、报告撰写为止的整个过程，因而在设计研究方案时，应将它与研究过程中的各个阶段、各个方面联系起来统筹考虑，既使各个阶段相互衔接，又使各方面内容都紧紧围绕研究的总目标。在此，我们着重介绍研究方案（即研究计划书）的一般结构、主要内容以及写作方法（其中所叙述的内容，如无特殊说明，均包括各级各类课题申报书、硕博研究生的选题报告以及申请我国香港地区及国外高校的研究计划书等）。

（一）研究计划书的类型与作用

1. 研究计划书的常见类型

可以根据研究计划书文本所要面对的专家的不同（实际上是文本所代表的研究的性质不同），将研究计划书分为三类：国内研究生的开题报告书，申请我国香港地区或国外研究生用的研究计划书，以及申请国内各种社会科学基金的课题申请书。前两者所面对的专家往往是大学中的教授，后者所面对的则是各类基金会聘请的评审专家。

研究生在读书期间的一项重要任务，就是要在导师的指导下完成学位论文题目的研究，并在研究的基础上撰写出符合科学规范要求的学位论文，用以申请相应的专业学位。在这一过程中，一般都会有一个被称作“论文开题”的环节。在开题时，研究生要向本专业的相关老师报告自己的研究题目、研究内容及研究计划，以接受老师们的评审。同时，作为毕业材料中的一部分，研究生还要附上相应的开题报告的文本。只有开题报告通过了老师们的评审，研究生才可以开始进行自己的学位论文研究。从这个意义上说，开题报告就像是准许研究生进入学位论文研究阶段的“资格考试”。

我国香港地区的各所大学以及国外许多大学招收研究生或博士生时，并不像内地那样主要通过招生考试，而是由学生直接申请。只不过在这种申请过程中有一个十分关键的环节，就是申请者要提交一份 proposal，即研究计划书。招收研究生的导师或学校除了看申请者的毕业学校、学习成绩、推荐信外，决定是否录取申请者的一个很重要的因素就是看他的这份研究计划书写得如何。

在学术界，各门社会科学的研究者每年都会去申请国家社会科学基金、国家教育部（或者其他部委）社会科学基金，以及各省市社会科学基金的研究课题。为了获得研究基金的资助，研究者都需要认真撰写一份研究项目的课题申请书或课题论证书，接受各类基金评审专家的评审。

无论是上述我国高校研究生培养过程中的“开题报告”，还是我国香港地区和国外高校研究生招生过程中的研究计划书，或是一般社会研究者每年申请各级各类社会科学基金时所撰写的课题申请书或课题论证书，它们在本质上都是一样的：一样的性质、一样的目标、一样的内容结构。我们将它们统称为研究计划书。因此，概括地说，研究计划书，就是研究者将自己的研究问题、研究设计和研究计划以一定的形式向相关机构或专家进行报告时所采用的一种学术性文本。

2. 研究计划书的主要作用

有学者认为，研究计划书至少具有三个方面的作用：一是作为一种沟通的方法，二是作为一个计划，三是作为一个合约。① 据此，我们可以将研究计划书的作用概括为沟通、引领、合约、结构四个方面。

（1）沟通作用。作为沟通的方法和传达的工具，是研究计划书的第一个方面的作用。无论是研究生与指导老师之间的沟通，还是课题申请者与课题评审者之间的沟通，研究计划书都是其间的媒介。通过开题报告，研究生可以将自己的研究问题、研究思路、研究计划向指导老师们系统汇报。而老师们也正是依据研究生的开题报告，来判断、衡量、评价其研究题目是否有价值、是否有创新、是否切实可行。同样，课题申请者也是通过课题申请书来向提供研究基金的机构及其代表——课题评审者介绍自己的研究问题、研究思路和研究计划。课题评审者也是通过课题申请书来判断课题申请者的选题意义，衡量研究者的研究计划，并决定是否给予研究者课题资助的。

（2）引领作用。引领研究活动的开展，是研究计划书的第二个方面的作用。对于研究生和课题申请者来说，开题报告或课题申请书具有一个十分重要的作用，这就是用来作为他们将来开展实际研究的一个指导大纲、一个备忘录，以及一套系统周密的行动方案。研究生或课题申请者在选定了研究问题、回顾了相关文献、制订了研究计划、设计了研究方案后，清楚、明确、详细、具体地将这些内容整理成一份文字的报告，一是用来与相关专家进行沟通，同时也非常便于用来指导自己将来的实际研究。

（3）合约作用。合约作为研究计划书的第三个作用，主要体现在研究课题的申请方面。一般来说，无论是国家社会科学基金，还是国家教育部（或者其他部委）社会科学基金，一旦课题申请获得批准，那么，课题申请书就相当于课题申请者与基金提供者之间的一份合同。课题申请者有责任按照课题申请书中所表明的研究目标、研究内容、研究方案和研究计划开展研究工作，完成研究任务，提供研究成果。基金提供者也有权利根据课题申请书来检查研究进展情况，验收研究中期成果和最终成果。对于研究生来说，开题报告常常也会作为其学籍档案中一个文本文件保存，并在研究生完成研究、写好论文、准备答辩时，成为相关

① 参见[美]劳伦斯·F.洛柯、维涅恩·瑞克·斯波多索、斯蒂芬·J.斯尔弗曼：《如何撰写研究计划书》，重庆大学出版社2009年版，第3页。

部门检查其是否符合答辩条件的一份材料。

(4)结构作用。研究计划书的第四个作用,就是可以作为研究生学位论文、研究报告、发表的学术论文中的一个重要结构部分。正如有的学者所指出的,研究计划书在结构和内容上,与研究报告或发表的论文之间,往往有着许多相似甚至相同之处。他们甚至认为:"计划书写好了,就等于完成了研究报告一半以上的工作。在理想情况下,有时做一些小小的改动,如改变一下动词的时态,就可以把计划书变成论文或学位论文的开始章节,或者作为研究报告的开始部分。"①从研究生学位论文的写作方面看,研究计划书所叙述的绝大多数的内容,一般都是学位论文的绪论、导言或导论要写的东西;从研究报告(或调研报告)的写作方面看,研究计划书所叙述的主要内容,与最终研究报告的主要组成部分的内容大体是一致的;从学术论文(一般是指作为经验研究的学术论文)的写作方面看,研究计划书所叙述的主要内容一般都会简化为正式发表的学术论文的"导言"部分。

(二)研究计划书的结构及其内容

从主要的方面说,一项具体的研究方案亦即研究计划书在结构上通常包括以下几个大的部分:研究问题与背景、研究的意义、相关文献述评、研究的核心概念与理论框架、研究的主要内容、研究的创新点、研究思路与研究方法、研究的具体计划等。这些主要方面的结构要素各自又都包含着特定的内容。当然,研究计划书的这些结构要素及其内容构成,表现在不同级别的课题(国家级、省部级、厅局级等)申报书、研究生(硕士和博士)学位论文的开题报告、攻读我国香港地区及国外大学研究生的申请书(以下简称"读研申请书")等文本中,其具体要求虽然会有一些差异,但总体来看它们的基本结构及内容大同小异,所以在下面的介绍中,若无特别说明,我们所讨论的研究计划书均包括了上述三种不同类型的文本。概括而言,研究计划书的一般结构及其内容为:

(1)阐明研究研究目的和意义。即说明为什么要进行这项研究,从事这项研究在理论上或在实践上有什么样的价值。研究课题通常有理论研究与应用研究两方面的目的和意义,那么这一研究是侧重哪一方面?研究目的可区分为描述或解释现象。如果侧重了解与描述现象,那么要说明是要了解现象的哪些方面,为什么,描述这些方面有哪些作用。如果是侧重解释现象,那么要说明理论假设是什么,研究假设是什么,假设中的概念是如何定义的。

(2)说明研究课题的内容。这是指根据研究课题提出的问题或假设,对概

① [美]劳伦斯·F.洛柯、维涅恩·瑞克·斯波多索、斯蒂芬·J.斯尔弗曼:《如何撰写研究计划书》,重庆大学出版社2009年版,第6页。

念和命题进行分解和界定，确定研究的具体内容，即要设计具体的变量或方法来界定和说明课题的内容，使其成为可直接感知或度量的指标。这部分内容中既要体现研究人员的思考，也要体现项目委托方的要求和意见（假如此项目是接受委托的话），并在前期交流讨论中形成双方认同的研究内容。在这部分中也往往要说明你的此项研究的最终成果形式并包括中期的阶段性的成果形式是什么。

（3）说明研究的理论假设。尽管不是每一类研究都必须有理论假设，但对于那些必须有理论假设的研究来说，则应该在研究方案中对理论假设进行一番陈述和说明。一般来说，探索性研究的主要目的是通过了解情况来发现问题，来建立不同现象之间的联系，直至建立起解释这种联系的理论假设。因此，探索性研究显然是不需要事先建立起理论假设的。描述性研究的主要目的是全面描述某种社会现象的状况和特点，为进一步分析和探讨不同现象之间的联系打下基础。因此，它一般也不需要建立明确的理论假设。只有在解释性研究中，才必须事先建立起明确的理论假设。所以，在解释性研究的具体方案中，不能缺少对理论假设的陈述和说明。

（4）说明分析单位和抽样方案。分析单位是研究者所要描述的对象，是研究的基本单位。确定了分析单位之后，就要确定需要选择哪些分析单位，怎样选择分析单位，即确定研究的总体和抽样方法。明确研究课题的分析单位，可以帮助研究者有针对性地收集研究所需的资料，同时也可以使研究者避免犯层次谬误或简化论的错误。如采用抽样调查，要说明研究总体是什么，采用何种抽样方法，是概率抽样还是非概率抽样，抽取多少样本。此外，还要考虑具体抽样时的各种问题，如被抽中的调查对象因各种原因无法调查时怎么办？实地抽样时缺乏人员名册或单位目录时怎么办？采用典型调查或个案调查，就要说明如何选择典型或选“点”，等等。一般来说，分析单位等同于抽样单位，但是也有例外。有时分析单位的分布状况并不明确，或者难以确定，为了研究的方便，就需要用包含分析单位的其他事物作为抽样单位。例如，要研究农村老人的社会保障问题，分析单位是老年人，抽样单位应该定为“户”。

（5）说明研究方式和方法。首先，要说明采用何种方式进行研究，即在调查研究、实验研究、实地研究、文献研究等基本研究方式中要做出明确的选择，选择一种或多种研究方式来开展研究工作。其次，还要明确说明资料收集的方法（比如观察、问卷、访问、量表等），以及资料分析方法（定量分析或定性分析）。

（6）说明研究人员的组成、组织结构及培训安排。要完成一项较大规模的研究课题，往往需要很多研究者的共同努力，同时，还会涉及挑选、培训调查员的问题。因此，在研究方案设计中，必须对课题的组成人员及其在研究中所承担的任务进行全盘考虑，明确分工，制定相应的组织管理办法。对调查员的挑选、培训工作也要事先规划，制定出切实可行的培训方案，以保证研究工作的顺利进行。

（7）确定时间进度、研究经费和物质手段的安排。时间进度主要是计划进行一项具体研究的总体时间进度，所制定的计划需要列明大体的具体工作开展的时间段，比如深入研究相关学术研究成果和撰写文献述评的大体时间，开展实地调研进行资料收集的大体时间，资料分析的大体时间，撰写研究报告等其他形式的研究成果的大体时间等。如果属于学位论文工作的时间进度安排，还要规划出论文初稿写作、参加论文送审和论文答辩的大体时间安排等。研究经费主要包括研究人员的旅差费、协作人员的劳务费、课题资料费、问卷表格的印刷费、资料处理费用（或计算机的使用费）等。研究经费是影响研究方案设计的重要因素，它直接限制了研究范围和调查方法的选择。但即使有充分的经费保证，也需要做出合理的安排与规划。物质手段主要指调查工具、技术手段以及资料整理与分析的手段，如录音、录像设备、实验仪器、计算机等。尽管它们都与经费有关，但这里还存在着使用与规划的问题，如使用何种型号的计算机、需要有何种统计软件等都需要结合调查内容做出安排。

研究方案示例：

一项越轨行为的研究——美国城市中吸大麻者的研究①

（1）研究目的：通过对吸毒者的调查，建立一种“如何会成为吸毒者”的理论。这一研究对了解吸毒者的情况，并制定政策和措施解决这一社会问题有现实意义，对于认识越轨行为的产生过程有普遍的理论意义。

（2）理论假设：心理学家常以个人心理特征来解释越轨行为。但本研究的设想是，越轨行为的产生是人的一系列社会经历连续作用的结果。人们在这些社会经历中逐渐形成了一定的观念、认知情景判断，它们导致了特定的行为动机和行为倾向。因此，应当以个人的社会经历来解释越轨行为。

（3）研究类型：描述性研究，追踪研究、个案研究、理论性研究。

（4）研究方式：实地（个案）研究。

（5）资料收集方法：无结构访问法、长期观察。

（6）资料分析方法：定性分析、主观理解法。

（7）研究地点与分析单位：美国某一城市；个人。

（8）抽样方案：抽样单位为个人。以所认识的几个吸毒者为首批调查对象，然后由一些吸毒者介绍他们所认识的吸毒者，再调查第二批、第三批……共调查

① 这是美国著名社会学家 H. 贝克尔在 20 世纪 60 年代所做的一项经典调查研究。转引自袁方：《社会研究方法教程》，北京大学出版社 2007 年版，第 162～163 页。

50 人(这种抽样方法称为非概率抽样,或“滚雪球”式的抽样)。

(9) 主要内容:询问吸毒者的吸毒经历:如何开始,中间经历哪些过程,现在是什么状况,吸食量开始是多少,中间是多少,现在是多少,都有什么感受,是否想过戒毒,都受哪些因素影响才开始吸毒的,等等。

(10) 调研提纲:根据以上内容自由交谈,无调查表格。事后根据录音或回想做详细的访谈记录。

(11) 调研场所:由被调查者选择他们认为合适的场所和时间接受访问。

(12) 时间计划:在第一次访问之后间隔几个月或半年后再访问一次,共访问两次或三次,调查时间大约一年半。

(13) 调查经费和物质手段(略)。

(14) 人员安排:课题组有三人,每个人负责自己的调研对象。

贝克尔在调查研究报告中对 50 个个案的共同特征进行了归纳,概括出成为吸毒者必经的三个阶段:① 学习吸食大麻的方法;② 学会体验吸食大麻的效果;③ 享受吸食效果。他由此抽象出三个相互联系的理论概念:接触—体验—享受。这三个概念可描述许多越轨行为的产生过程,并且可以建立一种“社会习得”理论,以此来反驳某些心理学家用“个性”理论或“先天倾向”理论对越轨行为所做的解释。

(三) 研究计划书的写作要领

这里所谈的研究计划书的写作,指的是一项研究设计落实到研究计划书(课题申报书、开题报告书、读研申请书)这个文本之中,其主要的结构性内容的写作。这些结构性内容或项目是大多数的计划书中都具备的,主要包括:研究的问题及其背景、研究的意义以及创新、文献述评(或文献回顾)、研究的核心概念和理论框架、研究的主要内容、研究思路与研究方法、研究的具体计划等。以下我们结合一些具体的案例材料,分别讨论这些项目的写作要领。①

1. 研究的问题及其背景

研究计划书的第一部分内容,就是要介绍和说明一项研究所要研究问题,该研究问题的来龙去脉,以显示该研究问题扮演着十分重要的角色。在这一部分中,研究者首先要回答:你所研究的问题是什么,属于什么研究主题的范畴及其研究领域;该研究问题是从哪里来的,或者说,你研究的问题产生的背景是什么。我们在前面有关选择研究问题的讨论中,曾经建议大家选择一个“大背景中的小问题”。现在,我们在撰写研究计划书的过程中,一定不要忽略了这个大的背景。

① 参见风笑天:《社会研究:设计与写作》,中国人民大学出版社 2014 年版,第 137～152 页。

我们要用相对简洁的语言，从一个大的现实背景或学科理论背景出发，条理清楚地陈述和说明自己的研究问题来自哪里，特别是要很好地说明这一问题正是一个“大背景中的小问题”。

介绍了研究问题产生的背景后，这一部分中最重要的内容就是要对研究的问题本身进行陈述，同时对研究的目标进行陈述。研究者要明确回答：你想要探讨和回答的问题是什么？进行这项研究希望达到什么目标？不要采用诸如“本研究希望探讨农村留守儿童的现象”，或者“本研究希望对农民工社会适应的现象进行深入分析和探讨”这类相对含糊、笼统的语言。要以明确的语言说清楚你的研究所要回答的核心问题是什么。同时还可以进一步说明，围绕这一核心问题，你的研究所要回答的具体问题有哪些。研究的核心问题是一项研究的最终目标，也是研究的灵魂。而研究的具体问题则可以看作核心问题的“操作化”或者具体的和详细的说明。

2. 研究的意义以及创新

在研究计划书的开头部分，还需要对研究问题的价值或意义进行说明。这也就是要回答：为什么这些问题应该研究？或者为什么这一问题值得研究？对于这些问题的回答实际上是要向读者表明，开展这一问题的研究在理论方面或者现实方面有着什么样的意义或价值。或者说，研究对于学科知识的贡献是什么？对于某些群体、组织、社区或者国家、社会的贡献是什么？在研究计划书中应该表明，所选择的社会研究题目会对以下问题中的一个或者多个做出贡献：对特定的理论或方法论的发展、对新的资料或信息的收集、对研究方法和技术的发展、对某种问题的新知识、对特定领域的政策制定和实践指导等。研究问题所涉及的主题如果是紧密结合中国社会的现实，特别是当前社会现实的，可以特别强调其应用的、政策的、实践的意义，但同时还要尽可能说明这一实践性较强的研究问题与学科理论之间的关联。研究问题如果是更多地来源于社会学相关理论的分析和思考的，则可以特别强调其理论的、学科的、知识建构方面的意义，当然同时也要尽可能注意到这一问题的探讨对实践和应用方面的价值。

除了说明研究问题所具有的理论意义或者实践意义外，研究计划书中还可以对研究可能的创新之处做一些说明。这种创新之处，有些是自己在选题时就已经思考过，因而已经明确的研究问题本身所具备的独特性、创造性，有些则只是研究者对未来研究结果中可能出现的新发现、新结论的一种预期，因而只能说是“可能的”创新之处。不管是哪种情况，在写作和报告时，我们都应该实事求是，既要明确说明，又不能随意夸大。

3. 文献述评

文献述评是研究计划书中十分重要的一部分。这一部分主要总结和报告与本研究课题有关的领域目前的研究状况(有的也表述为研究动态),即要通过全面查阅、精心挑选、仔细阅读和系统分析,总结出前人围绕这方面问题做了哪些研究,有哪些重要的研究结果。课题申报书、研究生学位论文等的写作,均要通过文献述评向读者(自己的导师和参加开题活动的有关专家)表明,自己所研究的问题在该领域的知识体系中的位置是怎样的,或者自己所研究的问题在社会现实背景中的位置如何。特别重要的一点是要总结出现有研究还存在哪些不足,突出地说明自己的研究可以弥补现有文献中的哪些方面的欠缺。也可以指出自己的研究与现有研究的不同点在哪里。只有清楚明白地向读者说明了上述方面的内容,课题评审者和参加开题报告的老师们才能很好地评判和衡量你的研究问题的重要性和创新性等。(本部分内容的写作要领及其举例已经在前面"文献述评"的撰写部分进行了详细的论述,这里不再赘述。)

4. 研究的核心概念和理论框架

通常情况下,一项研究中往往会有几个核心的或关键的概念。在研究计划书中,研究者有必要对这些核心概念的含义进行一定的讨论和说明。特别是当有些核心概念的内涵或者外延不太明确时,更需要在研究计划书中对它们的含义进行澄清和界定(当然,有一些学校的研究生论文或开题报告的模板中不设置这一部分内容的写作,这样的话,就需要研究者在随后有关章节的基础理论概述部分进行写作)。下面是"独生子女青少年的社会化过程及其结果"课题申请书中对研究的核心概念进行的讨论和说明。

核心概念的写作举例:

自我意识:人们自我概念的形成、对自我特点的认识及时自我形象的评价等。这是人的基本社会化过程的最重要的结果之一。在本课题中,研究的重点主要放在青少年对自我特点的认识和对自我形象的评价两个方面,并在独生子女与非独生子女之间进行比较。

角色认同:在社会化过程中,处在青春期的孩子要将各种不同的自我形象变成一种整体性的自我形象,以实现一种个性心理与社会文化的同一性。具体地说,就是要知道自己是什么人,自己的过去怎么样,自己今后的方向是什么,如何为承担成年人的角色做好准备。

社会化因素:那些使人实现社会化的制度或其他结构环境。更笼统地说,即影响个体社会化过程的全部社会环境。这些环境包括家庭、学校、同辈群体、社区、阶级、工作单位、大众传播媒介和社会文化等。在本研究中,主要讨论与特定研究对象的社会化发展有着密切关联的家庭、学校、同辈群体、社区以及大众传播媒介。

独生子女青少年:年龄在12～18岁之间且无亲生兄弟姐妹的人口。根据国家计划生育委员会统计,我国独生子女人口总体中,城市独生子女约占80%,农村独生子女占20%;城市中独生子女领证率高达90%以上,而农村却不到10%。(《中国计划生育统计年鉴(1995)》)因此,本研究主要以城市独生子女为对象。若无特别说明,文中"独生子女青少年"均指城市独生子女青少年。同时,由于我国城市青少年中,12～18岁正好是初中生(12～15岁)和高中生(16～18岁)的年龄,因此,本研究中将研究对象进一步确定为城市初中生和高中生中的独生子女。最后,"无亲生兄弟姐妹"指的是其父母终身只生育了一胎。

非独生子女青少年:年龄在12～18岁之间且至少有一个亲生二弟、妹的人口。"至少有一个亲生兄弟姐妹"这一限定,指父母至少生育并成活两胎,而无论目前有几个孩子与父母生活在一起。除兄弟姐妹数目以外,本概念在其他内涵上均与上一概念相同。这样做的目的,是为独生子女青少年提供一个进行自然比较的参照总体。①

除了核心概念外,研究者还应该对研究所采取的理论视角或理论框架进行一定的说明。即要表明你的研究是在一种什么样的理论框架中进行探讨的。或者说,你是从哪种理论视角出发来切入所研究的现象和问题的。这样一种理论框架或视角往往可以提高经验研究的认识层次。下面是"独生子女青少年的社会化过程及其结果"研究课题申请书中所陈述的理论框架部分。

理论框架的写作举例:

各种社会化因素和独生子女青少年社会化的结果,是本课题基本因果关系的两端。由于影响人的社会化发展的外部因素很多,而一项具体的研究很难包揽无遗,因此,本课题根据研究的总体目标,从各种社会化因素中综合出"家庭背景因素"和"社会经济背景因素"两项影响独生子女青少年社会化发展的主要因素,将其作为自变量进行研究。而对于本课题中的因变量——独生子女青少年社会化发展的结果,则选择从"自我意识"和"角色认同"两个侧面进行探讨。这种考虑主要来自于美国著名心理学家E. H. 埃里克森(E. H. Erikson)的有关理论的启发。

在有关人的社会化发展过程的理论中,美国著名心理学家E. H. 埃里克森创立的关于人的一生有8个阶段的理论尤为引人注目。根据他的理论,人的社会化发展的每一个阶段中,都包含着一个由各种心理变化而引起的危机和一个不断变化的社会环境。而在青春期(12～18岁)这一阶段中,主要矛盾和危机开始转到认同与角色混乱的矛盾上。认同的建立可以使人对自己的历史、现状和

① 风笑天:《美国福特基金资助中国社会学重点项目申请书》,1996年。

未来状况具有一种连续感，如果不能将个人的各种不同的社会角色统一在一个明确的认同之中，就会导致角色混乱。(E. H. 埃里克森. 1963)①

如果是解释性研究，研究者还需要在研究计划书中考虑并陈述一些与假设相关的问题。比如，你对所研究问题的假设性解释是什么？你的假设性解释有什么理论的或经验的基础和意义？你的研究问题、研究假设与理论之间的关联是什么？等等。而这种假设的提出，既可能与社会现实有关，也可能与理论框架有关。

从统计学中我们可以知道，假设的陈述形式有两种：零假设和备择假设。零假设通常是假定所研究的变量之间不存在任何差别，或者说变量之间不存在任何关系。比如，"经常上网的青少年与很少上网的青少年在人际交往能力方面不存在显著差别"，或者"上网的频繁程度与青少年的人际交往能力之间不存在关系"。而备择假设则通常是对所假设的变量关系给出某种预设的结果。当然，这种预设的结果不是凭空产生的，而是要依据现有的理论演绎得到，或者依据现实中的现象归纳得到。备择假设根据其预设结果，又可以分为两种类型：一种是非定向假设，它可以说是零假设的"直接否定式"。比如，对于上面的零假设而言，备择假设就是"经常上网的青少年与很少上网的青少年在人际交往能力方面存在显著差别"，或者"上网的频繁程度与青少年的人际交往能力之间存在着明显的相关关系"。另一种是定向假设，它通常要指出变量间关系的方向。比如"经常上网的青少年比很少上网的青少年具有更强的人际交往能力"，或者"与很少上网的青少年相比，经常上网的青少年的人际交往能力更强"。

在设计研究假设时有一点应注意：一般情况下，假设中的自变量应该是与因变量相关联的某种行为变量或态度变量，而不应是人口学变量(也称为个人背景变量，比如性别、年龄、文化程度、婚姻状况等)。人口学变量不应作为假设中的自变量来使用，而通常是作为中介变量或控制变量来使用。

5. 研究的主要内容②

在研究计划书中，研究者要将自己的主要研究内容进行初步的组织和列举，即要向读者展示你的研究将会涉及或探讨哪些方面的内容。需要提醒研究者注意的是，你所列举的各个方面的内容都应该是围绕着回答研究的核心问题，即每一个方面的内容都要和研究的核心问题紧密相关，特别是要具有某种逻辑的联系。一般来说，研究的核心问题往往相对概括和抽象，而研究内容则应该是对这

① 风笑天，《美国福特基金资助中国社会学重点项目申请书》，1996年。

② 当然，有一些学校的研究生论文或开题报告的模板中不设置这一部分内容的写作，但是，课题申请书中一般均要求写作该项内容。

种相对概括和相对抽象的核心问题的一种具体化。也可以说，研究内容是从研究的核心问题出发，通过将核心问题进行“分解”而得到的几个不同的方面，这些不同的方面就构成了研究的主体内容。当然，还应该提醒的是，由于社会研究在实际实施和进行的过程中可能会有所调整和改变，所以，研究计划书中的研究内容，通常也只是研究者在研究设计阶段所考虑的结果。或者说，是研究者根据研究问题和研究目标，“打算”进行研究的方面。下面是研究内容撰写的一个例子。

一项关于“第一代独生子女的社会适应问题”的研究计划书中对研究内容是这样表述的：

本研究课题所要探讨的中心问题是：青年独生子女作为一代与传统多子女不同的特定人口群体，在他们完成基本社会化，并开始进入社会生活时，对现实社会的适应状况如何？或者说，他们能否很好地作为一名社会成员顺利地进入和参与到现实社会生活中去？在他们作为中国社会的新成员进入社会生活的过程中，表现出哪些特征？存在哪些问题？他们在社会适应过程中具有哪些不同于一般多子女的特点？

围绕上述目标，本研究将依据社会学中有关人的社会化理论、社会适应理论以及生命历程(life course)的理论，通过系统地收集定量和定性的资料来展开研究，并着重探讨以下几个方面的内容：

(1) 青年独生子女的社会适应过程、特点、问题及趋势。本研究将首先通过对“社会适应”的概念进行操作化，使其能在经验层次上进行定量的测量。通过大规模问卷调查，本研究将系统、全面地了解和描述中国第一代青年独生子女的社会适应状况，并将其与青年期非独生子女的社会适应状况进行比较，力图发现某些规律性的东西。

(2) 青年独生子女的成就动机与高等教育期望。作为史无前例的一代人，这一批青年独生子女的身上寄托着父母、家庭乃至于整个社会的太多期望。在中国这样一个有着浓厚“望子成龙”传统文化氛围的社会中，子女的教育是千百万父母关注的重中之重。目前，第一批独生子女已进入高等教育的年龄，他们中接受高等教育的比例如何？那些没能进入高等院校的青年独生子女及其家庭是如何面对这一现实的？他们的成就动机如何？他们在职业生涯中是否已经开始了继续教育和终身学习的长征？本研究试图对这些问题进行探索并给出答案。

(3) 青年独生子女的职业选择与职业适应。青年人走出校门的第一件任务是在社会上找到自己的位置。对于中国的一代青年独生子女来说，他们对职业的认识如何？他们选择职业的价值标准有什么特点？在现存的各种社会职业中，作为劳动者和生产者的青年独生子女，能否从职业技能、职业规范、职业意识、职业群体等方面适应社会的要求？他们在找寻自己的事业、立足于自己的事业过程中，又具有什么样的表现？探索并回答这些问题，是本课题研究的另一个重要目标。

（4）青年独生子女的人际交往与社会参与。从一个依附、依赖于家庭的个体到一个独立的社会成员，青年独生子女适应社会生活的关键一环是进行人际交往和社会参与的实践。这些被人们认为是缺乏自立能力、缺乏社会责任感、处处自我中心、不擅与人交往的特殊儿童，当他们长大成人、进入现实社会生活时，是不是处处撞墙碰壁、事事束手无策？是不是只关心自己，不关心国家、集体和他人？本课题研究的结果将对此给出回答。

（5）青年独生子女的成人意识与角色认知。18 岁，青年就已是合法的公民。对于第一代青年独生子女来说，18 岁对他们意味着什么？在那些已经作为社会成员参与到社会生活中的青年独生子女的头脑中和观念中，成人具有什么样的含义？他们对自身角色的认知状况如何？多年家庭中备受呵护的生活经历是否使这一代青年独生子女的成熟期推迟？他们是不是的确难以担负起家庭、社会的各种责任？本课题的研究将深入探讨这一问题。

（6）青年独生子女的择偶观念与家庭建立。"成家立业"是青年社会化过程的重要内容。对于离开父母家庭、开始寻求配偶、准备建立自己的小家的青年独生子女来说，角色学习、对象选择、婚姻建立、婚姻调适，是同样重要的一系列任务。在这方面，他们是否会受到从小生长的小家庭的深刻影响？在中国社会结构转型、观念开放的大背景下，他们的婚姻家庭之路又呈现出什么样的轨迹？这些同样是本课题关注的。在对上述几方面内容进行深入研究的基础上，课题将对青年独生子女社会适应的总体质量及其对未来中国社会生活的可能影响进行分析和预测，并在探讨青年独生子女社会适应过程所面临的各种挑战的同时，提出相应的对策建议。①

6. 研究思路与研究方法

（1）研究思路的写作。这方面的内容相对宏观、相对抽象，也相对笼统。其目的主要是表明，你将采取什么样的策略、或者通过什么样的路经，来寻找研究问题的答案。下面是"第一代独生子女社会适应问题"课题申请书中关于研究思路的表述。

研究思路写作举例：

本课题拟从理论和实践两个层面展开研究：理论上，以探讨"处在生活重要转折期的青年独生子女社会适应过程的特殊性"、"家庭环境、社会文化等因素对

① 风笑天：《国家社会科学基金项目课题申请书》，2003 年。

青年独生子女社会适应过程的特定影响”、“成家立业等生活事件在青年独生子女与同龄的非独生子女身上所具有的不同意义”等问题为主要目标，并着重从社会化理论、社会适应理论、生命历程理论三种不同维度进行分析。实践上，以全面了解青年独生子女社会适应的现状，特别是他们在职业适应、社会参与、人际交往等方面的现状为主要目标，通过与青年非独生子女的比较，着重分析他们在社会适应过程中所存在的问题及主要原因，为改善他们的社会适应状况提供实际指导和具体建议。①

我们认为，关于研究思路的写作，还需要结合研究设计中所选择和确定的主要研究方法进行思考，把课题研究的主要内容或要解决的主要问题分别需要采用什么方法结合起来设计具有可操作性的研究思路或研究路径。关于研究路径的讨论认为，一项研究课题的路径在研究设计阶段需要认识到有“理想路径”和“现实路径”的分野。在理想状态下，研究问题与研究答案之间有一条直接的方法路径，或者说，有一种研究方法可以直接连接研究问题与答案；但是，在现实社会生活中，存在各种各样的困难和障碍。因此，从研究问题走向研究答案的方法路径不会是直接的，而是曲折的，同时这种弯弯曲曲的路径往往也不止一条。这样，研究者进行研究方法的设计时，就是要在考虑到现实中的各种困难和障碍的前提下，从各种不同的方法路径中，选择一条最为合适的路径。应该说明的是，所谓的最合适路径，实际上也只是相对的，是研究者在充分权衡到达目标的直接性、准确性、可行性等相互冲突的前提条件后，所做出的“利多弊少”的决定。特别是，在可行性这种刚性的限制面前，许多研究设计只能“绕道而行”，或者只能退而求其次了。一个可行的建议是，可以把社会研究过程的一般程序或步骤，融入某一个研究所设计和使用的主要研究方法中去，提炼出某个研究的“研究路径”或“研究思路”，并以图表结合文字叙述展示之。如“政府购买社会工作服务模式理论及实践研究”的研究思路设计示例：②

本项目通过多案例分析，围绕政府购买社会工作服务模式选择这一主题展开研究。首先，梳理大量国内外文献，从理论方面研究政府购买社会工作服务模式的类型、特点等，在此基础上选取不同地区案例，运用质性研究方法，归纳政府购买社会工作服务模式；进一步，分析政府购买社会工作服务模式选择的影响因素，构建理论模型，通过发放问卷，进行统计分析，明确这些因素的影响程度，确定不同条件下的购买方式；最后，针对实践中的具体问题进行分析，提出相关政

① 风笑天：《国家社会科学基金项目课题申请书》，2003年。

② 该内容是参照××年××基金申请课题的相关部分改写的，在这里我们仅仅作为教学和学术研讨的材料。考虑到保密性要求，不便具体呈现课题申请的有关信息，请有关方面予以谅解。

策建议。(图 5-3)

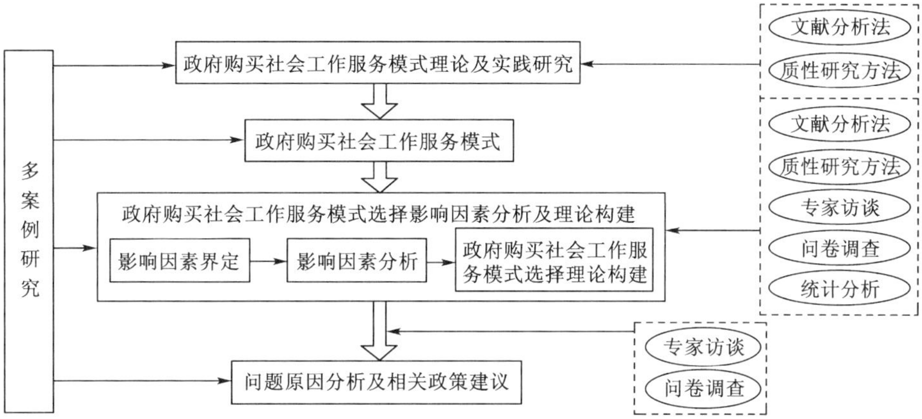

图 5-3 研究思路示意图

(2) 研究方法的写作。研究计划书中需要更为具体和明确进行介绍的内容是研究的方法和技术部分,在这一部分中,通常要说明你打算采取的研究方式,即要说明:你准备采用何种研究方式去进行研究,你想用什么方法和资料来回答你的研究问题,来证明或证伪某种解释等。其内容主要包括对研究对象的选取方法、概念或变量的测量方式、资料的收集和分析方法等方面的介绍和说明。

首先是研究对象的选取方法。在研究计划书中,你要介绍自己的研究对象是什么,即研究所要描述和分析的对象是什么(即是要说明研究的分析单位是什么),还要介绍你将如何来确定和选择研究对象。在定性研究方式中,这种介绍的重点将集中在对象的选择理由、对象的样本状况等方面。而在定量研究中,则需要对研究对象的总体进行界定,并对抽样的设计(即具体的抽样方式和方法、样本的规模等)进行介绍。

其次是概念或变量的测量方式。在研究计划书的方法部分中,要说明研究的核心概念是什么。对于定量研究来说,研究者还需要进一步说明研究的概念将如何进行操作化,准备用什么测量方法或手段来对这些概念进行测量。这种讨论和说明要具体到测量指标上。比如,"独生子女青少年的社会化过程及其结果"研究计划书中的两个概念"自我意识"、"角色认同",就需要进行类似如下的操作化和变量的测量的说明:

"自我意识"的测量:在本研究中,我们将"自我意识"操作化为调查对象对自身特点、性格特征的认识,对自己在父母、老师、同伴等"他人"眼中印象的认识,对自己行为表现、智力发展、社会交往、社会适应能力等方面的长处和不足的主观评价等。

"角色认同"的测量：在本研究中，我们对"角色认同"这一概念将分别从目前角色与未来角色、现实角色与理想角色、未成年人角色与成年人角色等不同维度来进行测量。①

最后是资料的收集和分析方法。无论是采用调查研究的方式，还是采用实地研究、文献研究的方式，都要具体地对资料收集方法和资料分析方法进行介绍。比如研究资料的来源是什么？资料的可得性如何？如果是采用调查研究的方式，那么资料收集过程是采用入户调查的方式还是电话访问调查的方式？如果是采用实地研究的方式，那么，资料收集方法主要是无结构访谈还是参与观察？如果是采用文献研究的方式，那么，是采用内容分析的方法还是采用二手数据分析的方法？所有这些都应该在研究计划书中进行说明。下面是这种说明的一个例子：

本研究主要采用问卷调查法、辅之以二手资料分析法、个案访谈法以及焦点小组讨论法进行。问卷调查法主要用来收集大规模的定量资料，以描述和概括青年独生子女及其参照群体社会适应的整体状况；二手资料分析法主要利用申请者过去的调查数据，从中提取对本次研究有用的信息，并为分析动态现象提供帮助；个案访谈法主要用来深入了解青年独生子女社会适应各个方面的详细情况，特别是他们的动机、感受和认识；焦点小组讨论法则主要用来进行青年独生子女与非独生子女的比较分析。四种方法相互补充，所得结果相互印证。②

尽管一般来说研究计划书中对资料分析方法的介绍往往相对简单，但还是应该有所说明。特别应当予以说明的包括：是采用统计分析还是采用定性分析？定量分析中主要是描述分析还是相关分析？用到的分析方法主要是初级统计还是多元统计？等等。

下面，我们用上述"独生子女青少年的社会化过程及其结果"项目申请书中的方法部分作为例子，来对研究计划书中方法部分的撰写进行一个总的说明：

1. 调查地点选择

中国大陆地区共有30个省、自治区、直辖市③。它们分别属于地理区位上的六个大区，即：

东北区：黑龙江、吉林、辽宁(3)；

① 风笑天：《美国福特基金资助中国社会学重点项目申请书》，1996年。

② 风笑天：《国家社会科学基金项目申请书》，2003年。

③ 统计截止日期在重庆设立为直辖市之前。

西北区：陕西、甘肃、宁夏、青海、新疆(5)；

华北区：内蒙古、河北、山西、北京、天津(5)；

华东区：山东、安徽、江西、江苏、浙江、福建、上海(7)；

中南区：河南、湖南、湖北、广东、广西、海南(6)；

西南区：四川、云南、贵州、西藏(4)。

为了兼顾到大区的分布，以及每一大区中所含省(自治区、直辖市)的数目，同时考虑到每个省中社会学研究机构的因素，最后确定选取东北区的黑龙江；西北区的甘肃；华业区的北京、天津、河北；华东区的江苏、上海；中南区的湖北、广西；西南区的四川为调查省(自治区、直辖市)。在每一选中的省(自治区、直辖市)中，再选取省会城市(大城市)和该城市附近的一个中小城市。这样共选取13个城市作为调查城市。它们是：

直辖市3个(超大城市)——北京、天津、上海；

省会城市5个(大城市)——武汉、成都、兰州、南宁、哈尔滨；

中小城市5个(具体城市待定)。

2. 调查对象选择

一项具体研究所选择的抽样特征和所采取的抽样方法，主要由研究者所试图回答的问题的性质、他所采取的分析框架，以及他所拥有的人力、财力和时间来决定。为了在现有条件下使样本的代表性、调查资料的普遍性，以及调查方式同研究目的和内容的合适性都达到最大值，本课题将采用下述方法抽取样本。

本课题的调查对象由三部分人组成：A. 中学生；B. 中学生家长；C. 小学生家长。样本采用多阶段随机抽样的方法进行抽取。具体抽样程序及调查总样本的构成和分配如下：

A. 中学生样本

首先，在每个作为调查点的城市中，依据教育部门提供的学校类型(好、中、差)的名单，从中按简单随机抽样的方法各抽取一所中学、一所小学。即共抽取三所中学、三所小学(大城市中可先随机抽取一个城区)。

然后，在抽中的三所中学里，按不放回抽样的方式，从初一至高三的六个年级中，依次从每一所中学随机抽取初中和高中各一个年级；这样每个城市所抽的六个年级正好包括从初一到高三的各个年级，且一个学校有两个年级。

接着，在每个抽中的年级中，按简单随机抽样方式抽取一个班级。

最后，从每个抽中的班级中按随机数表的数字抽出20名学生。

这样，全部中学生样本的构成情况就如下面所示：

20名学生×2个班(年级)×3所学校×15个城市＝1800名学生

B. 中学生家长样本

中学生家长样本与中学生样本一一对应，即所抽中的每个中学生的家长就构成中学生家长的样本。抽取中学生家长样本的目的，是便于与青少年的自我评价和自我意识进行比较，同时也提供一个成人角色和成人世界的参照物。

因此，中学生家长的样本构成如下：

20 名家长×2 个班(年级)×3 所学校×15 个城市=1800 名家长

C. 小学生家长样本

由于小学生无法进行自填式问卷调查，故本研究中仅对小学生家长进行调查，目的是与中学生的社会化情况进行比较。其抽样方法与中学的情形完全一样。因为小学正好为六个年级，故只需将前面中学生抽样步骤中的初中与高中分别代之以小学低年级(1～3 年级)和小学高年级(4～6 年级)即可。

因此，小学生家长的样本构成与中学生家长的样本构成相同：

20 名家长×2 个班(年级)×3 所学校×15 个城市=1800 名家长

3. 资料收集方法

本课题的资料主要来自下述几个方面：

现有的文献资料。包括国内外最新的独生子女文献、国家的统计资料等。收集方法主要通过计算机检索，以及到有关部门复印、购买。

《中学生问卷调查》资料。样本规模为 1800 人。收集方法为：课题成员分别在 15 个城市依据预先设计的抽样方案挑选被调查者，采取集中讲解、当场填答、当场回收的方式进行，以保证填答的质量和回收率。

《中学生家长调查问卷》资料。样本规模为 1800 人。收集方法为：将该问卷连同写好回邮地址、贴好邮票的信封逐一分发给《中学生问卷调查》样本中的每一个中学生，请他们带回家，交给其家长(父亲或者母亲)填写，然后由家长直接将问卷寄回。这一做法可以避免父母与子女之间存在的某些顾虑和影响，保证问卷资料的客观性和真实性。

《小学生家长调查问卷》资料。样本规模为 1800 人。收集方法为：先按抽样方案在各城市中抽取小学生样本，再让小学生将问卷带回家，交给其家长(父亲或者母亲)填写，然后仍由小学生带回学校，交给老师。老师收齐后交给调查员。

个案访问资料。每个调查城市都在中学生、中学生家长、小学生家长、中小学教师等人员中，选取一部分个案进行深入访问，个案数目在 300 个左右(每个城市 20 人左右)。

4. 资料分析方法

课题将根据研究方案和设计，对三种调查问卷所收集的资料进行多元统计分析。比如，对前面的因果模型做多变量回归分析。当被解释的变量为二分变量时，进行逻辑回归分析；当被解释变量为定距尺度的变量时，则采用 OLS 回归分析方法。在分析中注意对独生子女青少年与非独生子女青少年、独生子女青少年与独生子女儿童、独生子女青少年与他们的家长，以及对不同城市、不同家庭背景的对象进行比较。除了利用计算机进行定量分析以外，还要对个案访问的资料进行深入的定性分析，以相互印证、相互补充。①

7. 研究的具体计划

研究计划书中还要包括与开展研究有关的时间进度、工作方案、任务安排等方面的具体计划内容（大型课题的申请书中甚至还包括人员组织、经费使用的计划等）。比如，研究的日程安排和工作计划如何？研究过程分为哪几个阶段？每个阶段的起止时间如何？每个阶段的研究工作任务是什么？等等。这种具体计划一方面便于研究计划书的评审者检查研究的可行性，另一方面对研究者自己也起着一种提醒和督促作用。下面是这种具体计划的一个例子：

研究工作方案和进度计划：

（1）研究准备阶段，2002年12月～2003年5月。主要工作任务为：课题理论框架的建立、文献资料的收集、调查方案的制定、调查问卷的设计、抽样方案的确定。

（2）实地调查阶段，2003年6月～2004年3月。主要工作任务为：调查资料的收集，包括试调查、问卷调查、个案访谈、焦点小组访谈等。

（3）资料整理阶段，2004年4月～2004年7月。主要工作任务为：问卷调查资料的审核、编码、录入，个案访谈资料、焦点小组讨论资料的整理和打印等。

（4）资料分析阶段，2004年8月～2004年12月。主要工作任务为：对问卷调查数据资料以及二手数据资料进行统计分析，对个案访谈资料以及焦点小组讨论资料进行定性分析，并分工撰写研究报告和专题论文。

（5）研究总结阶段，2005年1月～12月。主要工作任务为：对整个研究工作进行总结，在各专题研究的基础上，集体撰写本课题研究的最终成果（专著），并进行课题结项。②

扩展阅读

一项调查研究项目设计的计划进度表

这是一个具体的课题申报书中的研究设计安排的时间进度，从这个表格（表5-4）的内容中可以看出这个研究设计出的主要研究方式是调查研究，表中

① 风笑天：《美国福特基金资助中国社会学重点项目申请书》，1996年。

② 风笑天：《国家社会科学基金项目申请书》，2003年。

体现的内容其实是按照调查研究的程序所要开展的主要工作。

表 5-4　　研究计划进度安排

研究内容		2017				2018				2019			
准备	明确研究重点难点，梳理调查问卷		■	■									
	安排课题成员任务分工与协调工作		■	■	■								
	整理数据库数据			■	■	■							
实施	展开实地调研、访谈、问卷调查				■	■	■	■	■				
	前期数据录入和清理							■	■	■	■		
	解决数据及论证问题，建构理论体系与框架								■	■	■	■	
	根据调研结果，完成实证分析									■	■	■	■
总结	根据前期理论总结和数据，撰写论文										■	■	■
	学术交流、专家咨询，论证研究结果											■	■
	修改完善论文，汇总成果，完成课题考核												■

思考与练习

1. 简述选择一个恰当的研究课题对于整个社会研究工作具有的意义。

2. 什么是研究课题的明确化？为什么要对研究课题明确化？例析研究课题明确化的操作。

3. 从社会科学期刊中选取若干研究报告或论文，用本章所介绍的选题标准对它们进行评价。

4. 简述文献述评的含义、类型与文本样式。

5. 举例说明文献述评对社会研究的重要意义。

6. 简述文献述评的过程。

7. 如何完成研究生学位论文的文献述评？

8. 简述研究设计需要考量的主要因素。

9. 简述探索性研究、描述性研究、解释性研究三者的特点及相互间的关系。

10. 例析理论性研究与应用性研究的主要差别。

11. 简述研究计划书的常见类型及其作用。

12. 例析研究计划书中各个结构项目的撰写要领。

第六章 研究方式的设计与运用(上)

本章重点

1. 调查研究的含义与特征
2. 调查研究主要方法技术的设计运用
3. 实验研究的含义、原理和程序
4. 实验设计的基本原则与基本实验设计

第一节 调查研究

调查研究(survey research)简称调查。在社会研究中,调查研究通常是应用最为广泛、最为普遍也最为频繁的一种方式。一些人甚至误以为调查研究就是整个社会研究方法的全部。无论如何,调查研究的确以其特定的方式满足了社会研究者探讨各种社会行为、社会现象和社会问题的需要。同时,定量研究的诸多内容也十分集中地体现在调查研究的方式之中,比如抽样、操作化、测量、统计分析等。特别是对于以描述总体特征为主要目标的研究来说,调查研究很可能是最为理想的方式。尤其是由于调查研究所具有的快速、准确、适和收集整体资料、资料便于统计分析等多种优点,使得这种方式在社会学、政治学、人口学、管理学、传播学、教育学等各种社会科学中的应用往往最为广泛。因此,掌握调查研究方法对于社会研究者来说,显得尤为重要。

一、调查研究概述

(一) 调查研究的含义与特征

调查研究指的是一种采用自填式问卷或结构式访问的方法,系统地、直接地从一个取自某种社会群体的样本那里收集资料,并通过对资料的统计分析来认识社会现象及其规律的社会研究方式。① 调查研究本质上是一种定量的、非实验的研究。调查研究的方式往往要收集大规模的具有代表性的量化资料,然后通过对量化资料的统计分析,得到有关研究总体的结论。由于是一种非实验的

① 风笑天:《社会研究方法》(第四版),中国人民大学出版社 2013 年版,第 143 页。

研究，因而它对调查资料的统计分析通常达不到实验研究中那种直接验证因果关系的程度。调查研究往往只能主要围绕着这样两个目标展开：一是检验各个不同群组的对象之间在研究者所感兴趣的那些方面是否存在显著性差别（比如，具有不同家庭背景的学生的教育获得是否会显著的不同）；二是检验两个变量之间、或者多个变量与某一个变量之间是否存在显著的相关关系，或者说，检验某个变量的变化是否以及在多大程度上可以通过其他几个变量的变化来进行解释（比如，学生的性别与学生的择业意愿之间是否存在显著相关关系，或者学生择业意愿上的变化是否可以通过学生的家庭背景、学生所读学校的类型、学生所学的专业等因素来解释）。当然，通过各种复杂的多元统计方法的应用，依靠统计控制的方法，调查资料也可以提供有关变量间因果联系的有用信息，使研究者可以在一定程度上探讨和回答有关社会现象之间的因果关系的问题，特别是可以用来检验各种理论假设。调查研究有如下几个主要特征：

（1）一定规模的随机抽样。即调查要求从某个调查总体中抽取一定规模的随机样本。这种随机抽取的、有相当规模的样本特征往往是其他研究方式所不具有的。一定规模的随机抽样，这一特征所对应的是描述和推断总体概况的需求，是调查研究具有高度效率的保证，也是调查研究能够让我们的认识从部分到达整体的关键所在。虽然随机抽样的原理也可以应用在其他研究方式（比如内容分析）中，但是，调查研究中的随机抽样所具有的一个突出特点，总能让研究者为此花费更多的脑筋。这一突出特点就是，调查研究最终的抽样对象永远是现实社会中的个人。而现实社会的结构、社会生活中各种类型的人们的组织方式，既构成了调查研究中随机抽样的特定背景，也带来了一系列与随机性相冲突、相矛盾的障碍和问题。正是这些障碍和问题需要研究者在设计中去努力克服。

（2）统一的标准化测量。即资料收集需要采用特定的工具——调查问卷，且有一套系统的、特定的程序要求。统一的标准化测量，这一特征对应的是定量分析所使用的资料性质以及为获得这种类型的资料所需要准备的工具。调查对象和调查内容的千差万别，但都必须尽可能准确地反映在一套统一的、标准化的测量工具上。无论是对社会学中的理论概念的操作化，还是对现实社会生活中各种复杂现象的概念化，最终都要化作具体的资料收集工具，化作调查问卷中确定的调查问题。正是这种特定工具所收集到的对统一的调查问题的种种回答，构成了调查研究统计分析中的基本原材料。所以说，一份操作科学合理、测度明确具体、形式标准统一的调查问卷，成为调查研究这种研究方式的另一个重要标签。

（3）研究所得到的是巨大的量化资料，且必须在计算机的辅助下完成资料的统计分析，才能得出研究的结论。

可以说，正是这三个方面的特征，使得调查研究的方式与其他几种研究方式相区别;也正是这三个方面的特征,使得调查研究成为社会研究及其他众多研究领域中广泛使用的、强有力的研究方法。

（二）调查研究的应用领域与适于调查研究的问题

1. 调查研究的主要应用领域

调查研究这种研究方式广泛地应用于社会生活的各个领域,形成了调查研究的某些重要类型。其中最主要的有：

（1）社会生活状况调查。该类型通常是对某一时期、某一社区或某一社会群体的社会生活状况所进行的调查。它的着眼点主要放在了解人们日常社会生活各个方面的基本内容,以综合地反映一个时期、一个地区或一个群体中人们总的社会生活状况。比如对某市离退休老人生活状况的调查研究、对某市居民生活质量的调查研究等,就是这种调查应用的例子。

（2）社会问题调查。该类型即针对社会中所存在的各种社会问题进行系统的调查、了解,找出问题的症结,为解决社会问题提供参考意见。社会问题调查就像医生给病人看病一样,对各种社会问题进行“社会诊断”。比如青少年犯罪调查、离婚问题调查、吸毒问题调查、老年社会保障问题调查、独生子女教育问题调查等等,都是常见的社会问题调查。

（3）市场调查。该类型即为拓展商品的销路,以便更好地为企业的生产和利润服务,而围绕某类产品或某种商品的市场占有率、顾客的购买情况、商标的宣传效果等所进行的调查。它是随着商品经济的发展而逐渐普及的,比如化妆品市场调查、饮料市场调查、服装市场调查、家电市场调查等等。

（4）民意调查。民意调查也称舆论调查,即对社会中民众的意见、态度、意识等主观意向进行的调查。最典型的民意调查是美国的总统选举民意测验。此外,像各种民意测验机构对社会热点问题进行的民意调查,以及各种大众传播机构对其读者和听众、观众进行的调查等,都属于这一类调查。

（5）学术性调查。该类型即广泛应用于社会学、政治学、人口学、教育学、传播学等社会科学学科领域中的调查研究。这类调查的目标,往往不是针对某一具体的社会现象和社会问题得出结论,而是致力于对某类社会现象所具有的一般规律或普遍法则进行探索和研究。

2. 适于调查研究的问题

要了解和分析适用于调查研究的问题,一个重要的思路就是依据调查研究的本质特征来进行判断。这种特征既包含着调查研究所具有的优势和长处,也包含着调查研究所具有的劣势和局限,无论是长处和优势,还是劣势和局限,都在客观上决定了调查研究适合或者不适合研究某种问题。

首先,调查研究特别适合于那些以了解和描述总体概况为主要目的的研究问题，以及那些希望将研究结论推广到一个大的总体中去的研究问题。一句话，当大规模的总体成为研究者关注的中心时，调查研究常常会被采取。这或许是调查研究方式在应用上区别于其他研究方式的一个最主要特征。调查研究之所以能够做到这一点，其根本原因就在于调查研究的方式中所具有的随机抽样的特质，当然，另一方面或许与社会研究中的总体更多的是由各种不同类型的人所组成的社会群体相关。

其次，调查研究所适合的研究问题主要是那些可以通过被调查者的自我报告来收集相关资料的问题。从收集资料的方式上来看，什么样的问题可以通过调查研究来探讨？什么样的问题不能采用调查研究的方式进行探讨？这种判断实际上至少还包含着两个方面的因素：一方面，要看需要自我报告的内容是什么。举例来说，如果只需要人们报告他们在日常生活中观看电视的情况，或者报告他们日常生活中的工作、学习、休闲等方面的情况，就十分适合采用调查研究的方式；但如果是需要人们报告他们失败的婚姻发生、发展、变化和结束的复杂过程，或者是要在一个具有明显利益冲突关系的群体中让人们报告他们相互之间的行为和态度，就不太适合采用调查研究的方式。另一方面，要看这种自我报告的具体方式所具有的匿名程度如何。一般来说，匿名程度越低，就越不利于被调查者的自我报告。比如，当面访问的方式就不太利于那些有关敏感问题的自我报告，而相比之下，如果采用自填问卷、特别是邮寄问卷的方式，就会相对有利于被调查者的自我报告。

再次，调查研究还特别适合于那些需要在很短的时间内很快得出研究结果、很快了解社会现实状况的研究问题。这方面的突出例子就是有关社会中的人们对某些热点问题的态度和倾向性的意见的调查研究，比如各种民意测验、舆论调查、市场调查等。

最后，由于调查研究强调统一的标准化测量，因而对于处理一些过于复杂的社会现象、社会行为或态度问题，调查研究的方式往往会显得力不从心，表现出过于浅显、过于简单的特征。同时，调查研究对社会现实的测量方式也导致其很难深切地把握和认识社会现象形成的上下脉络、社会事件中错综复杂的人际关系、人们在心理和态度上的细微变化等。所以，调查研究不适合于探讨这类研究问题。

（三）调查研究的优缺点①

1. 调查研究的主要优点

与实验研究、实地研究等方式相比，调查研究方式具有下述主要优点：

（1）调查研究的方式可以兼顾到描述和解释两种目的。它既可以用来描述

① 风笑天：《社会研究方法》（第四版），中国人民大学出版社 2013 年版，第 177 页。

某一总体的概况、特征,以及进行总体各个部分之间的比较,同时,它也又可以用来解释不同变量相互之间的关系。

(2) 调查研究方式严格、规范的操作程序,使得其研究结果具有较高的信度,即描述和概括事物的精确性较高。

(3) 调查研究可以迅速地、高效地提供有关某一总体的丰富的资料和详细的信息,在了解和掌握不断变动的社会现象方面具有很大的优越性。

(4) 调查研究所具有的定量特征可通过样本反映总体的特征,使得其应用范围十分广泛,受到广大社会研究者、政府决策部门人员、市场研究人员以及大众传媒的高度重视。

2. 调查研究的主要缺点

尽管调查研究具有众多的优点,但它也并不是万能的。与其他几种研究方式一样,它也存在着力所不能及的地方。比如,在探讨和分析变量之间的因果关系方面,它不及实验研究的方式那么有力。而在对事物理解和解释的深入性方面,以及在研究的效度方面,它又不及实地研究。在研究的反应性方面,它也不及文献研究的方式。特别是调查研究收集资料所依据的主要是被调查者的自我报告。这种被动的、间接的行为测量方式,往往难以真正了解社会现实中人们的行为。同时,它所采用的自填式问卷或结构式访问的形式,无形中都限制了被调查者对问题的回答,使所得的资料比较表面化、简单化,很难深入被调查者的思想深处,很难感受到回答者思想和行为的整体生活背景。在这方面,调查研究远不如实地研究。再加上问卷中的强迫选择、削足适履等问题,也都会使所得资料的质量受到一定影响。

二、调查研究主要方法技术的设计运用

(一) 抽样设计

调查研究方法的本质特征之一是抽样方法的运用。换句话说,调查研究一定是要从研究对象的总体中抽取一部分对象构成样本来进行调查和收集资料,所以,抽样设计就成为调查研究中必须进行的一项重要工作。

众所周知,在一般的研究方法教科书、社会统计学教科书中,都会涉及抽样基本原理和方法的介绍。但许多初学者往往能够明白基本原理,却难以动手实际设计一项抽样方案。考虑到本书前面的有关章节已经系统介绍过抽样的原理和基本方法等知识,因此我们在这里主要是通过对抽样设计一个实例的解析,来探讨与实际抽样设计有关的实践问题,以便初次独立进行调查研究的人员能够将抽样原理和方法在具体的研究实践中灵活运用,融会贯通。

抽样设计的一个实例解析：①

一位研究者对城市在职青年职业适应方面的问题感兴趣，并决定采用调查研究的方法来收集资料，由于研究经费和人力所限，他最初只能在一个省的城市范围内抽取600人的样本。他的第一个重要任务就是要进行抽样设计。按照研究方法教材中所介绍的抽样方法和抽样过程，他首先对研究对象的总体进行了界定。他将“城市在职青年”界定为“年龄18～30岁，目前在城市有固定工作的人”。从理论上说，这种“城市在职青年”的总体是客观存在的。但是，当他要从这一总体中抽取一个实际调查的样本时，则遇到了很大的困难。他该怎样来设计抽验方案呢？

现在我们来看看这位研究者是如何设计他的抽样方案的。他第一次研究“城市在职青年”这一总体是在2000年。他当时设计的抽样方法是：先从全省城市中选取几个有代表性的城市，然后在每个城市中选取若干不同行业的单位，最后再从这些单位中抽取若干在职青年。由于没有课题经费，在具体抽取方式上都不太严格。下面是他的具体抽样步骤和方法。

第一步，选择调查城市。为了尽可能反映不同类型的城市在职青年的状况，他在社会、经济发展状况处于全国中等水平的湖北省选取了武汉、黄石、荆州和仙桃4个城市作为调查点。他所选的4个城市无论是在规模上，还是在性质上，都具有不同的特点：武汉市是湖北省省会，是超大规模的中心城市；黄石市是典型的以重工业为主的大城市；荆州市是典型的以轻工业为主的中型城市；而仙桃市则是由原来的沔阳县城发展起来的县级市。他通过选取这四个规模与特点互不相同的城市，来增强研究样本对总体状况的代表性。

第二步，抽取调查单位。他根据自己对当前社会中各种单位的分布和青年的从业情况的了解，决定在每个城市中选择同样的9个不同行业的单位。这9个不同行业的单位分别为：工业企业、政府机关、医院、中小学、商业、服务业、邮局通讯、交通部门、建筑业。考虑到不同单位的规模不一样，合适的调查对象的数量不同，所以，规模小的单位（比如邮电通讯等）可以抽取不止一个。调查单位的选取和进入则是通过团市委介绍和熟人联系完成的，没有做到随机抽取。

第三步，从单位抽取在职青年。这是抽样中最困难的一个环节，原因是很难获取单位中符合年龄要求的青年的名单。从理论上说，如果有这个名单，就可以十分方便地按照系统抽样、简单随机抽样等方法来抽取。但实际上，到每

① 风笑天：《社会研究：设计与写作》，中国人民大学出版社2014年版，第75～80页。

一个单位都面临无法取得这种名单的情形。因此,调查对象的抽取是由调查单位按年龄和分配的名额要求来提供的。这样的抽样就变成了偶遇性质的,而非随机的。虽然调查单位提供对象时并没有严格按随机方式进行,但是,由于在选取调查对象时所依据的标准只有年龄一项,因此,如果忽略极端偏差情况的发生,可以认为单位在不知调查意图的前提下提供对象的方式接近于随机抽样的方式。

他计划从每个不同行业的单位中抽取15名左右的青年,每个城市抽取150名青年,4个城市共抽取600名青年。

点评:这位研究者的抽样设计中,考虑到了城市的类型、在职青年从事的职业两个方面的因素,这是其比较好的方面。但是,由于城市的选择是判断抽样而非随机抽样,所以,其结果对于比较不同类型城市中的青年状况来说或许是可取的,但并不能用来推断该省的在职青年总体。另外,行业单位的抽取以及单位中在职青年的抽取也完全是非随机抽样。因此,总体来说,这是一次不太成功的抽样设计。

2002年,他第二次研究这一总体。这一次他对上次的抽样方法进行了一些改进:在调查城市的选取上,他没有做改变,依然选取武汉、黄石、荆州、仙桃4个城市作为调查点,以便于进行前后两次调查结果的比较。在调查对象的选取上,他采取了近似分层定比的方法来确定调查样本的结构。他查阅了《中国人口统计年鉴》、《中国城市统计年鉴》、《中国劳动统计年鉴》、《湖北省统计年鉴》等统计资料,了解到近几年来城镇各行业人口的分布情况,决定从比重最大的9个行业中抽取样本,并尽量使用样本中各行业人员的比例分配大致接近统计资料中总体的分布。他所选择的9种行业以及从每种行业抽取的单位数量、调查人数分配情况见表6-1。

表6-1　每个城市的抽样方案

行业	单位数量	调查人数
制造业	2～3个工厂	42
批发和零售、贸易	2个商场	30
教育文化事业	2所学校(中小学各1所)	20
机关和社会团体	1个政府单位或行政部门	12
交通运输业	1个汽车公司	12
社会服务业	1个宾馆	12
建筑行业	1个建筑公司	12

续表 6-1

行业	单位数量	调查人数
卫生部门	1所医院	10
金融、邮电和通讯业	1～2个营业所	10
合计		160

点评:第二次抽样主要的变化是将9种职业的人数由原来的平均抽取改变为粗略地按总体中各职业的比重抽取。比例上虽不太严格,但其思路比起第一次来已经有了进步。

2004年,他申请了一项国家社科基金,第三次研究了这一总体。这一次他的抽样方案比前两次有了更大改变:首先,城市的抽取采取了随机抽样的方法。城市样本的设计考虑到不同地区、不同类型、不同规模等因素。方法是先从东部、中部、西部所属省份的省会城市中,简单随机抽取一个省会城市;然后在各自剩下的省份的大城市中,简单随机抽取一个大城市;最后再从第二次剩下的省份的中小城市中,简单随机抽取一个中小城市。他最终抽取的12个城市见表6-2。

表6-2 调查城市的类型与分布

	东部	中部	西部
直辖市	上海市	北京市	重庆市
省会城市	南京市(江苏)	长春市(吉林)	兰州市(甘肃)
大城市	厦门市(福建)	新乡市(河南)	桂林市(广西)
中小城市	金华市(浙江)	鄂州市(湖北)	安顺市(贵州)

其次他采用等距抽样方法选取了企业、行政机关、教育、卫生、商业、服务业、交通、建筑、邮电、金融、大众传媒、公司、公检法、市政等15类单位,每个单位随机抽取10个对象,每个城市共150个对象,12个城市共抽取1800个调查对象。只是调查对象的抽取依旧是在被调查单位的协助下进行的,没有做到完全随机。

点评:这次调查的抽样设计在城市的代表性上得到了明显提高,单位的抽取方式上也有提高。但单位的类型决定的依据不足,单位中调查对象的抽取依旧没有多大改进。

2007年他获得了教育部重大课题,第四次针对这一总体进行抽样调查。这一次他的抽样方法在城市抽取上引用了第三次抽取的12城市,然后在每个城市采用统一的分层定比抽样的方法抽取了200名各个行业的在职青年。具体抽样的设计是:

首先,计算出每个城市所要抽取的各类职业青年的人数。为提高样本的代表性,他先是根据国家统计局等部门编辑的《中国劳动统计年鉴(2005)》中城镇就业人员分年龄的行业构成统计,计算出各行业20～29岁人员所占的比例(未计算农林牧渔业等不适用的5类行业),得到表6-3中的结果1,然后根据这14类行业人员的合计百分比(87.7%)重新计算出每一类人员的实际百分比(即将87.7%作为100%来计算)得到表中的结果2;再对结果2中的数字乘以2(每个城市样本规模为200),得到表6-3中的结果3,最后对少数几个人数过少的行业做了一点微调,得到表中的结果4。各城市实际抽样时所依据的不同行业人数就是表6-3中的结果4。

表6-3　　　　按行业的分层及其各行业所占比例抽取结果

行业	结果1 (87.7%)	结果2 (100%)	结果3 (200%)	结果4 (200人)
1. 制造业	18.6%	21.2%	42%	42人
2. 电力、燃气及水的生产	2.2%	2.5%	5%	6人
3. 建筑业	3.9%	4.4%	9%	9人
4. 交通运输、仓库和邮政业	7.0%	8.0%	16%	16人
5. 信息运输、计算机服务和软件业	4.2%	4.8%	10%	10人
6. 批发和零售业	12.4%	14.1%	28%	25人
7. 住宿和餐饮业	6.7%	7.6%	15%	15人
8. 金融业	1.8%	2.0%	4%	6人
9. 租赁和商务服务业	4.0%	4.6%	9%	9人
10. 居民服务和其他服务业	11.4%	13.0%	26%	22人
11. 教育	5.2%	5.9%	12%	12人
12. 卫生、社会保障和社会福利业	3.5%	4.0%	8%	10人
13. 文化、体育和娱乐业	1.6%	1.8%	4%	6人
14. 公共管理和社会组织	5.1%	5.8%	12%	12人

其次,在每个城市抽取单位。具体方法是:从本市的电话黄页中,按照14种职业类型,从每一职业类型的全部单位名单中等距抽取3～9个单位。(虽然实际调查可能只会用到1～3个单位,但考虑到有些单位规模较小,可能没有足够

的符合要求的青年职工，以及其他一些不适合调查的特殊情况，故抽出3倍的单位，将后面的单位作为候补。）实际调查时，如果所抽到第一个单位可以提供足够的调查对象，就只在第一个单位调查；如果不够，则再到第二个单位调查；如果还不够，再到第三个单位调查。

最后，从单位中抽取在职青年。具体的方法是：如果能得到单位青年职工的名单，且符合要求的青年职工人数比较多时，则采取间隔抽样的方法进行抽取；如果符合要求的青年职工人数较少时，采取整群抽样的方法抽取；如果无法得到单位职工名单，则由被调查单位，按调查的要求协助进行对象的抽取。（此环节由于客观条件限制，没有做到严格的随机抽样，仅当被调查单位的抽取不存在系统偏差的前提下，可近似的看作随机抽取。）

点评：这次抽样设计除了保留第三次抽样在城市抽取上的随机性外，在不同行业调查对象的抽取上有了更为科学的依据，抽样设计的结果明显增加了青年职业代表性，只是在从单位抽取调查对象这一层面还存在不足。

从上述四种抽样设计中，可以看出研究者一次次的进步。虽然最终可能还不是最完美的方式，但研究者的确是在依据现实情况、自己的资源和条件不断改进，不断提高样本对总体的代表性。从中我们也可以看到，在抽样设计过程中，研究者所需要考虑的不仅仅是抽样的方法问题，还包括抽样所面对的现实困难和实施抽样的可能性问题。研究者的任务就是要不断地克服困难，让样本更好地去接近客观现实。

（二）问卷设计

如果说抽样解决的是调查对象的选取问题，那么，问卷设计解决的就是资料收集工具的制作问题。因此，在调查研究的设计中，将抽象概念操作化为具体指标（概念操作化方面的内容在本书其他章节已经进行了比较具体的讨论，此处不再赘述），并将这些指标设计成调查问卷中的具体问题，是研究过程中除了抽样设计之外又一个十分重要的设计任务。调查问卷的设计，首先要认识清楚研究目标与问卷设计之间关系问题，其次要掌握调查问卷设计的主要方法技术。

1. 研究目标与问卷设计之间关系问题①

初次设计调查问卷的社会研究者和研究生往往会采取一种直接从设计具体的调查问题开始的做法。实际上，这是一种错误的方式。正确的做法是反过来，从研究的目标开始考虑，而不要急着去设计具体问题。无论是以描述为主的调

① 风笑天：《社会研究：设计与写作》，中国人民大学出版社2014年版，第85～86页。

查研究，还是以解释和验证为主的调查研究，在问卷设计上都应该从研究目标开始，从研究的核心概念开始。比如，风笑天所进行的独生子女社会化研究的例子中，研究者从研究的目标，即比较两类青少年的社会化结果开始，将注意力首先集中到研究中的核心概念“社会化结果”上，通过一层层的操作化，得到一批具体的测量指标，然后才进行问卷设计。(图 6-1 为问卷设计思路和过程图示。)

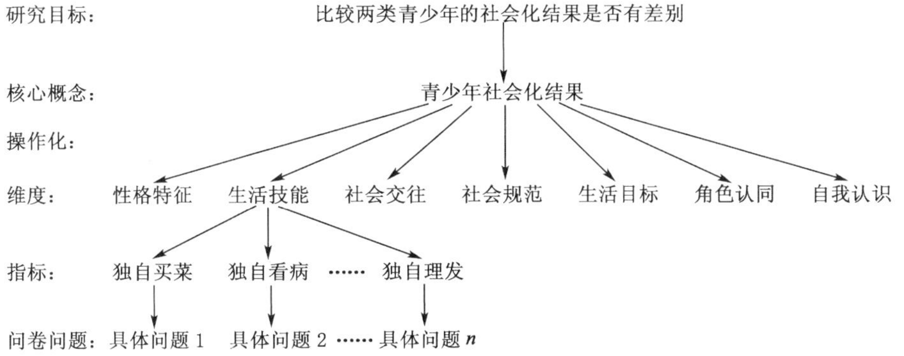

图 6-1　问卷设计思路和过程图示

从测量“社会化结果”的目标开始，通过概念的操作化过程，先将概念操作化为七个维度(也即第一层)，然后在每一个维度中列出测量指标，最终达到将抽象概念转化为具体的策略指标的目的。只有这一切都完成了，研究者才可以动手将这些指标逐一设计成问卷中的具体问题。

类似的，假定我们要调查大学生的社会资本对大学生就业质量的影响，也应该先从“社会资本”、“就业质量”两个核心概念的界定和操作化开始，按照上述例子的做法，一步一步到达具体的测量指标，然后再动手设计问卷中的问题。当然，在界定和操作化概念的过程中，需要先对前人已有的界定和操作化方式进行回顾和分析，并做出取舍，而不能不管前人的做法，只顾埋头做自己的。读者可以把这个例子当作练习，尝试着设计出若干个测量大学生“社会资本”和“就业质量”的指标，并进一步将这些测量指标设计成调查问卷中的问题。

2. 问卷设计的主要方法技术①

(1) 问卷及其结构。问卷(questionnaire)是调查研究中用来收集资料的主要工具，它在形式上是一份精心设计的问题表格，其用途则是用来测量人们的行为、态度和社会特征。尽管实际调查中所用的问卷各不相同，但是它们往往都包

① 风笑天：《社会学研究方法》(第一版)，中国人民大学出版社 2001 年版，第 158～161 页，166～172 页。

含这样一些结构部分：问卷标题、封面信、指导语、问题、答案、编码等，这些结构部分的设计要点如下：

① 问卷标题是调查问卷主题和内容的集中体现，标题要与调查目的相符合，能够直接点明调查主题。标题的表述要准确传达调查的主题，同时要尽可能做到简明扼要。比如：××市投资环境企业家调查问卷、××镇社区居家养老服务发展现状调查问卷。

② 封面信，即一封致被调查者的短信。它的作用在于向被调查者介绍和说明调查的目的、调查单位或调查者的身份、调查的大概内容、调查对象的选取方法和对结果保密的措施等。封面信的语言要简明、中肯，篇幅宜小不宜大，短短两三百字为好。下面是一份实际调查问卷的封面信：

> 亲爱的青年朋友：
>
> 你好！
>
> 为了了解跨世纪的一代青年的工作和生活情况，探索青年成长和发展的有效途径，我们在全省四个城市开展了这项调查。我们从每个城市中随机抽取了一部分青年，作为全市青年的代表，你是其中一的位。本调查不用填写姓名，答案也没有正确错误之分。请你根据自己的实际情况，在每题的答案中选择一个打钩（如没有特别说明，每题都只选一个答案）。遇到有__________的问题，就请直接在__________中填写。
>
> 送给你一件小小的礼物，作为这次调查的纪念。
>
> 衷心感谢你的支持与合作！
>
> 华中理工大学社会学系“青年发展状况课题组”
>
> 2000 年 4 月
>
> 联系电话：027-87543152
>
> 负责人：风笑天教授

③ 指导语。指导语即用来指导被调查者填答问卷的各种解释和说明。有些问卷的填答方法比较简单，指导语很少，常常只在封面信中用一两句话说明即可。比如，“请根据自己的实际情况在合适的答案号码上画圈或者在空白处直接填写”；在邮寄填答法的封面信中，除了上述填答方法的指导语外，往往还要加上类似于“为了减少您的麻烦，我们为您准备了一个写好地址、贴好邮票的信封。您填完调查表后，只需将它放进信封，封好口，投入邮筒就行了。请一定在 9 月 25 日之前填好寄出”这样的指导语。有些比较复杂的问卷的指导语则集中在封面信之后，并标有“填答说明”的标题，其作用是对填表的方法、要求、注意事项等做一个总的说明。举例如下：

填 答 说 明

1. 请在每一个问题后适合自己情况的答案号码上画圈，或者在____处填上适当的内容。

2. 问卷每页右边的数码及短横线是计算机处理用的，你不必填写。

3. 若无特殊说明，每一个问题只能选择一个答案。

4. 填写问卷时，请不要与他人商量。

当然，还有些指导语可能会分散在某些较复杂的调查问题后，对填答要求、方式和方法进行说明。

④ 问题及答案。这是问卷的主体，也是问卷设计的主要内容。从形式上看，问题可分为开放式与封闭式两大类。所谓开放式问题，就是那种只提出问题，但不为回答者提供具体答案，由回答者根据自己的情况自由填答的问题。简言之，就是只提问题不给答案。而封闭式问题则是在提出问题的同时，还给出若干个答案，要求回答者根据实际情况进行选择。比如，“你最喜欢看哪类电视节目”就是一个开放式问题。但是，当我们在这个问题下面列出了若干个答案，要求回答者选择其一作为回答时，就变成了封闭式问题。比如：

你最喜欢看哪类电视节目？

A. 新闻节目　　B. 体育节目　　C. 文艺节目　　D. 其他节目

开放式问题的主要优点，是允许回答者充分自由地发表自己的意见，因而，所得资料丰富生动。其缺点是资料难于编码和统计分析，对回答者的知识水平和文字表达能力有一定要求，填答所花费的时间和精力较多，还可能产生一些无用的资料。封闭式问题的优点是，填答方便，省时省力，资料易于做统计分析。其缺点是资料失去了自发性和表现力，回答中的一些偏误也不易发现。根据开放式问题与封闭式问题的不同特点，研究人员常常把它们用于不同的调查中。比如在探索性调查中则常常用开放式问题构成的问卷，而在大规模的正式调查中，则主要采用封闭式问题构成的问卷。

首先，封闭式问题的常见类型有以下几种：

一是填空式，即在问题后画一短横线，让回答者直接在空白处填写。填空式一般只用于那些对回答者来说既容易回答，又容易填写，通常只需填写数字的问题。比如年龄、家庭人口、收入等。例如：

请问您家有几口人？　　　　口

您的年龄多大？__________周岁

二是是否式，即问题的答案只有“是”和“不是”（或其他肯定形式和否定形式）两种。回答者根据自己的情况选择其一。例如：

您是共青团员吗？　是 □　不是 □

您是否住在本市？　是 □　不是 □

三是多项选择式，即给出的答案至少在两个以上，回答者根据自己的情况选择其一。这是各种调查问卷中采用得最多的一种问题形式。例如：

您的文化程度是：（请在合适的答案号码上打√）

A. 小学以下　B. 初中　C. 高中或中专　D. 大专以上

您的婚姻状况是：（请在合适答案后的方框中打√）

A. 未婚□　B. 已婚□　C. 离婚□　D. 丧偶□

四是矩阵式，即一种将同一类型的若干个问题集中在一起，构成一个问题的表达方式。这种矩阵式问题的优点是节省问卷的篇幅，同时由于同类问题集中在一起，回答方式也相同，因此也节省了回答者阅读和填写的时间。例如：

你觉得下列现象在你们学校是否严重？（请在每一行适当的方框内打√）

	很严重	比较严重	不太严重	不严重	不知道
A. 迟到	□	□	□	□	□
B. 早退	□	□	□	□	□
C. 旷课	□	□	□	□	□

五是表格式。它其实是矩阵的一种变体，其形式与矩阵式十分相似。表格式的问题除了具有矩阵式的特点外，还显得更为整齐、醒目。应当注意的是，这两种形式虽然具有简单集中的优点，但也容易使人产生呆板、单调的感觉。在一份问卷中这两种形式的问题不宜用得太多。比如与上述矩阵式问题对应的表格式问题就是：

你觉得下列污染在你所在的城市是否严重？（请在每一行适当的格中打√）

	很严重	比较严重	不太严重	不严重	不知道
A. 灰尘					
B. 噪音					
C. 污水					

六是相倚问题。在问卷设计中,常常会遇到这样的情况:有些问题只适用于样本中的一部分调查对象。比如,“你有几个孩子”这一问题,就只适合于那些已结婚的调查对象。因此,为了使设计的问卷适合每一个调查对象,在设计时必须采取相倚性问题(或称为后续性问题)的办法。所谓相倚问题,指的是在前后两个(或多个)相连的问题中,被调查者是否应当回答后一个(或后几个)问题,要由他对前一个问题的回答结果来决定,即前一个问题作为“过滤性问题”。在问卷设计中,可以采取下列两种不同形式的相倚问题:

你有孩子吗?

A. 有——→ 请问你有几个孩子?____

B. 没有

你有孩子吗?

A. 有

B. 没有——→ 请跳过问题12～18,直接从问题19回答。

其次,封闭式问题答案的穷尽性和互斥性。由于社会调查中的大多数问卷主要由封闭式问题构成,而答案又是封闭式问题非常重要的一部分,因此答案设计得好坏就直接影响到调查的成功与否。关于答案的设计,除了要与所提的问题协调一致以外,特别要注意做到使答案具有穷尽性和互斥性。所谓答案的穷尽性,指的是答案包括了所有可能的情况,不能有遗漏。对于任何一个被调查者来说,问题的答案中总有一个是符合他的情况的。如果有某个回答者的情况不包括在问题所列的答案中,那么这一问题的答案就不是穷尽的,或者说是有所遗漏的。比如下列问题的答案就不是穷尽的。

您最喜欢看哪类电视节目?(请在合适的答案号码上打√)

A. 新闻节目　　B. 体育节目　　C. 电视剧　　D. 教学节目

由于所列的答案并没有包括全部电视节目类别。因此,肯定会有许多回答者无法填答这样的问题。比如那些喜欢广告节目或喜欢少儿节目的人等等。解决这类问题的办法是,在所列举的若干个主要答案后面,再加上一个“其他”类,这样,那些无法选择所列举答案的人,总是可以选择这一答案的。当然,应该注意的是,一项调查结果中,如果选择“其他”一栏的回答者人数相当多,那么,说明问卷中所列答案的分类是不恰当的,即有些比较重要的答案类别没有单独列出。

所谓答案的互斥性,指的是答案互相之间不能交叉重叠或相互包含。即对于每个回答者来说,最多只能有一个答案适合他的情况。如果一个回答者同时属于某一个问题的两个或更多的答案，那么这一问题的答案就一定不是互斥的。如下例的答案就不是互斥的：

您的职业是什么？（请在合适答案号码上打√）

A. 工人　B. 农民　C. 干部　D. 商业人员　E. 医生

F. 售货员　G. 专业人员　H. 教师　I. 其他

因为答案中的“商业人员”与“售货员”、“专业人员”与“教师”和“医生”都不是互斥的。

⑤ 编码。[①] 在以封闭式问题为主的问卷中，为了将被调查者的回答转换成数字，输入计算机进行处理和定量分析，需要对回答结果进行编码，即赋予每一个问题及答案一个数字作为它的代码。编码既可以在问卷设计的同时就设计好，也可以等调查完成后再进行。前者称为预编码，后者称为后编码。在实际调查中，研究者大多采用预编码，因此，预编码也就成了问卷中的一个部分。编码一般放在问卷每一页的最右边，有时还可用一条竖线将它与问题及答案部分分开。下面就是预编码的一个例子：

(1) 您的年龄：____岁	1～2 ____
(2) 您的性别：① 男 □　② 女 □	3 ____
(3) 您的文化程度：	4 ____
① 小学以下 □　② 初中 □	
③ 高中或中专 □　④ 大专以上 □	
(4) 您每月的收入为多少？____元	5～8 ____

对于第一个问题来说，一般人们的年龄往往在 100 岁以内，故编码中给出两栏，序号为 1～2(对于极个别大于 99 岁的人往往记为 99 岁)。第二、第三个问题都只可能选择一个答案，且答案数目小于 10，故分别只给一栏。第四个问题的答案往往处于 10000 之内，故给四栏，如果是在 100000 以内，就要给出五栏(5～9)。关于编码其他技术的运用，将在“定量资料分析”部分予以介绍。

⑥ 其他信息。除了编码以外，有的问卷还需要在封面印上问卷编号、调查员编号、审核员编号、调查日期、被调查者住地、被调查者合作情况等有关内容。

(2) 问卷设计的步骤。

我们先来看一个实际研究的例子：

---

① 更多的编码方面的内容，将在本书第九章资料分析的操作部分(即定量资料分析中的资料的编码)系统介绍，此处仅把它作为问卷的一个构成要素进行简要交代。

1981 年,欧洲九个国家(英国、法国、联邦德国、比利时、荷兰、丹麦、意大利、西班牙、爱尔兰)的社会学者进行了一项题为“欧洲价值体系调查”的大型研究。研究采用问卷的方式收集资料。为了设计出适合各个国家情况的问卷,研究者进行了精心的准备和探索工作。“在探索阶段,联邦德国小组查阅了有关价值体系的各种著作,在社会名流、大学、政界和信息界进行了一系列深入的交谈。英国小组在被认为对普遍接受的价值持不同意见的少数人中间组织了若干讨论小组。在法国,对近十年来本国及多国性的历次欧洲调查中所收集到的有关价值的全部数据进行了系统的探测。”“这样集中起来的各种文献,在管理委员会和技术小组的多次会议上被用作制定一张试测调查表的依据。”“这张既长又复杂的调查表在四个国家——西班牙、法国、英国和联邦德国进行试测,每个国家挑选 200 名调查对象。其目的显然是检验它的被接受程度。”“答卷在伦敦处理后送到巴黎分析。经过在布鲁塞尔举行的第一次全体会议和在巴黎举行的第二次较偏重于技术问题的会议之后,于 1980 年末确定了包括 302 个问题的正式调查表。”①

从该实际研究的案例资料中,我们可以发现,问卷设计的主要步骤可以分为四个环节:探索性工作、设计问卷初稿、试用、修改定稿并印制问卷。

① 探索性工作。要设计一份调查问卷,第一步工作并不是马上动手去列调查的问题,而是要先做一定的探索性工作,即先摸摸底,熟悉和了解一些基本的情况,以便对各种问题的提法和可能的回答有一个初步的认识。做这种探索性工作的常见方式,是设计者围绕所要调查的问题,自然地、随便地与各种对象交谈,并留心观察他们的特征、行为和态度。通过交谈,常常可以避免在设计问卷时,出现许多含糊的问题,也可以避免设计出不符合客观实际的回答来。这是因为,当我们在交谈中提出的问题含糊不清时,回答者必然会提出疑问。而熟悉和了解各种类型的调查对象对某一问题所给予的具体回答,就为设计者根据实际情况恰当地设计出这一问题的各种答案奠定了基础。

② 设计问卷初稿。经过了探索性工作后,我们就可以动手设计问卷初稿了。设计问卷的具体技术有:一是卡片法;二是框图法。

卡片法的第一步是根据探索性工作所得到的印象和认识,把每一个问题写在一张卡片上。第二步是根据卡片上问题的主要内容,将卡片分成若干堆,即把询问相同事物的问题卡片放在一起。第三步是在每一堆中,按合适的询问顺序将卡片前后排序。第四步是根据问卷整体的逻辑结构排出各堆的前后顺序,使

① [法]斯托策尔:《当代欧洲人的价值观念》,社会科学文献出版社 1988 年版,第 210～212 页。

卡片联成一个整体。第五步是从回答者阅读和填答问题是否方便、是否会形成心理压力等角度，反复检查问题前后顺序及连贯性，对不当之处逐一调整和补充。最后一步是把调整好的问题卡片依次写到纸上，形成问卷初稿。

框图法和卡片法不同，它的第一步是根据研究假设和所需资料的内容，在纸上画出整个问卷的各个部分及前后顺序的框图。第二步是具体填写出每个部分中的问题及答案，并安排好这些问题相互间的顺序。第三步是根据回答者阅读和填写问卷是否方便等方面，对所有问题进行检查、调整和补充。最后一步是将调整后的结果打印成问卷初稿。

这两种方法的差别在于前者是从具体问题开始，然后到部分，最后到整体；而后者相反，先从总体结构开始，然后到部分，最后到具体问题。由于前者采用卡片形式，故很容易着手进行，尤其是在调整问题的前后顺序和修改问题方面，卡片法十分方便。但同时又由于每一问题散见在一张张卡片上，故又往往难以从整体上进行安排、调整和修改。为了吸取二者的长处，避免二者的不足，可以将两种方式结合进行。先根据调查内容的结构，画出问卷总体的各个部分及其前后顺序；然后针对每一部分的内容，在卡片上写出一个个问题，并调整问题间的顺序；最后按整理好的卡片顺序打印成问卷初稿。

③ 试用。问卷初稿设计好后，还不能直接将它用于正式调查，而必须对问卷初稿进行试用和修改。试用这一步在问卷设计的过程中至关重要，对于大型调查来说更是不能不做。试用问卷初稿的具体方法有两种：一种叫客观检验法；另一种叫主观评价法。

客观检验法的具体做法是，将问卷初稿打印若干份，然后采取非随机抽样的方法选取一个小样本，用这些问卷初稿对他们进行调查。最后认真检查和分析试调查的结果，从中发现问题和缺陷并进行修改。检查和分析的方面有：第一，回收率。如果回收率较低，比如说60%以下，那么说明问卷设计上有较大的问题。第二，有效回收率，即扣除各种废卷后的回收率。它比回收率更能反映问卷初稿的质量。因为收回的废卷越多，说明回答者填答完整的就越少，这也就意味着问卷初稿中的毛病可能较多。第三，填写错误。填写错误有两类：一类是填答内容的错误，即答非所问。这是由于对问题含义不理解或误解造成的。对于这种情况，一定要仔细检查问题的用语是否准确、清晰，含义是否明确具体。另一类是填答方式的错误，这主要是由于问题形式过于复杂，指导语不明确等原因所致。第四，填答不完全。填答不完全的情形主要也有两类。一是问卷中某几个问题普遍未做回答；二是从某个问题开始，后面部分的问题都未回答。对于前一种情况，就要仔细检查这几个问题，分析出大部分被调查者未做回答的原因，然后改进；对于后一种情况，则要仔细检查中断部分的问题，分析出回答者“卡壳”

的原因。

主观评价法的具体做法是,将设计好的问卷初稿誊写或复印若干份,分别送给该研究领域的专家、研究人员以及典型的被调查者,请他们直接阅读和分析问卷初稿,并根据他们的经验和认识对问卷进行评论,指出不妥之处。比如,假设我们准备进行一项有关城市交通问题的社会调查,当设计好调查问卷后,我们可以将复印的问卷初稿分别送到城市交通问题研究领域的专家和研究人员、城市交通管理部门的有关人员、公共汽车公司的司售人员、公安局的交通警察等人手中,请他们从各自的角度对问卷中的问题进行检查和评价,提出他们的具体意见。

④ 修改定稿并印制。根据上述方法找出问卷初稿中所存在的问题后,逐一对问卷初稿中的毛病进行认真分析和修改,最后才能定稿。在对修改后的问卷进行印制的过程中,同样要十分小心和仔细。无论是版面安排上的不妥,还是文字上、符号上的印刷错误,都将直接影响到最终的调查结果。只有经过了试用和修改,并对校样反复检查后,才能把问卷送去印刷,并用于正式调查中。

(3) 问卷设计需要注意的问题。

① 问题的数量多少与顺序排列。首先,就问题的数量来看,一份问卷应该包括多少个问题,这要依据调查的内容,样本的性质,分析的方法,拥有的人力、财力、时间等各种因素来决定,没有固定的标准。但一般来说,问题不宜太多,问卷不宜太长。通常以回答者在20分钟以内完成为宜,最多也不要超过30分钟。问卷太长往往引起回答者心理上的厌倦情绪或畏难情绪,影响填答的质量和回收率。当然,若是研究的经费和人员相当充足,能够采取结构式访问的方式进行,并付给每一位被调查者一份报酬或赠送一点纪念品,问卷本身的质量又比较高,调查的内容又是回答者熟悉的、关心的、感兴趣的事物的话,那么,此时问卷长一点也无妨。反之,当调查的内容是回答者不熟悉、不关心、没有兴趣的事物,采用的是自填式问卷的方式,研究者的经费又相当有限,除了两句感谢的话以外,不可能给被调查者更多的东西,而只可能占用被调查者的休息和娱乐时间,那么,此时的问卷一定不能长,一定要尽可能简短。

其次,就问题的排列顺序来看,一般来说有下列常用的规则:把简单易答的问题放在前面,把复杂难答的问题放在后面;把能引起被调查者兴趣的问题放在前面,把容易引起他们紧张或产生顾虑的问题放在后面;把被调查者熟悉的问题放在前面,把他们感到生疏的问题放在后面;一般先问行为方面的问题,再问态度、意见、看法方面的问题;个人背景资料,一般放在结尾,但有时也可以放在开头;若有开放式问题,则应放在问卷的最后面。①

② 问题的语言及提问方式。语言是问卷设计的基本材料,要设计出含义清楚、简明易懂的问题;问题措辞要简短、明确、通俗、易懂、无歧义、不诱导、避敏感等。下面我们概括的"七不要"供参考。

不要使用一些复杂的、抽象的概念以及专业术语。比如"核心家庭"、"社会分层"、"政治体制"、"开拓精神"等等。

不要用长句子表述问题。问题的陈述要尽可能简短。问题的陈述越长,就越容易产生含糊不清的地方,回答者的理解就越有可能不一致。而问题越短小,产生这种含糊不清的可能性就越小。

不要有歧义。比如要避免带有双重或多重含义。像问题"您的父母退休了吗"就是一个带有双重含义的问题。它实际上同时询问了"您的父亲退休了吗"和"您的母亲退休了吗"这两件事情。由于一题两问,就使得那些父母中只有一个退休的被调查者无法回答。

不要带有倾向性或诱导性,或问题的提法不能对回答者产生某种诱导性。应保持中立的提问方式,使用中性的语言。比如,同样是询问人们是否抽烟,问题"你抽烟吗"和问题"你不抽烟,是吗"就有所不同。前者是人们日常生活中习惯的问法,而后者则带有一种希望被调查者回答"是的,我不抽烟"的倾向。此外,在问题中引用或列举某些权威的话,或者运用贬义或褒义的词语,都会使问题带有倾向性,都会对填答者形成诱导。

不要用否定形式提问。比如说,人们习惯于"您是否赞成对物价进行改革?"而不习惯于"您是否赞成对物价不进行改革?"

不要问回答者不知道的问题。比如提出的问题"您对我国的社会保障制度是否满意?"那么,普通公民中的大部分人将无法回答,因为他们并不知道什么叫社会保障制度,也不知道我国的社会保障制度是怎样的。

不要直接询问敏感性问题。当问及某些个人隐私或人们对顶头上司的看法这样一些问题时,人们往往具有一种本能的自我防卫心理。因此,如果直接提问,则将会引起很高的拒答率。所以对这些问题最好采取某种间接询问的形式,并且语言要特别委婉。

王晓晖、风笑天在《"多元建构"视角对问卷调查的方法论意义》一文中,从多元建构视角的角度对问卷设计和实施问卷访谈进行的讨论很有启发价值。多元建构视角认为,问卷调查资料是多元主体相互作用、共同建构的结果。多元建构

① 参见风笑天:《社会学研究方法》(第一版),中国人民大学出版社 2001 年版,第 171～172 页。

视角有三个方面的方法论意义：第一，问卷是由待测变量和语言刺激构成的，问卷设计应先设计待测变量，然后在此基础上设计语言刺激；第二，研究者应同时从受访者和访问员的角度来设计问卷和组织调查，尤其要通过提高问卷质量来降低受访者参与访谈的成本及访问员的工作难度和心理压力；第三，实施访谈时，访问员应引导受访者做出有利于访谈顺利进行的情境定义。①

（三）资料收集方式的设计

当抽取好了样本、也设计好了问卷，下一个重要工作就是资料收集环节的设计。这个环节要解决的主要问题就是选择资料收集的主要方式。

1. 资料收集方式的主要类型

从大的方面来划分，调查研究中的资料收集方法主要有两种基本类型：其一是自填问卷法；其二是结构访问法。自填问卷法指的是调查者将调查问卷发送给（或者邮寄给）被调查者，由被调查者自己阅读和填答，然后再由调查者收回的方法。结构访问法则是指调查者依据结构式的调查问卷，向被调查者逐一地提出问题，并根据被调查者的回答在问卷上选择合适的答案的方法。这两个大的类别，又根据具体实施方法的不同，进一步划分出不同的子类型。比如自填问卷法又可分为个别发送法、集中填答法和邮寄填答法；结构访问法又可分为当面访问法与电话访问法等，见图 6-2。

- 资料收集方法
  - 自填问卷法
    - 个别发送法
    - 集中填答法
    - 邮寄填答法
  - 结构访问法
    - 当面访问法
    - 电话访问法

图 6-2 资料收集方法分类图示

以上所述的每一种具体的资料收集方法在操作程序上互不相同，分别具有不同的特点，同时也适用于不同的调查对象和不同的调查课题。一个调查研究人员应该对各种不同的资料收集方法都十分熟悉和了解，以便在进行一项具体的调查课题时，能根据实际情况灵活运用，达到最好的调查效果。②

2. 资料收集方式的选择③

虽然从大的方面来划分，调查资料的收集方式只有自填式和访问式两种，但

① 王晓晖、风笑天：《“多元建构”视角对问卷调查的方法论意义》，载《南京社会科学》2017 年第 5 期，第 46～52 页。

② 鉴于大多数社会研究方法教材中对这些具体的资料收集方法均有详细论述，加之本书篇幅限制，这些方面的内容我们不进行叙述，请谅解。

③ 风笑天：《社会研究：设计与写作》，中国人民大学出版社 2014 年版，第 86～87 页。

实际上每一大类中都有多种不同的具体实施方式，比如自填式大类中的邮寄问卷、集中填答，访问式大类中的电话访问、入户访问等。而研究者对资料收集方式进行设计的实质就是要根据调查研究的目标，验本的性质，所拥有的经费、人力、时间，以及各种资料收集方式具有的内在特点来进行综合考虑，合理选择和计划，以求达到收集高质量资料的目标。

首先，研究者要对每一种具体的资料收集方式所具有的特点有清楚明确的认识。只有从本质上把握了每一种方式的特点，才可能将它们用到合适的环境和调查课题中。这就好比研究者的工具包里有着各种不同的工具，只有熟悉和了解每一种工具的性能，才能在遇到问题时正确选择合适的工具进行运用。举例来说，电话访问是一种常见的、相对便宜的、快速的调查资料收集方式，但是，如果不了解电话访问实施过程中普遍存在的大量的空号、大量的拒答，白天上班时间大部分回答者通常是老年人等现象，以及只能询问很少的调查问题等特征，盲目地将电话调查的方式应用到不合适的调查项目中，那么往往会遭遇调查的失败。

其次，研究者要对调查样本的性质和特征有详细的了解。调查资料的收集过程实际上也就是在具体的社会现实中接触被调查者、同被调查者打交道的过程。调查样本中的对象具有什么样的社会属性，调查方式能不能方便地接触到被调查者，能不能给予被调查者一个没有压力的、合适的、便利的接受调查询问的环境，是调查资料收集工作能否顺利进行的关键。比如，要调查进城打工的农民工，我们能采取电话调查的方法吗？能采用网络调查的方法吗？能采用入户调查的方法吗？要调查他们，最可行、最合适的方法是什么呢？（这一问题留给读者思考，也留给研究生在课堂上讨论。）在一定程度上，我们甚至可以说，调查对象的可接近性决定了调查资料收集的具体方式。

最后，研究者要对自己所拥有的资源、资本以及局限有清楚的认识。这里所说的资源，主要指的是研究者在实施调查中所具有的有利于接触被调查者、有利于开展调查询问的各种关系网络和客观条件。比如，研究生做调查，所能运用的关系可能主要是同学，老师做调查，可以利用的关系除了学生外，还有同事、学术界的同行以及其他一些社会关系，所以，一般情况下，研究生做调查时在接近被调查对象（特别是非学生的对象）方面所受到的局限就相对比较大。这里的资本，则主要指的是研究者所能用于开展实地调查的时间、经费、人员。比如，如果时间足够长、经费充足，就可以采用当面访问的方式；如果时间短、经费也少，则只能考虑自填问卷、电话访问等方式了。

3. 实际资料收集过程中的质量控制

调查资料收集方式的设计，其目标是要保证样本中的每一个被调查者都真实地向调查者进行报告。这里包含两个最重要的指标:回答率和回答的真实性。关于回答率,一般来说,尽可能高的回答率是研究者应该追求的目。所以,研究者在设计中应充分考虑到影响回答率的因素,并通过合理的设计减少这些因素的影响。但应该认识到,高回答率只是衡量调查结果质量的一个指标,尽管是一个比较重要的指标;另一个更为重要、同时与回答率密切相关的指标,是调查实施过程的严格性以及调查所得资料的质量。

无论采用什么资料收集方式,有一点始终是一样的,这就是调查资料的收集过程,始终都是由人来完成的。而调查资料的质量正是与这些收集资料的人及其工作密切联系在一起的。所以说,资料收集过程中最为关键的一环还是要提高调查员的工作质量。实际上,当一项调查中的其他因素(比如调查的目标、调查的内容、抽样的方法、样本的性质、样本的规模等)确定后,真正会影响调查资料和结果的因素则主要是建立在调查员的工作态度和工作能力基础上的调查员工作质量。研究者十分注意调查员的挑选培训、调查员的报酬、调查过程的督导和检查等工作,就是在从不同的方面为提高调查员的工作质量做出努力。

除此之外,还有一个重要的因素值得注意,这就是调查员的工作量。调查员也是普通人,他不可能超出某种生理的和心理的极限达到研究者所期待的工作质量。笔者多次遇到这样的情况:一些受过系统的社会调查训练、具有多次调查实践经验(即有很好的工作能力)、做事认真负责(即有很好的工作态度)的调查员,用自责和内疚的语气对笔者说,由于调查任务实在太大,为了完成调查,后来只好马虎应付了。这样的结果很可能是回答率保证了,调查资料的质量却下来了。因此,为了保证调查员的工作质量,必须在设计时就将调查员的日平均工作量以及在一项调查中的总工作量都限定在一定的范围内,从生理和心理上保证调查员的工作质量。

风笑天提出的调查员日平均工作量的标准是:一般规模的问卷(半小时左右的访问工作量),调查员每天完成的数量最好定在 4～6 份的范围内。而调查员的总工作量标准是:一般中小规模的调查来说,最好限制在 30 份问卷的范围内,对于较大规模的调查也应限制在 50 份问卷的范围内。无论是超出了日平均工作量,还是超出了调查的总工作量,都有可能带来调查质量的下降。由于受到每人日平均工作量和总工作量两个因素的限制,研究者在研究设计中,要以这两个条件为基础,对调查的时间和调查员规模进行相应的计划和调整。具体做法是:研究者先根据调查的样本规模和调查员日平均工作量,计算出一项调查所需要的总的工作日数量;然后,结合上述调查员的总工作量标准来决定合适的调查员数量以及集中调查的时间长短。

假设一项调查的样本规模为 1500 人,那么,按人均日工作量 5 份计算,共需要300个工作日，对于这300个工作日如何分配调查员数量和集中调查的时间，又会有多种不同的选择。比如可以用10个调查员做30天，用20个调查员做15天，用30个调查员做10天，还可以用60个调查员做5天，等等。在其他条件相同的前提下，比较可取的方案是第三种，而一种、第二种和第四种都不可取。原因是，第一种方案不仅集中调查的时间太长（这样会带来严重的生理疲劳和心理疲劳），更重要的是每个调查员的总工作量太大（每人为150份，大大超出30～50份的标准，即超出了普通人的生理和心理极限）；第二种虽然在时间上有所缩短，但每个调查员的总工作量仍然大大超出标准（每人为75份）；而第四种虽然调查的时间最短，每个调查员的工作量也最小（每人为25份），但会因所需的调查员数量过多而带来一系列新的问题，如组织与管理的难度增大，调查员能力差别控制的复杂性增加，等等，以致从另一个方面大大增加调查的偏差。①

第二节 实验研究

案例导入

霍桑实验②

1924年西方电器公司在芝加哥的霍桑工厂做了一个实验（Hawthorne Studies），这个实验在于找出是否有“疲劳”之外会降低生产力的因素。

工人被分成两组。一组为控制组，所有工人都在环境不变的情况下持续工作；一组为实验组。实验本身是为了观察工作环境经过各种改变时工人的反应情形，并比较两组之生产力。

霍桑实验的工作环境改变是透过改变照明亮度来观察的。结果是，亮度增加，生产力增加，但亮度逐渐下降生产力仍然继续升高。更奇异的是，控制组的照明其实一点都没改变，但生产力仍会上升。甚至，实验人员延长工时或减少休息时间，生产力也会上升。许多工人都比实验前更满意自己的工作。

1927年乔治·埃尔顿·梅奥（George Elton Mayo）应邀去解释这些不合常理的实验结果，也被请求进一步做些相关实验来验证。例如休息时间自定，或实验组加薪、控制组不加薪来相比。很有趣的是，实验组与控制组的产能都提升了。经过几年的研究，梅奥与同僚终于发现金钱激励并不影响产能，因为在实验中加薪或不加薪产能都提升了。进一步了解后才知道，这些工人被选出参与实

① 风笑天：《社会研究：设计与写作》，中国人民大学出版社2014年版，第87～88页。

② 资料来源：百度百科“霍桑实验”，本书对一些内容有所改动。

验时,本身即感到是一种个人的光荣,这种心态又形成整个团队的荣誉感,而导致“情绪性的连锁反应”。换言之,这个实验结果并未如原先所预期,看来是近乎失败的实验。但梅奥与同僚由霍桑实验中领悟到,团队归属感也能满足个人的心理需求。此外,赋予员工个人或团队对某项任务决策的责任,会使得个人或该团队更愿意将该任务视为己任而全力以赴。其次,负责该任务之经理人对于整个事件的肯定与关怀,会使员工明白他们对组织有独特而重要的贡献。霍桑实验对管理理论有相当的贡献:它让工人了解自己不仅仅只是机械的延伸;它引发产业界与学术界做一系列的相关措施与研究;它替管理学开了一扇通往社会科学领域的门;它同时也令研究者检讨在开展实验研究时不能与标的物太接近,否则会影响实验的结果(称之为霍桑效应,Hawthorne Effect)。梅奥与同僚发现经营者要对管理的人性社会面与行为面有更深入的了解,进而提出了“社会人”假说。霍桑实验包含四个著名的实验:

(1) 照明实验。当时关于生产效率的理论占统治地位的是劳动医学的观点,认为影响工人生产效率的是疲劳和单调感等,于是当时的实验假设便是“提高照明度有助于减少疲劳,使生产效率提高”。可是经过两年多实验发现,照明度的改变对生产效率并无影响。具体结果是:当实验组照明度增大时,实验组和控制组都增产;当实验组照明度减弱时,两组依然都增产,甚至实验组的照明度减至0.06烛光时,其产量亦无明显下降;直至照明减至如月光一般、实在看不清时,产量才急剧降下来。研究人员面对此结果感到茫然,失去了信心。从1927年起,以梅奥教授为首的一批哈佛大学心理学工作者将实验工作接管下来,继续进行。

(2) 福利实验。实验目的总的来说是查明福利待遇的变换与生产效率的关系。但经过两年多的实验发现,不管福利待遇如何改变(包括工资支付办法的改变、优惠措施的增减、休息时间的增减等),都不影响产量的持续上升,甚至工人自己对生产效率提高的原因也说不清楚。后经进一步的分析发现,导致生产效率上升的主要原因如下:① 参加实验的光荣感。实验开始时6名参加实验的女工曾被召进部长办公室谈话,她们认为这是莫大的荣誉。这说明被重视的自豪感对人的积极性有明显的促进作用。② 成员间良好的相互关系。

(3) 访谈实验。研究者在工厂中开始了访谈计划。此计划的最初想法是要工人就管理当局的规划和政策、工头的态度和工作条件等问题做出回答,但这种规定好的访谈计划在进行过程中却大出意料之外,得到了意想不到的效果。工人想就工作提纲以外的事情进行交谈,工人认为重要的事情并不是公司或调查者认为意义重大的那些事。访谈者了解到这一点,及时把访谈计划改为事先不规定内容,每次访谈的平均时间从30分钟延长到1～1.5个小时,多听少说,详细记录工人的不满和意见。访谈计划持续了两年多,工人的产量大幅度提高。工人们长期以来对工厂的各项管理制度和方法存在许多不满,无处发泄,访谈计划的实行恰恰为他们提供了发泄机会。发泄过后心情舒畅,士气提高,使产量得到提高。

(4) 群体实验。梅奥等人在这个实验中是选择14名男工人在单独的房间里从事绕线、焊接和检验工作。对这个班组实行特殊的工人计件工资制度。实验者原来设想,实行这套奖励办法会使工人更加努力工作,以便得到更多的报酬。但观察的结果发现,产量只保持在中等水平上,每个工人的日产量平均都差不多,而且工人并不如实地报告产量。深入的调查发现,这个班组为了维护他们群体的利益,自发地形成了一些规范。他们约定,谁也不能干得太多,突出自己;谁也不能干得太少,影响全组的产量,并且约法三章,不准向管理当局告密,如有人违反这些规定,轻则挖苦谩骂,重则拳打脚踢。进一步调查发现,工人们之所以维持中等水平的产量,是担心产量提高,管理当局会改变现行奖励制度,或裁减人员,使部分工人失业,或者会使干得慢的伙伴受到惩罚。这一试验表明,为了维护班组内部的团结,可以放弃物质利益的引诱。由此研究者提出"非正式群体"的概念,认为在正式的组织中存在着自发形成的非正式群体,这种群体有自己的特殊的行为规范,对人的行为起着调节和控制作用,同时,也加强了内部的协作关系。

一、实验研究的含义、原理和程序①

(一) 实验研究的渊源和含义

1. 实验研究的历史渊源

说起实验,很多人都不会忘记1590年,伽利略在比萨斜塔上做的"两个铁球同时落地"的实验。从这个经典实验中我们看出自然科学正是通过实验建立了理论与经验事实的联系,由此得以逐步形成并取得飞速发展。同样,实验对于社会科学的发展也有着同等重要的作用。美国社会学家索罗金(P. A. Sorokin)说过,发展一门真正的社会学,看来是大势所趋。要对社会行为和社会现象的发展变化做出解释、预测和控制,只能通过实验,其他方法无法完全达到这些目的。今天我们说物理学、生物学是实验的科学,应该不会有人再持异议了,然而连物理学这样的学科在历史上也并非一开始就是实验科学。在两千多年以前的亚里士多德时代,众人都认为物理学是非实验性质的,物理学成为实验科学是从伽利略开始的,此前的物理学只能算是哲学的一个分支,多数只是对亚里士多德的著

① 参见周璐:《社会研究方法实用教程》,上海交通大学出版社2009年版,第191~210页。

作做诠释,称不上是实验科学。亚里士多德认为物体在自由下落时重的比轻的落得更快些。长久以来从直观感觉出发,世人对此一直深信不疑;而伽利略通过在比萨斜塔上做的自由落体的实验推翻了这个"真理",使人们认识到自然规律的发现不是靠智者的苦思冥想,而是靠实验,没有经过实验验证的物理学命题只能算是假设,从而使物理学开始走上了实验科学的正道。所以,实验研究方法并不是哪一门科学所特有的方法,也不是哪一门科学从一开始就有的方法。当一门科学发展到一定程度时,当原有的理论无法说明实际存在的事实时,实验方法的引入就水到渠成了。[①] 在物理学等自然科学取得突飞猛进成果的影响下,社会现象的研究者愈来愈认识到引入实验法等自然科学方法对社会现象进行研究的必要性和重要作用,比如西方社会学的创始人孔德提出并极力倡导四种社会学研究方法:观察法、实验法、比较法、历史法等。

2. 实验研究的含义与特点

实验是为了解决文化、政治、经济以其社会、自然问题,而在其对应的科学研究中用来检验某种新提出的假说、假设、原理、理论,或者验证某种已经存在的假说、假设、原理、理论而进行的明确、具体、可操作、有数据、有算法、有责任的技术操作行为。社会研究中的实验研究,是指经过精心设计,并在高度控制的条件下,通过操纵某些因素,进而研究各变量之间因果关系的一种方法。通俗地讲就是实验研究者有意识地改变变量 A,然后看变量 B 是否随着变化;如果变量 B 随着变量 A 的变化而变化,就说明变量 A 对变量 B 有影响,即 B 的变化是由于 A 的变化引起的。

实验研究与其他研究方式相比具有明显的特点:首先,实验研究需要根据研究目的,有计划地强化或创造实验对象所处的环境,在经过加工的环境中对实验对象进行调查,以便得到在自然条件下难以得到的资料。没有对环境的一定控制,也就不能称其为实验研究。其次,既然实验环境是可以控制的,那么就可以通过创造相同或大致相似的环境使实验活动得以重复进行。重复性是实验研究最典型的特征。另外,实验对象的动态性是实验研究的又一个典型特征。在社会科学领域的实验研究中,实验对象是具有主观能动作用的人,是参与社会发展的社会成员。由于社会实验活动不断进行,社会环境也在不断变化,实验对象本身也必然发生不断的运动和变化,他们在实践中不断地适应和改变自己存在的条件,因此,实验对象的动态性导致了对实验环境控制的艰难性。这样的特点使实验研究的运用受到限制,但实验研究的逻辑思想和操作程序使实验研究在社会科学研究中仍然有重要的作用。

---

① 参见周星:《发展中的实验经济学》,厦门大学出版社2006年版,第102页。

（二）实验研究的原理与要素

1. 实验研究的基本原理

一般来说在实验过程中，研究者通过引入或操纵自变量，以观察和分析它对因变量所产生的效果，这个过程基本都要遵循一定的分析逻辑。可以把这种分析逻辑即实验研究的基本原理简化为如下图 6-3 所示的一个过程。

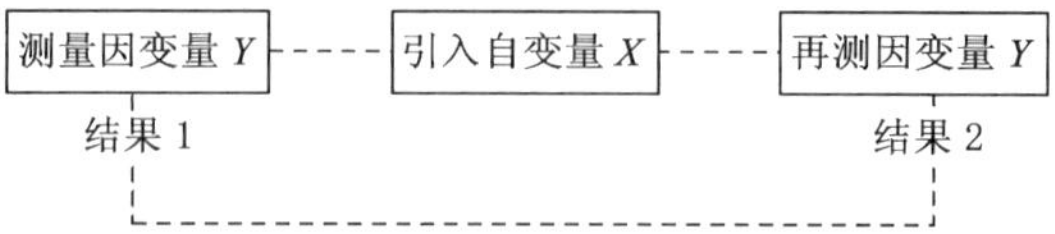

图 6-3 实验研究基本原理

在这个过程中我们先建立假设：X 与 Y 两个变量之间存在因果关系，推测 X 现象是造成 Y 现象的原因，即 $X \rightarrow Y$。为了证明这一假设，首先我们观察 Y 的变化情况，即先测量在没有受到 X 的影响之前，Y 的情况如何。然后，通过操纵某些条件，引入被看作自变量和原因的实验刺激，即引入 X。接着再对引入 X 以后 Y 的情况进行测量，并比较前后两次测量的结果。如果前后两次的情况发生变化，则可初步认为 X 是导致 Y 变化的原因，即可以认为 $X \rightarrow Y$。关于这个逻辑过程我们还可以用一个例子来加以说明，见图 6-4。

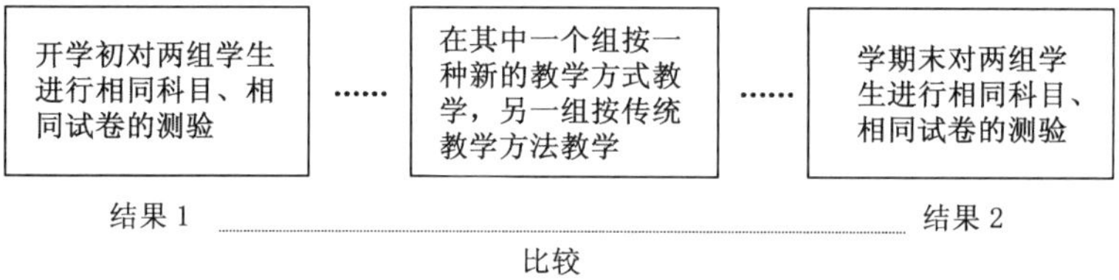

图 6-4 实验研究基本原理举例

这个案例中选择了两组情况差不多的学生，一组为实验组，一组为控制组，并在开学初对这两组学生进行相同科目和内容的测验。然后，对其中的实验组按一种新的教学方法进行教学，控制组按原来的教学方法进行教学。学期末，再对这两组学生进行相同科目和内容的测验，并对测量结果进行比较：如果两组学生后来的学习成绩相差无几，则说明新的教学方式并没有起作用；如果只有实验组的学生成绩提高了，而控制组的成绩没变化，则我们可以将此看作是新的教学法所起的作用和产生的影响。

当然，由于一般情况下，任何两种事物或现象之间的关系，都会同时受到若干其他事物或现象的影响，所以实际的实验研究过程要比这复杂得多。

2. 实验研究的要素

从上面的案例中可以看出，作为一种特定的研究方式，实验研究一般都包含三对基本要素：自变量与因变量；前测与后测；实验组与控制组。

(1) 自变量与因变量。实验的中心目标是理解因果关系，其基本内容是检验自变量对因变量的影响。通常，自变量是实验中的刺激因素，是指引起其他变量变化的变量，也称作原因变量。因此，自变量应该经过严格定义和操作化，这样，才便于在实验中进行测量。而因变量是一种由自变量所引起的状况，它是调查研究所测量的变量，是需要解释的现象。因变量应该在实验前后有所变化，也应该在接受自变量刺激的对象和未接受这种刺激的对象之间有所不同。实验者应该尽可能让因变量处于一种自然的状态中被观察和测量。同时，因变量也同样应该是经过操作化处理的。但应该注意的是，自变量与因变量并非一成不变，一项实验中的自变量，可能成为另一项实验中的因变量。

(2) 前测与后测。在一项实验中，通常需要对因变量进行前后两次相同的测量，第一次在给予实验刺激之前，称为前测(pretest)；第二次则在给予实验刺激之后，称为后测(posttest)。研究者通过比较前测和后测的结果，来衡量因变量在给予实验刺激前后所发生的变化，反映自变量对因变量所产生的影响。实际上，实验者所寻求的并不是刺激后的结果，而是因变量的变化。

(3) 实验组与控制组。在实验研究中，为了验证因变量的变化确实是由自变量引起的，通常把实验对象分为两组，其中一组给予实验刺激，另外一组不给予实验刺激。实验组是指实验过程中接受实验刺激的那一组对象，控制组则是指不接受刺激的那一组对象，也称为对照组。即便是在最简单的实验设计中，也至少会有一个实验组。控制组的作用是向我们显示，如果不接受实验刺激那样的处理，那么实验组将会发生什么。

事实上，在社会研究中设置控制组是来源于罗易斯里斯伯格(F. J. Roethlisberger)和迪克逊(W. J. Dickson)在20世纪20年代末30年代初的研究。在他们的一个研究中，他们试图发现提高工人劳动生产率的办法是否与工作条件改善有关。在研究过程中他们发现某些工作条件的改善，如增加照明设备可以提高工人的劳动生产率，当照明继续增加时，劳动生产率继续上升。为了从反面证明这一发现，他们降低了照明度，期望劳动生产率会相应下降，但令他们惊讶的是劳动生产率仍然上升。事实证明，实验期间劳动生产率的上升是由于工人们发现有人在观察他们，而不是由于劳动条件的改善，这一现象就是有名的“霍桑效应”。从这一实验开始，研究人员在进行实验研究时都要考虑实验本身所产生的影响。所以设置控制组在实验研究中是一种较好的办法。

（三）实验研究的程序

每一项具体的研究内容各异，方法也各不相同，但实验研究的程序与其他方法大致相同，可分为准备、实施和资料处理三个大阶段以及若干具体步骤。

(1) 准备阶段。准备阶段一般需要完成以下几个方面的工作：① 确定研究问题和研究目的。这需要查阅有关的理论文献，确定研究课题的价值及其可行性。② 提出研究假设。假设的因果关系是实验设计的依据，也是实验证明或检验的目标，所以提出研究的假设或者问题是实验研究的主要步骤。这需要选择和分析各个有关的变量，将变量分类并建立变量间的因果模型。③ 实验设计。实验设计的内容包括选择实验场所，配备各种实验设备，准备测量用的工具，制定实验的日程表，安排控制方式和观察方法。

(2) 实施阶段。实施阶段是实验的操作阶段，即进行实验测量的阶段，操作阶段包括选取实验对象和进行实验两个组成部分。选择受试者是实验研究中的抽样过程，对于实验结果有重要的影响，一般采用随机、指派等方法进行实验分组。有的受试者是在实验实施前就确定好的，有的是在实验过程当中进行选择分配的。实验实施是根据实验设计的方案进行实验，控制实验环境，引入自变量，然后仔细观察，做好测量记录。实验所要求的观察记录应当是定量化的数据，因为自变量对因变量的影响只能通过定量化的指标才能加以评定。测量工具一般有问卷、量表和仪器等工具，测量工具的选择首先要保证它们的准确性和可靠性。

(3) 资料处理阶段。资料处理阶段是对前面两个阶段的总结，也是对实验结果的陈述，同时也是实验目的的体现。它一般分为两个部分的内容：① 整理汇总实验材料，对观测记录进行统计、分析，得出实验结果，以此检验假设，提出理论解释和推论。② 撰写研究报告。根据实验的结果和前期的文献资料撰写研究报告。研究报告是实验的最终成果。

（四）实验研究的类型

实际的社会研究中所采用的实验研究通常为两大类：① 实验室实验。它限于在有专门设备的实验室中进行，并对实验的条件、控制以及实验设计都有严格的规定。② 实地实验。它一般在实际场所中进行，其实验设计并不很严格。实地实验也遵循一般实验的逻辑，而其主要的特征是被研究的对象不与他们生活的自然环境相分离。社会研究中更多地是利用实地实验，而不是实验室实验。

根据对变量的控制以及实验设计的严格程度还可以将实验区分为标准实验和准实验。这两种实验在基本原理上并没有很大区别，只不过标准实验对情境和变量的要求更严格而已。为了让实验结果更少受到实验参与者的影响，双盲实验也是研究者常采用的方法。

标准实验和准实验是针对实验的规范程度以及对实验条件的控制能力而做的区分。一个完备的标准的实验应当具备以下要素:两个或多个相同的组;前测和后测;封闭的实验环境,实验刺激的控制和操纵等。但是,社会科学研究的性质、对象和内容往往在许多方面限制了严格的实验设计在现实社会中的应用。

准实验(quasi-experimental)指的是并不具备标准实验所要求的所有条件,为了研究的需要而进行的必要的省略或者特殊设计的实验。例如在社会科学实验设计中常用的单次研究设计(one-shot case study design)、单组前后测设计(one-group pretest design)、静态组间比较(static-group comparison)等实验方法都属于准实验,但是这些实验方法对于不同性质的实验却能够发挥各自不同的作用。

当然,在实际研究中并不严格区分标准实验和准实验,标准实验往往体现出某种弹性,准实验必然以标准实验为依据,在设计和操作上向标准实验靠拢。在具体的实验中是采用标准实验还是准实验,完全取决于研究的性质、研究的目的和研究的精度。

所谓双盲实验指的是在一项实验中,实验刺激对于实验对象和参与实验的观察人员来说都是未知的。即究竟是实验组还是控制组被给予了实验刺激,参与实验的双方(指实验对象和实验人员)都不知道,实验刺激是由实验人员和实验对象以外的第三者任意分派和给定的。

双盲实验的缘由是"主试效应"和"被试效应"。所谓"主试效应"是指由于实验者对研究结果的期望而产生的实验偏差。心理学家罗森塔尔曾经用实验的方法证实了教育中期望效应的作用,因此,主试效应又被称为"罗森塔尔效应"。所谓"被试效应",是指由于实验对象对其被试身份的认识及态度而产生的实验偏差。被试效应又被称为"霍桑效应",源自20世纪20年代末30年代在美国芝加哥西方电器公司霍桑工厂进行的一项有关工作条件与生产效率关系的研究。

在实验研究中采用双盲实验的目的,对于被试者而言,就是要尽可能地保证他们在反应变量上的变化确实能够反映实验变量的作用,而不是他们对自己实验身份(实验组成员或对照组成员)意识的心理作用;对于主试者而言,就是要尽可能地排除其主观意愿对客观地评价实验结果的干扰。

二、实验设计

(一)实验设计的基本原则

对任何一项科学实验来说,应遵循的基本原则包括以下四个方面:① 必须能够使实验再现,凡是不能重复的实验,不能算是成功的实验,偶然的结果,往往不能说明任何问题;② 先进行整体实验,而后再进行分部实验,并按步骤排除各种可能性,这样可以在初始阶段时就明确所考虑的假说是否正确、技术路线是否可取等,从而使实验少走弯路;③ 做实验时,必须在技术上采取谨慎的态度,尽量孤立因素和固定条件;④ 估计所需用的器材是否齐备,当方案中所需的器材确实无法解决时,应适当地修改设计方案。

作为社会科学的实验研究,其核心的问题是对自变量与因变量之间的关系做出客观、准确的反映,所以上述原则中实验的可重复性和可控制性显得尤为重要。从某种程度上来说,缺乏可重复性是任何需要观察而没有实验的研究的严重问题。因为自然数据往往是在特殊的、不可重复的时间和空间背景下取得的,一些不可观测的因素一直处于变化之中,所以,在进行实验研究时,可能存在内在无效度(internal invalidity)和外在无效度(external invalidity)两种情形。这是社会科学实验设计需要解决的基本问题,这些问题的解决是实验设计所必须遵循的原则。

1. 内在无效度

内在无效度是指实验的结论没有正确地反映实验本身。在任何时候,只要实验以外的因素影响了因变量,就会造成内在无效度。内在无效度的主要来源有:① 历史事件。在实验过程中发生的历史事件将导致实验结果的模糊。比如,突发的地震灾害可能导致正在试行的公共医疗改革方案发生目标偏离。② 人们的成熟。人的心理、生理状况总是在不断发生变化,所以一项长期或短期的实验结果或多或少都会受到这些因素的影响。③ 实验本身的影响。实验过程本身会影响人们的行为,从而影响到实验结果。④ 不同的度量尺度。如果事件的前测和后测度量的尺度不一致,就会影响到实验结果。⑤ 极端值的影响。如果因变量是一个极端值,即不可能再低或者再高了,那么无论自变量是否发挥作用,结果都将变化,即变高或者变低,从而会导致研究的错误结论。这称为向平均值的回归。⑥ 选择的偏差。分组时产生的偏差,导致组与组之间缺乏可比性。⑦ 多种交互作用。有时多种原因的交互作用会影响实验结果。⑧ 实验处理中的传播与模仿。假如实验组和控制组可以相互沟通,实验受试者就可能把一些实验刺激的因素传递给对照组受试者,影响实验结果。⑨ 补偿心理。在现实生活中所做的实验,有时会给对照组或控制组的对象带来利益或者损失,于是产生了补偿心理的问题。在这种情况下,控制组就不是真正的控制组了,实验结论就不能真正反映实验本身。

2. 外在无效度

内在无效度说明的是可能导致实验内部失真的因素,除此之外,实验者还会遇到外部失真的问题,即实验结果无法推广应用到现实生活当中去。这些外部失真称作外部无效度。危害实验结果概括性的原因之一是实验本身与实验刺激之间的相互作用。例如,在一个测验看电影对于人们对精神病人偏见的影响的实验中,发现看电影的受试者对精神病人的偏见程度确实降低了。但是我们需要反思的是,如果在现实生活当中,假如人们在电影院看完这部影片之后,能够产生同样的效果吗?显然仅仅包括实验组和控制组在内的古典实验设计(也称简单实验设计)难以解决这一问题。于是人们采用多组实验设计(所罗门三组和四组设计)来解决这个问题。

内在无效度和外在无效度是社会科学实验设计需要解决的基本问题,其解决的方法以及需要注意的问题构成了实验设计的基本原则。所有的实验设计方法的分类都是以这些基本原则为依据的。

(二) 基本实验设计

1. 经典实验设计

经典实验设计(the classical experiment design)也称为古典实验设计或简单实验设计,是最基本同时也是最为标准的实验设计。经典实验设计中包含了实验设计的全部要素:实验组、控制组、前测、后测、自变量(实验刺激)、因变量,以及随机指派,所以又被称为“双组前后测模式”。

经典实验中,要努力使实验组和对照组处于相同或相似的实验环境中。然后,只对实验组给予实验激发,对于控制组却不给予实验激发。最后,根据实验组和控制组前后检测的变化对比,测定实验效果,做出实验结论。经典实验设计的具体步骤见表 6-4。

表 6-4　　经典实验设计的具体步骤

	实验组	控制组
(1) 选择对象	实验对象	与实验对象匹配的对照对象
(2) 控制实验环境	实验目标要求的环境	与实验组所处环境相同(相似)
(3) 前测	A_1:前测值	B_1:前测值
(4) 实验刺激	给予实验刺激	不给予实验刺激
(5) 后测	A_2:后测值	B_2:后测值
(6) 测定实验刺激	$A=A_2-A_1$	$B=B_2-B_1$

其中,实验刺激的影响$=A$(实验组差分)$-B$(控制组差分)=(后测 A_2 — 前测 A_1)— 控制组(后测 B_2 — 前测 B_1)。

在上述实验设计中,如果没有控制组,就无法说明在实验组的全部影响中,究竟有多少是真正的原因,多少是外界因素的影响。因为实验组的差分中,可能有一部分是实验刺激的影响,还有一部分则可能是其他外在因素的影响。而这种外在因素的影响究竟有多大我们无法知道。加上了控制组后,控制组差分所代表的就是这种外在因素的影响,因为控制组并没有给予实验刺激。这样,用实验组差分减去控制组差分,实际上即等于从总的影响中减去外在因素的影响,所剩下的自然就是实验刺激,即自变量的影响了。

如果实验组差分的绝对值比控制组差分的绝对值大,则说明实验刺激对因变量有影响;如果实验组差分与控制组差分相等,则实验组刺激的影响为零,即自变量对因变量不起任何作用;如果实验组差分比控制组差分小,说明实验刺激对因变量的影响是负向的。我们以下面的例子来说明经典实验设计的方法:某企业为了提高其产品竞争力,扩大市场占有率,决定对产品的装潢进行改进,并对改变装潢的效果进行测定。为此,他们采取试销的方式。其具体步骤为:① 选择实验对象。这里,实验对象是改变装潢以后的商品。② 控制实验环境。③ 前测。即统计装潢改变以前的商品平均销售额(周、月或季度)。④ 实验刺激。将新式装潢的商品投入市场。⑤ 后测。经过一段试销以后,对新装潢商品的销售额进行统计,并计算其平均销售额。⑥ 测定实验刺激的影响:假设,对于实验组,在前测中,该商品平均每月的销售额为 26 万元,后测中,平均每月的销售额为 31 万元。对于控制组,不投放新装潢商品,只销售原来未改变装潢的产品,在前测中该商品平均每月的销售额为 26 万元,后测中,平均每月的销售额为 28 万元。从这个例子中可以看出,实验刺激的影响即对商品装潢进行改进后,可在一定程度上促进商品的销售。

经典实验设计的主要优点是:① 比较实验组和控制组前测与后测的差异值,不仅可以确定自变量的影响,而且还可以排除外部因素的影响。② 可以排除前测造成的某些干扰因素。其主要缺点是:受试者经过一次前测,所以可能会对自变量的引入产生敏感。这样,虽然不会影响内在效度,但会影响和降低实验的外在效度。

2. 所罗门四组设计

如前所述,经典或简单实验设计有两个主要的缺点:一是某些交互作用效应对实验结果有影响;二是它只考虑一个自变量和一个因变量之间的关系。这里的交互作用(interaction effect),是指前测和实验刺激之间的交互作用所产生的另一种外加的影响。为了克服这两个缺点,也就是说为了排除交互作用效应的影响,解决外在无效度的问题,同时为了分析多个自变量对因变量的影响,就需要多组实验设计,其典型的代表是所罗门四组设计。所罗门四组设计的核心思想是测量干扰因素和交互作用效应的影响。所罗门四组设计涉及四组受试者,从一群人中随机分派。表 6-5(所罗门四组设计)展示了这种研究的基本思路。

表 6-5　　所罗门四组设计

组别	前测	实验刺激	后测
1. 实验组 1	有	有	有
2. 实验组 2	无	有	有
3. 控制组 1	有	无	有
4. 控制组 2	无	无	有

这种实验设计只有一种实验刺激，随机选择被试和分组；一共四个组，两个实验组，两个控制组；两个实验组中，一个组有前测与后测，一个组只有后测；两个控制组中，也是一个组有前测与后测，另一个组只有后测。在上面的基本模式中第1、2 组是实验组，第 3、4 组为控制组；第 1、3 组有前测与后测，第 2、4 组只有后测。可以用表 6-6(所罗门四组设计的例子)的假设例子来说明所罗门设计的应用。

表 6-6　　所罗门四组设计的例子

组别	前测	实验刺激	后测	差异
1. 实验组 1	均值＝50	有	均值＝80	实验组间的差异为 10(＝80－70)
2. 实验组 2	无	有	均值＝70	
3. 控制组 1	均值＝50	无	均值＝60	控制组间的差异为 10(＝60－50)
4. 控制组 2	无	无	均值＝50	

在这个例子中，假设结果变量在 0～100 的数值范围内进行测定。在实验组中，有前测的实验组得分为 80，而无前测的实验组得分为 70。如果我们假定这两组间没有其他的不同，那么这两个小组 10 分的差异应该归因于两个小组唯一的差别——前测。同样的原理也可以应用到控制组。如果将交互效应去除，干预的真实影响就是消除了交互反应的实验组和控制组之间的差异。这种情况下的实验组得分为 70，而控制组得分为 50。我们可以推断干预具有 20 分的影响。

从所罗门四组设计的原理可以看出，这种设计的优点在于：可以区分出外部因素和测量干扰的影响，克服了实验组、控制组仅有后测设计和实验组、控制组前后测设计两种设计的缺点；实验者可对四个组的实验数据进行多种比较；实验者还可以运用 2×2 方差分析来处理四个组的实验数据。它的缺点是：设置四个组，必然会增加受试者人数，增加了实验的难度；所得结果需要经过复杂的统计检验，往往使简单的问题复杂化；它只能判断其他外部因素对因变量的影响，但无法确定哪些变量与因变量还存在因果关系。

3. 重复测量设计

在一些实验中，受试者要接受多次相同的测量。例如在学习实验中，受试者常常完成一系列任务，如解决一系列问题，以了解学习是否已经发生了。实验效果不是以不同组的观测值差异值来表示，而是通过每个组对不同刺激的差异来反映。例如，要测量不同学生解答形象思维和逻辑思维智力测验题的差异，可做下列设计，见表6-7。

表6-7　　重复测量设计

	形象思维测验	逻辑思维测验
第一次	男生（10人）	女生（10人）
第二次	女生（10人）	男生（10人）
比较	（总、男女）平均分	（总、男女）平均分

可以看出，重复测量是一种轮换的方法，即每个组都先后接受不同的测量，然后通过比较每一组不同测量的平均值就可以检验不同刺激造成的不同差异。它的优点是：① 不用随机抽取实验组和控制组，而只需选取几组实验对象让他们参加各种项目的测验，因此，不用担心组间特征值随机误差的影响；② 只需较少的受试者就可以达到目的；③ 它的实验假设可以有多个。重复测量设计的缺点在于多次重复测量容易使人们熟悉这一特定的特征。解决这一问题的途径是均衡设计，即打乱问题的排列顺序，对实验处理进行平衡。

4. 因子设计

因子设计是为了考察两个以上的自变量对因变量的影响以及自变量之间交互作用对因变量的影响。它假定外部因素的影响等于零，并且为了消除前测引起的影响和减少工作量，一般都运用无前测的设计。例如，要测量企业的劳动纪律和福利待遇对劳动生产率的影响时，可以做出如表6-8所示的设计：

表6-8　　2×2因子设计

	前测	引入自变量	后测
实验组(1)	无	X_1　X_2	Y_1
实验组(2)	无	X_1	Y_2
实验组(3)	无	X_2	Y_3
控制组	无		Y_4

上述例子中有两个自变量（X_1 和 X_2），每个自变量有两个值（有和无），因此可以分为四个组，称为2×2的因子设计。因子设计可以同时包括多个自变量，每个自变量可以有多个取值。但是，随着自变量的增加，实验组的数目也要相应增加。

因子设计虽然可以阐明不同因素对于因变量的影响，但是它自身也有缺点。

在分析多个因素的影响时,往往需要设置许多实验组,每增加一个变量,实验组的数目都要成倍增加,需要的受试者的数量也就越多,因此,在一般情况下是难以实施的。在实际操作中最常见的是 2×2 的因子设计。

以上提供了一些实验研究中较常见的设计。在进行这些设计的过程中,只要明确了实验设计的思路以及需要关注的因素,也就明确了实验设计的解决之道。

三、实验研究的评价

(一)影响实验正确性的因素

与其他收集资料的方法相比,实验研究法的信度和内在效度较高。尤其是在测量行为并对行为类型加以明确的定义,以及测量工具的标准化和精确程度较高时,实验的信度也较高。但当采用问卷、量表测量人们的态度时,则可能由于问题的模糊或者含义不清而降低可信度。对信度的检验一般是通过重复实验的方法,如果发现几次实验的结果有较大的差异,则有可能是由于测量工具的原因。当然,观测实验的前测和后测也可以检验信度,但是由于实验刺激或实验时间的影响,有时不容易区分出测量工具的偏差。总的说来,影响实验正确性的因素有:

(1)实验环境的人工化,无法避免前后测环境不一致的影响。在实验研究中,即使用的是同一份问卷,在同样的地点、由同样的研究人员参与,有时也会造成前、后两次测量在某些方面、某些细节、某些条件上出现差别,从而给实验对象带来不同的影响。比如,研究者和实验对象在前、后两次测量时的心理状态不同,对实验人员和实验对象的指示不同,对实验说明的方式不同,或者对实验时间的控制、要求的掌握不同等,都会形成实验环境的不完全一致,这就会使前、后两次测量的结果中,掺杂进一些不属于实验刺激的效果。

(2)初试—复试效应的影响。实验方法的一个典型特点是前测、后测形式内容的一致性,但是正是这一特点容易产生初试—复试效应影响问题。比如参加英语四、六级考试的同学都有这样经历,通常后一次考试的成绩会好于前一次的成绩,这里面除了英语水平的实际提高外,每考一次,考生对考试的题型、内容、重点和答题方式等更加熟悉,参加考试时的心情更加放松,显然有利于考试成绩的提高。同样的现象在实验过程中也会出现。所以这会影响到实验研究的正确性、客观性。

(3)实验对象选择和缺损的影响。由于实验的特定目标、特定逻辑、特定方式,使实验对象的选择通常不像调查研究那样从某一总体中随机抽取,而大多是采用自愿参加、征募参加、强制参加的方式,这就会带来一个问题:样本的抽取缺乏代表性,这就使得实验研究法的正确性大打折扣。

另外，由于实验需要前测和后测，而且前、后两次测量的对象都必须是同一群人，所以，如果有的实验对象在完成前测以后就自己主动退出实验，或者在后测开始时，有的实验对象由于调动、搬迁、死亡等原因无法找到，这就会造成实验对象的缺损，导致实验的正确性受到影响。

（二）实验研究的优缺点

实验研究的优点主要包括：

(1) 有利于明确地确立因果关系。可控实验的主要优点是能够把实验变量与它带来的影响分离开来。就基本的实验理念而言，这个优点是显而易见的。实验开始时，研究者就可以发现受试者的某些特征，然后引进实验刺激，如果发现了他们在实验之后具有了不同的特征，受试者在实验的过程中又没有受到其他的刺激或其他因素的干扰，那么，他们就可以认为，特征的改变归因于实验刺激，从而在实验刺激和特征改变之间建立起了因果关系。相对于在自然的环境中所做的实验来说，这种实验结果在理论上更加明确。比如吸烟有害健康的研究结论最初都是建立在观察数据上的，而观察得到的数据是可能有选择性偏差的，是不可靠的。社会现象是多变的，是有差异的，因为这些差异性，在取样时就会产生差异，如果不注意这些差异的话，得到的变量关系就有可能是表面上的虚假关系。而实验法解决了选择性问题，这种方法就是实验设计里的经典实验设计。

(2) 控制程度高。与其他的社会科学的研究方法相比较，实验法对研究对象、研究环境、研究条件等具有较高的控制程度，这对于资料的分析和假设的检验来说是非常重要的。可控实验由于是在实验室内进行的，具有与外部世界暂时隔离的特性，因此研究者可以通过对实验条件和实验对象的控制，减少或排除外部因素对实验结果的影响，减少各种误差的产生。另外，可控实验通过对自变量和实验环境的控制，使得实验结果的可信度显著提高。

(3) 具有重复性。由于可控实验有一定的范围限制，所以只需要很少的受试者，就可以用几个不同的组来重复做一个实验。其他的调查研究方法一般不具备这种可重复性。对于失败的调查研究，要想重复的话需要花费大量的人力、物力和财力，因而实验研究的这种可重复性是其他的方法不可比拟的。另外，重复一项研究对于获得可靠的结论来说也具有十分重要的意义。这也是许多经典的实验经常被重复的原因。这种对经典实验的重复，有时是在稍微不同的环境中进行的，以保证其结果不是某种特定环境的产物。

(4) 成本较低。同其他社会科学的研究方法相比较，实验研究所需要的费用是比较低的。这主要是因为：第一，实验研究所需要的研究对象的数量比较少。受研究目标和特性的限制，实验研究不可能像抽样调查那样确立足够的样本数量，因此受试者的规模一般比较小。第二，实验研究持续的时间比较短。为了测量实验刺激带来的因变量的变化，实验一般是在比较短的时间内完成的。第三，实验研究一般研究的问题较少，设计的实验对象也较少等，这些也都决定了实验研究所需要的费用较低。

实验研究也存在一些明显的缺点，诸如实验环境是由人工专门制作的，导致了在实验环境下得出的结果推广到现实情境中不一定适用；实验的样本一般都比较少，其代表性本身就存在着一定的缺陷；实验研究面临的伦理和法律方面的限制也很突出，①等等。

思考与练习

1. 简述调查研究的含义与本质特征。

2. 简述问卷设计的原则与步骤。

3. 如何认识和处理调查研究中与样本规模有关的问题？

4. 简述资料收集方式的选择问题。

5. 简述资料收集过程中的质量监控问题。

6. 从本学科学术期刊中选择几篇采用调查研究的论文，分析这些论文的抽样方法及变量操作化方法。

7. 将各种准实验设计与经典实验设计进行比较，探讨它们之间的差别及其意义。

8. 将实验研究的基本逻辑与调查研究的基本逻辑进行对比，分析二者在社会研究中的地位和作用。

9. 在社会学、心理学、公共管理学等杂志上找几篇实验研究报告，分析它们的自变量和因变量是什么，同时分析研究者是如何将实验刺激引入实验的。

10. 结合你所感兴趣的研究领域，谈谈实验研究方式所受到的限制。

---

① 周璐:《社会研究方法实用教程》，上海交通大学出版社2009年版，第210～212页。

第七章 研究方式的设计与运用(下)

本章重点

1. 文献研究的含义、类型与运用设计
2. 实地研究的含义与特征
3. 实地研究的过程
4. 实地研究的设计要点
5. 个案研究的设计

第一节 文献研究

一、文献研究概述

在社会研究方法中，文献研究实际上是一个很容易引起误解和误读的概念。现实的情况是，一些不太了解社会研究方法专业知识的人，往往将文献研究错误地理解为“通过查阅、归纳和定性地分析现有著作和论文等文献资料”，甚至只是“引用相关文献资料”而得出研究结论的方法。这种情况在许多研究生的开题报告中、学位论文中，以及在一些社会研究者所撰写的各类社会科学基金课题申请书中经常会看到。我们认为，如果是非专业性的文本写作，把文献研究简单理解为检索、查阅、介绍、归纳和引用以往研究的成果尚且可以，但是对于专业的学习者和写作者，就不能这样理解和使用文献研究这个专门的词语。对于非专业性的文本写作，通常我们建议使用“文献分析法”或“文献综合法”进行表述，以区别于专门意义上的“文献研究”。之所以称其为专门意义上的“文献研究”，是因为在社会研究的范畴中，文献研究指的是包括内容分析、二次分析、现存统计资料分析等“利用各种文献资料进行的、系统的、且主要是量化的研究方式”的总称。这种文献研究的方式就像调查研究、实验研究、实地研究的方式一样，具有特定的程序以及很强的系统性、经验性特征。[①] 通过以下对文献研究方式基本理论的概述，读者就不难发现我们为什么要专门强调不能随便使用“文献研究”这个

① 风笑天：《社会研究：设计与写作》，中国人民大学出版社 2014 年版，第 113 页。

名称了。

(一) 文献的含义及社会研究常用的文献类型

调查研究、实验研究、实地研究这几种研究方式都具有一个共同的特点,即它们都要接触研究对象,都要收集和使用直接从社会成员那里获得的第一手资料。这里所要介绍的文献研究方式则与它们有一个显著的不同——它不是直接从研究对象那里获取研究所需要的资料,而是去收集和分析现存的,以文字、数字、图片、符号以及其他形式存在的第二手资料——文献资料。从研究的逻辑和基本原理来看,这一研究方式与其他几种社会研究方式(尤其是调查研究的方式)并无大的区别,只是这种研究方式所用资料的不同、资料来源的不同,从而导致其在具体的操作程序上与其他研究方式有所不同而已。

1. 文献的含义与分类

所谓文献(literature),其原义主要指包含各种信息的书面材料或文字材料。随着社会的发展,信息传播的载体也越来越多样化。因而,我们可以将文献定义为包含我们希望加以研究的现象的任何信息形式。根据文献具体形式和来源的不同,我们既可以将其分为个人文献、官方文献及大众传播媒介三大类,也可以把它分为原始文献(也称为初级文献或第一手文献)和二次文献(也称为次级文献或第二手文献)两大类,还可以划分成现时性的文献和回顾性的文献,或者文字文献、画面文献、声音文献等。个人文献主要指个人日记、自传、回忆录及信件等;官方文献主要指政府机构和有关组织的记录、报告、统计、计划、信函等;大众传播媒介主要指报刊、电影、电视、网络等。所谓原始文献,指的是由亲身经历某一事件或行为的人所写的资料,比如前述个人文献中的日记、信件,官方文献中的记录、报告、计划等。二次文献则是指那些利用别人的原始文献所编写或产生出的新的文献资料,比如,根据当事人的回忆录和自传撰写的人物传记、利用统计数据撰写的研究报告等。表 7-1 就是对文献分类的一种说明。

需要注意的是,上述分类并没有完全包含所有的文献形式。比如,书籍、歌曲、绘画、图片等也是常见的文献来源,甚至电话号码簿也能成为文献研究的材料。周敏在研究美国纽约的唐人街时,就曾用到了对电话号码簿的分析。“唐人街出版的电话号码簿列出纽约大都市地区的大部分华裔企业,可查出唐人街内、外的华裔企业的类型和地址,还能从不同年份的电话号码簿看出这些信息随时间变化的情况。只要简单统计一下,就得到唐人街经济活动的分布情况;比较 1958 年和 1988 年的电话簿,就知道 30 年间的变化和发展趋势。”①

① 周敏:《唐人街——深具社会经济潜质的华人社区》,商务印书馆 1995 年版,第 8 页。

表 7-1 按两个标准划分的文献类型①

	初级文献	次级文献
现时性的	由作者当时编辑的： 例如：法庭记录 英国议会议事录 人口普查 报纸的报告 契约、录音、信件、电影 “我正在写的”	从初级文献中转述的： 例如：根据助手的工作写成的研究报告 用实际文献的历史研究 用普查资料的统计研究 对其他人的回答的研究 “他当场写的”
回顾性的	作者在呈件后编辑的 例如：私人日记、自传 参观某一学院后的报告 “我事后写的”	从初级回顾中转述的 例如：利用日记或自传的研究报告 “他事后写的”

2. 社会研究中几种常用的文献类型

(1) 日记、回忆录和自传。这三者都是当事人亲自所写的第一手文献。人们记日记的原因多种多样；但对于大多数普通人来说，记日记主要是把每天所发生的有意义的事记录下来，将来回忆过去的时光时往事又会历历在目。或者，通过记日记，可以达到自己跟自己进行交流、交谈的目的。还有的人是将自己在日常生活中所触发的思想火花记录下来。由于日记是人们从纯粹的个人目的出发，自觉自愿写下的，其内容常常是人们内心思想的自然流露，而且它常常会按时间顺序持续相当长的一段时期。因此，日记对于研究人们的思想、感情，理解人们的行为、性格，无疑具有很高的价值。但是由于日记属于个人隐私的范围，不经主人允许，其他人不能随意翻阅，所以，这也给利用日记进行研究带来很大困难。日记这一文献资料的利用所受的局限很大。

回忆录和自传既有相似的地方，又有一定的区别。回忆录往往是作者对于自己在某一时期中的一些特殊经历的描述。在这一描述中，作者本人可以不是中心的人物。自传是对作者从小到大，直至目前的生活历史，按时间顺序给出的连续性记述，传主是记述中唯一的中心人物。回忆录对于研究过去发生的某一事件或运动以及社会变迁来说，有较高的价值。例如，罗伯特在一本描述他儿童时代的名为《古雅的贫民窟》的回忆录中，非常生动具体地描绘出第一次世界大战前后当地人民的生活方式。他的这本回忆录是一本关于社会历史的很好的材

① 资料来源：Peter H. Mann, *Methods of Social Investigation*, St. Louis: Blackwell Inc, 1985.

料，当我们用社会学的眼光来看这本回忆录时，便会发现它所描绘的那个时期所发生的巨大的社会变迁。

而利用自传来进行社会学研究的最杰出的例子也许就是美国社会学家托马斯和兹纳涅斯基所做的波兰农民的研究了。在这一研究中，他们利用了在美国的波兰人与在波兰国内的波兰人之间的通信，以及一个叫威斯津连斯基的 27 岁的年轻人应研究者的要求所写的自传。这份受专门委托所写的自传长达 311 页，主要涉及这位年轻人早期在波兰国内的生活和来美国后的经历。他们把这位年轻人作为"文化上消极的群众的代表"，深入研究他的自传。当然，这种做法的科学性也受到人们的质疑。有的人提出，即使是在当今社会中，究竟有多少受过教育的 27 岁的青年能写出长达 300 多页的生活历史？

（2）信件。上面谈到的托马斯与兹纳涅斯基的波兰农民研究中，研究者就利用了由 754 封信所构成的文献资料。这 754 封私人信件是通过在一家美国出版的美籍波兰人杂志上刊登广告而得到的。每封信根据质量分别用 10～20 美分的价钱买得。这些信件按照姓名分成 50 组进行分析，以帮助研究者探讨那种来自特定封建家庭文化的人整合到美国文化中所出现的问题。

信件也常常作为一种描述事件或者描述人们对某种事物的个人感情的资料。比如，研究者可要求儿童或青少年以写信的形式反映他们的苦恼，从中可以进一步分析各级学校教育以及家庭教育等方面存在的问题。有人则采用一种与写信相似的方式，让青少年写一篇有关他将来走上工作岗位，第一天上班情况的文章。结果发现，在学生们的期望和想象中，存在着许多令人忧虑的问题。研究告诫人们，非常需要对青少年学生进行"工作意味着什么"的教育。

利用信件来进行社会研究的做法，同样受到不少人的指责。有人仔细地评论了托马斯和兹纳涅斯基利用信件所做的研究，提出一系列批评。有人甚至断言，对于特定的社会学目的来说，现在几乎没有什么类型的通信可以很容易地被利用，也没有什么类型的通信对社会研究有价值。他们指出，即使信件对研究是可用的，也存在很大的局限性。首先，写信的人通常并不能构成普通人口总体的代表。另外，人们在信件中对于事件的描述往往是经过不正常的压缩的，并且往往是从特定角度来描述的。这可以用一个例子来说明。想象一位大学生写了两封信，一封是给其父母的，另一封是给他中学时期最要好的朋友的，信的内容都谈到上周末他们班的舞会。不难想象，对于这两种不同类型的收信者来说，舞会的细节一定不会相同。

（3）报刊。这是文献研究中用得较多的资料来源之一。从报刊的版面、封面、标题，直到刊登的文章、消息、报告等，都可以是人们进行社会研究尤其是采用内容分析方法进行研究时所用的材料。报纸中的新闻报道常常成为人们分析某一事件或运动的依据。但是，有一点应该注意：报纸上的报道文章通常并不是事物的全部。它一方面受到报道者个人思维、观察、分析及表达能力的限制——它往往只是报道者印象最深或者最受刺激的一部分，同时又会受到报纸版面、编辑部负责人以及各级有关部门各种要求的限制。

(4) 官方统计资料。这是文献研究中另一个重要的资料来源。无论是全国人口普查资料，还是由国家统计部门、各级政府部门、各级专业机构编制的月统计报表、年统计图表、年统计报告等，都是社会学者研究社会的极有价值的资料。这种资料往往提供了一个地区、一个部门，或者全国的有关概况，对于研究者从总体上认识社会现象，分析各种因素之间的关系、掌握事物的发展趋势等，有着不可替代的作用。比如国家统计局编的《中国统计年鉴》、《中国社会统计资料》、《中国人口统计年鉴》，中国人口情报中心编的《中国人口资料手册》，国家计划生育委员会编辑的《中国计划生育年鉴》等，都是社会研究中人们常常用到的官方统计资料。

(5) 历史文献。在某种意义上，要从文献中划出“历史”的文献这一部分是不可能的，因为所有的文献资料实际上都是历史的，即都是关于过去的。但是，在实际研究中，人们还是根据若干特征将这一类文献与其他文献区分开来。一般来说，历史文献往往是指那些在形成的时间上距目前较远并且文献的作者以及所记述的事件和运动的当事人都已去世的资料。在通常情况下，历史文献更多地为历史学家所运用。但历史学家只是在陈述和解释过去所发生的事情。他们虽然也研究社会的发展变化，但其重点只是在弄明白历史事实的真相。他们并不打算去证明历史现象之间的因果关系。社会学家则希望从历史事件中找出事物发展变化的一般规律。因此，社会研究者在利用历史文献所进行的研究中，更多地涉及社会关系的结构、组织及管理的原理等，而很少涉及那些吸引历史学家的事件细节。

利用历史文献进行社会研究的一个很好的例子，是阿斯沃思对1914～1918年的战争中，西部战场处境的社会学研究。他把壕沟作为一种极端的社会处境，数以百万计的人被卷入这种处境中，每个人都试图杀死其他的人而保全自己的生命。阿斯沃思的分析所用的概念是从社会学和心理学中抽出的，而他所用的资料则遍及官方的战争史，包括师级和营级的战争史，各种回忆录、纪念文章，直到新兵的日记在内的各种历史文献。虽然对于他的研究来说，历史材料是相当丰富的，但这同时也意味着评价他从这些资料中所抽取的信息将是一项困难的任务。

(二) 文献研究的含义与类型

文献研究是一种通过收集和分析现存的，以文字、数字、符号、画面等信息形式出现的文献资料,来探讨和分析各种社会行为、社会关系及其他社会现象的研究方式。如同考古学家通过考察化石和文物来了解远古的社会形态,历史学家通过研究各种文字记录来了解过去的社会结构和历史事件一样,社会研究者也充分地利用各种形式的文献资料,来探讨和分析各种社会的结构、关系、群体、组织、文化、价值及其变迁。

根据研究的具体方法和所用文献类型的不同,可以将文献研究划分为若干不同的类型。其中社会研究者最常用的有内容分析、二次分析和现存统计资料分析。这三种文献研究方法的基本特征和内在逻辑都是相同或相似的。只是在具体应用上,它们各自的侧重点有所不同。内容分析主要用于对大众传媒信息,尤其是对报纸、杂志、广播、电视的分析,其适用面也最为广泛;二次分析主要是对其他研究者先前所收集的原始数据进行的再次分析和研究,这种方法的运用需要有一个基本的前提,这就是现实社会中应存在大量的原始数据,并且研究者可以找到和获得它们;现存统计资料分析则主要集中于对那些由国家和各级政府部门所编制的统计数据进行分析,这种方法在社会学、人口学、经济学等学科中应用比较普遍。在这里,我们分别介绍和讨论内容分析、二次分析以及现存统计资料分析这三种主要的文献研究方法的设计问题。[①]

二、文献研究的运用设计

(一)内容分析方法的设计

1. 内容分析方法的含义与特点

内容分析是20世纪才开始兴起的一种新的文献研究方法。它通过考察人们所写的文章、书籍、日记、信件,所拍的电影、电视及照片,所创作的歌曲、图画等,来了解人们的行为、态度和特征,从而了解和说明社会结构及文化变迁。内容分析方法假定:在这些传播的材料中所发现的行为模式、价值观念和态度,反映出并影响着创造和接受这些材料的人们的行为、态度和价值观。因此,除了信息本身的内容外,内容分析还被用来研究信息发出者的动机,以及信息传播的效果或影响。概括而言,内容分析的方法上要有以下几个重要的特点:

一是主要以各种信息的载体,也就是以各种形式的文献和媒介作为研究的材料。这种材料与研究者在调查研究中通过询问所收集的资料以及在实地研究中通过观察和访问所收集的资料有着明显的不同。简单地说,内容分析方法中所使用的资料主要是以文字、数字、符号、图片、画面等形式存在的各类文献。而这些信息的载体,比如书本、报纸、杂志、歌曲、信件、电视、网络等,则是内容分析

---

① 本部分内容主要来自于风笑天:《社会研究:设计与写作》,中国人民大学出版社2014年版,第113～133页;风笑天:《社会研究方法》(第四版),中国人民大学出版社2013年版,第208～227页。

方法最经常应用和研究的对象。

二是对人类对象的无反应性，即这种研究方式不会对其所研究的社会群体、成员产生任何影响。换句话说，内容分析的方法对人们的社会行为、社会态度、认知等，既无干扰性，也无刺激性。这是因为，在进行内容分析研究的过程中，不会与他所研究的社会群体、社会成员之间发生任何接触和互动，其研究行为也不会与成员发生直接联系。在研究中和研究者打交道的全部都是那些业已存在的各种形式的信息及其载体。

三是需要对各种文献的内容进行系统的编码处理，使这些文献转换为可以进行定量统计分析的数字。编码这一环节的重要性与调查研究中的操作化的环节有些类似（当然二者不是一回事），可以说这是内容分析方法中最为关键的环节，也可以叫作内容分析过程中的“瓶颈”。我们将在下文重点说明。

四是相对省时省力省钱。从事内容分析研究既不需要像调查研究那样抽取大量的社会成员开展询问，也不需要像实地研究那样长时间深入社会生活实地进行观察。其唯一的条件是其研究的对象（文献或者信息载体）存在并可得。所以，从事内容分析，一方面可以在相对短的时间内完成，另一方面也不用大量的调查费用和调查员，往往研究者一个人就可以从头至尾独立完成研究。

五是可以研究过去相当长一段历史时期中的社会现象，这或许是内容分析方法优于其他几种研究方式的另一个突出特点。当然，前提同样是必须要有关于这些社会现象的系统文献材料存在。因此，从另一个角度来看内容分析的这一特点，也可以说这是这种方法的一个局限，即它的应用受制于业已存在的文献材料的可得性、系统性以及可靠性。

正是因为内容分析方法具有的上述特点，因而它常常适合用来研究那些跨越一段社会时期中的社会现象，只要关于那种现象有着相对系统的文献记载资料。同时，内容分析还特别适用于对不同时期中某一社会现象的变化进行描述，或者进行不同时期状况的比较。内容分析的方法也十分便于定量的讨论社会生活中人们的社会行为、社会心理等方面的问题。尤其是可以用来探讨和研究在各种大众传播媒介中有着大量的记载、反映和传播的社会现象和社会问题。

2. 内容分析的设计要点

内容分析方法在设计上，与其他研究方法，特别是与调查研究的方法相似，内容分析方法在研究过程中也要做出若干非常具体的选择和决定。比如，总体的范围、分析单位、样本抽取、编码方法、分析方式等。总体看来，进行一项内容分析的许多程序与进行调查研究的那些程序都是相同的。内容分析同样需要抽取有代表性的样本，同样需要利用某种工具、按照某种程序来收集资料，最后通过对资料的统计分析得出结果。在这里我们讨论内容分析的设计要点，重点主要集中在抽样和测量两大方面。当然，无论是它的抽样设计还是测量设计，都与调查研究中的情景有所不同。在抽样设计方面，内容分析特别需要注意区分研究的分析单位与抽样中的抽样单位问题，而在测量设计中，则需要注意编码的对象、方式和编码的质量等方面的问题。

首先，关于内容分析的抽样设计问题。抽样设计应该围绕研究的分析单位来进行。研究者只有清楚地认识到自己的研究中的分析单位是什么，才能更好地围绕分析单位进行抽样设计。虽然在调查研究中，分析单位、抽样单位以及调查对象之间有时也会存在一定的重叠，比如存在个人既作为研究的分析单位，又作为抽样中的抽样单位，同时也是实际调查中的调查对象的情况，但一般来说，对三者进行区分还是相对比较容易的。但是，在内容分析中，由于研究的分析单位和抽样单位容易与各种文献的类型、层次甚至内容等发生一定的混淆，因此，研究者在抽样设计中要区分研究的分析单位可能会相对困难一些。

举例来说，一位研究者准备采用内容分析的方法，通过定量地分析国内十个省会城市的不同报纸中有关物价波动的社论，来考察市民的心理反应，那么，他的这项内容分析研究中的分析单位既不是物价、省会城市、市民、心理反应，也不是报纸，而是报纸的社论。而在他的抽样设计中，可能又会涉及不同的抽样单位。比如，一种常见的抽样设计中，可能涉及这样 3 个抽样单位，即“省会城市”、“报纸”和“报纸的社论”。这种抽样设计是：先从全国 27 个省、自治区的省会城市中，随机抽取 10 个城市(此时抽样单位是“省会城市”)；然后，在抽中的每个城市的全部报纸中，随机抽取若干份报纸(此时的抽样单位是“报纸”)；最后，从抽中的报纸中随机抽取若干篇社论(此时的抽样单位为“报纸的社论”)。从这一例子中我们可以了解到，只有当研究者清楚认识到“报纸的社论”是自己研究中的分析单位，他才能更好地进行抽样的设计。

由于内容分析的对象和信息形式多种多样，分析单位的具体形式也就会各不相同，因此，作为研究者，一方面要事先充分了解和熟悉这些对象和材料的分布情况，以及各种信息类型和层次之间的隶属关系，另一方面要清楚自己研究中的分析单位是什么，以便于根据研究目标和围绕分析单位来选择和设计合适的、可行的抽样方法。

其次，关于内容分析中的编码设计问题。所谓内容分析的编码，实际上就是“依据一定的标准，将分析单位中所包含的特定信息进行识别和分类，并用不同的数字将其表示出来”的过程。如果用测量的语言来陈述，内容分析中的编码就相当于依据一定的法则(即识别和分类的标准)，将研究对象(即分析单位)的某种特征(即所包含的特定信息)用数字表示出来(即测量结果)。编码的对象是前面所说的分析单位，即针对分析单位来制定相应的法则，收集用于描述和分析这种分析单位的资料。这也就是为什么我们要特别强调明确识别和区分内容分析中的分析单位。而编码的方式则与概念操作化的逻辑和方法十分相似，即先根据研究的目标，确定分析和研究所依据的基本变量，然后针对信息载体的具体类型、形式和内容，制定对这些变量进行判别的具体指标，以及分类和赋值的标准，并按此标准对样本中的全部材料进行统一编码。

为了更好地介绍内容分析的编码过程及其设计，需要对信息载体（或者说媒介）的显性内容和隐性内容进行一些说明。所谓显性内容，即信息载体（或者说媒介）外在的、可见的、表面的内容。比如一份报纸或者一本杂志中的文字、词语、插图，或者一段电视广告中的人物、画面、广告词等都属于显性内容。文献的显性内容往往是可以直接地、简单地进行辨识和计数的。比如，一篇报纸社论中出现的“腐败”这个词语，就属于显性内容。我们可以十分容易地对这一词语出现的次数进行辨识和统计，并可以通过分析和比较一段时期报纸社论中这一词语出现次数的变化，来判断社会舆论或政府对腐败现象的重视程度，而信息或媒介的隐性内容则指的是信息所具有的内涵或实际含义。比如一段文字的含义、一篇文章的含义、一句电视广告词的含义、一段电视广告画面的含义等。这种隐性内容往往需要人们经过相对复杂的主观分析和理解，才能进行判断。

与调查研究中变量的测量一样，内容分析的编码中同样存在着信度和效度的问题。这里的信度，指的是对同一份信息材料重复进行编码时，所得的结果一致性的程度。比如，上面所举的例子中，要统计一篇社论中“腐败”一词出现的次数，或是要统计一段电视广告中人物的性别和数量，这都是一件十分容易的事情。因为词语的辨识、人物性别和数量的识别都是明确具体和客观的，所以无论谁来对这一信息内容进行辨识和统计，所得到的结果往往都会十分一致。因此，这种显性内容的编码往往会具有比较高的信度。而隐性内容编码的信度往往会比较低，即不同研究者对同一份材料进行编码时出现不一致的可能性比较大。（主要是因为不同的人对同一份材料的理解和判断会有不同，会产生“仁者见仁、智者见智”的情况，导致编码的结果不同。）内容分析中编码的效度，则指的是编码的方式所得到的结果真正反映了研究者所希望反映的现象的程度。相对来说，显性内容编码的效度可能往往比较低，即那些外显的、表面的、简单的信息的统计，可能并不能很准确地反映研究者希望测量的内容。比如，一篇小说中出现“爱”、“性”、“拥抱”、“接吻”等词语的频数，并不一定能很好地反映这篇小说所具有的“色情”程度。相反的，隐性内容编码的效度往往会高一些。这主要是因为对隐性内容进行编码时所依靠的是研究者的主观理解。注意到这些特点，我们就可以在内容分析的编码中，努力提高测量的质量。

与内容分析编码的质量相关的另一个问题是不同编码员之间的一致性问

题。理论上,内容分析中对文献的编码工作可以由研究者个人独立完成,但是,在有些情况下,需要进行编码的文献数量和内容往往比较多。比如,几百本杂志、上千条电视广告、网络消息、报纸文章等,如果由一位研究者独自完成,不仅时间会拉长许多,而且对研究者的耐心、韧性也都是考验。现实研究中常见的做法是选择不止一位编码员进行编码。在这种情况下,就可能出现不同编码员的编码标准和编码结果不一致的问题。

一般来说,对于文献的显性内容,或者客观性问题,不同编码员之间一般不会出现不一致。但是对于文献中的隐性问题,或者一些相对主观性的问题,比如一篇新闻报道中的主人公的主要事迹属于哪一类,一篇新闻报道中对独生子女的评价属于正面、中性还是负面等,就有可能在不同编码员之间出现差别。避免这种情况的方法是在正式编码之前,先拿出几份信息材料由编码员共同对它们进行编码,然后比较和讨论那些编码不一致的结果,研究者给出正确的编码答案。这样反复练习几次,以达到不同编码员对编码方式和方法的统一性。正式开始编码后,还应要求每一位编码员在遇到含义不清楚、不好归类的材料时及时进行讨论。

3. 内容分析设计的例子解析

为了更好地帮助大家掌握内容分析设计的方式和方法,我们下面通过一个实际的例子来进行分析。

例:利用电视相亲节目研究男性的择偶标准

一个学习传播社会学的博士生对全国电视媒介中多个电视相亲交友节目产生了兴趣,她希望探讨和研究"电视相亲节目中所反映的男性择偶标准"问题。为此,她与另一位研究者一起对风靡全国的江苏卫视《非诚勿扰》节目进行了一项内容分析的研究。下面我们来解析一下她们这项研究中的研究设计。①

首先是样本的选取。研究者先从全国多个电视相亲交友节目中选取了《非诚勿扰》节目作为抽样和分析的对象。这样设计应该有两方面的原因或考虑:一是研究者具有的人力、经费等客观条件有限,无法去探讨和研究全国所有这类电视节目;二是在只能选取一个电视节目的前提下,选取在所有同类节目中影响最大的《非诚勿扰》节目显然是为了尽可能提高研究对象的代表性和研究结果的推广范围。接着,研究者仔细了解了《非诚勿扰》节目的播出情况及总量,"2010年全年,《非诚勿扰》共播出89期",总共有300多位男嘉宾的个人资料。由于总体

① 参见王芳、荣岩:《从电视相亲节目看男性择偶——以江苏卫视〈非诚勿扰〉344位男嘉宾为例》,载《青年研究》2011年第2期。

规模不大，研究者采取了抽取全部男嘉宾的方式。这种方式可以看成是从该节目所有年份的全部男嘉宾总体中，采取整群抽样的方法进行的抽样。

其次是确定变量的测量方法。研究者同样将男嘉宾的个人资料整理成“自身条件”和“对配偶要求”两部分，然后“在前人研究基础上，根据研究目的，设计了 23 个内容分析的变量，并据此对样本进行编码”。编码工作是由两位研究者“分别独立、同时进行，编码完成后对不一致的部分，讨论协商确定”。

最后是统计分析设计。根据研究目标，研究者主要进行了基本的描述统计分析，回答了“哪些男性走进了《非诚勿扰》”、“男性对自身条件最重视的内容是什么”、“男性最看重配偶哪方面的条件”等基本问题。

（二）二次分析方法的设计

1. 二次分析方法的含义与特征

二次分析也称第二手分析，指的是对那些由其他人原先为别的目的收集和分析过的资料所进行的新的分析。这种新的分析主要有两种类型，分别为这两种不同的研究目的：一种是从别人为研究某一问题而收集的资料中，分析与该问题所不同的新的问题，即把同一种资料（已有的、别人的研究所收集的资料）用于对不同的问题的分析和研究中；另一种类型则是用新的方法和技术去分析别人的资料，以对别人的研究结果进行检验，即用不同的分析方法处理同一种资料，看看是否能得出同样的结论。

因为二次分析方法与调查研究数据资料关系密切，因此，二次分析方法的形成和发展，与社会调查的发展、特别是与大规模社会调查数据库的形成和发展有着非常紧密的关系。在社会研究中，正是随着大规模社会调查数据库的形成和开放，二次分析的方式才越来越受到研究者的重视。比如在美国，一方面存在着像 GSS(General Social Survey)这样的专门供社会科学研究者使用的大型调查数据库，另一方面，还有由关于婚姻、家庭、人口、移民、青年、公共卫生、犯罪等主题的众多社会科学研究课题所形成的调查数据库（国外一般要求获得基金资助的研究课题在完成两年后必须将其调查数据公开），所以二次分析方法的运用在学术界十分普遍。特别是在美国各个大学，社会学专业以及相关社会科学专业的研究生在做学位论文时，采用最多的方法往往是二次分析法，其所用的资料基本上也都是来自于上述各种大型数据库，研究生们很少去亲自收集第一手资料。

在我国，虽然自社会学恢复重建以来学术界开展过许多调查研究，但是，由于这些调查研究项目常常是研究者各自为政，一项调查课题结束，调查报告或研究论文发表后，原始数据就往往被束之高阁，或者被随手一扔，几年后就不知去向了。这样既浪费了宝贵的数据资源，同时也阻碍了二次分析方法的运用和发展。近些年来，国内一些大学和研究机构开始进行这种原始调查数据库的建设工作。目前已知的就有中国人民大学与香港科技大学合作开展的“中国综合社会调查”(CGSS)数据库、北京大学与美国密歇根大学合作开展的“中国家庭动态跟踪调查”(CFPS)数据库等。正是随着上述大学和研究单位相继开展全国范围的大型社会调查项目,建立并向学术界开放了调查数据库,二次分析方法的运用才开始增加。

二次分析方法的基本特征:首先,二次分析是一种定量的研究方式。这也就意味着当研究者希望采用二次分析的方法进行研究时,他将主要和调查数据打交道,将运用统计分析的方法来分析资料,得出结论。这一特征实际上指出了统计分析方法在二次分析中所占有的重要地位。其次,二次分析所用的资料是现存的原始调查数据。这里的关键是,调查数据应是“现存的”同时又是“原始的”。前面所介绍的调查研究中,研究者所用的资料虽然同样是“原始数据”,但它并不是“现存的”,而是调查研究者自己“创造的”。因此,采用二次分析方法的研究者可以被形象地描述成“借用别人的调查数据来做自己的研究”的人。与上面所介绍的内容分析的方法在所用资料的形式上显得相对多样化、因而也相对不确定相比,二次分析的方法在所用资料的形式上就显得非常单一、非常明确了。这也是其资料的一种特征。最后,正是由于上述“现存的”和“原始的”特征,导致在实际研究中要采用二次分析方法必须具备一个基本的前提:现实中必须存在合适的原始调查数据,同时研究者能够找到和获得这种原始调查数据。

2. 二次分析方法的步骤

(1) 选择研究的主题。适用于二次分析的主题可以是相当大的,它有时仅仅只能采用那种在一个国家规模上所得到的数据资料。一旦你提出了某个假设或某种研究问题,就必须仔细地考虑操作化工作。哪些控制变量是关联性的,因变量是不是必须以某种特定的方式进行测量?通常,在你的研究设计中,要留有一定的余地,以便一旦发现相关的资料中并不具备你所想要的各种特征时,就可以稍微修改你的研究设计,以保持与可用资料的一致性。在二次分析中,你必须相当准确地把注意力集中到你的研究主题上,以便于选择与之相适应的数据资料。在主题与资料的关系上,二次分析往往要求主题去适应资料,而不是相反,这主要是因为数据资料是已定的,无法变动的,研究者只能在处理和分析资料的方法上、技术上动脑筋,而研究主题则是可以随时调整的。

(2) 寻找合适的资料。对于二次分析来说,明确所寻求的资料十分重要。也许一个研究人员寻找和发现潜在的、具有吸引力的资料来源的最好途径,是去阅读一份相关的研究,因为有那么多公开发表的研究都是来源于大规模调查的分析。你可以通过查阅过去一段时期的研究期刊而得到有关大型调查数据资料的情况。当发现一组对你似乎十分有吸引力的数据资料时,你可以仔细地阅读论文的资料部分对资料的内容、收集方法等的描述。如果是在一本著作中发现这组资料的，那么，书中一段都有介绍资料的收集方法和过程的专门章节。此外，在书后的附录中，还可以找到诸如问卷、指数计算方法等详细的信息。当你认为这组数据对研究确实有用时，你可与原始资料的收集者联系，向他索取原始问卷和了解具体细节。根据这些原始资料，你就可以从中选择所需要的数据，进行你的研究和分析。

(3) 对资料的再创造。得到所需要的数据资料后，往往要对这些资料进行一些加工才能更好地为自己的研究服务。首先，必须从资料中寻找或重新定义你所要研究的变量。其次，应该仔细地研究这些变量。如果有一份每一变量的频率统计，就可以帮助你加深对资料的了解。比如说，若有很大一部分被调查者对于某一项目的回答是“不知道”，那么，你就必须决定是否利用这一项资料，以及如何去利用它。最后，你也可以只取样本中的一个部分作为分析的对象。比如说，只取男性样本的资料，或只取 20 岁以上的对象等。但是，在这样做的时候，你必须重新考虑抽样设计，看看这种抽取部分样本的做法对样本本身的性质有什么影响，这一子样本的代表性又如何等等。总之，作为一个二次分析研究人员，你可以重新创造出许多资料去适合你的研究；但必须时刻注意，不要把资料用于它所不适合的目的。

(4) 分析资料。二次分析的最主要、同时也是最大量的工作，就是对资料的重新分析。在这种分析中，各种统计分析方法和技术都同样适用。如果把二次分析的方法与调查研究的方法进行比较，可以更清楚地认识这种方法的实质。调查研究往往是研究者根据自己的研究目的去实地收集第一手资料，也可以说他们是先“创造”出资料，然后再对这些资料进行分析。而二次分析则是研究者自己不去进行实地调查，不去“创造”第一手资料，只是根据自己的研究目标在别人已“创造”出的各种原始资料堆中去“寻找”合适的资料进行分析，即只是把别人已“创造”好的资料拿来为自己所用。

3. 二次分析方法的例子

我们同样通过对一个研究实例进行解析，来了解和说明二次分析的方法及其设计。这个例子是利用中国人民大学“中国综合社会调查(CGSS)”数据进行的。

例：初婚年龄的影响因素

研究问题：

有研究者对于我国城乡居民初婚年龄的变化趋势及其社会经济原因这一问题感兴趣，希望通过研究来集中“考察三个方面的问题，即个人教育和职业对初婚年龄有何作用，家庭背景对个人初婚年龄有何影响，以及上述自致性和先赋性因素对初婚年龄的作用是否存在性别差异和户籍差异”①。

研究设计：

研究者发现，在 CGSS2006 调查数据中，收集了大量关于受访者及其家庭成员的教育经历、职业经历与婚姻经历等方面的信息。比如，被调查者获得第一份工作或劳动前的最高受教育程度、被调查者 18 岁时父母的最高受教育程度、被调查者第一次结婚时本人与父亲的户籍及职业情况等。这一调查数据中的这些发生在被调查者初婚前的信息，对于研究者所关注的“研究对象的教育、职业和家庭的社会经济特征对初婚年龄的影响”这一核心问题来说，无疑是很有意义的资料，因此，研究者决定采用二次分析的方法来进行这一问题的研究。

研究者先在理论分析基础上建立了若干研究假设，同时利用调查数据确定了研究的各种变量：研究的因变量是被调查对象的初婚年龄，研究的主要自变量包括被调查对象的性别、户籍、受教育程度、职业、家庭背景等，而研究的控制变量则包括民族和出生年代。研究的数据分析则由两部分组成：第一部分是描述统计分析，旨在描述平均初婚年龄的变化趋势，以及不同性别、不同出生年代、不同教育程度和城乡户籍之间等人初婚的风险函数的差异；第二部分使用事件史的分析方法，来估计教育、职业和家庭的社会经济特征对初婚年龄的影响。

研究结果：

通过统计分析，研究者发现：“教育、职业和家庭的社会经济特征对初婚年龄有着显著的影响，并表现出性别和户籍差异。受教育程度对女性初婚年龄的推迟效应大于男性，高等教育对农村户籍女性初婚年龄的推迟效应大于城市户籍女性，技术类职业相比非技术非管理类职业，对农村户籍男性居民的初婚年龄有着显著的提前效应。在城市户籍居民中，父母的受教育程度越高，子女的初婚年龄越晚；兄弟姐妹越多，初婚年龄越早。对城市和农村户籍居民而言，父亲从事管理类职业对儿子的初婚年龄均有显著的提前效应，而且对农村户籍居民的影响要高于城市户籍居民。”②

从上述这个例子中可以看到，二次分析的设计和实施，关键正是在于前述的两个方面：一是要能从他人数据中寻找到适合自己研究主题和目标的变量及其测量指标，二是要建立起合适的统计分析模型并善于运用统计分析方法。

虽然二次分析的数据主要是其他研究者所收集的原始调查数据，而且这些数据通常都是抽样调查数据，但有时，研究者也可以利用人口普查这样的原始调查数据来进行二次分析研究。比如，李强教授在研究中国社会的阶层结构时，就

① 王鹏等：《初婚年龄的影响因素分析：基于 CGSS2006 的研究》，载《社会》2013 年第 3 期。

② 王鹏等：《初婚年龄的影响因素分析：基于 CGSS2006 的研究》，载《社会》2013 年第 3 期。

采用二次分析的方法，通过对2000年全国人口普查的原始数据资料进行了统计分析，很好地揭示出我国当时社会阶层结构的"倒丁字形"特征。当然，他进行这一研究的一个前提，就是要能够获得全国人口普查的原始数据（现实中一般研究者往往是很难获得的）。像在美国，研究者通常可以通过申请获得全国人口普查原始数据用以进行研究（当然不是全部数据而是随机抽取的5%的数据）。[①] 只有在得到这种数据资料后，他的研究设计才是可行的。除了可以获得全国人口普查的原始资料外，研究者在分析前还需要对原始数据进行一些处理，比如说要进行抽样，因为人口普查数据资料的容量往往太过庞大。李强教授在他的研究中，就采用了从总的数据中进行抽样的方法。"本文所使用的数据来自2000年第五次全国人口普查的抽样数据采用系统抽样方法从全国总数据中抽取，抽样比为0.95‰，样本人口为1180111人，然后取其中的16～64岁人口，共641547人。"[②]即使是抽样后的样本，也达到了100多万人的规模，也是非常大的。如果不进行抽样，处理起来是很不方便的。

（三）现存统计资料分析方法的设计

在社会研究中，人们也常常运用各种现存的统计资料来进行自己的研究。这种现存的统计资料，既可以为研究提供历史背景材料，又可以成为研究本身的数据和资料的一种来源。后一种情况下，研究就被称作现存统计资料分析。现存统计资料的分析与二次分析有一个相似的方面，这就是它们所用的资料都是别人已收集好的。只是二次分析所用的是原始数据资料，而现存统计资料的研究者则是利用那种以频数、百分比等统计形式出现的聚集资料。

现存统计资料的主要来源是各级政府部门编撰的各种统计数据、统计摘要、统计年鉴等。当然还有些是各种行业协会、学术团体、研究机构等所编撰的各种类型的资料。因此，对于研究者来说，在进行现有统计资料分析的研究设计前，应该对这些基本的统计资料的来源、内容、形式等有一定的了解。特别是要对历年的《中国统计年鉴》以及各种更为专门的统计资料来源，比如《中国人口统计年鉴》、《中国城市统计年鉴》等有比较清楚的了解。现存统计资料分析方法的主要步骤包括选择合适的资料、处理资料、说明资料来源等。[③]

现存的各种统计资料通常有两个主要的用途：一是为研究提供某种背景，二是直接作为研究的资料。正是由于现有的统计资料客观上能够勾画出社会宏观结构的各种分布状况，因此在研究者提出问题、发现问题、形成问题的过程中，各

① 风笑天：《社会研究：设计与写作》，中国人民大学出版社2014年版，第127页。

② 李强：《"丁字形"社会结构与"紧张结构"》，载《社会学研究》2005年第2期。

③ 详见风笑天：《社会研究方法》（第四版），中国人民大学出版社2013年版，第221～222页。

种政府的、行政的统计资料常常起着重要的作用。即使是在个案研究的方式中，各种官方的和半官方的统计资料也常常是研究者用来描述和说明这一个案的特征和意义的背景材料。我们这里则集中讨论现有统计资料的第二种用途，即直接将现存统计资料作为研究资料来开展研究有关的设计问题。

1. 现存统计资料分析方法的思路和关键点

从资料运用和分析方法上看，现存统计资料分析还可进一步细分为两种不同的形式。一种可以说主要是对现存统计资料的直接应用，其方法则主要是通过对统计资料进行若干改造后加以利用，比如对现存统计数据进行重新的组合、合并、转换等；另一种则是将统计资料作为类似于调查研究中的那种原始数据进行统计分析，其方法是先将统计数据输入计算机，然后利用统计分析软件进行统计分析。后一种情况就像在调查研究中先将原始数据输入计算机，然后进行统计分析一样。现存统计资料分析的设计思路和关键点可以简单概括成：研究的问题—研究的变量—现有的数据—统计分析与比较—得出结果。即首先是确定研究的问题；然后从研究的问题中导出或确定研究的关键变量，这种确定变量的思路与我们在其他定量研究（比如调查研究）中探讨变量之间关系、分析自变量对因变量的影响时所做的一样；然后是去收集（更准确地说是去寻找）相关的资料；然后同样是利用数据资料对变量之间关系进行比较分析或进行统计分析；最后得出研究问题的结论。当然，这种思路和过程是最一般的情形。有时也有另一种相反的情形："研究者在发现有些资料可用后，便发挥创造力，把现有资料重新加以组织，转变成某个研究问题的变量。"①

现存统计资料分析的设计中，应该特别注意分析单位的特点。一般情况下，现存统计资料通常都是个体数据的集合和汇总。或者说，现存统计资料分析中的资料通常都是集合性的。比如，非常多的统计资料都是以频数、百分比等形式出现的，或者是以类似"独生子女领证率"、"计划生育达标率"、"犯罪率"等比率的形式出现的。因而，在利用这种资料进行研究时，研究的分析单位通常不可能是个体，而常常会是某种群体的或社区的单位。比如特定的年龄群体、职业群体，或者国家、省、市、县等。这是研究者在研究设计中应该特别注意的一个方面，也是他在选择研究问题、选择研究方法、得出研究结论的过程中始终应该清楚的一个问题。

此外，在研究设计中还应该特别注意利用现存统计资料进行变量测量时的效度问题。即现存统计资料中的某个指标是否真的能够代表研究者所希望探讨

① [美]劳伦斯·纽曼：《社会研究方法：定性与定量的取向》(第五版)，中国人民大学出版社 2007 年版，第 402 页。

的研究变量的问题。举例来说，如果研究者的研究中需要了解不同年份中独生子女人数的增减状况及其发展趋势，那么，他就要设立一个“独生子女人数”的变量并在现有统计资料中寻找相应的测量指标。而在《中国计划生育年鉴》中，正好有一项“独生子女领证人数”的统计指标。如果研究者不仔细分析和了解，就直接将每年的“独生子女领证人数”作为每年独生子女的人口数进行统计和分析，那就会出现问题。国家计划生育部门每年统计的“独生子女领证人数”所针对的仅是 0～14 岁的人口。对于超过 14 岁的独生子女人数，这一指标就反映不出来。因此，如果不弄清楚现有统计资料中各种指标的具体含义和相关界定，在研究中就可能会产生错误的结果。

2. 现存统计资料分析的实例解析

在社会学中，最早运用现存统计资料分析法进行研究的经典案例是法国社会学家迪尔凯姆对人类自杀现象的研究。① 下面我们选择一个针对当代中国社会问题进行研究实际例子，来看看现存统计资料分析的方法和步骤。

正如前面我们提到的，现存统计资料分析的方法相对较多地在人口学、经济学等学科中采用，一个重要的原因是在这两个专业领域中存在着大量的、正式的、大规模的、涉及整体的、连续的官方统计数据。而在社会学等其他社会科学领域中，这种类型的统计数据相对较少。当然，这并不是说社会学或其他社会科学的学者就不能采用现存统计数据分析的方法进行研究；恰恰相反，社会研究者要尽可能地从各种人口的、经济的、教育的、文化的官方统计中寻找合适的变量和数据，为自己的社会研究目的服务。下面是一个利用现有人口统计的资料来进行研究的例子。我们来解析一下研究者是如何提出问题，如何制定研究思路，如何利用现存统计数据来回答研究问题的。在这个例子中，研究者既采用了通过重新的组合、合并、转换等来直接比较现有统计数据的方法，也采取了将现有统计数据作为原始数据进行新的统计分析的方法。

例：生肖偏好的研究

研究问题与背景

生育问题是人口学者、社会学者关注的重要现象和研究领域之一，生育问题既涉及人们的生育意愿、生育决策，也涉及政府的生育政策，还涉及与这种生育意愿、生育决策以及政府生育政策直接相关的社会整体生育率水平和作为二者后果的社会人口规模的变化。这可以说是任何一项与生育问题相关的研究所具有的大的背景。另一方面，人们的生育行为又总是在一定的社会文化背景中进

① 参见[美]艾尔·巴比著，邱泽奇译：《社会研究方法》（上），华夏出版社 2000 年版，第 407～409 页。

行的,一个社会的文化传统、价值观念、风俗习惯等,始终都在影响着人们的生育行为。这同样是研究者在考察生育现象和生育问题时不应该忽视的另一种背景。正是在上述两种背景的共同影响下,一位研究者选取了我国社会中人们追求吉庆、吉利的文化现象,将它放到生育问题的研究中,形成了一个虽然并不十分宏大,但却非常特别很有创新性的研究问题:生肖文化与生育行为的关系。

我们知道,中国的传统文化中不仅有一些直接与生育相关的内容,比如讲究"多子多福"、"传宗接代"、"养儿防老"等观念和习俗,同时还有众多并不直接与生育相关的其他方面的观念、心理和习俗,比如,在时间上将12年作为一个轮回,并用12种不同的动物(包括龙这种神话中的动物)作为生肖来代表。同时,中国传统文化中还特别讲究和追求吉利、吉祥和吉庆,从人们车牌号码要选择"6"、"8"等大吉大利的号码,到婚丧嫁娶要选择"黄道吉日"等,无一不反映出这种文化的观念和心理。

这位研究者发现,在社会中似乎出现了一种"吉年生吉子"的心理和潮流。从2000年的"千禧龙宝宝"到2004年的"猴宝宝",再到2007年所谓的"金猪宝宝",人为选择特定生肖年份进行生育的现象似乎愈演愈烈,已酝酿成为一个新的社会问题。然而,根据特定的生肖选择生育是否是中国社会的群体性社会现象甚至是社会问题,抑或只是个别地方、个别人群的特殊现象,并未波及全国?我们似乎不能只从直观的感受或一些新闻报道来判断是特定的生肖还是特定的社会事件影响着人们的生育决策,进而造成出生人口规模突变的宏观后果:社会是否将在这种人为选择生肖进行生育的影响下迎来第四次出生高峰?为了探求这些疑问的答案,本文将利用新中国成立60年来的出生人口数据,并结合多种年龄准确性检验指数来验证我国的生育生肖偏好是否存在,探究这种偏好究竟只存在于人们口口相传的生育迷信中,还是客观地存在于现实生活中,判断一些特定年份出生人口规模异常增加或减少究竟是生肖偏好的影响还是其他因素作用的结果。①

研究思路

要回答以生育偏好为代表的传统文化与人们生育行为之间的关系,首先就要界定什么是生育中的"生肖偏好"与"生肖回避"。在没有现成的、通用的定义的时候,研究者自己就必须对研究的核心概念(变量)进行界定,比如,在这项研究中,研究者指出:"目前对于人为选择生肖进行生育的这样一种生肖偏好并没有一个明确的界定,因此本文将生肖偏好界定为:人们根据民间相关民俗或迷信

① 马妍:《吉年生吉子?中国生肖偏好的实证研究——基于1949~2008年出生人口数》,载《人口研究》2010年第5期。

的说法，认为出生在特定生肖所对应年份的婴儿将享有某些特殊的好运，因而选择在某些生肖对应的年份生育自己的孩子。""与之相对应，生肖回避则指人们由于认为某些生肖会给孩子带来厄运，而刻意选择不在某些生肖对应的年份生育孩子。"①

研究者的研究思路是：如果人们具有生肖偏好和生肖回避的心理和行为，那么，在人口总体的统计上就会出现有些年份（大吉大利的生肖年份）出生人口的规模激增，而有些年份（不好的、有厄运的生肖年份）出生人口的规模又会骤减的现象。因此，要证明或检验人们存在着生肖偏好和生肖回避的观念和行为，只需证明下面这样两个相关联的研究假设（实际上，研究者心目中是有着、或者说应该有着这样两个相关联的假设的，遗憾的是研究者并没有明确地表示出来）：

假设一：在其有某些特殊的好运的生肖所对应年份，出生人口的规模将因人们普遍选择生育而激增。

假设二：在遇到某些特殊的厄运的生肖所对应的年份，出生人口的规模将因人们普遍选择不生育而骤减。

研究设计

根据上述研究思路，特别是当研究者有了上述两个研究假设后，研究设计的目标就变得相对明确了。研究者的任务就是要利用现有的官方人口统计资料，去考察各个不同年份出生人口的状况和变化特征。正如研究者所说："本文将从十二生肖的整体层面来看待和检验这个问题，同时多纳入几个轮回的数据来参与计算，能够从一定程度上排除数据随机波动的影响。唯其如此，才能避免真实情况被偶然性所掩盖，使我们尽可能科学地判断生肖偏好的存在性。"同时，研究者对所利用的现存统计资料及其质量也进行了如下说明："本文所使用的数据主要来自于国家统计局编制的《中国人口统计年鉴》及其官方网站公布的历年统计公报……基于国家统计局所公布数据的相对权威性，以及相关研究表明的出生数据质量仍比较可靠的判断，我们认为使用统计局公布的数据对本研究的结论不会有质的影响，所以本文使用的1949～2008年的出生人口数据均是没有进行调整的官方公布数据。"②

研究结果

研究者利用现有人口统计数据，分别从60年中按12个生肖排列的5个轮

---

① 马妍：《吉年生吉子？中国生肖偏好的实证研究——基于1949～2008年出生人口数》，载《人口研究》2010年第5期。

② 马妍：《吉年生吉子？中国生肖偏好的实证研究——基于1949～2008年出生人口数》，载《人口研究》2010年第5期。

回的统计进行对比、按 60 年中 12 个生肖对应年份的总体出生人口进行对比，以及利用 3 种人口学特定方法进行统计分析检验等多个方面，对研究问题进行了探讨。研究结果表明：在人口结果上，我国并不存在生肖偏好。我国出生人口规模的波动更多的是由于人口惯性的影响，这符合人口规律。我们不应仅凭媒体片面的报道就认为“金猪宝宝”和“奥运宝宝”会带来我国第四次出生高峰。事实证明，这些年份的出生人口并没有显著增加。①

这个例子最基本的思想是：如果说吉年生吉子，那么就应该有龙年、猪年，或者千禧年、奥运年等被认为是吉年的年份出生人口明显增加；相反，也应该有羊年等被认为是厄运的年份出生人口明显减少。但实际上，一个社会中，形成总体出生人口数量分布和变化的原因是多方面的，它通常是这个社会的政治、经济、人口、文化等众多原因，甚至天灾人祸的原因共同作用的结果。

第二节　实地研究

一、实地研究：例子、概念、优缺点

（一）实地研究的例子

学习和理解实地研究的基本理论及其实际应用的重要途径之一，就是从认真研读实地研究的经典案例开始。正如风笑天所言，或许介绍实地研究方式的最好方法就是按实地研究者所习惯的方式对其进行描述。② 因此，我们首先介绍几个实地研究的例子。

例 1：《街角社会》

美国著名社会学家 W. F. 怀特的《街角社会》，被称为以参与观察方式进行研究的一个经典实例。1936 年，怀特获得了哈佛大学的一笔奖学金，他可以用这笔钱在三年的时间里进行一项他所感兴趣的研究。由于他当时对社会改革很感兴趣，所以，他决定用这笔钱去研究波士顿的一个贫民区。他选择了一个叫作“科纳威里”的意大利人贫民区，因为这个地区与他头脑中的贫民区的印象最为接近。为了进入这个地区开展研究，他曾经有过几次失败的尝试。最后，他终于得到诺顿大街福利委员会一位社会工作者的帮助。这位社会工作者安排他与当地青年帮伙中一个叫多克的头头会面。经过坦率的交谈，多克同意为怀特在这个意大利社区中做保证人——即让怀特作为“多克的朋友”去参与和观察社区中

① 马妍：《吉年生吉子？中国生肖偏好的实证研究——基于 1949～2008 年出生人口数》，载《人口研究》2010 年第 5 期。

② 风笑天：《社会研究方法》(第四版)，中国人民大学出版社 2013 年版，第 229～230 页。

的各种活动和人们之间的各种关系。

怀特经常同帮伙的青年人聚在一起，玩滚木球的游戏，打棒球，玩纸牌，也经常同他们一起谈论赌博、赛马、性以及其他的事情。他在科纳威里生活了三年半，其中有一年半的时间是同一个意大利家庭住在一起，并学会了说意大利语。在长期的观察中，怀特收集了丰富生动的资料，得出了有关群体结构与个体表现之间关系的一系列结论。关于他的研究，怀特写道：

"当我开始在科纳威里游逛时，我发现需要对我自己和我的研究做出解释。只要我和多克在一起，有他担保，就没有人问我是谁，或者我在干什么，但是，当我独自巡回于其他群体，甚至在诺顿帮中间时，他们显然对我十分好奇。

"不久，我发现人们在这样议论我：我正在写一本关于科纳威里的书。这似乎是过于含糊的解释，可这就足够了。我发现，我能否为这个地区所接受，取决于我所发展的私人关系，而远不是取决于我所能做出的解释。写一本关于科纳威里的书是不是件坏事，完全取决于人们对我个人的看法。如果我是好人，那么我的研究也是好的；如果我不好，那么就没有什么解释能够使他们相信写这本书是件好事。"①

例 2：《塔利的角落》

实地研究的另一个例子是社会学家利博对居住在华盛顿特区收入很低的内城黑人流浪者所做的研究。他花了一年时间在这个地区进行参与观察，当地那些失业黑人知道他是一位研究者，但他们允许利博生活在他们这个华盛顿特区的"角落"。利博和他们一起聊天、饮酒、在餐馆外闲逛、玩弹子戏，他也参观他们的住房，参加他们的舞会。利博从研究这些人之间的个人关系入手，写出了《塔利的角落：对黑人流浪者的研究》一书。他指出，在这个正在走向绝望、崩溃、光怪陆离的街道世界里，人的关系是怎样成为外部世界的黑暗面的反映的。人们一见如故，热情洋溢，但朋友之间甚至都不知道对方的名字而只知道姓。忠诚是炽烈的，但转瞬即逝。男人们都喜欢有孩子，而且那些离开家人的父亲比那些和家人生活在一起的父亲更疼爱自己的孩子。利博的研究揭示了这种街角社会对于城市贫困黑人所具有的重要性。利博指出，总的来说，这些人不能在"合法的"世界上找到立足之地，便在那世界之外建立起一种阴暗的生活方式。② 他们已经适应了他们的处境，他们编织了另一张社会网。虽然这张网非常不稳定并见使人们错误地估计自己，但它却提供了一种归属感，同时使人们相互隐藏起自己的失意。

① [美]怀特：《街角社会》，商务印书馆 1994 年版，第 330 页。

② 参见[美]戴维·波普诺：《社会学》，辽宁人民出版社 1987 年版，第 68 页。

例 3:《都是我们的亲戚》

与怀持和利博的研究十分相似的是,美国社会学者斯太克也是花了三年时间生活在一个贫困的黑人社区中,进行她对黑人家庭结构的研究。她的著作《都是我们的亲戚》在美国至今仍是对黑人家庭结构最详尽的描述之一。斯太克在她的研究中力图回答以下这些问题:血缘和友谊的纽带在黑人社区中扮演了什么角色?谁使这些出生在贫民窟的孩子社会化?什么样的民间标准决定一个妇女生育一个孩子?基于性的联盟和由多户家庭所组成的亲属网络的可接受的功能是什么?在长达三年的参与观察中,她试图理解他们的交换系统的复杂性。她写道:"我努力地想搞清楚家庭交换的参与者如何相互制约,他们对对方的行为和表现有什么样的期望,什么样的人才能成为合作网络的一分子,他们如何成为新的成员,什么因素使参与者主动把自己置身于这些交换当中。……后来我和足够多的关系密切的人非常熟悉了,因此,在任何家庭的争吵、聚会和争斗后,我都能够从不同人对事情的看法中综合出总的解释。"①

例 4:《中镇》

美国著名的社会学家林德夫妇20年代对美国中镇的研究,可以说是社区研究的一个典范。研究者在该镇生活了一年多时间。对该镇的六个主要生活活动方面进行了广泛深入的考察。这六个方面是:谋生、建立家庭、培养孩子、度过闲暇、宗教活动、社区活动。研究者所运用的各种技术包括:(1)参与当地生活。"小组成员住在公寓里或是私人家里,以各种可能的方式分享城镇生活,和镇里人交朋友,像镇里其他居民那样进入当地人的各种联系中,并承担相应的义务。""小组成员今晚和一个大制造厂的工头一起进餐,明晚又和一个劳工领导或一个日班工人一起进餐;一周一周地参加教堂仪式、学生集会和班级活动、法院开庭审讯、政治集会、工人会议、市民俱乐部午餐、玩牌场等等。"(2)查阅文献资料。"人口普查数据、城市和乡村的记录材料、法庭卷宗、学校档案记载、州两年一次的报告和年鉴等,只要能得到的,都可以使用。"(3)访谈。"公共汽车售票员、守门人、理发师、正式午餐或俱乐部的临时服务为偶然的谈话,与个人、特别是与那些能够用生活用语提供信息的个人进行的认真计划好的访谈。"②

例 5:精神病院的"病人"

A 先生是一位穿着考究、谈吐文雅的中年人。尽管他神志清醒,没有表露出丝毫痛苦,但精神病院的工作人员却把他看作是精神分裂症患者。这位先生来看病,是因为他听到一些奇怪的声音。他对精神病医生说:"这些声音是不清

---

① Carol B. Stack, *All Are Our Kin*, New York: Harper & Row, 1974.

② 转引自张新梅,《中镇》的研究方法,《社会学与社会调查》,1992 年第 3 期。

楚的，我不能分辨它们，它们是空叫，就像什么东西掉在软棉花上。”自从他进入精神病院以后，再也没有提起这声音。但医生们相信他的精神仍有毛病，护士们每天都在他的病历上记下了唯一持续的行为：

“病人在写东西。”他的几位病友与医生、护士们的看法不同，正如一位病友对A先生说的：“你不是疯子，是一位记者或教授，正在研究这个医院。”病人们是正确的，而医生、护士们却错了。A先生是斯坦福大学的心理学家和法律教授罗森汉，他和7名研究助手假冒自己听到奇怪的声音而混入美国东、西海岸的12所精神病院，其目的是为了设身处地地观察工作人员和病人的社会关系。尽管这些假冒的病人一入院就停止了任何非正常行为，精神分裂症的诊断仍旧把他们的行为视为精神病症状，并仍旧按精神病人那样对待他们——尽量避免和他们接触。通过这种伪装的参与观察，研究者们取得了有价值的结果。①

例6：工厂里新来的“装配工”

为了研究生产集体中所形成和确立的社会价值的性质和内容，同时找出个体把这种价值内化的某些机制，苏联社会学家奥里珊斯基来到一个工厂，成为享有充分权利的工人集体的一员。在好几个月的时间内（即在他达到自己的研究目的之前），他一直干装配工的工作。他很快与工人们建立了友谊关系，并在工人中享有一定的威信。他还经常到工人家中串门。没有一个工人疑心车间里来了一个研究者。经过相当长一段时间的参与观察和研究，他最后写成了一部涉及现代心理学最迫切问题的著作。②

（二）实地研究：含义、特征及相关概念

1. 实地研究的含义

从许多社会研究方法的教材中也可以看到，实地研究的方式往往与调查研究、实验研究、文献研究一起，构成社会研究中最常见的四种研究方式，并且它是这四种方式中唯一的一种定性研究方式。无论是其所具有的方法论背景、研究目标，还是其研究的策略、资料收集方法以及资料分析方法等，都与其他几种定量研究方式有着较大的差别。这种来源于人类学、并被人类学家用于研究非本族文化和相对原始的部落群体的实地研究方式，已被社会学家们用来研究本族文化和现代社会。早期的实地研究大多被西方社会学家用于研究城市下层阶级居住区的生活，或用于研究城市的流浪汉、贫民、黑人等下层群体。现在研究者们则采用这种方式研究社会中的各种个人、群体、组织或社区。例如，对一个特殊的群体、一个村庄、一个小镇，或对一个企业的研究等。国内也已有学者采用

① 参见[美]亨特：《社会研究方法新论》，华中理工大学出版社1989年版，第1～13页。

② 参见[苏]彼得罗夫斯基：《集体的社会心理学》，南开大学出版社1987年版。

实地研究的方法去研究个体户，研究一个村庄的发展变迁，也有的学者采用这种方法研究北京这样的大都市里由外来农民所形成的"特殊的村庄"。①

实地研究，指的是在英文文献中被称作"field research"、"field study"或"field work"的研究方式。对于实地研究的含义，不同的学者给出了不同的解释。比如，C.那克米亚斯教授和D.那克米亚斯教授认为："实地研究是定性研究方法论中最重要的资料收集策略。"②艾尔·巴比教授认为，实地研究指的是那种"有时被称为参与观察、直接观察和个案研究的所有研究方法"③。纽曼教授认为，"实地研究，有时也被称为民族志、参与观察的研究。在这种定性研究类型中，研究者在事情发生时以自身的文化背景直接观察和参与一个小规模的社会场景"④。贝利教授认为，实地研究"在自然背景中进行，(大多数情况下)采用参与观察的方法，并且观察者很少对背景的结构施加影响。相反的，观察者试图成为他或她正在研究的文化或亚文化中的一部分。'实地研究'一词几乎总是与术语'民族志研究'或'民族志'同时运用"⑤。风笑天教授认为，实地研究是一种深入到研究对象的生活背景中，以参与观察和无结构访问的方式收集资料，并通过对这些资料的定性分析来理解和解释现象的社会研究方式⑥。

实地研究是一种定性研究方式，也是一种理论建构型的研究方式。实地研究的基本逻辑结构是：研究者在确定了所要研究的问题或现象后，不带任何假设进入到现象或对象所生活的背景中，通过参与观察，收集各种定性资料，在对资料进行初步的分析和归纳后，又开始进一步的观察和进一步归纳，通过多次循环，逐步达到对现象和过程的理论概括和解释。实地研究中用来收集资料的主要方式是观察和访谈。它们包括非正式的、随生活环境和事件自然进行的各种观察与访谈。这里的所谓观察，首先是强调"参与观察"，即强调"参与"——研究者必须深入其中，深入到他所研究的对象所处的真实社会生活中；其次，"观察"也并非只是狭义的"用眼睛看"，而是指广义的"了解"，它包括看、听、问、想，甚至还有体验、感受、理解等。这里的所谓访谈，更多地强调"无结构访谈"，或曰自由的开放式深度访谈，既包括正式的采访、座谈、参观讨论等，也包括非正式的自由

① 风笑天：《社会研究方法》(第四版)，中国人民大学出版社2013年版，第228页。

② Chava Frankfort-Nachmias, David Nachmias, *Research Methods in the Social Sciences* (6th ed.), New York: Worth Publishers, 2000, p. 257.

③ [美]艾尔·巴比：《社会研究方法》(上)(第八版)，华夏出版社2000年版，第354页。

④ [美]劳伦斯·纽曼：《社会研究方法：定性与定量的取向》(第五版)，中国人民大学出版社2007年版，第459页。

⑤ K. D. Bailey, *Methods of Social Research* (3rd ed.), New York: Free Press, 1987, p. 245.

⑥ 风笑天：《社会研究方法》(第四版)，中国人民大学出版社2013年版，第228页。

聊天、旁听、闲谈等。关于参与观察和无结构访谈的具体内容，将在下面的“实地研究的相关概念”和“实地研究的过程”的讨论中进一步论述。

2. 实地研究的基本特征

概括地说，实地研究的几个基本特征是：第一，深入实地，身临其境，成为环境的一部分，在自然情景中开展研究。第二，研究者本人作为研究工具，主要依靠观察、体验、感受和移情理解。第三，没有先入为主的观点和理论，更多地遵循着归纳的思维逻辑。第四，主要着眼于了解和分析事物或现象的内部结构及变化过程。①

（1）深入实地，身临其境，成为环境的一部分，在自然情景中开展研究。如前所述，实地研究一词的英文是 field research，在社会人类学中它被称作“田野工作”（field work）。这样的称谓或许更能直接地体现出这种研究方式的基本特征。它意味着，实地研究者的研究工作必须是在田野、在实地、在社会生活的真实现场进行的。如同那些身穿白大褂的实验人员，他们的研究工作主要是在摆满了各种仪器、各种设备、各种材料的实验室中进行的。这种对“实地”、对“现场”的强调，可以说是实地研究方式的第一个重要特征。

在各种社会研究方式中，调查研究和一部分实验研究的方式似乎也是要到实地去，但有所不同的是，调查研究中的实地，只是研究者在进行实地抽样、问卷发放，或者进行结构访谈过程中的一种“临时的现场”。调查研究者到这种现场的目的只是为了找到样本中的对象，为了将问卷成功送到调查对象手中。即便是采用结构式访问的方法，到现场（比如居民家中）与调查对象面对面进行访问，研究者或调查员也只是短暂地、相对正式地接触调查对象，十分短暂地停留在社会生活的实地场景中。它和实地研究中的那种相对长时期地、完全地“投身于”、“沉浸于”社会生活场景，以及那种全方位、长时间、相对非正式地与研究对象进行日常接触是完全不同的。实验研究中，研究者也会在真实的实地开展研究，但一方面实验研究者在实地的时间同样十分短暂，另一方面由于需要控制的因素较多，这种实地的规模、范围往往也相对较小。

更为重要的是，实地研究的方式将研究者深入日常社会生活的社会背景，以及将研究者与作为社会背景一部分的人们之间的关系，作为理解社会生活现象以及人们行为的关键因素。正如有学者所指出的：“研究者必须成为环境的一部分，只有这样才有可能理解那些生产文化的人们的行为。”②因此，研究者与社会

① 风笑天：《社会研究：设计与写作》，中国人民大学出版社 2014 年版，第 99～101 页。

② Keith F. Punch, *Introduction to Social Research: Quantitative and Qualitative Approaches*, London: Sage, 1998, p. 137.

背景的完全融合、研究者自身成为其所研究的社会背景的一部分,就成为实地研究这种研究方式的一种标志,同时也是实地研究得以顺利进行的重要前提。

(2) 研究者本人作为研究工具,主要依靠观察、体验、感受和移情理解。从方法的本质上说,实地研究是一种直接感知、直接体验、直接感悟型的研究方式。正如有的学者所指出的:"为有助于理解社会现实,我们还必须直接体验这种现实。"①当研究者进入实地,投入到研究对象具体的生活环境中,他对社会现象及对人们行为方式的研究,也就被限制在更多地依靠直接的观察和询问、更多地依靠自身的主观体验和感受、更多地依靠移情理解上了。尽管实地研究者也可以收集和利用现有统计资料和其他文字资料,但研究者主要依靠的资料,则是他们通过自身的感官以及他们的思考所收集的那些具体的、生动的、活生生的,但同时又是凌乱的、此时此地的经验材料。实地研究的方式一方面导致了研究者必须通过自己的耳闻目睹、现场经历、亲身体验来获得直观的感受;另一方面还导致了一种对现实社会场景的依赖,导致了一种对日常生活中人们的行为、态度进行移情理解的依赖。"重要的是,要参与到社会关系中去,在一个被观察的背景的语境中去理解人们的行为。"②而要完成这样的感知,要完成这种特定的理解,更多地将研究者自身作为研究工具就成为必需的条件之一。

(3) 没有先入为主的观点和理论,更多地遵循着归纳的思维逻辑。与许多定量研究方式的研究显著不同的是,实地研究中研究者不需要带着某种已有的观点、假设或理论进入现场。一切抽象的结论、理论的解释都产生于实地经验观察之后。批评家坚持认为,与以问卷作为工具的社会调查者总是假定他们已经知道了重要的事物相反,参与观察的研究者"不会对重要的事物做出断然的假定。然而,这种方法鼓励研究者们将自己沉浸于他们试图理解的人们日复一日的活动当中。与检测观点(演绎)相反,它们也许可以从观察中(归纳)发展而来。这也就是说,他们会将在寻求理解中所使用的方法和阐释相结合起来。"③

理解和解释始终是社会研究的根本目标,实地研究也是如此。但是,它要达到这目标的思想之路却与大部分的定量研究方式有所不同。从逻辑推理的角度看,实地研究基本上遵循着归纳的路径,即从现场的观察、访谈所收集到的大量具体的、经验的材料中,抽象出对现实事物的解释和理解。

(4) 主要着眼于了解和分析事物或现象的内部结构及变化过程。不同的研

---

① Bryman, *Quantity and Quality in Social Research*, London: Unwin Hyman. 1988, p. 52.

② Keith F. Punch, *Introduction to Social Research: Quantitative and Qualitative Approaches*, London: Sage, 1998, p. 137.

③ 转引自风笑天:《社会研究:设计与写作》,中国人民大学出版社 2014 年版,第 100 页。

究方式都有其特别“擅长”的地方，就像实验研究特别擅长探索现象之间的因果关系、调查研究特别擅长描述总体的现状和趋势一样，实地研究特别擅长描述和分析事物和现象的内部结构以及变化过程。前面我们说过，实地研究来源于人类学。正是人类学家企图了解其他社会中人类文化现象的需要催生了实地研究的方式。从早期人类学家马林诺斯基和布朗，到后来美国的芝加哥学派、社会学家派克等，都为这种研究方式的形成和发展做出了努力和贡献。实地研究的方式也逐渐从研究外民族文化现象扩展到研究研究者所属社会的文化现象，再扩展到研究本民族社会内部的各种群体、结构及其变化过程。在这一发展过程中，实地研究的方式和具体技术在不断完善，而着眼于了解和分析各种社会事物和社会现象的内部结构、着眼于社会现象的变化过程的特征则始终如一地被贯彻了下来，这也成为社会研究者采用实地研究方式的一个重要的原因。

3. 实地研究的相关概念

从不同学者对实地研究的定义中可以看到，实地研究涉及参与观察、个案研究、民族志等不同概念。或者说，许多实地研究定义均表明，实地研究是一种与民族志、参与观察、个案研究等密切相关的研究方式。更准确地说，实地研究与参与观察、民族志以及个案研究，是定性研究中几种相互联系、相互渗透，有时甚至被看成同一回事的研究方式。这些概念相互之间存在着某些联系，它们所指称的事物之间也常常存在一些交集，即存在一些相互交叉的地方。因而，同一项研究在不同的学者眼里，也常常被看作不同研究方式的例子。[①] 比如，怀特的著名研究《街角社会》，在有的研究方法著作中，被作为参与观察的例子[②]，而在另一些研究方法著作中，它又被作为个案研究的范例[③]；与此类似，利博的著名研究《塔利的角落》，在有的研究方法著作中被作为民族志的例子[④]，而在有的书中又被作为参与观察的例子[⑤]。由此我们认为，为了更好地理解实地研究的概念，有必要对民族志、参与观察、个案研究这几个相关概念（或方式）略作介绍。[⑥]

（1）民族志（ethnography）。民族志是来源于文化人类学的一种研究方法，

---

① 风笑天：《社会研究：设计与写作》，中国人民大学出版社 2014 年版，第 96 页。

② 参见［美］丹尼·L.乔金森：《参与观察法》，重庆大学出版社 2009 年版，第 38 页。

③ Keith F. Punch, *Introduction to Social Research: Quantitative and Quantitative Approaches*, London: Sage, 1998, pp. 151～152；［美］罗伯特·K.殷：《案例研究：设计与方法》，重庆大学出版社 2007 年版，第 5 页；［澳］戴维·德沃斯：《社会研究中的研究设计》，中国人民大学出版社 2008 年版，第 231 页。

④ 参见［美］艾尔·巴比：《社会研究方法》（第八版），华夏出版社 2000 年版，第 357 页。

⑤ 参见［美］丹尼·L.乔金森：《参与观察法》，重庆大学出版社 2009 年版，第 38 页。

⑥ 参见风笑天：《社会研究：设计与写作》，中国人民大学出版社 2014 年版，第 96～98 页。

它主要是"对一群有共享文化模式的人"所进行的研究,"它描述和解释一个文化或社会群体,研究这一群体可被观察和学习的行为模式和生活方式"。[①] 与实地研究相同的是,民族志研究也要求研究者深入实地,对所研究的群体进行相当长时期(般在半年或一年以上)的观察,通常也是进行参与观察;它还特别要求"研究者融入被研究者的日常生活,或进行一对一的访谈,了解他们日常行为的意义、语言以及他们与其他文化群体的互动"[②]。有的学者指出,民族志研究是要"通过收集资料尤其是观察性的资料来研究一个历经岁月沧桑其文化风貌却完好无损的文化群",并且,这种研究过程是灵活的,"是典型的结合背景逐步探索现场遭遇到的鲜活的现实"。[③] 同时,还有学者特别提示,民族志研究往往"强调满足两个条件:一是研究者近距离地、详尽地观察自然世界,二是极力避免被任何事前设定的理论框架所束缚"[④]。从上述这些对民族志的讨论中我们可以看到:研究具有特定文化的群体,是民族志研究的根本目标和本质特征;而其研究的方式同样是强调要深入实地,同样是采用参与观察等方法。但与参与观察法有所不同的是,民族志研究深入实地的时间往往更长。当然也有学者认为,"'民族志'这个词的涵盖范围要大于'参与观察法'这个词,参与观察法可能是民族志的一个方面"[⑤],而且"社会学家常常更喜欢使用'参与观察法'词来指称人类学家传统上的所谓民族志",两者"之间的差别很细微"。[⑥]实际上,无论是民族志还是实地研究,二者都将参与观察作为主要的资料收集方式,这是它们最相似的地方。因此,也可以说,参与观察是构成实地研究或民族志的最基本元素。然而,实地研究虽然也像民族志和参与观察一样要深入实地,要进行观察,但它收集资料的方式除了参与观察外,在很大的程度上更依赖于深入的、正式的或非正式的无结构访谈。这或许是实地研究与参与观察和民族志研究有所差别的地方。

(2) 参与观察(participant observation)。关于参与观察的定义,著名的定性方法学者邓津(Tenzin)认为:"参与式观察可以被定义为一种同时结合了文档

---

① 转引自[美]德尔伯特·C. 米勒、内尔·J. 萨尔金德:《研究设计与社会测量导引》,重庆大学出版社 2004 年版,第 145 页。

② 转引自[美]德尔伯特·C. 米勒、内尔·J. 萨尔金德:《研究设计与社会测量导引》,重庆大学出版社 2004 年版,第 142 页。

③ 转引自[美]约翰·W. 克雷斯威尔:《研究设计与写作指导:定性、定量与混合研究的路径》,重庆大学出版社 2007 年版,第 11 页。

④ [美]罗伯特·K. 殷:《案例研究:设计与方法》,重庆大学出版社 2007 年版,第 17 页。

⑤ Matthew David、Carole D. Sutton:《社会研究方法基础》,高等教育出版社 2008 年版,第 106 页。

⑥ Matthew David、Carole D. Sutton:《社会研究方法基础》,高等教育出版社 2008 年版,第 81 页。

分析、访谈受访者与信息提供者、直接参与和观察以及进行自我省察的实地策略。”[1]而学者洛夫兰德夫妇则将参与观察定义为一种过程："在这个过程当中，调查者和一个人的群体之间在其自然构成的状态中建立起一种多边的和相对长期的关系，以促进对这一群体的科学理解。”[2]这两条定义可从说在很多方面与实地研究的定义十分相似。同时，它们从两方面刻画了参与观察这种方式的重要特征：一是从资料收集与分析方式的角度，说明参与观察并不只是用眼睛看，而是包括了其他多种不同的方式；二是强调了研究方式必须依据的自然背景及其与实地研究对象之间的相对长期关系。事实上，参与观察是与实地研究最为相似的一种研究方式，也是在大家的理解中最容易出现混淆的两种方式，以至于一些社会研究方法教材中，在本该介绍实地研究方式的地方所专门介绍的定性研究方法并不是实地研究，而是参与观察。[3]

(3) 个案研究(case studies)。对个案研究的概念进行定义似乎最为容易。如有学者认为，所谓个案研究“就是一个个案(也或许是一个小数目的个案)被详细研究，使用看起来合适的任何方法。”还有学者以更为简明扼要的方式对个案研究进行了如下界定：“个案研究是对具体‘单位’的深入研究。这里所谓的‘单位可能是个人、组织、事件、节目或社区。”[4]仅从这些简单的定义看，个案研究似乎并不难理解和把握，其实，对学术界关于个案研究的讨论稍做深入的讨论，就会发现它十分复杂。我们认为，对个案研究的理解至少需要从以下两个角度分析：

第一，个案研究与实地研究、参与观察、民族志、深度访谈、定性研究等之间关系问题的分析。仅从定义上看，似乎个案研究方式与实地研究以及参与观察、民族志并无多大联系，但实际上，由于许多著名的个案研究(如《街角社会》、《塔利的角落》等)都是采用实地研究的方式、参与观察的方式、民族志的方式进行的，或者说，许多著名的实地研究、参与观察、民族志研究的研究对象都是一个单独的个案，因而造成了个案研究方式与这些方式之间的紧密联系。艾尔·巴比教授关于实地研究的定义中就涉及实地研究与参与观察和个案研究的关系问题。在巴比教授看来，实地研究可以说就是参与观察与个案研究的统称。风笑天的理解是：如果从研究的特征和方式、特别是从资料收集方法的角度，实地研究更多地指的是参与观察；而如果从研究对象的角度，实地研究则较多地采用的

① 转引自[德]伍威·弗里克：《质性研究导引》，重庆大学出版社2011年版，第183页。

② 转引自 Keith F. Punch, *Introduction to Social Research: Quantitative and Quantitative Approaches*, London: Sage, 1998, p. 39.

③ 参见风笑天：《社会研究：设计与写作》，中国人民大学出版社2014年版，第97页。

④ [英]戴维、[英]萨顿：《社会研究方法基础》，高等教育出版社2008年版，第116页。

是个案研究的方式。因此,也可以说,实地研究就是将参与观察的方法应用在对一个(或有限的几个)个案所进行的研究中。

对于个案研究与实地研究,特别是与参与观察、深度访谈、民族志等方法之间的关系问题还有很多讨论。德沃斯教授指出:“个案研究经常被等同于定性方法,尤其是参与式观察法和非结构化的深度访谈法。毫无疑问,这种判断部分是由于一些早期的、具有影响力的个案研究(如《街角社会》和《中镇》)采用了参与式观察法。与此类似,社会人类学中的大多数民族志个案研究也采用了参与式观察法,因而民族志和个案研究有时也被看作是一回事。在其他情况下,个案研究也被等同于非结构化的深度访谈。”然而,“假如我们把个案研究与某一种特殊的资料收集方法等同起来,那我们就误解了个案研究设计”。①根据他的看法,我们应该认识到,尽管在具体方式上个案研究与这几种方式有些相似,但个案研究却始终是一种独立的研究方式;同时,也不能把个案研究与定性研究相混淆。② 学者罗伯特·K.殷也认为,“在收集任何数据之前建构理论假设”,是个案研究与定性研究中的其他相关方法如民族志方法或扎根理论方法的不同点之一。因为,“一般来说,采用这些相关研究方法进行研究之前,一定要刻意避免存在特定的理论假设”③,而个案研究则与此相反,不仅不用刻意避免,反倒是一定要有理论假设。

第二,个案研究及社区研究的分析。如前所述,实地研究可以说是参与观察与个案研究的合称。从研究背景和对象范围上看,个案研究是其特征;而从研究方式和资料收集方法上看,参与观察则是其突出的特点。根据上面的有关讨论我们能发现,个案研究作为对一个个人、一件事件、一个社会集团、或一个社区所进行的深入全面的研究,它的特点是焦点特别集中,对现象的了解特别深入、详细。个案研究通过对事物进行深入的洞察,能够获得非常丰富、生动、具体、详细的资料,能够较好地反映出事物或事件发生、发展及变化的过程,而且能为后来较大的总体研究提供理论假设。因此,这种方法在社会科学的发展中也发挥着重要的作用。同时我们还要认识到,个案研究方式对于深入实地研究一个特定的单位,或者是为着比较的目的而研究几个单位来说特别有用。这种特定的单位既可以是一个个人、一户家庭、一个小群体、一个工厂、一所学校,也可以是一个社区、一件社会事件。当然,在个案的单位不同时,它所采取的具体方法会有

---

① [澳]戴维·德沃斯:《社会研究中的研究设计》,中国人民大学出版社2008年版,第231页。

② Denzin, Lincoln, *Handbook of Qualitative Research*, London: Sage, 1994. 转引自[美]罗伯特·K.殷:《案例研究:设计与方法》,重庆大学出版社2007年版,第17页。

③ [美]罗伯特·K.殷:《案例研究:设计与方法》,重庆大学出版社2007年版,第32页。

所不同。比如，对一个个人的研究，除了一般的观察、访谈外，还经常采用个人生话史的方法；同样的，对一户家庭的研究与对一所学校的研究，或对一个小镇的研究所采用的方法也不会完全一样。

当研究的个案是一个社区时，通常又称为社区研究。社区是人们在社会中赖以生存的一种重要形式，同时社区也是构建整个社会的一种重要单位。它与人们的社会生活以及整个社会的发展都有着密不可分的关系。因而，社区研究也越来越成为社会研究中的一个热点。社区研究的方式也为众多的社会研究者所熟悉和采用。社区研究中，研究者通常采用参与观察、访谈，以及收集当地现有文献等方法来收集资料。而且，研究者通常要在该社区中生活一段时间(少则几个月，多则几年)，参与当地人的社会生活。西方社会学早期研究中，采用社区研究方式的一个典型例子就是美国的林德夫妇所做的《中镇》研究，我国著名社会学家费孝通先生所做的“江村研究”，则是采用社区研究方式的另一个典范。

个案研究以及社区研究所具有的深入、全面的特点是其明显的长处；而其最大的不足，或者说其最困难的一个方面，是如何发掘个案研究所具有的概括意义。一般来说，研究者很难将个案研究中所得到的结果进行推广。除了对所研究的对象进行详细全面的描述外，研究者更多地是努力从所研究的具体个案中，抽出一些有价值的命题，或提出一些具有更深理论意义的研究题目，为后继的研究提供一些有启发性的思路和有价值的方向。

综上而言，正是由于实地研究与参与观察、民族志研究这两种方式有着紧密联系和更多的相似性，而个案研究的方式则相对特殊，因此，本章后面对实地研究设计与运用的讨论，参照风笑天教授的策略，①在主要介绍实地研究设计的基础上，再专门介绍个案研究的设计问题，而省略参与观察和民族志研究这二者的内容。

(三) 实地研究的优缺点

与调查研究、实验研究以及文献研究相比，实地研究方式有一个明显的不同之处，这就是它不仅是一种资料收集的过程，同时也是理论形成的过程。作为一种具体的研究方式，实地研究的基本特征是研究者作为真实的社会成员及行为者参与到研究对象的实际社会生活中，通过尽可能全面的、直接的观察和访谈，收集具体、详细的定性资料，依靠研究者的主观感受和体验来理解其所得到的各种印象、感觉以及其他资料，并在归纳、概括的基础上建立起对这些现象的理论解释。

---

① 参见风笑天：《社会研究：设计与写作》，中国人民大学出版社 2014 年版，第 98 页。

1. 实地研究方式的主要优点

(1) 适合在自然条件下观察和研究人们的态度和行为。实地研究者所寻求的是一种更具有情感性的和人文主义类型的资料,他们与研究对象之间的关系也是人与人之间的关系。这种方式特别适合那些不便于、或者不可能进行简单的问卷调查的社会现象和问题。正如许多研究者所认为的,对于人们的情感通常不宜将其归纳成可以输入计算机的数字,而是要通过人对人的观察,做出主观的估价,并以文字方式详细记录。

(2) 研究的效度较高。相对于问卷调查中最大的问题——表面化、简单化现象,实地研究的深入观察、设身处地地感受、理解,具有很高的效度——研究者测量的确是他所希望测量的概念或现象。而与调查研究中常见的简单定义相对应的是,实地研究中研究者常常列举出生动、详细的实例来说明某一个概念的含义。

(3) 方式比较灵活,弹性较大。相对于实验研究和调查研究,实地研究的操作程序不是那样严格,只需要较少的准备工作,在研究进行的过程中,可以随时修正研究的目标和设计。对于不同的研究背景或不同的研究对象,实地研究中的具体操作也比较灵活。

(4) 适合研究现象发展变化的过程及其特征。由于实地研究不仅要深入实地,而且要在实地生活相当一段时间,因此,对于研究社会现象的发展变化过程来说,是一种较好的方式。尤其是在对个人或小群体的研究中,这种优点更为明显。

2. 实地研究方式的主要缺点

(1) 概括性较差。实地研究所得到的基本上是定性资料,且在很多情况下都是以某个个案为对象,因而其资料既难以进行定量分析,也无法概括大的总体。这样,它所得结论也难以推广到更大的范围。这是实地研究方式比较大的缺陷之一。

(2) 信度较低。实地研究中研究者主要以参与观察和无结构访谈的方式收集资料,所处的是一种被动的地位,对观察场景也往往缺乏控制,因而其所得的资料比较琐碎、凌乱,不易系统化。同时,由于实地研究强调研究者的主观作用,强调对所观察的对象进行移情理解,因此难以检验其信度。另一方面,现实生活中因时间、地点、人物的变动或流失的影响,也造成研究者很难对原先研究的对象或现象进行重复观察或研究。

(3) 对研究对象的影响。实地研究者的观察并非像照相机或显微镜那样处于所观察的对象之外,实际上,观察者是他正在观察的对象的一部分。一位深入实地研究印第安人的美国人类学家说:“我与我妻子不是在研究一群印第安人而是一群印第安人围绕着两个美国人类学家。”[1]他的这句话十分巧妙地揭示出实地研究方式本身所具有的这种与研究对象密不可分的关系。无论是参与观察还是实地访谈，研究者的参与本身对其所研究的对象都会造成影响。怀特在《街角社会》的后记中写道：“多克以前的行为是出于直觉而现在却要考虑怀特会怎么想。”尽管他充分意识到这一问题，并在实际参与观察中“设法避免使这个群体受到影响”，比如，尽量不为这个群体做任何决定，避免接受公职或担任领导，力戒对敏感性问题仓促地做出是非判断，只要可能，就设法掺和到背景里面去进行观察和倾听等，但不管研究者如何注意，他的出现和在场在客观上必然会对其他人的行动产生某种程度的影响。正如多克对怀特所说的：“自从你来到这里以后，把我的事全耽误了。现在，每当我做什么事，都得先想想怀特对这件事可能想了解点什么，我怎么解释这件事。可是我以前办事从来都是凭本能。”[2]

（4）所需时间较长。由于参与生活的需要，实地研究方式的周期一般都比较长，通常少则几个月，长则好几年。有的人类学者认为：“田野工作最大的收获来自六个月之后，因此要进行有效的研究至少要一年时间。”这种时间上的要求，不仅对于研究者来说是一个困难，有时对于所研究的对象来说也是一种困难。

（5）伦理问题。这一问题主要是针对参与观察中隐藏研究者身份的做法提出的。它所包含的实际问题是：第一，研究者有没有为了研究的目的而欺骗研究对象的权利？第二，研究者作为社会的成员，应不应该为了研究而采取欺骗研究对象的做法？这些方面的讨论，可以参见本书专门讨论的“社会研究的伦理与政治”一章的相关内容，这里不再赘述。

二、实地研究的过程

从实施的程序上看，实地研究通常可分为以下几个主要的阶段：选择研究背景；获准进入；取得信任和建立友善关系；收集资料（观察、访谈）；整理和分析资料；报告研究结果。我们这里集中探讨前四个阶段的内容，资料整理与分析放在本书的“资料分析的操作”一章介绍，报告研究结果则放在本书的“研究结果的表达”一章中进行探讨。

（一）选择研究背景

实地研究必须深入实地。因此，“实地”的选择是进行实地研究的第一步。在客观条件许可时，我们应尽量选择那些既与所研究的问题或现象密切相关，又容易进入、容易观察的背景。对于非参与的观察来说，这种理想的背景就是那些不易被我们所观察的对象注意到和感觉到的地方。比如，如果我们要以非参与

---

① ［美］墨菲：《文化与社会人类学导论》，商务印书馆 1991 年版，第 281 页。

② ［美］怀特：《街角社会》，商务印书馆 1994 年版，第 340 页。

的方式观察大城市中人们对交通规则的遵守情况，我们就可以选择繁华的十字路口旁一幢有着十分容易观察整个路口、但本身却不为人注意的窗口的三层楼房。对于进行参与观察来说，则应选择那种能够使研究者自然地进入、自然地参与其中、容易为当地社区接受、且能较快熟悉所观察的社区。

在研究背景的选择方面，有一个与研究者熟悉程度有关的问题。对于研究者是否应该选择自己熟悉的地区，不同的研究者对此看法不同。持赞成观点的人认为，研究者对其所研究的地区越熟悉，做研究越方便，就越有利于他接近、理解和分析所研究的现象。比如，周敏谈到她之所以选择纽约的唐人街作为其研究地区，其原因之一，就是因为"研究纽约唐人街对我来说最为方便，不仅因为我们都是华人，还因为我的许多亲戚朋友早已移居于此，这密切的社会关系对我的研究工作提供了方便。唐人街是我自己的社区。我对唐人街的感情，以及我本人作为移民的经历，都与许多中国移民一样，这使我感到这个社区特别亲切。我在唐人街进行实地研究期间，基本上能按计划采访，访谈对象都把我看作自己的女儿，姐妹或知心朋友"①。而持相反观点的人则认为，如果选择研究者所熟悉的背景，特别是研究者具有某种直接经历的背景时，他将会在克服自己对现实所具有的特定看法和特定感情方面遭遇到难以克服的困难。研究者要做到像看待一种新的、他所不熟悉的背景那样来看待自己早已熟悉的背景，并且能够从中发现许多值得探讨和研究的现象与问题，以及不带有某种个人的偏见。这并不是一件十分容易的事情。此外，我们要认识到，选择研究者不熟悉的背景，有利于研究者对事物保持敏锐的感觉，而在观察熟悉的事物时，往往会由于司空见惯和习以为常而失去这种敏锐的观察力。

(二) 获准进入

尽管调查研究中也要接触访谈对象，也有使自己合法化的问题以及一定的实际联系工作，但是，与实地研究中的进入相比，那些就显得相对简单。可以说，获准进入在实地研究中才具有其真正的含义，它是实地研究相非常重要、同时也十分关键的一个环节。正式的、合法的身份以及单位或组织的介绍信，并不是保证能获准进入的充分条件，而只是一种必要条件。研究者要能参与研究对象的实际社会生活，还常常需要某些"关键人物"或"中间人"的帮助。这些关键人物或中间人就生活在研究对象所生活的社区，或者就工作在研究对象所工作的单位，他们既认识研究者(是研究者的朋友、亲戚更好)，同时又认识研究者所希望研究的那些研究对象。总之，他们能够十分便利地将研究者"带入"到研究对象的生活世界中。折晓叶在描述她关于村庄的研究时列举了两次不同的进入方

① 周敏:《唐人街——深具社会经济潜质的华人社区》，商务印书馆1995年版，第6页。

式:“1992年第一次进入村庄多少是由官方介绍去的,我们的身份是考察者,村里的接待很正式,按礼仪安排会谈和参观。那一次结识了村书记兼董事长潘强恩和他的助手们。第二次进入则以一面之交的‘熟人’身份,经过自己联系,得到村书记的首肯后,又由他的朋友同时也是我的同学在当地‘挂职干部’送我进村。”[①]当研究者所要进入的实地是相对特殊的群体和社区时,这种“关键人物”的作用就显得更为重要。比如,怀特当年进入波士顿的意大利贫民区时,如果没有街头帮派首领多克的帮忙,他或许还会有更多次进入失败的记录。

（三）取得信任和建立友善关系

获准进入在一定意义上只是完成了进入实地的表面程序,或者说只是获得了在所研究的群体或社区中的“公开身份”,它离真正进入社区的生活,进入所研究的群体还有相当的距离。正如折晓叶在谈到自己进入所研究的村庄后的感受时所说的:

“作为陌生人的感觉,时常让我觉得难以真正进入这个村庄的社区生活,其中首先的障碍,是与村里人之间在穿着、相貌、语言、心理和身份上的距离,这可以从他们对你探究、猜测、冷眼的目光中,从与你谈话时的尴尬中感觉到。”[②]

因此,尽快取得当地人的信任,尽快与他们建立友善的关系,是进入实地后研究者面临的首要任务。“这在实地研究中可能是最为困难而又最费时间的任务了。的确,这可能是会引起损伤的一步,但要获得有效的资料,则是必不可少的一步。”[③]在一定意义上,研究者能否取得研究对象的信任,他能否与研究对象建立起友善的关系,决定着他的实地研究的前途和命运。因为,如果研究者在研究对象的眼里始终是“外来人”,人们始终对他抱有戒备心甚至充满敌意,那么,研究者要从这些研究对象那里得到真实的资料的可能性是很小的。即使人们知道你是谁,也知道你来做研究,但只要你和他们之间达不到某种程度的熟悉和信任,相互之间没有建立起友善的关系,你的观察和访谈就难以顺利开展。一位叫韦克思的研究者是这样描述自己在对美国籍日本人的实地研究中未能顺利取得友善关系时的烦恼心情的:“一个礼拜一个礼拜地过去了,在我的‘友善关系’中或我的报告中没有任何值得注意的改善。”“我在一种绝望状态下吃东西——一直到吃得我的脸和身上流满了汗为止。在三个月中,我体重增加了三十磅。”[④]最后,她变得如此绝望,以至在令人窒息的闷热中走了很长的路,并哭了。

---

① 折晓叶:《村庄的再造:一个超级村庄的社会变迁》,中国社会科学出版社1997年版,第23页。
② 折晓叶:《村庄的再造:一个超级村庄的社会变迁》,中国社会科学出版社1997年版,第24页。
③ [美]肯尼斯·D.贝利:《现代社会研究方法》,上海人民出版社1986年版,第347页。
④ [美]肯尼斯·D.贝利:《现代社会研究方法》,上海人民出版社1986年版,第347～348页。

当然,研究者对此也不应过分着急。这种信任的取得、这种关系的建立,需要一个过程,需要有一定的时间,也需要一定的机会。只有经过一段时间的共同生活,人们才会慢慢习惯你的出现,习惯你的参与,慢慢从心理上接受你。而在这种参与生活的过程中,常常会出现一些自然的契机,这些契机将成为一种转折点,使得研究者逐渐从当地人的"他群体"中,进入到他们的"我群体"里。韦克思不屈不挠的坚持与努力,终于等到了这种契机:一位日本人类学家的到来给她帮了大忙,使她能够发展友善关系。折晓叶则十分生动具体地谈到了在她进行实地研究的过程中,一次偶然事件成为当地人接受她的契机的情景:

"有意思的是,一次偶然的事件,却使我找到了缩短这种距离的一个有效方式。第二次进村不久,村书记和助手邀请我参加一年一度的'春茗会',这是村里一年之中最隆重的公共活动之一,由村组织和村公司联合主办,邀请村里所有有身份的人、外商企业的代表和外聘管理人员参加,目的是答谢各方,增进友情。会上的一项重要活动是'抽奖',每人杯盘下都压有一个抽奖号码,奖项的数额不大,是象征性的,但村人却十分看重,认为谁抽到谁就是'有大运气的人',这是当地的一种新风俗。我一直用心观察着这个群情激动、热闹非凡的场面。叫我意想不到的是,在最后一轮抽奖中,我的奖号竟中了一等奖中的一个。当我被全桌人哄闹着推到领奖台上的一瞬,我才感觉到这是一次有意义的'亮相'。我被抽号人称作,北京来的朋友,介绍给全场。自那之后的一段时间里,不时会遇到已认识的或不认识的村里人与你打招呼,也会不经意地提到'我见到你中奖,你今年有好运气'之后,总会随便谈上几句。没有想到一张奖券竟成了最好的'介绍信',一次特别场合的公开露面,竟让村里人在不经意中用他们乐于接受的方式接纳了我。后来我便将参加村里的公共活动作为访谈必备的经历,通过参加婚礼、生日庆典、吃早茶、妇女外出游玩、祭祖、选举等重要活动,不同程度地、多多少少地开始进入了村里不同人的生活圈子。"①

(四) 收集资料(参与观察和无结构访谈)

正如本书前面关于实地研究的含义中所说的,实地研究中用来收集资料的主要方式有观察和访谈两种。它们包括非正式的、随生活环境和事件自然进行的各种观察与访谈。同时,实地研究中的观察主要是强调"参与观察",其访谈更多地是强调"无结构访谈"。

1. 观察法及参与观察

对社会现象的研究同对自然现象的研究一样,都离不开观察。观察方法可

---

① 折晓叶:《村庄的再造:一个超级村庄的社会变迁》,中国社会科学出版社 1997 年版,第 24～25 页。

以说是一切科学研究的基本方法之一。在社会研究中，我们所说的观察(observation)指的是带着明确的目的，用自己的感官和辅助工具去直接地、有针对性地了解正在发生、发展和变化着的现象。它和日常生活中人们对各种事物的观察有所不同，它要求观察者的活动具有系统性、计划性和目的性，而且要求观察者对所观察到的事实做出实质性的和规律性的解释。根据观察地点的不同，可以将观察分为实验室观察和实地观察；按照观察中研究者所处的位置或所采取的角色，可以将观察分为局外观察和参与观察；根据观察方式的结构程度，可以将其区分为结构式观察和无结构观察。

(1) 实验室观察和实地观察。实验室观察就是在备有各种观察设施的实验室内，对研究对象进行的观察。这种观察方式在心理学研究中经常使用。在社会学研究中，由于受到研究对象的限制，这种观察方式多半局限于对儿童进行的观察研究。如对儿童的交往、模仿等互动行为的测量等。在这种实验室中，研究者一般是借助一种单面镜来进行观察。镜子里面的人看到的是一块不透明的黑板，而镜子外面的人看到的则是一块普通的透明的玻璃。里面的人看不到外面，而外面的人却可以看到里面。这样就使得被观察者意识不到有人在观察他，而观察者却可以看得一清二楚。同时，实验室的各个不同方向都装有隐蔽的摄像头，研究者可以根据需要摄下室内的各种活动内容。由于实验室观察有一定的条件要求，且观察的范围和对象又受到一定的局限，所以在社会研究中采用此法的很少。实地观察即是指在现实生活场景中所进行的观察。实地研究者在研究中采用的主要是这种类型的观察。实地观察与实验室观察的不同之处除了地点或场景的不同外，还体现在它通常是一种直接的、不借助其他工具或仪器的观察。从实际情况看，大部分的实地观察还是一种无结构的观察，尽管它也可以是结构式的。

(2) 局外观察和参与观察。所谓局外观察也称为非参与观察，即观察者处在被观察的群体或现象之外，完全不参与其活动，尽可能地不对群体或环境产生影响。形象地说，局外观察就是“冷眼旁观”或“坐山观虎斗”。最理想的局外观察是观察者隐蔽起来观察，使被观察者一点也意识不到有研究者在场正在观察他们。这种观察方法常用来研究儿童的行为，或用于研究公共场合及公众闲暇活动中人们的行为。如对剧院、书店、图书馆、体育场等处人们的活动进行的观察。在一项研究的最初阶段，人们有时也采用这种观察方法去了解最基本的情况，以帮助形成问题的焦点或者研究的假设。如前所述，参与观察就是研究者深入到所研究对象的生活背景中，在实际参与研究对象日常社会生活的过程中所进行的观察。它是一种非结构性的观察。这种方法是人类学家研究原始的非本族文化时最常用的一种方法。比如，英国著名人类学家马林诺夫斯基在新几内亚附近的特罗布里恩群岛两度进行考察。他生活在土著人中间，讲当地土语，可以得心应手地记录各种内容，并以敏锐而客观的眼光观察各种反应。在此基础上，他提出了在社会人类学发展过程中具有基本意义与动力的各种理论性见解，其中包括性与婚姻家庭生活、原始法规与习俗、巫术与宗教等。这是运用参与观察的著名研究。参与观察法的研究者通常不是从对研究主题的先验印象和一整套测量工具开始，而是经常在收集资料的过程中形成他们的概念和方法论，他们依靠的是研究对象对其“文化”的阐释。研究者开始是带着问题到实地去，寻求资料和“理论性的解答”。

(3) 结构式观察和无结构观察。结构式观察指的是按照一定的程序、采用明确的观察提纲或观察记录表格对现象进行的观察。它与结构式访谈的形式有点相似。通常，结构式观察多采取局外观察的方式进行。其观察的内容是固定的，观察记录表也类似于结构式问卷，观察者根据统一的要求，对每一个观察对象进行统一的观察和记录，因而其结果可以用来进行定量分析。表 7-2 就是一份对书店的人们进行结构式观察所用的观察记录表。有人通过对多个对象的观察发现，女性顾客比男性顾客在书店行为中更具有目的性。①

表 7-2　　书店观察表

1. 观察开始时间：____时____分　　观察结束时间：____时____分
2. 个人细节：　男 □　　女 □
　　已婚 □　　未婚 □　　不知道 □
3. 年龄估计：10 多岁 □　　20 多岁 □
　　30 多岁 □　　40 多岁 □
　　50 多岁 □　　60 岁以上 □
4. 职业或身份：__________　　不知道 □
5. 单独一人□　　同________个同伴　　同谁________
6. 买了几本书：________本　　一本也没买 □
7. 进书店时的最初行为：____________________
8. 同售货员的接触情况：____________________　　一个也没接触 □
9. 同其他顾客交谈情况：____________________　　一个也没交换 □
10. 翻阅书籍情况：翻阅了几本________
　　共看了多长时间________　　没有翻阅 □
11. 其他情况描述：________________________________
12. 根据上述观察判断对象的目的性程度，并在下列线段的适当地方标出。
　　−3　　−2　　−1　　0　　1　　2　　3
　　____
　　有目的的　　　　　　　　随便浏览的

① 风笑天：《社会研究方法》，中国人民大学出版社 2013 年版，第 238 页。

而无结构观察则指的是没有任何统一的、固定不变的观察内容和观察表格，完全依据现象发生、发展和变化的过程所进行的自然观察。它与无结构访谈的特征相类似。并且，无结构观察多采用参与观察的方式进行，其观察的结果也不具有统一的形式，观察所得资料通常只能进行定性分析。这种无结构的观察是实地研究中最主要的观察方式。

(4) 参与观察中观察者的角色。对于实地研究中观察者的角色，有三种不同的说法：两种角色说、三种角色说和四种角色说（见表 7-3～表 7-5）。①

表 7-3　　两种角色说

		是否参与背景中的活动	
		参与	不参与
研究者的身份	公开	作为观察者的参与者	
	隐蔽	完全的参与者	

表 7-4　　三种角色说

		是否参与背景中的活动	
		参与	不参与
研究者的身份	公开	作为观察者的参与者	
	隐蔽	完全的参与者	完全的观察者

表 7-5　　四种角色说

		是否参与背景中的活动	
		参与	不参与
研究者的身份	公开	作为观察者的参与者	作为参与者的观察者
	隐蔽	完全的参与者	完全的观察者

四种角色说和三种角色说其实均超出了参与观察的范畴，从表中可以明确看出只有两种角色说才属于参与观察的范畴。而且，参与观察者的现场角色划分的关键因素，就是研究者的身份是否公开。正因为如此，我们把参与观察者的现场身份划分为两种："作为观察者的参与者"（或称为"公开的观察者"）、"完全的参与者"（或称为"隐蔽的观察者"）。第一，"作为观察者的参与者"，这种角色是指研究者的身份对于所研究的群体来说是公开的，同时，研究者又被这一群体

① 参见风笑天：《社会研究方法》，中国人民大学出版社 2013 年版，第 242 页。

所接受,允许他参与他们的成员关系和群体活动,使研究者能够进行观察和研究。这种方式的典型例子是美国社会学家怀特所做的“街角社会”的研究。在这个研究中,他成了当地一个青少年帮伙的朋友,但同时又没失掉他研究者的身份,即那个青少年帮伙的成员知道他是一个研究人员,但仍然接纳他从事观察和研究。利博关于黑人流浪者的研究也是采用这种观察方式的例子。他采取的也是公开观察者的角色,即当地的黑人流浪者都知道利博是一个研究者。许多研究原始部落的社会人类学家经常同这些部落的成员共同生活一段时间,他们所采用的往往也是这种角色。第二,“完全的参与者”,即研究者将自己的真实身份隐藏起来,而以所观察社区或群体中一个真实成员的身份去参与其中并进行观察。这是一种要求研究者采取“虚伪角色”的形式。像罗森汉和奥里珊斯基等人的观察就属于这种形式的观察,即他们所观察的环境中的人们只知道他们分别是“精神病人”和“装配工”,而不知道他们的真实身份。类似的例子还有:一位美国社会学家把自己装扮成流浪汉,混迹于纽约街头的流浪者队伍,10 天中忍饥挨饿,露宿街头,抑制住强烈的自尊心,忍受收容所和招工处的冷眼,通过大量的观察和亲身的体验,写出了极其生动的研究报告。也有的社会学家,通过取得当局的同意,装成一个犯人,进入监狱,与犯人一起生活,因而犯人对他毫无戒备心理。他通过观察和交谈,对犯人的心理、犯罪的原因等有了更深的认识。如果对上述两种角色相比较,显然,“作为观察者的参与者”的角色所具有的一个最大优点,就是研究者能够相当公开地进行观察和询问他所关心的问题,受到的限制较少。其主要缺点是,由于被观察的人们十分现实地感觉到他们正在被观察,所以,他们的行为、活动往往受到影响,表现出不正常的情况。而“完全的参与者”的角色所具有的最大优点是,研究者既能生活在被研究对象的生活环境之中,又能隐蔽地进行观察和了解被研究对象的行为表现,这种观察和人们的表现都比较真实自然。这种方法的最大问题是伦理道德问题,即研究者有没有为了研究的目的而欺骗研究对象的权利。如美国社会学研究生哈姆弗瑞斯在 1970 年出版了《茶室交易》一书。他观察研究了同性恋现象,就引起了一场较大的伦理问题争论。

(5) 参与观察法的优缺点。首先看参与观察法的优点。与其他研究技术相比,参与观察导致研究者把他自己的看法和观点强加于他试图理解的那个社会世界的可能性最小,它常常是在“没有先入之见”的情况下进行这种探讨的。因此,它为获得社会现实的真实图像提供了最好的方法。而采用调查研究的方法(无论是结构式访谈还是自填式问卷),都要求研究者事先决定好一组要求被访者回答的问题,这样做就有可能使研究者把他自己关于所研究现象或行为的特定猜想、判断、看法和观点,强加给社会世界;在这种特定的注意力和特定的分析框架指导下得出的很可能是所研究的现象的变形的和曲解的图像。正因为如此，利博特别担心他所希望观察的现实遭到歪曲。他说，从一开始进行研究，他就“特意不在一些有关的问题上做出明确的假设”，他只是尽量地听和看。当观察者深入实地、完全参与到被观察者的实际生活中，边同他们一起生活，边进行自己的观察时，他往往能够直接地、真切地感受被观察者的思想感情和行为动机，特别有利于研究者“设身处地”地“理解”被观察者。其次再看参与观察法的缺点。参与观察方法的缺点就像其批评者所概括的：它所得到的资料往往缺乏信度（即缺乏可靠性）；作为一种研究方法，它的程序是不明确的，它的观察是无系统的，它的资料是难以用数量表示的，它的研究结果也是无法重复的。同时，参与观察在很大的程度上依赖于观察者的敏感性、领悟能力和解释技巧。在参与观察的整个过程中，主观因素的作用和影响很大，而很难有比较客观的评价标准。特别是，当研究者在参与观察中参与得越深，体验得越深，其主观情感、看问题的角度、思考的模式等方面受到的影响也就越大；他在看待、分析和解释人们的行为时丧失客观性、中立性的可能性也就越大，程度也就越深。怀特写道：“开始时我是一名非参与性的观察者。但是，当渐渐为这个群体接纳时，我发现自己几乎成了一名非观察性的参与者。”①这样就出现了一种新的危险：观察者因陷得太深而失去其观察的超然性和敏锐性，并变得过于想当然。这是研究者在参与观察过程中所应注意的一个问题。

（6）参与观察法的应用。其一，采用参与观察方式进行的研究，通常不是要验证某种理论或假设，其目的是对现象发生的过程提供直接的和详细的资料，以便对其有比较深入的理解。因而参与观察不用事先准备特定的假设，其研究的过程也无特别的限制，常常会观察到原先并未期望得到的资料，得到意外的收获。但另一方面，由于参与观察的方法要求研究者参与到自然的、不经过人工的控制或改变的环境中去进行研究，因而其在可靠性、观察偏差以及结果推论上都存在着一定的局限，所以，在使用上应注意一定要有比较长的时间来从事观察，以便于研究者对某一现象或群体做全面的和综合的了解。其二，参与观察之初，研究者都需要为自己作为一个陌生人出现而进行某种方式的解释。他的参与观察能否成功也在很大程度上取决于他能否被其所研究的群体所接纳。因此，能否得到所研究的群体中关键人物的支持和帮助，就常常是研究者获得成功的关键环节。怀特获得了街头青年帮伙的主要人物的友谊，帮伙头目多克成了他的保证人。这可以说是他成功的基础。利博的经历也很相似，他获得了街头大亨塔利的信赖和友谊，从而使他为这一黑人流浪者群体的其他成员所接受。其三，

---

① 转引自风笑天：《社会研究方法》，中国人民大学出版社2013年版，第244页。

由于参与观察特定方式的要求,参与观察者往往要经历一个"先融进去"、"再跳出来"的过程。或者说,参与观察过程中有一个角色转换的问题。在参与和观察之初,研究者要尽快"进入角色"——将自己作为研究者的角色转换为观察对象群体中一员的角色,从语言、行为举止到生活方式,都尽量"同化于"被观察对象及其社区,以达到"移情理解"的目的。比如,一个研究个体户的社会学博士生,当他通过一段时间的"融进去"之后,再回到学校和他的同学一起聊天时说:"他们都说我从说话到行为都越来越像'练摊的'了。尤其腰里掖着一盒'万宝路'那派头,活脱脱就是一副'倒爷相'。"①而当要对观察到的现象和行为进行判断、分析和解释时,研究者又要能随时"跳出角色"——恢复到研究者客观的、中立的立场上来,从局外人的角度,重新审视被观察对象的行为表现,发掘其所具有的客观含义,以达到"超脱理解"的目的。最后,根据参与观察的特点,我们在采取这种研究方法时还应注意以下几个方面:要尽快同被观察者打成一片,成为他们中的一员;对所观察事物的社会背景要有一定了解,观察中要保持客观的、实事求是的态度,不带偏见;要善于分析观察结果,分清表象和实质,不要被假象迷惑;要具有高度的注意力、忍耐力和认真吃苦的精神。

2. 无结构访谈

在实地研究中,访谈是与观察同样重要的资料收集方法。实地研究中的访谈与调查研究中的结构访谈的方法有较大的差别。实地研究中的访谈通常是一种无结构访谈,有时甚至只是一般的、随意的闲聊。

(1) 无结构访谈的含义及分类。无结构访谈(unstructured interview)又称作深度访谈或者自由访谈,它与结构式访谈相反,并不依据事先设计的问卷和固定的程序,而是只有一个访谈的主题或范围,由访谈员与被访者围绕这个主题或范围进行比较自由的交谈。无结构访谈适合于、并主要应用于实地研究。它的主要作用在于通过深入细致的访谈,获得丰富生动的定性资料,并通过研究者主观地、洞察性地分析,从中归纳和概括出某种结论。应该说,无结构访谈与结构访谈相互补充,分别适用于不同的情况,都是社会研究中的有用工具。结构访谈要求在访谈过程、访谈内容、访谈方式等方面都尽可能统一,做到标准化。这样做一方面是为了避免访谈中各种个人因素,特别是个人主观因素影响访谈过程,从而增加访谈过程的客观性和资料的可信度;另一方面也是为了使得访谈资料便于进行统计处理和定量分析。但结构访谈因为缺乏弹性,缺乏灵活性,因而无法了解更加具体、更加详细的资料,也无法对所访谈的问题进行更为深入的讨论。与此相反,无结构访谈的最大长处就是弹性大,灵活性强,它有利于充分发

① 时宪民:《体制的突破》,中国社会科学出版社1993年版,第8页。

挥访谈双方的主动性和创造性。与结构访谈相比，无结构访谈的最大特点是深入、细致。但是，这种访谈方法对访谈员的要求比结构访谈的要求更高；这种访谈方法所得的资料难以进行统计处理和定量分析；而且特别耗费时间，使得访谈的规模受到较大的限制。

首先，根据访谈的性质，可以将实地研究中的无结构访谈细分为正式访谈与非正式访谈两种。正式访谈指的是研究者事先有计划、有准备、有安排、有预约的访谈。而非正式访谈则指的是研究者在实地参与研究对象社会生活的过程中，随时碰上的、无事先准备的、更接近一般闲聊的交谈。比如，在左邻右舍、街头巷尾、集贸市场、餐馆商店等日常生活地点与偶然碰上的当地人所进行的交谈，就属于这种非正式的访谈。“村里人喜欢的早茶、饭局、看戏听唱、朋友聚会、走街串巷，都是随意谈话的极好场合。这些谈话中凡有价值的内容，都在当晚凭回忆记录下来。”①这种非正式的访谈无法事先预料和计划，交谈的进程不能由研究者严格控制，交谈内容也不能完全按研究者的研究目标进行选择，只能随具体的谈话情景、谈话对象而定。所以一般情况下研究者只能因势利导，见机行事。正式的访谈则通常需要按事先拟好的提纲进行，这种提纲中列出了一些根据研究文献和研究者个人经验认为应该了解的各种方面的问题。但提纲通常只起到某种提示作用，访谈的实际进程仍有相当大的灵活性和变化性。

其次，根据被访对象的数量，无结构访谈又可分为个别访谈与集体访谈两种。个别访谈与结构访谈中的当面访谈有很多相同的地方，比如，它们都是由一个访谈员同一个被访者单独交谈。但是二者仍有着本质的区别：无结构的个别访谈不依据问卷表，只围绕访谈的主题，灵活地询问和交谈；而结构式的当面访谈则完全依据问卷表，严格按程序、按要求进行提问和记录。集体访谈也称为座谈会，它是将若干个访谈对象集中起来，同时进行访谈的方法。集体访谈的最大特点是，访谈中不仅存在着访谈员与被访者之间的社会互动，同时还存在着不同的被访者相互之间的社会互动。整个访谈过程不仅是访谈员与被访者社会互动的过程，而且也是被访者相互之间的社会互动过程。集体访谈所收集的资料将受到这两种社会互动的影响。因此，要成功地组织好集体访谈或开好座谈会，访谈员就不仅要掌握好与被访者之间的互动，而且要组织与引导好被访者之间的互动。这就要求访谈员有更熟练的访谈技巧及组织会议的能力，正确地面对多个被访者。可以说，在一定意义上，集体访谈是较个别访谈层次更高、难度更大的访谈方法。

集体访谈具有一些不同于个别访谈的特点。一是由于集体访谈是访谈员与

① 折晓叶：《村庄的再造：一个超级村庄的社会变迁》，中国社会科学出版社 1997 年版，第 24 页。

被访者之间、被访者互相之间的多层次互动与交流,因此,它所获得的信息往往比个别访谈方式所获得的信息更为广泛、更为全面,而且,由于能够互相启发、互相补充、互相核对、互相修正,所以,集体访谈所获得的资料往往也更为完整、更为准确。二是由于集体访谈能够同时访谈若干个不同的访谈对象,因而可以大大地节约人力、时间,相对较快地获得有关社会现象的情况。但是,集体访谈存在着一个十分突出的问题,这就是容易产生和形成某种"团体压力"和"从众行为"。它往往使得参加集体访谈的访谈对象在其他访谈对象的面前有意无意地隐瞒或改变真实情况,使自己的回答和看法顺从、接近或符合多数人的意见,而不愿或不敢表示不同的意见。因此,访谈员应该对集体访谈中所得资料的真实性和客观性,有一个比较清楚的认识。由于同样的原因,对于某些敏感的问题的访谈,也不适于采用集体访谈的方法。

参加集体访谈的人数是进行集体访谈首先必须解决的问题。人数多了,则集体访谈难以掌握和进行;人数少了,又达不到集体访谈的效果。根据长期实践的经验,一次集体访谈的参加人数通常以 5～7 人为宜,最多不超过 10 人。同时,应该注意参加集体访谈的被访者的选择。总的来说,参加集体访谈的人员应根据访谈目的的不同而有所不同。一般的原则是:要有代表性;要十分了解情况;要敢于发言;相互之间应有共同语言。

(2) 进行无结构访谈的要点。对于实地研究中的正式访谈来说,应该注意以下几个方面:

一是访谈前要对访谈的主要目标和所要了解的主要内容有一个明确的认识。只有在访谈前做到心中有数,才能在访谈中主动地掌握和引导好整个访谈的进程。一种可取的方法是,事先精心准备好一组"主题标题"或"内容提示",以保证每次具体的访谈都能覆盖访谈的主要内容。这组"主题标题"或"内容提示"一般采用简练明确的词语或短小的句子的形式,抄写在一张卡片上,或者写在笔记本上,用以作为在访谈过程中指导提问和检查遗漏的依据。当然,这组"主题标题"不是一成不变、不可更改的;相反,它通常需要根据实际访谈过程中所认识到的问题或方面,对原先考虑不足的内容进行适当的增删。

二是访谈前最好能对被访者的各方面情况和特征,比如年龄、性别、职业、文化程度、家庭背景、兴趣爱好等,尽可能详细地进行了解。这样做的好处是,一方面便于访谈员根据实际情况采取适当的角色姿态,尽可能缩小访谈员与被访者之间的心理距离,尽可能增加二者之间的共同语言,以建立起融洽轻松的访谈关系;另一方面可以使访谈员对被访者在访谈过程中所谈的各种情况,有一个更为准确、更为客观的理解。特别是在对一些不易交谈、不易表达的内容和一些不善表达的被访者进行理解时,这种事前的了解就更具有明显的作用。

三是访谈的时间和地点的确定应该以被访者方便为主要原则。在访谈前，访谈员应该事先与被访者进行联系，向被访者说明访谈目的和内容，并和被访者就访谈次数、时间长短及保密原则达成协议。见面时，一定要向被访者表示某种歉意。比如，“对不起，打扰了您的工作”或者“对不起，影响了您的休息”等等。而不要以为有了正式的介绍信，或者事先已通知了被访者的上级机关和领导，被访者接受访谈就是理所当然的。因为，对于任何一个具体的访谈对象来说，他并没有以牺牲个人的工作、学习、休息和娱乐时间来接受访谈、提供各种情况的义务；对于每一个访谈人员来说，他也没有因自己工作的需要而占用别人工作或休息时间的权利。因此，在一开始与被访者接触时，切不可忘记向被访者十分客气、十分诚恳、十分谦虚地表达出对这种打扰的歉意。

四是访谈时开场白一定要说好。其标准是：简明扼要、意图明确、重点突出。要解释你是什么人，你想干什么，为什么要进行这次访谈等。其目的是消除被访者在陌生人面前所自然产生的各种疑虑和戒备心理。接着，就要清楚明白、通俗易懂地告诉被访者，你希望他谈些什么方面的问题。需要注意的是，一开始不能把你所想了解的全部问题都一一列举出来，而只能给出一个总的内容范围和一两个十分容易交谈的话题。即使你把全部问题都列举出来，被访者也不可能全部记住；即使他可以把问题全部记住，也不可能有条有理地、一个接一个地从头谈到尾。这一阶段的主要目的是：调动回答者产生回答问题的动机；帮助他们做好回答问题的心理准备；建立起轻松、融洽的访谈关系；引导被访者开始回答第一批问题。

五是注意运用好“开始访谈”的艺术。因为访谈所得全部资料的可靠性在很大程度上取决于访谈员在这方面的表现，所以需要注意“开始访谈”环节艺术手段的运用问题。为了创造有利于访谈的气氛，除了对访谈对象表示礼貌外，在进入正题之前，可以先谈谈访谈对象身边的、较熟悉的事情，以消除拘束感，比如他的住房、家庭、子女、个人嗜好等，然后逐步地把话题引向访谈的内容。开始提出的问题除了在内容上应该是比较简单的以外，访谈员提问的速度也应相对慢一点，使被访者有一个逐步适应的过程。

六是在被访者回答问题的过程中，访谈员要专心听，并认真记笔记。这样做可以给被访者一种正式感、受尊重感和谈话有价值感。在这一过程中最关键的因素是：访谈员的目光要恰当地同被访者保持接触。所谓恰当，指的是既不能埋头记笔记，而忽视了通过目光同被访者进行交流，又不能长时间把目光停留在被访者脸上，因为这样往往会造成被访者的紧张感、不自在感，影响到他的谈话。要使自己的目光在笔记本和被访者这两者之间自然地往来，随时让被访者感到你在十分认真、十分注意地听取他的谈话、他的意见和看法。

七是掌握正确的记录方法。访谈的目的是收集某类现象的资料,访谈记录则是关系到访谈资料的客观性、准确性和全面性程度的重要因素。在实践中人们通常采用两种方式进行无结构访谈的记录工作:一种叫当场记录,一种叫事后记录。事后记录是在访谈结束后,靠回忆进行追记的方法。它的优点是既不会影响访谈时访谈员与被访者之间的互动,又有较好的消除被访者心理压力和紧张感的作用。但其缺点是所追记的资料往往很不全面,遗漏之处很多,且所记内容也不确切。当场记录即边访谈边记录,它是访谈员采用得较多的一种形式。在当场记录中,要想把被访者说的每一句话、每一个字都记下来,不仅是不可能的,而且也是不必要的。因此,应该有重点、有选择地进行记录。主要做法是:对被访者讲述的事件、列举的实例,特别是事件或实例中的时间、地点、人物、状况、性质等,要尽量完整地记录;对被访者关于某一问题所表示的观点、对某一现象的主要态度、主要见解等,要准确地记录,并且最好能记下他的原话,而不要用自己的话去"概括"或"归纳"被访者的话;对于被访者在回答中的一些过渡性语言、承接性语言、重复性语言、口头语、动作语言等,也需要记录下来。[①] 记录时,对不同问题的回答,以及对不同的事件、不同的方面、不同的内容等的回答,都要在形式上明显地分开,使其各自形成单独的一段,而不要不分层次、不分段落、不留空隙地从头记到尾。当场记录的最理想方法当然是进行访谈现场录音,但这一定要事先征得被访者的同意。最好还有一组预先思考好的访谈大纲。如果被访者不介意,这种访谈最好能使用录音机。这样,研究者在访谈时就可以全身心地关注访谈主题,关注被访者的回答,而不用分心去记录。访谈结束后,要及时根据录音对资料进行整理,因为此时整理还可以回想起访谈时的情景,特别是研究者当时的感受和认识。如果时间一长,研究者的自我感受可能就会淡忘。

(3)访谈控制的方法。访谈的控制是访谈过程中最重要、最难掌握的工作任务,也是整个访谈过程中最关键的环节之一。一般来说,提问控制和表情动作控制是两项主要的控制手段。

提问控制包括以下几个方面:一是对内容转换的控制。即当访谈的内容从一个方面转到另一个方面时,访谈员要有意识地帮助被访者进行这种转变,而不能在被访者没有任何心理准备的情况下突然地转换论题。转换控制的方法是先顺着被访者所谈内容进行简要归纳,为被访者在这一方面的思路打上句号,然后

---

① 需要说明的是:有些讨论认为,对于被访者在回答中的一些过渡性语言、承接性语言、重复性语言、口头语等,则不要记录(参见风笑天:《社会研究方法》,中国人民大学出版社 2013 年版,第 248 页)。我们认为,考虑到实地研究中的深入访谈有着特定的定性研究方法论的要求,其实被访者的这些过渡性语言、承接性语言、重复性语言、口头语、动作语言等等,也都蕴藏着对于理解和诠释他们的"生活世界"极其有价值的信息,因此应该记录下来。此观点如何?请读者诸君批评指正。

再提出新的问题。二是对问题的重述和追问。当感觉到被访者对问题含义不理解、不清楚，或有误解时，可通过重复问题来帮助他们理解；当你对被访者的回答有疑问时，也可通过复述其回答和追问来确证；当感到被访者回答不全时，可通过停顿不语或追问来诱导被访者继续谈下去。三是掌握好发问和插话的时机。访谈员要通过适时的插话和提问来巧妙地掌握和控制访谈的进程。由于访谈对象是互不相同、各有特点的，因此，对于同样的问题，他们的反应会不同，回答会不同，表达的方式也会不同。有的也许能较好地领会访谈员的要求，有的则可能会形成一些误解；有的也许能较好地按访谈员的要求叙述，而有的则往往会跑题。为了使每一种情况下的访谈都取得成功，访谈员必须牢牢掌握和控制交谈的方向、范围和进展情况。而且，这一切都不能过于明显地表露出来，只能以某种被访者不易察觉的方式自然地进行。在被访者叙述的过程中，除了十分重要的细节外，一般不要插问，插话也不要过多，以免打断被访者的思路。

表情与动作控制即是指访谈员通过自己的各种表情与动作，来表达一定的思想、感情，从而达到对访谈过程的控制。比较重要的几个方面是：一是用动作中断被访者的谈话。如通过送水或点烟的动作打断被访者扯远的话题便是一例。二是要表现出礼貌、虚心、诚恳、耐心。三是要对被访者的谈话表示关注，即使当被访者说走了题，或者语言表达效果较差时也应如此。四是访谈员的表情要适合被访者回答的内容。要对被访者回答的喜怒哀乐表示出同感。五是要恰当地用眼，专心地用耳。即既不能只顾低头记笔记，忽视被访者的存在，也不能一直盯着被访者。眼睛要在这二者中找一个适当的位置。听被访者回答时，一定要专心，不能随随便便，以免影响被访者谈话的情绪。在访谈结束准备离开时，则一定要热忱地向被访者表示感谢。

3. 实地研究中的记录

参与观察的记录通常是先看在眼里，然后再记录在本子上。一般必须在当晚进行回忆和记录。白天观察时，研究者应该尽可能多地记住他所观察到的行为、现象、人物和事件，记住关键人物说的关键话语。并且只要可能，在白天就要找机会草草地记下几句能提示自己回忆的词语、原话、句子或其他记忆线索，哪怕只是只言片语。到了晚上，再对白天的观察进行回忆并详细记录下来。

访谈的记录可以分两种情况：一种是比较正式的、事先约好的访谈（或曰正式访谈）；另一种是非正式的、偶然的、闲聊式的、非常随便的访谈（或曰非正式访谈）。正式访谈的记录问题，可以参见上述的进行“无结构访谈的要点”中的相关内容，此处不再赘述。闲聊式的非正式访谈时，研究者既无法事先做准备，通常也不能当时做记录，所以对这种访谈中有价值资料的记录应予以特别注意。其关键点是，在闲聊时，要注意随时加深头脑中对那些有价值的谈话内容的印象，特别是对一两句有重要参考价值的原话的印象。最好当时就在自己的头脑中反复记两遍,并在尽可能短的时间内进行追记。与参与观察的记录相类似,每天晚上一定要对当天白天与各种对象谈话、闲聊时所得到的资料进行回忆和记录,千万不要拖到第二天,因为第二天又会有新的谈话和闲聊,并且对前一天的谈话情景和内容就会相对淡忘。

无论是做现场观察记录,还是做访谈记录,还有一点应注意:最好都做到"不引人注目地记录",即记录的动作要小,记录的速度要快,记录的时间要尽可能短。因为研究者的记录行为本身也是一种刺激物,它会影响和改变研究对象的行为表现。

在实地研究中做观察记录或访谈记录时,应该注意同时记录下研究者本人的思想、感情、评价、认识、猜想、理解等主观内容。因为在实地研究的过程中,研究者的思想感情的卷入是十分自然的事情。正是这种卷入导引着研究者去理解研究对象的真实的思想感情,也使他能够分析和解释研究对象的行为。这就是"设身处地"、"投入理解"的实际意义。但与此同时我们也要记住:研究者思想感情的卷入实际上是一把双刃剑,它也会导致研究者的某种认识偏见。因此,研究者应像记录研究对象的行为表现、思想感情那样,记录下自己的感觉和思想感情。当然,研究者本人的思想感情应与研究对象的内容分开记录,常用的方法是:在记录中用括号将研究者自己的认识和感情记录与对研究对象的记录区分开;更好的方法是:在记录研究对象到笔记本中,专门留出旁边三分之一的空白,用以记录研究者自己的认识和感受。

关于观察记录材料的详略,原则上是越详细越好。有的研究者甚至建议:"每一个小时的观察,最低限度至少要有两页每行空一行的打字材料。"①当然,我们还是应当根据实际情况,做到内容多则多记,内容少则少记;但无论多少,都应尽量客观、详细、具体。

三、实地研究设计

(一)适用于实地研究的研究议题

实地研究设计,首先要考虑哪些研究议题适于采用该研究方式。有研究认为,实地研究特别适合下列一些研究的议题:一是与自然的情境下人们的态度和行为有关的议题,特别是与自然社会背景中人们之间的互动有关的议题;二是与一些经历相当一段时间的社会事件和社会过程有关的议题;三是与某些特定的社会群体或组织的内部结构有关的议题。② 洛夫兰德夫妇提出了几种适合实地

① [美]肯尼斯·D.贝利:《现代社会研究方法》,上海人民出版社1986年版,第353页。

② 风笑天:《社会研究:设计与写作》,中国人民大学出版社2014年版,第101页。

研究的社会生活因素或议题，其中包括：实践（主要指各种行为）、情节（包括各种事件）、邂逅（现实情境中的互动）、角色、关系、群体、组织、聚落、社会世界、生活形态或亚文化等。① 认真分析起来，他们所提出的这些议题具有这样一些共同特点：多为微观的、小规模的、内部性的、互动的。

对于这一点，纽曼教授给出了进一步的解释："实地研究法一般适用于研究涉及体会、理解或描述某个互动中的人群的那些情况。实地研究最适合处理以下问题：社会世界中的人们是如何办到 Y 这件事的呢？或是，X 这个社会世界是什么样的呢？当其他方法（像调查研究、实验）不适用时，例如，研究街头帮派，就是实地研究的适当时机。"②他还建议初学者和研究生"从一个相对比较小的（30 人左右或者更少）、而且其成员都是在相对固定的背景下（例如，某个街区、教堂、酒吧、美发沙龙或棒球场）互动的团体开始着手研究"③。他在书中介绍说，他的学生完成了一些短期的、小规模的实地研究，包括美容院、日间托儿所、面包店、保龄球场、教堂、咖啡馆、自助洗衣店、报警办公室、私人疗养所、文身店和减肥中心等。同样，我们也可以在我国社会类似的场景中进行这种小规模的实地研究。

（二）实地研究的设计要点

前述有关实地研究的过程或步骤的讨论，其实已经给出了开展实地研究的基本思路。这里所讨论的实地研究设计，主要强调实地研究的设计工作中要特别注意的几个方面，作为对读者在设计实地研究时的一种提示、建议或提醒。④

1. 明确实地研究方式与研究问题、研究内容、研究环境条件之间的合适性

研究者首先应该考虑的是，对于自己所选择的研究问题来说，实地研究的方式是不是用来寻找其答案的最合适途径。不同的研究问题，会使得研究具有不同的目标。而选择研究方式，就如同选择通向研究目标的道路。某种研究方式，往往更适合用来探讨和回答某些类型的研究问题，而不适合用来探讨和回答另一些类型的研究问题。只有研究的问题、目标和途径相互协调，才有助于取得好的研究结果。当研究问题属于前面介绍的几类议题，属于适合实地研究进行探讨的问题时，采用实地研究的方式才是最为合适的选择。而当研究的问题是诸

---

① 参见[美]艾尔·巴比：《社会研究方法》（第八版），华夏出版社 2000 年版，第 360 页。

② [美]劳伦斯·纽曼：《社会研究方法：定性与定量的取向》（第五版），中国人民大学出版社 2007 年版，第 460 页。

③ [美]劳伦斯·纽曼：《社会研究方法：定性与定量的取向》（第五版），中国人民大学出版社 2007 年版，第 460 页。

④ 风笑天：《社会研究：设计与写作》，中国人民大学出版社 2014 年版，第 102～105 页。

如某一群体的行为或态度现状如何、某一现象的总体特征及其分布如何、来自某一理论的假设在新的总体或现实中是否成立等时,就不太适合选用实地研究的方式。

研究者其次应该考虑的是,对于自己研究中的研究内容来说,实地研究的方式是不是最为理想的方式。尽管各种社会研究的具体内容都会涉及社会中人们的行为、人们的态度以及人们的特征等,但是,人们不同的社会行为和社会态度所具有的社会特征有所不同,特别是敏感性程度有所不同。因此,有些方面的研究内容相对容易通过结构式询问的方式、现有文献分析的方式,或者通过间接观察、局外观察的方式获得;也有些方面的研究内容则往往更适合甚至只适合采用深度访谈、直接观察、特别是参与观察的方式获得。比如,如果研究者希望研究的主题和内容是有关农村基层选举的,那么,通过到农村基层进行参与观察,亲身参与和体验现实社会中农村基层居民和村干部在民主选举新的村一级领导的过程中的各种行为、各种表现,就比那种仅仅通过问卷调查来进行研究的方式更能深入了解和切实把握现实社会中所发生的一切,也能更加准确地分析和解释人们之所以这么行事、这么表态的各种深层次原因。

研究者还应该考虑的是,对于自己的研究环境来说,实地研究的方式是不是最合适的方式。开展实地研究的前提之一是研究者要深入实地,即要进入并参与研究对象生活于其中的自然环境和社会场景,还要作为正常人与研究对象接触和互动。因此,这种外在的研究环境与实地研究的合适性同样至关重要。在进行研究设计时,研究者应该对实地研究过程中所面临和接触的各种外部环境有所考虑,特别是作为外来者要努力使自己的角色、自己的出现、自己与被研究对象的互动等都与研究对象的现实生活场景相适应、相协调、相符合,尽可能少地干扰、刺激、影响到研究对象的正常生活。

2. 恰当选择实地研究的地点

研究地点的选择也是实地研究设计中的一项重要任务。毫无疑问,研究地点首先应该是针对研究所要探索和回答研究问题的需要来选择。更具体地说,所选择的研究地点对于回答研究问题来说,应该具有某种典型性,即要选择最能够直接为探讨和回答研究问题提供经验的和逻辑的证据的社会场景。

除此之外,研究者在实际选择过程中还应该考虑其他一些因素。比如有学者给出了下列建议:"选择实地研究地点有三个相关的因素要注意:资料的丰富性、不熟悉的程度和合适性。"①这里的资料丰富性,指的是研究者所选择的地点

① [美]劳伦斯·纽曼:《社会研究方法:定性与定量的取向》(第五版),中国人民大学出版社 2007 年版,第 470 页。

应该比其他地点更能够为研究提供各种社会关系、各种社会活动、各种社会实践的事实，以形成可供研究者探索和分析的丰富、生动、详细的资料。这里所说的不熟悉程度，则指的是研究地点的社会特征，特别是社会背景与研究者自身的社会背景和生活经验之间差别的大小。该学者建议初学者选择自己不太熟悉的研究地点，也就是说，选择与自己的成长环境、个人生活经验差别较大的研究地点。这样更便于研究者发现现实中有意义的行为方式、文化特质、背景事件和社会关系。至于合适性，则主要指的是研究者在选择研究地点时要注意尽量避免选择那些和个人社会背景条件相冲突，特别是会对研究者的实地参与产生某种限制和负面作用的地点或社会场景。除此之外，实地研究地点的选择还可以考虑到将来进入实地的容易性这一个因素。在其他条件相同的前提下，研究者应选择那种较少客观障碍、有合适的“关键人物”帮助联系和介绍、较容易进入的可开展观察访问的研究地点。

3. 资料收集方法的设计以及进入田野前的准备

虽然实地研究中研究者也会收集当地相关的档案资料、统计资料、人物传记等文献资料，但研究者更为依赖的资料则主要是实地观察的资料和实地访谈的资料。因此，实地研究设计中最重要的资料收集方法设计主要是对参与观察法和无结构访谈法的设计。与这两种方法相关的问题涉及众多方面，研究者既要考虑到实地中各种可能的资料来源以及资料的性质，同时也要考虑到具体的观察方法、访谈方法、观察者的角色以及记录的方式等。特别重要的是，无论是观察还是访谈，研究者事先都要有所考虑和准备。

对于观察方法来说，最重要的考虑就是研究者参与实地生活背景的程度以及与之密切相关的观察者的角色问题。这也就是说，研究者要考虑自己在实地背景中，是主要作为“观察者”，还是主要作为“参与者”；是以研究者的公开身份进入实地、参与研究对象的现实生活，作为“外来人”进行观察，还是隐藏研究者的真实身份，以其他的假身份“混入”被研究对象的生活场景中，作为“内部人”悄悄地、暗地里进行观察。毫无疑问，两种方式都有各自的优势，也都有各自的局限和风险。研究者在设计时，既要考虑到何种观察方式可以更方便地获得真实、可靠、详细、丰富的资料，又要考虑到各种观察方式在实际生活场景中进行观察的可能性和可行性。同时，在进入实地之前，还要适当进行细心观察、定期记录的技能技巧的练习和训练。

对于访谈方法来说，最重要的考虑是对正式访谈和非正式访谈两种方式的选择计划和对访谈的准备。实地中的正式访谈是研究者根据研究目标和资料收集的要求，有目的、有计划、有针对性地选择对象，并在预先确定的特定场景中（比如办公室、咖啡馆、家中等）进行的。而非正式访谈则是在实地参与的过程中，在事先没有计划和准备的情况下，在偶然发生的场景中进行的，这种访谈更接近于日常生活中人们的一般交谈。

正式访谈是实地研究中主要的访谈方式，因此研究者要对访谈的对象进行认真选择。选择的标准包括符合研究目标的要求、有典型性、可接近性等。研究者进行正式访谈前除了掌握必要的访谈技巧以外，十分重要的一点是要做好访谈前的准备工作。这种准备工作包括了解访谈对象的基本情况，考虑和选择合适的访谈角色，提前约定访谈的时间和地点。更为重要的是，在进入实地之前，研究者一定要对研究的问题有相对深入的思考，并准备好一份访问提纲或者一组准备询问的关键问题。这种思考也会为进入实地后的参与观察和非正式访谈提供一种框架。当研究者在实地中偶然遇到研究对象并开始一段非正式的访谈和交谈时，这种事前的思考就会发挥意想不到的作用，让研究者在不经意的交谈中，有意识地朝着研究者的目标和研究的问题去收集丰富生动的资料。尽管正式访谈往往是实地研究中研究者所依赖的主要访谈方式，但有了这种深入思考所形成的框架的帮助，非正式访谈也常常给研究者提供意想不到的有用资料。

4. 对进入实地的方式、进入后的适应以及对建立关系和伦理问题的考虑

进入实地的方式是实地研究设计中一项值得注意的内容。合适的进入方式既与研究者所选择的实地研究场景、实地中将要观察和接触的研究对象有关，也与研究者进入实地后所采取的观察角色有关。因此，研究设计中，首先要对所选择的实地研究场景和研究对象有比较详细的了解，明确研究场景或研究对象对进入方式可能形成的障碍，思考需要采取什么应对措施，特别是需要利用什么样的关键人物。同时，研究者还应该对自己的先赋特征(比如性别、年龄、城乡背景、大学生或研究生身份等)、自身的素质、能力和客观条件，与这种进入方式之间的合适性有清醒的认识。对自己所具有的身份、自己将采取的角色、自己与研究对象之间的关系等也应提前梳理清楚，最大限度地让自己在进入实地时的身份定位、外在形象以及言行举止，都符合所选择的实地环境及研究者角色的特点，顺利地进入实地。

研究者进入实地后的另一项重要任务是要尽快适应实地的环境，自然地接触和结识各种研究对象，及早地被实地环境和研究对象所接受，为顺利开展实地观察和访谈打下基础。在这方面，研究者最重要的训练是要学会与人打交道，与实地背景中各种各样的人打交道。任何一个实地场景，往往和研究者在自身所生活的社会背景一样，有各种性格、各种背景、各种态度的人。有的人可能开朗、直爽，容易交谈，易于接近；也有的人可能谨慎、小心，话语不多，不太容易接触；还有的人则可能性格孤僻，甚至胆小怕事，很难接近。研究者在进入实地前，应

对各种可能情况有一定的心理准备，也可以适当进行学习和训练，从恰当地介绍自己开始，从日常生活中与陌生人搭讪开始，培养自己与各种人打交道的能力。这样可以帮助自己在进入实地的初期，更好地融入实地背景，融入研究群体，拉近自己与研究对象之间的距离。当研究者逐渐将自己"变成"当地人，"变成"研究对象中的一分子，并且可以从当地人的角度来看待实地中发生的各种现象，来理解和解释实地背景中所发生的事件，来理解和解释当地人们的言论和行动时，他的实地研究也就成功了一半。

相比于文献研究、调查研究等定量研究方式，实地研究方式还有一个十分特殊的地方，这就是它所面临的伦理问题往往会更多，也更难处理。纽曼教授讨论了实地研究中的五个伦理议题：欺骗、保密、涉及越轨者、有权势的人和出版实地研究报告。① 其中最普遍的是前两个方面。所谓欺骗，主要涉及的是研究者真实身份与虚假身份问题，以及进入实地的公开的目的与隐匿的目的问题。对于这一点，目前学界的观点并不统一。一般认为，可以采取的一个原则是无伤害原则，即无论研究者采取真实身份还是虚假身份，无论向其他人告知的是真实的目的还是虚假的目的，一切以不会对研究对象造成伤害（包括身体上、心理上、名誉上、经济上等的任何伤害）为根本原则。而所谓保密，则是要保护被研究对象的隐私。这涉及每个人的隐私权问题，不能有半点马虎。在实地观察和访谈中，所有的观察记录和访谈笔记中的人名都应该以假名或代号表示，在最终形成研究报告时也同样应该进行匿名处理。

需要特别提醒的是，除了要考虑对研究对象的无伤害原则、保密原则外，还要坚守住研究者自身的安全原则。研究者所进入的不是预先设计好、控制好的人工的实验室，而是一种真实世界、真实社会的生活场景。这种真实的社会生活场景中会发生各种各样的事情。研究者在这种场景中只是一个外来的普通人，他没有权力也没有能力控制实地背景中的各种生活事件和人们的各种社会行为。因此，研究者，特别是缺乏生活经验的年轻的学生，要有自我安全意识、防范意识，要对可能出现的不安全因素保持高度警惕，以防止在实地研究过程中自身受到伤害。

最后，关于实地研究的设计，还有一条原则要特别强调，这就是在实际进行实地研究的过程中，研究者事前的研究设计随时可能、也随时可以被改变。换句话说，研究设计和研究过程的灵活性、弹性是实地研究的一个本质特征，也是实地研究相较于各种定量研究方式的最大优势。

---

① 参见[美]劳伦斯·纽曼：《社会研究方法：定性与定量的取向》（第五版），中国人民大学出版社2007年版，第505页。

（三）个案研究的设计

1. 个案研究的设计要点

许多学者指出："一个有严格科学性的个案研究和任何其他方法一样，在设计上要能回答提出的问题。也就是说，研究者在选择场所、事件、参与对象、时间时心中要有明确的研究目的，并清楚自己的期望和偏见（Maxwell，1996；Silverman，1993）。所收集的数据通常应该有不同的来源，运用不同的方法，并由其他研究者所证实。不仅如此，对个案的叙述要利用原始证据并提供足够的细节，从而使读者能够判断结论的效度（Yin，2000）。"①根据他们的看法，在进行个案研究的研究设计时，我们应该注意以下几点：

第一，个案研究设计同样必须以回答研究的问题为目标，即研究设计的出发点同样还是研究的问题。个案研究的方式本身只是研究者为回答研究问题采取的一种途径。正是研究的问题决定了在研究场景、事件、参与对象以及时间等一系列具体设计内容上的选择。换句话说，每一项具体内容之所以被选择，主要是因为它们可以很好地帮助研究者实现回答研究问题的目的。因此，在进行个案研究的设计时，研究者首先要能够清楚地认识和说明采用个案研究的方式进行研究的必要性，同时还要清楚地认识和说明开展这项个案研究的总的目的。只有目的明确了，整个研究才会有方向，研究设计的具体环节才会更加清晰。

第二，要选择和决定研究所依据的个案。恰当的个案选择是研究得以顺利开展和取得预期效果的基础。研究者要事先确定并清楚说明选择个案的原则和标准，所选择的个案的特征和边界是什么，研究所要考察的是一个个案还是多个个案，等等；同样，应该记住，这种对个案的选择，除了其他方面因素外，个案特征与研究目标之间的适合性、研究者接近和接触个案的可行性，无疑是最重要的标准。

第三，个案研究中要尽可能运用多种不同的资料收集方法，并且要尽可能利用多种不同的资料来源。个案研究作为一种研究方法，"可以基于定性材料，也可以基于定量材料，或者同时采用定性材料和定量材料。除此之外，案例研究也并不总是把直接的、详细的观察作为证据的来源"②，即并不一定非要通过民族志观察或参与观察来收集资料。在研究某些问题时，研究者甚至不需要离开图书馆。这也就是说，个案研究的资料收集过程既可以像民族志研究、实地研究、参与观察法那样通过深入实地、较长时间的参与和观察来达到，也可以完全不采用那些方法，只通过收集和分析文献档案资料来完成。总之，多种方法的运用和

① ［美］理查德·沙沃森等：《教育的科学研究》，教育科学出版社2006年版，第99页。

② ［美］罗伯特·K.殷：《案例研究：设计与方法》，重庆大学出版社2007年版，第17页。

多种资料来源的利用正是个案研究的一个重要特征。无论是现有档案资料、行政统计数据等文献资料，还是通过参与观察、开放式访谈等方法获得的以文字记录为主要形式的实地资料，都是个案研究中常用的资料。而个案研究中的资料收集方法也依资料来源和性质的不同而有所不同。因此，尽管我们将个案研究设计放在实地研究一节中进行介绍，但也要清醒地认识到个案研究不同于实地研究的一些特征。

第四，在做出各种选择的时候，研究者同时也要十分清楚这种选择带来的或可能带来的各种局限。无论是研究地点的选择，还是对象的选择，个案研究的设计中往往都会有比定量研究更多一些的主观考虑，各种选择上的主观因素也会多一些。因此研究者在考虑如何更好地回答研究问题的同时，也要考虑到自己所做出的每一种选择和决定对研究对象、研究资料以及研究结果的各种可能的影响。

第五，要以原始证据而非其他二手的或转述的证据为主，并要提供反映这些证据原始特性的足够的细节。原始资料的收集和展现，是个案研究的一个特色，也是其得出研究结论的基础。强调资料的原始特性以及资料的细节，或许有两个方面的原因：一方面是要通过这些细节来向读者表明证据所具有的客观性特征，即表明证据并非研究者个人的、特别是主观的产物；另一方面是便于读者通过对这些原始证据的审查和检验来判断研究结论的有效性和可靠性。

最后，在设计一项个案研究时，同样需要以研究计划书的形式将自己的设计和思考写下来。下面是一位学者对一项个案研究的研究计划书里需要包括的内容做出的建议，①大家撰写个案研究计划书时可以参考。

一项个案研究的研究计划书里需要包括：

清楚说明个案是什么，包括对它的边界的识别；

清楚说明对这项个案进行研究的必要性，以及这项个案研究的总的目的；

将总的目的转变成特定的目的和研究问题（这些问题会在早期经验性工作中产生）；

说明这项个案研究的整体策略，特别要说明是一个个案还是多个个案；

表明将收集什么样的资料，从谁那里收集，以及如何收集；

表明将如何分析资料。

2. 个案研究方法的应用与研究结果的推论问题

著名学者殷认为，个案研究“是探索难以从所处情境中分离出来的现象时采

① Keith F. Punch, *Introduction to Social Research: Quantitative and Qualitative Approaches*, London: Sage, 1998, p. 156.

用的研究方法”①。他这种看法强调了情境的重要性、研究的困难性以及个案研究方法对解决这种困难的适用性。对于个案研究方法的应用问题，他认为，与其他形式的社会研究一样，个案研究也可以用于探索、描述和解释三种目的。探索性个案研究“目的在于定义将要研究的问题或假设，或判断预定研究方案的可行性”，它常常被看作进一步的社会研究的前奏；描述性个案研究的目的是提供“对现象及其情境的完整描述”；解释性个案研究的目的则是“提供因果关系的信息——解释事情是如何发生的”②。他还按照个案的数目和研究的目的这两种维度，进一步将个案研究划分为六种不同的类型，即单个案的探索性研究、描述性研究、解释性研究，以及多个案的探索性研究、描述性研究和解释性研究。单个案研究只关注一个案例，而多个案研究则在同一研究中包含两个及以上的案例。

个案研究的结果不仅可以为人们认识某一特定的社会现象提供丰富细致的描述，或者为复杂的因果联系提供更多证据，同时，它也可以用来发展新的理论，提出与现有理论不同的、甚至是相反的假设。对一个特定群体或组织进行的深入个案研究，可以通过对这一群体或组织的构成、内部关系、文化规范等方面的丰富描述，产生出解释特定行为或现象的合理假设。

个案研究方式在实际应用中，最经常遭到的质疑和批评就是个案研究不能提供科学归纳的基础，即研究者不能从一个个案归纳出结论。比如，“你从这一个个案得到的结论能说明什么?”换句话说，“从对单独一个个案的研究中所得到的结果能够应用到更普遍的情形中吗?”对于这种质疑，有两点需要说明：第一，并非所有的个案研究都以推广为目的，即对于那些本身就不是想要将结果进行推广的个案研究来说，这个问题是不存在的。如果一个研究者只是希望弄清楚某个特定个案内部的种种复杂性，或者只是希望弄清楚某一特定个案发展变化过程的来龙去脉，以及这一过程所涉及的方方面面的因素，以了解和认识其独特性，他就可以采用个案研究的方式进行研究，而根本不用去考虑能否推广的问题。第二，个案研究的推论与定量研究中通过大规模随机抽样获得数据所进行的推论有很大的不同。概括地说，定量研究中的推论是建立在概率统计原理基础上的或然性推论，而个案研究中的推论则是主要依据事物内在相似性的推论。

如何从个案研究中得出可推广的结果或结论呢？学者们提出了几种不同的方法。有的研究者指出，从个案研究中得出的结果或结论，通过两种方式可能会产生出可推广的结果。“一种是通过概念化，另一种是通过形成命题。”所谓概念

---

① [美]罗伯特·K.殷：《案例研究方法的应用》，重庆大学出版社2009年版，第11页。

② [美]罗伯特·K.殷：《案例研究方法的应用》，重庆大学出版社2009年版，第12页。

化，指的是“研究者发展出一个或多个新的概念来解释所研究的某些方面。的确，要发展这种新概念，可能要求那种只有在个案研究中才有可能做到的深入研究”。而所谓形成命题，则指的是“研究者基于所研究的个案，提出一个或多个连接个案内概念或因素的命题——这些命题也可以称作假设”。“在传统的定量研究中，我们常常是始于命题或假设：它们是研究的输入；而在个案研究的过程中，我们结束于它们：研究的输出。”①这也就是说，为了将个案研究的结果进行推广，应用到更广泛的情景中，研究者必须要在上述两件事上进行努力。还有的学者通过类比实验研究认为，可以通过对多个不同类型的个案的研究来达到推广的目的。他指出：“科学发现极少是基于一个实验的，它们通常都是根据在不同条件下进行的一系列实验得来的。案例研究也可以采用类似的方法，设计多案例研究，使其能够相互印证。”②

再回到个案研究的研究设计上来，依然是我们的研究目的或研究目标决定我们要进行哪一种类型的个案研究。应该明白，任何一个个案，都往往既具有其独有的、在某些方面的独特性，也具有与其他个案之间在另一些方面的相似性。“问题在于我们究竟是希望聚焦于特定个案的独特之处，还是聚焦于它与其他个案的相似之处。”而“这实际上涉及指引一项个案研究的研究目的和研究问题。当推论是研究的目标时，我们聚焦于个案中潜在的一般性因素。个案研究资料的分析必须被引导到一个足够抽象的层次。概念越抽象，它就越能够推论。发展抽象的概念和命题使分析高于简单描述。通过这种方式，一项个案研究就能够贡献出有潜在推论能力的发现”③。回顾我们在前面有关章节中谈到的检验理论的研究与建构理论的研究的内容，不难理解，作为定性研究方式之一的个案研究，同样遵循的是一种建构理论的逻辑。其最终的目标就是要从具体的经验现实中，抽象出、概括出、产生出能够解释和说明某一类现象的概念、命题和理论。

3. 个案研究的一个例子④

这里，我们举一个运用个案研究的方式开展研究的例子，以具体说明个案研究设计的若干要点。有研究者针对我国国有企业改革的现实，以一个国有企业在分厂制的基础上建立企业集团公司后从盛极一时走向衰落的过程为例，探讨

---

① Keith F. Punch, *Introduction to Social Research: Quantitative and Qualitative Approaches*, London: Sage, 1998, p. 154.

② [美]罗伯特·K. 殷：《案例研究：设计与方法》，重庆大学出版社 2007 年版，第 13 页。

③ Keith F. Punch, *Introduction to Social Research: Quantitative and Qualitative Approaches*, London: Sage, 1998, p. 155.

④ 风笑天：《社会研究：设计与写作》，中国人民大学出版社 2014 年版，第 110～111 页。

了“为什么内部市场机制会失败”的问题。①

（1）研究问题及其背景。

改革以前中国国有企业的效率低下早已是一个公认的事实，20 世纪 80 年代以来，对此进行的将市场机制引入企业内部的改革是否解决了这个问题呢？在 20 世纪 90 年代上半期，企业成立集团、做大规模成为时髦(Keister，2000)，但不是所有企业都能借此而取得效率和竞争力上的成功。

这是研究者提出研究问题的大的背景。而作者通过描述“一个采用内部市场机制未获成功的个案”，提出了一个实证问题：“内部市场机制为什么会失败？为什么会采用这种当时流行但事后看来并不成功的机制？”作者研究这一个案所希望探讨的理论问题则是：“效率理论和权力理论，哪一种更有能力解释内部市场机制的采用和失败？”

（2）研究方法。

由于研究者的研究对象是现代企业，而她作为单个的研究者，无论是其精力、能力等主观条件，还是时间、经费等客观条件，都不允许她以多个企业为对象来进行深入细致的研究。因此，研究者采用了“延伸的个案研究法”(extended case method，或称扩展的个案研究法)，选取了一个集团公司作为个案进行研究。这是一个在研究者关心的主题上具有典型意义的个案。用研究者的话说，“是一个内部市场制不成功的个案”，或者“用中国流行的术语就是一个承包制不成功的个案”。

研究者在对这项个案进行研究时，采用的是深度访谈、参与观察以及历史资料收集等方法。这是由研究对象的性质和特点决定的，同时这些方法也是个案研究中最常见的资料收集方法。“调查注重对具有重要意义的事件分析，也较为注重不同部门的人员对同一事件或同一重大项目的描述与身处其中的经历。”“访谈对象主要是与组织结构的历史与现状有密切关系的、在集团公司一级或子公司一级的组织中承担经理或副经理职务的管理人员，被访者有 40 人。”选定这些人作为访谈对象，主要是因为这些人可能更加了解集团公司发展变革的历史和过程、特别是更加了解公司制度制定与人事安排等相对内部的、同时对集团公司意义重大的情况。当然，从研究的角度上看，还可以补充普通技术人员、工人作为访谈对象。这些人了解的情况虽然有可能不及前者清楚，但他们毕竟是所研究的“整体性个案”中的一种“嵌入性个案”，从他们那里所获得的资料和信息，

① 该小节下面的所有引用均来自平萍：《为什么内部市场机制会失败——对一个国有企业组织形态的经济社会学分析》，载李强：《清华社会学评论(2002 卷)》，社会科学文献出版社 2003 年版。

可以帮助研究者从另一种角度来看待和评价同一件事物和同一种过程。也只有从各种不同的组成元素中收集信息，研究者才能得到研究对象的完整画面。

（3）研究结果和结论。

研究者通过对该个案在1994～2000年期间实行集团公司/子公司制度失败的原因分析，归纳出由于割裂资产专用性而造成的内部协作费用和监督制度无效以及相应的代理费用，是内部交易费用上升的原因。同时，内部市场机制失败还有效率方面的原因。该研究发现，国有企业致力于提高内部效率的改革，即实行集团公司/子公司制度，并没有取得预期的效果，反而在某些方面降低了效率。该研究在分析的基础上，提出了“资产专用性被割裂是内部交易费用的一个来源的假设”，为之后研究不同行业的组织形态变迁提供了一种新的理论化命题。

思考与练习

1. 简述文献研究的含义与特点，以及与调查研究、实地研究方式的差别。

2. 内容分析方法中的抽样与调查研究中的抽样有什么异同？

3. 在内容分析的编码环节中，研究者应该注意什么问题？

4. 申请国内现有的一些调查数据库，并尝试利用数据库的资料进行二次分析。

5. 找几篇人口学或者经济学方面的论文，讨论它们是如何利用现有统计数据进行研究的。

6. 简述实地研究的含义与特征。

7. 简述实地研究的方法论问题。

8. 简述实地研究中“进入”与“建立友善关系”问题。

9. 讨论以公开角色和隐匿角色进行参与观察的利弊与伦理问题。

10. 以小组形式，设计实地研究的计划，并尝试去一些现实场景（比如小型超市、麦当劳快餐店、咖啡馆、幼儿园、书店、教堂、地铁站、美容院、理发店、健身中心等）中进行一次短期的、小规模的实地研究。

第八章 其他研究方法的设计与运用

本章重点

1. 混合研究方法设计的类型和形式
2. 历史方法的含义、功能与步骤
3. 比较方法的含义、功能与步骤
4. 历史比较法的含义、类型与步骤
5. 案例研究的内涵与实施操作

前面两章，我们分别系统介绍了调查研究、实验研究、文献研究和实地研究四种基本研究方式的设计运用。除此以外，本书第一章曾经说过，在国内外社会研究方法的一些教科书中，还有诸多其他研究方法①的讨论，比如被称作所谓“第三次方法论运动”、“第三范式”等的“混合研究方法(或混合方法研究)”②；还有一些教科书中讨论了若干比较常用和相对具体的研究方法，例如比较研究、历史分析法、案例研究法、逻辑推演法、SWOT 分析法、因果分析法、矛盾分析法、分析和综合法、系统分析法、结构-功能分析法等③。在这些常用的和相对具体的研究方法中，一些是属于理论构建或思维加工层面的方法，比如有研究就把比较和分类法、分析法和综合法、矛盾分析法、因果分析法、系统分析法、结构-功能分析法、创新思维法等统一列为“思维加工”。④ 还有的研究则把历史分析法、因果分析法、结构-功能分析法、系统分析法、归纳和演绎分析法统一列为“理论建构的基本方法”⑤，等等。比如这些教材中所探讨的系统分析法，大体包

① 本章之所以使用“其他研究方法”的表述，主要是指除了调查研究、实验研究、文献研究和实地研究这四种基本研究方式(或方法)之外的一些研究方法。

② 参见[美]约翰·克雷斯维尔、薇姬·查克：《混合方法研究：设计与实施》，重庆大学出版社 2017 年版；[美]约翰·克雷斯维尔：《混合方法研究导论》，上海人民出版社 2015 年版；[美]约翰·克雷斯维尔：《研究设计与写作指导：定性、定量与混合研究的路径》，重庆大学出版社 2007 年版。

③ 参见水延凯、江立华：《社会调查教程》(第六版)，中国人民大学出版社 2014 年版，第 310～328 页；王定祥：《研究方法与论文设计》，高等教育出版社 2013 年版，第 212～222 页、第 299～337 页；曹堂哲：《公共管理研究方法》，北京大学出版社 2014 年版，第 336～365 页。

④ 水延凯、江立华：《社会调查教程》(第六版)，中国人民大学出版社 2014 年版，第 307～334 页。

⑤ 王定祥：《研究方法与论文设计》，高等教育出版社 2013 年版，第 212～222 页。

括了分析系统的构成要素、研究系统的内在结构、揭示系统的整体性质和整体功能、探究系统的外部环境等。① 考虑到本书写作的一些特定要求，我们在这里仅选择混合研究方法、历史方法和比较方法、案例研究方法予以比较系统的介绍。

第一节 混合研究方法

案例导入

混合方法研究的例子

约翰·克雷斯维尔等认为：除了定义，更好地理解混合方法研究特征的方式，是阅读期刊中已发表的研究。虽然哲学假设通常存在于已出版混合方法研究的背景中，但在下列例子中可以看到我们界定的混合方法的核心特征。②

• 研究者利用定量工具收集数据，利用焦点小组产生定性数据，来观察两类数据是否从不同视角得到相似的结果（参见 Classen et al. 于 2007 年所发表的，在职业科学领域中，关于中老年驾驶者安全的健康推进视角的研究）。

• 研究者使用定量实验来收集数据，而后对部分实验的参与者进行访谈，以解释他们在实验中的得分（参见 Igo，Kiewra 和 Bruning 于 2008 年发表的关于大学生复制-粘贴的做笔记行为的研究）。

• 研究者先利用访谈，来探索个体如何描述某一主题，分析所得信息，随后利用分析发现来发展调查工具。进而，将这个调查工具用于从某个总体中得到的样本，从而检视定性发现其是否能够适用于总体（参见 Tashiro 于 2002 年发表的关于日本女大学生生活方式和行为的研究；又见 Mak 和 Marshall 于 2004 年发表的关于青年恋爱关系中，认为自己在对方眼中重要的心理趋势研究）。

• 研究者进行一项实验，在实验中用定量测量工具评估干预项对结果的影响。实验开始前，研究者收集定性数据来协助设计干预项，或是设计更好的策略来招募实验参与者（参见 Brett，Heimendinger，Boender，Morin 和 Marshall 于 2002 年发表的对一个社区中家庭体育运动和日常饮食的研究）。

• 研究者试图改变我们对女性议题的理解。研究者通过测量工具和焦点小组收集数据，来探索女性议题的内涵。更大的变革式框架引导研究者进行研究，

① 水延凯、江立华：《社会调查教程》（第六版），中国人民大学出版社 2014 年版，第 323～326 页。

② 约翰·克雷斯维尔（John W. Creswell）、薇姬·查克（Vicki L. Plano Clark）：《混合方法研究：设计与实施》，重庆大学出版社 2017 年。混合方法即本书所讨论的混合研究方法。

并塑造了研究的各个方面，从议题选择，到数据收集，再到研究最后呼吁变革的部分(参见 McMahon 于 2007 年发表的探究学生运动员文化、理解强奸迷思的研究)。

• 某研究者希望评估一项已在社区中实施的项目。第一步是收集需要评估的定性数据，确定有待处理的问题。接着，是设计一个测量项目效果的工具。然后，研究者用这个工具来比较项目实施前后的具体影响。随后的访谈旨在确定该项目起作用或不起作用的原因。这种多阶段混合方法研究经常用于长期的评估项目(参见 Farmer 和 Knapp 于 2008 年发表的关于某个历史遗迹长期影响的阐释性项目的研究)。

以上例子都出现了同时收集定量和定性数据、整合或混合定性和定量数据的现象，以及混合研究方法行之有效的潜在假设。

一、混合研究方法的产生及其界定

(一) 量化研究与质性研究的论战催生了混合研究方法

混合研究方法(mixed research methods) 可以说产生于"量化研究"与"质性研究"的长期争论，或者说二者之争促成了"混合研究方法"的产生。从产生与发展的历史过程来看，可以把社会研究方法大致划分为四个阶段：首先是哲学思辨方法；其次是量化方法；再次是质性方法；最后发展到混合研究方法。19 世纪以前的研究方法，多数是哲学思辨方法。采用这种方法会具体呈现出以经验观察法和伦理思辨法为主的研究思路。19 世纪晚期和整个 20 世纪，随着自然科学的发展，人们开始崇尚实证的量化研究方法。在技术层面上，针对被试者设计出问卷，经过相关统计软件的分析，比如 Stata 和 SPSS 等软件，通过选取有代表性的被试样本来反映整体的情况。但是，社会研究中运用量化方法也存在一些严重的缺陷，比如在一些领域中有些问题是量化研究无法涉及的，比如在教育学中，教师的教学理念、学生的学习习惯等；量的研究结果对某些问题的解释不能令人信服，比如教育中有关学生家庭背景对学业成就的影响等；量的研究报告中常常是一大堆统计数字，数字俨然成为人类行为与社会现象的化身，致使社会研究也似乎成为数学与统计学的结合。因此，在 20 世纪最后 20 年研究者提出了一种质性(或质的、定性)研究方法。所谓现象学研究、人类学的方法、扎根理论的方法、行动研究法等都是比较经典的质的研究方法。该方法侧重通过解释和对现象的说明来概括归纳出特定场景下，通常是通过面谈而得出以人类经验为特点的研究结论。随着质性研究的发展，质性研究与量化研究的争论也更加激烈。这场争论实际上是实证主义与建构主义之争。这两种研究方法的哲学基础差异，导致所采用的研究策略、程序，及在揭示客观事实本质、研究逻辑上的不同，形成了质性、量化研究范式之间激烈的争斗。[①] 到 20 世纪末，在质性和量化研究的争论中，产生了将质性和量化方法结合使用的混合研究方法。

（二）混合研究方法的界定

混合研究方法（mixed research methods）或混合方法研究（mixed methods research），简称“MM”。对于这种采用了一种以上的研究方法或掺和了不同研究策略的研究，也有人简称为混合研究（mixed research），还有人把它称为整合研究（integrative research）。约翰逊和奥屋格普兹认为：“混合方法研究就是研究者在同一研究中综合调配或混合定量和质性研究的技术、方法、手段、概念或语言的研究类别。”[②]学界的一些观点认为，该方法是量化和质性研究方法之后产生的“第三种研究范式”、“第三条道路”、“第三次方法论运动”、“第三种理论框架”、“社会科学天幕上的新星”等。[③] 从研究过程来看，混合研究强调质性和量化方法二者是不可偏废的，而无论是量的研究还是质的研究，都离不开哲学思辨。因此，这种方法是以实证主义和系统哲学为理论基础的。同时，混合研究方法也体现了“质性”和“量化”研究者分别用一种方法来弥补另一种方法的不足，帮助研究者们更好地沟通合作，以确保能够最好地回答所希望回答的研究问题。

---

① 参见陈向明：《质的研究方法与社会科学研究》，教育科学出版社 2000 年版，第 1 页；蒋逸民：《作为“第三次方法论运动”的混合方法研究》，载《浙江社会科学》2009 年第 10 期，第 27～37 页。

② 转引自张文波：《混合方法研究的类型与程序设计》，载《华北水利水电大学学报（社会科学版）》2010 年第 4 期，第 5～7 页。

③ R. B. Johnson, A. J. Onwuegbuzie, “Mixed Methods Research: A Paradigm Whose Time Has Come”, in *Educational Researcher*, 2004, 33(7), p. 14; S. Gorard, C. Taylor, *Combining Methods in Educational and Social Research*, Maidenhead: Open University Press, 2004; C. Teddlie, A. Tashakkori, “Major Issues and Controveries in the Use of Mixed Methods in the Social and Behvioral Sciences”, in *Handbook of Mixed Methods in Social & Behavioral Research*, Thousand Oaks: Sage, 2003: pp. 3～50；张绘：《混合研究方法的形成、研究设计与应用价值——对“第三种教育研究范式”的探析》，载《复旦教育论坛》2012 年第 5 期，第51～57 页；[美]约翰·克雷斯维尔、薇姬·查克：《混合方法研究：设计与实施》，重庆大学出版社 2017 年版；[美]约翰·克雷斯维尔：《混合方法研究导论》，上海人民出版社 2015 年版；[美]约翰·克雷斯威尔著，崔延强译：《研究设计与写作指导：定性、定量与混合研究的路径》，重庆大学出版社 2007 年版。

约翰·克雷斯维尔和薇姬·查克[①]指出:多年来,学界出现了数种混合研究方法的定义,这些定义吸收了多种研究方法、研究过程、哲学理念和研究设计的要素。表 8-1 对这些不同的视角进行了总结。[②]

表 8-1 作者与其混合研究方法定义的侧重或取向

作者与年份	定义的侧重点
Greene, Caracelli, and Graham (1989)	方法;哲学
Tashakkori and Teddlie (1998)	方法论
Johnson, Onwuegbuzie, and Turner (2007)	定性和定量研究的目的
《混合方法研究期刊》(JMMR)	定性和定量研究的方法
Greene (2007)	观察、倾听和理解社会的多元方式
Creswell and Plano Clark (2007)	方法,哲学
本书③中所呈现与使用的	方法,哲学,研究设计

初期的混合研究方法定义出现在评估(evaluation)领域的文章中。格林等强调了方法的混合并且力图摆脱方法和哲学(例如范式)的窠臼。他们在文章中提到:在这项研究中,我们将混合研究方法设计界定为至少包含一个定量方法(收集数量的设计)和一个定性方法(收集文本的设计)的设计,而且这两种方法与具体的研究范式没有必然联系。十年之后,混合研究方法的定义,从两种方法的混合,转变为贯穿所有研究过程的、方法论取向的混合。后者包含了哲学视角(例如世界观)、推断以及结果解释的混合。因此,相关研究将混合研究方法界定

① 约翰·克雷斯维尔(John W. Creswell),教育心理学教授,在美国内布拉斯加州大学林肯分校(UNL)任职逾 30 年。他主要从事混合方法研究、定性方法论、研究设计的教学与写作工作,已出版 12 本专著并多次再版——这些著作主要论述不同类型的研究设计、不同定性研究方法的比较,以及混合方法研究的性质与使用。他是 SAGE 期刊《混合方法研究》的创刊联合主编,兼任密歇根大学家庭医学教授,并为美国国家卫生研究院(NIH)与国家科学基金会(NSF)担任卫生科学和教育学领域研究方法论的调查员。他的中文版作品有《混合方法研究:设计与实施》(重庆大学出版社 2017 年版)、《研究设计与写作指导:定性、定量与混合研究的路径》(重庆大学出版社,2007 年版)和《混合方法研究导论》(上海人民出版社,2015 年版)等。薇姬·查克(Vicki L. Plano Clark),定性与混合方法研究室(OQMMR)主任,内布拉斯加州大学林肯分校(UNL)定量、定性与心理测量方法项目的研究助理教授。她教授研究方法课程,包括教育研究基础、定性研究、混合方法研究。她已经独立完成或与他人合作完成 30 余篇(份、本)论文、章节和学生手册,包括与 John W. Creswell 合著的《混合方法读者》(*The Mixed Methods Reader*, SAGE, 2008)和《理解研究:消费者指南》(*Understanding Research: A Consumer's Guide*, Pearson, 2010)。她现在是《混合方法研究》期刊的副主编。

② 约翰·克雷斯维尔、薇姬·查克:《混合方法研究:设计与实施》,重庆大学出版社 2017 年版。

③ 这里指的是约翰·克雷斯维尔、薇姬·查克所著《混合方法研究:设计与实施》这本书(重庆大学出版社 2017 年版)。

为“方法论的定性和定量路径”的结合，“混合方法研究已经发展到具有独立方法论导向的地步，它有了自己的世界观、术语和相关的技术”。奥韦格布兹和特纳发表在《混合方法研究期刊》(JMMR)上的一篇文章中总结了21位高发表率的混合方法研究者所提出的19个定义，并试图得出一个能被广泛接受的混合研究方法的定义。他们引述了这些定义中相异的部分，包括混合哪些内容(例如方法、方法论或研究类型)、在哪一步研究进程使用混合研究方法(例如数据收集、数据分析)、混合的适用范围(例如从数据到世界观)、混合的目的或原理(例如拓展、证实)以及驱动研究的要素(例如自下而上、自上而下、核心成分)，并对定义进行评价。整合这多种视角，约翰逊等给出了一个综合定义:混合方法研究是一种研究者或研究团队整合定性和定量研究方法要素(例如使用定性和定量的研究视角，数据收集、分析和推断技巧)的研究类型，旨在拓展理解和证实的广度与深度。在这个定义里，作者们没有将混合研究方法简单地视为一种方法，而将其看作一种方法论，这种方法论不仅包含多种推论的视角，也包含定性和定量研究的结合。他们认为，混合研究方法的目的在于拓展理解和证实的广度与深度。

约翰·克雷斯维尔等《混合方法研究》的编辑，在第一期开始征稿时试图给出一个混合研究方法的一般定义。该期刊的第一期给出的混合研究方法定义是:“混合方法研究是这样一种研究:研究者在一项研究或调查项目中，兼用定性和定量的研究方法，来收集、分析数据，整合研究发现，并得出推论。”后来格林提出了一个独特的混合研究方法的定义，将这种研究形式概念化为看待社会的一种方式，即混合研究方法“积极邀请我们探讨观察和倾听的多元方式、理解社会的多元方式，以及判断事物重要性和价值的多元立场”。2007年，约翰·克雷斯维尔等在《混合方法研究:设计与实施》第一版中提出了包含方法和哲学取向的混合研究方法的定义:混合方法研究是一种包含了哲学假设和调查方法的研究设计。作为方法论，它包含一些哲学前提假设，这些前提假设在多个研究阶段引导着数据收集和分析、定性定量方法混合。作为一种方法，它关注单个或系列研究中定性和定量数据的收集、分析与混合。它的核心前提是:比起单独使用定性或定量方法，结合使用两种方法，能够更好地理解研究问题。2017年，约翰·克雷斯维尔等在《混合方法研究:设计与实施》第二版中指出:“现在，我们认为混合方法定义应当整合不同视角。因此，我们需要界定混合方法研究的核心特征(definition of core characteristics of mixed methods research)。我们在混合方法研究工作坊和各种展示中提出了这一核心特征;它结合了方法、哲学和研究设计取向，也强调了设计和实施混合方法研究的关键内容。这一核心特征是本书要重点强调的内容之一。在使用混合方法时，研究者需要:① 令人信服且严格地收集定性和定量数据(基于研究问题);② 通过结合(或合并)两类数据，来并行地混合(或结合、联结)定性与定量数据;③ 根据一类数据获得另一类数据,或是将一类数据嵌入另一类数据,来依次混合(或结合、联结)定性与定量数据;④ 优先考虑一类数据或两类数据(根据研究重点);⑤ 在单一研究或研究项目的多个阶段使用这些程序;⑥ 在哲学世界观和理论视角的框架内,设计研究程序;并且⑦ 将这些程序整合进具体的研究设计,以指导研究计划的实施。"①

为了对混合研究方法的含义有一个更加清楚的说明,我们可以把它与量化研究和质性研究进行比较,分析各自的优势与不足(见表 8-2)。

表 8-2　量化研究、质性研究、混合研究的优缺点比较表

研究范式	优　势	劣　势
量化研究	可以很好地检验和验证已经建立的产生这种现象的假设; 能够对设定的假设进行检验,能够采用大量的随机样本数据推论研究的结果,并且得出的结论具有普遍性,可以在各类群体或子群体中得到推广; 获得的样本数据还可用于预测将会发生的情况; 研究者可以构建消除一些干扰情况的环境,发现更加清楚明确的因果关系; 获取量化数据的速度快,数据质量较高,比较准确,结论能够用数量表示; 能够采用计量软件对数据进行处理,并且研究者主观干预研究结论的可能性较少,结论比较客观且可推广到说明整体的情况	研究者采用的抽样分类和理论假设不一定能有效地反映所调研地区的真实情况; 研究者可能出于验证假设的目的而忽略或遗漏掉某些特殊现象;并且结论可能对于个体或独特的环境存在抽象化和一般化
质性研究	数据收集的分类是以研究者自己的分类为基础的; 在样本量很少的情况下采用这种方法进行深入研究是很有效的; 在描述复杂现象时这种方法的优势很明显,能提供个案信息,能对不同的个案进行比较研究; 能够对个人经验和所处环境以及采取行动的背景进行深入描述和解释; 研究者对被研究群体的背景和信息掌握得非常清楚,研究者能研究动态过程; 研究者可以采用扎根理论中主要的质性方法得出归纳性的解释; 数据的收集常常是在一种自然状态下完整的:质性研究方法常常依据当地的情况、条件和利益相关者的需要来完成	质性研究得出的结论可能难以推广到其他人群中; 难以做出数量化的预测; 难以发现今后的发展趋势; 难以进行假设和理论验证; 为了采集深入分析的数据需要耗费大量时间; 研究者参与到整个研究过程中,因此结论会受到研究者主观想法的影响

① 约翰·克雷斯维尔、薇姬·查克:《混合方法研究:设计与实施》,重庆大学出版社 2017 年版。

续表 8-2

研究范式	优　势	劣　势
混合研究	质性研究的文字、图形和叙述内容可用于补充量化研究的数据信息；同时量化研究的数据能用于增加质性研究语言、图片和讲述的准确性。因此，这种方法能够结合质性和量化研究各自的优势。研究者不仅局限于一个问题和方法，回答的研究问题会更加深入和完善。 在一个研究中研究者可以用量化或质性研究方法中一种方法的优势去弥补另一种研究方法的劣势；能够通过整合和证实其中一种方法发现的结果，对另一种方法发现的结论提供更好的证明。 当只采用量化或质性中的一种方法来研究时，可能无法获得一些洞察力和理解力，而采用这种方法还能够用于增加结果的普遍性和概括性，使得量化和质性研究共同产生更加丰富的知识，达到理论和实践进行转换的目的	对一位研究者来说有时要采用量化研究和质性研究方法可能会存在一定困难，特别是如果两种或多种研究方法同时在一个研究中使用，困难会更加突出。因此，可能需要一个研究小组的合作才能完成一项研究。研究者需要学习大量的方法并且要学会如何很好地把这些方法融会贯通。 方法论争论者认为一个研究者应该只采用一种方法范式来研究问题，要么采用量化，要么采用质性。当然由于在研究中两种方法都采用，因此研究的花费也是非常巨大的；同时，也需要耗费更多的时间和精力。 混合研究方法的一些细节仍然有待方法学家进一步探讨（比如，混合范式的问题、怎么将质性研究结论用于分析量化数据、怎么去解释两种方法得出的互相矛盾的结果等）

资料来源：R. B. Johnson, A. J. Onwuegbuzie. "Mixed Methods Research: A Research Paradigm Whose Time Has Come", in *Educational Researcher*, 2004, 33(7), p. 14.

近年来，混合研究方法在国外社会研究领域的运用得到了迅速发展，越来越受到研究者的欢迎，并且积累了丰富的成功案例，取得了大量的成果；在国内，最近几年讨论混合研究方法的成果也逐渐显现，采用这种方法的研究也逐渐被关注，同时也出现了一些有影响的研究成果，比如张绘的《混合研究方法的形成、研究设计与应用价值——对"第三种教育研究范式"的探析》,①风笑天的《独生子女负面形象的建构与实证》②等。

二、混合研究方法设计的类型和形式

（一）混合研究设计的四种主要类型

有一些研究（Johnson R B, Onwuegbuzie A J, 2004; Teddlie C, Tashakkori A, 2003; Leech N L, Onwuegbuzie A J, 2009）指出混合研究方法的设计是基于一系列因素构建的，能进一步划分为不同组群。混合质性和量化研究方法能在一系列研究步骤中运用，比如研究问题的构想、研究数据的收集、研究结果的解

① 参见张绘：《混合研究方法的形成、研究设计与应用价值——对"第三种教育研究范式"的探析》，载《复旦教育论坛》2012 年第 5 期，第 51～57 页。

② 参见风笑天：《独生子女负面形象的建构与实证》，载《社会学研究》2010 年 5 期，第 177～198 页。

释、研究结论的提出。同时,混合研究方法也可以在研究的不同阶段运用。依据混合研究方法发生在研究中的不同阶段,有三种形式的混合研究设计:第一种混合研究设计是量化研究和质性研究数据同时收集和分析;第二种混合设计是在收集数据的过程中以量化或质性研究方法中的一种为基础收集另一种数据;第三种混合研究设计是将量化和质性方法的数据进行转换。第三种设计中将量化的数据转化为质性的信息并不常见,这应该是混合研究方法未来发展和创新的领域;同时,这种设计也会推动量化和质性分析软件的发展。①

克雷斯维尔和克拉克描述和讨论了不同类型的混合研究方法的设计,即量化与质性以什么样的形式结合。② 她们指出混合设计主要有四种类型:

(1) 三角互证测量型设计。运用该设计的目的是为了更好地理解所要研究的问题而获得关于同一主题不同的、但是相辅相成的数据。混合研究方法三角互证测量设计如图 8-1 所示。

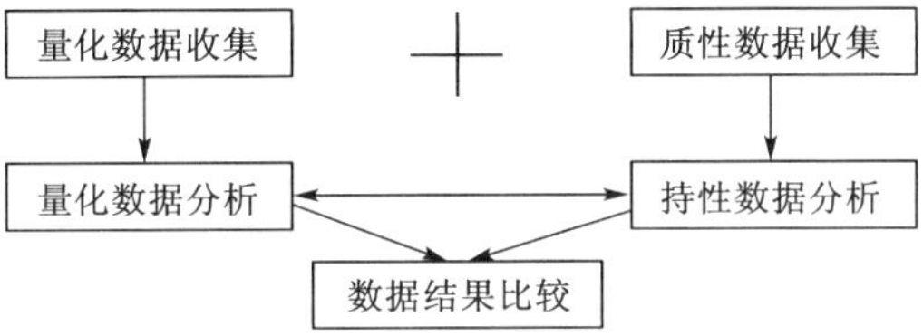

图 8-1　混合研究方法三角互证测量设计图示

(2) 嵌套型设计。这种设计方法是在量化和质性研究中选择一种研究方法为主而另一种研究方法为辅。在主要的研究方法中,没有优先次序,另一种研究方法是插入其中的。采用这种方法的前提是一种研究方法提供的数据信息不充分,需要用不同的数据来回答不同的问题。混合研究方法嵌套设计如图 8-2 所示。

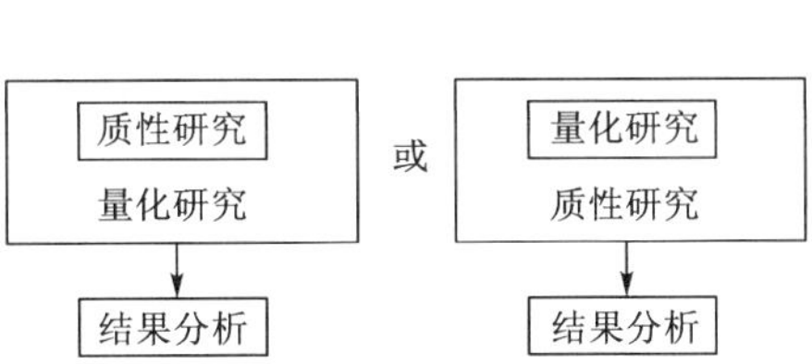

图 8-2　混合研究方法嵌套设计图示

① 参见张绘:《混合研究方法的形成、研究设计与应用价值——对"第三种教育研究范式"的探析》,载《复旦教育论坛》2012 年第 5 期,第 51～57 页。

② J. W. Creswell, V. L. P. Clark, *Designing and Conducting Mixed Methods Research*, London: Sage Publications Inc., 2007.

(3) 顺序解说型设计。这种设计的目的是用质性材料来帮助解释初步的量化结果。因此,质性材料的收集和分析在量化数据收集和分析之后,一般情况下是量化数据优先。由于该研究从量化阶段开始,因此,更加重视量化方法的实施。量化研究中出现一些意想不到的结果时,采用这种策略就显得非常有用。混合研究方法顺序解说型设计如图 8-3 所示。

图 8-3 混合研究方法顺序解说型设计图示

(4) 顺序探究型设计。顺序探究型设计和顺序解说型设计有很多相似的特征,通常也分为两个阶段实施。与顺序解说型设计策略相反,这一模式的特点是,首先进行的是质性研究数据收集工作,接下来才进行量化研究数据收集和分析。研究中质性研究具有优先性,并将两个研究阶段的结果在解释阶段进行整合。因此,这种研究设计是用量化的结果和数据来补充和说明质性研究的结论。混合研究方法顺序探究型设计如图 8-4 所示。

图 8-4 混合研究方法顺序探究型设计图示

(二) 混合研究设计的整合模型

里奇等开发了一种详细和综合的结构去理解各种类型的混合方法研究设计,如图 8-5 所示。在这个概念结构图中有三种不同的维度:首先,"混合的层面",指混合研究是在部分层面还是在整个研究过程中都包括;其次,"时间导向",指量化和质性方法是同时在研究各阶段中采用,还是有先后顺序之分;再次,"方法的强调",指质性和量化研究方法在研究中的地位是否同等重要(同等地位),或是一种方法为主另一种为辅(主从地位)。① 基于来自这三个维度的矩阵分析,里奇等人确定了八种混合研究的设计。其中第一到第四种设计方法只在研究过程的最后阶段采用混合研究方法,分别为部分混合同时同等地位设计方案、部分混合同时主从地位设计方案、部分混合前后顺序同等地位设计方案、部分混合前后顺序主从地位设计方案。第五到第八种研究设计是指在整个研究的多个阶段都采用混合研究方法,分别为完全混合同时同等地位设计方案、完全混合同时主从地位的设计方案、完全混合前后顺序同等地位设计方案、完全混合前后顺序主从地位设计方案。

① N. L. Leech, A. J. Onwuegbuzie, "A Typology of Mixed Methods Research Designs", in *Quality and Quantity*, 2009, 43(2), pp. 265~275.

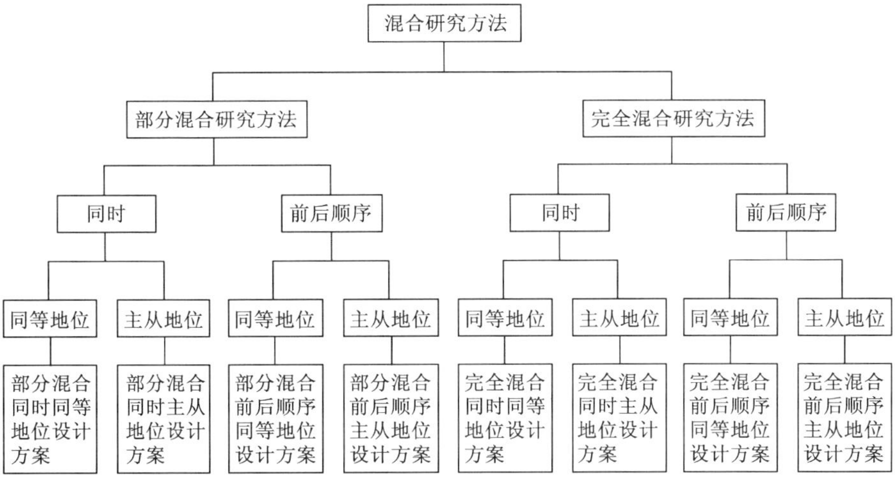

图 8-5　里奇等的混合研究设计分类图

资料来源：N. L. Leech, A. J. Onwuegbuzie, "A Typology of Mixed Methods Research Designs", in *Quality and Quantity*, 2009, 43(2), pp. 265～275.

（三）混合研究设计实例简析

在混合研究实施过程中，不同的设计思路对应着迥异的研究程序和方法。然而，研究前的设计并不是一成不变的，在具体研究过程中研究者要定期审视和评估混合研究方法的实施，这既可监控研究过程的执行，又可在实践中调整原有的研究计划。下面针对我国流动儿童面临的教育问题，运用里奇等人分类中的"完全混合同时同等地位的设计方案"进行研究设计。① 在这个设计中量化和质性数据的收集和分析是同时进行的，即在采集量化数据的同时对所调研的对象进行深入的质性研究访谈和观察。量化和质性方法在这个研究中具有同样的重要性。对于整个研究过程中的同一个问题，量化和质性研究能提供不同的分析视角。下面用结构分析图解释说明在这个研究设计中混合研究方法的关键要素，如图 8-6 所示。

1. 量化研究数据的收集和分析

首先，为了获得量化研究的部分数据，"中国城市民工子女义务教育经费供给保障政策研究"课题组设计了学校校长、学生、教师、学生家长四种类型的调研问卷，同时为了对学校办学情况有更多的了解，还对一些学校的校长、教师、家长和学生进行了访谈以及行为的观察，用以补充问卷中无法反馈的信息。调研中

① 张绘：《混合研究方法的形成、研究设计与应用价值——对"第三种教育研究范式"的探析》，载《复旦教育论坛》2012 年第 5 期，第 51～57 页。

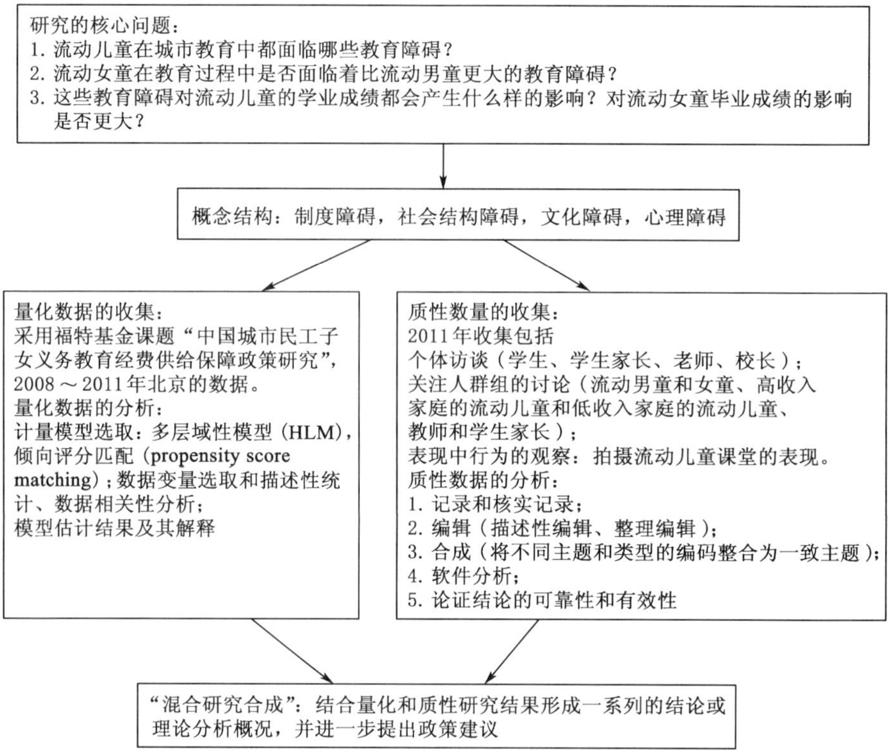

图 8-6　“完全混合同时同等地位设计方法”的研究简介

获得数据的学校按照校区来划分，比如北京地区有的学校在不同的区县都有校区。课题组采取多阶段被试选择方法[①]来进行样本的选取。具体做法是，第一阶段与北京市打工子弟学校协会 200 多所学校邮件和电话联系，问其是否同意调研，其中同意调研的学校 46 所。在同意调研的学校中选取 12 所规模相对较大的打工子弟学校（其中初中 4 所，小学 8 所）和 6 所接受打工子弟较多的公立学校（其中初中 2 所，小学 4 所）。第二阶段按照依概率比例系统抽样方法，其中学生问卷是以这些学校各自为单位，依据每个班级的学生人数抽取小学二年级以上至初中三年级中任意一个年级，该年级的 2 个或 3 个班，每班人数在 35 人左右，发放学生学习状况调查问卷。共发放问卷 2241 份，最终共回收学生有效问卷 1728 份。在处理问卷时排除户口是北京但没有转过学的儿童样本，最后剩

① 其具体实施过程为：先从总体中抽取范围较大的单元，称为一级抽样单元，再从每个抽得的一级单元中抽取范围更小的二级单元，依此类推，最后抽取其中范围更小的单元作为调查单位。在该研究文中最先抽取的是学校，其次抽取的是年级，最后抽取的是班级。

下的样本数为1688份。抽样中存在的主要问题是第一阶段抽取学校时，是非随机的，同意接受调研的学校可能存在一些共同的特质，使得研究结论会存在一定的偏差，一般会使结果产生低估。

其次，依据调研问题和获得数据的情况采用Stata 11.0对数据进行描述性统计，并且分析变量之间的相关性，通过变量选取并采用多层线性模型(HLM)、倾向评分匹配等计量模型对数据进行分析，并对模型分析结果进行解释。

2. 质性研究资料的收集和分析

质性研究主要包括研究者与被试者的单独访谈和访谈对象的群组讨论，以及对访谈对象进行一段时间的观察三种形式。在此过程中考虑到访谈对象的特殊性，因此该研究采取封闭式访谈的形式，即访谈全过程由研究者与单个被访谈对象单独进行，并且对访谈内容录音。在调查之前设计了三套访谈提纲，提纲是开放式的，研究者会在调查过程中根据被调查者的一些话题，选择有侧重地进行某些问题的深入访谈。研究将政策文本分析、个体深入访谈、小组讨论、班级中行为的观察相结合，能够在数据收集过程中突出不同的重点和从不同的角度论证结论。

具体的资料收集过程为，首先研究者与所在学校的校长或管理者取得联系，到现场拍照，按照预先设计的访谈提纲对学校校长、教学管理主要负责教师进行访谈，组织部分教师参与小组讨论。然后单独采访学生，组织部分学生小组讨论，并对学生在课堂的学习状况进行观察。最后对家长进行访谈，这是在家长会后进行的，也有一些访谈是在流动儿童居住地或北京的农贸市场集散地进行。一般研究者到达访谈学校会待上一整天的时间，除了选择单独访谈并记录外，还会在其他一些场景对调研对象进行攀谈或观察。另外还通过电话对其中一些调查被试者进行了后续调查。

在质性研究中内容分析是一种主要的分析技术，它通过分析文本(受访者的描述、笔记、摘要)发现"重复出现或主要"的语言词组来分析不同分类和主题。[①]此研究的整个质性研究包括了记录与核实记录、编码、分类与合成、软件分析，以及结果的可靠性和有效性描述。

3. 量化研究与质性研究的结合

结合量化研究和质性研究的结果形成一系列的结论或理论分析框架的过程

① M. Q. Patton, *Qualitative Research and Evaluation Methods*, London: Sage Publications Inc, 2002, p. 453.

叫作“混合研究合成”[①]，这也是混合研究方法非常重要的一个研究步骤。此研究对结论的构造是“补充结论形成为一系列论据、一个理论或者一种叙述”[②]。在分析流动儿童教育问题时，因果关系非常复杂。一方面，采用多层线性模型、倾向评分匹配法等计量方法在确定和测量一些切实存在的可量化的影响因素时是有效的，比如流动儿童教育面临的制度障碍和社会经济障碍；另一方面，对访谈资料进行深入分析和关注整体数据，将对解释和理解那些无形的影响因素更加有效，比如心理障碍和文化障碍。因此，结合这两种类型的分析方法，能够更好地从不同的视角检验流动儿童的教育问题。这意味着质性研究和量化研究能够回答同一个研究问题的不同方面。

三、混合研究方法的评价

（一）混合研究方法的优势[③]

混合研究方法的优点之一，在于使定量与定性研究相互弥补，消除彼此的缺点。这是混合研究方法持续了30多年的历史性争议。某些人认为定量研究难以理解人们谈话的语境和背景，也无法直接呈现参与者的观点，不仅如此，定量研究者置身幕后，他们个人的偏好和阐释也很少得到讨论；而定性研究可以弥补这些劣势。另一方面，由于研究者往往会进行个人的阐释，并可能因此失之偏颇，所以定性研究被认为存在不足，又因为研究对象的数量有限，定性研究难以将研究发现推广至更大群体；而定量研究可以避免这些缺陷。因此，二者恰好可以取长补短。

比起单一的定性或定量研究，混合方法研究可以为研究问题提供更多的证据。研究者可以使用所有可行的数据收集工具，而不限于定量或定性研究特定的数据收集方式。

混合方法研究有助于回答定量或定性研究无法回答的问题。例如，“利用访谈和标准化测量工具得到的参与者观点，是否一致？”就是一个混合方法问题。其他问题还有“定性访谈如何解释研究中的定量结果？”（利用定性数据解释定量结果）和“对实验中的特定样本而言，该设置怎样的干预项才合适？”（在实验开始前的定性探索）要回答这些问题，使用单一的定量或定性方法可能无法给出令人满意的答案。

定量和定性研究者时常对立，而混合方法将双方联结在一起。我们首先是

① M. Sandelowski, C. I. Voils, J. Bawoso, "Defining and Designing Mixed Research Synthesis Studies", in *Research in the Schools*, 2004, 13(1), p. 29.

② M. Sandelowski, C. I. Voils, J. Bawoso, "Defining and Designing Mixed Research Synthesis Studies", in *Research in the Schools*, 2004, 13(1), p. 33.

③ 约翰·克雷斯维尔、薇姬·查克：《混合方法研究：设计与实施》，重庆大学出版社2017年版。

社会、行为和人文科学的研究者，拘泥于定量和定性研究的区分，只会减少我们可以使用的方法和相互合作的机会。

混合方法研究鼓励研究者使用多种世界观或范式(例如多种信念和价值观)，而不限于定量或定性研究的特定范式。混合方法研究也支持我们探索能够包含所有定量、定性研究的范式，例如实用主义。

混合方法研究者可以自由选用任何可以解决研究问题的方法，在这一意义上，混合方法研究是“实用”的。说混合方法“实用”，还因为人们在解决问题时，也通常同时使用数字和文字、归纳思维和演绎思维，以及观察对象和记录行为的技术。对人们来说，偏爱使用混合方法来理解世界是很自然的事。

(二) 使用混合方法的挑战

我们必须承认，不是所有研究者或所有研究问题都能采用混合方法的。使用混合方法也并不降低进行定量或定性研究的价值。然而，混合方法确实要求研究者有特定技能、时间，以及用来进行广泛数据收集和分析的资源；最重要的是，还要使他人认识到并相信有必要采用混合方法设计——如此，研究者的混合方法研究才能为“学术委员会”(约翰·克雷斯维尔的说法)所接受[①]。

(1) 技能问题。我们认为，假如研究者具备必要技能，混合方法就是一种符合实际的方法。我们强烈建议研究者在进行混合方法研究前，要先具备分别进行定量研究和定性研究的经验。至少，研究者要了解收集、分析定量和定性数据的技术。在定义混合方法时，我们曾强调过这一点。混合方法研究者要熟悉收集定量数据的一般方法，例如使用测量工具和封闭式态度量表。研究者也要知道假设检验的逻辑，具有使用、解释统计分析的能力，并会用统计软件中包含的描述性统计和推断性统计程序。最后，研究者还要理解定量研究中关于精确性与严谨性的基本问题，包括信度、效度、实验控制以及结论一般化等问题。此外，研究者也应具备类似这样的一套定量研究技能。研究者要能识别所研究的核心现象，能提出定性的、意义导向的研究问题，并且将参与者视为专家。研究者也要熟悉收集定性数据的一般方法，例如使用开放式问题的半结构式访谈，以及定性观察。研究者需具备分析定性本文数据的基本技能，包括文本编码、形成主题和基于编码进行描述，还得会用定性数据的分析软件。最后一点很重要，研究者要理解定性研究中有关论证的基本问题，包括信度、效度和一般的验证策略。

总之，使用混合方法的研究者需要有扎实的混合方法研究基础。为此约翰·克雷斯维尔等指出，这就要求研究者阅读 20 世纪 80 年代以来积累的混合

① 约翰·克雷斯维尔、薇姬·查克:《混合方法研究:设计与实施》，重庆大学出版社 2017 年版。

方法文献，并关注一项好研究所需的最佳程序和最新技术。研究者们可能还得选修一些混合方法研究的课程，互联网上和许多大学里都有相关课程。此外也可以跟随那些熟悉混合方法的研究者进行学习，他们能够传授有关混合方法研究所需技术的知识。

(2) 时间和资源问题。即使研究者具备了基本的定量和定性研究技术，也仍应自问：考虑到时间和资源，混合方法是否可行？这些是在计划阶段需要及早考虑的重要议题。进行混合方法研究，需要研究者具备充裕的时间、资源，并付出努力。研究者应考虑以下问题：是否有充裕的时间去收集和分析两种不同类型的数据？是否有可以收集和分析定量、定性数据的充足资源？现有技能和人力是否足以完成此项研究？在回答这些问题时，研究者必须考虑，研究获得批准、接触研究对象、完成数据与分析需要多长的时间。研究者应当牢记，定性数据的收集和分析过程，通常要比定量数据的收集和分析过程花更多时间。混合方法研究所需的时长，要看研究是否使用一阶段、两阶段或多阶段设计。研究者也需要思考研究的开支问题，例如定量测量工具的印刷费、定性研究的记录和誊写成本、定性和定量软件的购买费用。

由于采用混合方法设计会带来一些上文所述的要求，混合方法研究者们应当考虑团队作业。对那些希望独立工作的研究生来说，这有些不切实际。但是，如果能够组建一个混合方法研究项目的团队，不仅可以使具有不同方法论和专业知识背景的研究者一起合作，也增加了项目的人力资源。团队合作也是个挑战，这会增加研究的成本。在团队中，具备必需技能的研究者要有明确的定位，团队领导者要能使成员们进行并保持成功的合作。总之，团队合作使来自不同领域、各具专长的研究者，加强了彼此间的交流，因而团队内部的多样性会是一大优势。

(3) 使他人信服的问题。就研究者使用的方法论而言，混合方法研究是一种较为新型的研究路径，因此，很多人可能尚不相信或理解混合方法的价值。有人可能将其视为一种“新”方法，也会有人觉得自己没时间学习一种新的研究方法。此外，混合方法混合了不同的哲学立场，也会有人从这一哲学基础出发拒绝混合方法。要使人相信混合方法的用处，可以在某个研究主题或领域的文献中，找到混合方法研究的典型范例，并通过分享这些范例使他人了解混合方法。比如，我们可以从那些享誉国内外的期刊中，选取混合方法研究的优秀范例。与研究相关人员分享这些混合方法范例，有助于使他们相信混合方法的实用性和可行性。

总之，正如风笑天教授所指出的①：在两种方式的结合(即混合方法研究)问

① 风笑天：《定性研究与定量研究的差别及其结合》，载《江苏行政学院学报》2017年第2期，第68～74页。

题上，应该是实事求是，即完全依据回答研究问题的需要来考虑和选择研究方式。如果自己的研究问题只适合采用某一种研究方式，就不要硬性采用两种不同的研究方式（这种硬性采用两种不同方式的做法既不一定可行，效果也不一定会好）。如研究问题的性质只适合采用定性研究方式时，就不要硬性采用定量研究方式，反之亦然。从研究设计的角度来看，研究方式的选择也是一种权衡，“研究者需要在不同的研究目标之间，在不同类型的观测值之间，以及在用来进行描述性推论和因果推论的不同工具之间进行权衡”①。无论是定性研究方式，还是定量研究方式，或是二者相结合的方式，选择的标准都只有一个，这就是回答研究的问题的合适性，即应该选择和采用最为合适的研究方式，来达到研究的目标和最好的研究效果。

第二节　历史方法和比较方法②

历史方法和比较方法是两种相对独立但又常常共同使用的方法。历史方法侧重对历史事件的历时联系进行分析，试图发现历史发展的关系、模式和规律。比较方法侧重不同时间和空间中行为、事件、组织、制度、文化等诸现象的对比和分析，试图发现不同时空中现象的相同点和相异点，从而发现现象之间的关系、模式和规律。历史方法和比较方法既可以独立使用，也可以共同使用，当两者共同使用的时候，就形成了历史比较法或比较历史分析。历史比较法是按照时间顺序，解释同一社会内部或不同社会中的社会现象的相似性和差异性的一种研究方法。历史方法侧重研究方法的时间维度，比较方法强调研究方法的空间维度。如果将这两个维度进行交叉组合，那么可以形成如表 8-3 所示的结果。

表 8-3　历史比较研究在时间维度和空间维度中的定位③

		时间维度	
		横剖面研究	历史研究
空间和数量维度	单个案	个案调查（case survey）、个案访谈等	个案史（case history）
	比较	跨案例比较研究 案例内比较研究	历史比较研究

① 盛智明：《超越定量与定性研究法之争》，载《公共行政评论》2015 年第 4 期。

② 本节内容引自曹堂哲：《公共管理研究方法》，北京大学出版社 2014 年版，第 336～365 页。在本书写作中对原书中一些内容进行了调整。

③ 本表中所述的个案调查、个案访谈、跨案例比较、案例内比较、个案史的相关信息，可以参见曹堂哲著《公共管理研究方法》（北京大学出版社 2014 年版）第十三章中的有关内容。

在实际研究过程中，历史方法和比较方法往往是很难截然分开的，因为“社会科学研究者不像历史学者是以单纯地描述一组特殊的历史事件为主，而是试图去发展不同时空下，所发生的历史实践的相同与相异性”。

一、历史方法

（一）历史方法的定义、功能与类型

按照《辞海》的解释，广义的历史指“自然界和人类社会的发展过程，也指某种事物的发展过程和个人的经历”①。可见，只要涉及时间和过程的社会研究和自然研究都可以看作是历史研究。狭义的历史则专门指：人类社会发生、发展的过程。历史研究则是对历史进行描述、分析和解释的，寻找问题答案的科学活动。从广义上说：“我们仅仅知道一门唯一的科学，即历史科学。”②狭义的历史研究则探索、描述和解释人类社会以往运动发展过程，以期追溯当前为的根源，提出对未来为的预测的研究活动。历史研究方法是从事历史研究方法论、研究方式和研究工具的总和。

历史研究具有以下几种基本的功能：第一，描述历史事实。历史研究的基础工作之一是收集历史文献，考证历史遗迹，寻求历史见证者，收集和整理史料，以便描述、澄清、重述历史事实。史料考证往往针对特定的历史时段展开。第二，揭示历史演进。通过历史事实的梳理，揭示历史发展过程中各个事件之间的联系，揭示历史演进的规律，是历史研究的重要功能。在公共管理研究中，诸如《新公共管理发展历史脉络之初探》、《福利国家：历史比较的分析》等论著都体现了历史研究的这一功能。第三，建构历史理论。通过对历史史料的加工组合，提出假设，形成对历史发展模式的新认识，阐明历史事件之间的因果联系和因果机制，是建构历史理论的重要内容。比如：黄仁宇所著的《万历十五年》通过对万历皇帝、张居正、申时行、海瑞、戚继光、李贽的人生沉浮的叙述，展现了万历年间中国政治、经济、社会和文化的运转机制，揭示了中国依靠意识形态治国的治理模式。正如黄仁宇所言：“如是等等问题，其症结到底何在，这是研治明史者所不能不认真考虑的。笔者以为，中国二千年，以道德代替法制，至明代而极，这就是一切问题的症结。”③黄仁宇正是在“大历史观”的指导下，通过历史事实，描绘了中国封建社会的运转机制，建构了历史理论。第四，预测未来。“以铜为鉴，可正衣冠；以古为鉴，可知兴替；以人为鉴，可明得失。朕尝保此三鉴，内防己过。今魏

① 《辞海》，上海辞书出版社 1999 年版，第 406 页。

② 《马克思恩格斯选集》(第 1 卷)，人民出版社 1995 年版，第 66 页。

③ [美]黄仁宇：《万历十五年》(增订本)，中华书局 2007 年版，第 3 页。

徵逝，一鉴亡矣。”[①]历史研究为认知当代社会问题提供了一面镜子，当人们认识了历史研究所揭示的历史发展规律后，通过古今的对比，就很容易发现未来的发展趋势。

按照不同的标准，可把历史研究方法划分为不同的类型：

(1) 传统史学方法和新史学方法。传统史学方法和新史学方法的划分与新史学的兴起紧密联系。“新史学”是 20 世纪以来，以反对兰克(Leopold von Ranke)为代表的传统史学的史学新潮流，其中较具代表性的，有法国的“年鉴学派”、英国的“马克思主义历史学派”和美国的“克莱奥学派”。新史学的兴起被称为史学界“哥白尼式的革命”。[②] 其新史学在信念、价值、技术手段等方面与传统史学形成了鲜明的对比，有学者将其概括为新史学范式。“从研究对象来说，新史学突破了政治史的局限，强调研究人类社会生活的一切方面，强调历史的综合研究；从研究方法说，新史学突破了传统史学单纯强调史料考证的局限，提供研究方法的革新，重视理论概括和解释结合；从与其他学科的关系说，新史学强调打破历史学与其他学科之间的樊篱，主张跨学科研究；从写作说，新史学反对单纯的描述，强调说明问题。”[③]总体而言，新史学方法在本体论上把历史学视为一门关于人的科学、关于人类过去的科学，在认识论上既承认历史认识的主观性和相对性，却又尽量避免意识形态甚至历史哲学的干扰，它极力反对汤因比式的宏观史学，而主张从第一手材料出发的扎实研究。在方法论上，它一方面倡导“问题史学”，即首先提出问题，然后再围绕问题提出假设、确定研究方法；另一方面则倡导多学科合作，即吸取其他相邻学科的理论和方法，如心态史学、数量史学、结构史学、地理史学、历史人类学等便都是这种总体的或综合的方法论的产物。[④]

(2) 技术性方法和导向性方法。按照历史学研究处理资料的方法，可将历史方法区分为技术性方法和导向性方法。技术性方法就是确定历史事实的方法。诸如，怎样搜集、考订和辨识史料，怎样对史料、史实进行分类、排比，怎样进行严密的逻辑推理而避免混乱的推理，怎样把一些现代科学方法和技术手段运用于历史事实的确定，怎样把历史研究的成果写作成为适应不同的主题和不同读者需要的历史著述等问题。导向性方法主要是解释事实的方法。导向性方法是从社会历史观-史学本体论转化而来的“解释事实”的指导原则，由此决定，持

---

① 欧阳修、宋祁：《新唐书》(卷一一零・列传第二十二 魏徵)，中华书局 2000 年版。

② 安德烈・布吉耶尔：《年鉴派史学的演变和现状》，载《八十年代的西方史学》，中国社会科学出版社 1990 年版，第 126 页。

③ 徐浩、侯建新：《当代西方史学流派》(第 2 版)，中国人民大学出版社 2009 年，序第 2～3 页。

④ 包伟民：《历史学基础文献选读》，浙江大学出版社 2007 年，导言。

有什么样的社会历史观-史学本体论，就会采用什么样的解释原则和方法。[①]

（3）定性方法和定量方法。按照历史研究处理资料的性质可将历史方法分为定性方法和定量方法。定性方法根据历史情境，在整理和归纳定性资料的基础上，形成历史概念，归纳历史模式，展示历史进程。定量方法则使用历史统计数据，或将历史资料转换为历史数据，运用数据展开历史研究。计量史学是历史研究定量方法的代表。

（二）历史方法的步骤

一般而言，历史研究方法的步骤如下：[②]

第一步，界定研究问题。挖掘、厘定和陈述研究问题是科学研究的开始。历史研究过程中的研究问题有多种表现形式，有的问题以假设的形式出现，有的问题以研究目标的形式出现，有的问题则以引导性的问题出现。在历史研究中，研究问题、研究目标、理论框架、研究方法之间是随着研究过程的不断深入而不断调整的过程，研究者从任何一个环节切入研究，都会推动其他环节的调整，从而不断地将历史研究推向深入。

第二步，收集资料。历史研究的资料源自历史文献和历史遗迹，主要包括以下四类：① 历史文件(historical documents)。历史文件是任何以某种形式产生的书写或印刷材料，诸如年度报告、美术品、法案、书籍、漫画、传单、法庭记录、日记、证书、报纸、杂志、笔记、备忘录等；非文字史料包含图像类等多种类型。② 数字性记录(numerical records)。数字性记录可视为独自的一种数据类型，也可看作文件类别的一小类。这些记录包括任何类型的印刷形式的数字数据。③ 口头陈述(oral statements)。故事、神话、传说、传奇、歌谣、歌曲和其他形式的口头表达，都被人们用来作为留给后世的记录。历史学者也可访谈目睹或经历过去某一事件的人，这种研究形式，称为“口述历史”(oral history)。④ 遗迹(relics)。过去流传下来的文物史迹也是重要的史料，遗迹是指任何在质地或外观上的特征能对过去提供某种信息的物体。

第三步，评估史料。历史研究收集得到的史料，须经过内部鉴定(internal criticism)与外部鉴定(external criticism)。外部鉴定着重从数据的外在形式确定资料的真伪(authenticity)或真实性(genuineness)。内部鉴定着重确定数据内容的正确性与价值。史料作者的知识与能力、延迟的时间、作者的偏见与动机、数据的一致性都会影响到史料的真实性和价值。

---

① 庞卓恒、李学智、吴英：《史学概论》，高等教育出版社 2006 年版，第六章。

② 参见 W. Wiersma, S. G. Jurs, *Research Methods in Education*, Boston: Allyn and Bacon, 2005, p. 227.

第四步，资料整理和整合。当完成了资料评估后，研究者下一步的工作就是整合已有的资料。整合资料的方法有多种，比如：① 比较性整合。可以通过比较分析，将相同的资料归为一类，将不同的资料归为另一类，通过逐级归纳，形成概念、命题和理论。② 因果性整合。将历史事件纳入因果分析的框架，按照因果关系整合相关的资料。③ 主题整合。将资料分为若干主题类型，将同一类型的资料归为一个特定的主题，形成若干主题，最终将各个主题有机地联系起来。④ 矛盾性整合。可以将一些相互矛盾，甚至相互抵触的资料和事实进行分类整理，通过反复对比和考证，形成新的假设和理论。

第五步，分析、诠释以及形成结论。完成了资料整理和整合工作后，接下来就需要对资料进行分析，资料分析是资料加工、整理、诠释的过程。研究者可以通过分析呈现资料所反映的社会事实之间的联系，并对资料中蕴含的价值、意义进行诠释，得出分析结论。

（三）案例解析

在公共管理研究中，历史方法的兴起与西蒙与沃尔多的争论紧密相关。赫伯特·西蒙（Herbert A. Simon）倡导建立基于逻辑实证主义的行政科学。德怀特·沃尔多（Dwight Waldo）则倡导建立在历史、哲学和规范的方法基础之上的公共行政学。以下就沃尔多所著的《行政国家》使用的历史研究方法进行解析。

《行政国家》的历史研究方法

著作简介：正如沃尔多在《行政国家》一书前言中所说的：本书从政治理论和历史理念的观点研究公共行政的运动。本书将公共行政的文献看作是美国政治思想史的一部分，寻求和分析这些文献的理论要素。本书研究的目的是帮助行政研究者使用历史的视角审视他们的研究对象，评估研究文献的理论内容。（《行政国家·序言》）

1942 年 6 月沃尔多以《美国公共行政文献的理论层面》（*Theoretical Aspects of the American Literature of Public Administration*）为题的论文，获得耶鲁大学哲学博士学位。随后，他到华盛顿任职于联邦物价管理局（Office of Price Administration）工作了两年，然后任职于预算局（Bureau of Budget）。1945 年他请假修改他的博士论文，并于 1948 年以《行政国家——美国公共行政的政治理论研究》（*The Administrative State: a Study of the Political Theory of American Public Administration*）为书名出版。1965 年沃尔多又撰文对该书内容做了补充与修正，于 1984 年再版。

该书采用历史研究的方法，从美国政治思想的演进角度分析了公共行政的政治层面，首次提出了行政国家的概念。该书分为三部分共十[illegible]章，分别讨论行政研究的思想和社会背景、科学管理和公共行政、政治哲学、权力分立、组织理论等问题。

著作解析(说明:著作解析系作者根据相关资料编写):该书在各章节的论述中体现了历史方法的使用,主要体现在以下三个方面:

1. 行政国家的历史背景。作为一种社会历史现象,行政国家并非从来就有。沃尔多将那些"清晰地影响了行政国家形成和内容"的因素归结为美国19世纪末以来的一些关键历史事件:"伟大社会(Great Society)的到来、巨型社会财富和企业式公民文化、快速的城市化进程、第二次工业革命、世界大战、经济大繁荣和大萧条。"总之,19世纪末20世纪初的社会变迁迫使美国必须建立"行政性的企业"以应付上述压力,在此过程中,专业化的文官制度和行政权力的集中成为必然的应对举措。

2. 行政国家的思想渊源。如果沿着大政府思维和集中行政权偏好,行政国家的思想渊源甚至可以上溯至美国建国之初,其中尤以亚历山大·汉密尔顿的思想为代表。汉密尔顿思想的核心是:"支持的是一个强有力的全国性政府和具有相当大权力的行政机构……有效的行动必须有清晰的方向,而这一方向职能源于一个地方,一个统一的行政机构。"循此线索,行政国家的思想源泉可以归纳为宪政精神、效率至上和笃信科学。本书分别阐述了宪政精神、效率至上和笃信科学与行政国家的关系。

3. 与行政学相关的基本概念。在这本书中,作者从历史的角度梳理了诸如效率、公平、民主、科学管理等概念的发展历史,并阐明了这些概念与行政国家兴起和发展之间的关系,从概念史和思想史的角度体现了历史研究的方法。

二、比较方法

(一) 比较方法的定义与特点

比较法(comparative method)是将两种以上的心理、行为、制度、现象等事物或个案,进行有计划、有目的的描述、对比、分析,寻求其中的相同点和相异点,解释原因,归纳趋势和规律,以便解决问题和决策参考的研究方法。

比较方法被广泛地运用在自然科学、社会科学和人文科学的各个门类研究中。比较方法不仅仅是一种研究方法、更是一种思维逻辑和学科建构方式。在公共管理研究中,比较公共行政、比较公共政策、比较地方政府等已经成为成熟的分支学科。在政治学研究中,比较政治学说明分析如何进行而非分析的是什么,是唯一一个被认为旨在方法而非实际内容的学科。① 比较方法具有以下基本特点:

---

① [美]阿伦德·利普哈特著,李陈华译:《比较政治学与比较方法》,载《经济社会体制比较》2006年第3期。

第一，比较方法体现了归纳法思维方式。1843年约翰·穆勒(John Stuart Mill)在《逻辑学体系》中用归纳法研究自然界因果关系时，创造出的五种逻辑方法，称为穆勒五法。穆勒五法包括契合法、差异法、契合差异并用法、共变法和剩余法。社会学家迪尔凯姆(Emile Durkheim)认为：穆勒五法就是比较方法。[①] 迪尔凯姆认为，由于社会现象的因果关系往往是不明显的、复杂的，研究者不能从直接观察中得出，因此，考察这些现象只能用比较方法，这是社会学研究唯一适当的办法。[②] 英国人类学家拉德克利夫-布朗(Alfred Radcliffe-Brown)也认为比较方法就是自然科学中的归纳方法(穆勒五法)在人类文化研究中的应用。总之，穆勒五法是比较方法的具体表现形式，比较方法是归纳法思维的表现。

第二，比较方法是横断方法。正因为比较方法是一种思维方式，“没有比较的思维是不可思议的，如果不进行比较，一切科学思想和所有科学研究，也都是不可思议的。明显的和含蓄的比较充满了社会科学家的著作，并且一开始就是这样”[③]。比较方法可以与每一种研究方式结合，比如：实验法本身就体现了实验组和控制组比较的思想；如果进行多案例研究，则案例之间就是比较性的研究；在进行实地研究的时候，往往也会使用比较观察的方法。可见，比较方法是一种横断性的方法，贯穿于多种研究方式中，所以比较方法可以是介入性的比较，也可以是非介入性的比较，可以与定性方法结合也可以与定量方法结合，可以展开横剖研究也可以展开历史研究。

第三，比较方法是研究方式而非专门的技术。比较方法是一个宽泛的、一般的方法，而不仅仅是狭隘的、专门的技术。比如贡纳尔·赫克舍尔(Gunnar Heckscher)将比较方法看作是一种研究的程序。[④] 沃尔特·戈德施米特(Walter Goldschmidt)认为比较方法“类似于比较分析的研究途径(approach)”[⑤]。总之，比较方法是一套包括研究逻辑、研究程序到研究技术的统一的方法，是社会科学研究的基本研究方式之一。

(二) 比较方法的原则

(1) 可比性原则。可比性包括两方面的含义：首先，对相互比较的事物而

---

① [法]埃米尔·迪尔凯姆著，胡伟译：《社会学方法的规则》，华夏出版社1999年版，第106页。

② [法]埃米尔·迪尔凯姆著，胡伟译：《社会学方法的规则》，华夏出版社1999年版，第102页。

③ [美]尼尔·J.斯梅尔塞著，王宏周、张平平译：《社会科学的比较方法》，社会科学文献出版社1992年版，第12～14页。

④ Gunnar Heckscher, *The Study of Comparative Government and Politics*, London: Allen and Unwin, 1957, p. 68.

⑤ Walter Goldschmidt, *Comparative Functionalism: An Essay in Anthropological Theory*, California: University of California Press, 1966.

言，研究者想将其视为常量的许多重要特征变量是相似的，而待研究的变量是存在差异的，那么就可以认为两个事物具有可比性。可比性为差异法和共变法的使用提供了前提。其次，可比性还意味着对比较项目测量的口径、指标和方法是一致的。不同事物的比较项目的可比性，称为统一性；同一事物不同时期比较项目的可比性，则称为一贯性。统一性强调的是横向比较，一贯性强调的是纵向比较。

（2）对等性原则。对等性是比较研究中的一个重要议题。“它是跨越不同情境进行比较，或者说是生活在某个特定时期与文化中的研究者能否正确地阅读、理解和概括不同历史时期或文化中的人们的资料的一个议题。”“这个问题与定量研究中所出现的效度问题类似。”①对等性包括词汇对等、情境对等、概念对等、测量对等。② ① 词汇对等。词汇对等是指字或词的正确转换，或是找到了与另一个词指称相同的词。比较研究者可以使用反向翻译来取得词汇等值。在历史研究中，文字的意义往往会随着时间的变动而发生变化，需要通过明辨词汇的历史含义，确保词汇的等值性。② 情境对等性。情境对等性是指在不同的社会或历史情境下，正确地使用情境术语或概念的状况。③ 概念对等性。即在不同的历史和文化情境中，同一个概念是否具有相同的含义。③ 在公共管理研究中，不同国家和文化环境中概念所指的含义往往并不相同，比如“官僚制”这一概念在不同的国家和文化氛围中所指称的含义并不完全一致。④ 测量的对等性（measurement equivalence）。“概念等值就测量而言，是指用在单独的社会中的测量工具。事实上测量的是不是相同的概念，不论其明显的内容与程序是否相同。”④方差分析、项目反应理论和验证性因素分析是检验测量对等性的常用方法。⑤

（3）精简性原则。精简性原则意味着在展开比较分析的时候，需要避免变量太多的问题。“比较分析必须避免变量太多所造成的危险，变量太多就会使我们发现不了受控制的关系，因此，比较分析必须明智地局限于真正关键的变量，而忽视那些无足轻重的变量。”为了避免出现变量过多的问题，可以使用缩小分

---

① [美]劳伦斯·纽曼著，郝大海译：《社会研究方法——定性和定量的取向》，中国人民大学出版社2007年版，第547页。

② [美]劳伦斯·纽曼著，郝大海译：《社会研究方法——定性和定量的取向》，中国人民大学出版社2007年版，第547～551页。

③ 梁觉、周帆：《跨文化研究方法的回顾及展望》，载《心理学报》2010年第1期。

④ Michael Armer, A. D. Grimshaw, "Methodological Problems and Possibilities in Comparative Research", in *Comparative Social Research*, New York: Wiley, 1973, p. 52.

⑤ 梁觉、周帆：《跨文化研究方法的回顾及展望》，载《心理学报》2010年第1期。

析的“特征空间(property-space)”,将表示本质上类似的基本属性的两个或更多的变量组合为一个变量;也可以通过理论简化(theoretical parsimony)的途径来缓解“多变量”问题。[①]

（三）比较方法的类型

(1) 根据研究意图来分类。查尔斯·蒂利(Charles Tilly)根据比较研究的意图的差异将比较法分成四种类型:[②] ① 个体化的比较(individualizing comparisons)。个体化的比较旨在发现独特性,并从这种独特性中进行概括。例如孟德斯鸠在《论法的精神》中通过对一系列国家的比较,表明了英格兰政治制度的独特性;并概括了这种政体类型的性质。② 普遍化的比较(universalizing comparisons)。普遍化的比较则旨在发现个案间的共性,并在此基础上进行概括。③ 差异发现的比较(variation finding comparisons)。差异发现的比较则是通过审视个案之间的系统性差异来建立一种差异原则,这种差异涉及具有多种形式的某个现象的强度或特征。比如:在《民主和专制的社会起源》一书中,作者为了探索在农业社会过渡到现代工业社会的进程中,土地贵族和农民阶级在政治舞台上饰演的种种角色,便概括了从农业社会推进到现代工业社会的三种道路,这体现了差异发现的比较原则。[③] ④ 包围性的比较(encompassing comparisons)。包围性的比较是在一个宏大结构或过程中选择若干位置(locations),解释这些位置之间的差异和相似性,并将其看作是它们与整体结构或整个过程的某种关系的结果。即它利用微观与宏观的关系来解释微观层面的差异。布拉姆布施(A. A. van den Braembussche)将比较研究划分为五种类型,与查尔斯·蒂利的分类较为相似。[④]。① 反差比较。即极端个性化比较,这种比较仅强调对差异性的考察,并且在每个社会中这种比较都仅仅关注具有个性的唯一社会单位。② 普遍化比较。这种比较在考察差异性的同时还考察共同性,这种比较不同于历史反差比较,它基于某种普遍性的概念之上。③ 宏观因果性历史比较。这种比较对不同的历史事例提出一个共通原因的解释。④ 包容性历史比较。从不同历史事例与某一共通的结构体系之间的功能的角度进行比较。⑤ 规律化比较。试图从众多的历史事例中证明普遍的规律或发展。

---

① [美]阿伦德·利普哈特著,李陈华译:《比较政治学与比较方法》,载《经济社会体制比较》2006年第3期。

② Russell Sage Foundation, “Big Structures, Large Processes, Huge Comparisons”, in *Journal of Modern History*, 1984, pp. 87～146.

③ [美]巴林顿·摩尔著,拓夫等译:《民主和专制的社会起源》,华夏出版社1987年版。

④ A. A. Van den Braembussche, “Historical Explanation and Comparative Method: Towards a Theory of the History of Society”, in *History and Theory*, 1989, 28, p. 1.

(2) 根据比较的对象来分类。科恩(M. L. Kohn)根据研究对象的差异将比较研究划分为四个类型:[①]① 个案比较(case-study comparative)。即选择特殊的社会或文化单位进行异同比较。个案比较研究对于辨识少数几个个案中那些固定或变动的因素是颇为有用的。② 文化情境研究 (culture-context research)。文化情境研究选取代表不同文化情境的社会或单位的个案进行比较。③ 跨国研究 (cross-national research)。跨国研究以国家为分析单位,研究者跨国测量一组共同的变量,就统计分析而言,跨国研究者至少需要 50 个国家。④ 多国研究 (transnational research)。多国研究是将国家间的集团当作分析单位,对集团间的异同进行比较。

(3) 根据比较的时间维度来分类。根据比较的时间维度可将比较方法分为横向比较和纵向比较。横向比较是指对同一时期的不同对象进行对比分析,也可以在同类事物内部的不同部分之间进行对比。而纵向比较是指对同一对象在不同时期的状况进行对比分析,又称历史比较。

(4) 根据比较的聚焦点来分类。根据比较的聚焦点可将比较方法分为以个案为取向的比较和以变量为取向的比较。个案取向的比较指针对个案(国家、地区、组织等)或特定主题展开深入细致的分析。变量取向的比较则指针对多个个案中的相关变量进行比较,以便概括出变量之间的关系。[②]

(四) 比较方法的步骤

与其他研究方法一样,比较研究也需要历经研究问题的提出、文献回顾、理论框架的建立、研究设计、资料收集、资料分析、报告写作等基本步骤。这些基本步骤并不像定量研究那样是一种线性模式:"比较研究既不像定量研究那样流畅,也不像定量研究那样固定。典型的比较研究者始于特定的感兴趣的有关现象的范畴,使用分析框架帮助理解范畴,在对证据进行检查的基础上修订范畴。在研究过程中,他们集中关注案例间相似和不同的模式,评估模式的多样性。这种对多样性的评估为他们提高或修改研究之初的框架提供基础。像任何质性研究一样,比较研究在想法和证据之间激起丰富的对话。"[③]图 8-7 展示了比较研究步骤及各个步骤之间的关系。

---

① 转引自[美]劳伦斯·纽曼著,郝大海译:《社会研究方法:定性和定量的取向》,中国人民大学出版社 2007 年版,第 539 页。

② 李路曲:《个案比较与变量比较方法在制度与政策分析中的应用》,载《晋阳学刊》2011 年第 3 期。

③ C. C. Ragin, L. M. Amoroso, "Constructing Social Research: the Unity and Diversity of Method", in *Teaching Sociology*, 1994, 24(1), pp. 155～160.

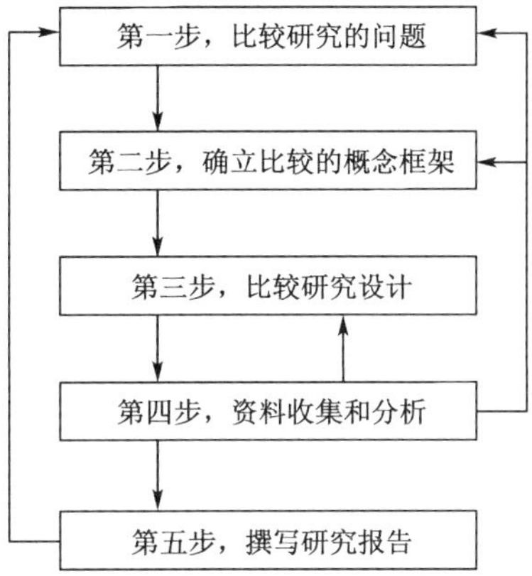

图 8-7　比较研究的步骤图示

以下是比较研究的基本步骤：①

(1) 第一步，明确比较的问题。比较问题是比较研究所要回答的疑问。比较问题的差异决定了比较目的和比较功能的差异，也决定了比较研究设计的要素和选择。常见的比较问题包括以下几类：① 形成概念建构理论类问题，比如新公共管理改革实践类型的比较。② 历史比较类问题，比如公共行政学的范式经历了几个阶段的发展。③ 探索因果类问题，比如引入内部市场机制如何提高了政府绩效。④ 差异比较类问题，比如美国和中国地方政府公共服务职能方面存在哪些异同。

(2) 第二步，确立比较框架。比较框架是进行比较的概念框架，该框架提供了比较焦点、变量关系、模型、假设，为比较研究资料的收集提供了指引。生态行政学提出的行政生态分析框架，比较政治学使用的系统分析和结构功能分析框架都是开展政治和公共管理比较研究的有用框架。比较研究的概念框架提出的过程往往是一个逐渐完善和丰富的过程。最初的概念框架来自已经阅读过的理论和文献，但是随着研究的深入和资料来源的扩大，研究框架往往需要进行调整。对于定性的比较研究而言，比较的概念框架引导着资料的收集和分析。对于定量的比较研究而言，需要在概念框架的基础上对概念进行操作化，提出研究假设。

(3) 第三步，展开比较研究设计。比较研究设计是开展比较研究、回答比较研究问题的整个规划和蓝图，反映了回答问题的逻辑、途径和方法。选择恰

① 本部分的写作参考王革、王迎军：《社会科学定性研究中比较方法的应用》，载《财经问题研究》2009 年第 12 期。

当的案例、确定比较单位、确立比较标准、明确比较逻辑是比较研究设计的主要任务。

① 选择恰当的比较对象。比较研究对象的选择是进行比较的前提，在选择比较对象的时候需要评估和检验比较对象的可比性。在进行可比性评估的同时，要逐渐建立起比较研究的基本框架，以便确定比较的焦点和变量。

② 确定比较单位。比较单位的选择过程也是比较研究者澄清比较内容、确定比较层次的过程。尼尔 · J. 斯梅尔塞(Neil J Smelser)从方法论的角度提出了选择比较分析单位的五条标准：第一，分析单位必须适合于研究者所提出的那种理论问题。比如，研究者研究的组织结构对组织绩效的影响，那么比较的分析单位就应该是组织层次。如果研究的是公务员的公共服务动机的差异，那么比较的分析单位就是公务员个人层次。第二，分析单位应该与被研究的现象有贴切的因果关系。第三，考虑到对分析单位进行分类的标准——它们的“社会性”或“文化性”。这些单位从经验上看，实际上应该是不变的，以免掩盖变化的主要根源。第四，分析单位的选择应该反映与这个单位有关的资料的可利用程度。第五，只要可能，选择和分类分析单位的决定，应该以标准化的和可以重复的程序为基础，因为这些程序本身不会成为导致错误的重要根源。①

③ 确立比较标准。比较框架中的内容一般包括多项，这种比较要进行多次比较，每次比较的单位不同，比较标准也不一样。威廉 · 乔伊斯的《4+2：什么对企业真正有效》就运用了多重比较标准。②

(4) 第四步，资料收集与分析。比较研究者根据比较研究的概念框架分门别类地收集资料，并根据资料的情况修改比较框架、调整比较的问题和焦点。比较研究者在汇集证据时，需要回答两个问题：一是证据及其反映的研究问题与所要研究的问题是否一致，证据是否足以支持所要研究的问题。二是这些证据究竟有多正确。在重新构建过去历史时，所有的文献并不是同样有价值。随着研究焦点的转变，本来无关的证据会变成有关。有的证据可能引出新的调查路线，使研究者寻找额外的肯定证据。好的证据能使研究者发现隐性的概念架构、特殊的细节以及经验通则。③

(5) 第五步，撰写研究报告。撰写研究报告是系统化地总结整个研究的过程。根据比较研究的问题和目的，可将比较研究的报告分为整理材料类的报告、

① 王革、王迎军：《社会科学定性研究中比较方法的应用》，载《财经问题研究》2009 年第 12 期。

② [美]威廉 · 乔伊斯、尼汀 · 诺瑞亚著，张玉文译：《4+2：什么对企业真正有效》，机械工业出版社 2004 年版，第 15～351 页。

③ C. C. Ragin, L. M. Amoroso, “Constructing Social Research: the Unity and Diversity of Method”, in *Teaching Sociology*, 1994, 24(1), pp. 155～160.

探索异同原因类的报告和寻求一般理论模式的报告。这三类报告体现了比较研究逐步深入的过程。整理材料类的报告只需要根据比较框架，将比较对象的异同进行描述。探索异同原因类的报告则需要进一步解释为什么存在相同和相异。寻求一般理论模式的报告则在大量比较研究的基础上，提出一个理论模型，以解释一类现象。

（五）比较公共行政研究

1997 年高斯在《公共行政手册》中总结了比较公共行政学（comparative public administration，CPA）的历史、理论、发展和未来的议题。他将比较公共行政学划分为古典时期和新比较公共行政时期。古典时期从 1961 年到 1981 年，这一时期研究的主导理论框架是功能主义的框架。研究的主要目的是将西方行政管理的技术和体系输出到发展中国家，实现发展中国家行政的现代化。新比较公共行政从 1982 年开始至今，这一时期比较公共行政的理论框架、研究领域和研究议题都得到了空前的拓展，形成了功能主义、公共选择、新制度主义三大理论框架，在研究议题上广泛地涉及政治文化、公共服务改革、人事管理、政府间关系、地方政府等议题。比较公共行政几乎涵盖了公共管理领域的所有议题，主要包括议题如下：比较行政学的理论和方法，比较公共政策，比较官僚制和政府人事管理，比较公共预算与财政管理，比较公共部门改革，比较地方政府。除了上述议题外，诸如比较政府战略、比较政府绩效、公共管理的国别比较等领域也成为学者们关注的重要领域。以下以《行政生态学》为例，阐述比较研究方法在公共管理领域的运用。

例文解析

《行政生态学》的比较研究方法

The Ecology of Public Administration

《行政生态学》

Ⅰ　著作简介

《行政生态学》是比较公共行政研究的经典之作。该书继承了高斯（Jone M. Gause）以生态观点研究公部门行政现象的传统，提出了“生态模型”（Ecological Model）用于分析发展中国家的行政问题。

Ⅱ　著作结构

该书的目录如下：

Ⅲ 著作解析

1. 问题的提出。生态理论(Ecological Theory)以生态学的观点和方法来研究行政问题的原因，在于第二次世界大战之后，一些新兴国家移植外国经验的失败，使研究者意识到经验不可以生硬移植的道理，乃改采生态学的观点来探讨生态环境对组织的影响，从整个人类世界中寻求出若干共同的模型，再以不同的模型来衡量各国行政制度的特质。

2. 理论框架与研究设计。里格斯以生态的观点研究行政问题，原先是采取“两极模型”，将社会(或国家、组织)分成两种类型：第一，农业型(agrarian)——低度发展的(the least developed)社会。第二，工业型(industrial)——高度发展的(the most developed)社会。两极模型代表了传统二分法研究的延续，分别以经济背景、社会结构、意识形态、沟通系统和权力形式等因素，探讨农业型社会与工业型社会所具备的特征，以及政治行政制度。

里格斯在研究之中发现，大部分社会(或国家、组织)，其实都是处于农业型到工业型的“中间地带”(intermediate)，没有纯粹的农业型社会，也没有纯粹的工业型社会，因而重新建立了一个更富广博性和普遍性的“融合—棱柱—绕射模型”(fused-prismatic-diffracted model)，即一般通称的“棱柱模型”。这三种类型的社会，各有其社会、经济、政治符号(symbol)，与沟通系统、政治制度、权力观念等特征，并形成了不同的行政制度。棱柱模型的建立，为发展中国家行政现象的研究带来了新的发展方向。里格斯以光线的折射，比拟国家的发展是一个连续体(continuum)，在折射之前，只是一道镕合的白光；经由棱光镜(prism)的折射，可以将白光析出七种不同的折射率；折射完成之后，则绕射射成七种不同颜色的光谱(spectrum)。

第一，折射前：光线在折射之前，是一道镕合的白光(fused white light)，象征传统的农业型社会，功能普化而不明确(highly functional diffuse)，在行政上也不讲求科学化、制度化、效率性等现代化的表现。

第二，折射完成：光线在折射完成之后，绕射成彩虹般的七道光谱，象征高度发展的工业型社会，明确的专业分工(highly functional specific)，在行政上也讲求科学化、制度化、效率性等现代化的表现。

第三，折射过程：光线在棱光镜之中的折射过程，象征由农业型社会到工业型社会的“过渡型”(transitional)社会，又称为“棱柱社会”。

棱柱社会是一个“广大发展的连续体”，可用以解释发展中国家行政现象的真实情况。一般认为，棱柱社会具有下列三点基本的特征：第一，异质性(heterogeneity)——某一个社会在同一时期出现了不同的制度、行为和观点，是一个新旧并存，传统与现代并行的社会。第二，形式主义(formalism)——传统社会的种种特性，在现代社会之中依旧具有影响力(例如，人情包袱)，理论与实际脱节，法规无约束作用。第三，重叠性(overlapping)——传统社会的结构与现代社会的结构重叠，权责混乱，且前者较具影响力，发挥实际的功能，后者却沦为形式。

三、历史比较方法

(一) 历史比较方法的含义

历史比较方法又称作比较历史法，或比较历史分析，是比较研究和历史研究同时使用的共生概念，指在历史变化发展过程中，通过对社会现象的对比，寻求历史现象的共同性和差异性，从而“在其个性中更为准确地把握历史对象并使之与其他历史对象相互区别开来”的研究方法。①

历史比较方法适合于回答以下几类问题：第一，适合回答大问题。历史比较研究是一个讨论重大问题的有力方法：例如，主要的社会变迁如何发生？绝大多数的社会有哪些共同特征？为什么当前的社会制度安排，在某些社会呈现的是某种特定的形式，而不是另一些社会呈现的另一番风貌？第二，探索哪些社会因素共同造成特殊的结果。第三，比较不同社会体系。可比较整个社会体系以了解不同社会之间，哪些是共同特征，哪些是独特之处。第四，研究长期的社会变迁。第六，重新解释资料或挑战旧的解释。第七，加强概念化及理论建构。通过检验历史事件或不同的文化情境，研究者不仅能够产生新的概念，并且还能拓展自己的观点。概念比较不可能被限制在单一的历史时刻或单一的文化之中。它们可能根植于生活在某个特定文化与历史情境之下的人类经验。

(二) 历史比较方法的类型

历史比较研究是一个庞大的家族，根据不同的分类标准，形成了多种类型划分：

(1) 根据历史比较的功能来分类。斯科克波尔(Theda Skocpol)和萨默斯(Margaret Somers)根据历史比较研究的功能将历史比较研究划分为三类：②

---

① ［德］凯博著，赵进中译：《历史比较研究导论》，北京大学出版社2009年版。

② Theda Skocpol, Margaret Somers, "The Uses of Comparative History in Macrosocial Inquiry", in *Journal of Comparative History and Society*, 1980, 22(2).

① 宏观因果比较。即通过对某些重大历史过程的比较分析，为社会发展与变迁提供因果性解释。② 理论的平行比照说明。即通过对处于不同社会历史环境中的不同实例的说明，来证明一种理论或观点的普遍性。③ 背景比较。即把两个或多个事物放在一起，对比说明它们与某一主题或特定理论之间的关系。

(2) 根据比较历史的方式来分类。曼得尔鲍姆(Maurice Madelbaum)把历史比较研究分为三种方式：① 进化方式。这种方式从社会的进化角度进行历史比较。② 遗传学方式。通过社会的传承路线追寻它们之间的相似性。③ 类比方式。包括进行直接描述的现象学形式和指明隐含相似性的分析方法。①

(3) 根据比较对象的综合性来分类。1925 年马克·布洛赫(Marc Bloch)区分了整体性比较和个性化比较。① 整体性比较。即对一般性的理论纲领在尽可能多的社会中进行验证。整体性历史比较的目的通常在于解释一切历史的和现代社会中的人类共同生活的共同规律。整体性比较总体上关注的是对结构、经历、价值以及经济、社会、文化或政治的综合性整体的比较，而不是仅对单一方面、机构、社会群体或事件的比较。② 个性化比较。即使某个社会的独特性在比较中展示出来。在实践中，历史比较通常是特殊性比较，它并不研究社会的所有方面，而是集中在特殊的课题上。②

(4) 根据比较动机来分类。根据研究动机的不同，可将历史比较分为分析性比较、启蒙性比较、理解性比较、认同性比较和历史文明比较五种。① 分析性比较。分析性比较是对历史原因的历史分析及历史类型学的构建。分析性比较更多的是试图从历史环境和历史先决条件中去解释或对一定的社会结构、体制、心态、事件、决策、辩论进行模式归纳。② 启蒙性比较。启蒙性比较又称评价性和裁决性比较。这类比较的目的不仅是对社会历史进程和事件进行一定距离的分析和模式化，也不仅是为更好地理解另一社会以及确认一个国家、地区或文明的性质，它更多地是对社会发展积极和消极方面的评价。③ 理解性比较。理解性比较旨在更好地理解其他不同的社会，它们的独特性、特有的制度、心态和结构中的逻辑性。④ 认同性比较。认同性比较是对历史认同的研究，旨在发现历史的认同性或者对其进行重建，要写出一个国家，有时是一个地区、一个地方、一种职业的这类的历史，它能使读者在这种历史中重新发现自我，在这种历史中找到自我认同，以及能够发展这种认同的条件。⑤ 历史文明比较。历史文明比较是整体文明以及大社会之间的比较。历史文明比较同其他已经谈到的历史比较

---

① Maurice Mandelbaum, "Some Forms and Uses of Comparative History", in *American Studies International*, 1980, 18(2), pp. 19～34.

② [德]凯博著，赵进中译：《历史比较研究导论》，北京大学出版社 2009 年版。

的基本意图一样，并非是特殊模式。其大部分是认同性的，当然它也可以是分析性、启蒙性和理解性的。[①]

（三）历史比较法的步骤

本书根据凯博（Kaelble）的思路，介绍历史比较研究的六个基本步骤：

（1）熟悉研究状况。对于任何历史比较研究，研究者都应尽早、尽量彻底地熟悉各个比较社会的有关研究状况。人们只有对研究状况有了一定的了解之后，才能构建出合适的比较问题。对研究状况的熟悉主要包括以下几个方面：① 对不同社会中的比较课题进行了解，并搞清在所选比较社会中其研究对象是否大体具有可比性，或把不可比的东西相互排列出来，然后去寻求其他的一定程度的可比较的机构、结构或心态。② 了解当时的术语和语言，要注意这方面的可比性和不可比性。③ 确定在基本分析上是否真的可以放弃比较社会的某个部分。④ 了解历史资料的形式和获取途径以及对资料的处理。如外出考察，到有关国家的图书馆去查询资料，同专家进行关于比较社会的讨论等。

（2）确立比较问题。没有一个真正的比较问题，历史比较多数迟早要走入死胡同。精确构建的比较问题对研究群体和研讨会是特别重要的。可以通过专家咨询和理论回顾的方式提出适当的研究问题。一个好的比较问题应该满足以下几点要求：① 有合适的比较事项。在比较事项的选择上，它要适合比较的问题，要清楚地意识到每个比较事项的优劣，然后再做出决定。② 问题与方法统一。比较研究实际上通常需要运用完全不同的方法。选择适合问题的方法并非总是清晰确定的。通常史料只适用于一定的处理方法，而且这些处理史料的方法通常并非研究历史问题的最好方法。③ 有明确的比较的类型。研究者通过历史比较问题可以明确比较的类型。即比较问题应该是对比较功能、方式、意图、对象的综合性等方面的定位。④ 有明确的知识背景。问题通常是人们从自身社会某个特定的意义背景关系中产生出来，明确比较的知识背景有助于克服可比性问题、跨文化比较问题等。

（3）选择比较事项。选择比较事项是每个比较项目的一个关键决策。进行比较事项的选择时，需要重点考虑：研究对象的可比性、比较对象的范围、研究项目的断限、比较的层次是微观还是宏观等。

（4）确定历史背景。对历史背景的思考，相比社会学、人口统计学以及经济学比较来讲，是历史比较的强项。① 背景的选择取决于差异性比较还是共同性比较。一般的，若是差异性比较，把考察对象放入比较社会中就足矣；相反对于

① ［德］凯博著，赵进中译：《历史比较研究导论》，北京大学出版社 2009 年版，第 36～37 页。

共同性的比较，一定要考虑更为宽广的背景。② 背景的选择还取决于课题的跨度。比较研究可以对世界范围的历史进行考察，尽管最终仅限于对几个国家进行研究；相反也可以对特殊历史进程进行研究，而这种进程只在很少的几个国家存在。③ 背景选择取决于一个比较的因果分析和类型学。④ 背景的选择也要考虑到当时人们优先关注的问题。

(5) 选择资料。研究者通常要就如下问题做出决定：是否这种资料的不等值性能在他的分析中得到调整，是否研究结果最终更多地取决于资料的差异性，是否人们在比较社会之间发现的差异与资料本身的差异没有关系。

(6) 选择适合的比较方法。在上述步骤完成后，就需要选择合适的比较方法展开比较研究。可选的比较方法包括简单的差异对比、求同法、共变法、分析性概括等。比较方法决定了资料的组织和综合形式。

(四) 公共管理研究中的历史比较制度分析

历史比较制度分析是历史制度主义的重要分析方法，亦是发育较为成熟、影响也较为重大、应用较为广泛的研究途径、资料收集和分析方法。正如彼得斯(Peters)所言："真正从政治学传统中发展出来，最早成为方法论意义上的新制度主义，并产生重大影响的就是历史制度主义。"①

历史比较制度分析是以制度为聚焦点的历史比较研究方法，被广泛地运用于比较政策、比较行政、比较政治经济等领域。在政治学和公共管理学的研究中，对制度的关注经历了旧制度主义时期，行为主义排斥制度的时期，新制度主义(new institutionalism)重新发现制度的时期。新制度主义包括理性选择制度主义(rational choice institutionalism)历史制度主义(historical institutionalism)与社会学制度主义(sociological institutionalism)三个学派。

历史比较方法被广泛地运用于公共管理的研究中，研究主题涉及政策执行、绩效、组织文化、区域治理等广泛的领域。比如：托马斯·布伦纳(Thomas E. Brener)完成的博士论文《社会政策和社会工作教育：一个历史比较研究》(*Social Policy and Social Work Education: A Historical Comparative Study*)，穆杰查·马丁(Mujica San Martin)完成的博士论文《国家的重建：秘鲁和哥伦比亚的管制改革和私有化》(*Restructuring the State: Regulation Reform and Privatization in Peru and Columbia*)，等等。

---

① B. Guy Peters, *Institutional Theory in Political Science: The "New Institutionalism"*, London: Pinter, 1999, p. 64.

第三节　案例研究法

一、案例研究的内涵、特征与类型

案例研究又称案例分析。在被研究现象本身难以从背景中抽象、分离出来的研究情景中，案例研究是一种行之有效的研究方法，它可以获得其他研究手段得不到的数据、经验知识，并以此为基础来分析不同变量之间的逻辑关系，进而检验和发展已有的理论体系。案例研究法是20世纪90年代以来兴起并逐步得到发展和完善的一种科学研究方法，也是实证分析的一种重要方法。研究者通过对一个或者多个案例的数据收集、分析和研究，对某些现象和事物进行描述与探索，建立新的理论或对现有的理论进行检验、发展或修改。案例研究法被广泛应用到包括法学、医学、人类学、心理学、社会学、历史学、经济学和管理学等在内的各个学科，并在各个学科研究中存在不同的界定和作用。从实践中得到真理，一个或一组案例往往蕴含着新的学术理论，这便是案例分析的学术价值所在。

（一）案例及案例研究的含义

"案例"具有丰富的含义，它既可以是一个个体、家庭、机构、族群、社团、学校，也可以是一个计划、一项事实或一组事件。当然，并不是人类社会的一切单位或事件都可构成科学研究的案例。案例必须是一个有界线的封闭系统，它指的是一个界线明确的对象而非泛指某种过程。例如，一位教师、一名学生可以是个案，一个革新方案、一所学校也可以是个案，但是一位教师的教学、几所学校间的关系均不能称作是个案，因为它们不是有界线的封闭系统。因此，要形成一个真实意义上的案例，必须具备两个基本条件：第一，它必须具有明确的界线，能够构成一个完整的分析单位或事件；第二，它必须具有某种行为形态或事实，是一个客观的社会现象。在科学研究中，案例通常被认为是对真实状况的一种描述，是许多相关事实的说明。它提供问题的真实情景，以待寻求解决问题的可行方案。因此，它所描述的事实或事件必须是真实发生的，不可杜撰，且应该有一个或数个中心问题，是一种客观的描述而没有任何主观的评论。总而言之，案例是指已经或正在发生的事实或事件，它能够提供一个问题或一连串问题，以供研究者进行思考和探索。在这个意义上，一个具有较好研究意义的案例不仅要求它是在自然环境或现实社会中真实发生的，还要求它具有一定的典型性，具有一个或多个疑难问题，可以促使人们更为深入地思考诸如假设自己遇到同样或类似的事件将会如何应对等问题。

关于案例研究的含义，学术界有不少讨论。国外代表性观点有：Bernard(1928)认为，"案例研究是用来阐明和支持命题和规则的方法，而不是归纳出新的假说。如此,诸如寓言、讽喻、远见、揭露的事物、神话、故事、悲剧、小说等从古代就开始运用社会案例”。Shaw(1927)认为,“案例研究方法强调总的场景或所有因数的组合,描述现象发生的事件过程或事件后果,在大环境下对个体行为进行研究与分析进而形成假说”。Yin(1984)给出的经典定义是:案例研究是一种经验主义的探究(empirical inquiry),它研究现实生活背景中的暂时现象(contemporary phenomenon),在这样一种研究情景中,现象本身与其背景之间的界线不明显,研究者运用大量的事例证据来展开研究。Barton(1990)认为,“案例研究是多重证据来源所重组的一段过去的或正发生的历史,证据的来源包括直接观察、系统访谈、政府与私人收藏的档案数据等”。Stake(1995)将案例研究定义为:理解特定情况或特定条件下(单一事件中)的行为过程。美国学者应国瑞认为,“案例研究是一种经验式追问,是在其自身的真实生活背景下调查一个当代的现象,特别是当现象和背景之间的边界不是泾渭分明时”。① 国内研究者的观点有:张梦中等认为,“案例研究是一种运用历史数据、档案材料、访谈、观察等方法收集数据,并运用可靠技术对一个事件进行分析从而得出带有普遍性结论的研究方法”②。欧阳桃花认为,“案例研究是通过典型案例,详细描述现实现象是什么,分析其为什么会发生,并从中发现或探究现象的一般规律和特殊性,导出研究结论或新的研究命题的一种方法”③。王定祥认为,所谓案例研究,是指对真实发生的案例进行深入调查,运用多重证据材料对案例进行研究、分析、概括和总结,进而发现新的知识和理论的实证研究方法。或者说,案例研究是一种运用历史数据、档案材料、访谈、观察等方法收集数据,并运用可靠技术对一个或者多个案例进行分析,从而得出具有普遍性结论的研究方法。案例研究的基本内涵可以进行如下阐述:④第一,案例研究是一种经验性的研究,它所描述的是真实生活事件的过程或结果,它的研究对象是现实社会经济现象中的事例证据及变量之间的相互关系。换言之,案例研究是以一个个体、一个组织(如一个家庭、一个社会、一所学校、一个部落等)或一组事件为对象,对某项特定行为或问题进行研究的一种方法。第二,案例研究是通过广泛地收集案例材料,运用多重证据来源(包括历史数据、档案材料、访谈、直接观察等)来彻底了解案例的发展历程或现状,以确定问题症结的过程。它尤其强调对案例事件的真相和前因后果进行深刻而周详的剖析。第三,案例研究的目的在于探索案例事件是

---

① 以上国外研究者的观点,均转自王定祥:《研究方法与论文设计》,高等教育出版社 2013 年版,第 301 页。

② 张梦中、[美]马克·霍哲:《案例研究方法论》,载《中国行政管理》2002 年第 1 期。

③ 欧阳桃花:《试论工商管理学科的案例研究方法》,载《南开管理评论》2004 年第 7 期。

④ 王定祥:《研究方法与论文设计》,高等教育出版社 2013 年版,第 301～302 页。

"如何(how)"和"为什么(why)"发生的,而不是"应该是什么(should be)"的问题,以期发现案例事件所隐含的一般规律和特殊性,从而提升人们对案例事件的认识。第四,案例研究的重点是去捕捉社会经济现象的片断的真实细节,而无须预先严格设定或梳理清楚其中隐藏的为数众多的变量之间的复杂关系。可见,案例研究是针对一个相对狭小领域的某一个局部性的问题进行的研究。例如,在企业管理中,案例研究一般依据企业现象,提出研究问题与理论命题、现场调查收集资料、编写案例、分析案例,最后推导出研究结论和提出今后研究的课题。又如,在案例教学中,老师通过对一个含有问题在内的具体教育情境的描述,或通过对某一教学情境的描述或录像回放,引导学生对这个特殊情境进行讨论的一种教学研究方法。在现代管理原理与知识的学习过程中,对一些典型案例进行分析是促进学习和提高教学的有效方法。

(二) 案例研究的特征

与实验、调查问卷、统计分析等研究方法相比,案例研究作为一种经验研究,它在对真实生活事件的分析方面具有显著的个性特征。归纳起来,这些特征主要有以下几个方面:①

(1) 特殊性(particularistic)。案例研究的对象属于现象学(phenomenology)的研究范畴,通常是一个特殊事件行为、方案或现象,具有一定的典型性或代表性。它往往是由许多变量组成的,这些变量之间的关系通过一些具体的事件表现出来,是可以观察到的,但研究者对这些变量无法控制。此外,在某种意义上,案例研究就是对特定情况中的人、事件或组织的研究,是一个"发现的过程"。例如,我国20世纪70年代安徽小岗村分田到户事件就构成了一个特殊的案例,在当时的情境下,它是一种特殊现象。在科学研究中,对特殊现象进行分析是极其重要的。根据库恩的观点,正是特殊(异常)现象的积累导致了新科学范式的产生。② 而统计分析方法很容易把异常的事件排斥在外,从而错过了发展新认识或新理论的机会,这就需要案例研究来弥补这一缺陷。

(2) 整体性(holistic)。案例研究虽然把案例对象从社会生活的背景中抽离出来,但它要求最大化地还原整个案例的真实全景,以求对案例对象进行全面性的理解:为什么它们会发生?它们是如何发生的?结果是什么?在这个意义上,案例研究不是简单地找几个变量,用统计分析来推论因果关系。尽管案例研究不可避免地把一些次要的细节剥离,但它反对把复杂的社会现象分解为彼此独立的元素逐个地加以探讨的元素论(elementalism)或简化论(reductionism),而

① 王定祥:《研究方法与论文设计》,高等教育出版社2013年版,第302~304页。

② [美]托马斯·库恩:《科学革命的结构》,北京大学出版社2003年版,第15页。

是强调对现象的解释必须从整个全局进行考察而不能仅以片段行为或事实作为普遍推论的依据。而“也只有在保证案例研究整体性这一前提下，案例研究的结论——案例本身作为一个完全的、被准确界定的个体样本所揭示出来的规律及相关研究结论，才有可能被推广应用到更广泛的、具有相似性的群体中”[①]。整体性特征表明，案例研究所提供的真实场景必须是全面的，有故事背景，有来龙去脉，有发展过程和人物情节，最好在附录中还要有完整的图示和数据。人们在读完案例时，至少能够掌握所述事件的基本事实以及充分的数据和资料，从而为展开进一步的研究奠定坚实的基础。

(3) 系统性(systematic)。案例研究具有系统性，研究者总是把研究对象看作是一个系统或者一个系统的组成部分，来努力识别其中存在的因果关系。一个好的案例首先必须是一个开放的体系，所提供的是真实的问题、矛盾和困境，存在着从各个侧面进行研究和解释的可能性。因此，通过案例分析进行的实证研究，虽然不一定能够完全证实或者伪证什么，但是可以有所发现。如果把案例分析作为一个封闭的体系，就无法对案例中的问题及矛盾运动做出恰当的描述和中肯的分析，甚至会发生较大的扭曲。

(4) 描述性(descriptive)。“深描”(thick description)是人类学经常使用的一个词语，是指对社会事件或其本质进行彻底且充分的文字描写。案例研究尽管不要求研究者长时间地待在“场地”收集详尽的观察证据，但它也要求研究者本着“深描”的精神，全面地捕捉社会经济现象片断的真实细节，同时研究成果必须呈现出对现象丰富、浓厚的描述。案例研究必须尽可能地包含所有可能的变量，并对变量的互动进行深入的描写，因此，它所需要的数据最好具有多重来源，如文献、新闻、统计报表、档案等。

(5) 诠释性(interpretative)。德国著名哲学家威廉·狄尔泰说：“我们说明自然；我们理解心灵。”这句话精辟地点出了自然科学与社会科学研究之间的差异——自然科学重在客观规律与因果关系的“解释”(explain)，社会科学(尤其是人文社会研究)则重在主观意义与丰富内涵的“解说”或“阐释”(interpret)。案例研究的一个重要特征，就在于其浓厚的诠释性，在于研究者能够对现象或事件建立心理关联，从而对之做出富有意义的解读和诠释，使读者对案例中的事件，尤其是对那些不容易以数字表达的思想观念、道德标准、宗教信仰、心理冲突等“软数据”有着更好的认识或理解。

(6) 归纳性(inductive)。案例具有特殊性，但是案例研究必须力求发现案例背后所隐藏的规律性。换言之，研究者通过对案例进行总结和归纳，能够得出

① 余菁：《案例研究与案例研究方法》，载《经济管理》2004年第20期。

更加抽象的、精辟的甚至带有普遍性的结论。与此同时，案例研究过程中的概念、推论或者假设，都必须源于客观的数据，植根于研究现象本身。因此，研究者应充分运用所收集来的资料，从中发现事件的内在规律。如斯特尔曼(Sturman)所说的："要通过案例(单一事例或有限事例)来得出归纳性的结论或预测未来时，研究者必须对这一事件所涉及的各部分的互相依赖关系及这些关系发生的方式进行深入的研究"。①

(7) 启发性(heuristic)。案例研究的目的不仅在于给读者提供一种对于现象的理解，更重要的是要形成新的知识或理论，从而拓展读者对研究现象的认知。换言之，案例研究有助于读者对研究现象产生新的洞察力来探索先前所未察觉的关系或变量。从这个角度看，作为一种科学研究方法的案例研究，它更高的境界在于创新或发展理论。在这个意义上，案例研究不仅是对当前社会现象的描述，也成为一种创造的过程，一种发现的过程。研究的结果又是一个新的起点，从而使不同的研究之间具有更好的共鸣和累积性。

(三) 案例研究的类型

1. 按研究任务分：探索型、描述型、实验型、评价型和解释型②

探索型案例研究，是一种发现理论或建立理论的研究。其研究对象往往是一些新生的、未被认识或者异常无序的现象，已有的经验或认识难以对其进行详尽而准确的说明或解释，这就需要研究者超越已有的理论体系，运用新的视角、假设、观点和方法来解析这些现象，从而构建起新的理论。因此，探索型案例研究的目的是对一些问题形成初步认识，为后续的研究提供服务。它往往会超越已有的理论体系，运用新的视角、假设、观点和方法来解析社会经济现象，并以构建新理论为己任。其缺点是缺乏系统的理论体系的支持，相关研究成果非常不完善。如：城乡统筹发展的路径依赖与政策选择——基于重庆试验区的案例分析。

描述型案例研究，是一种类似于"讲故事"或"画图画"的研究，主要用于完整描述处于某一特定情景中的现象。描述型案例研究不寻求建立一种新的理论体系，也不企图检验一种理论或假设的真伪，而着重于以一种娓娓道来的方式阐释案例事件的发生、过程和后果，以及要素之间的合作与竞争、一致与差异、张力与限制等。它类似于新闻报道，所不同的是它多了一层思考的意义。它力图通过"故事"来形成或主张某一种认识、理解和观点，而不仅仅在于提供一种现象学的

---

① A. Sturman, "Case Study Methods", In J. P. Keeves (Eds.), *Educational Research, Methodology and Measurement: An International Handbook*, Oxford: Pergamon, 1994, p. 49～53.

② 王定祥：《研究方法与论文设计》，高等教育出版社 2013 年版，第 304～306 页。

描述。从具体的研究思路来看，该研究往往在现有的理论框架解释范围之内，先从描述理论开始，从深度和广度上覆盖被研究的案例，从而生成一组对因果关系的假设和命题。它经常使用模式对比方法，即通过资料、证据的收集与发现，对研究中的假设（或与假设有关的模式）进行对比，以论证或修订假设。换言之，模式对比是一种定性的检验假设的方法。

实验型案例研究，是指根据自己的研究目的，运用一定的手段，在特定的环境当中进行的探索活动。如：研究者想要了解报酬对绩效的影响，在组织中选择三个单位——提高一个单位的平均报酬，降低另一个单位的平均报酬，维持第三个单位的报酬不变；经过实验比较三个单位员工的绩效，进而确立报酬与绩效之间的关系。通过实验型案例探究，研究者就可以找到相关变量之间在实际中是否存在密切的相关关系，为决策提供实际证据。

评价型案例研究，是一种具有强烈的针对性和实践性的研究，主要用于评估某一个项目、措施、政策的得失。评价型案例研究不谋求理论上的严密，也不讲究叙事的逻辑，它的目的在于从真实的案例事件中，评估一个项目的出台、一项政策的推行带来了哪些效果，进而对这些项目或政策提出相关的建议。因此，评价型案例研究作为一种实践性而非学术性的研究而备受工商管理、政府管理等部门的青睐。例如，美国的政府问责办公室就经常运用评价型案例研究的方式来报告联邦政府的项目和政策是否达到了预定的目标，是否满足了社会的需要。

解释型案例研究，是一种检验理论的研究，主要用于运用已有的理论假设来理解和解释现实发生的各种现象，即解释事情是如何发生的，并提供因果关系方面的信息。解释型案例研究的目标应该是“对事件提出竞争性的解释，并指出这样的解释如何才能运用于其他场景”①。换言之，解释型案例研究侧重从不同的甚至是相互对立的角度来解释案例事件的发生、发展或结果，从而能够根据现实发生的情形来证实或证伪已有的理论框架或假设。因此，解释因果关系是解释型案例分析的基本任务。

上述几种案例研究类型的比较，见表 8-4。

表 8-4　　不同类型案例研究方法的比较

类型	探索型	描述型	实验型	评价型	解释型
侧重点	提出假设	描述事例	检验假设	判断事例	解释现实
任务	寻找新理论 (theory seeking)	讲事故 (stogy-telling)	印证理论 (theory)	事实评价 (fact-evaluating)	理论检验 (theory-testing)

① [美]应国瑞：《案例学习研究——设计与方法》，中山大学出版社 2003 年版，第 6 页。

2. 按案例的数量分：单案例研究和多案例研究

案例研究一般是通过选择一个或者几个案例来说明问题，根据实际研究中运用案例数量的不同，可以将案例研究分为单案例研究和多案例研究。①

单案例研究，是指主要采用单一的、特殊的、关键的案例事件进行深入研究。它的用途主要有三种：第一，证实、挑战或延伸已有理论假设的某一个方面的问题，说明已有的理论或解释是否正确，或者需要补充哪些新的知识。第二，分析一种极端的、唯一的例子，从这种“异常”事件中找出潜在的、新的理论判断。例如，一般而言，民主与经济发展程度呈正相关关系。假如一个极端贫穷的地方实现了良好的民主秩序，这就构成了一个“罕见”的案例事件而值得对其进行深入分析。第三，揭露一种以前没有发现或者无法接近的社会现象。例如，艾滋病人群体的就业问题就是一种以前没有出现过的，需要进行了解的社会现象。通常认为，单案例研究不适用于系统构建新的理论框架，但它能够更深入、深度地揭示案例的发生过程以及内在因果关系，以保证案例研究的可信度。

多案例研究，是指运用一组、多组或多重的案例事件进行深入研究。它通常用于系统地证实或证伪某一理论观点，或者构建完整的理论框架。一般来说，多个案例应当加以选择以便能相互复制或是预测类似结果。② 多案例研究可以分为两种：第一，案例内分析（within-case analysis），即把每一个案例及其主题作为独立的整体进行深入的分析；第二，跨案例分析（cross-case analysis），即依托于同一研究主旨，在彼此独立的案例分析的基础上，对所有案例进行归纳、总结，并得出抽象的、精辟的研究结论。多案例研究的优点是能够更好、更全面地反映案例背景的不同方面，尤其是在多个案例同时指向同一结论的时候，案例研究的有效性将显著提高。需要指出的是，多重案例并不是根据抽样的逻辑选择出来的，而是根据系统的相似性来选择案例。换言之，其案例选择是在相似的系统中进行的。

二、案例研究的实施设计

（一）案例研究的适用范围和条件

1. 案例研究的适用范围

案例研究具有广泛的适用范围。就研究者而言，无论是经验丰富的行家还是初出茅庐的新手，都可以通过案例研究的方式迅速地对社会经济现象做出自己的解释；就研究领域而言，案例研究被广泛运用于各个学科，如法学、医学、人

① 王定祥：《研究方法与论文设计》，高等教育出版社2013年版，第306～307页。

② [美]罗伯特·K.殷：《案例研究方法的应用》，重庆大学出版社2004年版，第14页。

类学、心理学、社会学、历史学、经济学和管理学等。既然案例研究具有广泛的适用范围，那么，在什么情况下才能使用案例研究呢？一般来说，当研究的对象具有以下三种特质的时候，就可以考虑使用案例研究方法：第一，当所研究的问题还是一种新的、独特的问题，已有的文献还不能解释或回答时，就需要运用案例研究方法来打破现有的概念框架，建立一个探索性的理论框架来填补理论空白；第二，当所研究的问题与当前在真实环境中发生的事件和行为有关，涉及大量的关系时，或者矛盾交错，而研究者对此类问题几乎没有控制能力时，案例研究更有利于通过大量的沟通获取丰富的信息，从而更好地揭示问题所隐含的曲折现象、内在机理和理论意义；第三，当所研究的现象常常具有很多变量，而且需要研究者对多种来源的证据做多重互证时，案例研究可以更好地对研究证据进行整合分析，得出更为合理的判断或解释。①

具体说来，通常可进行案例分析的案例，主要有以下三种情形：一是在事物的普遍发展中具有典型特征的事物或现象，以考察其经验或教训，为其他地区同类事物的发展提供启发性的建议。如我国各地都有民间金融发展，但尤以浙江温州的民间金融最为典型，最具有借鉴意义，因而值得对“温州民间金融”做案例研究。二是处于试点阶段的新事物，需要总结经验，并向其他地区推广。如重庆和成都是国家首个统筹城乡发展的实验区，可以重庆或成都为案例，总结统筹城乡发展的经验，为其他地区统筹城乡发展提供有启发性的建议。三是在历史发展进程中，具有重要历史印记或独特影响的事物。如对“山西票号”的兴衰做案例研究，就可以为新中国金融改革和发展提供重要的案例经验。

2. 案例研究适用条件

从本质上分析案例研究法就可以发现：从哲学上来讲，人们通过对相对小的样本进行深度调查，归纳、总结现象背后的意义和基本规律，案例研究法属于解释主义的范畴；从论证方法角度看，案例研究属于实地研究方法，是一种实证研究。因此，针对这一本质特点，案例研究法可以被广泛运用到各个学科领域。当然，案例研究法的采用也需要一定的条件。这些条件主要有以下几个方面：

(1) 研究的问题属于一种理论空白或者处于学科的一个相对幼稚阶段。已有的数据和文献不能解释和回答所要研究的问题，而是需要从实践的过程中去总结、归纳出理论框架和概念模型，这时采取理论构建过程而不是理论验证过程，最佳的选择就是采用定性的研究方法。由于案例分析法就是通过深入的案例调研和系统的资料分析，从而为研究提供更为充分且较为切合实际的资料，使

① 陈振明：《社会研究方法》，中国人民大学出版社2012年版，第172页。

其能够对现实产生全方位的理解，研究者就相对容易地打破现有概念框架，从而建立一个有效的理论模型。

（2）研究的问题具有时效性和动态性。动态性是指研究者对研究的情境能够深入分析，从而能够多角度、深入地接触问题；时效性则是指研究者所选取的案例一般发生在近期。系统地从整体上把握问题的本质和全貌往往是定量研究所不能达到的效果。例如，问卷调查法通常是预先将问题简单化、标准化，再通过大量的样本数理统计分析得出结论，如果所面对的是动态性问题，问卷调查的方法就会限制观察的视角，削弱研究者的信息敏感程度。针对问卷调查的部分缺陷（如调查范围宽泛，深度和丰富性不够），案例分析则通过实地研究以及研究者融入研究情境中深入了解和接触问题，在获取数据的过程中同时学习和认知现实问题，使得研究者能够更充分地发现与实际相关的知识，从而更好地构建有普遍解释能力的理论框架。如果案例不具有时效性，对于研究者来说就不能深入到情境中收集相关的数据，也不能得出具有太大现实意义的研究结论。

（3）研究的结果主要是产生理论框架。一般的研究目的主要有建立数学模型和理论框架模式，而数学模型偏向于定量研究，多适用于有限复杂的问题，通过数学模型可以将复杂的问题简化成几个关键的变量，理论框架模式主要适合变量复杂、关系复杂的研究，因为理论框架模式易于找出变量之间的联系、变量之间作用的方向、变量变换的模式和影响结果及其输出的方式。因此，在研究目的为形成理论框架的研究当中就比较适合案例研究方法。

（二）案例研究的实施步骤

一个完整的案例研究过程一般包括：定义问题、文献分析、建立研究架构与命题、选择案例、深入访谈、资料分析、验证和修订理论、得出结论与建议。具体说来，案例研究一般应遵循以下六个步骤，如图 8-8 所示。①

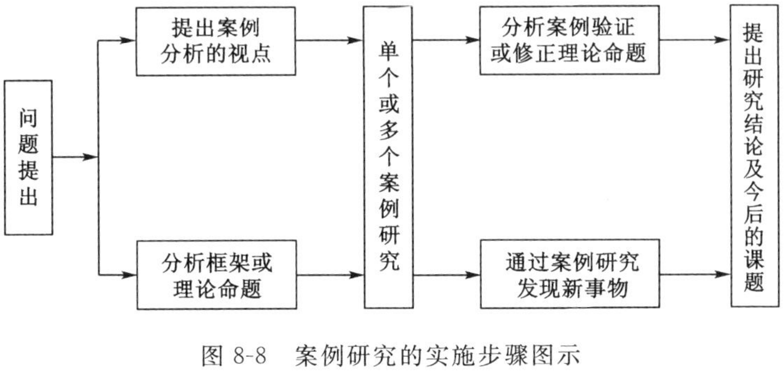

图 8-8　案例研究的实施步骤图示

① 参见王定祥：《研究方法与论文设计》，高等教育出版社 2013 年版，第 312～314 页。

（1）依据案例提出问题与研究目的。建立一个或数个相关的研究问题，是案例研究的起始步骤。没有清晰的研究问题，案例研究就容易为“海量”的研究资料所淹没，无法形成有意义的研究结论。在决定案例分析的问题时，研究者需要对以下五个层次的问题加以关注：对具体被访者提出的具体问题；对个案提出的问题；根据跨案例的发现结果提出相应的问题；对整个分析过程提出的问题；对于研究范围之外的政策提出建议和结论。这些问题可以进一步归结为“谁”（who）、“什么”（what）、“何处”（where）、“如何”（how）、“为什么”（why）五大类。一般说来，探索性案例研究与处理“什么”的问题有关。例如，什么方法能够提高管理效率？描述性案例研究与处理“谁”“何处”的问题有关。例如，艾滋病主要在哪里传播？谁参与了游行示威？解释性案例更多的是处理“如何”和“为什么”的问题。例如，为什么食品监管制度会出现漏洞？案例研究问题不是随意给出的，而是经过初步的案例资料收集和阅读后总结出来的，它应该具有清晰、简洁、有吸引力、技术上可行、有重要研究价值等特征。

（2）确立先验的理论命题。首先，研究者必须在研究问题的基础上广泛收集相关的理论概念、解释模式，对之进行初步的分类，建立起初始的理论判断；其次，研究者必须摆脱已有理论概念或模式的约束，利用研究问题作为向导，发展自己的分析框架，进而确立先验的理论命题。具体说来，确立先验的理论命题就是将研究问题进行进一步的深化与提炼，捕捉真正想要回答的问题，从而把研究的注意力引到研究范围需要检验之处。例如，如果研究对象是政府间的合作案例，初始的问题是：为什么相同层级的城市政府之间会合作提供消防服务呢？建立的理论命题是：政府间的合作是为了减少行政运行成本或提高民众获取公共服务的便捷性。

（3）定义分析单位、选择案例。在传统的案例研究中，分析单位往往是一个人或一个群体，而现今案例研究的分析单位不再仅限于单独的个体或群体，它可能是一个有明确的界限与范围的团体、计划、政策、产业或贸易等。只有界定好清晰的分析单位，研究者才能据此找到与研究命题相匹配的信息和资料。研究者在分析单位确定之后，就需要决定案例的数量，是选择单案例还是多案例。如果研究者采取多案例，就需要对大量的案例进行筛选和取样，案例的选择必须与研究问题高度相关，能够涵盖多样化的情景。研究者以此为标准，便可通过现场观察、电话采访、参考已有研究报告等方法来进行筛选，以确定所需要的案例。

（4）收集案例研究资料。案例资料的收集可以分为两个阶段：准备阶段和收集阶段。在准备阶段，研究者应做以下具体工作：一是进行案例研究的学习和培训。一般说来，学习和培训的内容包括：案例研究的目的、场地分派、案例研究任务等。二是设计案例研究任务书。其具体内容包括：项目概况、实地研究过程、收集资料的准则与方针、调研工具、研究报告格式与架构。三是案例研究试点调研。进入案例资料的收集阶段后，研究者就应当按照案例计划从多渠道展开对案例的收集与整理，这些渠道主要有文件（包括信件、备忘录、公报、会议记录、行政文件、研究报告、新闻报道等）、档案记录（从档案馆、图书馆、资料室、研究室等地获取）、访谈（有开放式、焦点式、结构式访谈）、直接观察、参与式观察和实物证据。

（5）分析案例。在此阶段，研究者需要结合科学的分析方法，如流程图、排序等，对案例资料进行检查、分类、制表，以更加直观地回应研究者最初提出的理论命题。在分析案例之前，研究者首先需要确定总体分析策略，以指导分析的进程和行动。具体的分析策略有两种：第一，根据案例研究最初提出的理论命题来组织相关的资料，运用相关资料验证所提出的理论命题。这是最常用的策略，在回答"如何"和"为何"的问题时尤为有用。第二，发展案例描述，即为组织案例研究发展一个描述性框架。这种战略不如第一种受重视，但当理论命题不存在时，能起到替代作用。

（6）撰写案例研究报告。通过案例分析提出一般性的研究结论并明确今后的研究课题，是案例研究的重要步骤，也是案例研究成果的重要内容。案例研究的最终成果可以通过研究报告、文章、书籍甚至是口头报告、录像等多种方式表现出来，根据不同的读者群做出不同的选择。不过，一般说来，书面的研究报告能够比口头或图片形式传递和沟通更为精确的信息。对于理论研究者来说，更加重要的是写作正式的案例报告，对案例进行深层次的理论分析。对于案例研究报告的写作来说，需要研究者确定报告的读者和写作结构。案例报告的读者包括：专业同仁，政策制定者、实践者等非专业人士，博士、硕士论文委员会等特殊团体，研究资助者等。这些对象的需求差异很大（见表8-5），撰写案例报告时应尽可能符合读者的需求。

表 8-5　　案例研究的读者范围①

读者对象	要　求
专业同仁	最重要的是能够与之前的理论或研究建立关联，使案例研究能够回应前人提出的观点、理论
非专业人士	对一些真实的生活场景进行详细描述，并提出具有针对性、操作性的建议
特殊团体	规范使用案例研究方法，合理运用研究证据来支持自己的研究，更重要的是得出分析性归纳结果或者建立理论模型
研究资助者	要重点指出通过案例研究发现了哪些新的或隐含的现象、特征、趋势或结论

① 转引自陈振明：《社会研究方法》，中国人民大学出版社2012年版，第186页。

如果从理论发展的角度来看，一个高质量的案例研究报告应该尽可能符合以下标准：第一，能够提出并分析新的研究问题，进而对构建新的理论框架或者发展新理论有所贡献；第二，能够拓展现有理论体系的解释力的范围，解决现有理论尚不能够予以合理解释的理论问题；第三，能够通过证实或证伪已有的理论假设来强化或修正已有理论中的相关范畴、概念之间的结构关系及有关原理；第四，能够发展用来解决问题的理论、模型或对策，从而有助于改进实践管理领域的行为或制度。

扩展阅读

案例研究报告的写作结构

一般说来，案例研究报告的写作结构包括以下六种类型：[①]① 线形分析结构。线形分析结构（liner-analytic structure）是最常见的写作结构，当案例研究的主要读者是研究同仁或论文答辩委员会时，这是一种最有利的结构。这种结构的应用范围也比较广，可以用于解释型、描述型或探索型的案例研究。一般说来，线形分析结构包含前言、研究方法、案例情景描述、研究议题、议题论证、研究主张和结语等部分。本部分文字下面的方框内，是一个典型的线形结构的案例研究报告框架，可以作为撰写案例报告时的参考。② 比较结构。在比较结构（comparative structure）中，同样的个案会重复两次或两次以上，用以证明相同案例的不同描述或解释，其目的在于显示案例事实和不同解释模式之间的匹配程度。这种结构可用于解释型、描述型或探索型的案例研究。③ 年表结构。年表结构（chronological structure）是以时间次序来呈现案例研究的证据，按照案例发展的初期、中期和晚期阶段进行编排的一种结构。这种写作方式要求案例在时间上具有一定的顺序性和因果关系。这种结构可以用于解释型、描述型或探索型的案例研究。④ 理论构建结构。理论构建结构（theory-building structure）着重在于通过案例研究构建理论模式，其章节或段落的顺序会遵循理论建立的逻辑。这种方法主要适用于解释型和探索型的案例研究，两者都涉及理论的构建。⑤ 悬念结构。悬念结构（suspense structure）是把分析的方法反转过来，在一开始就呈现研究的成果或答案，再通过倒叙的方式来分析案例的发展进程。这种方法比较容易引起读者的兴趣，主要适用于解释型的案例研究。⑥ 无序结构。无序结构（unsequenced structure）是一种没有固定顺序或格式的结构，章节或段落的次序没有特殊的意义，即使改变报告的章节次序，也不会影响其描述的价值。这种结构只使用于描述型的案例研究。

---

① [美]应国瑞：《案例学习研究——设计与方法》，中山大学出版社2003年版，第147页。

线形结构的案例研究报告框架

1. 前言

使读者能立即感受不同的经验，察觉研究的基本情境，包括时间、地点等。

2. 说明研究目的、研究方法和研究议题

告知读者研究的提要、研究者的背景，以及有助于了解这一案例的研究（理论）议题。

3. 详细描述案例的场景或进程

以“讲故事”的方式呈现案例发展的进程、当事人所处的情境或者内在矛盾与冲突，让读者感受到案例的真实性、曲折性与复杂性。

4. 建立并发展研究议题

在研究的过程中，研究者会继续发展一些关键的议题，以更好地分析案例的复杂性。对于所建立的理论议题必须运用所收集的资料来予以测试或验证。

5. 提出研究主张

说明研究的发现，使读者能够获得新的知识。

6. 结语

进行最后的说明，分享研究的经验心得。

（三）案例研究的局限性和质量保证

案例研究既是科学研究方法中应用最为广泛的方法之一，也是最容易引起误解或者被误用的方法之一。作为解释社会经济现象的一种重要研究策略，案例研究方法因其易操作、直观而被大量地使用，却又因其精确度不够高、缺乏科学严谨性而招致广泛的批评。案例研究的主要优点是：案例研究具有直观性，能够给读者身临其境的现实感；案例研究具有深入性，研究者能够对案例事件进行深刻体验；案例研究具有发现特殊现象的优势，有可能发现被传统的统计方法所忽视的异常现象；案例研究具有弹性，研究者发挥空间大等。① 看到其优点的同时，我们也要清醒地认识它的一些明显的局限性或缺点：缺乏严格性，难以进行科学类推，耗时费力，有效性不强，等等。② 还有，作为一种社会研究科学方法或

① 也就是说，案例研究的研究过程、研究对象的数据收集来源等有很大的弹性，研究者可以自由选择和决定，在进入研究情境后，有很大的发挥空间；同时，就研究用途而言，案例研究可以是描述性的、批判性的或诠释性的问题解决或理论构建，它们可以是纯粹的实践者导向研究，也可以是深奥的学术研究。

② 王定祥：《研究方法与论文设计》，高等教育出版社 2013 年版，第 308 页。

科学研究策略，案例研究长期以来缺乏严格的操作规范和学术标准，以至于案例研究成为一种“万金油”式的研究方法，研究成果鱼龙混杂，质量参差不齐。另外，在研究过程中，一些研究者缺乏研究伦理意识，不注意伦理规范的要求，比如不注意保护当事人（或群体、组织等）的隐私等，这些也是案例研究受到批评的重要方面。

如何保证案例研究的高质量，这是所有使用案例研究方法的研究者应该关心的问题。一般说来，案例研究的质量主要反映在研究结果的信度与效度上。判断案例研究质量的依据在于：一是所选案例是否具有代表性，资料来源是否客观真实，是否为第一手资料；二是案例调查与访谈的构思是否严密、细致、全面。如果案例研究的调查设计、资料收集、论述方法具有科学性、客观性、严密性，那么，基于案例研究而推导出的研究结论也相应地具有可信度与说服力。

在案例研究方法中，决定效度的首先是案例（被研究对象）的选择。假如在研究高成长企业时，选择的是一般企业的案例，则研究结论就会失去意义。其次是资料。这里有两个问题：一是资料的系统性（能否反映案例的全貌）；二是与研究问题的联系。合理选择案例，运用多重资料反映案例的全貌，将被研究问题适度展开并收集到有关资料，是提高效度的主要途径。案例研究的信度取决于资料的真实性，在研究中规范研究人员的调研行为，建立案例资料库（以免资料的丢失）都是提高信度的途径。为了提高信度和效度，需要周密地设计研究方案。撰写案例研究方案是运用案例研究方法开展科学研究的一个重要步骤。在撰写研究方案时，应尽量运用客观数据、准确语言和事实说话，避免用含糊不清或主观判断语言。案例研究方案的撰写者应在案例调查中学习，在求证中提高自身的判断能力，让案例研究落到实处。用准确的语言描述客观事实而做出的案例研究才会有真正的说服力。

扩展阅读

案例研究方法运用实例

下面列出几篇应用案例研究方法进行研究的经典文献（由于教材篇幅有限，请读者自己收集阅读和学习）。

（1）韵江、刘立：《创新变迁与能力演化：企业自主创新战略——以中国路明集团为案例》，载《管理世界》2006 年第 12 期。

（2）谢伟：《中国企业技术创新的分布和竞争策略——中国激光视盘播放机产业的案例研究》，载《管理世界》2006 年第 2 期。

（3）南京大学会计与财务研究院课题组：《论中国企业内部控制评价制度的现实模式——基于 112 个企业案例的研究》，载《会计研究》2010 年第 6 期。

(4) 吴春波、高中华、洪如玲:《民营高科技企业成长过程中人力资源管理角色演化模式研究——基于H公司的案例研究》,载《管理世界》2010年第2期。

思考与练习

1. 从某个学科或研究领域中,找到一个混合方法研究的研究成果。然后按下列步骤进行:① 暂且不管其内容如何,重点了解研究者所使用的研究方法。② 回顾混合方法研究的含义,思考这项研究如何体现了混合方法的核心特征,评判其是否算得上是一个比较好的混合方法研究。

2. 考虑设计一个混合方法项目。用你自己的话说一说,你将如何界定混合方法研究,为什么你的研究问题适合采用混合方法来解决,以及运用该方法的好处和挑战。

3. 历史方法的主要流派及基本步骤。

4. 比较方法的主要功能、基本原则及基本步骤。

5. 历史比较方法的方法论特征及基本步骤。

6. 历史比较方法探索因果关系的特殊性。

7. 案例研究的内涵、特征与类型。

8. 选择一个案例研究的成果,分析其实施步骤。

第九章 资料分析的操作

本章重点

1. 定量资料的整理与录入
2. 单变量分析、双变量分析与多变量统计分析
3. 定性资料的特点与分析过程
4. 定性资料的整理与分析方法

对于社会研究而言，资料的形式不拘一格，取决于研究方法和资料来源。其中，政府部门、行业协会等定期公布的统计数据是规范程度最高的一类资料，经过简单处理即可用于定量分析，也有着非常成熟的统计分析技术。实地调研及内容分析等研究方式所获取的资料通常比较零散，信息密度较小，或者个案数量有限，相应的，其资料分析方法也多为归纳式的提炼，以“扎根理论”的方式让规律浮现出来。① 大规模调查研究所获得的数据则介于二者之间，经过量化处理，仍然可以运用统计技术加以分析。本章介绍社会研究一般意义上的定量资料分析和定性资料分析，统计数据的分析可以参考专门的统计学书籍。

第一节 定量资料分析

一、资料的整理与录入

一般来说，应用最广泛的问卷调查所得资料的处理需要经过资料审核、编码、录入和数据清理等环节，才能生成可进行统计分析的量化数据。

（一）资料的审核

由于问卷调查样本数较大，题项较多，且分派调查员各自独立完成任务，或多或少地存在资料质量问题，因而资料的审核就成为资料处理的第一步工作。它是指研究者对所收集的原始资料（主要是问卷）进行初步的审阅，校正错填、误填的答案，剔出乱填、空白和严重缺答的废卷，以保证原始资料具有较高的准确

① [美]艾尔·巴比著，邱泽奇译：《社会研究方法》（第 11 版），华夏出版社 2009 年版，第 55～156 页。

性、完整性和真实性。① 本环节的主要作用是尽早挑出可以直观判断的废卷，避免无效数据的录入。

如果检查出问卷资料中的问题，需要重新向被调查者核实。研究者可以让调查员边收集边审核，一旦发现填答错误，或漏填误填，或其他一些有疑问的情况，就及时进行询问核实，但要求调查员个人处理各种情况的能力要比较强。也可以将资料全部收回后集中审核，这样，审核工作就可以统一在研究者的指导下进行，审核的标准比较一致，检查的质量也相对好一些。有时因时间相隔较长或空间相距太远，少数个案的重新询问和核实工作无法落实，就需要适当补充样本，以满足研究设计的样本规模要求。

（二）资料的转换

编码就是把问卷中的每个问题及回答给出一个数字，作为它的代码。到了资料处理阶段，需要将被调查者对问卷中问题的回答转换成供计算机识别和统计的数字。② 例如表 9-1 就是一份问卷中前几个问题的答案和编码。

表 9-1　　问题的答案和编码③

		编码
A1	你的性别：　① 男√　　② 女	1
A2	你的年龄＿28＿周岁	28
A3	你的文化程度：	3
	① 小学及以及　　② 初中　　③ 高中及中专√　　④ 中专以上	
A4	你的婚姻状况	2
	① 未婚　　② 已婚√　　③ 离婚　　④ 丧偶　　⑤ 其他	

在编码时，研究者需要使用编码程序和编码簿。编码程序是一套用某些数字来代表变量属性的规则说明。例如，研究者把男性编码为 1，把女性编码为 2。变量的各个特征与缺失信息都需要一个代码。编码簿是一份（一页或者多页的）文件，内容包括编码程序以及变量在以计算机读取格式表示的数据中的位置。由于社会研究的样本规模通常达到成百上千，问卷资料转换的任务往往十分繁重，需要多人共同完成。为了减少资料转换工作中的误差，保证资料转换数据的质量，在对资料编码时，制作一份完整有序、内容详尽的编码簿，并多准备几份副

① 风笑天：《社会研究方法》（第四版），中国人民大学出版社 2013 年版，第 257 页。

② ［美］劳伦斯·纽曼著，郝大海译：《社会研究方法：定性和定量的取向》，中国人民大学出版社 2007 年版，第 410 页。

③ 风笑天：《社会研究方法》（第四版），中国人民大学出版社 2013 年版，第 258 页。

本是非常重要的。

在收集资料之前，研究者就要开始思考编码程序与编码簿。例如，进行调查的研究者在收集资料前，会预先对问卷进行编码。预编码是指将代码类别（例如：1 是男性，2 是女性）编进问卷。有时候为了降解对编码簿的依赖，研究者也会在问卷中预留计算机处理格式的位置。预编码或编码过程中，还必须给每个个案一个识别码以做追踪之用。

需要注意的是，问卷题型和统计软件的处理方式会影响到编码策略。例如，当用 SPSS 对多选题进行频率统计时，就需要将多选题的每个选项都设定为一个变量，并将选中的情形编码为 1，未选中的编码为 0，然后才能用专门的程序加以统计。另外，由于一些问卷中部分问题的答案会有空缺，需要根据可能的空缺情形设置相应的编码，如被访者不清楚、不愿说等，可以用“99”、“999”等统一的数字来表示。专栏 9-1 及表 9-2 给出了问卷编码的简要示例。①

专栏 1

子女学习意见调查问卷

【基本数据】

1. 您是学童的：□父亲　　□母亲

2. 您的年龄：□35 岁以下　　□36～44 岁　　□45 岁以

【题项】

一、您未来选择孩子就读的中学时，会考虑哪些因素（可复选）

1. □学校办学的口碑

2. □校长的领导风格

3. □学校升学率高低

4. □住家交通的因素

二、对于子女小学高年级的学习科目，您重视的重要性次序为何？（1 最重视、2 次重视……）

□语文　　□数学　　□英文　　□自然　　□社会

三、对于子女小学的学习，您最最重视项目是哪一项？

□考试成绩　　□生活常规　　□同侪关系　　□品德行为

四、您对于目前子女就读学校的整体满意度如何？

□非常满意　　□满意　　□不满意　　□非常不满

① 吴明隆：《问卷统计分析实务——SPSS 操作与应用》，重庆大学出版社 2010 年版，第 300～301 页。

五、您对于目前子女就读班级的整体满意度如何？

□非常满意　　□满意　　□不满意　　□非常不满息

表 9-2　　《子女学习意见调查问卷》编码范例

问卷题项	变量名	变量标签	编码数值	某样本答案编码	编码说明
基本数据	子女关系	关系	1、2	1	二分类
	父母年龄	年龄	1、2、3	1	三分类
一、就读因素	学校口碑	a1m1	0、1	0	每个选项给予一个变量名称
	领导风格	a1m2	0、1	1	
	升学率	a1m3	0、1	0	
	交通便利性	a1m4	0、1	1	
二、科目重要性次序	语文	a2m1	1、2、3、4、5	1	每个选项给予一个变量名称，数字越大，表示越重要
	数学	a2m2	1、2、3、4、5	5	
	英文	a2m3	1、2、3、4、5	3	
	自然	a2m4	1、2、3、4、5	4	
	社会	a2m5	1、2、3、4、5	2	
三、重视因素	重视因素	a3	1、2、3、4	1	
四、学校满意度	学校满意度	a4	1、2、3、4	2	注意反向题的计分
五、班级满意度	班级满意度	a5	1、2、3、4	2	

对于问卷中的开放式题目进行编码，通常有多种可行的方案可供选择，但需要结合研究目的及所要检验的变量关系。例如，在校园调查中问到学生们认为其学校面临的最大问题是什么，假设得到了表 9-3 中所列的若干答案。① 如果关注的是财政问题，那么，“学费太高”、“书本开销太高”等即属此类。若研究侧重点是教学的，则会囊括与教师、辅导员及课程相关的答案。还可以将非教学活动细分为管理事务及校园设施两类。无论如何，编码方案要与研究目的匹配，并能反映资料本身的逻辑。

表 9-3　　校园调查中学生回答的编码方案

回答	财政关注	教学的	管理事务	校园设施
学费太高	◎		◎	

① 改编自[美]艾尔·巴比著，邱泽奇译：《社会研究方法》(第 11 版)，华夏出版社 2009 年版，第 388～389 页。

续表 9-3

回答	财政关注	教学的	管理事务	校园设施
停车位不够				◎
教师不知所为		◎		
找不到辅导员		◎		
课程不够		◎		
宿舍里有蟑螂				◎
规制太多		◎		
食堂食物不干净				◎
书本开销太高	◎	◎		
财政帮助不够	◎		◎	

（三）数据录入

经过初步审核和编码，就可以进行问卷答案的录入工作。纽曼归纳了研究者把问卷、记录表或者类似的原始资料形式转换成计算机可读取格式的四种方式：[①]① 编码表。汇集资料，然后将它从初始形式转换到网格纸（编码表）上，接着再将编码表录入计算机。② 直接录入，包括计算机辅助电话访问（CATI）。资料收集完成后，可以坐在计算机键盘（或类似装置）前，听或者看着资料录入，或者让被访者自己录入。计算机应预先设定可以接受资料的程序。③ 光学扫描。汇集资料，然后通过把方框或者圆圈涂满的方式，将它录入到光学扫描卡（被访者录入资料）上。接着在利用光学扫描器将资料转换到计算机中。④ 条形码。汇集资料，转换成不同宽度的条形码，分别表示不同的数值，然后利用条形码读写器，将其转入到计算机中。

其中，最常用的仍是借助编码表对调查问卷进行人工录入。数据的录入既可采用 Excel 等一般的编辑软件，也可采用专门的数据库管理软件，如 EpiData，直接进行录入。两类软件操作都十分方便，不同的研究者有不同的喜好，但从两类软件的特点和输入方法看，专门性的数据库管理软件往往更能保证输入的正确性，更能减少输入数据时所产生的差错，且更便于转换为统计分析软件适用的数据格式。

需要说明的是，很多在线问卷网站提供了自动化的数据回收服务，如"问卷星"、"Survey Monkey"等，上述编码和录入工作均可自动完成，研究者可以将更

① ［美］劳伦斯·纽曼著，郝大海译：《社会研究方法：定性和定量的取向》，中国人民大学出版社2007年版，第421页。

多精力用于问卷设计、样本控制和回答质量控制等工作上。

（四）数据清理

一个有完美的样本、测量工具和资料收集程序的研究，如果在编码或录入时发生错误，会威胁到测量的效度，造成错误的结果，整个研究计划可能会因此毁于一旦。因此，在录入数据后，需要借助计算机的帮助进行清理，不让有错误的数据进入运算过程。通常可以用下列几种方法来清理不同类型的数据错误。①

1. 有效范围清理

对于问卷中的定类、定序变量来说，它的有效编码值往往都有明确的范围，若录入的数据中的数字超出了这一范围，就说明出现了录入错误。例如，在子女学习意见调查问卷的数据文件中，如果在第四题"学校满意度"这一变量栏中出现了数字 5 或者 7、8 等，就出现了超出有效范围的编码值。

要检查出所有不符合要求的编码值，我们只需要在计算机上，用 SPSS 软件（或其他软件）的定义变量属性功能，就能够直观呈现各变量值的出现次数。对于超出赋值范围的数据，可通过计算机将这些个案查找出来，并同原始问卷进行核对和修改；也可直接将超出有效范围的变量值设置为缺失值，并在后续计算中排除这些错误录入的数据。如果一份问卷中错答、乱答的问题不止一两处，则可考虑将这个个案的全部数据取消，作为废卷处理。

2. 逻辑一致性清理

虽然问卷的答案都在有效编码范围内，但当被访者不认真回答应付调查时，各回答之间也可能存在逻辑矛盾，这就需要进行逻辑一致性清理。其基本思路是依据问卷中的问题相互之间所存在的某种内在的逻辑联系，来检查前后数据之间的合理性。例如，在问"你们有孩子吗？"时，被访者说没有，而后续问"请问你们的孩子今年多大了？"时，如果选择了某个年龄段，就出现了逻辑错误。其他一些具有前后内在逻辑矛盾的例子如：编码为"独生子女"的个案中，出现了"哥哥、姐姐的个数与年龄"的答案数字；编码为"未婚"的个案数据中，出现了"配偶文化程度、年龄、职业"的答案数字；等等。

要查找和清理有着上述错误的个案，需要在 SPSS 软件中，执行条件选择命令（IF）。比如，先用 IF 命令将所有回答"没有孩子"的个案挑出来，单独做频数统计；再按前述有效范围清理的方法，找到那些在"孩子的年龄"变量上编码值不为零的个案。再根据这些个案的编号找来原始问卷进行核对，纠正错误。在 SPSS 中，逻辑一致性清理还可以采取计算新变量的命令（即 compute 命令），用新变量将"没有孩子"和"孩子年龄"不为零的个案标示出来。

① 风笑天：《社会研究方法》（第四版），中国人民大学出版社 2013 年版，第 259 页。

3. 数据质量抽查

除上述两种需要进行数据清理的情形之外，还可能因被访者的回答过于粗略、人为掩饰，或录入错误，导致因数据不准确而影响问卷效度。这种错误无法通过编码的有效范围及逻辑检验来查找和纠正。例如，假设某个案在"收入水平"这一变量上应该填的答案是2(2500～4000元)，编码值也是2，却因答案修饰或录入失误，填成了3(4000～6000元)。由于数字3在有效的编码值范围中，这一变量值与其他变量之间又没有前述"性别"与"怀孕次数"、"未婚"与"配偶年龄"那样的逻辑联系，查出这类错误的办法只能是与原始问卷进行数据核对，或与被访者核对确切答案，但这意味着研究者不得不花费较大的额外工作量。纽曼认为，作为一种妥协，研究者可以采用抽样的方法，从样本中随机抽取10%～15%的个案进行数据的二次录入①，并用这一部分个案校对的结果，来估计和评价全部数据的质量。

在尽可能排除了数据错误之后，还可以根据调查数据与研究设计的出入来整理数据，做进一步的修正。虽然研究者无法使用比收集到的原始数据更加细微的分类，但可以把数据合并或重新分组。尤其是当选择某些类别的个案数量过少而不满足统计软件的计算要求，或不具有研究的典型意义时，就有必要如此修正。例如，研究者可以将定比层次的收入数据分成五个定序尺度的资料。同样的，他也可以把整个指标的数据结合成一个新的变量，或是把整个题目(通常为量表形式)的答案加总起来，变成指数分数。

二、单变量分析

描述统计(descriptive statistics)，是描述数字资料，可以根据所涉及的变量个数而做不同的分类：单变量、双变量、多变量，分别指一个、两个，以及三个或以上的变量。单变量统计描述一个变量。描述一个变量的数字资料最简单的方法就是频数分布。这个方法可以用于定类、定序、定距或定比资料的统计，而且有很多种不同的形式。例如，表9-4用频数分布的方式，列出了调查对象上一年新增储蓄量的总体情况。同一笔资料也可以用图形来呈现(见图9-1)，常见的图示法有直方图、条形图和饼图。条形图和饼图用于表现离散的变量，在长条之间存在着垂直和水平方向的小的间隔。直方图通常是针对定距或定比资料而画的条形图。

① [美]劳伦斯·纽曼著，郝大海译：《社会研究方法：定性和定量的取向》，中国人民大学出版社2007年版，第422页。

表 9-4　　频数分布表示例:上一年新增储蓄量

上一年新增储蓄量(元)	频数(人)
5000 以下	25
5000～9999	50
10000～15999	100
16000～19999	150
20000～29999	50
30000 以上	25
总计	400

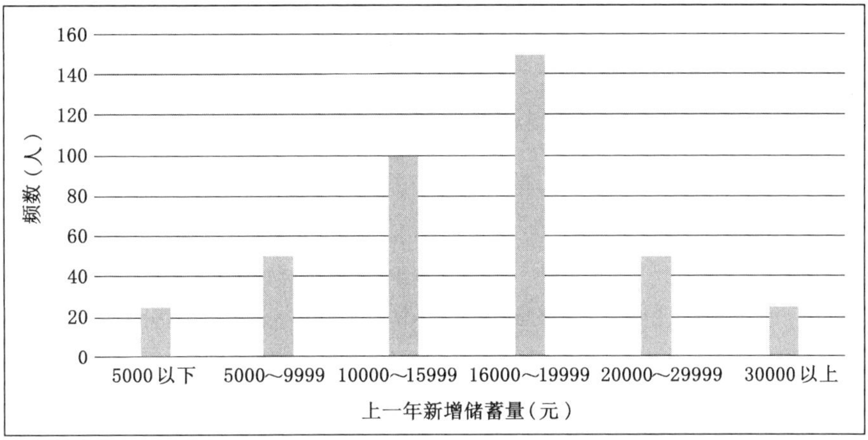

图 9-1　单变量统计图:上一年新增储蓄量的柱状图

(一) 集中程度分析

集中程度分析指的是用一个典型值或代表值来反映一组数据的一般水平,或者说反映这组数据向这个典型值集中的情况。最常见的集中程度测量指标有众数、中位数和算术平均数(简称平均数,也称为均值)三种。

众数最容易使用,而且不论是定类、定序、定距还是定比资料,都用得上,就是数列中最常出现的数字。举例来说,6,5,7,10,9,5,3,5 这个数列的众数就是 5。一个频数分布可能有一个以上的众数。例如,数列 5,6,1,2,5,7,4,7 的众数是 5 和 7。如果数列很长,很容易就可以从频数分布表上找出众数——只要找出现频数最多的那个数就是了。至少总会有一个个案的分数会等于众数。①

中位数是位居中央的那一点，它也是第 50 个百分位数，也就是说，有一半的个案在该数之前，而另一半的个案在该值之后的那一点。它可以用于定序、定距或定比资料(但是不能用于定类资料)。用目测就可以找出众数，但是算出中位数则需要借助稍微复杂的公式。

均值，也称为算术平均数，是总体各单位数值之和除以总体单位数目之商，只能用于定距和定比资料，统计分析中习惯以 $\bar{x}$ 来表示。社会调查中最普遍的数据是分组数据。如果是单值分组资料，如受教育年限，取值区间在 0 ～ 25 年左右，那么，计算平均数时首先要将每一个变量值 x 乘以所对应的频数 f，然后将各组的数值之和全部相加，并除以单位总数 N(也即各组频数之和 $\sum f$)。其公式是：

$$\bar{x}=\frac{\sum xf}{\sum f}$$

在调查收入、年龄等方面情况时，常常得到组距分组形式的资料(比如，人口普查的许多数据就是以年龄分组的形式给出的，即我们常常知道的是 0～4 岁、5～9 岁、10～14 岁等年龄段的人数、他们的各种特征等)。这时，若要计算样本的平均数，就需要先计算出各组的组中值，为各组上限值与下限值的平均值，然后再按照上述单值分组资料计算平均数的公式计算。例如，调查某企业 1000 名职工的收入，得到表 9-5 中的资料，根据上述公式计算他们的平均收入为 3800 元，即职工收入总额 380000 元平均分到 1000 位职工头上。

表 9-5　　某企业 1000 名职工的收入分布

收入(元，x)	职工人数(人，f)	组中值(元)	收入总额(元，xf)
1000～1999	100	1500	150000
2000～2999	100	2500	250000
3000～3999	400	3500	1400000
4000～4999	200	4500	900000
5000～5999	200	5500	1100000
合计	1000		3800000

均值受到极端值(非常大或非常小的值)改变的影响很大。举例来说，6 位

① [美]劳伦斯·纽曼著，郝大海译：《社会研究方法：定性和定量的取向》，中国人民大学出版社 2007 年版，第 425 页。

市民的年龄分别为17,20,26,30,50,70岁,其年龄均值为35.5岁。若50岁与70岁的人离开,换上两位31岁的人。这个时候的新数列就是17,20,26,30,31,31,均值就变成了25.8岁。因此,当若干极大值移走时,均值就会下降很多。由于很多经济体的居民收入分布并不太对称,正如基尼系数所测量的,少数富有的人会抬高整体居民的平均收入水平,从而降低了均值收入的代表性。正是由于这个原因,从20世纪50年代开始,美国人口普查局就在每年的统计报告中同时公布居民收入水平中位数和均值。据2016年9月发布的美国居民收入及贫困状况报告显示,2015年美国所有家庭收入的平均数为79263美元,中位数为56516美元。① 因此,究竟哪种平均数是典型值的最好代表?到底应使用哪个测量?这应取决于资料的特性和分析目的。

（二）离散程度分析

与集中程度分析相反,离散程度分析指的是用一个特别的数值来反映一组数据相互之间的差异程度。它与集中程度一起,分别从两个不同的侧面描述和揭示一组数据的分布情况,共同反映出资料分布的全面特征。同时,它还对相应的集中程度(如平均数、众数、中位数)的代表性做出补充说明。例如,某次竞赛中,3个队中5位队友的成绩见表9-6:

表9-6　　三只参赛队的队员成绩统计

参赛队	队员1	队员2	队员3	队员4	队员5	平均分	标准差
甲队	78	79	80	81	82	80	1.58
乙队	65	72	80	88	95	80	12.02
丙队	35	78	89	98	100	80	26.62

仅从衡量各队总体水平的集中程度指标来看,3个队的平均成绩都是80分,但80分对甲队的代表性最高,而对丙队的代表性最低。同样,这种离散程度有重要的社会意义。虽然很多经济体的居民平均收入水平比较接近,但若某个经济体中有5%的家庭年收入超过50万元,其他经济体的家庭年收入几乎相等,这也意味着重要的社会差别,可能与市场机制的作用范围大小有关,也可能与社会保障和公共服务的供给力度有关。研究者如果不知道这些经济体家庭收入的离散程度,可能就会漏掉很多重要信息。

常见的离散程度统计量有2类,一类是取绝对值的,如全距、标准差、四分位

① 数据来源:U. S. Census Bureau,"Income and Poverty in the United States: 2015—2016", https://www.census.gov/content/dam/Census/library/publications/2016/demo/p60-256.pdf

差、百分位数等，另一类是相对指标，如异众比率、离散系数等。全距与百分位数适用于定序、定距和定比资料，而标准差只能用于定距或定比资料。

标准差是最难计算的离散量数，但是它也是最有意义和最常用的量数。标准差的计算要利用到均值，也就是计算所有分数与均值的“平均距离”。其计算公式为：

$$S=\sqrt{\frac{\sum(x_i-\bar{x})^2}{N}}$$

各变量的含义同均值计算公式。经计算，前述甲、乙、丙 3 个队的标准差分别为 1.58 分、12.02 分和 22.62 分。这几个数值衡量了各队内队员竞赛水平的差异程度，也同时表明丙队平均成绩的代表性最小。

离散系数则是一种相对的离散程度统计量，其计算方法是某指标的标准差与平均数的比值，用百分比表示。可以比较同一总体在多个方面的离散程度，也可以比较两个不同总体中在同一方面的离散程度。其典型的社会应用场景是衡量某种资源在人群中分配的均匀程度。例如，一项调查得到下列结果：某市人均月收入为 3000 元，标准差为 400 元，人均住房面积 45 平方米，标准差为 3.5 平方米。那么，该市人均收入和人均住房情况哪一个差异程度比较大？在收入方面，其离散系数为 400÷3000×100％＝13.3％，而住房方面的离散系数为 3.5÷45×100％＝7.8％，显然，答案是收入方面的差异更大。

借助标准差与均值，还可以构造出一个标准化指标——Z 分数，来衡量来自不同总体的两个分数的相对大小。Z 分数又称标准分数，计算公式为：

$$Z=\frac{x-\bar{x}}{S}$$

它是以与均值相差几个标准差的数目来表示在频数分布上的各个点或者各个分数。Z 分数表示的是他们在分布中的相对位置，而不是绝对的数值。纽曼通过一个例子说明了标准分数的作用，见专栏 2。①

专栏 2

苏泽特与乔治，谁的成绩更好？

有位雇主对来自国王学院（Kings College）与皇后学院（Queens College）的学生进行访问。她获知这两所学院很类似，而且采用的评分等级都是 4.0 量表。然而，国王学院学生各科成绩的平均积分点是 2.62，标准差为 0.50；而皇后学院

① ［美］劳伦斯·纽曼著，郝大海译：《社会研究方法：定性和定量的取向》，中国人民大学出版社 2007 年版，第 428 页。

学生各科成绩的平均积分点是3.24,标准差为0.40。因此雇主就怀疑皇后学院的成绩比较宽松。从国王学院毕业的苏泽特(Suzette)的平均积分点是3.62,而从皇后学院毕业的乔治(Jorge)的平均积分点是3.64。两位学生都学习同样的课程,因此雇主就想根据两所学院的实际成绩分布来调整两位学生的成绩(即算出标准分数)。他先分别把两位学生的成绩减去均值,再除以标准差来算出 Z 分数。苏泽特的 Z 分数是3.62－2.62＝1.00,1.00÷0.50＝2;乔治的 Z 分数是3.64－3.24＝0.40,0.40÷0.40＝1。因此,这位雇主得到苏泽特的成绩是比她学院平均成绩高两个标准差,而乔治的成绩则只比他学院平均分数高一个标准差。虽然苏泽特的绝对积分点比乔治低,但是相对于他们自己学院的学生,苏泽特的成绩则要比乔治来得高。

三、双变量分析

单变量统计只单独描述一个变量,双变量统计要更有价值。它可以使研究者同时考虑两个变量,并且描述这两个变量间的关系。实际研究中即使是简单的假设都需要两个变量,如某区域居民癌症发病率较高,可能与当地的水质有关。纽曼通过两个概念——协变(covariation)与独立(independence)对双变量的统计关系进行了系统阐释。① 协变意指一起发生变化,或者有所相关,在某个变量上有某个特定值的个案,在另一个变量上很可能也有某个特定值。例如,在收入变量上有较高值的人,很可能在生活期望的变量上也会有较高的值。可以用比较简短的方式来描述这个现象,即收入与生活期望有关。也可以说了解一个人的收入就可以告诉我们这个人可能的生活期望,或者说生活期望是依据收入而定的。独立是协变的相反,是指变量间没有相关或没有关系。如果两个变量是独立的,在某个变量上有某个特定值的个案,在另一个变量上并不会有任何特定值。例如,研究者想要知道兄弟姊妹的数目是否与生活期望相关。如果这两个变量是独立的,则有较多兄弟姊妹的人将会和没有兄弟姊妹的人有同样的生活期望。换句话说,知道一个人的兄弟姊妹数目并不能使研究者了解到关于那一个人的生活期望。

大部分研究者是以因果关系和期望协变的方式来陈述假设,并通过假设检验进行验证(将于下一部分讨论)。有三种常用的统计分析技术来确定两个变量之间是否有协变关系:散点图或关系图、交互分类表和相关系数。

(一) 散点图

散点图是研究者将每一个个案或观察值描绘出来后,所得到的图形,其中两

① [美]劳伦斯·纽曼著,郝大海译:《社会研究方法:定性和定量的取向》,中国人民大学出版社2007年版,第430～431页。

个坐标轴代表的都是变量的值,常用于连续变量的分析。研究者从散点图中可以看到双变量关系的三个层面:形式、方向和精确度。我国近年来的计划生育政策发生了重大改变,允许公民生育第二个孩子,假如研究者对不同受教育程度的居民是否愿意生育第二个孩子感兴趣,并调查了30位居民,绘制成散点图(图9-2)。其中,横轴受教育年限测量的是居民的受教育程度,以年为单位,纵轴的生育二孩的意愿用1～10分来表示,分数越高,表示生育意愿越强。

首先,变量关系有三种形式:独立、直线和曲线。独立或说没有关系是最容易辨识的,看起来就像毫无任何模式的随机散布,或者是完全平行于横坐标和纵坐标的一条垂直线。直线关系是指可以从个案的散点图中,看出一条从某个角落伸展至另一个角落的直线。曲线关系是指个案的迷阵中央会形成像U形、倒U形或S形的曲线。图9-2中呈现的是一种近似的直线关系,即在整个样本中,都有同样的规律:受教育程度越高的居民中,愿意生二孩的比例越低。

其次,对于直线关系,其关联方向可以是正面或负面。正面关系的图形大致上是从左下角往右上角延伸的对角线,较高的 x 值倾向于与较高的 y 值一起发生;反之,较低的 x 值至于较低的 y 值一起出现。本例中描述的就是负面的直线关系。

对于这个关系的假想(拟合)线,可能比较平坦也可能比较陡峭。图9-2中给出了具体的直线表达式。统计学中提供了关于这条直线斜率精确数值的计算方法。

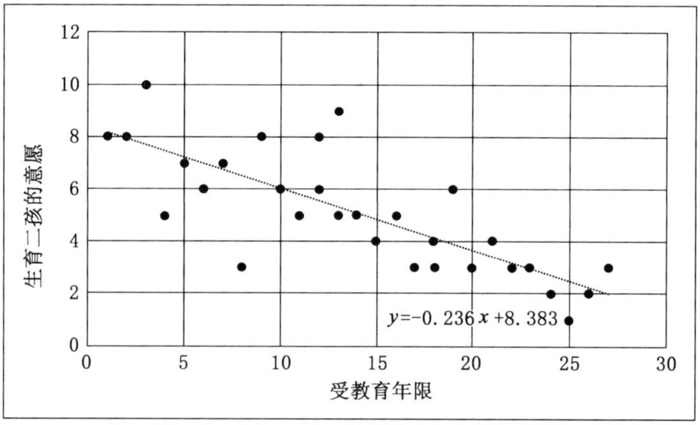

图9-2 假设的散点图:30位妇女的受教育年数与生育二孩意愿的关系

最后,双变量的关系还取决于精确程度。精确程度是图形上各点的离散程度。高精确度发生在各点位于描述变量关系的直线附近，而低精确度则发生在各点广泛分布于这条直线的两侧。研究者用目测就可以看出精确度的高低，他们也可以使用高等统计学，即一种类似于计算单变量标准差的方式，来测量变量关系的精确度。

（二）交互分类表

交互分类(cross tabulation)是一种专门用来分析两个分类变量（可以是定类变量，也可以是定序变量）之间关系的统计分析方法。它是将研究所得的一组数据按照两个不同的变量进行综合的分类，其结果通常以交互分类表（又称为列联表或交叉表）的形式反映出来。表 9-7 就是交互分类表的一个例子。

表 9-7　某次调查样本的构成情况统计表　（人）

性别	年　龄			
	青年	中年	老年	合计
男	70	60	50	180
女	50	40	30	120
合计	120	100	80	300

交互分类表可以将研究对象分门别类，以便于对比，较为深入地描述样本资料的分布状况和内在结构。为了说明交互分类表的作用，可以举一个例子：假设在一次抽样调查中，我们得到下列结果（见表 9-8）：

表 9-8　人们对某政策的态度统计表

赞成	反对	不表态	调查人数
45%	45%	10%	2000

表 9-8 中信息似乎表明：该总体中持赞成态度和持反对态度的人大致相等。但是，当按性别对此结果进行交互分类统计时，又会有新的发现（见表 9-9）：不同性别的人们对这一政策的态度有很大的差别，男性基本上倾向于赞成，而女性则主要倾向于反对。类似的，我们还可以做出年龄、职业或文化程度与态度的交互分类表，以研究各类人群对这一政策的态度有何不同。①

① 风笑天：《社会研究方法》（第四版），中国人民大学出版社 2013 年版，第 267 页。

表 9-9　　不同性别的人们对某政策的态度统计表

态度	男	女
赞成	85%	5%
反对	10%	80%
不表态	5%	15%

交互分类表还能直观呈现更真实的相互关系，对变量之间的关系进行分析和解释。研究者常用百分比表进行比较。即在各类别单元格中以百分比计，这样做便于进行各组间对比，也可以通过百分比与各类合计数来推算每一个细分组别的人数。比较的方向与百分比计算的方向相反。一种经验法则是：如果表是向下求的百分比的（即按列计算的），就跨行比较；如果表是横向求的百分比的（即按行计算的），就比较各列之间的差异。表 9-10 就是这样一个跨行比较的例子：将 500 名工人按不同级别文化程度与工资收入进行交互分类。

表 9-10　　500 名工人文化程度与工资收入的交互分类表

工资收入	文化程度			
	大专以上	中学	小学及以下	合计
高	58%	7%	3%	10%
中	31%	73%	19%	50%
低	11%	20%	78%	40%
合计 (n^*)	100% (45)	100% (275)	100% (180)	100% (500)

* 对交互分类表来说，各单元格中填入百分比易于对比，但必须提供个案总数。百分比就是根据括弧内的个案总数计算的，总和接近 100%，这样才能从百分比转换成原始计数表，然后再转换回来。例如，大专以上文化程度的工人共有 45 人，其中工资收入高的工人占总数（45 人）的 58%，那么，该百分比对应的人数就是 26 人（45×58%）。

对表中各列数据进行纵向的跨行对比可知，在总共 500 名工人中，工资收入较高的只有 10%，但在文化程度为大专以上的工人中，却有 58%是高工资收入；另外，在 500 名工人中，低工资收入的比例为 40%，而在低文化程度的工人中，低工资收入的比例却达到了 78%。相比之下，高文化程度工人中的低收入者只占 11%，远远低于低文化程度工人的比例。通过对比，不难看出文化程度与工资收入水平之间的正相关关系，这就是：文化程度越高的工人中，工资收入水平高的比重越大；而文化程度越低的工人中，工资收入水平低的比重越大。这样就通过交互分类实现了对变量之间的关系进行分析和解释。

同理，若列出表格中的横向百分比数据，则可以比较不同工资水平的组内，三种文化程度的工人各占百分之多少。其基本结论是，高工资组的工人中，文化程度为大专以上的比例明显高于其他两组，且依次递减；而低工资组的工人中，文化程度较低的比例会更高些。虽然分析路径不同，但对于两个变量关系的分析将会得出一致的结论，可谓殊途同归。

交互分类表中两个变量是否相关，可以根据各单元格中的百分比来判断。如果表中没有任何关系，各行或各列方格中的百分比看起来会相当接近。当有直线关系存在时，对角线上会有比较大的百分比。如果有曲线关系，最大百分比值在各方格中显示出一种图形。例如，有最大值的方格可能在右上角、下方中央和左上角。从中等大小的表（即有 9 到 16 个方格），其中大部分的方格都有一些个案（至少要 5 个个案），而且关系很明显精确时，是很容易看出关系的。

（三）相关性测量

相关测量值是描述一个关系的强度及方向的单一数字，可以把一个双变量关系的信息浓缩简化成单独的一个数字。相关测量值有很多种，并常用希腊字母来命名，每一种的适用性须视测量层次而定。这里先介绍这些相关测量值的基本原理。

大部分相关测量值，遵循的是消减误差比例（proportionate reduction in error，PRE）的逻辑。这个逻辑问的问题是对某个变量的知识会降低多少在猜想第二个变量时所造成的误差？独立是指一个变量的知识并不会降低在另一个变量上的误差机会。如果变量间是独立的，则测量相关的量只会等于 0。如果有强烈的相关和关系存在，那么根据第一个变量的知识来预测第二个变量时，只会出现很少的误差，或者说降低误差的比例会很大。猜测正确的频数越多，意味着变量间相关越强，则相关的测量会是个非零的数值。PRE 越大，表示以 x 值去预测 y 值时能够减少的误差所占的比例越大。换句话说，x 与 y 之间就越是相关，或者说，x 与 y 的关系越强。比如说，$PRE=0.7$，表示以 x 预测 y 时能减少 70％的误差，说明二者之间的相关程度较高；而 $PRE=0.09$，则表示只能消减 9％的误差，即 x 与 y 之间的关系微弱。[①]

大部分的值介于－1 到＋1 之间，负值是指负面关系，正数是指正面关系。测量结果为 1.0 的意义是误差降低程度为 100％，也就是说完美的预测。要判断两个变量之间的相关强度，必须进行相关系数的测量。而这种相关测量与变量的层次有着密切的关系。

① ［美］劳伦斯·纽曼著，郝大海译：《社会研究方法：定性和定量的取向》，中国人民大学出版社 2007 年版，第 449 页。

1. 定类变量

如果两个变量都是定类层次，可以采用 λ 系数进行测量。λ 系数优于其他几种相关统计量的地方，是它具有消减误差比例的意义。λ 系数的基本特点是以众值作为预测的准则。其计算公式为：

$$\lambda = \frac{\sum f_0 - F_y}{n - F_y}$$

公式中 f_0 表示变量 x 的每一个值之下变量 y 的众数，F_y 表示变量 y 的边际分布中的众数。

下面以表 9-11 中的资料为例，来说明 λ 的计算方法。①

表 9-11　　　　性别与吸烟态度的交互分类

态度(y)	性别(x)		合计
	男	女	F_y
赞同	96	18	114
反对	24	62	86
合计	120	80	200

根据 λ 计算公式，有：$\lambda=(96+62-114)\div(200-114)=0.51$。因此，性别与对吸烟态度之间存在中等程度的相关。也可以说，用性别去预测对吸烟的态度，比仅用对吸烟态度自身的资料(即边际分布的众值 114)去预测对吸烟的态度，可以减少 51%的误差。

2. 定序变量

如果两个变量都是定序变量，我们可以用古德曼和古鲁斯卡的 Gamma 系数来测量它们之间的相关关系。Gamma 系数通常用 γ 表示(有的用 G)，其取值范围是[−1,+1]，适用于分析对称关系，且既表示相关的方向性，又表示相关的程度。γ 系数与 λ 系数一样，也具有消减误差比例的意义。其计算公式是：

$$\gamma=(N_s-N_d)/(N_s+N_d)$$

公式中，N_s 表示同序对数目，N_d 表示异序对数目。所谓同序对，指的是变量大小顺序相同的两个样本点，即其在变量 X 上的等级高低顺序与在变量 Y 上的等级高低顺序相同；否则就叫作异序对。以表 9-12 中有关受教育程度与偏见的假想资料为例，这两个变量间的关系是当受教育程度上升时，偏见降低，也就是受教育程度与偏见之间呈负相关。

① 风笑天：《社会研究方法》(第四版)，中国人民大学出版社 2013 年版，第 272 页。

表 9-12 有关教育程度与偏见的假想资料

偏见	小学及以下	初中	大专及以
低	200	400	700
中	500	900	400
高	800	300	100

首先计算同序对数量:表中每一格的次数乘以所有出现在该格右下方所有格子中数量的总和,然后将这些总数全部相加,即 200×(900+300+400+100)+500×(300+100)+400×(400+100)+900×100=830000。再计算异序对数量:表中每一格的次数乘以出现在该格左下方所有格子中数量的总和,然后将这些总数全部相加,即 700×(500+800+900+300)+400×(800+300)+400×(500+800)+900×800=3430000。γ=(830000−3430000)÷(830000+3430000)=−0.61。答案中负号表示受教育程度和偏见具有负相关性,正如最初观察该表时显示的一样,而数字则表示配对中相反关系数比相同关系数多 61%。

3. 定距变量或定比变量

对于定距或定比变量来说,由于其数学特征的不同,可以用更精确一些的相关系数来反映它们之间的相关程度,其中,最常用的是 Pearson 相关系数,用 r 表示。其计算原理是衡量两个变量(x,y)一起发生变动(即协变)的强度,先计算两个变量的 Z 分数(Z_x,Z_y)乘积的总和,然后除以总个案数 N,它的值总是介于+1.0 与−1.0 之间。其计算公式为:

$$r = \frac{\sum Z_x Z_y}{N}$$

具体而言,把每个变量上的分数转化为 Z 分数,这个过程实质上是根据变量的均值与标准差而把所有的变量给“标准化”了。接下来把每个个案的 Z 分数乘起来,这告诉我们变量在每个个案上协变的程度——在两个变量上都有高 Z 分数的个案会变得更大,而两个变量上 Z 分数都低的个案会变得更小。最后把 Z 分数的乘积加总起来再出除以总个案数,结果产生的是一种标准化的平均协变数。简言之,相关系数就是把散点图上的一个关系的信息摘要成单独的一个数字。最后,r 只测量直线关系,它无法测量非直线或曲线关系。举例来说,r 值为 0 可能是说没有关系,也可能是说有曲线关系。

除上述相关测量方法之外,针对其他类型的变量组合,统计学家都开发了相应的相关系数。例如,当两个分析的变量一个为定类(或定序)变量,另一个为定距(以上)变量时,我们用相关比率来测量二者间的相关程度。相关比率又称为 *eta* 平方系数,记为 E^2,其数值范围由 0 到 1,也具有消减误差比例的意义。又如卡方(χ^2)有两种不同的用途。它可以和这里所描述的其他量数一样，作为描述统计中相关的测量值，或是用在推论统计之中(将于下节中做扼要的叙述)。作为一个相关的测量值，卡方适用于定类与定序的资料中。它的值上限为无限大，下限为零，表示没有相关。其他类型的相关系数参见一般的统计学教材，这里不再赘述。表 9-13 对这些相关测量进行了简要归纳。

表 9-13　两变量间关系的测量与检验方法的总结表

两变量层次	相关系数	取值范围	是否对称	有无消减误差比例意义	独立关系
定量—定类 (定类—定序)	λ	[0,1]	对称	有	0
定序—定序	γ	[−1,1]	对称	有	0
定类—定距 (定序—定距)	E^2	[0,1]	不对称	有	0
定距—定距 定比—定比	r	[−1,1]	对称	无	0
定类—定序	χ^2	无限大	对称	无	0

需要说明的是，有些社会研究者在对资料进行统计分析时，常常将定序变量看作(并非实际等于)定距变量，并采用 Pearson 相关系数 r 来进行计算，甚至进行线性回归分析。比如，将文化程度高、中、低转化为高＝3，中＝2，低＝1，然后将它们作为定距资料进行运算和统计。事实上，这些数字(3,2,1)只具有等级的含义，而不具备定距层次的数学特质，即不能进行加减乘除运算。严格意义上，这样做是不行的。之所以一些研究者这样做，一个主要的原因是当变量上升到定距层次后，便于用来进行各种多元统计分析。①

四、多变量统计分析

各种社会现象之间的关系是错综复杂的，相互联系的两种现象之间的关系常常受到其他一些因素的影响。因此，在社会研究中，研究者除了进行双变量分析外，还常常需要进行多变量分析。下文将先介绍统计控制的原理，进而举例说明引进控制变量的两种方法——详析模式和多元回归分析。

(一) 统计控制

显示两变量间有关系，并不能说是自变量影响了因变量。例如，双变量表显示身高较高的青少年比身高较矮的更喜欢棒球。但存在于身高对棒球态度之间

① 风笑天:《社会研究方法》(第四版)，中国人民大学出版社 2013 年版，第 273 页。

的这种双变量关系可能是虚假的，研究者还必须去找其他的替代解释——那些会使假设关系变成虚假不实的解释。实验研究者通过对比性实验设计来实际控制会对结果产生作用的其他潜在性替代解释。

在非实验研究中，研究者是通过统计方法对其他的替代解释进行控制，通过控制变量来测量可能的替代解释，然后再用多变量表与统计来检查控制变量，协助他决定某个双变量关系是否为假。这样也能显示各个自变量对因变量影响的相对大小。在身高与棒球偏好的关系中，因为少男比少女要高，少男本来就比少女喜欢棒球。要检验这项关系是出于性别，研究者必须要控制性别，换句话说，必须排除性别在统计上的效果。一旦完成这项处理，研究者就可以看出身高与棒球态度的双变量关系是否仍然存在。

通过引进第三个变量（有时候或许有第四个或第五个），研究者得以应用多变量分析（多于两个变量）控制其他的替代解释。需要注意的是，如果一项研究要同时控制多个第三变量，那么分表就会很多，与此相应的是每一个分表中所能够包含的个案数目就会很少。这时，测量两变量间关系就会很不准确。所以，在样本量有限的情况下，研究者往往只能选择几个相对重要的第三变量，而不能随意地把所有可能的变量都引入进来。引进控制变量的方法有两个：三变量百分比表和多重回归分析。下面将扼要介绍这两种方法。

（二）详析模式

为了满足因果关系所要求的所有条件，研究者需要“控制”或是查看替代解释是否能够解释因果关系。如果替代解释可以解释这个关系，那么双变量关系就是虚假的。详析模式是一个阅读三变量交互分类表的系统，用于确定两个变量间的真实关系。它描述引进控制变量后所显现的模式。替代解释被操作成第三变量，通称为控制变量，因为是作为控制替代解释之用的。利用三变量表可以实现对控制变量进行统计处理。三变量表不同于双变量表，它们包括多个双变量表，一个三变量表针对控制变量的每一个类别，都有一个自变量与因变量的双变量表。这些新表称为分表。分表的个数则取决于控制变量的类别数。

研究者的理论指出有关最初双变量关系的假设，也告诉研究者哪些变量能提供替代性解释（也就是控制变量），因此，控制变量的选择是根据理论而来的。描述比较分表与原始双变量表的方式，或是描述考虑控制变量后原始双变量关系改变的情况，有五个不同的术语（参见表 9-14）。下面通过一个假设的例子来分别说明这几种模式。①

① ［美］劳伦斯·纽曼著，郝大海译：《社会研究方法：定性和定量的取向》，中国人民大学出版社2007年版，第445页。

表 9-14　**详析模式实例摘要**

模式名称	比较分表与原始双变量表后看出的模式
复制	分表与双变量表中出现相同的关系
特定	协变关系只出现在某个分表之中
诠释	双变量关系在分表中大为减弱甚或消失(控制变量形成干预)
辨明	双变量关系在分表中大为减弱甚至消失(控制变量出现在原来的自变量之前)
抑制变量	没有双变量关系,关系只出现在分表中

在各种模式中,最容易理解的就属复制模式(表 9-15)。分表中复制或重现了没有考虑控制变量时双变量表中的关系。这意味着控制变量没有任何影响。

表 9-15　**复 制 模 式**

双变量表			分　表				
				控制＝低		控制＝高	
	低	高		低	高	低	高
低	85%	15%	低	84%	16%	86%	14%
高	15%	85%	高	16%	84%	14%	86%

特定模式是第二个容易理解的模式(表 9-16),指的是一个分表重现原始双变量关系,而另一个分表没有重现相同的情况。这样,研究者就可以指出原始关系存在的控制变量类别。例如,你发现汽车事故与大专学位之间有强烈的负面双变量关系。然后在你控制性别后,却发现这种关系只存在于男生身上(即男生的分表显示出强烈的负面关系,但是女生的分表则没有这项关系)。

表 9-16　**特 定 模 式**

双变量表			分　表				
				控制＝低		控制＝高	
	低	高		低	高	低	高
低	85%	15%	低	95%	5%	50%	50%
高	15%	85%	高	5%	95%	50%	50%

控制变量对诠释模式和辨明模式有相当大的影响。在这两种模式中,双变量表会显示出分表中看不出的关系,分表显示的是独立关系。二者的差异是依

据控制变量在变量的因果顺序中所在的位置。

诠释模式描述的情况是控制变量进入原先的自变量与因变量之间的关系。例如，检查宗教出身与堕胎态度之间的关系时，选择政治意识类型为控制变量。假设宗教出身会影响到当下的政治意识类型与堕胎态度。你提出的理论说，对某个特殊议题的态度——比如堕胎——而言，在逻辑上，政治意识类型是出现在该态度之前的变量。因此，宗教出身构成了政治意识类型的原因，而政治意识类型又影响到对堕胎的态度。控制变量是帮研究者诠释这个完整关系的意义的一个干预变量。

辨明模式看起来与诠释模式颇为近似，但控制变量出现在原来双变量关系中的自变量之前（表 9-17）。例如，原始的关系是宗教出身与堕胎态度间的关系，不过，这次控制变量是性别。性别出现在宗教出身之前，因为一个人的性别在出生时就已经决定了。辨明模式会改变研究者解释结果的方式，它意味着原来的双变量关系是虚假的。

表 9-17　　诠释或辨明模式

双变量表			分表				
				控制＝低		控制＝高	
	低	高		低	高	低	高
低	85%	15%	低	45%	55%	55%	45%
高	15%	85%	高	55%	45%	45%	55%

抑制变量模式出现在双变量表显示为独立关系，但是所有的或某一个分表却显示出有相关的情况（表 9-18）。例如宗教出身与堕胎态度，在双变量表中为独立的，但是一旦引进国家地区这个控制变量，分表中就出现宗教出身与堕胎态度有相关的征象。控制变量是一个抑制变量，因为它把真正的关系给压了下去，真正的关系出现在分表之中。

表 9-18　　抑制变量模式

双变量表			分表				
				控制＝低		控制＝高	
	低	高		低	高	低	高
低	54%	46%	低	84%	16%	14%	86%
高	46%	54%	高	16%	84%	86%	14%

（三）多元回归分析

回归分析是对有相关关系的现象，根据其关系的形态找出一个合适的数学模型，即建立回归方程，来近似地表达变量间的平均变化关系，以便依据回归方程对未知的情况进行估计和预测。由于回归分析增加了因果性，且具有了预测的功能，因此，它比相关分析更进了一步，其作用也更大了。[①]

回归分析有多种形式，选择哪种取决于变量关系的复杂性及变量的测量层次。最简单的是线性回归，适用的对象是定距层次的变量，它的中心问题是建立回归方程，而建立回归方程的基础是最小二乘法。Yerk(1981)研究教师对体育的影响就是一个例子，其回归方程如下[②]：

$$F=b_0+b_1I+b_2X_1+b_3X_2+b_4X_3+b_5X_4+e$$

式中 F＝学生期末表现成绩；

I＝学生最初表现成绩；

X_1＝指导及支持练习的混合影响；

X_2＝老师对内容精通的混合影响；

X_3＝提供具体相关训练的反馈组合；

X_4＝清楚简洁的训练示范组合；

b＝回归系数；

e＝残差。

多元回归(multiple regression)是一种统计方法[③]，多元回归只适用定距或定比资料。其独特性有二：第一，它可以同时控制多个替代解释与变量（而百分比表不太可能同时处理一个以上的控制变量）；第二，它在社会科学中的应用很广，且定量研究成为趋势，掌握这种方法有助于准确理解这类文献。

多元回归的结果能提供两方面的信息。第一，结果中有一个称为 R 平方(R^2)的量数，该值告诉你一组变量解释因变量的效力。解释是指根据自变量的信息来预测因变量上的分数时，所减少的误差（参见前面消减误差比例的测量值）。一个带有数个自变量的良好模型，可以说明或解释因变量上极大比例的变异。例如，R^2 等于 0.50 意味着知道自变量与控制变量就可以改善 50％预测因变量的精确度，或是说不知道这些变量时，因变量会产生一半的误差。

第二，回归结果测量每个变量对因变量的影响方向与大小。这个效果可以

① 风笑天：《社会研究方法》（第四版），中国人民大学出版社 2013 年版，第 275 页。

② Beverly J，"Yerg. Reflections on the Use of the RTE Model in Physical Education"，in *Research Quarterly for Exercise & Sport*，1981，52(1)，p. 38.

③ 多元回归的计算算过程超出本书层次。虽然适当的统计软件可以很快就将它计算出来，但是仍需要有统计知识基础，以免在计算或解释时出现错误。

精确测量出来，并以一个数值表示，即回归系数。例如，研究者通过控制所有变量间的相互作用，可以观察出5个自变量或控制变量是如何同时对因变量产生作用的，从而验证多个自变量是如何影响某个因变量的理论。

对因变量的影响是靠标准化回归系数来测量的。它的符号为希腊字母β，类似于相关系数。事实上，只有一个自变量的β系数就等于相关系数r。研究者可以利用β回归系数来决定控制变量是否具有影响力。举例来说，X与Y的双变量相关系数为0.75，然后研究者对4个控制变量做统计处理。如果β仍维持0.75，那就是说4个控制变量没有影响。然而，如果X与Y的β值变小了（例如，降低为0.20），那就意味着控制变量发挥了作用。

表9-19给出了一个回归分析的例子，以年龄、收入、受教育程度和地区为自变量，因变量是在政治意识类型指标上的分数。多元回归的结果显示，收入与做礼拜的频数对因变量有很大的影响，受教育程度与地区的影响次之，而年龄则没有影响。所有自变量的总效应对预测一个人的政治意识类型有38%的精确度（$R^2=0.38$）。这个例子说明高收入、经常做礼拜，以及住在南部地区与保守意见有正面相关，而受教育程度较高则与自由意见相关。收入的影响力是住在南部地区影响力上的2倍以上。[①]

表9-19　　多元回归结果举例

自变量	标准化回归系数
地区＝南部	－0.19
年龄	0.01
收入	－0.44
受教育年数	0.23
做礼拜的频数	－0.39

注：因变量是政治意识类型指数（高分代表非常偏好自由主义）。

五、推论统计

除了对定量资料进行描述性统计之外，研究者还想要验证假设，想要了解样本的结果是否在总体中也为真，想要判断结果上所显示的差异（如两群体的平均分数）是否足够大，这些都属于推论统计的内容。推论统计使用概率理论进行正式的假设检验，允许根据样本信息推断总体特征，并且检验所描述的结果是源自于随机因素，还是来自于一个真正的关系。

① ［美］劳伦斯·纽曼著，郝大海译：《社会研究方法：定性和定量的取向》，中国人民大学出版社2007年版，第448页。

（一）推论统计的原理

推论统计遵循概率抽样的原则，研究者经由随机过程从整体中抽取个案。推论统计能够较精确地说明当研究者根据样本结果推论总体时可能有的把握程度。推论统计的重要概念是统计显著或显著性水平。研究者靠它来执行各种类型的统计检验的检验（如 t 检验和 F 检验）。统计显著也用于正式的假设检验，是一种可以决定要接受或拒绝虚无假设的精确方法。

统计显著的意思是说结果不可能来自于机会因素。它指的是找到一个样本中有而总体中没有的关系的概率。由于概率样本涉及随机过程，总是有可能出现样本结果不同于总体参数的时候，研究者想要估计样本结果是出于真正的总体参数，还是出于随机抽样的机会因素。统计显著利用概率理论与特殊的统计检验来告诉研究者结果（例如，相关、两均值的差、回归系数）是不是随机抽样过程中由随机误差所产生的。

统计显著与实际、实质或理论显著不一样，检验结果可能具有统计显著性，但是可能不具有理论上的意义或价值。两个变量的相关系数达到统计显著，可能是由于同时发生，但是它们之间可能没有逻辑上的关系，即彼此相关不等于存在因果关系。

研究者经常以统计显著性水平（经常用 0.05、0.01 成 0.001）来说明结果出于随机因素的可能性——也就是说，一个不存在于总体的关系出现在样本中的机会。说检验结果达 0.05 的显著性水平，这有多重含义：

(1) 由随机因素造成类似这种结果，100 次中只有 5 次。

(2) 样本结果有 95％的可能不是纯粹由随机因素造成的，而且能够精确地反映总体性质。

(3) 纯粹由随机过程造成这种结果的可能性为 0.05 或 5％。

(4) 我们有 95％的信心认为结果是出于总体中的真实关系，而不是随机因素造成的。

为什么要采用 0.05 的水平呢？这意味着有 5％的机会，结果是随机产生的。如果选择 0.001 的水平，即 1000 次中只有 1 次又如何？从实用的意义上，采用 0.05 是出于科学共同体非正式同意的经验法则。对结果有 95％的信心是可以接受的解释社会世界的标准。从统计的意义上，这涉及是犯第一类错误还是第二类错误之间的交换。在对统计结果下结论时，研究者可能犯的逻辑错误有两种类型。第一类错误发生在研究者说有关系存在，但事实上并没有关系存在的情形。这意味着犯下拒绝虚无假设的错误。第二类错误发生在当研究者说关系不存在，但事实上它存在的情况。这意味着犯下接受虚无假设的错误（参见表 9-20）。

表 9-20　　第一类错误与第二类错误

研究者陈述的情况	现实中的真实情况	
	没有关系	因果关系
没有关系	判断正确	第二类错误
因果关系	第一类错误	判断正确

过分小心的研究者确定一个过高的显著性水平，会很容易犯第二类错误。例如，他可能使用 0.0001 的显著性水平，他把结果全归诸随机，除非结果非常罕见到出现了一万次中的那一次，这种高标准意味着研究者将非常可能下结论说结果是由随机造成的，而事实上确实有因果关系。相反的，勇于冒险的研究者设定一个低的显著性水平，如 0.10。他就很可能会犯下第二类错误，说有某个因果关系存在，但实际上这个结果只是随机因素（例如，随机取样误差）造成的。总之，0.05 的显著性水平是避免第一类与第二类错误后的折中结果。

研究者在使用或阅读显著性报告时，必须注意如下事项：第一，我们是检验统计显著性，并没有检验客观的显著性。在一个大样本中所发现的 0.1 的弱相关性，都可能非常显著。第二，统计显著性检验，只是测量抽样中变量之间关系的拟合程度。不应计算从总体资料中观察到的关系是否具有统计显著性。第三，显著性检验依据的抽样假设与计算置信区间相同，但实际抽样设计很难满足这些假设。

简单地说，推论统计就是利用样本的统计值对总体的参数值进行估计的方法。推论统计的内容主要包括两个方面：一是区间估计；二是假设检验。

（二）区间估计

区间估计的实质就是在一定的可靠程度（置信度）下，用样本统计值的某个范围（置信区间）来估价总体的参数值。范围的大小反映的是这种估计的精确性问题，而可信度高低反映的则是这种估计的可靠性问题。例如，某项快递行业工资调查有 95％的把握认为，一线快递员工的月工资收入在 3500～4400 元之间。

区间估计中的可靠性或把握程度是指用某个区间去估计总体参数时，成功的可能性有多大。它可以这样来解释：如果从总体中重复抽样 100 次，约有 95 次所抽样本的统计值的某个区间中都将包含总体的参数值，那么就说这个区间估计的可靠性为 95％。这一置信度水平是约定俗成的，与它所对应的允许误差（α）是 5％。在计算中，置信度常用 $1-\alpha$ 来表示。[①]

常用的区间估计主要应用于单变量统计，由样本统计量推断总体参数，如用

① 风笑天：《社会研究方法》（第四版），中国人民大学出版社 2013 年版，第 264 页。

样本均值和样本百分数推断总体均值和总体百分数。根据抽样分布的基本原理，总体均值的区间估计公式为：

$$\overline{X}=\overline{x}\pm Z_{(1-\alpha)}\frac{S}{\sqrt{n}}$$

其中，$\overline{x}$ 为样本均值；S 为样本标准差；$Z_{(1-\alpha)}$ 为置信度，是 $1-\alpha$ 对应的临界值；n 为样本规模。常用的 95%的可信度对应的 Z 值是 1.96。例如，调查某开发区企业的工资水平，随机抽取 900 名工人做样本，调查得到他们的月平均工资为 1860 元，标准差为 420 元。在 95%的置信度下，全区职工的月平均工资的置信区间是多少？

将调查资料代入总体均值的区间估计公式得：

$$\overline{X}=1860\pm 1.96\times\frac{420}{\sqrt{900}}$$

故总体均值的置信区间为 1833～1887 元。

当我们希望提高估计的可靠性时，如 99%的可靠性水平，就必须相应扩大置信区间。此时的 $Z_{(1-0.01)}=2.58$，那么，新的总体均值的置信区间为：1824～1896 元。提高估计可靠性的代价是估计精确性的降低。

同理，在进行总体百分数的区间估计时，只需将平均值变成百分比即可。总体百分数的区间估计公式为：

$$P=p\pm Z_{(1-\alpha)}$$

这里，p 为样本中的百分比。

依托样本进行区间估计时，必须要注意：第一，样本必须来自需要推论的总体。现成的电话簿并不是一个能代表城市人口的抽样框。第二，推论统计假定样本由简单随机抽样得到。但实践中研究者很少使用放回抽样。第三，推论统计只针对抽样误差，而不考虑非抽样误差，即使一个良好的抽样设计，其非抽样误差也可能比抽样误差要大。因此将样本发现推论回总体时必须要特别小心。①

（三）假设检验

假设检验问题是推论统计中的另一种类型。首先需要说明的是，这里的假设不是指抽象层次的理论假设，而是指和抽样手段联系在一起并且依靠抽样数据进行验证的经验层次的假设，即统计假设。下面以单变量和双变量为例来说明假设检验的基本原理。

① ［美］艾尔·巴比著，邱泽奇译：《社会研究方法》（第 11 版），华夏出版社 2009 年版，第 458 页。

1. 单变量假设检验

对于单变量而言，如果将单变量的区间估计反过来，就变成了假设检验。实际上就是先对总体的某一参数（如总体均值）做出假设，然后用基于样本构建的统计量去进行验证，以决定假设是否为总体所接受。假设检验所依据的是概率论中的小概率原理，即"小概率事件在一次观察中不可能出现"（在社会科学研究中，小概率通常设定为5%）。如果抽取的样本均值与事先估计的总体均值差距较大，就可以否定有关总体均值的假设。

例如，某单位职工上月平均为2100元，这个月的情况与上月相比没有什么变化，我们设想平均收入还是2100元。为了验证这一假设是否可靠，随机抽取100人做调查，结果得出月平均收入为2200元，标准差为150元。那么，这个100元的误差是由于假设错误，还是由抽样误差引起的呢？要回答这一问题，需要遵循如下的假设检验步骤：

（1）建立虚无假设和研究假设，通常是将原假设作为虚无假设：

$H_0: \mu = 2100 \qquad H_1: \mu \neq 2100$，$\mu$ 表示总体均值。

（2）根据需要选择适当的显著性水平 α（即概率的大小），通常 $\alpha = 0.05$。

（3）根据样本数据计算出统计值，并根据显著性水平查出对应的临界值（各种假设检验所构建的统计量取决于样本容量、总体标准差及分布形态等信息，具体计算可参见统计学教材）：

由标准正态分布表查得：$Z_{(1-0.05)} = 1.96$；

计算检验统计值：$Z = 6.67$。

（4）将临界值与统计值进行比较，若临界值大于统计值的绝对值，则接受虚无假设；反之，则接受研究假设。

由于 $Z > Z_{(1-0.05)}$，应拒绝虚无假设，接受研究假设，即从总体上说，该单位职工月平均收入与上月相比有显著变化。

2. 双变量的显著性检验

需要指出的是，前述双变量相关性分析的结论通常只是在所调查的样本范围内成立，而研究者更希望通过样本的情况来判断总体中是否仍然有这种相关性。因此，要保证我们从样本中得出的结果具有统计意义，保证样本中所体现的变量间关系也反映了总体的情况，就必须对它们进行显著性检验。由于交互分析的变量可以有多种测量层次，就需要针对性的检验方法。本部分以社会科学研究中常用的卡方检验（也写作 χ^2 检验）为例，来说明双变量显著性检验的原理。①

① 风笑天：《社会研究方法》（第四版），中国人民大学出版社2013年版，第268页。

卡方(χ^2)在社会科学领域经常用来检验显著性，它的零假设是：假设在总体中，这两变量间无任何关系。然后借助两个变量观察值的分布，可以计算出两个变量没关系时的期望值的共同分布。在交互分类表中这样的结果被称为期望频次，然后我们将这些期望频次分布与实际从样本中得到的频次进行比较，接着确定两者间的差异完全因为抽样误差的概率有多少。表 9-21 呈现了某地区中学生的升学意愿情况。

表 9-21　　两类学生的升学意愿分布

升学意愿	城市中学生	农村中学生
想考大学	78.6%	65.9%
不想考大学	21.4%	34.1%
(n)	(309)	(44)

如果仅仅从交互分类表中的百分比来看，两类中学生之间在是否想考大学这方面存在明显差别，城市中学生想考大学的比例明显高于农村中学生的比例，二者之间相差 12.7%。然而，这个差距所反映的只是样本的情况，该地区中学生总体中的升学意愿是否仍然有差距，需要进行卡方检验。

卡方的计算公式为：

$$\chi^2 = \sum \frac{(f_0 - f_e)^2}{f_e}$$

公式中，f_0 为交互分类表中每一格的观察频数；f_e 为交互分类表中 f_0 所对应的期望频数。每一格 f_0 所对应的 f_e(即期望频数)的计算方法是用每一个 f_0 所在的行总数乘以它所在的列总数，再除以全部个案数。卡方值越高，表示该值越不可能仅源于抽样误差。通过计算，得出表 9-21 数据的卡方值为 3.692，小于显著度为 0.05 的临界值 3.841。因此，表中所表现出来的两类中学生之间的差异，是由于抽样的随机误差造成的，它在总体中并不存在。或者说，总体中两类中学生之间在是否想考大学这方面不存在明显差别。

大多数的相关测量都可用与卡方类似的方式来检验统计显著性，如针对定序变量 γ 系数的 Z 检验，针对定距变量 r 系数的 F 检验等。对于多元回归分析来说，也需要进行多变量关系在总体中是否仍然存在的检验，但涉及更复杂的统计技术，如针对回归方程总体显著性的 F 检验，以及针对每个自变量与因变量是否相关(各自的系数是否不等于 0)的 t 检验。现有的统计软件能为实现各种统计分析提供极大的便利，如最常用 SPSS、可以运用编程来定制运算的 SAS，以及完全借助编程来实现自主统计的 R 等，研究者需要的就是做出恰当的选择，并基于数据和逻辑进行客观的解释。

在选择和分析时需要注意的是：① 各种相关测量的方法，目的是理解两个变量在样本中相关程度的强弱或大小。② 对各种相关系数所进行的相应的检验，目的是根据随机样本的资料推论两个变量在“总体”中是否相关。它所关心的已不是样本中的结果，而是总体中的情形，检验的也不是相关程度的强弱或大小，而只是“是否相关”。③ 选择何种相关测量方法和何种检验方法，主要看两变量的测量层次，要依据变量的测量层次来确定合适的相关检验工具。

第二节　定性资料分析

一、定性资料的含义与定性资料分析的界定

（一）定性资料的含义与特点

所谓定性资料，纽曼认为，“定性资料指的是那些以文字、段落、文章或其他记录符号来描述或表达社会生活中的人物、人物的行为、态度，以及各种社会生活事件的资料”①。风笑天则进一步强调了定性资料与实地研究的紧密关系，把定性资料定义为：研究者从实地研究中所得到的各种以文字、符号表示的观察记录、访谈笔记，以及其他类似的记录材料。根据这一定义，在本部分内容中所谈到的定性研究及定性研究者也主要指的是实地研究和实地研究者。② 也就是说，定性资料获得的途径主要是实地研究者长时间深入实地，在各种生活环境中进行参与观察，与人交谈，以及进行各种访问。在此基础上所得到的基本材料主要是各种观察记录、访谈记录、事件描述，这些材料来自于研究者在生活中所看到的、听到的、问到的一切；而且，这些资料中的相当一部分还是研究者对各种事件、谈话、场景和人物行为进行事后追记的笔记。以这些方式形成的定性资料在多个方面有别于定量资料，与定量资料相比较具有如下一些突出的特点：

（1）来源的多样性。我们知道，定量资料的来源一般相对单一，诸如调查研究中资料主要来源于调查问卷，实验研究中资料主要来自于前后两次相同的测量，二次分析中资料来源于某个原始数据集，现存统计分析中资料来自于某种官方统计。即使是属于定性资料范畴的内容分析的资料，也主要来源于某种特定

① ［美］劳伦斯·纽曼著，郝大海译：《社会研究方法：定性和定量的取向》，中国人民大学出版社2007年版，第557页。

② 风笑天：《社会研究方法》（第四版），中国人民大学出版社2013年版，第283页。

传播媒介或一定的语言文字、声像资料等文本形式。与之不同的是,实地研究中所获得的定性资料,从来源上看,具有多样性的特征,即它既有观察得到的资料,也有访谈得到的记录,还有其他一些随笔式的、日记式的、感想式的笔记和现场中得到的其他相关材料。这种来源的多样性特征使得定性资料在形式上以及在构成上都显得更加复杂。

(2) 形式的无规范性。调查资料或许是最为规范的资料形式,无论是资料内容还是其结构,都在调查问卷设计的同时就规范和统一起来了。这也是调查资料最便于进行量化处理和计算机分析的主要原因。同样的,实验研究、文献研究中的资料也与调查资料相似,都具有结构统一、形式规范的特点。而实地研究中所得到的各种资料,无论是观察记录,还是访谈记录,或是其他各种笔记,它们从内容到形式,却往往处于一种零散的、杂乱的、无固定结构的状态中,表现出明显的无规范性特征。

(3) 不同阶段的变异性。定性资料的另一个需要注意的特点是,在不同的研究阶段,它具有不同的形式。例如,在实地参与中,研究者所得到的是原始记录。在资料整理中所得到的是主题编码、分析备忘录等;而在最终的报告中所出现的则是经过选择和经过处理的资料。整个定性资料的分析过程包括对各个不同阶段的资料的分析,即既包括考察、排列、分类、评价、比较、综合那些原始的访谈记录、观察笔记,也包括思考和分析那些通过整理和编码后的资料。有的研究者用图例表示出这种不同阶段的资料,见图 9-3。

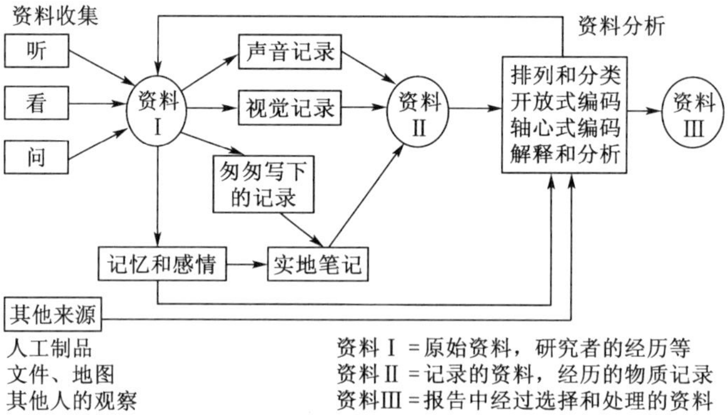

图 9-3　实地研究中的资料①

① 参见 F. R. Ellen, *Ethnographic Research: A Guide to General Conduct*, Orlando: Academic Press, 1984. p. 214.

从上述这些特点可以得出这样的认识：各种形式的定性资料都不适宜于进行定量分析，即我们不可能从这种定性资料中得出统计形式的结论。实际上，定性研究方式本身就决定了它不可能给出定量研究方式所具有的许多可以给出有力证据的特征。但是，对于理解社会现象和社会问题来说，两种形式的资料都有贡献。我们不应期望定性的资料也给出那些由特别设计的定量技术所给出的证据形式。我们所关心的主要问题应该是：如何用这些材料来增加我们对人类行为及社会现象的理解。①

（二）定性资料分析的界定

有观点指出，定性分析和定量分析的区别表面上主要是研究范式的差别，实际上则是受限于资料来源和形式的局限。无论哪种方法，其取舍或共同使用都应服务于研究主题。这方面，风笑天早期关于我国独生子女与社会保障的一项研究是个典范。他既采取大规模抽样问卷调查的方法收集定量资料，进行统计分析，也采取小范围个别访谈的方法收集丰富的定性资料，进行理论分析。② 其实，定性资料的分析，在一定的意义上也可以分为定量与定性两种不同的方式。比如对定性资料的定量分析方式，主要体现在内容分析法之中，即研究者先将各种文字、段落、图片、符号等材料进行编码和量化的处理，再运用各种统计手段对它们进行定量分析。除了资料的来源不同、形式不同、编码的方法不同以外，内容分析中的资料分析程序与调查研究中对问卷资料的分析程序几乎没有什么两样。不过，在本部分中我们讨论的定性资料分析不是这种定量分析类型，而是特指以定性方式来处理和分析定性资料的策略与方法。

至于定性资料分析的含义，学术界的解读可谓见仁见智。实际上，定性研究不像定量研究那样，资料收集、资料整理、资料分析存在着泾渭分明的界线，定性研究的资料收集、整理、分析实际上是同步进行的，这里只是为了论述的方便，我们才把它们分开讨论（当然，在定性研究中，实际的资料整理和分析工作，在一定意义也可以与资料收集阶段的工作相区分——相对而言的区分）。比如陈向明就认为，质的研究（在这里即为定性研究——笔者注）的“整理和分析资料”，指的是根据研究的目的对所获得的原始资料进行系统化、条理化，然后用逐步集中和浓缩的方式将资料反映出来，其最终目的是对资料进行意义解释。③ Denzin 则指出，在定性研究中（与所有其他形式的社会科学研究一样），没有任何“客观存在”可以自己为自己说话。“客观存在”之所以存在，之所以有“意义”，是因为经

① 风笑天：《社会研究方法》（第一版），中国人民大学出版社 2001 年版，第 297 页。
② 顾宝昌：《我国独生子女研究的拓新之作》，载《中国社会科学》1994 年第 6 期，第 196～197 页。
③ 陈向明：《质的研究与社会科学研究》，教育科学出版社 2000 年版，第 269 页。

过了研究者的分析和解释。研究者之所以能够理解被研究者，是因为前者在对自己与后者的互动过程中所发生的事情进行了意义上的解释。所以，任何收集到的资料都已经经过了研究者视域的扫视（或者说研究者透镜的远视），对其进行整理和分析只不过是将这个理解进一步深化、具体化、可操作化而已。整理和分析资料是意义解释的必由之路，是保证研究结果"严谨"、"确切"的一个重要手段。资料的整理和分析也没有一套固定的、适用于所有情境的规则和程序。意义阐释既是一项研究活动，又是一门艺术，不可能机械地、按照一套固定的程序来进行。[①] 英国经验主义科学家培根认为，对原始资料的处理有三种方法，可以以蜘蛛、蚂蚁和蜜蜂的工作状况进行类比。蜘蛛只从自己的肚子里吐丝布网，脱离外面的实际情况，不管有无证据，自己一个劲地埋头制造理论。蚂蚁只是收集资料和证据，将其堆积起来，不进行分析，也不建立理论。而蜜蜂既从花园里采集资料，又对这些资料进行消化和加工，酿出蜂蜜。因此，科学研究应该采取蜜蜂的方法，从大量的事实证据中抽象出关于事物本质的知识来。[②] 陈向明指出，虽然培根的观点在持建构主义观点的质的研究者看来犯了二元论（即理论与事实之分离）的大忌，但是这种类比对于质的研究中的资料整理和分析还是十分恰当的。质的研究者（像蜜蜂一样）虽然不一定要"抽象"出关于事物"本质"的知识，但是对资料的整理和分析确实是研究者的一种加工，是通过一定的分析手段将资料"打散"、"重组"、"浓缩"的一个过程。[③]

定性资料分析与定量资料分析相比，具有下列几个方面的差异：[④]

（1）分析程序与技术的标准化程度不同。定量资料分析使用专门的、标准化的资料分析技术，并且，这种分析程序和技术在不同的社会研究项目之间是一样的，即假设检验的模式和统计分析方法没有什么变化。与此不同的是，定性资料分析却很少有标准化的分析程序或技术。在实践中，与各种不同方式、不同视角的定性研究相伴随的，是同样各不相同的资料分析类型。由于定性研究的内在逻辑是归纳的，即是从具体到抽象，从特殊到一般的，因此，研究者在开始从事一项具体研究时，往往无法预料整个资料分析过程的各个细节，他通常只能有个大概的估计，而最终每个研究者所走过的分析过程也不会完全相同。

（2）资料分析的开始点不同。定量资料分析通常是在研究者收集了全部的资料并将它们变成数字和输入计算机后才开始进行的。并且，他们的分析工作

① 参见 N. K. Denzin, "The Art and Politics of Interpretation", in N. K. Denzin & Y. S. Lincoln (Eds.), *Handbook of Qualitative Research*, Thousand Oaks: Sage, 1994, p. 500.

② 陈波等：《社会科学方法论》，中国人民大学出版社 1989 年版，第 238 页。

③ 陈向明：《质的研究与社会科学研究》，教育科学出版社 2000 年版，第 270 页。

④ 参见风笑天：《社会研究方法》（第四版），中国人民大学出版社 2013 年版，第 285 页。

也主要是操纵这些数字以便从中发现各种模式和关系。定量资料分析往往是整个研究过程中划分十分分明的一个特定阶段。而定性资料的分析工作实际上是从资料收集工作一开始就同时开始了，并且，从头至尾一直在进行。早期的资料分析结果不断地指引着后续的资料收集工作。因此，定性资料的分析工作并不是实地研究过程中的一个具体阶段，而通常是贯穿整个研究过程、伴随整个研究过程的一个方面。比如就所谓资料的“整理”与“分析”而言，正像前面刚刚说过的，它们二者实际上是同步进行的。有研究就此展开了专门的论述：[①]在概念上，整理资料和分析资料这两个活动似乎可以分开进行，我们可以分别对它们进行辨析；但是，在实际操作时，它们是一个同步进行的活动，整理必须(也必然)建立在一定的分析基础之上，而任何一个整理行为又都受制于一定的分析体系。正如图 9-4 所示，整理和分析实际上是一个整体，不可能分成两个相互独立的部分。它们相互之间来回循环，同时受到研究中其他部分的制约。整理资料这一工作看起来十分机械、单调，但实际上其本身便是一个十分重要的分析过程。通过对资料进行一步步具体的梳理，研究者往往能够获得不这样做便无法得到的启示和顿悟。因此，本书在此将资料整理和分析一起进行讨论。

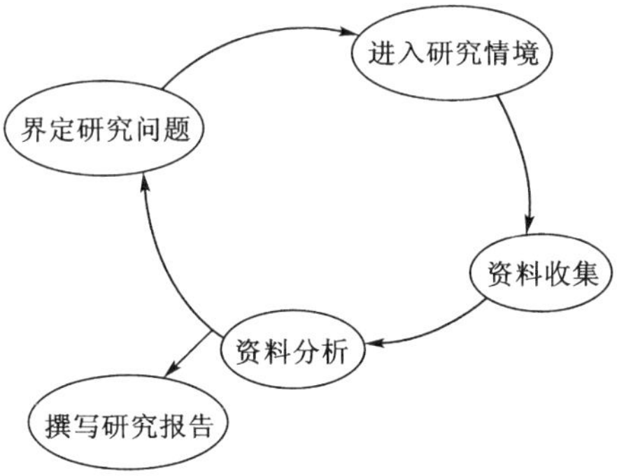

图 9-4 定性资料整理与分析的关系

(3) 与社会理论间的关系上不同。定量资料分析更多地是通过操纵代表经验事实的数字来检验某种带有变量结构的抽象假设，更多地被用来检验理论。与此相反，在定性资料分析中，研究者是在没有变量、没有概念的背景下进入资料分析的，他们往往是通过对经验材料的分析和归纳，通过将经验证据与抽象概念相结合，来提出或创造新的概念和理论。或者说，定性资料分析更多地是用来建构理论。

① 陈向明：《质的研究与社会科学研究》，教育科学出版社 2000 年版，第 270 页。

(4) 分析的方式和使用的工具不同。定量资料分析中，研究者主要和数字打交道，他们主要借助统计的法则，寻找大量数字中所存在的各种变量关系和变化规律，以此来揭示社会生活的性质；而在定性资料分析中，研究者所依赖的则是那种不精确的、零散的、片断式的文字记录材料，而其所采用的分析方式也主要是主观的、领悟性的和感知的，其对社会生活事件的描述和对社会生活内涵的表达，也主要是采用基于上下文的，而且可能具有多种不同含义的文字表述。

(5) 分析程序或步骤的不同。由于资料来源和形式的不同，定性资料分析与定量分析或统计分析在程序或步骤上也存在很多差别。定量分析方法有着十分成型、十分固定的分析程序或步骤，强调系统性和逻辑严密性是定量资料分析的突出特征。定性资料分析方法在系统性和逻辑严密性方面虽然不像定量资料分析那么突出，但并不意味着它就是一种无任何规范可循、研究者主观随意性很强的分析方式。从现代定性资料分析方法发展的角度看，在定性资料的整理、资料分析过程和具体方法层面，也已经形成了相对固定的和具有一般性特征的套路和技术，否则我们也就不会看到下面即将叙述的关于定性资料分析的目标、定性资料分析的过程、定性资料的整理、定性资料分析的方法等领域的知识。

二、定性资料分析的目标与过程

(一) 定性资料分析的目标

与定量资料分析中所具有的描述和解释的目标相类似，定性资料分析也将描述和理解作为其基本的目标。研究者需要对定性资料进行分析，对所做的各种观察进行解释，要从资料中识别出人们行为的模式，发现各种资料背后所隐含的社会学意义。定性资料分析不仅在描述的方式上与定量分析有所不同，在研究的最终目标上也很不一样。定量研究者除了描述概况外，往往希望检验和证实某种普遍的法则。但定性研究者在进行具体描述的同时，往往致力于发展那种与具体资料和背景紧密相连的概括或理论解释。定性研究者经常会努力建立一种“扎根于”具体资料、且抽象层次较低、结构相对简单的理论，来概括社会生活的现实画面，或者刺激对社会生活的理解，而不是像定量研究中那样去进行因果假设的检验。定性资料分析中对事物或现象的解释在细节上应该是丰富的，在背景上应该是敏锐的，并且能够展现社会生活中复杂的过程和后果。当然，这种解释也可以是因果性的，但这不是其主要的方面。如果从测量和比较两方面看，定量研究就是对众多的对象进行相对较少内容的测量和比较。而定性研究者往往是对少数对象做了许多观察，收集了许多方面的资料，即测量的对象很少，但所测的内容很多。这对于增加人们的认识同样是有价值的：我们可以用许多不同的指标来表明两个个案在某种抽象的观念上所具有的差别。比如，我们可以用一系列有关人们交往、互动、态度和行为表现方面的指标来表明两个组织在“科层制水平”上的差异。此外，定性分析方法所得出的结论概括性程度较低，只能在个案层次上进行现象的解释，而无法给出变量层次上的因果关系。①

定性资料分析的主要目标是将大量的、特定的细节组织成一幅清楚的图画，一种概括的模式，或一组相互连接的概念。它很少去试图证明某种普遍的法则，而经常是力图去发现或提出某种理解的模型，提出某种尝试性的理论解释。此外，定性资料分析还可以帮助说明事件的顺序，或者一种社会过程的阶段性特征。这种暂时的顺序是变量间相关关系的基础，同时对因果关系的探讨也有参考作用。在实际研究中，由于定性资料分析形式所具有的特点，研究者对经验现象进行概括时，可能会遇到较大的困难。因而，有些定性研究者几乎完全地只是在进行描述，而不进行理论分析。但一般来说，定性资料分析中最好能将经验事实与明确的理论或概念相互联系。如果研究者不提供一种理论的或分析性的解释，人们就会很自然地运用他们在日常生活中认为是理所当然的观点来进行解释。

（二）定性资料分析的过程

定性资料分析的过程是一个对资料进行分类、描述、综合、归纳的过程。定性资料分析的基本逻辑是归纳法，即从具体的、个别的、经验的事例中逐步概括、抽象到概念和理论，其主要工作任务可以概括为对信息的组织、归类和对信息内涵的提取。在定性资料分析过程中，研究者所采取的典型的方法就是对在实地研究中观察、访谈所得到的资料进行重新研读，并按照基本的社会学范畴或方法对它们进行分类。尽管定性资料分析的过程可以说是贯穿于整个研究的始终，但主要还是在资料收集结束后。其过程大致可分为三个阶段：

第一，初步浏览阶段。研究者要先对整个实地观察记录和访谈笔记等资料粗略地浏览一遍，其目的是对全部资料的整体有所了解和熟悉，同时也可以重新回想起许多实地参与中的情景和感受。这种浏览实际上起到了某种提供背景和分析基础的作用。它使得研究者在对原始资料进行各种处理时更加心中有数。有研究认为，分析资料的第一步是认真阅读原始资料，熟悉资料的内容，仔细琢磨其中的意义和相关关系。在对资料进行分析之前，研究者起码应该通读资料两遍，直到感觉自己已经对资料了如指掌，并完全沉浸到了与资料的互动之中。②

第二，阅读编码阶段。在第一阶段初步浏览的基础上，研究者重新开始逐段逐行地仔细阅读每一段实地记录，分析每一段笔记的内容，并且在阅读中进行资

① 风笑天：《社会研究方法》（第四版），中国人民大学出版社2013年版，第288页。
② 陈向明：《质的研究与社会科学研究》，教育科学出版社2000年版，第277页。

料的各种编码工作。通常，研究者边阅读边根据具体内容做记号，以标签的形式标明各种具体事例、行为、观点的核心内容或实质，并将其归入所属的各种不同主题或概念备忘录中，形成了整理后的、具有更为清晰的内容框架的资料。下面将要叙述的资料编码工作就属于这一阶段。

第三，分析抽象阶段。最后再次回过头来，根据不同的标准或从不同的角度，仔细审阅和思考资料中所做的各种记号，思考和比较各种不同的主题及分析备忘录，看看哪些东西反复出现，看看哪些资料中存在突出差异，并从中归纳或抽象出解释和说明现象和社会生活过程的主要变量、关系和模式。在定性资料的分析阶段，一个十分关键的环节是，我们必须能够从大量的经验材料中识别那些构成更大的社会结构的社会互动和社会关系。我们不能把在实地观察中所得到的这些互动和关系仅仅看作具体的、特别的行为，同时也要把它们看作更为抽象、更为一般的概念在具体社会生活中的例子。我们必须理解这些行为和关系是如何相互联系并形成社会结构的一种特定类型的。当然，这也是定性资料分析中最为困难的一项工作。

实地研究所得到的材料是丰富的、生动的和具体的，研究者必须从中进行选择和组织，利用它们来展示更带有普遍意义的社会行为模式、更为一般的社会结构和社会过程。可以说，现实生活为研究者提供了材料，而研究者则要对这些材料给出自己的分析。①

三、定性资料的整理与分析方法

（一）定性资料的整理

1. 初步整理资料与建立档案

在实地研究的过程中，通过较长时间的观察、访问、交往、闲聊和参与，研究者会得到一堆凌乱的、无结构、无顺序的现场笔记。定性资料分析的第一步自然是对这种凌乱的记录资料进行初步整理。它主要包括整理笔记、编号、分类与建档等。

（1）整理笔记。美国学者巴比专门讨论了定性研究的“整理笔记”的问题，指出尽快“重写笔记”是很要紧的。② 之所以要尽快“重写笔记”，大概有两个方面的理由：③第一，由于时间的关系，实地记录通常做得比较仓促，书写可能不太清楚，细节也记录得不够全面，因此需要及时地进行整理。如果研究是由一个课题组共同承担，记录必须在成员中分享的话，则更应该对实地笔记进行及时的整

① 风笑天：《社会研究方法》（第四版），中国人民大学出版社 2013 年版，第 287 页。

② [美]艾尔·巴比著，邱泽奇译：《社会研究方法》（上），华夏出版社 2000 年版，第 374 页。

③ 参见陈向明：《质的研究与社会科学研究》，教育科学出版社 2000 年版，第 272 页。

理。研究者从实地回来以后，应该在记忆消退以前立刻对初级笔记进行清理，补上遗漏的信息和必要的内容细节。在开始整理笔记以前，注意不要向别人谈论自己的观察活动。谈话往往会根据双方的关系、心情、时间、地点等因素而对原始资料的内容进行有意无意的筛选，造成记录的“失真”。为了保证自己的思路畅通，工作的时间一定要有所保证，不要让自己被其他的琐事所打扰。整理实地笔记时不宜同时进行文字上的编辑，因为实地笔记的最大价值在于“原始”，越是能保持其“原汁原味”，今后使用起来越能凸现当时的“真实”情形。陈向明教授介绍了她的一位学生进行这方面工作的体会：

资料整理应该越及时越好……一是可以防止遗忘，因为常常在打开录音机之前或关闭录音机之后有许多重要的信息，及时整理可以帮助我们增补信息；二是可以记下访谈过程中最真切的感受，刚刚访谈完毕，心中常常会感受到一种冲动和激情，而此时应该及时地用文字保存下来，否则时间久了，不但失去了激情，淡化了情感，而且也不愿再做那种烦琐的工作；三是可以在记录的过程中发现问题，在下面的访谈中如何改进，或及时继续同一个对象的再次访谈以补充遗漏的信息，追问忽略的问题。

第二，定性研究中的资料整理要求比较严格，通常需要将资料的内容一字不漏地记录下来。比如，访谈中的录音记录必须逐字逐句地整理出来，不仅包括被访者的言语行为，而且包括他们的非言语行为（如叹气、哭、笑、沉默、语气中所表现的迟疑等）；观察笔记事后必须进行处理，对遗漏的细节进行补漏，对简化的内容进行扩展；实物资料如果有不全或错误记录的地方，应该及时补充或纠正。定性研究之所以要求对所有的资料都进行整理，是因为这种研究认为“所有的事情都是资料”。有时，在整理资料时研究者认为不重要的东西可能今后在分析资料时被发现有非常重要的价值，而如果当初不记录下来，可能就永远地被遗漏了。

（2）编号。在具体整理资料时，可以先给每一份资料编号，然后在这个基础上建立一个编号系统。编号系统通常包括如下几方面的信息：① 资料的类型（如访谈、观察、实物）；② 资料提供者的姓名、性别、职业等；③ 收集资料的时间、地点和情境；④ 研究者的姓名、性别和职业等；⑤ 资料的排列序号（如对某某人的第一次访谈）等。为方便起见，我们可以给每一项赋予一个标号。比如，有关被访谈者的职业，我们可以用 J 表示教师，X 表小学生，G 表示工人，N 表示农民等。所有的书面资料都应该标上编号，并且按页标上页码，以便今后分析时查找。①

① 陈向明：《质的研究与社会科学研究》，教育科学出版社 2000 年版，第 273 页。

(3) 分类与建档。在资料整理的过程中,研究者还要着手对资料进行分类和建立各种资料档案。巴比就曾建议研究者建立下列几种类型的资料档案:①一是背景档案。特别是对一些研究社会运动或重大社会事件的定性研究,这种背景档案十分重要。二是传记档案。这种传记档案的对象是实地研究中的各种人物。将所有有关某个人物的档案放在一起时,可以帮助研究者更加全面地认识这个人,也可以帮助研究者从中发现不同事物之间的联系。三是参考书目档案。这类档案是将资料分析过程中,甚至整个研究过程中所查阅、记录下来的各种书目、文献资料都系统地整理和归档。四是分析档案,即根据分析的主题将各种资料分别集中。这是资料分析过程中最主要的档案类型。

原始资料经过初步的整理、编号、建档以后,我们还应该将所有这些资料复印一份,以便分析时用来剪贴和分类。原件应该保持原封不动,以便今后查找。如果有计算机进行文字处理,也可以存一个备份。今后在对一些被挑选出来的资料片段进行分析时,我们可能需要参照与这些资料片段有关的其他事件或细节,甚至可能需要查看这些片段的上下文出处。因此,在整理资料时,应该时刻保存一份按时序记录的原始资料。

2. 编码与形成概念

(1) 编码。定性资料分析中的编码具有与定量资料分析中所不同的含义,其所扮演的角色不同。在定量资料分析中,编码可以说只是一种简单的"秘书性质的"工作。但在定性研究中,编码则是资料分析中的一个完整的部分。研究者将原始资料组织成概念类别,创造出主题或概念,然后用这些主题或概念来分析资料。这种编码是在研究问题的指导下进行的,而其结果又会导致提出新的问题。它使得研究者摆脱了原始资料的细节,从而在更高一个层次上来思考这些资料,并引导研究者走向概括和理论。

编码是两种同时发生的活动:资料的机械减少与类别化分析。形象地说,就是将"小山"一样杂乱地堆在一起的原始资料缩减成便于管理的"小堆"的艰苦工作。它使得研究者能方便迅速地进入所查找的部分。研究者不停地将资料排列有序,一次又一次地进行对比,这会花费研究者许多的时间。只有当突然间具有了某种眼光或意识到某种模式时,才算是进入了真正的分析。Matthew David 和 Carole D. Sutton 认为编码的多种方法和类型需要被识别:隐性代码和显性代码;原生码和社会学代码;演绎式编码和归纳式(开放式)编码;概要式代码和

① [美]艾尔·巴比著,邱泽奇译:《社会研究方法》(第8版),华夏出版社2000年版,第375页。

仿真代码;轴心式代码和系统性代码等。[1] 斯特劳斯定义了三种定性资料的编码类型,同时他指出,“对于无经验的研究者来说,要理解和掌握编码是困难的一项工作”[2]。这三种编码类型是:开放式编码、轴心式编码、选择式编码。[3]

① 开放式编码(open coding)。在初次对所收集的定性资料进行分析时,研究者常常采用开放式编码。其具体做法是,研究者先设置一些主题,同时,将最初的代码或标签分配到资料中,以便将大量零散的、混杂的资料转变成不同的类别。研究者慢慢地阅读实地记录,寻找评论的项目、关键的事件或主题,然后标上记号。然后,他在记录卡片的边缘写一个初步的概念或标签,并用红笔或其他方式做出明显的标记。在这一过程中,研究者可以不受任何约束地创造新的主题,也可以在后来的分析中改变原来的编码。当然,如果能以一种灵活的方式运用某种理论框架,那将会更有帮助。这种开放式编码将资料深处的主题带到表面。但需注意的是,此时的主题处于一种比较低的抽象层次上,大部分来源于研究者最初的研究问题、相关文献中的概念、社会背景中人们所用的词语,以及研究者在沉浸于资料的过程中突发奇想的新想法。

尽管一些研究者建议用一张概念名单来进行编码,但研究者的大部分编码主题都是产生于阅读资料和实地记录的过程之中。无论开始时是否有一张概念名单,研究者在开放式编码结束后都应有一张这样的主题名单。这种主题名单有三种主要的作用:第一,它可以帮助研究者一眼就看到新出现的主题;第二,它可以帮助研究者在今后的开放式编码中发现主题;第三,它可以帮助研究者建立一个研究中全部主题的空间,以便在今后进一步的分析中识别、排列、结合、抛弃和进行扩充。

开放式编码要求研究者以一种开放的心态,尽量排除个人的偏见和研究界的定见,将所有的材料按其本身所呈现的属性分类。正如有研究所论述的:在阅读原始资料的时候,研究者应该采取一种主动“投降”的态度。这意味着研究者把自己有关的前设和价值判断暂时悬置起来,让资料自己说话。研究者只有彻底敞开自己的胸怀,腾出一定的空间,才能让资料进到自己的心中,因为定性研究认为,收集到的资料已经成了“文本”,而文本是有它自己的生命的,如果我们不注意它的声音,很可能会过多地受到自己前设的影响,过多地读进去很多文本本身没有或者没有强调的问题。

① 参见 Matthew David、Carole D. Sutton 著,陆汉文等译:《社会研究方法基础》,高等教育出版社 2008 年版,第 209～212 页。

② [美]劳伦斯·纽曼著,郝大海译:《社会研究方法:定性和定量的取向》,中国人民大学出版社 2007 年版,第 561 页。

③ 转自风笑天:《社会研究方法》(第四版),中国人民大学出版社 2013 年版,第 291～293 页。

② 轴心式编码(axial coding)。在开放式编码中,研究者关注于资料本身,不断为资料中所呈现出的各种主题分配编码标签。在那里,研究者并不关心主题之间的连接,也不解析主题所代表的概念。与此相反,轴心式编码则是从一组初步的主题或初步的概念开始。在这种方式中,研究者更为注重的是主题,而不是资料,即研究者的头脑中带着基本的或初步的编码主题去看待资料,阅读资料。在这样做的过程中,研究者也会产生出新的观点、思想,或添加新的编码,并在分析过程中不断将各种观点、主题组织起来,同时识别作为轴心的关键概念。

轴心式编码着重于发现和建立类别之间的各种联系,包括因果关系、时间关系、语义关系等。在轴心式编码过程中,研究者思考原因和结果、阶段和过程,并寻找将它们聚合在一起的类别或概念。他或许会提出这样一类问题:可以将现有概念划分为不同的维度或不同的子类别吗?能否将几个密切相关的概念结合成更为抽象的概念?能否将资料中的这些类别按某种时间顺序、或空间位置、或按它们与研究主题相关的程度进行组织?比如,研究者可将“家庭生活”划分为“夫妻关系”、“家务分工”、“子女教育”、“休闲娱乐”等维度,当这些不同的维度在资料中不同的地方重复出现时,研究者可以进行比较,并可以产生出诸如“性别角色”这样的新的主题。

轴心式编码可以刺激对概念与主题间联系的思考,同时它也提出新的问题。它可以提示放弃某些主题或是更深入地探讨另一些主题。此外,它还加强证据与概念间的连接,通过多种不同的例子作为经验证据,使得主题与资料间的连接得到加强。

③ 选择式编码(selective coding)。选择式编码是在浏览资料和进行开放式或轴心式编码工作的基础上,有选择地查找那些说明主题的个案,并对资料进行比较和对照。研究者在发展出某些概念,并开始围绕几个核心概念或观点来组织他们的总体分析时着手进行这种工作。这也就是说,在研究者准备进行这种对资料的最后的阅读和分析时,他已识别了研究课题中的最主要的主题。比如,一个研究小型公司中职员生活的研究者决定把“两性关系”作为其重要的主题之一。在选择式编码过程中,他仔细阅读各种实地笔记,寻找男职员与女职员在谈论找对象、约会、订婚、婚礼、离婚、夫妻角色等方面问题时所存在的差别。然后他对二者在各种涉及婚姻的主题中所存在的态度差别进行比较,以便得出某种概括的模式。

在选择式编码过程中,主要的主题或概念始终指引着研究者的研究。他不断地对在早期编码中所识别的特定主题进行再组织,并探讨和分析多个不同的重要主题。比如,在小型公司职员生活的研究中,研究者通过考察不同性别、不同年龄的人们对婚姻的看法来理解“两性关系”的主题以及“生命周期中不同阶段”的主题。他之所以这样做，是因为婚姻可以从这样两种不同的视角来考察。

选择式编码也可以说是在主题中找到一个可以统领其他一些相关主题的核心主题，将所有的研究结果统一在这个核心主题的范围之内。这种选择式编码的方法比较适合建立“扎根理论”。其他分析方法的阶段性不是如此分明，也不强调一定要将所有的材料都纳入一个分析框架，因为事实上，这种做法有可能将一些无法分类、但对回答研究问题十分重要的材料排除于结果之外。

(2) 形成概念。定量研究者往往在收集和分析资料前，就将变量的概念化以及概念的提炼作为变量测量过程的一部分。而定性研究者经常将一般性的想法、主题或概念作为获得通则的分析工具，他们根据资料来形成新的概念，或提炼概念。概念形成是定性资料分析过程中一个完整的部分，并且它在资料收集时就已经开始。因此，概念化是定性资料分析过程中用以组织资料、概括资料含义的一种主要方式。

在定性资料整理的过程中，研究者往往通过对资料提出评论性的问题来进行概念化或者形成概念。这种问题可以来自社会学的抽象术语，比如，“这是社会分层的一个例子吗?”“这是角色冲突的一种表现吗?”“这是社会流动的一种形式吗?”或者来自于逻辑，比如，“这一事件的后果是什么?”“这一事件在此时此地发生与在彼时彼地发生的方式有何不同?”“这些是相同的或者不同的个案吗?”“这些是一般的或特殊的现象吗?”在依据这样一些问题对资料进行编码的过程中，我们就将资料概念化了。

概念的形成为定性资料分析提供了一种很好的基础和框架。研究者通过将资料组织成基于某种主题、概念或特征的类别来对资料进行分析。定性研究者从资料中发展出新的概念，形成概念化的定义，并考察概念间的关系，最终将概念相互连接，交织到他的理论陈述中去。

3. 撰写分析型备忘录

定性研究的一个重要特征是研究者总得不停地写笔记。可以说，写实地笔记或做各种观察的、访谈的记录，是实地研究者的一项基本功。他们从实地中得到的资料都记在笔记中，他们对研究方法、研究策略的看法也记在笔记中，他们对某些人物和事件的评论等，同样都写在笔记中。他们是最积极的记录员，他们在实地研究中的记录形成了各种不同类型的实地笔记。因此，定性研究中一个最重要的分析手段是写“备忘录”，又称分析报告。“备忘录”是一种记录(同时也是思考)研究者自己的发现、想法和初步结论的方式，其主要的目的是通过写作对自己的研究进行思考。① “备忘录”可以分成很多类型，如：① 描述型，对所

① 陈向明:《质的研究与社会科学研究》，教育科学出版社 2000 年版，第 304 页。

发生的事情以及被研究者所说的话用描述的语言表现出来;② 分析型,对一些重要的现象和概念进行分析,特别是被研究者的本土概念;③ 方法型,对研究者自己从事研究的方法进行反省,讨论研究方法可能给研究结果带来的效度和伦理道德问题等;④ 理论型,对资料分析中开始出现的初步理论进行探讨,随着研究的深入逐步建立假设和理论;⑤ 综合型,结合以上各种类型进行综合分析。

在各类备忘录中,分析型备忘录(analytic memo)是最常用的一种形式,通常用来讨论研究者自己目前已经找到的本土概念。在这种备忘录中,研究者需要回答如下问题:"我目前找到了什么本土概念?我是如何找到这个本土概念的?我为什么认为这是一个本土概念?这个概念表达的是一个什么问题?我有什么资料可以用来说明这个问题?这些资料可以对这个本土概念做出什么样的解释?是否可以有其他不同的解释?我将如何处理这些不同的解释?这个本土概念与哪些理论或社会、文化方面的问题有联系?将来我可以如何进一步就这个概念进行探讨?"

撰写分析型备忘录的主要目的是:① 将自己在研究过程中产生的想法及时地记录下来;② 将分析集中到某些重要的现象、概念和主题上;③ 记录自己是如何发现这些重要的现象、概念和主题的;④ 帮助自己理解资料的内容,记录下自己对有关问题的理解和思考;⑤ 从资料中提升出主题,将资料内容逐步聚焦;⑥ 提出今后继续进行研究的方向等。备忘录主要是写给研究者自己看的,是为了帮助研究者自己思考问题,让思想主动、自然地流溢出来,因此写作时研究者的心态应该轻松、真诚。写作的风格应该比较随意,不必刻意使用正规的语言,也不必担心别人会怎么看。

分析型备忘录锻造了具体资料或者粗略证据与较为抽象的理论思考之间的链条。它包含着一种研究者对资料和编码的主动反应及思考。研究者不断将这些反应和思考添加到备忘录中,并且当他用其他类型的编码来分析资料时,也同时使用这些备忘录。这种备忘录还成为研究报告中资料分析的基础。事实上,从高质量的分析型备忘录中修改而成的部分,可以成为最终报告的一个部分。

分析型备忘录的写作方式可以是多种多样的,每个研究者可能都会采用他们自己所习惯的方式。而其工具也是简单的,可以说只需要纸和笔,再加上笔记本、一叠文件夹,以及实地笔记的复印件就行了。比如,有的研究者可能就是将实地记录复印两份,然后根据其内容裁剪成不同的部分,然后添加某些评论和思考,就制成各种不同的分析型备忘录。关于分析型备忘录的写作,一些研究者提

出了如下十条建议(见专栏3)：[①]

专栏3

撰写分析备忘录的十条建议

(1) 在你开始资料搜集之后，立即动手撰写备忘录，不要中断，直到你完成最后的研究报告为止。

(2) 在每份备忘录上记下日期，以便你能够看出研究的进展、自己思路的发展。由于你会随着研究的进展而定期地修改与增添备忘录的内容，记下日期将有助于你重新阅读冗长、复杂的备忘录。

(3) 暂时停下编码或资料记录的工作，先写备忘录，不要拖，这会使创意火花成灵感稍纵即逝——赶快写下来。

(4) 定期阅读备忘录，比较编码相似的备忘录，看看是否可以将之合并，或者是否能将编码上的差异交代得更清楚。

(5) 为每个概念或主题单独建档。所有关于同一个主题或概念的备忘录都摆在同一个档案、档案夹或笔记本里，以该概念或主题为档案的标签，便于查询。因为随着分析的进展，能够马上筛选或重新组织备忘录，会是件相当重要的事，所以你应该能够以这种方式筛选资料。

(6) 将分析型备忘录与资料笔记分开，因为两者各有不同的功用。资料是证据，分析型备忘录则带有概念与理论建构的意图，它不在于叙述资料，而在于评述资料间是如何关联的，以及一组资料是如何例证某个一般性主题或概念的。

(7) 在分析型备忘录中，参考其他的概念。撰写备忘录时，思索此概念与其他概念之间的相似处、相异点，以及可能的因果关系。把这些想法记在分析型备忘录中，以便日后进行整合、综合与分析。

(8) 如果两种想法同时出现，把它们分开记在两张备忘录上，试着把它们分别放在不同的主题或概念的备忘录与档案里面。

(9) 如果已经没有新东西可以再加进一篇备忘录中，而对于某个主题或概念，资料已经达到饱和，无法进行进一步的资料收集，那么就在该备忘录上指出这一情况。

(10) 为备忘录制作一份编码或标签列表，这可使你通过整份列表，对所有的备忘录一览无余。当你定期遴选并将备忘录重新分类编组时，也应当依据新的分类重新组织这个备忘录标签列表。

① ［美］劳伦斯·纽曼著，郝大海译：《社会研究方法：定性和定量的取向》，中国人民大学出版社2007年版，第567页。

下面我们通过一个实例来看看分析型备忘录的写作技术。①

贝克等人(1977)在对波士顿一所医院里的男性实习医生进行的一项研究中,发现他们经常使用"crock"这个词。通过反复地观察和询问,他写了下面这篇分析性备忘录:专栏4。

专栏4

分析型备忘录举例

我最初听到"crock"这个词是我在刚开始实地研究不久,当时这个词被用来描述一位病人。这是一位肥胖的中年妇女,她痛苦地抱怨说她身上很多不同的地方都很疼。当我问那位使用了这个词来描述这位病人的实习生,这个词是什么意思时,他说这个词被用来指所有那些因心理问题而抱怨自己有躯体反应的病人。我问他,病房里那位年轻的X先生,他的胃溃疡曾经被一位外科医生认为是典型的心理疾病躯体化,是不是一个"crock"。这位实习生说,这么说不对,但是他说不清楚为什么这么用不对。

几个星期以后,通过对上午值班时所看到的各种病案与实习生们进行了多次讨论后,我终于理解了这个词的意思。我意识到,这个词指的是这样一种病人,他们所抱怨的许多症状都找不到器官上的病变。我一开始就注意到这个词带有贬义,并且问实习生们,为什么他们不喜欢医院将"crocks"分配给自己进行检查和诊断。起初,这些学生不承认这个词带有贬义。但是后来我多次看到,当这样的病人分配给他们时,他们总是表现出厌恶情绪,因此我认为他们的否认是不现实的。最后,有几位学生终于向我解释了他们不喜欢这类病人的原因。下面这句话可以说比较典型地表达了他们的意思:"一个真正的crock是一个你为他花费了很大的力气,他身上有所有这些含糊的症状,而你却找不到他的病因到底是什么。"

进一步的讨论使我更加清楚地认识到,这些实习生主要将病人当作一种学习的工具,通过病人可以学到书本上或老师授课中无法学到的一些临床医学知识。而"crock"通常花费掉他们大量的时间(而他们的时间总是很紧),却不能展示出任何有意义的、可以使他们从中学到东西的疾病状态,因此在这些病人身上花费时间纯属浪费。这个发现提示我,也许我可以进一步对这些实习生对医学院的一般看法进行研究,这方面的看法导致了他们用这样的标准来判断自己的病人。与此同时,这个发现还为我如何看待有关医院等级制度的价值观念提供了一些假设,在这个等级制度中这些实习生处于最底层。

① 参见陈向明:《质的研究与社会科学研究》,教育科学出版社2000年版,第304~306页。

在这个备忘录里，贝克回答了前面提出的写分析型备忘录时应该回答的绝大多数问题。

（1）“你目前找到了什么本土概念？”——回答：“crock”。

（2）“你是如何找到这个本土概念的？”——回答：对病人与医生之间的互动进行观察，询问实习生，多次与他们进行讨论。

（3）“你为什么认为这是一个本土概念？”——回答：因为这个概念被实习生们反复使用，而且带有明显的情绪反应；研究者本人对“crock”这个词不了解，刚到医院进行实地研究不久就注意到了这个词。

（4）“这个概念表达的是一个什么问题？”——回答：这些实习生如何看待病人以及病人对自己在实习时学习医学知识所起的作用。

（5）“你有什么资料可以用来说明这个问题？”——回答：这些实习生们使用“crock”这个词时带有明显的贬义；他们不喜欢这样的病人，因为这些病人所抱怨的许多症状都找不到器官上的病变，对他们学习医学知识没有帮助；他们不喜欢医院将“crocks”分配给自己进行检查和诊断；研究者多次看到，当这样的病人被分配给他们时，他们总是表现出厌恶情绪。

（6）“这些资料可以对这个本土概念做出什么解释？”——回答：这些实习生主要把病人当作一种学习医学知识的工具，通过病人可以学到书本上或老师授课中无法学到的一些临床医学知识，而从“crock”身上他们学不到任何东西，反而花费掉自己大量的时间；使用“crock”这个贬义词表现了这些实习生对这类病人的基本态度。

（7）“这个本土概念与其他哪些理论或社会、文化方面的问题有联系？”——回答：“crock”这个概念也许与医院内部的等级制度（在其中实习生处于最底层）有关，它从一个侧面体现了这些实习生对医学院的一般看法，这些看法影响到他们判断病人时所使用的标准。

（8）“今后你可以如何就这个概念进行进一步的分析？”——回答：对这些实习生对医院的一般看法进行进一步的研究，了解医院的登记制度以及有关人员对这种等级制度所持的价值观念。

（二）定性资料分析的方法

资料分析（data analysis）通常是指找出资料中的模式——反复出现的行为、目标或知识体系。一旦一种模式被辨认出来，我们就会以某种社会理论或是它出现时的情境来加以解释。定性研究者从描述一个历史事件或社会情境出发，进而对这个事件或情境的意义，提出更具通则性的解释。编码、撰写备忘录和找寻浮现事实的技术在定性资料分析中是相当普通的。与定量资料的分析相比，定性资料的分析策略更加多样化，标准化程度相对较低，研究者对研究过程的描述相对模糊。正如马奥尼所说："对方法论的清晰描述的缺乏，使很多读者难以完全理解并领会（定性资料）研究者的论述。"①

定性资料分析与定量资料分析的重要差别之一，是其具体分析方法的多样性。这种多样性与其在分析过程中主要依赖研究者的主观作用有很大关系。但众多研究者的实践依然为我们提供了某些可以借鉴和参考的操作方法。

比如，有的研究者提出，定性资料分析的途径主要有两条：一是寻找资料中的相似性；二是寻找资料中的相异性。比如，是不是各种不同的个案都表现出某种共同的行为模式？如果发现他们具有某种共同的行为模式，我们就可以进一步探讨为什么会如此，以及这种行为模式具有什么功能等。如果不同个案表现出差异性，那么，我们要进一步去对差异的表现进行分类、比较和联系，即探讨具有什么样特征的人会有什么样的行为模式，他们之间差异的特征是什么，以及为什么会存在这样的差异等。

又如，有研究者，比如洛夫兰夫妇，提出了寻找资料中的模式的六种方法，这实际上是建议我们关注定性资料中的六个不同方面，包括频率、程度、结构、过程、原因及后果。② 比如我们需要"分析邻近地区虐待儿童"的情况，就可以从这六个方面进行：③

(1) 频率(frequencies)：多长时间发生一次虐待儿童事件？要明白真正发生的频率与人们愿意告诉我们的可能有所出入。

(2) 程度(magnitudes)：虐待的程度如何？有多残忍？

(3) 结构(structures)：有哪些形式的虐待，身体的、心理的，或是性侵犯？是否与某种特定态度相关？

(4) 过程(processes)：结构中的成分是否存在着顺序？施虐者是否从心理虐待开始，再转移到身体虐待及性侵犯，或者是顺序有所不同？

(5) 原因(causes)：虐待儿童的原因是什么？是否在某个社会阶级中（例如不同的宗教或族群群体）比较普遍？或者在经济景气或不景气的时候经常发生？

(6) 后果(consequences)：对受害者造成了什么样的长期或短期影响？对施虐者又造成了什么样的改变？

再如，还有的研究者将定性资料分析方法分为类别分析和叙述分析两种。类别分析是将具有相同属性的材料归入同一类别，材料的属性可以从事物的要

---

① James Mahoney, "Nominal, Ordinal, and Narrative Appraisal in Macrocausal Analysis", in *American Journal of Sociology*, 1999, 104(4), pp. 1924～1193.

② Lyn H. Lofland, *Analyzing Social Settings*, CA: Wadsworth, 1995, pp. 127～145.

③ [美]艾尔·巴比著，邱泽奇译：《社会研究方法》(第8版)，华夏出版社 2000 年版，第 378 页。

素、结构、功能、原因等各个层面进行分类。类别可以组成树枝形主从结构或网状连接性结构。叙述法是将材料放置于自然情景之中,生动逼真地对事件和人物进行描述和分析。叙述结构可以采纳前因后果排列、时间流动序列、时空回溯、圆周反复等方式。叙述形式包括轮廓勾勒、片断呈现、个案分析等。叙述型分析和类别型分析可以结合起来使用:前者可以为后者补充血肉,后者可以帮助前者分清层次和结构。①

实际上,我们从上述介绍中可以看到某些相似或相同的内容,说明不同的分析方法中仍然有许多相同的东西。在这里我们仅介绍几种较为常用的定性资料分析的方法:连续接近法、举例说明法、比较分析法、流程图方法,②以及主题分析法。③

1. 连续接近法

连续接近法(successive approximation)指的是通过循环的步骤,使得研究者从开始时一个比较含糊的观念以及杂乱、具体的资料细节,到达一个具有概括性的综合分析的结果。

具体地说,研究者从所研究的问题和一种概念与假设的框架出发,通过阅读和探查资料,寻找各种证据,并分析概念与资料中所发现的证据之间的适合性,以及概念对资料中的特性的揭示程度。研究者也通过对经验证据进行抽象来创造新的概念,或者修正原来的概念以使它们更好地与证据相适合。然后,研究者又从资料中收集另外的证据,来对第一阶段中所出现的尚未解决的问题进行探讨。研究者不断地重复这一过程。而在每一阶段,证据与理论之间也不断地进行着相互塑造。这种过程就被称作"连续接近",因为经过多次的反复和循环,修改后的概念和模型几乎"接近"了所有的证据,并且这种经过连续地、一遍又一遍地修改的概念和模型也更加准确。

每一阶段的证据往往是暂时的和不完全的,而概念是抽象的,它们根植于具体的证据中并且反映着事物的背景。在从经验证据到抽象概括的过程中,可能会受到某些条件和偶然事件的影响,研究者必须不断修改概括及其与证据的连接,以使概括更好地反映证据。

2. 举例说明法

举例说明法(illustrative method)即是用经验证据来说明某种理论。这是

① [美]劳伦斯·纽曼著,郝大海译:《社会研究方法:定性和定量的取向》,中国人民大学出版社2007年版,第569页。

② 参见[美]肯尼斯·D.贝利:《现代社会研究方法》,上海人民出版社1986年版,第356页。

③ 参见[美]劳伦斯·纽曼著,郝大海译:《社会研究方法:定性和定量的取向》,中国人民大学出版社2007年版,第579页。

定性资料分析中最为普遍的一种方法。根据这一方法,研究者将理论应用于某种事件或背景中,或者根据先前存在的理论来组织资料。这种先前存在的理论提供了一只“空盒子”,研究者在资料中将那些可以作为证据的内容集中起来,去填满这只空盒子。当然,这种用来填满盒子的经验证据既可以是支持理论的,也可以是否定理论的。

举例说明法在具体操作中可以分为两种不同的方式:一种方式主要表明理论模型是如何说明了或解释了某种特定的个案或特定的现象的。研究者所列举的主要是一个个案或一种现象的证据。另一种方式则是对一种理论模型的“平行说明”,即研究者平行列举多个不同的个案,比如多个不同的单位或多个不同的时间周期等,来说明这种理论模型可以应用于多个不同的个案,可以解释或说明多个个案中的情况。或者反过来,研究者采用来自多个平行的个案的材料来共同说明某种理论。比如,一个研究农村劳动力流动现象的研究者先发展出一种有关该现象形成原因或条件的分析模型,然后分别从甲地农村、乙地农村、丙地农村等不同个案中提取证据,来共同说明这一模型。

3. 比较分析法

比较是各种资料分析的中心过程,无论是对定量资料还是对定性资料都是如此。19 世纪的英国哲学家 J. S. 米尔提出了有关比较的逻辑方法。其中,他关于一致性比较和差异性比较的方法,形成了定性资料分析中“比较分析法”的基础。实际上,实验研究中的比较也是采用了这样一种逻辑。

定性资料分析中的比较分析法与前述的举例说明法不同,即研究者并不是从一个总的理论模型的“空盒子”开始,然后用资料中的证据去填满盒子。而是从先前已有的理论或从归纳中发展出相关的规律或关系模型的思想,然后研究者将注意力集中在少数规律上,用其他替换的解释与之进行比较。在此基础上,研究者进一步考察那些不限于某一特定背景(如某一特定时间、特定地点、特定群体等)的规律性。当然,要说明的是,研究者并不是要寻求那种具有普遍意义的法则,而仅仅只是寻找那种在某种社会状况中所表现出的规律性。比如,研究者可以去寻找在当前我国国有企业中所存在的某种组织管理模式,而不是去寻找某种能应用于所有组织或科层制中的普遍的因果法则。

根据具体的比较方式的不同,定性资料分析中的比较分析法可以分为两种类型:一致性比较法和差异性比较法。

(1) 一致性比较法(method of agreement)。这种比较法是将注意力集中于各个不同个案中所具有的共同的特性上,并通过运用一种排除的过程来进行。其基本思想是:研究者先找出不同个案所具有的某种共同的作为结果的特性,然后再比较各种可能的作为原因的特性。如果某种被看作原因的特性不为所有具有共同结果的个案所共有，那么，研究者就将这种特性从可能的原因中排除掉，而所剩下的那种为所有个案所共有的特性则为可能的原因。比如，如果研究者考察四个不同的群体，它们都具有某种共同的结果(假设为特性 A)。同时，研究者发现这四个群体的资料中具有多种可能的作为原因的特性(假设为 B、C、D、E、F、G)。研究者对它们进行比较，发现除了特性 C 以外，其他几种特性都不为四个群体所同时具有。因而根据一致性比较法，特性 B、D、E、F、G 都将从可能的原因中排除掉，而只有特性 C 才是结果 A 的原因。详见表 9-22。

表 9-22　　一致性比较法的例子

群体 1	群体 2	群体 3	群体 4
A	A	A	A
B		B	B
C	C	C	C
D	D	D	
			E
F		F	
	G		G

(2) 差异性比较法(method of difference)。差异性比较法的原理比一致性比较法要复杂一些，理解起来也更困难，但它却比一致性比较法更为有力，可以说是一致性比较法的“双倍应用”。差异性比较法的基本思想是：研究者先找出那些在许多方面都十分相同，但在少数方面不同的个案；然后找出那种使这些个案具有相同的原因和结果的那些特性，同时找出另一组在这种结果上与此不同的个案，即找出那些不出现第一组个案中的结果的另一组个案；这样，研究者就可以比较两组个案，查找那些在不出现结果特性的个案中，也没有出现的原因特性。这种没有出现的特性就是结果的原因。我们通过下列例子来解释差异性比较法的含义。

假设研究者先考察两个在许多特性上都相同的群体，设为群体 1 和群体 2 (见表 9-23)。通过比较发现，二者在五个特性(即特性 A、B、C、F、O)上都相同。假设 A 为某种共同的结果，如果仅用一致性比较法，我们很难从中发现真正的原因特性，特性 B、C、F、O 都有可能。这时，研究者再找出两个有不同结果(X)的群体(这是理解差异性比较法的关键)，设为群体 5 和群体 6。研究者再将这两个群体与原来的两个群体进行比较(差异性比较)。在此例中，群体 1 和群体 2 共同具有的可能成为原因的特性有四个，即 B、C、F、O。群体 5 和群体 6 中都有特性 F，群体 5 中还有特性 O，群体 6 中还有特性 C。群体 5 和群体 6 中唯一所缺乏的是特性 B。特性 C、F、O 都不是原因，因为如果它们中任何一个是原因的话，群体 5 或群体 6 中就会出现结果特性 A 了。因此，真正的原因特性只有 B，即凡没有特性 B 的群体中就不会出现结果 A；而只要出现了特性 B，就一定会出现结果 A。

表 9-23　　差异性比较法的假设例子①

群体 1	群体 2	群体 5	群体 6
A	A	X	X
B	B	D	P
C	C	E	C
F	F	F	F
H	G	N	M
O	O	O	K

斯科克波（Theda Skocpol，1979）在她著名的社会革命研究中使用过分析性比较，同时还结合了其他一些技术。她运用取同法来找出三个发生革命的个案（法国、1917 年的俄国和中国）中存在的一组共同原因，运用取异法来表明未发生革命的个案（英国、1905 年的俄国、日本、德国和普鲁士）由于缺少了哪些原因而未爆发革命。她明确了引发革命的两个主要原因：国家的四分五裂，尤其是在外国压力下本国的军队和政府内的分裂，以及较大范围的反对地主的农民起义，参见表 9-24。②

表 9-24　　取同法和取异法的例子：斯科克波关于革命的理论

个案	原因		结果
	国家分裂	农民起义	革命爆发
法国	是	是	是
1917 年的俄国	是	是	是
中国	是	是	是
英国	是	否	否

① ［美］劳伦斯·纽曼著，郝大海译：《社会研究方法：定性和定量的取向》，中国人民大学出版社 2007 年版，第 580 页。

② ［美］劳伦斯·纽曼著，郝大海译：《社会研究方法：定性和定量的取向》，中国人民大学出版社 2007 年版，第 581 页。

续表 9-24

个案	原因		结果
	国家分裂	农民起义	革命爆发
1905 年的俄国	否	是	否
德国	否	否	否
普鲁士	否	否	否
日本	否	否	否

从上例中我们可以看出，差异性比较法不仅从正面的个案（即那些具有共同的原因和结果特性的个案）中获得信息，同时，它还从反面的个案（即那些缺乏结果特性的个案）中增加信息，因而这种比较方法的结论更加准确。

4. 流程图方法

流程图方法主要指的是以历史和现时发展过程为标准，对定性资料进行描述。这种方式的最大好处是能够很好地展现事物发展变化的过程。比如，贝克尔在其所做的“成为大麻吸食者的过程”的研究中，采取的就是这种流程图的分析方法。这项研究试图概括出个人态度和经历的一系列有关变化，以解释吸食大麻的问题。作者所用的资料来自他们对 50 个具有不同背景的大麻吸食者的访问记录。这些访问把注意力集中于被访者吸食大麻的经历，探寻他们对于大麻的态度、实际使用情况的变化，以及这些变化的原因。最后的概括是一系列态度变化的表述，这些态度变化是在研究者所观察到的各种事例中发生的。正是在这些变化中，个人开始为取乐而吸食大麻。作者的研究报告展示了这一过程的一种流程图：研究结果的第一部分——学习吸食大麻的技术；第二部分——学习领悟大麻的效力；第三部分——学会喜欢这种效力。研究者利用大麻吸食者自己对吸食大麻的陈述作为研究的基础，并且从这些资料中建立了一种“成为大麻吸食者”的过程的理论。

通过这种流程图式的描述，作者指出：“总而言之，一个人只有当他经历了上述过程，即确信大麻是可以那样吸食的东西的学习过程以后，才能为快活而吸食大麻。所有成为吸食者的人都经历了：① 学习以一种可以产生真正效力的方法吸食大麻；② 学习认识这种效力，并把这种效力与大麻吸食联系起来（换言之，学习达到销魂状态）；③ 学习喜欢他所获得的感受，在这一进程中他发展了吸食大麻的倾向或动机，这种倾向或动机在他开始吸食时是不存在的，也是不可能存在的，因为他们包含了对大麻的观念，并且依赖于这种观念。而这种观念只能从上文所详述的实际体验中生长出来。当这一过程完成之后，他就愿意并能够为快活而吸食大麻了。”①

5. 主题分析法

民族志学者斯普拉德利(James Spradley)发展出主题分析法，这是一种创新的、整体性的分析定性资料的方法。这个系统的关键部分是进行定性资料分析的组织化结构。斯普拉德利把文化情境中的基本单位界定为一个主题，即一个用于组织资料的观念或概念。他的体系建立在对主题的分析上，在之后的分析中再把若干个主题组成类别与范围更为广阔的论题，以便对文化场景或社会情境做出整体性的解释。主题有三个部分：一个主概念或短语、语义关系，以及几个从属概念。主概念是简单的主题名称；从属概念是主题之下的次级类型或部分；语义关系说明从属概念在逻辑上如何与主题相符。举例来说，在法院情境中证人这个主题下，主概念是“证人”，两个次级类型或从属概念是“被告证人”与“专家证人”，语义关系是“属于某个种类”。因此，专家证人或被告证人都是证人的一个种类。表 9-25 列出了其他一些语义关系。

表 9-25　　不同类型的语意关系

语义关系	应用实例
种类	巴士是一种汽车(车辆的种类)
部分	轮胎是汽车的一部分(汽车的部分)
方式	作弊是在学校获得高分的一种方式(学生得高分的方式)
用途	火车是用来运输货物的(运输货物的途径)
理由	高失业是造成社会不安的理由(社会不安的理由)
阶段	攻击是战争的一个阶段(战争的阶段)
结果/原因	火力发电厂是造成酸雨的原因(酸雨的原因)
地点	市镇中心广场是暴民聚集之地(暴民聚集之地)
特征	又高又尖染成彩色的头发是庞克族的特征(庞克族的特征)

斯普拉德利确认出三种类型的主题来辅助分析，分别为民俗性主题(folk domain)、混合性主题(mixed domain)与分析性主题(analytic domain)。接下来，研究者从他的笔记中找出主题关系的例子，继续进行分析，直到把所有相关的主题都辨识出来为止。然后研究者通过比较这些主题的差异性与相似处，来进行组织整理。最后，研究者重新把主题组织成一些类型或种类，然后再次检查这些重组后的主题，从而建立范围更加广泛的、能够把其他主题作为从属概念涵

① 风笑天：《社会研究方法》(第四版)，中国人民大学出版社 2013 年版，第 299 页。

盖在内的新主题。

定性研究在理论建树方面强调“扎根理论”，即在原始材料的基础上发展理论。斯普拉德利的主题分析也契合了大部分类型的定性资料分析都包含的六大步骤：① 重新阅读包含所有细节资料的笔记；② 在脑海里重新把细节归类到用来组织资料的想法之中；③ 从记录主观意义的笔记中，或研究者用来组织资料的想法中建构新观念；④ 找出这些想法之间的关系，并且根据逻辑相似性将其分成不同的小组；⑤ 通过比较与对比各组概念，将这些小组组成较大的类别；⑥ 重新组织并结合各个类别，使之成为更为广泛的整合性主题。这个过程开始于笔记中的具体内容，最终形成一组整体性的逻辑关系。①

四、定性分析的软件使用议题

定性资料整理和建档的工作，传统的做法以手工操作为主，比如将收集来的材料分门别类地写在卡片上，分别标以不同的代码，然后按不同的类别归类放置。现在，随着计算机技术的飞速发展，使得定性资料的整理工作大大简化，效率大大提高。除了分类框架的确定、类别和代码的设置等工作仍然必须由研究者来做外，研究者可以越来越多地利用计算机为定性资料整理和分析服务。通常的方式是先将实地记录或现场笔记全部输入计算机，存在磁盘上，变成可以随时调用、不断复制、任意组织和无数次处理的文件。需要特别提醒的是，输入计算机时应做到完全按照实地记录本上的内容和文字录入，不要做任何的修改，使得输入计算机后所形成的文本与原始记录在内容、文字、时间、前后顺序、各种记号等方面都完全一致，就像是实地记录的照片或复印件一样。这份与实地记录完全相同的“原始”文本一定要很好保留，不要做任何处理。而将其复制出的多个备份可以用来进行各种删改、编排、摘录的处理。

计算机对定性资料分析的帮助作用除了体现在文字处理功能上以外，在美国已经出现了许多专门处理定性资料的分析软件，如 Ethnograph、Nudist、Nvivo 等，使得研究者分析定性资料的能力大大加强。比如，Matthew David 和 Carole D. Sutton 在《社会研究方法基础》一书中就专辟一章，介绍了 Nvivo/N6 的操作有关知识。② 再如，诺曼·K. 邓津和伊冯娜·S. 林肯在其主编的《定性研究：经验资料收集与分析的方法》一书中，也专门介绍了“计算机软件和定性研究”的议题，比如该书介绍了“能用计算机来帮助分析所做的一些事情”如下：

---

① [美]劳伦斯·纽曼著，郝大海译：《社会研究方法：定性和定量的取向》，中国人民大学出版社 2007 年版，第 579 页。

② Matthew David、Carole D. Sutton 著，陆汉文等译：《社会研究方法基础》，高等教育出版社 2008 年版，第 230～264 页。

(1) 在田野中做笔记；

(2) 补写或转录田野笔记；

(3) 编辑：改正、扩充或修正田野笔记；

(4) 编码：将关键词或标签贴到文本、图形、音频或视频的段落上，以便于日后重新查找；

(5) 储存：将文本保存在一个组织好的数据库中；

(6) 数据"联结"：将相关的数据段落互相联结起来，形成信息的类、丛或网；

(7) 备忘：写下关于数据、理论或方法的某些方面的反思性注释，作为进一步分析的基础；

(8) 内容分析：计算词语或短语的频率、顺序和位置；

(9) 数据显示：将选择或简化的数据置于一个压缩的、组织好的格式中，如矩阵或网络，以便于检查；

(10) 得出结论和进行核实：帮助解释所显示的数据，检验或证实发现(结果)；

(11) 理论建构：提出针对发现的系统的、概念一致的解释，验证假设；

(12) 生动地绘图：创建能够描述发现或理论的图标；

(13) 报告撰写：中期报告和最终报告。

另外，该书还讨论了 QDA 软件的种类和功能，包括文本取回、文本数据库管理器、编码和取回程序、以代码为基础的理论建构器、概念网络建构器等有关内容，以及应该如何明智地、个性化地选择软件等问题。①

随着计算机技术在社会研究领域的不断深化运用，专门为定性资料分析而制作的软件也被不断开发、修改和使用。定性研究者已经广泛使用软件来进行辅助分析。在文字处理程序中，研究者可以很快搜索到能够被转换为编码资料并将分析型备忘录与编码相关联的词组和短语。文字程序也能够帮助研究者修改田野笔记的编码和组成部分。随着软件功能的扩展，研究者还可以处理图片、声音、视频等多媒体资料。总体来看，一些常用软件普遍整合了下述若干功能：②

(1) 全文检索功能。软件的检索功能能够进行精确或模糊检索，找到有近似的匹配、有轻微拼写错误或相近读音的词或近义词。另外，一些程序允许根据

① 诺曼·K.邓津、伊冯娜·S.林肯主编，风笑天等译：《定性研究：经验资料收集与分析的方法》，重庆大学出版社 2007 年版，第 861～879 页。

② [美]劳伦斯·纽曼著，郝大海译：《社会研究方法：定性和定量的取向》，中国人民大学出版社 2007 年版，第 588～590 页。

逻辑运算检索词的组合或者用连接词（与、或、非）连接的短语。例如，研究者可能在较长的文献中检索，在四句话内出现“大学生”、“喝酒”、“吸烟”中任何一个关键词，而在文献的同一部分不出现“联谊会”这个词。布尔检索（Boolean searches）用“与”来检索由“大学生”同另外两个行为中的任一个的交集，这两个由“或”这个逻辑词相连，而逻辑搜索词“非”则排除了文件中出现“联谊会”的情况。

大多数程序显示关键词或词组以及周围的文本。程序也允许研究者写下独立的备忘录或在文件上添加简短的笔记（备注）。一些程序统计找到的关键词的总数并给出它们的位置。如果研究者有所要求的话，大多数程序会为文本生成一个索引。

（2）文本基础管理功能。文本基础管理与全文检索功能相似，关键的区别是它们组织信息和对搜索结果信息进行分类的能力。许多程序产生文本资料的子集，这些子集帮助研究者进行比较和对比。它们允许研究者以一个关键概念对笔记进行分类，或添加实际信息。例如，在资料是关于访问的细节记录的地方，研究者可以在资料上加入关于访问时间、访问的长度、被访者的性别、访问地点等方面的信息。然后研究者可以用关键词和附加信息的组合，来分类和组织各个访问或访问笔记的各部分。“超链接”功能可以使研究者很方便地从一个文本板块跳到笔记的另一个地方。一些定性分析软件从文本文献的信息中，生成交叉表（cross-tabulation）或散点交互分类图（scatterplot cross-classification）。例如，某些学生记一门课程的日志，他们用四种类别（无聊的、刺激的、有挑战性的或有创造性的）中的一种写下每天的感受。这些学生也描述每天的主要活动（如，小组工作、讨论、看录像带、讲座或示范）。研究者可以用学生感受和活动进行交互分类，并进行不同群体的对比分析。

（3）编码与检索功能。研究者经常为定性资料（文本田野笔记、访问记录以及录像或录音转录）选定编码或抽象语汇。编码与检索功能允许研究者将文本的行、句子、段落或部分进行编码。这类程序也允许对同一个资料进行多重编码。除进行编码外，大多数程序也允许研究者组织编码。例如，一个程序可以帮助研究者做编码间、编码指向的资料间的联系的轮廓或“树”（如树干、树枝和细枝）。基于研究者的编码及研究者明确规定的编码间的关系，程序可以将定性资料重新排列。

（4）以编码为基础建立理论的功能。定性研究者经常对理论的评估和产生感兴趣。以编码为基础建立理论的功能要求研究者先为资料分派编码。这类程序提供操纵或获取编码间对比和比较的方法。编码间的关系（如时间顺序、必要的前提条件、同时出现等）便成为研究者检验或产生一个理论的基础。以编码为基础建立理论的程序能够有力地操作编码，以显示时间类型或展示资料间隐藏的关系。它使研究者能够更容易地对资料类别进行比较和分类。例如，定性比较分析(qualitative comparative analysis，QCA)程序使用布尔逻辑或代数学来帮助研究者分析一些个案的特征，并运用差异和一致的方法。它运行代数计算来确定一组个案间的普遍的和独一无二的特征。

(5) 概念网络构建功能。这种功能通过展示图表画面或网络，来帮助研究者建立和检验理论。展示的画面比图表更有用，它们帮助研究者组织概念或对资料进行思考。这类程序使用研究者在资料中标识的标记或关键概念，然后显示标记间的联结或关系。大多数程序给出带有方框或圆圈并由箭头线连在一起的图表展示。结果看起来与流程图相似，具有概念间相联结的网络。例如，资料可能是一个家庭树，用于展示几代家庭成员间的关系。这种家庭树所体现的家庭成员间的关系(如 X 是 Y 的兄弟姐妹，Z 嫁给了 Y，G 是 X 的孩子)，可以用于讨论和分析该家庭网络的特征。

最后需要强调的是，无论我们采取什么样的分析方法，都应记住一点：定性研究的分析过程是一个开放式结构，如果初步建立的分析框架、类别，甚至所研究的问题不符合收集到的原始材料，研究者可以随时进行修改。为研究结果下结论时应该注意材料之间的异同，避免为了使结论看上去完整精确而牺牲材料的丰富复杂性。定性研究在理论建树方面强调“扎根理论”，即在原始材料的基础上发展理论。如果前人建立的有关理论可以用来深化对研究结果的理解，可以借助于既存理论；如果这些理论和本研究的结论不符，研究者则应该尊重自己的发现，真实地再现被研究者看问题的方式和观点。建立理论时，研究者也可以借助个人的经验和直觉，不过，因此而下的结论必须建立在原始材料的基础之上，不能凭空杜撰。①

五、综合案例解析

我们以“苏南乡村精英流向城市现象考察”②这项研究为例，简要说明定性资料分析方法的运用问题。当然，我们在这里选取的案例资料，并不是说该项研究能够十分典型地或全面地反映定性资料分析的所有方面，而只是帮助大家对定性资料分析有一些相对具体和直观的认识。比如该项研究中所使用的“编码和分类”技术以及其他一些方面的内容，对于我们理解定性资料分析的有关知识有较好的启发价值。以下是该项研究的节录(后面所述的“基本情况之四”、“原

---

① 参见陈向明：《社会科学中的定性研究方法》，载《中国社会科学》1996 年第 6 期。

② 姚俊：《苏南乡村精英流向城市现象考察——江苏扬中个案调查资料的定性分析》，载《青年研究》2004 年第 4 期，第 6～12 页。

因之三”的字样为本书作者所加)。

1. 研究对象界定

作为本文研究对象的苏南乡村经济精英是指这样一群人,他们是比乡村社区中一般成员拥有更多的经济优势资源以及由经济资源所延伸的其他优势资源(权力或关系)和个人能力(包括知识、智慧和为人处世的能力),并因此而为乡村社区做出了贡献,进而具有了某种权威,能够对其他成员乃至乡村社区结构产生影响的乡村社区成员。

2. 资料与方法

本次研究从 2003 年 1 月初开始至 2003 年 3 月中旬结束,共收集案例 15 个。案例分布于扬中市的除市区以外的 4 个镇,其中新坝镇 4 个,兴隆镇 4 个,油坊镇 3 个,八桥镇 4 个。个案全部为男性。年龄分布情况为:30 岁以下的 3 个,30～40 岁的 5 个,40～50 岁的 5 个,50 岁以上的 2 个。由于 30～50 岁之间是男性创业的黄金期,一般来说这一阶段是事业上最有成就的时候,乡村经济精英大多处于这个年龄段上。30 岁以下,正处于事业的起步阶段和家庭的建立时期,处于这个年龄段的人能够成为经济精英的不多见。50 岁以上,家庭一般处于空巢期,开始进入老年阶段,有比较浓厚的归根情节、安土重迁。由此看来,本次研究中的个案的年龄分布基本合理。这次研究没有能够收集到关于乡村女性经济精英的案例,十分遗憾,其实在苏南乡村有很多的女性企业家,她们也是乡村经济精英的一部分,这是以后的研究中应该注意的地方。

本研究采用深度访谈的方法。个案访谈采取半结构的形式,事先确定了访谈的 4 个主题:① 流向城区与家庭的关系;② 流向城区与个人事业的关系;③ 两种不同居住环境中的感受;④ 个人及家庭的基本情况。然后在访谈过程中有意识地围绕这 4 个主题进行。

编码和分类。本文用案例的英文字母 CASE 的头一个字母 C 和阿拉伯数字代表每一个个案(如 C1,C2),在诸如 C1,C2 后加上一横和代表个案的姓氏的英文字母代表具体的个案(如 C1-L, C2-W),在诸如 C1-L, C2-W 后加上一横和阿拉伯数字代表每一个具体的个案对于不同的主题的回答(如 C1-L-3,C2-W-4)。对于分类,围绕两个轴心分两次进行。第一次以问题的类别为轴心,将各案主对各类问题的陈述或看法归类,第二次以各案主对各类问题中相关主题的陈述或看法为轴心进行归类整理。

3. 流向城市的乡村经济精英的基本状况(节选)

基本情况之四:比较快地能够适应城市生活方式。在城市化研究中,很多人提出从农村进入城市的“移民”对城市生活的适应性问题。同样在流向城市的乡村经济精英身上也存在着对城市生活的适应性问题。但是研究发现他们能够较快地适应城市生活方式。我们可以从生活习惯、闲暇与娱乐、社交往来三个方面来说明他们对城市生活方式较强的适应性。

生活习惯。城市的生活习惯和乡村的生活习惯是有很大差距的，在很多方面甚至是对立的。在居住习惯方面，在乡村社区，经济精英住的是二层或三层的小楼，有比较大的活动空间。进入城区居住后，虽然有的人仍然居住别墅，但是大多数居住的是公寓楼，活动空间相对要小，由于流向城区的经济精英很多是核心家庭，所以能够比较容易适应这种居住方式。

地方小了但是家里面比以前在乡下的时候干净了很多，乡下房子是很大，但是大了容易脏，也没有那么多的精力来收拾。现在就这么大的地方反而容易清理，还有一点好的就是现在进门就换鞋，不容易把家里弄脏了，也没有乡下房子那么多的灰尘。而且乡下房子大，到冬天特别冷，楼下客厅的空调根本用不起来，只能在房间用(C5-Y-3)。

在饮食、日常消费方面也能很快地适应城市的消费方式，这主要是因为他们有比较雄厚的经济实力，另外一种炫耀消费的心理也在起着作用。

我们住到城区来后，家里的日常消费提高了不少，城区买东西方便啊，不像以前买一些上档次的菜啊、衣服啊都要到城里来买。现在靠得近自然也就买得多了，比如住在乡下的时候我们平时也不订牛奶，现在看很多人家订我们也订了。其实本来我也不喝那个，现在也喝习惯了。而且像我们平时交往也比较多，朋友、客户到家里来玩的话，看你们家用的东西、吃饭什么的很一般的话会看不起你的(C13-F-3)。

闲暇与娱乐。这是城市生活方式与乡村生活方式差别比较大的地方。但由于乡村经济精英在流向城区之前已经熟悉城市的闲暇和娱乐方式，所以能够很快适应。

以前谈生意，请客也经常来玩的，跳舞、卡拉OK、喝茶，现在更加是习惯了。以前没有事情在家也就是找朋友打打麻将，现在还经常和朋友们一起去健身、钓鱼。本来也不和家里人一起出去玩，现在也经常去公园，去年还去北京玩了一趟。(C15-Z-3)

社交往来。这可以说是城乡生活方式的根本区别所在，正如滕尼斯所说的社区与共同体的区别，迪尔凯姆所说的有机团结和机械团结的区别。城市生活方式和乡村生活方式的本质区别在于城市的人际交往很多是匿名的，是以理性主义维系的，强调私密性；乡村的人际交往是实名的，是以情感主义维系的，不讲隐私性。很多关于移民的研究都证明了，社交方式的改变是一个进入新的地方居住的人群最难适应的方面。但是流向城市的经济精英能够很快适应这一交往方式的转变，最大的原因可能在于这种社交方式就是他们所希望的一种交往方式，强调隐私性、理性主义，这才符合富人的生活习惯。

住在城里的最大的好处就在于不像在乡下有那么复杂的邻里关系，一天到晚张家长李家短的。现在是各家关起门来过各家的日子，互不干扰。在乡下的时候像我们这种有点钱的人就格外被人家关注，有一点什么事情马上都来打听，现在住在这里也省了不少的麻烦事情。(C5-Y-3)

4. 流向城市原因的讨论(节选)

原因之三：基于乡村社会分层的一种"空间隔离"需要。周晓虹在对中国中产阶级的研究中指出，"中产阶级"人口包括这样一些基本的社会构成：① 1978年后新生的私营企业家和乡镇企业家；② 1978年后与私营企业家和乡镇企业家同时产生的小业主、小商贩等自营业者以及其他形式的个体户。不难发现这两部分人群实质上构成了乡村社会中的经济精英群体。如果说在改革之初和在一些经济相对不发达的地区，农村中的经济精英群体还只是一个人数很少的群体。那么在经历了20多年经济高速发展的苏南乡村，这样一个群体已经很大并且有一种阶层化的趋势，他们正在与农村的其他群体或阶层形成越来越清晰的边界。显而易见，离开原来居住的村庄流向城市是最能够强化这样一条边界，最能满足他们的一种"空间隔离"需要。这样一种"空间隔离"的需要突出表现在两个方面：

其一是一种新的认同群体的形成。由于苏南乡村的邻里之间的互动日益减少，经济精英们的日常交往的主要对象是和他们社会、经济地位相当的其他经济精英，相似的社会地位、生活方式乃至共同的生活经历使得他们更加容易找到共同的话题、娱乐方式，彼此之间的认同感也更强于对原来居住村庄的其他村民的认同。新的心理认同群体的出现使得他们在居住的空间上也出现聚合，经济精英们更加愿意一起生活到城市，做"城里人"，而不是留在乡村和那些跟他们已经没有共同的心理认同的其他村民为伍。

其实现在住在乡下真的是很没有意思，因为你要是在家里，连个说话和玩的人都没有。就说打麻将吧，我的那些邻居玩得太小了，我根本不高兴和他们打，我一般都是出去找朋友打。就是平时遇到了也没有什么话好说，毕竟不是在一个层次上啊，想的东西也不一样，都没有办法交流。所以我也不高兴到邻居家去玩，他们也不怎么到我家来玩，你说住在这是不是没有什么意思？现在住在城里离以前的朋友也近，还认识了很多新的朋友，大家平时在一起谈生意上的事情，也一起玩得比较开心。(C13-F-3)

其二是一种新的生活方式观念的形成。英文中"class"这个词本身就既具有阶级、阶层的含义，也具有文化上的品位和格调的含义。乡村经济精英群体在生活方式上的变化虽然没有城市中的"新中产阶级"群体那么前卫，但是相比较于农村中的其他群体或阶层而言，他们无疑是前卫的，他们往往是农村中很多新式消费品和生活方式的领头人。但是现在他们已经不满足于充当一种城市生活方式在农村的推广者和接替者，不满足于对于新奇消费品的一种享乐或者说炫耀性的消费，他们已经开始形成一种新的生活方式观念。这样一种观念强调生活的质量、品位，个人居住的安全性和隐私性，某种意义上讲他们的这种生活方式观念已经和城市的富裕阶层的生活方式非常接近，显而易见的是居住在乡村是无法满足他们这种需要的，选择城市生活方式成为他们必然的归宿。

以前城市里的人喜欢说我们是暴发户，生活没有品味，其实现在的情况和以前不一样了，我感觉一个是现在交通方便，还有信息快，最好的最新式的东西一出来我们就要用上了，有的比城里人还快。像我就为我女儿买了架钢琴，专门请了个老师教她学钢琴，你说要是住在乡下她怎么学钢琴啊，再说你放个钢琴在家里，还要被人家邻居说三道四呢。还有像我现在胖、血脂有点高，每天早上都要出去跑步和锻炼，要是还是住在乡下，你到哪里去锻炼呢？（C12-T-3）

思考与练习

1. 找一份实际社会研究所用的问卷，对其编写一份编码簿。

2. 利用老师提供的数据，对其进行数据清理工作。

3. 统计检验的目的是什么？为什么社会研究常常需要进行多变量分析？

4. 从社会科学期刊中选择 2～3 篇定量研究的成果（研究报告或学术论文），分析并评价这些研究中所采用的统计分析方法。

5. 简述定性资料分析与定量资料分析有哪些主要的不同。

6. 定性资料的编码与定量资料的编码有什么不同？定性资料编码有哪几种方式？

7. 在定性资料分析中，撰写分析型备忘录的目的是什么？

8. 定性资料分析的常用方法有哪几种？简要说明每一种方法的主要操作技术。

9. 在举例说明法中，所谓的“空盒子”指的是什么？

10. 一致性比较法与差异性比较法之间的差别是什么？二者能否同时使用？说明为什么能或者为什么不能。

11. 简述定性分析的软件使用大致包括的议题。

12. 从怀特的《街角社会》、费孝通的《江村经济》、周敏的《唐人街》、折晓叶的《村庄的再造》这四本书中选择一本认真阅读，并在课堂讨论这些作者是如何进行定性资料分析的。

第十章　研究成果的表达

本章重点

1. 研究成果的主要类型及一般写作程序

2. 研究成果主要结构要素的撰写要领：标题、摘要与关键词；导言或研究背景与意义；文献述评；研究思路与研究方法；结果与分析；总结与讨论；参考文献与注释

一般而言，任何一项具体的社会研究均需形成一定形式的研究成果。就社会研究的一般过程来看，形成研究成果也是整个社会研究过程的最后一个阶段。不同目的的社会研究，其研究成果的表达形式当然也是多种多样的，但就一般研究而言，比较常见和主要的成果表达形式有撰写研究报告、学术著作、学术论文、学位论文、研究总结等等。同时，研究成果的发表也是成果的具体表达，其样式也是多种多样的：既可以通过口头形式发表研究成果，比如在学术会议等特定的场合进行学术报告，也可以通过书面形式发表研究成果，比如公开出版学术著作、发表学术论文，以及在网络等新型媒体上以不同的形式公开传播等。另外，对于学生而言，学位论文答辩以及通过答辩后发布于网络数据库（比如博士、硕士学位论文数据库等）也可以看作是一种特定的成果表达样式，等等。我们认为，广义的研究成果表达包括了研究成果的写作、研究结果的总结、研究成果的发表、研究成果的交流和传播，等等。考虑到编写本书的主要目的要求，我们在这里仅就研究报告的撰写、学术论文的写作与发表、学位论文的写作与答辩等进行简要论述——这也可以说是狭义的研究成果表达。我们知道，从内容结构角度来说，学术论文、学位论文、研究报告这三者的撰写，存在着一些共通的内容项目，这样就需要对这三者的共通内容项目或一般结构以及写作要求和方法技术有一定程度的了解。因此，本章第一节我们首先对研究报告、学术论文、学位论文这三种研究成果的表达进行简要概述，然后第二节再对研究报告、学术论文和学位论文共通的结构要素撰写的要求和方法技术展开比较具体的论述。

第一节 研究成果的表达概述

一、研究报告撰写概述

（一）研究报告的含义与类型

研究报告是反映社会研究成果的一种书面报告。它以文字、图表等形式将研究的过程、方法和结果表现出来。其目的是告诉有关读者，对于所研究的问题是如何进行研究的，取得了哪些结果，这些结果对于认识和解决这一问题有哪些理论意义和实际意义，等等。根据不同的标准可以把研究报告分为以下一些类型：①

(1) 描述性研究报告与解释性研究报告。根据研究报告在性质和主要功能上的不同，我们可将其区分为描述性研究报告和解释性研究报告两大类。描述性研究报告着重于对所研究现象进行系统、全面的描述，这种描述既可以是定量的，也可以是定性的。其主要目标是通过对研究资料和结果的详细描述，向读者展示某一现象的基本状况、发展过程和主要特点。对于那些以弄清现状、找出特点为目的的描述性研究来说，这种报告是其表达结果的最适当的形式。解释性研究报告的着眼点则有所不同，它的主要目标是要用研究所得资料来解释和说明某类现象产生的原因，或说明不同现象相互之间的关系。这类报告中虽然也有一些对现象的描述，但一方面这种描述不像描述性报告中的那样全面，那样详细；另一方面，这种描述也仅仅只是作为合理解释和说明现象的原因、解释和说明现象间相互关系的基础或前提而存在，简而言之，是为了解释和说明而做必要的描述。

从撰写要求来看，描述性研究报告首先强调内容的广泛和详细，要求尽可能面面俱到。同时，它还十分看重描述的清晰性和全面性，力图给人以整体的认识和了解。而解释性研究报告则强调内容的集中与深入，看重解释的理论性和针对性，力图给人以合理的和深刻的说明。

需要说明的是，研究报告的这种区分并无十分严格的界线，或者说，研究者在实际撰写研究报告时，往往难以把描述和解释截然分开且仅取其一。在许多情况下，一份研究报告常常同时兼有描述和解释这两方面的功能，只是不同的报告对其中某一方面侧重的程度有所不同而已。

(2) 学术性研究报告与应用性研究报告。根据报告的读者对象的不同，我们又可将研究报告分为学术性研究报告与应用性研究报告两类。这两类报告在

① 风笑天：《社会学研究方法》(第一版)，中国人民大学出版社 2001 年版，第 318～320 页。

撰写要求及风格上也有所不同。大体上，用作专业杂志上发表或学术会议上发表的研究报告往往比较紧凑、严谨。在研究设计、研究方法方面它需要比较详细的描述，特别是要有样本抽取、变量测量、资料收集等细节描写。资料分析部分相对广泛，但对结果的讨论部分则相对谨慎。而提供给政府决策部门或实际工作部门的研究报告则对研究过程的介绍十分简短。这种报告的研究结果部分常常采用比较直观的统计图、统计表等形式表示出来，并且根据研究结果所提出的政策建议部分在这种报告中也十分突出。

(3) 定量研究报告与定性研究报告。根据研究的性质，研究报告还可以分为定量研究报告与定性研究报告两类。定量研究报告主要以对数据资料的统计分析结果及其讨论为主要内容，数量化、表格化、逻辑性强是其表达结果的主要特征，报告的格式十分规范且相对固定，报告的各个部分相互之间界限十分分明。与此相反，定性研究报告则主要以对文字材料的描述和定性分析为主要特征。在报告的结构上，既无严格的规范，也没有十分固定的格式。在内容上，描述和分析、资料与解释之间的界限也不十分明显。而且一般来说，定性研究报告的篇幅也比定量研究报告的篇幅要长，报告中所体现的主观色彩也较重。

(二) 研究报告的一般结构

规范的社会研究报告往往有比较固定的格式，尽管用于不同目的、不同场合的研究报告在形式上会有若干细小的差异。大体上，研究报告都是从所探讨的问题开始，到研究所得到的结论和意义结束。各种研究报告在结构上通常可以分成导言、研究设计、结果、讨论、小结或摘要、参考文献，以及附录几个部分。

(1) 导言。主要说明所研究的问题及其研究的意义，其中往往包括下述几个方面的内容：第一，研究的缘起(或研究的背景、研究的动机)；第二，研究的问题及其界定；第三，研究的目的和意义。

(2) 研究设计。即说明研究所采用的方式方法、研究的程序和工具等，其中主要包括以下内容：第一，文献回顾及评论；第二，研究的基本概念、变量、假设和理论架构；第三，研究的总体、样本及抽样方法、抽样过程；第四，研究的主要方法(包括资料收集方法和资料分析方法)。

(3) 结果。即说明通过研究发现了什么。

(4) 讨论。即说明所发现的结果具有哪些意义，从这一结果出发，还能得到什么或还能继续做些什么。

(5) 小结或摘要。即对上述四个方面的简要总结。

(6) 参考文献。即研究报告中所涉及的书籍和文章目录。

(7) 附录。即研究过程中所用的问卷、量表及某些计算公式的推导、算法等。

研究报告上述各项目的撰写方法和要求，在本章下一节的相关内容中进行论述。

(三) 研究报告的“沙漏”形式

撰写研究报告时，我们应该明确这样一种指导思想或基本思路。这种指导思想或基本思路可以用“宽—窄—宽”来概括，形象地说，就是要按照“沙漏”的形式来撰写(图 10-1)。这种按沙漏形式撰写的思路指出，研究报告在内容上应从广阔的导言开始，逐渐集中到比较专门化的领域，直到提出研究者自己的研究领域和研究的问题，这就是由“宽”变“窄”；然后介绍自己的研究方法和研究所得出的主要结果，这可以说是沙漏的最狭窄部分；当转向讨论研究结果的内涵时起，研究报告又开始逐渐由具体的结论向更一般的领域拓展，即由“窄”又变“宽”。广阔的导言可以向读者提供你的问题形成的背景及其意义；狭窄的方法和结果部分可以帮助读者集中注意力于你的研究成果和质量；而讨论部分的拓宽，则可向读者展示你的研究结果所具有的丰富内涵，尽量发掘特定结果所具有的一般意义，提高研究的意义和价值。当然，这种沙漏式的撰写形式，并不是指篇幅上的多和少，而是指所涉及的内容范围的宽和窄。

图 10-1　研究报告的“沙漏”形式

二、学术论文写作与发表概述

(一) 学术论文的定义、类型与作用

1. 学术论文的定义与类型

概括来讲，学术论文是对自然或社会科学领域中的某些现象和问题进行比较系统的研究而形成的一种规范化科学记录。论文写作规范国家标准 GB 7713—87对学术论文的定义是：“学术论文是某一学术课题在实验性、理论性或观测性上具有新的科学研究成果或创新见解和知识的科学记录；或是某种已知原理应用于实际中取得新进展的科学总结，用以提供学术会议上宣读、交流或讨论；或在学术刊物上发表；或作其他用途的书面文件。”学术论文的特点主要有创新性、学术性、科学性、政治性、逻辑性、简明性、实用性、保密性和规范性等。学术论文按不同的标准划分，存在着各种不同的类型：①

按学术论文的性质功能，学术论文可分为以下几种类型：① 论说性学术论文，用大量的事实数据和材料，正面阐述，以证明自己的观点。考证性文章归入此类。② 综述性学术论文，对某一时期某一学科领域的研究进展情况加以概括总结，指出问题，并明确发展方向和趋势。文献综述就属于综述性学术论文。③ 评论性学术论文，对某一学术成果、期刊论文或专著的内容进行估价、鉴定，指出其成就，分析其价值，指明其中的问题与不足。④ 驳论性学术论文，反驳对方的观点，提出自己不同的见解。我们常见的商榷性文章就属于此类。此外，如果按照研究对象和研究方法分，学术论文还可以分为：理论型学术论文、实验型学术论文和描述型学术论文三种。理论型学术论文是研究自然或社会现象的理论联系，研究方法主要采用推理、理论证明和综合考察等；实验型学术论文是对实验结果的分析，探讨客观事物的本质和规律，研究方法主要采用科学实验、观察记录、逻辑推理等；描述型学术论文是对客观事物进行描述和说明，研究方法主要采用描述和比较法。

2. 学术论文的作用

学术论文的作用主要体现为以下若干方面：① 记录科学成果。学术论文有条理地记录了人类认识和改造自然、社会及自身的科学创造成果。这是学术论文最直接最显著的作用。即使是在学术会议上宣读的论文，最终大部分也是要发表在会议刊物上的。② 促进学术交流。学术论文是进行学术交流和技术交流的工具。学术论文的公开发表，能够交流与推广科研成果，促进向现实生产力转化或推动科学技术的发展。正是因为学术论文的公开发表不受时间和空间的限制，所以，它是国内外进行学术和技术交流的有力工具。③ 考核鉴定人才。学术论文是业务水平考核的重要标准之一，也是发现、培养、使用和鉴定人才的主要参考标准之一。学术论文写作技能是复合型、创造型人才的必备素质。论文的发表也是人才脱颖而出的渠道之一，因此各行业、部门、单位非常重视学术论文的写作，对有关专业技术人员的考核，一般也是以发表学术论文的篇数、论文水平的高低以及社会影响作为衡量的标准。同时学术论文的写作既是招聘单位招聘人才的条件之一，也是人事部门发现人才的渠道之一。例如，现在很多单位在招聘博士时都要求有若干篇文章被SCI或CSSCI等收录，甚至招聘硕士时也要求一定数量的文章发表在核心学术刊物上。

① 王定祥：《研究方法与论文设计》，高等教育出版社2013年版，第340页。

（二）学术论文的结构

1. 核心结构部分

为了方便信息存储、检索、管理与利用，学术论文在结构上都应符合一定的标准与规范。一般而言，学术论文的核心结构包括七个必要的组成部分，即题名（含英文翻译）、署名（含英文翻译）、摘要（含英文翻译）、关键词（含英文翻译）、正文、致谢、参考文献等。

（1）题名。题名，即题目或标题，是学术论文的有机组成部分，其作用主要有两点：一是能从总体的角度，用简明、精当的词语反映论文的主要内容和作者所要强调的思想，引导读者去发现并准确地把握论文的“要领”；二是在资料工作中可作为编制题录、索引和检索的主要依据。好的标题尤其是好的篇名，往往是一篇论文的灵魂，甚至成为一面旗帜。尤其处在当前信息爆炸的时代，它对学术研究成果的表述、传达、推广和应用，可产生重要作用。准确、简明、醒目、便于检索是学术论文标题的基本要求。准确，就是要求论文题目能准确表达论文内容，恰如其分地反映论文的研究范围与深度。简明，就是要求论文题目用最少的字数来表达论文主题。当然，具体多少字的论文题目才算符合要求，并没有统一的指标。GB 7713—87 规定，题名不宜超过 20 个汉字，用作国际交流的论文应附外文题名（多为英文），外文题名一般不宜超过 10 个实词。题名所用词语必须有助于选定关键词和编制题录、索引等二次文献，以便为检索提供特定的实用信息。题名或标题的写作详见本章第二节研究成果主要结构要素的撰写中相应的部分。

（2）署名。学术论文的署名一般包括作者与通讯作者的署名。署名的作用在于：一是记录该项研究成果为作者所拥有；二是表明作者承担的责任；三是有助于读者与作者的联系。

由于科研的交叉、综合等特点，从事一个研究课题的人员群体化趋势日益凸显，这就存在着各个参与者的界定问题。根据《中华人民共和国著作权法》的有关条款规定和国家标准 GB7713－87《科学技术报告、学位论文和学术论文的编写格式》规定，学术论文署名的个人作者，“只限于那些对于选定研究课题和制订研究方案、直接参加全部或主要部分研究工作并作出主要贡献，以及参加撰写论文并能对内容负责的人，按其贡献大小排列名次”；“至于参加部分工作的合作者、按研究计划分工负责具体小项的工作者、某一项测试的承担者，以及接受委托进行分析检验和观察的辅助人员等，均不列入。这些人可以作为参加工作的人员——列入致谢部分，或排于脚注”。据此，我们可以确定作者、通讯作者与非作者以及署名的顺序和方法。

① 作者、通讯作者与非作者。第一，作者应是参加过本项研究的设计或开

创工作，如后期参加工作，则必须赞同原来的研究设计；必须参加过论文中某项观察或取得数据的工作；必须参加过观察所见和取得数据的解释，并从中导出论文的结论；必须参加过论文的撰写；必须阅读过论文的全文，并同意其发表。其中，在课题选题、设计、实施，对结果的解释和答辩，对论文贡献最大和对论文能全面承担责任的作者为第一作者。第二，通讯作者，又称责任作者，是指熟谙课题设计，掌握数据资料，能够全面处理投稿中的一切问题，答复编辑部审稿人意见和全面修改稿件的作者。通常针对高校和科研机构的研究生和流动科研人员在离开原学校和科研单位后，期刊编辑部能通过通讯作者对稿件进行补充和修改，也便于论文刊登后读者可以直接与通讯作者联系。实际上，通讯作者多为课题负责人。第三，非作者，特指协助采取样本的人、负责某项实验的测试人员、委托某项分析和检验的具体工作者等人员。他们不能作为作者署名，但要列入"致谢"名单中。

② 作者及通讯作者署名的排序。在论文作者署名方面发生过一些演变。在国际上，学术论文作者署名的方式，由"按照姓氏的字母排序"到"按照贡献的大小排序"，逐步过渡到目前较为通行的做法"论文的责任人放在最后，其他作者按贡献大小排序"，特别是工科类学术期刊表现得最为明显。为了适应作者署名方式的变化，国外的学术期刊大多采用在作者中注明"通讯作者"的做法。在国内的高校和研究单位中，作者署名做法多种多样，有按照贡献大小排序的，有导师排名第一的，也有学生排名第一导师排名第二的，还有学生排名第一导师排名最后的，等等。由于很多高校和研究单位把发表论文定量化并以此核定成果分数，人为地按照署名顺序把一篇论文按照百分比区分论文参与者的重要程度，虽然在一定程度上避免了"挂名作者"的现象，但是常常引起第一作者署名之争。随着国内科研单位对科研成果归属认识的国际化程度的提高，中国科学院一些研究所和一些高校已经逐步过渡到"论文的责任人排到最后，其他作者按贡献大小排序"的方式。一些科研项目的基金申请和结题报告中要求注明已发表论文的通讯作者。

③ 作者及通讯作者署名的方法。署名必须使用真实姓名，不用笔名；署名时，还应标明作者工作单位、地址及邮政编码等信息，写在论文题目之下。还应在论文首页的底端以脚注形式标明第一作者的身份（如李××，副教授，博士研究生）和电子邮箱、通讯地址、邮政编码等；若有通讯作者，应写明通讯作者的名字、职务或职称，以及他的电子邮箱、通讯地址、邮政编码等。

（3）摘要。摘要是对论文内容不加注释和评论的简短陈述，是学术论文不可缺少的组成部分。为了国际交流的需要，绝大多数论文还要附英文摘要。学术论文摘要的主要作用在于：一是使读者不阅读全文就能获得必要的信息，从而决定是否继续阅读。所以摘要有很强的独立性，可以替代原文独立阅读；同时，摘要又存有与原文对应的信息内容，是原文的缩影。二是为科技情报人员和计算机检索提供方便。需要注意的是，现在很多期刊要求论文要附英文摘要，因此英文摘要的翻译或写作就非常重要。英文摘要既要反映汉语摘要本身的内容，又要符合英文的语言习惯，不能把汉语摘要生硬地译(写)成英语。英文摘要内容一般包括4个要素，即目的、方法、结果、结论等。英文摘要一般不宜超过250个实词。① 中文摘要的写作详见本章第二节研究成果主要结构要素的撰写中相应的部分。

(4) 关键词。关键词是从报告、论文中选取出来的，能够表达全文主题内容的单词或术语。国家标准规定：每篇报告、论文应选取3～8个词为关键词，以显著的字符另起一行，排在摘要的左下方。为便于国际交流，可以给出多文种的关键词。关键词实质上是为了方便报告、论文的存储、检索而标出的简单的词语。它的作用是简明提示报告、论文的内容，便于该报告或论文在检索系统中的组织和检索利用。随着现代科学技术的迅猛发展，科技文献信息量激增。据报道，全世界每天有十几万篇的科技关键词的论文发表，学术界已约定利用主题概念去检索最新发表的论文。作者发表论文不标注关键词或叙词，读者就检索不到，文献数据库就不会收录此类文章。关键词选用是否恰当，关系到该文被检索的概率和该成果的利用率。关键词的选取要遵循如下原则：① 专指性原则。在选关键词时，一定要使所选的关键词在概念上与论文的主题内容相符，不能扩大，也不能缩小。② 专业性原则。在选择关键词时，应选用专业性强的词语作为关键词，不要选用与专业内容关系不大的非专业词。③ 通用性原则。在选择关键词时，应选择为大家所熟知的词作为关键词。④ 全面性原则。在选择关键词时，应尽量将论文的主题内容表达全面，即不要漏选。关键词的写作详见本章第二节研究成果主要结构要素的撰写中相应的部分。

(5) 正文。正文是学术论文的核心组成部分。但是，自然科学和社会科学在研究对象、研究的侧重点、研究方法、研究的特点上均存在较大的差异。因此，在学术论文正文的写作上，自然科学类学术论文与社会科学类学术论文也存在较大的区别。

① 自然科学类学术论文正文写作。自然科学类学术论文正文的写作要求思路清晰，用语简洁，内容客观科学，段落层次清晰，论据充分、可靠，尽量用事实和数据说话。凡用简要的文字能够讲解清楚的内容，应用文字陈述；用文字难以说明或比较烦琐的，应用表或图进行表达；表或图要具有自明性；数据的引用要严谨确切，防止错引或重引，资料的引用要标明出处，以示对原作者的尊重和对

① 参见王定祥：《研究方法与论文设计》，高等教育出版社2013年版，第357页。

文章的负责。自然科学类学术论文正文一般应包括引言、材料与方法、结果、讨论、结论等部分。由于本书的议题是从社会科学研究的角度展开各部分内容的讨论，因此，自然科学类学术论文正文写作此处不做阐述。

② 社会科学类学术论文正文写作。社会科学类学术论文正文的写作不要求有华丽的辞藻，但总体上要求做到：思路清晰，合乎逻辑，语言明快流畅，主题鲜明，新颖；段落清晰，层次分明，简练可读；论据充分、可靠，论证有力，尽量用事实和数据说话。资料的引用要标明出处，以示对原作者的尊重和对文章的负责。社会科学类学术论文的正文主要由引论、本论、结论三部分构成。第一，引论，又称引言、前言或绪论等，是论文的开头，其目的是将读者引入主题。第二，本论，是社会科学类学术论文的主体，是最重要的部分，整个论证过程在此展开。这部分必须根据论题的性质，设计研究内容，包括理论分析、实证设计、实证结果分析等，论述方法上或正面立论，或批驳不同的观点，或解决某些疑难问题。作者可以通过第一手资料、数据和充分的证据，详细地、多层次、多角度、多方面地进行分析、论证和阐释，并从对这些问题的分析、解剖中阐明中心论点。特别要注意对新的观点、创新性内容应详细阐述。这部分内容是否充实，论证是否得体，论据是否充分，将决定全文质量的高低，是论文写作成败的关键。第三，结论是论文的结尾，是围绕本论所做的结束语。其基本要点是总括全文，加深题意。这一部分要对引论中提出的、本论中分析或讨论的问题加以综合概括，从而引出或强调得出的结论；或对论题研究未来发展趋势进行展望，或针对研究揭示的问题提出相应的对策建议。结论要简明扼要，具有高度的概括性，应该是对论文研究成果进行条理清楚的表述。如果说为了把论点表述得更加清楚，在论文的正文部分可以有少量的事实复述，而在结论部分，因为是总结性话语，所以就不可再采用叙述的方式，也不能再像正文那样采用分章的形式将正文中的内容再重新复述一遍。结论部分切忌草草收兵、虎头蛇尾，或画蛇添足、拖泥带水，务必要将本研究的创新点表述清楚。这三个部分的具体写作详见本章第二节研究成果主要结构要素的撰写中相应的部分。

(6) 致谢。现代的科学研究和技术创新，往往不是一个人或几个人的力量所能完成的，需要方方面面的人力、物力和财力帮助，或者有关单位和个人的指导和支援。致谢是根据实际情况，对在研究和论文写作过程中对论文作者提供过帮助、指导或合作的人所表达的感谢。

致谢对象：凡对作者的研究工作提供过帮助和支援的任何单位和任何人都是致谢对象，具体的对象有以下几种：在研究工作中提供实验场所、实验动物试剂药品、仪器设备、帮助调查的单位和个人；给予财力支持的单位和个人；对本项研究及论文提出过指导意见者；指导教师、论文审阅者、提供资料的单位与个人；

帮助进行数据处理或绘制图表的有关人员；对论文进行全面修改者；协助书写英文摘要者；等等。

致谢方式：一是在论文中专列“致谢”项，置于正文之后“参考文献”之前。二是在论文首页下加“脚注”，以简短的词句，对有关单位或个人表示感谢。三是对于国家和省部级的研究项目，一般都有项目编号，现行的方式是在论文首页的脚注中专门有一项写明受资助的基金名称、项目编号等内容即可，不用专门有“致谢”二字。

致谢要求：必须实事求是，并应征得被致谢者的（书面）同意。在致谢时，应提出被致谢者的工作内容和贡献，如“审修论文”、“现场指导”、“参加部分实验”、“技术指导”、“提供资料”、“提供实验场所和实验动物”、“协助调查”等。对被感谢者不要直书其姓名，应冠以敬称，如“×××教授”、“×××老师”“×××博士”等。

(7) 参考文献。参考文献的写作详见本章第二节研究成果主要结构要素的撰写中相应的部分，此处暂不论述。

2. 其他结构部分

(1) 中图分类号和文献标识码。① 为了学术论文管理、流通、标引和检索的需要，目前大多数专业期刊都要求作者标明“中图分类号”和“文献标识码”。

① 中图分类号。标识中图分类号的目的有两个：一是从期刊文献的学科属性实现族性检索；二是为科技论文的分类统计创造条件。

中图分类号的选用，应以1999年北京图书馆出版社出版的《中国图书馆分类法》(简称《中图法》)(第四版)为参照，根据科技论文的主题查找出相对应的分类号。《中图法》共分5个基本部类、22个大类。采用汉语拼音字母与阿拉伯数字相结合的混合号码制，用一个字母代表一个大类，以字母顺序反映大类的次序。为适应工业技术发展及该类文献的分类，对工业技术二级类目，采用双字母。在字母之后，采用数字编码制，用数字表示大类下类目的划分。例如：“保护性耕作对小麦生长和水分利用效率的影响”一文的中图分类号为S157.4+2。其含义如下：

S：农业科学（一级类目）

S1：农业基础科学（二级类目）

S15：土壤学（三级类目）

S157：水土保持（四级类目）

S157.4：农业技术措施（五级类目）

S157.4+2：耕作（六级类目）

---

① 参见王定祥：《研究方法与论文设计》，高等教育出版社2013年版，第365、409页。

一篇论文一般标识一个分类号，对于包含多个主题的论文可以标注 2 个或 3 个分类号。标识中图分类号一般编排在关键词之后。

② 文献标识码。科技论文的文献标识码是表明论文所属性质的。每一篇学术论文的内容都有其相应的文献价值，按照其价值意义的差别可归属于不同性质的文献类型。不同的文献类型用不同的英文字母表示，就形成了文献标识码。规范的文献标识码有以下五种：

A. 理论与应用研究学术论文（包括综述报告）；

B. 实用性技术成果报告（科技）、理论学习与社会实践总结（社科）；

C. 业务指导与技术管理性文章（包括领导讲话、特约评论等）；

D. 一般动态性信息（通讯、报道、会议活动、专访等）；

E. 文件、资料（包括历史资料、统计资料、机构、人物书刊、知识介绍等）。

作者可以根据每篇论文的内容选择对应的文献标识码，编排在中图分类号之后。对于不属于以上各类的文章以及文摘、通讯、补白、广告、启事等，不必加文献标识码。

（2）附录。① 附录是论文主体的补充部分，但并不是每篇论文都必需的。附录一般放在论文的末尾，与正文连续编页码。附录通常涉及以下几个方面的材料：比正文更详细的理论依据、研究方法等；由于篇幅过长而不宜写入正文的有关材料；某些重要的原始数据、数学推导、框图、照片或其他辅助资料如计算机的框图和程序软件等；对一般读者并非有必要阅读，但对专业同行有参考价值的有关资料；等等。

（三）学术论文的投稿与发表②

1. 学术论文的投稿

投稿主要有三种方式：纸质投稿、电子邮件投稿和网上投稿。至于选择什么样的投稿方式，具体可登录“学术论文投稿资讯”网查询，每一种期刊都有自己的“投稿须知”或“作者须知”。投稿中要注意的问题有：评估自己稿件内容和质量；选择刊物和研究刊物，找到适合的期刊；熟悉投稿要求和流程等。比如期刊的投稿流程一般是：投稿、编辑处理稿件、审稿、修改、校稿、退稿等。

2. 学术论文的发表园地

在我国，科技期刊有 5000 多种，SCI 及其扩展范围的期刊也有 5000 多种，学术论文可以选择性地在这些期刊上发表。科技期刊可分为以下 5 种类型：

（1）综合性期刊。综合性期刊又称指导性期刊，指以刊登党和国家的方针、

① 参见王定祥：《研究方法与论文设计》，高等教育出版社 2013 年版，第 366、410 页。

② 参见王定祥：《研究方法与论文设计》，高等教育出版社 2013 年版，第 366～369 页。

政策和法律、法规，行业科技发展动态，以及行业管理经验等为主要内容的期刊，如《求是》、《科技导报》等。其特点是：政策性、指导性、业务性强；强调新颖性、热点问题、政策导向。

（2）学术性期刊。学术性期刊是指以刊登研究报告、学术论文、综合评述为主要内容的期刊，包括各种学报、通报、动态等。如《社会学研究》、《教育研究》、《经济研究》、《管理世界》、《哲学动态》、《经济学动态》等。其特点是：学术性强、理论水平高；出版周期短、信息量大；强调创新性，一般反映学科研究的最新成果，属一次文献。大部分的创新型的科技论文都刊登在这类刊物上，学术性期刊是学术论文的主要发表园地。

（3）技术性期刊。技术性期刊是指以刊登新技术、新工艺、新方法、新设备、新材料为主要内容的期刊，也少量刊登学术性论文，如《杂交水稻》、《中国棉花》、《耕作与栽培》等。其特点是：专业性、技术性、实用性强。

（4）检索性期刊。检索性期刊是指以刊登对原始科技文献经过加工、浓缩，按照一定的著录规则编辑而成的目录、文摘、索引为主要内容的期刊，如《中文科技资料目录》等。其特点是：具有转引性，报道的文献类型全，涉及的学科面广，检索方便、及时。

（5）科普性期刊。科普性期刊是指以刊登科学普及知识为主要内容的期刊。如《知识就是力量》、《科学画报》、《大自然》等。其特点是：内容丰富多彩、言简意赅、文图并茂、体裁多样、通俗易懂，具有科学性、知识性、启发性、趣味性。

三、学位论文写作与答辩概述

（一）学位论文的定义和种类

学位论文（dissertation）是大学生（尤其硕士和博士研究生）独自完成的科研成果。学位论文的撰写及论文学术水平的高低，直接决定大学生能否顺利毕业和获得相应的学位。国务院学位委员会办公室起草的《学位论文编写规则》对学位论文给出的定义为：作者提交的用于其获得学位的文献。依据学位的高低，学位论文可分为：学士学位论文、硕士学位论文、博士学位论文。

（1）学士学位论文是指大学本科毕业生申请学士学位要提交的论文，其目的在于检查学生在大学学习期间对基础知识和专业知识掌握的程度，以及对应用这些知识解决实际问题的能力进行全面综合的考核，大学毕业时由学校授予最初一级的学位。这种论文一般只涉及不太复杂的课题，可选择本学科某一重要问题的一个侧面或一个难点进行研究，论述的范围较窄，深度也较浅，但要求有一定的创见性，其目的是为学生本科毕业后的科学研究和专业工作打下一个较好的基础。因此，严格地说，学士学位论文一般还不能作为科技论文发表。文科学士学位论文的篇幅通常在8000字以上，理工科学士学位论文篇幅通常在6000字以上。论文完成后，经论文答辩，由答辩委员会或答辩小组（由3～5名讲师以上职称的教师组成）评定成绩，写出审核意见。

（2）硕士学位论文是指硕士研究生毕业和申请硕士学位要提交的论文。它是在导师指导下完成的，应能表明作者确已在本门学科上掌握了坚实的基础理论、专门知识，并对所研究的课题有新的见解，有从事科学研究工作或独立担负专门技术工作的能力。这就是说，硕士学位论文要求对所研究的课题有新认识、新见解，使论文有较强的学术价值或应用价值，能反映出研究生的知识水平、综合素质和独立从事科学研究的工作能力，强调作者的独立思考作用。理工科硕士学位论文的篇幅为2万～4万字，文科类硕士学位论文篇幅为3万～5万字。硕士学位论文完成后，由答辩委员会（一般由5～7名硕士生导师组成）组织答辩、评定成绩及给出评审意见，通过后由校学术委员会研究授予硕士学位。

（3）博士学位论文是指攻读博士学位的研究生毕业和申请博士学位时要撰写和提交的论文。博士学位论文应能反映出作者具有坚实、广博的基础理论知识和系统、深入的专业知识，并具有独立从事科学技术研究工作的能力，应反映出该科学技术领域最前沿的独创性成果。它要求论文具有较高的学术价值，所提出的创造性成果对学科发展具有重要的推动作用。博士学位论文是学术水平最高的学位论文，理工科博士学位论文的篇幅在7万字以上，人文社科类博士学位论文的篇幅在10万字以上，其规模相当于学术专著。博士论文是创造性研究成果的书面表达形式之一，因此被视为重要的科技文献。博士论文完成后，由答辩委员会（一般由5～7名博士生导师组成）组织答辩、评定成绩及给出评审意见，通过后由校学术委员会研究授予博士学位。

以上三种学位论文的主要区别和学术水平要求见表10-1。

表10-1　学士学位论文、硕士学位论文、博士学位论文的主要区别表①

学位 要求	学士 （本科毕业生）	硕士 （研究生）	博士 （研究生）
应达到的 学术水平	较好地掌握本学科的基础理论知识和基本专业技能；具有从事科学研究或担任专门技术工作的初步能力。学术水平相对较低	掌握本学科坚实的基础理论和系统的专业知识；具有从事科学研究工作和独立担负专门技术工作的能力；研究成果有一定的创新性。学术水平相对较高	掌握本学科坚实而宽广的基础理论和系统深入的专业知识；具有独立从事科学研究工作的能力；在所研究领域做出了创造性的科研成果。学术水平相对高

① 王定祥：《研究方法与论文设计》，高等教育出版社2013年版，第373页。

续表 10-1

学历＼学位	学士（本科毕业生）	硕士（研究生）	博士（研究生）
学位授予单位	由国务院授权的高等学校授予	由国务院授权的高等学校和科学研究机构授予	
学位审批权	高等学校	由国务院批准公布的学位评定委员会审批	
字数（万字）	0.6～2.0	2.0～5.0	7.0～20.0

另外，风笑天把论文（含学术论文和学位论文）区分为定量论文与定性论文两种，并讨论了二者的区别。① 由于定量研究与定性研究是两种在方法论上有着本质区别的研究范式，因此，它们之间不仅在研究视角、研究方式、研究方法、研究工具上互不相同，在研究设计、研究资料以及研究结果表达方面也相差很大：②首先，从论文的一般结构和表达形式来看，二者之间有很大不同。定量研究的论文往往在格式上十分固定，形式上也基本上是从导言、文献回顾、研究设计，到结果分析、结论和讨论。各个部分一般都不能缺少。不同研究者发表的论文在表达形式上也基本上没有什么差别，所以介绍起来相对比较容易。而与此大为不同的是，定性研究的论文一方面在格式上相对灵活，各个部分的内容在具体论文中是有是无变化较大，另一方面不同研究者写作论文的方式和风格也千差万别，导致论文的表达形式多种多样，所以介绍起来相对比较困难。其次，从论文的写作过程来看，二者之间同样存在差别。定量论文的写作过程可以简单地概括成“先有结果，后有写作”，即得出结果与论文写作之间有明显的前后顺序关系。一般都是研究者先做研究，收集资料，再分析资料，等数据分析结果都得出来了，各种统计表都在那里了，研究者再去把这些结果汇总起来，整理起来，组织起来，再动手写作，形成研究论文。因此，在一定意义上说，统计分析的结果不出来，研究者就无法动笔。但是定性研究的情形就大不相同了，得出研究结果与论文写作之间不存在明显的前后顺序，更多的时候是同时进行的，二者是融合在一起的。用一句简单的话来概括就是，定性研究的论文写作过程是“一边分析，一边得出结果，一边写作”。或者说，定性研究的论文写作与定性研究的研究过

① 正是由于二者的区别，所以需要提醒读者注意的是，许多书籍中关于研究报告、学术论文和学位论文写作方法的介绍一般都比较偏重于定量研究文本的书写。比如风笑天就在其《社会研究：设计与写作》（中国人民大学出版社 2014 年版，第 154 页）中特意指出：在介绍论文写作方面可能更多地偏向了定量研究。尽管笔者在指导思想上并非如此，但从内容安排上看似乎是这样。这一点是应该提醒读者注意的。

② 风笑天：《社会研究：设计与写作》，中国人民大学出版社 2014 年版，第 153～154 页。

程、与资料的分析过程是融为一体的。在某种意义上，我们甚至可以说，定性研究的结果是在写论文的过程中“写”出来的。不到论文写完，是得不到最终结果的。

（二）学位论文的特点与作用

1. 学位论文的特点

（1）完成论文的独立性。学位论文的研究和撰写是在教师的指导下独立完成的。指导教师仅对学生完成学位论文起指导作用，从选题、收集资料到研究方案的确定、完成初稿、定稿，学生都不能完全依赖指导教师。学位论文一般不容许合作研究，如果确实需要合作，则必须作为一个大课题中的子课题（项目），并独立成篇。独立完成学位论文的撰写是对学位申请者的基本要求。任何等待教师为自己的文稿把关定稿、坐享其成的想法都是错误的，也不符合学位论文的写作要求。

（2）研究对象的专业性。学位论文的内容必须符合学生所属学科的研究领域，由此决定了学位论文研究对象的专业性。在撰写学位论文时，不论内容还是形式，都要符合不同学科和专业的要求。研究生在校期间所学的专业不同，培养目标和要求就不同，其基础理论、专门知识和基本技能自然就会有很大的区别，因而学位论文内容自然就有明显的专业性特点。这种专业性，主要体现在内容和形式上的专业性：从内容上看，主要是指学科研究领域的专业性，学科交叉研究领域的专业性，本学科理论、方法移植运用的专业性；从形式上看，由于专业不同，学位论文的结构、语言以及论证方式和读者对象等也必然不同。比如就其就结构形式而言，论文的谋篇布局，不同专业的学位论文有其自身的构成特点。像自然科学的学位论文，除运用文字外，还大量运用定律、图像、照片、表格和公式等非自然语言的符号系统，使其表现出与社会科学学位论文不同的专业性。

（3）研究内容的学术性。学位论文只能以学术问题作为论题，以学术观点作为论文的核心内容。学术性与理论性是紧密结合在一起的，因此有些学者将学术性称为理论性。满足学术性要求需要做到：第一，通过周密、翔实的调查研究，并运用抽象逻辑思维，对客观事物、现象进行分析、推理，将感性认识上升到理性认识，使学位论文具有强烈的理论色彩，并达到一定的理论高度和深度，以构筑起一个严谨的理论体系。第二，引经据典，并恰到好处地运用专业理论和最新研究成果。学位论文必须用论据来说明论点，这就是论证过程。这需要引经据典、合理运用专业理论和最新学术成果，佐证论文的论点，以得出新的理论和结论。

（4）内容与表述的科学性。学位论文的科学性表现在两个方面：一是内容的科学性。它要求论文选题符合实际，讨论的问题必须来自客观现实，符合客观事物的发展规律。论文的研究内容能真实地反映本研究领域的新发现、新技术、新理论、新应用、新方法。二是表述的科学性。它要求使用的研究方法科学，运用的理论正确，资料翔实，立论客观、正确、鲜明，中心论点始终如一，论据真实可靠，提出的概念、判断、结论、模型正确，论文取得的创新成果真实可靠、符合实际，论文表述逻辑结构严谨，文中所用的专业术语准确、规范。

（5）研究成果的创新性。创新是衡量学位论文价值的根本标准。国务院学位办公室起草的《学位论文编写规则》要求硕士学位论文对所研究课题有新的见解，也就是说在概念、观点、建议、措施等方面要有新意；要求博士学位论文在所研究领域做出创造性的科研成果。学位论文创新，实质是求异的过程。刘晓华和任廷瑜认为，"求异性是创造性的第一步"，"撰写学位论文应当是'求异存同'，以'求异'的眼光发现别人没有涉及的问题，然后在综合别人认识的基础上进行创新"。[①] 总之，研究生在学位论文撰写中，应尽量在学术观点、理论解释、研究方法与政策建议等方面有所创新，决不能重复前人的成果，更切忌东抄西拼，改头换面，把别人的成果拿来充当自己的创新。一篇学位论文如果仅是堆砌材料，罗列现象或复述别人已经取得的成果，提不出新见解，得不出新结论，哪怕文笔再优美，辞藻再华丽，也只是人力、物力的极大浪费。

（6）论文篇幅的规模性。学位论文在篇幅规模上远超过一般的学术论文，并且有日益增加的趋势。有人曾随机抽取硕士、博士学位论文各 30 篇进行统计，结果显示：硕士学位论文每篇平均为 4.8 万字；博士学位论文每篇平均为 14.2 万字（正文为 12.6 万字，参考文献为 1.6 万字）。造成学位论文篇幅长的原因，除了正文所要论述的内容多外，与其总论篇幅长、参考文献数量多和专门增设附录有关。学位论文的总论部分，往往要独立成章，并用足够的文字加以叙述，其篇幅远超过学术论文的引言部分。学位论文的参考文献要求全部列出，而且还要求有一定数量的外文文献，以证明作者对论文的研究是在参阅、消化了大量国内外文献基础上完成的。像理工科的学位论文，由于论文的试验工作量大，有许多原始数据、计算程序、实际操作步骤和复杂公式推导等内容不宜放在正文中，只能在学位论文中增设附录，便于评审者查阅，以检验、分析作者研究工作的科学性、可靠性和合理性。

2. 学位论文的作用

总体来看，学位论文是检测学生掌握本专业基础理论、专业知识、基本技能的深度和广度，以及检验学生全面运用所学理论、知识、技能开展科学研究，分析、解决问题的基本能力的一份综合性考卷。学位授予单位向申请者授予学位，必须以合格的学位论文作为前提条件和必要的依据。学位论文的写作与答辩，

---

① 刘晓华、任廷瑜：《毕业论文写作导论》，科学出版社 2004 年版，第 26 页。

既可以从整体上检验研究生的学习能力、专业水平，培养良好的学风，又可以为研究生以后的深造打下坚实的基础。

具体说来，学位论文的作用主要有以下五个方面：第一，系统训练研究生分析和解决问题的能力。撰写学位论文，能够锻炼研究生运用所学的专业理论知识，用科学的思维方式和专业的理论工具对现实中急需解决的问题进行分析、研究和解决，从而系统地培养出研究生较强的分析和解决问题的能力。第二，全面测验研究生的专业知识水平和专业研究能力。通过学位论文的写作和答辩，答辩委员会可以对研究生几年来专业知识的学习情况和专业研究能力水平予以全面测评，从而对研究生给出一个较客观和较全面的评价。第三，养成研究生理论联系实际的良好学风。高等学历教育在目前虽还在强调使求学者掌握相关的专业基础知识和专业理论，但学习专业理论和知识的目的是用来解决实际问题的。学位论文的写作和答辩，可以使研究生学会掌握理论与实际的结合点，培养其用专业理论知识在现实中发现问题、分析问题并解决问题的能力，养成理论联系实际、一切从实际出发的良好学风。第四，初步确定研究生今后从事科学研究的方向。学位论文的写作与答辩，可以使研究生进一步系统、深入地掌握与所选课题有关的专业理论知识，并通过最新现实材料和理论研究材料的收集，对所选课题的研究动态有较全面的了解。这为研究生毕业后从事该专业范围内的研究工作打下了基础，也间接地初步确定了未来专业研究的方向。第五，强化研究生写作水平和口头表达能力。学位论文的写作，进一步强化了研究生的文字表达水平，使研究生了解论文写作的相关知识，养成较好的写作习惯。同样，通过学位论文的答辩，研究生可口头阐述自己的观点，回答专家所提出的问题，从而可以训练研究生的口头表达能力和应变能力等。

（三）学位论文的类型及比较

1. 学位论文的类型

学位论文可以分为专题研究型论文、问题诊断型论文、调研报告型论文、案例分析型论文，以及实验报告型论文等类型。

（1）专题研究型论文。专题研究型论文是针对自然或社会经济现象中的某种问题，运用相关理论，进行专门深入、系统的研究，并做一定应用领域的拓展、移植或方法的创新。这类论文应主要着眼于实际应用研究，对所要研究的实际问题有清晰的阐述，论证解决问题的理论意义和推广价值，并对国内外本领域研究动态有较好的了解和评价。

（2）问题诊断型论文。问题诊断型论文就是调查分析研究对象的实际运行状态，发现其性质、特点及存在的问题，分析问题的成因，最后提供一系列的改善或解决问题的建议。这类论文需要作者根据所学的有关知识，运用科学有效的方法，在充分调查、计算、分析的基础上，找出研究对象在运行各环节或几个环节存在的问题，并着重找出造成这些问题的内因与外因，最后提出改进建议。

(3) 调研报告型论文。调研报告型论文是指研究者运用科学的理论和调查研究方法，对某调查对象进行充分的调查、分析，了解对象的现状、性质、特点、存在的问题，提出有关的对策建议，并形成相应的研究报告。其特点是调查资料翔实、结论具有普遍性和说服力。

(4) 案例分析型论文。案例是对研究对象情景进行真实、客观的描述和介绍，是研究对象运行情景的真实再现。实际中经常发生很多成功或失败的案例，以案例的形式将其宝贵的经验或教训总结出来，在更大范围内交流，无论是对案例编写者本人，还是所涉及的单位，都具有十分重要的意义。因此，学校鼓励研究生写作高质量的案例型论文。

(5) 实验报告型论文。实验报告就是对一项实验目的、过程、结果等情况进行记录、整理和总结的书面报告。这是自然科学研究中一种较常见的文体。科学实验是开展科学活动的最基本的方式和手段。在每次科学活动实验后，都应写出实验报告，对实验目的、实验准备、实验过程、实验数据、现象观测、实验结果进行客观的记录和总结，这是科学研究中必不可少的一环，也是科学研究基本功的表现。理工科研究生论文的数据大都是通过做科学实验或试验采集的，因而理工科研究生论文大多采用实验报告的形式。

以上不同类型的学位论文的写作，均有其特定的写作套路要求。考虑本书写作的篇幅所限不能一一详述，在这里我们仅选择案例分析型论文，简要介绍其写作要领。①

案例主要有两种：一是描述型案例。它是介绍某一案例事件从引发、演变一直到解决的全过程，并运用相关的理论对其加以论述及评价，总结出该案例的成功经验、失败教训及其借鉴意义。二是问题型案例。它只是介绍有关的事件情景，提供一些必要的数据，有时甚至只提出一些问题，重点是从所介绍的案例中分析原因、理出头绪、发现症结并运用相关的理论提出解决问题的满意方案。从学位论文的要求看，描述型案例适合用于研究生的学位论文。作为案例型的学位论文，重要的是体现其学术价值，因此不能停留在介绍和引导问题阶段，而应该通过案例分析，提炼理论或经验精髓，体现作者分析问题、解决问题的能力。案例分析型论文写作一般要建立在案例研究法基础之上（案例研究方法的介绍详见第八章的相关内容），具体写作步骤如下：

---

① 参见王定祥：《研究方法与论文设计》，高等教育出版社 2013 年版，第 379～380 页。其他几种类型的论文写作问题，可参见该书中相应的内容部分，具体页码：377～381 页。

① 收集案例素材。一篇优秀的案例分析型论文必须具备好的案例素材，案例素材必须真实可靠，案例素材中涉及的数据、有关单位、有关人物的真实身份等必须做必要的掩饰性处理。

② 确定案例标题。案例分析型论文中的标题最好能够突出案例中的典型情景或反映出事件的主题。例如，“三鹿奶粉事件中的危机管理”就是以案例中的事件作为案例标题，“××家族企业的管理成败”就是以案例所反映的主题为标题。

③ 介绍案例背景。所有事件都是发生在特定的时空框架与背景之中的。案例背景一般简要介绍案例中事件所发生的时间、地点以及原因、条件等方面的基本情况，这些介绍对于读者完整地理解案例的过程、评判案例中问题解决的策略是否合适等都非常重要。实际上案例背景就是案例事件和过程的“前因”，有此“前因”，才自有案例的发生过程这一“后果”。不同的背景前因，常常会导致不同的问题解决后果。对案例背景的叙述要简明、清楚。

④ 描述案例事件与过程。案例的主体部分就是对案例事件以及案例发生过程进行详略得当的客观描述。在描述时要围绕案例的主题，说明事件是如何发生的、怎样发生的，产生了哪些突出问题，原因有哪些，这些问题是怎样解决的，问题解决过程中出现了哪些反复、挫折和困难，问题解决的效果等。总之，要对事件发生、发展以至全局有较为完整的描述。

⑤ 案例分析和反思。对案例事件进行分析与反思是一个完整案例的必要组成部分。案例分析与反思部分常常包括：对案例中的重要环节进行理论解释，提炼出相关的理论规律；总结案例问题解决过程中的经验和教训，发表自己对案例事件的感想和启发性观点。

2. 不同类型学位论文的比较①

第一，以上五种不同类型的学位论文，其研究目的不一样，由此导致了各自需要展开的研究重点的不同。具体信息见表10-2。

表10-2　　　　论文研究目的和主要研究工作

体裁	研究目的	主要研究工作
专题研究型论文	通过系统分析，研究事物运行的问题、提出系统的解决方案	文献综述、理论研究、现状与问题分析、解决方案及其实施
问题诊断型论文	通过调查，发现问题并诊断其产生原因，提出解决思路或方案	调查和问题诊断，解决方案建议

① 参见王定祥：《研究方法与论文设计》，高等教育出版社2013年版，第382页。

续表 10-2

体裁	研究目的	主要研究工作
调研报告型论文	通过调查现象，发现规律或者经验，提出有关决策建议	调查的设计和实施、数据分析、对策建议
案例分析型论文	通过一个研究对象具体事件的描述，揭示理论原理或发现规律	对事件来龙去脉的描述，揭示原理或发现规律，提出启示
实验报告型论文	通过科学实验，证实或证伪科学假设，观察影响，揭示规律	文献综述，科学实验或试验，揭示原理或发现规律

第二，如果以内容比较全面的专题研究型论文为标准，可以看出，五种类型论文的重心有一定的差别。从表 10-3 可以看出，专题研究型论文的重点在于运用理论解决实际问题，问题诊断型论文的重点在于问题及其原因分析，调研报告型论文的重点在于调查过程，案例分析型论文的重点在于经验总结和决策建议，实验报告型论文的重点在于通过实验结果，发现规律。其他内容，有些可以没有，有些要求一般。这些大的原则，决定了不同类型研究生论文的写作思路。

表 10-3　　五种类型论文的内容重点

序号	内容	专题研究型论文	问题诊断型论文	调研报告型论文	案例分析型论文	实验报告型论文
1	理论问题与分析	比较全面	可以没有	可以没有	可以没有	可以没有
2	环境分析	重要	少量	少量	少量	可以没有
3	现状描述	重要	重要	重要	非常重要	可以没有
4	调查或实验过程描述	可以不要	重要	非常重要	重要	重要
5	存在问题及原因分析	重要	非常重要	重要	重要	重要
6	解决方案设计	非常重要	一般	一般	一般	一般
7	方案实施设计	必须	一般	一般	一般	一般
8	经验总结	不需要	一般	重要	非常重要	一般
9	决策建议	不需要	重要	重要	重要	一般

（四）学位论文的结构及写作要求

1. 学位论文的总体结构

2006 年 12 月 5 日，中华人民共和国国家质量监督检验检疫总局和中国国家标准化管理委员会发布了国务院学位委员会办公室起草的《学位论文编写规则》国家标准（GB/T 7713.1—2006）。该国家标准明确规定学位论文由前置部分、主体部分、参考文献、附录、结尾五个部分组成。前置部分包括封面、封二、题名页、英文题名页、勘误页、致谢、摘要页、序言或前言、目次页、图和附表清单、注释表。主体部分一般从引言或总论开始，以结论或讨论结束，另外还包括图、表、公式、引文标注、注释。除此以外，还有参考文献、附录，以及结尾或后置部分包括的分类索引、关键词索引、后记、致谢、作者简介等。具体结构内容见表10-4。

表10-4　　《学位论文编写规则》(GB/T 7713.1—2006)

基本结构	主要内容
前置部分	封面 封二(包括论文使用说明和版权说明) 题名页 英文题名页 勘误页 致谢 摘要页 序言或前言 目次页 图和附表清单 注释表
主体部分	引言 正文 结论
参考文献	(含中文和外文参考文献)
附录	(参见前述"学术论文的结构"中相应内容)
结尾	分类索引 关键词索引 作者简介

2. 学位论文各结构要素写作及整体编排格式要求

根据《学位论文编写规则》国家标准(GB/T 7713.1—2006)的要求，上述的学位论文的前置部分、主体部分、参考文献、附录、结尾等所包括的各个具体组成部分的写作均有特定的要求。比如"题名页"是对学位论文进行著录的依据。题名页置于封二和衬页之后，另页起。题名页著录内容除包括封面上的中图分类号、学科分类号、论文编号、密级、授予学位单位、学位论文名称、论文题名、作者姓名、导师姓名、出版单位、出版印刷日期数据外，还包括资助基金项目、培养单位、学科名称、研究方向、学制、论文提交日期、申请学位级别、导师职称、授予学位名称、工作单位等数据。再如，"作者简介"包括姓名、性别、出生年月日、民族、出生地，学位，职称，学历，工作经历(职务)，著作与成就，联系方式等。考虑到本书内容所限，此处不再一一叙述。①

《学位论文编写规则》还对论文的编排格式提出了基本要求，具体包括以下几点：① 学位论文的内容应完整、准确。② 学位论文应采用国家正式公布实施的简化汉字和法定的计量单位。③ 学位论文中采用的术语、符号、代号全文必须统一，并符合规范化的要求。论文中使用新的专业术语、缩略语、习惯用语，应加以注释。国外新的专业术语、缩略语，必须在译文后用圆括号注明原文。④ 学位论文中文稿必须用白色稿纸撰写或打字，外文稿必须用打字。论文宜用A4(210 mm×197 mm)标准大小的白纸，应便于阅读、复制和拍摄缩微制品。⑤ 学位论文稿纸四周应留足空白边缘，以便装订、复制和读者批注。每一面的上方(天头)和左侧(订口)应分别留边 25 mm 以上，下方(地脚)和右侧(切口)应分别留边 20 mm 以上。⑥ 学位论文的插图、照片必须确保能复制或缩微。⑦ 学位论文的页码，从“总论”数起(包括总论、正文、参考文献、附录、致谢等)，用阿拉伯数字编连续码；文摘页、目次页、插图和附表清单、符号和缩略词说明等用罗马字符数字单独编连续码。

(五) 学位论文答辩与评审

学位论文工作包括的内容是十分复杂的，比如在写作过程中，还有诸如检查与修改、答辩与送审、装订与存档等很多工作。比如，有研究还专门讨论了学位论文写作中常见的问题评析，诸如选题不当、材料不够、主观臆断、论证不足、逻辑混乱、表达不清、不合规范等。同时我们发现，一般的学位论文写作指导类的书籍，都还会讨论诸如学位论文答辩的含义、目的和意义、答辩的组织机构和一般程序、答辩应注意的问题等信息，②同时，各高校的有关部门也都会制定与发布这些方面的信息，因此对于这些方面的内容，本书考虑内容容量所限就不再展开叙述，这里仅就大家还没有系统讨论的学位论文评审环节的工作进行一些讨论。

学位论文的评审可以分为答辩前的匿名评审和答辩后的抽检匿名评审等。答辩前的匿名评审一般是由各高校按照一定的比例或者全部毕业生的论文，统一组织送达有关专家进行匿名的综合评价，以作为研究生是否可以参加论文答辩的重要参照依据。答辩后的抽检评审一般是由国家学位办、省有关部门、学校有关部门等，对答辩通过或者已经毕业授予过学位的论文再进行评审，其主要功能是合格评审，评审也是匿名的。如果参加评审的多数专家(通常是三分之二比

① 有需要的读者一是可以参阅《学位论文编写规则》国家标准(GB/T 7713.1—2006)；也可参考王定祥：《研究方法与论文设计》，高等教育出版社 2013 年版，第 384～387 页。

② 参见王定祥：《研究方法与论文设计》，高等教育出版社 2013 年版，第 388～403 页。

例）评审后打分不合格，就要采取有关措施予以惩罚，比较严重的后果就是注销已经授予的学位。需要说明的是，无论答辩前的匿名评审还是答辩后的抽检评审一般都会按照相应的标准进行，虽然不同学校或有关部门制定的评审标准不完全一致，但主要方面的标准要求是一致的。下面转述的是教育部硕士研究生学位论文评审的标准要求，可以作为参考。

教育部研究生学位论文评审标准①

一、分项评价

请依据评价要素，在“分项评价”栏对每个分项按“优秀”，“良好”，“一般”，“不合格”四档进行评价，此项为必选。

评价指标	评价要素	分项评价
选题与综述	研究的理论意义、现实意义； 对本学科及相关学科领域发展状况和学术动态的了解程度。	（等级）
创新性及论文价值	论文提出的新见解所具有的价值； 论文成果对文化事业的发展、精神文明建设产生的影响和作用。	（等级）
科研能力与基础知识	论文体现的理论基础的扎实程度； 本学科及相关学科领域专门知识的系统性； 分析问题、解决问题的能力； 研究方法的科学性，引证资料的翔实性，论文研究的深入程度。	（等级）
论文规范性	引文的规范性，学风的严谨性； 论文语言表达的准确性，结构的严谨性，推理的严密性、逻辑性。	（等级）

二、总体评价

给出百分制总评成绩（100～90为优秀；89～75为良好；74～60为一般；60分以下为不合格）

总体等级：

总体评分：

① 转自：http://www.cdgdc.edu.cn/pgsh/main.action，此处节选的是“开放评议硕士学位论文评阅书”中的内容。

四、研究成果的一般写作程序

上述的研究报告、学术论文、学位论文的写作，一方面我们要看到它们之间有一些具体的差异，另一方面就写作的步骤或程序而言，这三者也存在着许多共通的或一般性的工作。风笑天认为，一般来说，一项研究的焦点、中心、主题等，是在研究之初就已经决定了的。因此，到了写作阶段，研究者所关注的主要就是如何将研究的结果、材料、结论等恰当地表达出来。从程序上看，一项具体社会研究的成果，其文本的写作过程往往包括脑中构思、准备大纲、选择材料、撰写草稿、修改定稿几个大的步骤或环节。① 我们认为，概括而言，一项具体社会研究的成果，其文本写作的一般程序或过程主要包括确定主题、拟定大纲、选择材料、撰写文本等几个步骤。

(1) 确定主题。主题就是研究成果所要表达的中心问题，它是整个作品的灵魂。明确而适当的主题的确立，是整个文本撰写过程顺利开展的前提。以研究报告为例来说，在一般情况下，研究报告的主题就是该项研究的主题，即报告所要反映的中心问题也就是整个研究的中心问题，二者往往是一致的。比如，进行一项以青年结婚消费问题为中心的社会研究，其研究报告的主题就是青年结婚消费的状况、特点、问题，以及相应的理论解释等。在这种情况下，要确立报告的主题并不困难。但在有些时候，可能会由于某些原因，使得报告的主题不能与研究的主题统一起来。例如，当一项研究包含的内容很多，涉及的范围和领域很广，在一份报告中难以容纳全部内容时，就需要从中选择部分内容形成报告，并确立相应的报告主题。显然，这时的报告主题比起研究的主题来，范围就缩小了。还有的时候，出于某些因素的影响，研究所得的资料与研究最初的目标之间存在一定的差距，无法说明事先预定的研究主题，此时也要根据实际的资料和结果重新确立研究报告的主题。②

(2) 拟定大纲。这个阶段的工作其实质就是在头脑中谋篇布局并书面表达出来，主要包括两个层面的工作：第一个层面就是脑中的整体构思。所谓脑中构思，即在正式写作文本之前，研究者应该在头脑中对其整体结构进行构思，同时梳理清楚各部分前后之间的逻辑顺序。这一点对于定量研究来说，相对容易一些，因为定量研究有比较固定的表达格式。比如，一般都是从问题背景是什么、理论前提是什么及核心问题的表述开始，到文献回顾、提出假设、研究方法、结果与分析、总结与讨论等，基本上已经形成一种范式。而对于定性

① 参见风笑天：《社会研究：设计与写作》，中国人民大学出版社 2014 年版，第 154 页；风笑天：《社会研究方法》，中国人民大学出版社 2013 年版，第 304～305 页。

② 风笑天：《社会研究方法》，中国人民大学出版社 2013 年版，第 304 页。

研究来说，由于它在表达方式上没有固定的格式，因此研究者构思起来就相对复杂和困难一些。就像构思一个故事一样，为便于读者听故事，开头讲什么、中间讲什么、结尾讲什么，事先都要加以考虑。第二个层面就是拟定大纲。也就是在正式动手写作之前，通常我们还需要将头脑中的各种构思写下来，形成大纲。这种大纲在写作中的作用就像是先搭起一个“骨架”。它非常便于研究者写作前对文本结构、顺序等进行思考和反复推敲。特别是对于研究生的学位论文写作来说，列出大纲往往会有较大的帮助作用。当然，在准备大纲的过程中，也可能会不时地改变原来头脑中已有的构思。

(3) 选择材料。列出了大纲后，紧接着的一个任务就是要为大纲中的每一个部分选择和准备相应的材料，特别是为“结果与分析”部分以及“讨论”部分准备材料。无论是定量研究还是定性研究，研究者在研究中实际收集到的资料往往总是远多于最终用于写作文本的资料。而与此同时，一篇研究成果所能够容纳和表达的资料也总是有限的。因此，选择和准备最需要的同时也是最能说明问题的资料，是研究者在实际动手写作之前需要完成的另一件事。对于定量研究的文本写作来说，这涉及统计分析方法以及相关变量的选择，甚至涉及实际得出的统计结果是什么。换句话说，有的时候必须要等到统计分析结果出来，我们才能动手写作。对于定性研究者来说，这种资料的准备则主要涉及资料的整理，特别是编码、分类等大量前期工作的完成。

(4) 撰写文本。这个步骤的工作可以大体分为如下两个环节的工作：第一，撰写初稿。当上述几个步骤完成以后，就可以开始撰写论文初稿了。说到写作，每个人都有自己的习惯，一般没有什么统一的方式和方法。这里只是根据笔者自己的经验和体会，特别是在指导研究生过程中所了解到的学生的写作经历和常见情况，提出两点小的建议，供读者参考。一是在撰写初稿时不要长时间地停留在一个具体的小问题上，要尽量先将大的内容写出来，小的问题留到后面再去修改、补充和完善。特别是当自己的思想十分活跃，在论文大纲的引导下“文思泉涌”的时候，一定不要停下来，应先大致地、哪怕是草草地按大纲的结构和论文的逻辑把自己的观点、想法、材料、结果组织起来，形成论文的雏形，然后再进行修改。二是在撰写初稿过程中要正确对待原有的大纲。尽管大纲是我们写作前反复认真思考的结果，但它毕竟还不是我们最终的认识和研究结果。我们在撰写过程中，不能死死抱住原有的大纲不放，而要有一定的灵活性，即要根据写作中新的思考和新的发现来进行相应的改变。这种情况在定性研究成果的写作中更为常见，也更为重要。文本的写作不仅仅是一种报告的方式，更是一种学习、认识分析的方式。在这种方式中，边写边改变原来的方向、边写边发现新的结果，似乎是一种常见的现象了。第二，修改定稿。初稿形成后，除了要从头到尾、逐字逐句地进行认真的推敲外，还要对文本的整体逻辑、材料与观点之间的配合、资料的表达方式、所用语言等方面进行认真思考和修订。比如可以对自己写出的文本初稿进行多次的“无声朗读”，有可能的话，也可以进行出声朗读。在这样做的过程中，你就会发现在你的作品中哪些地方的衔接有问题，哪些材料的论证还不太合理，哪些结论的讨论还不够充分，哪些用词还不够贴切等。此外，如果有机会，在一定的场合(比如研究生的专题研讨活动、参加学术会议等)进行报告，也是促进研究者更好地表达研究结果的一种有效方式。

扩展阅读

期刊论文与学位论文的区别①

根据读者对象的不同，论文又可以分为学术期刊发表的论文和研究生学位论文两大类。前者作为公开发表的学术成果，以学术界中的专业读者为对象；后者则作为非公开发表的学术成果，主要以高等院校中的学位论文评审和答辩老师为读者对象。由于在学术期刊上所发表的论文与研究生学位论文在上述性质上的不同，再加上二者在篇幅上也相差较大，因而二者在结构上也略有不同。这些不同又会影响到二者的写作要求。一般来说，发表在学术期刊上的论文的篇幅大部分都在5000～15000字的范围内；而硕士研究生学位论文的篇幅则通常要求在30000字左右(博士研究生学位论文的篇幅则往往会达到100000字以上)。因此，相对来说，研究生学位论文的容量就更大一些，论文中所能够探讨的内容也会更多一些，探讨的详细程度也可能会更高一些。

在结构上，两类论文之间也有一定差别。学术期刊上的论文一般由题目、摘要、关键词、正文、注释、参考文献等部分组成。而研究生学位论文则一般由题目、中英文摘要、关键词、目录、正文、注释、参考文献、附录以及致谢(或后记)等部分构成。后者在结构上比前者多了目录、附录、致谢等部分的内容。

此外，即使是在一些与期刊论文相同的部分中，研究生学位论文在写作要求上也有所不同。比如中英文摘要部分，尽管在研究生的学位论文中，中英文摘要所包含的内容与期刊论文摘要的内容没有什么不同——它们都包含对问题、对象、方法、结果、结论、主要发现等方面的介绍；但是，期刊论文中的摘要，其篇幅往往只在150～300字之间，而研究生学位论文中的摘要，篇幅则往往在800～2000字之间。因此，研究生学位论文中的摘要在上述每一方面的内容都相对更加详细。相比之下，期刊论文的摘要由于篇幅所限，不仅在对上述内容的介绍方面显得更为简洁，有时甚至还会精简掉其中某些相对不重要的内容。

① 风笑天:《社会研究:设计与写作》,中国人民大学出版社2014年版,第154页。

第二节　研究成果主要结构要素的撰写

一、标题、摘要与关键词

(一) 标题

标题是一篇研究报告、学术论文、学位论文中最先进入读者眼帘的文字，也是每位作者在撰写这些研究成果时应该十分关注的一个方面。以学术刊物中发表的论文为例，其标题的形式可谓多种多样。但归纳起来我们大体上可以将它们分成“单一标题式”与“双标题式”两大类。“单一标题式”即以一句话来陈述标题，且这种标题往往采取直接陈述的方式表达。具体地说，就是直接将一项研究的主题、核心概念、内容或对象作为标题的主要内容，在一句陈述中体现出来。比如，“当前大学生就业困难的现状及其原因分析”，“社会资本与农民工求职问题的调查研究”，“青年择偶标准的变迁及相关因素研究”，等等。这种直接陈述形式的单一标题的主要优点是直截了当、简单明确。读者一看标题，就知道论文研究的主要领域、对象、主题或内容。如果说有所不足，就是比较千篇一律，不太能够吸引人的注意。

“双标题式”即由主标题和副标题组成，主标题与副标题之间常常用冒号或者破折号连接。在内容上，主标题往往用来表明研究的主题、焦点、核心概念或结论；而副标题则往往用来表明研究的对象、内容和方法等。在形式上，主标题往往采取概念式、命题式、结论式、疑问式等几种形式，而副标题则基本上都是采用直接陈述式。比如：“家安何处：当代城市青年的居住理想与居住现实”，“工作的意义：两代人的认同与变迁”，“落地生根？三峡农村移民的社会适应”，“变迁中的女性形象——对《中国妇女》杂志的内容分析”，等等。当然，也有另一种情况，即主标题仅表明论文或研究的主题，副标题则做进一步的概括、补充或说明。这种形式的标题在文献综述性质的论文中也比较常见。比如，“城市居民家庭生活质量：指标及其结构”，“中国独生子女研究：回顾与前瞻”，“青少年社会化：理论探讨与经验研究”，等等。

一个好的标题首先应该能很好地概括和反映论文的主题和内容，同时，标题还应该尽可能简短、生动、明确和醒目。相反的，如果不能很好地概括和反映论文的主题和内容，或者语句啰唆、冗长、重点不突出，就往往不会是一个好的标题。比如，在我们实际见到的研究生学位论文中，经常可以看到类似于“关于某某问题的社会学研究”、“关于某某现象的社会学分析”这样的标题。比如，“当前农村留守儿童问题的社会学研究”、“城市家庭养老问题的社会学分析”等。这样的题目实际上是不太符合要求的。标题中的“社会学研究”和“社会学分析”并不能体现你的研究所具有的社会学意义。它甚至都不能告诉读者，你的论文所研究的究竟是什么。标题中仅仅告诉读者你的研究对象或者研究的主题是什么，这还不够，最好还能够突出研究的关键变量和主要的变量关系。比如，如果将上述标题修改为："留守年龄对留守儿童角色认知的影响研究"、"城市家庭结构与家庭养老方式的关系研究"这样的形式就好得多。①

（二）摘要及其写作

无论是学术期刊发表的论文，还是研究生申请学位所撰写的论文，通常在标题与正文之间都有一个被称作摘要(abstract)的部分。另外，在研究报告中常常包括一个类似于论文摘要的简要的小结，尤其是，目前许多专业刊物发表上的研究报告，常常以摘要来代替小结。在小结中，一般会再次对报告前面几个部分的主要内容做一个纲要式的总结。因此，小结涉及研究问题的陈述、先前已有的研究结果、从结果中得到的各种结论和推论，以及根据这些结论所进行的更为广泛的讨论等。② 因此，学术论文、学位论文、研究报告等的写作中摘要是必不可少的结构要素之一。

以论文为例，摘要是论文的核心内容、研究结论的概括表述，或者说是对论文核心内容和研究发现的简明提示。在论文的整体结构中，摘要往往作为论文的第二个部分，即在论文标题之后、导言之前。其作用是对论文的内容进行最简明扼要的介绍，以便其他学者通过简单阅读就可以很快了解该论文是否符合自己研究的需要，或是否有进一步阅读的价值。因此在一定意义上也可以说，摘要就像是研究者对自己的研究发现和研究成果向学术界所做的一种"广告"，其篇幅容量十分有限。比如学术期刊上发表的论文的摘要篇幅一般都很小，通常在150～300字之间(当然，不同学术刊物在摘要篇幅上的具体要求可能有一定的差别)。而研究生学位论文中的摘要篇幅略大一些。一般来说，硕士学位论文的摘要通常在800～1000字之间。博士学位论文的摘要通常在1500～2000字之间，由于摘要的篇幅比较小，因而要写一个好的论文摘要对于缺乏经验的研究者来说，有时也不是一件十分容易的事情。

摘要的写作通常应包括以下两个方面的内容：一是研究的基本介绍，这方面的内容相对简略；二是研究的主要结果、结论、观点、发现等，这方面的内容相对详细一些。下面例1是学术期刊上的论文摘要的一个例子，例2则是硕士学位论文摘要的一个例子：③

---

① 风笑天：《社会研究：设计与写作》，中国人民大学出版社2014年版，第157页。

② 风笑天：《社会研究方法》(第四版)，中国人民大学出版社2013年版，第323页。

③ 风笑天：《社会研究：设计与写作》，中国人民大学出版社2014年版，第158页。

例 1:本文运用 5 次大规模调查所得的资料,以同龄非独生子女作为参照对象,将青少年问卷与家长问卷相互对比,从性格特征、生活技能、社会交往、社会规范、生活目标、成人角色、自我认识等方面,描述和分析了中国城市第一代独生青少年的社会化过程及其结果。研究表明,从总体上看,城市独生子女青少年的社会化发展是正常的,他们与同龄非独生子女之间在社会化各个方面的相同点远多于相异点。文章还根据研究发现,提出了"消磨—趋同"、"变异关键年龄"、"社会交往补偿"等理论解释。

例 2:中国独生子女的特殊性导致中国独生子女问题研究往往关注独生子女与非独生子女之间的组间差异,忽视两者的内部差异,而这样一种忽视往往使研究者对家庭这一分析层次视而不见。作为一种对话,本文将从中国家庭的现状出发,考察城市青年独生子女和非独生子女在教育获得上的内部差异,也将对两者进行一定的比较。论文着眼于中国父子轴家庭结构,在家庭资源转移理论的基础上假设:教育获得作为一种家庭资源转移的伴随转移,在非独生子女家庭中会形成性别差异和出生次序差异,并与家庭子女规模呈负向相关;在独生子女家庭中,由于家庭资源转移中不存在继承人的选择问题,则性别差异消失规模上的优势,独生子女的教育获得将显著高于非独生子女。通过对 2007 年全国本文以经验证据验证了上述大部分的假设。其体来说,在非独生子女家庭中,女性的教育获得会显著地低于男性,而家庭子女规模对于子女教育获得的负向影响也在女性非独生子女身上表现最强,但就出生次序的影响而言,长子占优势的假设得不到经验支持,而在独生子女中,教育获得的性别差异消失,独生子女在整体上相对非独生子女有较显著的优势。在对这些实证结果的理解中,本文强调家庭资源和家庭文化的作用,并希望在进一步的研究中引入情感、子女间互动等解释变量。

在这里还有必要专门谈一下研究生学位论文的摘要问题。在我们见到的研究生学位论文中,常常会看到一些研究生在撰写论文的摘要时所形成的一种错误的写法,即对论文每一部分逐一进行简要介绍和陈述。例如:

本研究依据当前我国社会中……的现实,采取……的方法,选择了……为对象,对……问题进行了深入探讨。论文由六个部分组成:

论文的第一部分是导论,在这一部分中,我们主要说明了本研究问题形成的背景、研究的中心问题以及研究的意义。

论文的第二部分是文献回顾,在这一部分中,我们系统地分析了近三十年来……问题的研究状况,总结了目前研究中所存在的……问题。

论文的第三部分是研究的设计,在这一部分中,我们主要说明了调查地点的选择依据，同时介绍了本研究所采用的资料收集方法和资料分析方法。

论文的第四部分和第五部分是研究的主要结果与分析，在这两部分中，我们主要分析了……的关系，得出了有关……问题的一系列结论。

论文的第六部分是对研究结果的总结和讨论。在研究所得结果基础上，论文探讨了一些新的问题，同时针对当前的……问题提出了几条政策性建议。

实际上，这样撰写的摘要中所介绍的每一部分内容，在论文的目录中都已经写得清清楚楚，既用不着再去用语言复述一遍，也用不着对每个部分都不分轻重地一一说到。正确的做法是在第一段概述研究的基本情况之后，将后面的大部分篇幅都用来展示你所得到的研究结果和研究结论，或者是研究的发现及相关讨论。

（三）关键词

无论是在学术期刊发表的论文中，还是在研究生学位论文中，都要有一个被称作关键词(keyword)的部分。所谓关键词指的是用来指示一篇论文中所涉及的最核心的概念和最关键的内容的词语。学术论文中列出关键词，主要是为了便于进行文献索引和文献检索的工作。因而也可以说，关键词是学术论文核心内容的识别器。通常情况下，学术期刊中发表的论文往往需要列出 3～5 个关键词，学位论文往往需要列出 3～8 个关键词，用以提示论文的核心概念、焦点内容、研究对象等。

根据这样的一种定义，我们在撰写论文过程中，应该依据研究的主题内容来选择关键词。比如，上面列举的期刊论文摘要例 1 例子中所对应的关键词就可以是："独生子女、青少年、社会化"。而研究生硕士学位论文中的关键词可以根据需要略微多两个。比如，上面列举的论文摘要例 2 中所对应的关键词是："家庭、独生子女、非独生子女、性别数、兄弟姐妹、出生次序、教育获得"。

现实中一些研究生和研究者在撰写关键词方面的一个常见错误做法，就是将论文标题拆开，分成几个词或短语，直接用来作为关键词。比如，一篇研究青年择偶标准的论文，其标题为："当代青年的择偶标准及其相关因素分析"，如果将关键词写成"当代、青年、择偶标准、相关因素、分析"，这就不对了。正确的做法应该是根据论文围绕的核心概念和主要内容来选择和确定关键词。因而，在上面列出的五个关键词中，只有"青年、择偶标准"这两个符合关键词的要求。"青年"揭示出该研究的对象，"择偶标准"则指明了该研究的主题。而"当代、相关因素、分析"这三个词都不是论文的核心概念和关键内容，都不能成为论文的关键词。又比如，有一篇论文研究的是大学生的求职行为及各种影响的因素，其中特别探讨了人力资本因素、社会资本因素对大学生求职的影响。其论文标题为："当前大学生的求职行为及其影响因素研究"。如果此时将关键词写成"当前、大学生、求职行为、影响因素、研究”，那就错了。实际上，根据研究内容，这一论文中正确的关键词应该是“大学生、求职行为、人力资本、社会资本”。其中，“大学生”指出研究的对象，“求职行为”指出研究的主题，“人力资本、社会资本”则指出研究中最关键的结论或最重要的理论概念。①

二、导言

（一）导言的基本内容

“导言”也可称为“研究背景与意义”，各学校的论文模板表述不一。“万事开头难”这句话放在论文写作中似乎也适用。导言作为论文或者研究报告的引导部分，具有介绍背景、提出问题、引导阅读等多种作用。有的研究者指出：“导言要能激发读者对该论题的兴趣，有助于建设导向研究的问题，能把研究置于更广泛的学术文献背景之中，并能面向特定的读者。”②导言在研究生的学位论文中，类似于“研究背景和意义”这个项目，它包含的主要内容可以概括为三个方面：一是研究的问题是什么。这是导言部分最重要的内容，应该清楚明白，在具体表述方式上，可以由一个大的核心问题以及围绕这个核心问题的若干个小的具体问题构成。二是研究的背景，即研究问题的由来。任何一个研究问题，通常不会是研究者一时兴起，随意挑出的。它一定有某种背景。因此，作者在导言中，应该告诉读者这篇论文提出研究问题的大的背景，说明这一问题是处在什么样的社会现实背景或者学科理论背景中的问题。三是研究这一问题所具有的意义。即要在导言的叙述中向读者表明，这一问题为什么值得探索、讨论。当研究者在导言中很好地介绍了上述三方面内容，使得读者不仅明白了研究者在这项研究中打算做什么、明白了这一研究问题来自于什么样的背景、明白了做这项研究的意义和价值后，剩下的问题就是要吸引和引导读者跟随研究者的思路，去看研究者是如何进行研究的，以及研究所得到的结果是什么了。

（二）导言的写作

1. 导言的一般写作模式

如果把写论文看作向读者“讲故事”的话，导言部分也就是“故事”的开头了。导言的写作要有思路和线索，要引发读者阅读下文的兴趣。要像讲故事那样，开场是有关背景的平静的陈述，即对那些不用多做解释的或者说是众所周知的事实的陈述。而到研究问题即将出现时，叙述则有所转折，特别是通过提出疑问，给读者以期待，引起读者继续阅读的兴趣和动机。有研究者甚至对论文开头的

① 风笑天：《社会研究：设计与写作》，中国人民大学出版社2014年版，第161—162页。

② ［美］约翰·W.克雷斯威尔：《研究设计与写作指导：定性、定量与混合研究的路径》，重庆大学出版社2007年版，第59页。

句子都给出了一些建议。比如,Booth 等人对论文开头的句子就有这样三条建议:① 以令人印象深刻的引文作为开场白;② 以令人印象深刻的事实作为开场白;③ 以一个相关的轶事作为开场白。而有的作者按这样的方式所写的导言开头部分的确起到了很好的效果。比如,李银河在《当代中国人的择偶标准》一文中,就是以类似的句子开头的:①

摩斯坦曾将其所著的一部关于择偶标准的著作题为"谁会跟谁结婚?"这个短句言简意赅地为择偶标准一词下了定义。择偶这一行为是千千万万的人们世世代代在实践的一种行为;社会学关心的是:这种行为中有无规律?有没有某种理论或模式可以概括人们这一行为的规律并对某人跟这个人而非那个人结婚做出合理的解释?根据摩斯坦的介绍,关于择偶标准的理论至少有五种:第一种是历史前例理论,它强调在历史上普遍存在着由父母包办或由父母做主决定的择偶方式;第二种是心理分析理论,它以弗洛伊德的理论为依据,强调人是社会动物,认为在择偶行为中生理需要的因素大于社会选择的因素;第三种是需要互补理论,它强调在择偶时人们的主要考虑是各种需要的相辅相成,例如支配欲强的男性往往选择依赖性强的女性为配偶,想受人侍候的男性往往选择会侍候人的女性为配偶,等等;第四种是价值理论,它认为人在生长过程中,通过社会化(socialization)的作用已逐渐将某种价值观内化于个性之中,而这种价值观即成为其择偶的依据;第五种是过程筛选理论,它认为不能用人的个性因素来解释择偶行为,而只能视之为一个过程,人们相遇,相互产生好感,通过自我启示达到相互的了解信赖,最终满足了各自个性的需要。因此,筛选理论是强调过程而不是强调某种决定因素的理论。(摩斯坦,1976)

在传统的中国社会中,婚姻由父母包办,婚姻当事人没有什么择偶的自由。当然,父母包办时也有一个择偶标准的问题,一般说来就是所谓"门当户对"。关于社会阶层与择偶标准的关系,费德爱(J. Feldman)等人曾提出过一个三模式理论框架。其中第一模式是社会分层与择偶行为绝对相互独立的模式,即择偶行为完全是随机的;第二模式是社会分层与择偶行为绝对相互依存的模式,即择偶行为完全由社会阶层所决定;第三模式是某一社会阶层内的随机择偶,即择偶范围不会超出人所处的阶层但在阶层内是随机的。(费德曼,1975)中国传统社会的情况似乎属于第三种。在近现代,情况有了变化,一般新青年主张恋爱自由,择偶自由。在 1931 年已有了主张婚姻自由的《中华苏维埃共和国婚姻条例》,1950 年新中国第一部婚姻法的重要内容之一是反对包办婚姻,提倡和保护

① 风笑天:《社会研究:设计与写作》,中国人民大学出版社 2014 年版,第 163 页。

自由恋爱、择偶的权利。那么，目前中国人的择偶标准有哪些特点？又有哪些因素对人们的择偶行为有重大影响？影响的程度如何？这就是此项研究想解答的问题。

导言的写作虽然没有特别固定的模式，但我们还是可以提出一些基本要求和方法。风笑天将这种基本要求和方法简单概括为："从大到小"、"从远到近"、"从宽到窄"、从宏观到微观。所谓"从大到小"，主要指的是从大的社会背景中，逐步聚焦到这一背景中的某个特定的现象或问题上；"从远到近"则主要指的是在时间的维度上要从"过去的"逐步过渡到"当前的"，而在空间的维度上，则要从国外过渡到国内；"从宽到窄"指的是叙述的方式要从宽泛的现象或主题逐步集中到相对狭窄的现象和主题上；"从宏观到微观"则主要指的是叙述的层面由大的宏观层面，逐步过渡到具体的、小的微观层面。以下是实际操作的两个实例（下文中方括号中的内容为分析提示语言）。①

例 1 一篇关于"二胎生育"问题的论文的导言：

30 年前，为控制我国过快增长的人口数量，国家开始实行以"提倡一对夫妇只生育一个孩子"为主要内容的计划生育政策。在这一生育政策实施的同时，全国除河南省外，各省、市、自治区均规定了"双独夫妇"（即夫妻双方均为独生子女的夫妇）可以生育第二胎的相关内容。但是，在独生子女政策实施之初，由于"双独夫妇"还远没有成为社会现实。因此，在 20 世纪末的 20 年中，人们似乎已将这种"双独夫妇"生育二胎的政策遗忘。只是到了 21 世纪初，当第一批独生子女开始逐渐进入婚育年龄，"双独夫妇"也开始出现后，这种二胎生育的问题才逐渐显露出来，并且很快成为学术界特别是人口学者十分关注的重要问题。

[这一段"从远到近"，"从大到小"，从 30 年前的生育政策及其发展的大背景中，逐渐聚焦到本研究关注的中心问题——"二胎生育"上来。]

人口学者往往是从二胎生育对整个社会的生育率变动所具有的影响的角度来关注和探讨这一问题的。比如一些学者指出："由于将来一段时间结婚人群中独生子女比例升高，符合生育二胎标准的家庭逐渐增多，政策所允许的生育率将不断提高。"（丁仁船等，2007）"随着独生子女进入婚育期，未来政策生育率上升幅度有多大？是否会影响我国既定人口发展战略目标的实现？"（杨书章等，2000）"独生子女在同龄人中的比例越大，政策生育率越高。未来生育水平升高，可能会导致生育水平反弹的情况。"（姜玉等，2009）这些问题可以简单表述为：在

① 风笑天：《社会研究：设计与写作》，中国人民大学出版社 2014 年版，第 164 页。

相当长的一段时期中，我国社会中潜在的、符合计划生育政策条件的二胎生育者（即“双独夫妇”）的规模会有多大？如果这种“双独夫妇”的规模很大，那么，由于他们按生育政策的规定都可以生育第二个孩子。因此，他们的生育行为将会对我国目前的生育率水平和人口发展态势带来明显的影响，甚至也可能会形成新的生育小高峰。

显然，这是一个重要的问题。因此，已有一些人口学者在不断努力地利用人口普查和人口抽样调查的数据资料，去分析和预测未来不同时期中，符合二胎生育条件的“双独夫妇”的可能规模。（刘鸿雁等，1996；杨书章等，2000；郭志刚，2001；丁仁船等，2007）然而，对于与此密切相关的另一个重要问题，即这些潜在的、符合计划生育政策条件的二胎生育者是否都愿意生育第二胎的问题，则很少有人关注。

[进一步从人口学家的各种关注点和担心方面中，逐步引向本研究将要探讨的核心问题——“双独夫妇的生育意愿”的方向上来。特别是指出这一核心问题目前很少有人关注，突出了该研究问题的重要性和创新性。]

现行的计划生育政策实行之初，各地政府就规定“双独夫妇”可以生育第二胎。这种二胎生育政策的制定似乎具有一定程度的补偿含义：由于父母这一辈只能生育一个孩子，到了子女这一辈时，父母受到生育政策限制的两个独生子女结婚，就可以享受到生育两个孩子的政策优惠。实际上，这种带有补偿含义的政策优惠同时还意味着这样一种潜在的前提：当独生子女父母这一代人的生育受到限制后，等到他们的孩子，即独生子女这一代人进入婚育年龄、结婚成家时，社会中的人们（包括独生子女本人以及他们的父母）普遍愿意、并且普遍希望生育第二胎。然而，值得注意的是，这种潜在的前提并不一定成立。这种二胎生育优惠政策的作用，也并不一定能够促进社会中那些符合政策条件者生育第二胎的行为。我们应该思考：当独生子女一代人进入婚育年龄、结婚成家时，当“双独夫妇”在社会中大批出现时，这些可以享受二胎生育政策的当事者们（即“双独夫妇”们）真的都愿意并且都希望生育第二胎吗？他们的生育意愿与那些不能享受这一优惠政策的非双独夫妇之间存在着明显的差别吗？又有哪些因素与“双独夫妇”们生育或者不生育二胎的意愿有关？这些正是本研究希望探讨和回答的主要问题。

[最后明确提出本研究的中心问题——“二胎生育当事者的生育意愿”问题。]

例 2 一篇关于独生子女青少年社会化问题的论文的导言：

被美国人口学家称为“怪蛇腹中的猪”的美国战后生育高峰一代（the baby

boom generation)，是美国“有史以来最不平凡的一代”，“在他们人生的每一个阶段，社会都会由于他们的出现而改变特征，并迫使全国对他们的需要和问题予以特别的重视”。(琼斯，1989)这一代人极大地影响和改变着半个世纪以来的美国社会。

在美国“生育高峰一代”出生三十几年后，在地球另一边的中国，则出现了与他们虽不相似，但对中国社会同样具有重大影响的一代新人，这就是从1979年开始直到今天仍不断增加着的独生子女。据国家计划生育部门的统计，1997年末全国领证的独生子女人数已达到5337万人。(《中国计划生育年鉴》编委会，1998)

目前，全国独生子女人数估计已超过5800万。这也就是说，今天中国社会中的独生子女人口已和整个法国的人口相当，或者说差不多相当于两个加拿大的人口。

[时间和空间的“由远到近”：从30年前大洋彼岸的美国的“生育高峰一代”，过渡到30年后中国的“独生子女一代”。]

当数以千万计的独生子女一下子从中国大地上涌现出来时，马上引起了学术界和全社会的普遍关注。人们关注的焦点之一是：主要由国家计划生育政策所造就的这一代特殊儿童能否正常地、健康地、顺利地成长和发展？从社会学的角度看，这一焦点所涉及的正是一代独生子女的社会化过程及其结果的问题。

[从“普遍关注”到“焦点之一”，然后引出论文的核心问题：“独生子女社会化”。]

早在独生子女政策实施之初就有人提醒说独生子女有诸多毛病；也有人担心独生子女的素质差、独生子女是“问题儿童”；还有人预言独生子女将成为“小皇帝”、独生子女的发展将不如非独生子女。所有这些似乎都在暗示：与独生子女的成长相伴随的将是一条不平常的社会化道路和一种不正常、不充分、不完善、不全面的社会化过程；一代独生子女的社会化结果也将是畸形的和令人担忧的。如果情形果真如此，那么，对整整一代独生子女青少年、对数以千万计的独生子女家庭、对即将跨入21世纪的整个中国社会来说，这都将是一个悲剧，都将是一种十分严重的后果。

[接着说明这一问题的重要性。]

近20年过去了，最早一批的独生子女已走过了幼儿期、儿童期，进入了少年期和青年初期。不管社会对这一代独生子女发展状况的评价是积极的还是消极的，也不管每一位独生子女父母、每一个独生子女家庭对孩子抱有怎样的期望，中国第一代独生子女已经客观地在中国社会中长成，在人们关注、期盼、担心和争论中长成。这些即将完成少年期和青年初期社会化过程、即将作为新公民进入中国社会的独生子女们其社会化发展状况究竟如何？他们的社会化结果与同龄的非独生子女有没有差别？他们身上是否存在着不同于普通儿童的人格缺陷？由于无兄弟姐妹这种特定的人生经历的影响，他们是否更难以与人交往？

他们的社会适应性是否真的"发育不良"？当我们从"人的社会化"的角度重新审视这一代特殊儿童的成长过程和发展状况时，我们可以怎样回答上述问题？又能够怎样回答十几年前人们提出的各种疑问、担心和预言？这些正是本项研究得以形成的基本背景，而用经验的、系统的研究结果给出答案，则是本项研究的主要目标。

[最后明确提出本研究所关注的具体问题。]

2. 导言与文献回顾相融合的"缺陷型模式"①

美国学者 W. 克雷斯威尔曾经总结出一种在导言写作方面所固有的普遍适用的模式。他将这种模式称为"缺陷型模式"。这一模式包括这样五个部分：① 研究的课题。② 与该研究课题相关的已有研究。③ 已有研究中的不足。④ 该课题对于读者的重要性。⑤ 研究目的的陈述。

实际上，这一模式与前述导言的最大差别就是将文献回顾（或文献述评）的内容放到了导言中。需要说明的是，尽管大部分社会研究的论文中，都有单独的一个部分，专门对相关文献进行分析和讨论，但的确也有一部分论文是将文献回顾的内容放在导言中一起叙述的。特别是对于那些前人相关文献的内容相对集中、研究领域相对成熟、文献回顾篇幅相对较小的文章来说，这种模式就特别合适。这种将文献回顾融入导言的"缺陷型模式"的主要优点，是能更紧密地将研究问题与现有研究文献的讨论相结合，特别是很容易从总结现有研究的不足中，凸显出该研究问题所具有的特定意义和价值。当然，如果文献回顾的范围相对较广泛、研究领域中文献的焦点相对较分散，导致文献回顾篇幅相对较大时，则往往不适合将文献回顾融入导言，而是采用单独列出文献回顾一节的方式。

需要说明的是，有时之所以采取将文献回顾融入导言的写作模式，一般是因为其研究主题为人们相对熟悉的现象，该研究领域相对比较成熟，因而不需要过多阐述研究背景和意义有关。另外，许多理论导向的论文中，这种写法也比较多。其原因除了上述所说的研究领域相对成熟外，还因为这种类型的论文更多的是按照一条理论线索来陈述并导向研究问题的。而伴随着这条理论线索的又

---

① [美]约翰·W. 克雷斯威尔：《研究设计与写作指导：定性、定量与混合研究的路径》，重庆大学出版社 2007 年版，第 61 页。

常常是前人的各种研究结论和结果，因此采用这种将文献回顾融入导言的写法是比较方便和合适的。例如一篇探讨求职过程与社会关系的论文中的导言就是这种写法。①

三、文献述评

在研究报告、学术论文、学位论文等的写作中，一般都有文献述评或文献回顾这部分内容。在本书第五章第二节中我们已经比较系统地论述了文献述评的含义、类型、意义以及文献述评的过程等，尤其是专门讨论了“组织与表达文献”的具体内容。此处所言文献述评的写作更有针对性的操作性内容也就体现在前述的“组织与表达文献”中。正如本书第五章第二节有关内容的论述，文献述评的写作分为两种情况，一是作为单篇论文的文献述评的结构与写作，二是作为论文（含期刊论文和学位论文）一部分的文献述评的结构与写作方法。作为论文一个独立部分的文献述评也可以称为“单独列出的文献述评”。在较多的情况下（特别是在研究生学位论文中），文献述评的写作往往采用的是这种单独列出的方式。鉴于前文中已经进行了详细论述，这里就不再赘述。

需要注意的是，作为研究生学位论文的写作，文献述评不能简单复制选题报告中原来的内容。选题报告中写出的文献述评，距离学位论文的答辩一般都在一年以上甚至更长的时间，也就是说，选题报告通过以后动手写作论文，到反复修改论文直至参加论文答辩的过程中，与你的研究相关的新成果会产生出来，这样就要求作者必须及时吸收最新的成果并运用到论文写作（含文献述评的写作）之中。研究生的教学实践中我们经常看到这种不妥当的现象，即参加答辩的学位论文简单复制选题报告中原来写作的文献述评。因此，在这里我们专门提醒大家注意这方面的问题。

四、研究思路与研究方法

在本书第五章研究设计的相关部分，已经讨论了研究思路与研究方法写作——主要适用于研究生学位论文选题报告和各类研究课题申报书的操作。众所周知，研究设计中写出的有关内容，某种意义上只是未来计划中如何去做的打算，但实际研究工作开展中所进行的研究成果的写作还要根据实际情况做出很多调整。比如学位论文一些具体项目的写作，也不是研究计划书（即选题报告）

① 考虑篇幅所限，此略。可参见林南等：《社会资本之长臂：日常交流获取工作信息对地位获得的影响》，载《西安交通大学学报（社会科学版）》2010 年第 6 期；风笑天：《社会研究：设计与写作》，中国人民大学出版社 2014 年版，第 170～171 页。

中相应内容的简单重复。[①] 所以，我们认为有必要从研究报告、学术论文、学位论文实际操作的角度对研究思路和研究方法的写作做进一步的论述。

（一）研究思路的写作

徐明明在《论科学研究思路》一文中，运用现代思维科学和科学方法论最新研究成果，论证了科学研究活动中存在着研究思路这一因素，并论述了研究思路对科学研究的意义等问题。[②] 有研究认为，在科学研究活动中，存在着这样一种因素，它统摄着科研活动中思维的指向，规定着思维的路线，制约着思维活动的范围空间，揭示着再现、解析和建构客体的视角和模式框架，它对具体科研活动具有组织导向作用，能启迪、引发、激活对客体的具体认识。这就是科学研究思路。例如，在政治学研究领域，就存在着历史研究、法律研究、机构研究和行为主义政治学等不同的研究思路。在行为主义研究思路指导下，运用系统科学理论分析政治现象，又产生了政治系统分析、政治结构功能分析等研究思路。比如政治系统分析思路，就是把政治系统理解为一定的政治行为互动模式，并从政治行为的互动出发去分析政治问题，按照这种思维指向和解释模式去分析研究各种政治问题，组织引导对具体政治问题的研究。[③] ① 科学研究思路是理论与方法的统一。思路一般是由理论观点转化而来的，当科学研究主体选择某种理论观点考察研究对象，在研究过程中将这种理论观点置于思维纲目地位，并与所研究对象的特征情况相结合形成一种研究指向模式，这种理论观点就转化为研究思路。例如上述政治系统分析思路就是运用一般系统论理论观察分析政治问题而产生的一种思路。② 研究思路又常被作为"研究方法"。这里的研究方法其实指的是"社会研究方法体系"。正如一些学者所指出的："方法一词在社会科学中有许多种不同的含义。有时它指从根本上去描述和解释客观事物的哲学原则；有时指收集和处理材料的具体技术；有时又指选择研究问题、研究资料和研究方向与角度的准则……（最后一种含义）它实际上是对研究途径的探讨。"[④]因此，研究思路与哲学思维方式和具体研究手段方法不同。哲学思维方式是表征客观

① 根据本人经验，研究生学位论文撰写中常常见到的问题之一就是，在论文文本写作的过程中，往往会简单移植原来选题报告中相应栏目的一些内容，比如选题报告中说本研究"打算"或"准备"使用某种研究方法等等的表述，到论文都写出来了还表述为"打算"如何等等，真是滑天下之大稽了。所以我们要提醒的是，最终研究成果文本中的一些项目的写作，绝不能简单重复选题报告或原来的课题申报书中的相应内容。比如，就研究生学位论文的结构要素来说，通常包括选题背景和意义、国内外研究动态与评析（即文献述评）、研究思路与研究方法、研究难点与创新点等等，都是选题报告和学位论文文本要写的内容，希望看到该提醒的研究生不要再犯类似的错误。

② 徐明明：《论科学研究思路》，载《宁波师院学报（社会科学版）》1995 年第 1 期，第 56～59 页。

③ 参见俞可平：《西方政治分析新方法论》，人民出版社 1989 年版，第 1 页。

④ 俞可平：《西方政治分析新方法论》，人民出版社 1989 年版，第 1～2 页。

世界普遍特征和一般规律的范畴，它对形成研究思路具有重要意义，但它本身不是研究思路。研究思路是在某种哲学思维方式的指导下，将某种理论观点与所研究的问题相结合而形成的关于对象问题的研究方向、解释模式。具体研究手段方法例如观察、实验、调查、分析综合等，是在研究思路指导制约下，对具体问题进行具体分析研究时运用的手段方法。所以，研究思路比哲学思维方式更为具体，针对性更强。研究思路不能取代具体研究手段方法。研究思路只是给科学主体运用这些具体手段方法提供了指向模式。一般系统论创始人贝塔朗菲区分了作为研究思路的系统方法和作为具体研究方法手段的系统方法。他用"approach"（方法、路径）或"perspectivism"（透视法、视界）表示前者，用"method"（方法）表示后者。他说："普通系统论是现实的某些方面的模式……使我们看到过去没有注意或绕了过去而没有研究的事物。"①③ 科学研究思路包括学科思路和课题思路。学科思路是指科研主体审视某一领域对象的基本思维视角和模式框架。例如，在历史学领域，科研主体运用心理学的有关理论、方法审视历史现象，着重从历史上各种社会集团、各种阶层、各种类型的人的动机，以及这种动机对社会历史运动过程所产生的影响这种视角和模式去进行研究，就构成了心态史学的学科思路。课题思路是指科研主体在研究某一具体课题时，在学科思路指导下，基于对所研究问题的基本理论论点而选用的研究视角和解释建构客体的模式等。例如，在社会学领域，从"社区"这种学科思路进行研究，就形成了"社区社会学"。在社区社会学学科思路引导下研究具体课题时，又有区位思路、功能思路、互动思路和比较思路等课题思路。功能思路认为社区是由各种相互联系、彼此依赖的部分所构成的整体。社区研究就是要探寻各部门之间的及部分与整体之间的作用与关系，解释社区中的某种社会现象，就要探究这一社会现象在更广泛的社会联系或文化联系中所执行的功能。而区位思路认为社会是居民及其活动的区位分布，各单位的空间位置是由该单位与其他单位的关系确定的。因此，研究社区就是要研究区位结构同社区生活、社会关系的相互影响作用等等。

根据学界的上述讨论，结合社会研究领域广大研究者的实践，我们认为作为一项课题的研究思路的写作应该是以下几个方面的内容的有机统一：课题研究遵循的哲学原则或方法论原则；特定的学科理论框架或理论思维的视角；主要的或基本的研究方法手段等。在论文写作中研究思路的表达需要整合这三个方面的信息，运用简练明白的语言呈现出来。在许多研究成果或课题申报书中，我们

① 贝塔朗菲：《普通系统论的历史与现状》，载中国社会科学院情报研究所：《科学学译文集》，科学出版社1980年版，第324页。

看到有很多研究者都是把研究思路运用图表的方式进行表达，这样的图表一般都整合了研究的主题或核心理论议题、基本研究方法以及具体的研究技术等。如果从社会研究方法运用的程序看，不仅需要交代清楚在基本研究方法使用中如何进行资料收集，还要具体陈述如何进行资料分析等。有关“研究思路”写作的实例，可参见第五章中的“研究计划书的写作要领”这部分内容的相应论述。

（二）研究方法的写作①

1. 论文中对研究方法的介绍及其意义

社会研究的科学性的一个要求就是在研究报告中详细地、如实地介绍和陈述研究者在探索研究目标的过程中所运用的方法，包括所遭遇的困难、障碍和挑战。学术论文写作中的这项必不可少的内容，是读者接受研究结论的前提和基础。我们知道，科学的研究方法的主要目标，是为创造出接近客观现实的知识提供可靠的保障。各种学术刊物所发表的社会研究报告和经验研究论文，不仅要表达研究者的学术观点和研究结论，同时还应该对产生这些观点和获得这些结论所运用的方法进行说明。与此同时，学术界的学者们在对各种论文的探讨和分析中，也不仅要对作者的观点和结论做出评价或者进行商榷，同时还要对作者获得这些结论所使用的方法和资料进行评价。这既是学术界用以促进和提高研究质量和水平的一种有效机制，也是规范的知识辨析、知识积累、知识建构的一种有效机制。我们的观点是：“规范的做法是：在研究报告或论文中，一定要专列一个独立的部分来介绍自己的研究方法，即要有一个在诸如‘资料与方法’、‘样本与资料’或‘研究设计’、‘研究方法’之类的小标题下列出的专门一节。在这一节中，研究者要清楚、明白、如实地向读者介绍自己的研究方法和研究过程中各种操作的关键环节。这种专门的介绍，不是教条，不是框框，也不是‘洋八股’，而是科学研究论文的必备条件，是其结论成立的前提和依据，也是研究者科学精神和科学态度的一种体现。它既可以在一定程度上约束研究者的研究行为，同时也可以使读者和同行切实地了解作者所得研究结论的正确性、普遍性和适用性。”②

当然，对于采用不同研究方式进行的研究来说，在方法部分介绍的内容会有所不同。比如，对于采用调查研究的方式进行的研究来说，其方法部分要重点介绍抽样设计与实施、概念操作化与变量测量、资料收集方法与资料质量评价、统计分析的方法等。而对于采用实地研究方式进行的研究来说，研究个案的选择、

① 本部分内容主要参考的是风笑天“研究方法部分的结构和写作要求”，详见风笑天：《社会研究：设计与写作》，中国人民大学出版社 2014 年版，第 180～195 页。

② 风笑天：《结果呈现与方法运用：141 篇调查研究的分析》，载《社会学研究》2003 年第 2 期。

研究者进入实地的途径与方式、参与观察或深度访谈的实际过程、研究者采取的角色等，则是其方法部分介绍的重点。因此，下面我们分别对采用调查研究、实地研究、文献研究这三种不同方式所进行的研究，在论文中如何进行研究方法的介绍进行说明。

2. 采用调查研究方式的论文中对方法的介绍

调查研究是最常见的社会研究方式，也是研究程序、研究对象、研究方法、研究技术相对固定的一种方式。在以调查研究为研究手段的论文中，一般来说，主要包括对抽样方法及样本的介绍、对基本概念的操作化以及变量测量的介绍（前面已经论述，此处不再赘述）、对资料收集方法和过程的介绍三个部分。

(1) 对抽样方法及样本的介绍。

由于调查研究都是通过调查样本来反映总体的，因而抽样就成为调查中必不可少的环节，对抽样的介绍自然也就成为调查研究论文的方法介绍中的一项重要内容。从目前情况看，在介绍抽样方面，研究者有以下几种常见的介绍方式。其中有些是不合乎要求的，有些是有欠缺的，有些是比较规范的。为便于读者学习和辨别，我们逐一进行说明。

第一种是完全不介绍的方式。一些调查研究的论文中，作者似乎没有意识到应该向读者交代自己所用的抽样方法，甚至在论文中对抽样方面的内容只字不提。他们通常的做法只是在论文中简单地表明“研究者为了什么目的、在什么时候、在什么地方对谁进行了调查”，然后就开始报告调查结果。似乎只要说明调查结果是通过“调查得到的”就能代表一切。这种只报告其做了“调查”，而不报告其具体的抽样方法和过程的做法，不仅不符合科学研究的规范要求，同时也大大地降低了调查研究结果的可信程度。因此，在论文写作中一定要避免这种做法。

第二种是“贴标签”的方式，也可以说是“一句话方式”。即在论文中只是用一句类似“我们采用分层随机抽样的方法，对某某市 300 户居民进行了调查”，或者用“本文的资料来源于笔者某年对某市 400 位老年人进行的随机抽样调查”这样的话进行说明。尽管实际上其中一部分研究者可能的确采用了随机抽样的方法，但从研究报告的角度看，这种只点出自己的抽样方式，而将具体的抽样设计、抽样过程和抽样具体环节全部省略的做法同样是不符合科学规范要求的，因为它并没有向读者提供必要的、有关抽样的信息，仅仅只是给自己的研究贴上一个“随机抽样”的标签。因此它实际上和前一种方式一样，对抽样毫无说明，我们在写作中也要避免这种方式。

第三种是详细陈述的方式。即在研究报告中对抽样的具体方式、方法、过程等逐一进行介绍或说明。这是调查研究报告的结果呈现中起码应该做到的方式。下面就是一个这种介绍的例子："城市样本是按以下方法抽取的：① 从中心6区中的每区随机抽取3个街道办事处，共18个街道办事处；② 从抽出的每个街道办事处中随机抽取1个居民委员会，共18个居民委员会；③ 从抽出的每个居民委员会中再按照户口花名册随机抽取33户左右的家庭；④ 在每个被抽取的家庭中，抽取18岁及以上、出生日最靠近11月5日的城市居民作为本次调查的访问对象。城市地区共获得有效样本601个。"①通过这样的介绍和说明，读者就能够清楚地知道，这项研究的样本是如何得到的，也能够初步判断这一样本对总体具有什么样的代表性。

第四种是详细陈述加样本描述统计的方式。这种方式是在做到对抽样过程、抽样方法进行详细说明的同时，还给出样本的基本情况统计。比如，一项对城市在职青年的调查研究，在说明了抽样方式和过程后，还给出了包含性别、年龄、文化程度、婚姻状况、工龄、城乡来源等基本的背景变量的统计汇总结果。这种做法可以使读者十分清楚地了解样本的结构、各种重要特征的分布状况，以便读者更好地将调查研究的结果与研究者所做的推论联系考虑。表10-5就是这个调查样本的基本情况统计。②

表10-5　　城市在职青年样本基本情况($n=2357$)

性别	男性	48.4%
	女性	51.6%
年龄	17～23岁	32.4%
	24～26岁	33.0%
	27～31岁	34.6%
文化程度	初中	7.9%
	高中或中专	26.3%
	大专	26.6%
	本科	35.7%
	研究生	3.6%
婚姻状况	未婚	68.6%
	已婚	30.8%
	离婚	0.6%
工龄	1年以内	13.6%
	1～2年	26.3%
	3～5年	27.3%
	6年以上	32.7%

① 张宏文等：《城乡居民的社会支持网》，载《社会学研究》1996年第3期。

② 参见风笑天、易松国：《武汉市居民生活质量分析》，载《浙江学刊》1997年第3期。

续表 10-5

城乡来源	城市	53.1%
	镇	25.9%
	乡村	21.0%

最后一种是详细介绍加评估的方式。即在详细陈述抽样过程的基础上，不仅给出样本的基本统计结果，同时还对样本的质量进行评估。这是对抽样方法的最为完备的介绍方式。增加对样本质量的评估，目的是向读者展示样本结构与总体结构之间的误差大小，这样做能十分明确地告诉读者样本对总体的代表性程度，便于读者衡量和评价调查研究的质量。样本评估的常见方法是在那些最基本的背景变量上，将样本统计的结果与总体统计的结果进行比较，以说明抽样方法的效果。表 10-6 就是这种比较的一个例子。①

表 10-6　　本次调查样本和全市总体家庭规模的分布

家庭人口数	本次调查	1990 年人口普查
1 人	1.2%	6.2%
2 人	6.4%	13.3%
3 人	44.0%	40.1%
4 人	25.3%	21.7%
5 人	17.1%	11.6%
6 人	3.7%	4.2%
7 人	1.6%	1.7%
8 人	0.6%	0.9%
9 人	0.1%	0.4%

统计发现："在被调查的 1008 户居民家中，平均每户人口数为 3.7 人，与武汉市 1990 年人口普查结果的 3.4 人及 1994 年市城调队进行的 400 户抽样调查结果的 3.4 人相差不大。进一步将本次调查家庭的规模、分布情况与武汉市 1990 年人口普查结果进行对比不难发现，二者在分布的总趋势上一致，各种规模家庭的具体比重相互间的差别也不大。因此，本次调查的 1008 户居民家庭对总体具有较高的代表性，调查的结果基本上能够反映 1995 年武汉市城市居民家庭生活的一般情况。"②

该例子中，作者比较的是抽样调查的家庭户样本的规模分布与城市总体中家庭户规模的分布情况，表中"本次调查"指的是样本的结果，而"1990 年人口普

① 参见风笑天、易松国：《武汉市居民生活质量分析》，载《浙江学刊》1997 年第 3 期。

② 参见风笑天、易松国：《武汉市居民生活质量分析》，载《浙江学刊》1997 年第 3 期。

查”则反映的是总体的结果。当然，应该指出的是，在实际研究中，这种比较不是每项调查都可以做到的，它与调查总体的性质有很大关系。关键点是：样本所取自的总体是否具有现成的、涉及研究基本单位的统计结果。

（2）对资料收集具体方法和过程的介绍。

在调查研究中，虽然都是采用随机抽样的方式抽取被调查对象，也都是采用问卷作为收集资料的工具，但是，由于具体的资料收集方法多种多样，每一种方法的性质和特征又有较大的不同，它们对调查对象、调查结果及调查质量的影响也各不相同，因而研究者一定要对自己采用的具体的资料收集方法进行详细的介绍。这同样是读者评价和判断一项调查研究的结果是否可靠、是否可信的重要指标。

实际上，各种不同的调查方式的实际效果之间，差别也是非常大的。比如，现实中有两项调查研究，二者都是采用随机抽样的方式，调查对象同样是城市居民，调查内容都是居民的生育意愿。但一项调查采用的是结构式访问的方式，研究者派调查员在计划生育干部的带领下深入城市居民家中，当面对被访者进行访问；另一项调查采用的是自填问卷的方式，研究者让小学生将问卷带回家，交给其父母填写，然后带回交给老师进行回收。两项调查得到的生育意愿的结果相差巨大——前者的结果是，70%左右的独生子女家长希望生育一个孩子；而后者的结果却是，70%左右的独生子女家长希望生育两个孩子。除了由于两项调查的调查时间、调查空间的差别，以及由于测量指标的不同等其他方面因素的影响以外，具体的调查方式的差别也是一个重要的影响因素。不难想象，在实行计划生育政策的大背景下，人们在计划生育干部在场的情景中当面回答调查者的提问，与他们在完全匿名的情况下以自填方式来回答，二者之间会有多大的不同。更值得思考的是：如果这两项调查研究都不详细介绍它们的资料收集方式，我们又如何去面对这两种截然不同的调查结果呢？

除了两种调查方式之间的差别外，调查资料收集过程中还存在着这样几个方面差别：一是研究者自行收集资料与交给他人收集资料之间的差别；二是调查所使用的调查员或访问员的性质、特征及规模的不同所带来的差别；三是调查资料收集过程的时间长短、范围大小等方面存在的差别；四是当面访问与电话访问、集中填答与个别填答之间的差别；等等。这些都会在不同程度上对调查的结果带来影响。因此，研究者只有详细地将自己的资料收集方式、过程、做法等陈述清楚，读者才能了解和判断其调查资料的质量以及调查结果的质量。

3. 采用实地研究方式的论文中的方法介绍

实地研究中研究者的研究程序不像调查研究或文献研究中那样固定，实地研究中所采用的观察法和访谈法等资料收集方法也不像调查研究中的问卷法那样有一整套系统成熟的操作程序和方式。相反，实地研究中更多的情况是研究者灵活机动的“见机行事”和主观思考。因此，相对来说，实地研究论文中有关研究方法的内容往往不像调查研究等定量研究论文中所介绍的那样详细。但尽管如此，研究者在论文中还是应该尽量将实地研究的操作过程、方式和具体方法做一些说明，以利于读者了解研究的整体状况。通俗地说，就是要让读者知道研究者实际是如何做的，实地的状况如何，等等。下面是一项有关“农村外来媳妇问题”的实地研究论文中对研究方法的介绍：①

研究方法和实地调查背景介绍

1998 年 4～5 月我们在张家港（江苏省经济保税区的一个县级市）进行了一项实地调查，在 4 个镇对 120 名已婚男女进行了访谈，其中每个镇 30 人。为了对比，120 位被调查者中有 60 位女性，其中一半是当地出生的，另一半是迁移来的；女性移民中有 17 人拥有张家港户口，13 人没有。她们的婚姻都经过婚姻登记，是合法婚姻。同样，60 位被访的已婚男性中，有一半娶的是当地女性，另一半娶的是外来女性。为了了解女性迁移者的婚姻生活，我们详细记录了这些女性移民对自己婚姻的描述，并将其与他人的描述进行了比较。

除了这些个人访谈之外，我们还组织了 12 次座谈会，每个镇 3 次。每次座谈的参加者都有不同的特征，包括外来新娘座谈会，娶了外来新娘的当地男性座谈会，及当地民政局、计划生育办公室、妇联办公室和公安局的工作人员座谈会。通过这些座谈，我们不仅对外来新娘和她们的丈夫加深了了解，而且还了解了当地人和政府管理部门对外来女性婚姻的看法。

张家港是一个地处上海和苏州之间的相对比较富裕的县级市。1996 年净人均年收入达到 5409 元，而当年全国的净人均年收入仅为 1926 元，全省的净人均年收入为 3029 元（中国人口信息研究中心，1997）。1996 年的全市人口总数为 820000 人。张家港所管辖的 26 个镇既包括农村也包括城镇，兼有城市和农村的特点。这里一半以上的居民有农村户口。在这个特殊的城市里，许多企业是乡镇企业、个体企业、合资或独资企业，对户口的限制比较少。

张家港人的生活方式也兼有城市和农村的特点，受传统的江南农村风俗影响，这里的邻里之间交往密切，女性对别人的家庭事务十分关心，经常品头论足。这里的结婚习惯也具有浓厚的农村特色，“门当户对”的观念还比较严重。虽然也有一些年轻人是自由恋爱，但是媒人介绍的方式在这里却更为普遍。通常情况下，结婚的费用是由男方负担的，他们要盖新房、支付彩礼并承担其他一些开

① 谭琳等：《“双重外来者”的生活——女性婚姻移民的生活经历分析》，载《社会学研究》2003 年第 2 期。

支。婚后的夫妻或与公婆同住，或与公婆分开居住但来往密切，负责他们的养老。新娘必须处理好与婆家的关系，尤其是婆媳关系。

最近几年张家港的发展变化非常迅速，外来人口的增长速度也很快。当地人告诉我们，自从20世纪90年代以来有许多年轻的女性到这里来寻找“新天地”，一方面她们期望寻找到一份好的工作，另一方面她们期望能寻找到自己美满的婚姻。当地民政管理办公室提供的结婚登记数据证实了我们前面的结论。例如，1996年将近三分之一的新娘是从外地迁入的。

研究者在方法介绍中，不仅详细地说明了实地访谈的对象数目，而且介绍了访谈对象的类型、座谈会的情况等，同时还介绍了“实地”（张家港市）的基本情况和特征。有了这些介绍，读者在阅读论文后面的结果与分析时，就会有一个基本的背景和参考框架。

另一方面，由于实地研究在很多情况下往往是在某一个或者某几个个案的背景中进行的（比如一个村庄、几个社区等），所以，在实地研究论文中，往往需要对个案进行介绍（正如上例中对张家港市的基本情况进行介绍一样）。有时论文中对这些个案基本情况的介绍甚至超过了对观察方法、访谈方法和资料收集过程的介绍。比如，一项有关“草根动员与农民群体利益表达机制”的研究论文中，作者先是对其采用的个案研究的方法做了如下相对简单的介绍：①

本研究采取个案比较方法。这些个案包括：西南地区A村村民就地抗争个案；华北地区B村村民集团诉讼个案；西南地区大河移民集体上访个案及S乡移民集体上访个案。这些个案的选取，不仅考虑了群体行动的不同种类，也考虑到了草根行动者是否具有外部资源、当地农民近年有无类似行动的经验等诸多因素。

对A村的田野调查是我2005年8月完成的，此后半年又陆续补充了一些新的调查资料。对B村先后3次的田野调查是我与一位同事2004年7月、8月和2005年1月共同完成的。S乡是大河移民的所在地，1997年7月到1998年7月我曾对该乡前后两起集体上访个案做过长达一年的田野调查，此后六七年里又对相关当事人进行了多次深入访谈。

紧接着作者又用了相当的篇幅来介绍研究中进行比较分析时所依据的四个个案的基本情况。这种介绍比前面关于方法的介绍要详细得多。我们这里为节省篇幅，仅摘录其论文中对一个个案的介绍作为例子：

① 应星：《草根动员与农民群体利益的表达机制——四个个案的比较研究》，载《社会学研究》2007年第2期。

周孝忠与A村村民就地抗争个案

A村是西南一个经济比较富裕的临江村。当村民周孝忠听说地方政府要在江边修建一座大型水电站，他们的村庄将因此被淹没后，他开始动员村民抵制建坝。

周孝忠的经历颇为复杂。他的父亲1949年前就参加了革命，但因出身不好而在“文化大革命”中受到迫害。周孝忠少时曾在外游荡，以逃避迫害。“文化大革命”结束后，他考上了大专，毕业后在城里教书。后来为了照顾母亲，他辞职回村，以做小生意为生。因为文化水平高，口才好，又敢说话，他在村里颇受人尊重。A村1997年发生“5·13事件”时，他振臂一呼，充当了民意领袖的角色。当时村后的山上有一家选矿公司，那里排出的工业废水污染了全村的饮水水源。因为该公司的后台硬、关系多，村里人多次上访无果，后来竟连电话也打不出去、邮件也寄不出去。周孝忠组织了4000人的签名，并连夜派人走到外地，将“状纸”寄到北京。5月13日这天，3000余名群众一齐与镇政府交涉。尽管在整个交涉过程中秩序良好，但周孝忠等4位领头人物后来还是被关进了县拘留所。不过，斗争持续两个月后的最后果是：周孝忠等人被无罪释放，政府决定移址建厂，给有病的民众安排治疗，并为全村重新引水。

2004年3月，江边将建坝的消息不仅使村民们议论纷纷，而且也引来了在外工作的A村人后代的关注。在一位A村人后代的积极奔走下，建坝的消息开始引起国内外媒体的关注。2004年7月，经这位A村人后代推荐，周孝忠参加了由一个非政府组织主办的社区可持续发展培训班。会后，以周孝忠为首的一批当地积极分子（一部分是当年参加“5·13事件”的积极分子，另一部分是这次新加入的）积极投入了保卫家园的动员工作。他们不仅组织村民签名，在村里张贴相关报道，组织热爱家乡的活动，到与建坝相关的邻村邻乡去游说和分发材料，用政府内部的私人关系收集相关文件，还与政府官员正面对话，希望用理念打动地方官员，使他们理解和支持保卫家园的行动。这些活动的大部分花费，都是周孝忠利用他在外面的关系和逐步扩大的影响募集来的。周孝忠很讲究在法律和政策允许的范围内开展所有这些活动，而且不成立任何组织。目前，A村村民不愿搬迁的意向已经基本达成一致，国内外的环保组织也在关注A村。建坝方案是否实行，尚在僵持中。

另一篇有关农村“老人会”等乡村自治组织的研究论文中，作者是这样对所研究的村庄个案进行介绍的：①

① 阮文星等：《村民自治的内源性组织资源何以可能？——浙东“刘老会”个案的政治人类学研究》，载《社会学研究》2009年第3期。

刘村是浙东三门县ZM社区(工作片)的一个人口近千人的刘氏主姓村庄。

ZN社区位于县城海游镇南部约10.7公里处,地处浙东沿海腹地的半山区带,姓氏文化发达。这个社区历史上经常处在几个县级行政区划交界的边缘地带,1940年以后隶属三门县,直到2001年大致保持着一个乡镇行政级别的建制,此后撤乡并入亭旁镇。

刘村建于1948年,位于ZM社区西北部。该地块山田参半,村的东北隅是山地,沿山从东到西的一条小溪流(板溪)汇入从南向北的溪流(南溪),合并为大溪流(金溪),向西北方流淌而去,把村庄分割成村西(内含上下阁的刘庄)和村东南(找田)这样两个一大一小的自然村。

4. 采用文献研究方式的论文中的方法介绍

文献研究方式中主要有内容分析、二次分析以及现存统计资料分析三种具体研究方法。这三种具体研究方法类型在所用资料的性质、具体操作方法等方面各不相同。因此,下面我们也分别对采用三者进行文献研究的论文中如何报告研究方法进行说明。

(1) 采用内容分析方法的论文中对方法的介绍。

采用内容分析方法的研究论文中,对方法的介绍与调查研究中对方法的介绍比较相似。概括地说,研究者需要在论文中重点介绍三个大的方面的内容:一是文献样本的情况及抽样方法的设计,二是研究变量的操作化及文献中的编码方式,三是具体的文献资料的收集方法和编码过程。

下面我们举一个内容分析研究的论文中,研究者对方法进行介绍的例子。在一篇有关我国青年研究整体状况的内容分析论文中,作者是这样介绍这三个方面的内容的:①

第一,选取有代表性的青年研究刊物。目前国内青年研究类的学术刊物有很多,笔者通过查阅相关资料和分析,选取了《青年研究》、《中国青年研究》、《当代青年研究》以及《青年探索》四种刊物作为代表。《青年研究》由中国社会科学院社会学所主办,是改革开放以来中国大陆青年研究领域中创办时间最早、办刊时间最长、刊物质量最好、学术影响最大的杂志;《中国青年研究》由中国青少年研究中心主办,同时也是中国青少年研究会的会刊;《当代青年研究》由上海社会科学院青少年研究所主办;《青年探索》则是由广东省团校主办。四种刊物较好地代表了目前国内青年研究期刊中的最好水平。所以,选取这四种杂志作为研

① 风笑天:《三十年来我国青年研究的对象、主题和方法——对四种青年期刊2408篇论文的内容分析》,载《青年研究》2012年第5期。

究的对象，可以很好地反映国内青年研究的整体状况和发展过程。

第二，从四种刊物中采用系统抽样的方法，随机抽取部分期号，考虑到样本量和编码的工作量，决定抽取每本刊物每年期数的1/3，即从每年12期中抽4期(个别期刊个别年份为18期，则抽取6期)，抽法是以每年的个位数字为起点，每隔两期抽一期。比如，1982年，个位数为2，则抽取第2、5、8、11这4期，1983年，个位数为3，则抽取第3、6、9、12这4期；同理，1984年，则抽取第4、7、10、1这4期；以此类推。

第三，筛选进行统计分析的论文样本。由于本文主要关注30年来经验性研究的(也可称为实证性)青年研究的发展状况，所以根据前面注释中关于经验性研究的界定，在具体筛选中将其操作化为“主要指的是采用各种社会研究方法(比如调查研究、实地研究、文献研究以及实验研究等方式)，收集经验性资料所开展的研究”。根据这种界定，那些纯粹的青年理论探讨论文，那些无经验材料的泛泛论述文章，还有各种工作总结性的、工作报告性的文章，以及一些有关青年工作探讨的文章，等等，均不在本文统计分析的范围中。(若无特殊说明，下文中的青年研究即是指的经验性青年研究。)

[以上详细介绍的是第一个方面，即文献样本的确定和抽样方法的设计。]

第四，研究变量的测量及编码。根据研究目标，本研究主要测量了与描述三十年青年研究状况这一目标相关的三个基本变量：研究对象、研究主题、研究方法。三个基本变量的具体测量与编码方式如下：

研究对象。先根据初步阅读和现实情况，列出了青年工人、青年农民、青年军人、青年知识分子、大学生等常见的青年类别，对其进行编码，同时在具体读研究论文的过程中，对新发现的研究对象增加新的编码类别。最终共得到包括前述几类对象以及青少年、城市青年、农村青年、全体青年、外国青年在内的15类研究对象类别。

研究主题。研究主题相对来说是比研究对象复杂一些的概念，因而在操作过程中，除了同样先根据初步阅读和现实情况列出若干主要的主题类别(比如职业就业、婚姻家庭、生活方式、思想观念、青年文化、失范行为等)外，还对其他更为广泛的研究主题保持着一种更为开放的态度，随时将新的主题增加到编码类别中来。最终共得到包括上述几类主题以及社会参与、心理健康、社会保障等在内的13类研究主题。

研究方法。本来研究方法的编码应该是最简单的，但实际阅读和编码结果则恰恰相反。研究者原计划依据常见的调查研究、实地研究、文献研究、实验研究四种方式进行编码。但是，编码员在阅读中发现，除了较常见的调查研究、实地研究方法外，许多研究并没有采用上述四种方式中的一种，而是在论文中直接引用他人已经发表的论文中的数据结果、资料表格等经验材料，作为自己分析和论证的依据。从严格意义上说，这种方法并不符合我们关于研究方法的定义和类型划分。这类研究甚至也不应该归入经验研究的范畴中。但为了更好地反映青年研究的现实状况，文中暂且将采用这种方法的研究作为“引用文献”的方式。(编码员在实际编码中，将少量采用内容分析、二次分析、现有统计数据分析方法的研究也并入了此类，这是不合适的。但这类研究的数量非常少，特此说明)

除上述三个基本变量外，研究中还对四种不同的刊物以及论文发表的年代这两个变量进行了编码统计，以便于进行不同时期和不同刊物的分析。

[以上介绍的是第二个方面，即变量的测量和编码。]

由于编码是内容分析中的关键环节，为了保证不同编码员之间的编码一致性以及编码工作的质量，笔者先让三名研究生共同对《青年研究》上的论文进行编码。在他们熟悉并基本统一了编码方法后，再分别对另外三本杂志的研究论文进行编码。在编码员有疑问的时候，随时与笔者沟通，编码员相互之间随时进行讨论，以达到认识上的一致。

[最后介绍的是与编码的统一性有关的问题。]

关于上述介绍中样本刊物的选择问题，可能有的读者会认为应该采用更为随机的方式来抽取。但如果要随机抽取，一方面，那样做的前提是要有全国所有青年刊物的名单；另一方面，那样得到的样本更适合于用来反映全国青年研究的“整体水平”，而非“最好水平”。由于该研究是希望反映青年研究最好水平的状况，所以，作者选择的是几本最能代表研究最好水平的刊物。

(2) 采用二次分析方法的论文中对方法的介绍。

二次分析方法的关键在于其所用的数据是二手数据，所以，在研究报告中的方法介绍部分主要应介绍二手数据的来源及相关情况。一些研究者对于采用二手数据资料进行的研究，在介绍时往往只用一句话进行说明，比如“本文所用的资料来源于某某年进行的一项调查研究”，或者“本文所用数据来源于CGSS2003”，而有关该调查的详细情况则只字不提。这是一种不规范的做法，因为它只告诉读者“我所用的资料是有正式出处的”，但这样的说明并不能反映数据来源样本的质量和代表性。另一些研究者则采取注释的方式，对该调查的地点、对象、样本规模等做一些简单说明。这种做法虽然比前一种稍好，但这种说明往往十分有限。那么，较好的做法是什么呢？就是在注明数据来源的同时，相对详细地对样本、调查方法等也进行一定的介绍和说明。让我们举一个发表在《美国社会学评论》上的例子。作者是美国社会学者魏昂德，他是这样介绍其二

手资料来源的：①

我采用一项全国调查资料来分析这一问题。这项调查于1996年进行，它运用多段分层随机抽样的方法，从全中国除西藏自治区以外的所有地区中抽取有代表性的家庭户样本。抽样设计以及实地调查程序的详细描述可参见项目手册(Treiman，1998)，但这项研究的某些性质应该在这里提及。城市和农村的样本是分开抽取的。每个样本都是根据1990年人口普查数据，按照初中以上教育程度人口的比重，将2500多个县级行政区划分成25层。在农村样本中，根据概率与人口规模成比例的方法抽取出50个县级行政区。在每一个抽中的县级行政区内，抽取出一个镇或镇区；在所抽取出的镇或镇区中，又依据概率与人口规模成比例的方法抽取出2个村，共抽取出100个村。每一个被抽取的村中，根据村里的家庭户口登记表随机抽取家庭户。在每个抽中的家庭户中，利用随机数表抽取一位年龄在20～69岁的成员作为被访者，最终得到一个有3003个被访者(家庭户)所构成的样本。

许多研究者往往只说到此段话的前一小半(引文中括号处)就结束了，而真正重要的后一大半则被省略。其实，在一篇可能长达万言的论文中，加上这短短的几百个字既是可能的，又是必要的。

(3) 采用现存统计资料分析方法的论文中对方法的介绍。

现存统计资料分析方法的介绍相对来说稍微简单一些。其主要的内容是要清楚说明资料来源及其性质，同时尽可能对与论文中采用的资料相关的背景变量含义、计算方法、资料质量等进行必要的解释和说明。例如，一篇有关中国人生育意愿中"生肖偏好"的研究，是这样介绍其资料来源的：②

本文所使用的数据主要来自国家统计局编制的《中国人口统计年鉴》及其官方网站公布的历年统计公报。由于出生人口数据的质量将影响到对问题的判断与分析结果，因此首先需要讨论数据的可靠性。学界对20世纪90年代以前的数据质量基本表示认可，然而90年代以来的出生漏报和瞒报等影响数据质量的问题日益凸显，导致了一系列以出生人口数据为基础的研究产生了众说纷纭的结果。2007年，翟振武教授和陈卫教授根据教育统计数据重构了2000年人口普查0～9岁人口的性别年龄结构，并以此为基础对90年代历年的出生人数进行了估计。结果他们发现"估计的结果在总体上与国家统计局公布的人口变动

① 转引自风笑天：《社会研究：设计与写作》，中国人民大学出版社2014年版，第191页。

② 马妍：《吉年生吉子？中国生育偏好的实证研究——基于1949～2008年人口出生数》，载《人口研究》2010年第5期。

抽样调查结果基本一致”(翟振武等,2007)。因此,基于国家统计局所公布数据的相对权威性,以及相关研究表明的出生数据质量仍比较可靠的判断,我们认为使用统计局公布的数据对本研究的结论不会有质的影响,所以本文使用的1949～2008年的出生人口数据均是没有进行调整的官方公布数据。

另一篇关于“马太效应”的研究论文中,作者是这样来介绍其所采用的中国知网数据资料和研究方法的:

数据和方法

由于学科之间存在较大差异,对不同学科的研究成果进行比较,许多因素都难以控制,故选取某一学科某一年发表的论文为对象进行分析,可能更为适宜于本问题的研究。于是,本文对2009年中文社会科学引文索引(CSSCI)收录的人口学7种期刊所发表的603篇论文进行了分析。本文数据均来自中国知网。本研究主要使用线性回归方法和Logistic回归方法,对模型所涉及的因变量、自变量和控制变量进行逐一操作化,其统计信息如表1(此略)所示。

因变量一:下载频次。

论文被关注的初级程度是被阅读,被阅读次数越多,关注度越高。通过纸质期刊,我们是难以准确测量每篇论文的被阅读次数的,而从中国知网下载论文阅读早已成为众多研究者查找资料的主要方式,在以计算机为主要交流工具的社会里,学术论文的下载量是不容忽略的重要参数(唐云富,王佳,2010)。中国知网提供了每篇论文的下载频次,由此可以方便、快捷、准确地获悉每篇论文的被阅读次数。本文选用中国知网提供的“下载频次”作为度量论文关注度的指标之一。本研究选用了人口学7种刊物2009年发表的603篇论文截至2010年7月1日零时和2011年7月1日零时两个时点的下载频次。由于下载频次是连续型数据,所以使用线性回归分析方法对其进行影响因素分析。

因变量二:被引频次。

论文被引用是被关注的高级程度。自美国著名情报学家加菲尔德(Eugene Garfield)在20世纪50年代创立引文索引系统以来,应用引文分析方法评价科学研究成果和学术期刊已成为国际通用的文献计量评价方法(孟连生,1999)。在研究中,论文被引频次选取时点与下载频次相同。603篇论文中,2010年和2011年分别有75.8%和36.0%的论文尚未被引用过,考虑到未被引用比例较高,采用两步来分析被引情况。第一步,测量论文是否被引用,将被引用1次及以上的定义为1,从未被引用的定义为0,拟合二分类Logistic回归模型;第二步,仅对被引次数大于等于1的论文进行分析,考察影响引用次数的因素,拟合线性回归模型。

控制变量一：论文的发表时长。

论文发表得越早，出现在中国知网上的时间就越长，被下载、被引用的可能性越大，这样可能会致使结果出现较大的偏误，所以要对论文的发表时间进行控制。

控制变量二：各研究方向发文量。

学者们一般都有自己的主要研究方向，通常更关注自己涉及领域的论文；同时，在学术领域内，学者们的研究方向并不是以均匀状态分布的。这样很有可能导致研究者多的领域或方向的论文下载频次高，由此也就掩盖了论文受到其他因素的影响作用，所以要加以控制。本研究选用各研究方向的发文量作为控制变量。研究方向主要以7个期刊2009年最后一期的总目录为依据进行划分，在此基略做调整，共分为21个研究方向。

自变量一：期刊影响因子。

期刊影响因子是目前国际公认的衡量期刊影响力的比较好的指标。它的计算方法为：在一年之内，某种期刊近两年来发表的论文被全部源刊物所引证的次数，与该刊近两年来所发表的全部源论文数比。期刊影响因子越大说明期刊等级越高，学术地位越高。本文使用的期刊影响因子为中国知网2010年公布的数据。

自变量二：高知名度作者。

公开发表论文数是衡量作者知名度的常用指标。一般而言，作者发表论文的数量越多，其知名度也有可能越高。由于学术具有连贯性，所以本研究统计了这603篇论文作者在1977年（我国第一本人口学期刊创刊）至2009年的32年间的发文量，单个作者发文量最多的为102篇，最少的为1篇，55.1%的作者发文量不超过4篇，有25.0%的作者发文量超过12篇。本研究按照发文量将作者分为两类：高知名度作者和低知名度作者，前者是发文量在12篇以上的，后者是发文量12篇及以下的。如果论文作者有两位及以上，则按发文最多的作者计算，因为读者通常会注意到他们所熟悉的人的名字，即使其位列最后，也会是最显眼的一个。

自变量三：热点论文。

衡量论文的热点性，最初计划使用关键词出现的频次作为热点性评价，实际操作过程中发现关键词使用非常不规范，难以测量。于是采用德尔菲法，即专家根据经验将论文分为热点论文和非热点论文两类。论文热点性的评判基本上依靠专家经验。

这篇论文的方法介绍中有一个突出的优点，就是不仅对研究所用到的中国知网中现存的每一种数据资料的性质及其特点进行了详细说明，同时还对研究者针对这些数据资料的特点特别是其局限所进行的选择、调整的做法及理由进行了说明。

扩展阅读

研究方法介绍与科学精神①

在有关如何撰写方法介绍部分的最后，我们再次以英克尔斯等的“现代人研究”作为例子，看看他们是如何在其著作中介绍他们的研究方法的。

在英克尔斯等的这一著作中，作者详细探讨了其研究过程中涉及的各种研究方法问题：从概念的定义、测量，到调查国家的确定；从调查样本的选择，到同被调查工厂的经理和工会领导人的接触；从访谈过程的质量控制，到确保同一份问卷在不同文化中具有同一含义时所面临的翻译问题；等等。正是这种看起来似乎有些琐碎、啰唆的讨论，让我们切实感受到一种严谨的、求实的、负责的科学态度和科学精神。它使读者成为研究过程的实际参与者，成为研究结论来龙去脉的见证人。

对研究过程中所面临的各种挑战，以及由这些挑战所引起的对研究结论的各种疑问，研究者不是靠强硬地提出自己的观点来回答，而是心平气和地让读者详细了解自己的研究程序和研究方法，了解“自己是如何做的”来进行回答。

比如，由于“现代人研究”中的被调查对象大多数没有经历过这样的访谈，因此，访谈过程造成的偏差是一个需要正视和说明的问题。研究者必须保证，他们“在访谈中所采取的有助于确定情景与态度的方法，不会以某种误导的方式，诱使人们造成回答的偏差”。英克尔斯等没有武断地指出其研究方法和程序质量如何好，而是详细地描述了访谈的过程，特别是他们的操作方法：除了向被访者说明研究的目标、保密要求外，“还尽一切努力保证访谈的进行近乎完全秘密”，“在每家工厂，我们都有一间私用房间。在那种不得不坐在凳子上公开进行访谈的地方，我们尽量注意附近(至少在听觉可及的地方)没有人徘徊和窥伺。当这些条件在工厂不能得到满足时，我们便把受访者带到我们研究项目的总办公室中”。访谈员都受过训练与指导，他们不会把任何观点强加给受访者，也不会引导受访者，更不会评判受访者回答的内容、使用的语言和表达的观念。作者还列举了在5600次访谈中，只有不到30次半途而废，等等。当他们将访谈过程的所有细节描述完毕后，才写下了最后这句话：“我们的程序显然既没有把现代性较少的人排除在外，也没有把现代性较多的人保留进来。”显然，并不是这句话，而是他们的那些描述，让我们相信，他们所得到的是真实无偏的资料。

---

① 风笑天：《社会研究：设计与写作》，中国人民大学出版社2014年版，第194～195页。

同样，为了说明被访者对问卷的理解状况不存在问题，也不致引起回答偏差，作者详细地描述了他们的做法："我们在研究的一开始就采纳一项严格的规定：不经常使用同意—不同意的格式，当然也不经常使用其他措辞一成不变的回答。""除了变化问题的类型和形式以及提供平衡的选择之外，我们也设法通过问卷的组织来抵消回答趋向的影响。""在问题的安排上没有任何东西可以给出一种提示，告诉人们某个答案可能比其他任何答案都好。"此外，"我们做了一项特殊的测验，以考察对我们问卷的理解状况。我们称这种技术为'随机侦察'"，"在使用这一技术的 200 个问题中，有 87%被评估为理解得'好'或'很好'"。"它不仅表明我们成功地提出了可理解的问题，而且还表明，除少数情况之外，我们的受访者不仅理解我们问的是什么，而且理解并能够解释和证实他们答的是什么"。①

英克尔斯等用几页纸的篇幅详细解释和描述上述各种做法，特别是"随机侦察"方法的运用及其结果，也只是为了得到最后的这两句话。而当读者心服口服地接受了这两句话时，他们还会怀疑研究者所用资料的质量吗？

虽然英克尔斯等的研究结果是一本著作，有关方法介绍的内容相对一篇论文来说会显然篇幅过大，但我们这里希望读者明白的是，英克尔斯等研究者对研究方法进行如此详细的介绍，其背后所体现出的科学精神。没有这样一种科学精神，我们的社会研究是很难真正发现社会的本来面目的。

五、结果与分析

"结果与分析"部分，往往是研究报告、学术论文或学位论文主体中篇幅最大的部分。这一部分的主要目标，是将研究所得到的具体结果及其对研究结果的分析有条理地组织起来，将得出研究结论所依据的各种具体资料证据有逻辑结构地展现在读者面前。考虑到定量研究的成果与定性研究的成果在"结果与分析"部分的表达方式上有一定的差别，因此，我们下面分别对二者的写作方式进行讨论。②

（一）定量研究论文"结果与分析"部分的写作

1. 定量研究论文"结果与分析"的写作方式

定量研究一般是借助计算机和统计软件，采用统计分析方法来分析所得到

① ［美］阿列克斯·英克尔斯、戴维·H. 史密斯：《从传统人到现代人——六个发展中国家中的个人变化》，中国人民大学出版社 1992 年版，第 86～90 页。

② 本部分内容以及下述的"总结与讨论"和"参考文献与注释"的内容均采用的是风笑天教授的研究成果（参见风笑天：《社会研究：设计与写作》，中国人民大学出版社 2014 年版，第 194～226 页）。本书作者对原文中个别地方的文字做了调整，不当之处由本书作者负责。

的量化资料。而统计分析的直接结果往往是各种数据、表格和图形。因此,研究者在撰写论文中,既要很好地组织和表达这些统计结果,又要给出对这些统计结果的分析和解释。目前研究者在论文中对数据分析结果有三种不同的表达方式。

第一种方式是用文字将统计分析的结果、特别是将统计表格中的内容再重复一遍。这是一种不正确也不必要的做法,因为一方面,这种做法并没有告诉读者一些比表格所显示的内容更多的东西,另一方面,这种做法本身也反映出研究者自己对统计的具体结果还缺乏明确的认识。研究生在论文撰写中一定要避免这种表达方式。

第二种方式是把统计分析的结果,特别是把统计表格中的内容、特点、趋势等进行归纳和概括,然后再用文字描述出来,即用文字讲清楚统计分析的结果"是什么"或者"怎么样"。这种表达方式是统计分析起码应该做到的。一般情况下,统计表格中的具体结果有很多,或者说,表中的数字有很多,但它们的重要性并不一样。研究者的责任是将这些具体数字结果进行概括,指出其中最重要的结果,同时引导读者阅读这些结果,以帮助读者抓住统计分析结果的核心。这样做实际上也是在为研究者进一步分析和得出研究的结论展示具体经验证据。下面是这种表达方式的一个例子:

例:在一项研究中,研究者对未婚青年期望的夫妻双方年龄大小以及已婚青年实际的夫妻双方年龄大小进行了调查,得到了表10-7中的统计结果,并给出了具体的分析和说明。(下文中方括号内的文字目的是给读者一些分析和写作的提示。)①

表10-7　　青年期望的和实际的双方年龄大小

男女双方年龄	未婚女青年期望	未婚男青年期望	已婚女青年建议	已婚男青年建议	未婚青年总体期望	已婚青年实际状况
男大于女	66.7%	56.3%	72.8%	66.5%	61.5%	65.0%
男女一样大	2.9%	4.2%	3.2%	5.2%	3.5%	22.1%
女大于男	1.4%	2.9%	1.4%	2.1%	2.1%	12.9%
无所谓	29.0%	36.6%	22.6%	26.3%	32.8%	
n	649	618	279	194	1269	466

表10-7中的结果表明,首先,无论是未婚青年还是已婚青年,也无论是男青

① 风笑天:《城市在职青年的婚姻期望与婚姻实践》,载《青年研究》2006年第2期。

年还是女青年，男大于女始终是主流的期望与实践。[这是对男女双方年龄4种情况整体比较后总结的结果特征。]但是，相对来说，女青年比男青年更看重这一点，已婚青年比未婚青年更坚持这一点。[这是对男女青年比较、未婚已婚青年比较后总结的结果特征。]将未婚青年总体期望与已婚青年实际状况比较，可以看到，主要的差别在于，未婚青年中有接近三分之一的人选择了无所谓。但在已婚青年中，这一部分比例基本上分布到了男女一样大(约20%)和女大于男(约10%)两类中。或许正是因为有了三分之一的青年不在意双方年龄的大小差别，所以才会出现青年实际婚姻状况中，三分之一左右的人并没有遵从男大于女这一传统规范的现实。我们也可以认为，在关于双方年龄大小的问题上，青年的期望与实践之间没有大的差别。[这是对数据统计分析结果的最终总结。]

第三种方式是在描述和概括研究结果"是什么"或"怎么样"的同时，尽可能去揭示出"为什么会如此"、"为什么会这样"，或者解释"可能是因为什么"，或者揭示"这一结果意味着什么"。这是统计结果分析中更为重要的内容。概括和总结统计表格的内容，只是研究结果分析中的一部分工作，并且常常是基础性的工作，更为重要的工作是对这些结果的解释和对其内涵的揭示。下面是这种表达方式的一个例子：

例：在一项研究中，研究者对青年的城乡背景与青年就业途径之间的关系进行了统计分析，得到了表10-8中的结果。①

表10-8　　城市在职青年的城乡背景与就业途径的交互统计

就业途径	城乡背景			合计
	城市	镇	乡村	
学校毕业直接分配的	23.8%	18.4%	15.1%	20.6%
单位招工自己应聘的	44.8%	51.8%	52.2%	48.2%
父母和家人帮忙联系的	14.4%	10.2%	9.6%	12.3%
同学朋友帮忙联系的	5.8%	6.1%	6.3%	6.0%
亲戚帮助联系的	6.3%	9.2%	11.4%	8.1%
其他方式得到的	4.9%	4.3%	5.3%	4.8%
(n)	(1242)	(608)	(490)	(2340)
统计检查	$\chi^2=43.906$　$df=10$　$P=0.000$			

表10-8中的结果表明，总体上看，不同城乡背景的调查对象在就业途径分布上的总趋势大体一致，但在具体就业途径的比重方面依然存在着明显的差别。

① 风笑天：《城市在职青年的就业途径及相关因素分析》，载《南京师范大学学报》2012年第5期。

［第一句话描述了统计结果所体现的整体趋势，同时说明局部存在差别。］这种差别表现在：来自城市生活背景的调查对象依靠学校直接分配的比例相对较高，来自镇和乡村背景的对象比例相对较低；而自己应聘的比例则正好相反，城市背景的对象相对较低，镇和乡村背景的对象相对较高。［接着具体指出局部的差别，并提醒读者注意该研究的一个重要发现。］值得特别注意的是，与一般的看法所不同的是，在利用各种社会关系获得就业方面，三者的总比例相差无几（城、镇、乡的比例分别为26.5%、25.5%、27.3%）。可以说，这是本研究的一个十分重要的发现。

［接下来，再进一步揭示更细小的差别。］

对上表中的结果做进一步分析还可以发现，尽管具有城、镇、乡背景的青年在利用各种社会关系就业上的总比重几乎相同，但在具体依靠对象的比例上还是稍有差别的：具有城市生活背景的青年依靠“父母及家人”就业的比例略高于另外二者；而依靠“亲戚”就业的比例则相反，略低于另外二者；三者利用“同学朋友”关系就业的比例基本相同。

在对统计表格中的结果进行了上述总结和描述后，作者接着对统计表格中所体现的“在具体依靠对象的比例上”存在“差别”的原因进行了下述分析和解释：

这种差别或许可以通过社会关系的同质性进行解释：乡镇背景的调查对象与其关系最近的“父母和家人”之间的同质性强，且大都居住和生活在乡镇，其关系网络和可利用的人脉资源也更多地局限在乡镇。而比“父母和家人”关系稍远的“亲戚”关系与他的同质性则会相对较弱，即异质性会相对较强，其关系网络和可利用的人脉资源就有可能突破乡镇范围而扩大到其就业所在的城市社区。至于在“同学朋友”关系方面三者状况基本一致，或许揭示出这种具有业缘关系性质的社会资本对于三者的就业来说，所发挥的作用相当。

2. 定量研究论文中“结果与分析”撰写的两条原则

定量研究论文的“结果与分析”的写作需要遵循这样两条基本的原则：一是“先整体后局部”，二是“先描述后解释”。所谓“先整体后局部”，即先对表格中所显示的统计分析结果进行整体性的归纳和总结，让读者了解最主要的结果，然后，再对表格中不同部分所显示的特定结果进行分析和说明。而所谓“先描述后解释”，则是指在将统计结果清楚地进行总结和描述后，还要尽可能对这些结果做出诸如“为什么会如此”、“可能的原因是什么”这样的解释和分析。为了更清楚地说明这种“先整体后局部”、“先描述后解释”的原则的应用，我们来看看下面的两个例子。

例 1：在一项研究中，研究者对青年的文化程度与就业途径之间的关系进行了统计分析，得到了表 10-9 中的结果。①

表 10-9 城市在职青年的文化程度与就业途径的交互统计

就业途径	文化程度					合计
	初中	高中或中专	大专	本科	研究生	
学校毕业直接分配的	4.3%	30.7%	25.7%	14.2%	11.8%	20.2%
单位招工自己应聘的	25.0%	34.3%	46.4%	63.7%	58.8%	48.2%
父母和家人帮忙联系的	19.0%	11.3%	11.8%	11.8%	11.8%	12.2%
同学朋友帮忙联系的	13.0%	8.7%	5.5%	3.0%	2.4%	5.9%
亲戚帮忙联系的	32.1%	10.3%	5.8%	3.6%	2.4%	8.2%
其他方式得到的	6.5%	4.8%	4.7%	3.6%	12.9%	4.8%
(n)	－184	－610	－618	－830	－85	－2327
统计检验	$\chi^2=391.115$ $df=20$ $P=0.000$					

［**首先是对整体的状况做出概括和描述**］表中的结果表明：首先，在职青年的文化程度的确与自己应聘就业的比例基本上成正比，即文化程度越高者，自己应聘就业的比例也越高。这一结果证实了笔者之前的假设。［**再对细节部分进行总结和描述**］其次，除初中毕业者外，文化程度与学校分配的比例成反比。即高中、中专、大专毕业者依赖学校分配的比例远高于本科及以上者。［**然后再解释为什么会如此**］这或许与中专及大专这类学校更具有职业培训的目标和因素，更多地与就业单位对口培养有关。［**再对另一个方面的细节进行总结和描述**］最后，文化程度与依靠社会资本途径就业的比例之间同样成反比，从初中毕业到研究生毕业，其依靠社会资本就业的比例分别为 64.1%30.3%23.1%18.4%和 16.6%。［**再对这一结果的内涵进行解释**］如果说青年的文化程度主要反映的是青年在就业市场上所依据的人力资本的话，那么，表中的结果说明，青年的人力资本越强，其依靠社会资本就业的比例就相应越小。总的趋势是，低文化程度青年、特别是初中文化程度的青年，在就业时更依赖社会资本途径，而具有本科和研究生文化程度的青年则主要依靠自己的人力资本自主应聘就业。

例 2：一项研究青年择偶方式的报告中给出了表 10-10 中的统计结果，我们来看看作者是怎样按照上述两条原则进行分析和表达的。②

① 风笑天：《城市在职青年择业途径及相关因素分析》，载《南京师范大学学报》2012 年第 5 期。

② 风笑天：《城市青年择偶方式：未婚到已婚的变化及相关因素分析》，载《南京行政学院学报》2012 年第 2 期。

表 10-10　　未婚青年与已婚青年择偶结识方式分布状况的统计

结识方式	2004 年 12 城市在职青年调查		2007 年 12 城市在职青年调查		2008 年 12 城市在职青年调查
	未婚青年	已婚青年	未婚青年	已婚青年	已婚青年
原来的同学	47.6%	22.4%	47.8%	17.6%	17.2%
在一个单位工作	10.1%	11.0%	9.3%	18.1%	13.1%
工作关系认识	6.0%	5.8%	3.2%	3.6%	6.6%
同事或朋友介绍	11.7%	26.7%	9.2%	24.4%	28.0%
父母和家人介绍	2.7%	14.4%	2.6%	12.7%	12.3%
偶然机会认识	18.7%	15.9%	19.2%	16.5%	15.0%
其他方式认识	3.1%	3.8%	8.8%	7.1%	7.7%
样本规模(n)	(929)	(465)	(1205)	(722)	(1207)

从上表的结果中，我们可以看出这样几个特点：[**先总结总体的结果和特征**]首先，2004 年与 2007 年的调查结果在各种具体结识方式上的分布状况基本相同。无论是未婚青年的结识方式，还是已婚青年的结识方式，两次调查的各项百分比分布都十分一致。[**然后解释为什么会有这一结果**]对于这一结果的形成，笔者分析主要有两方面的原因：一方面可能是由于两次调查的城市相同，调查对象的属性也相同，相隔的时间仅有 3 年，所以调查所得到的结果基本相同。但另一方面，两次调查结果基本一致也可能反映出在当前社会整体背景、特别是在当前社会文化观念的影响下，当代城市青年在择偶过程中，与恋人、爱人的结识途径本身具有相对稳定的特点和规律。

其次，[**同样是先总结总体的规律和特点**]仔细分析这种总体上相对稳定的结识途径的分布特点，我们发现，未婚青年择偶的结识方式与已婚青年的结识方式之间有着明显的不同，反映出当青年从未婚走到已婚时，择偶的具体方式发生了一定的变化。这种变化的特征是：在未婚青年中，恋爱对象是"原来的同学"的比例最多，接近总数的一半，成为其最主要的结识方式；而恋爱对象是通过他人介绍结识的比例最小，大约只在 10%～15%之间，特别是通过"父母或家人介绍"结识的比例则更是小到几乎可以忽略不计的地步(不到 3%)。但是，与这种分布相反，在已婚青年中，由他人介绍结识的方式却成为男女青年走到最终结合的主要途径，其比例达到 40%左右。其中通过"同事或朋友介绍"结识的比例超过 25%，成为已婚青年结合过程中最主要的结识方式。相比之下，在未婚青年结识方式中占主导地位的"原来的同学"的比例则下降到 20%左右。[**然后揭示这种将点的含义**]未婚青年与已婚青年的两种不同结果启示我们：虽然原有的同学关系是未婚青年择偶结识方式的最主要来源，但真正能走到结婚成家的，只是其中的一小部分，其比例往往只占这类青年总体的 1/3～1/2。这揭示出，未婚青年择偶方式中最重要的"同桌的你",在他们进入社会、参加工作后所面临的各种现实面前,往往会大打折扣,只有不到一半的人能最终走进结婚殿堂,成为夫妻。

再次,[同样是先总结总体的规律和特点]3次不同调查中,已婚青年择偶方式的结果都非常接近,表现出一种十分稳定的分布和趋势:60%的已婚青年是自己结识,40%是通过介绍结识。已婚青年的这种比例与2004年、2007年两次调查未婚青年的这两类比例反差强烈。在未婚青年中,自己结识的比例高达88.2%和85.6%,而通过介绍结识的比例则仅为11.8%和14.4%。[然后揭示这种特点的含义]这种明显差别启示我们:尽管目前社会的文化规范为广大城市青年提供了自由择偶、自己结识恋爱对象的精神环境,但由于体现在青年个体身上的各种客观社会条件的限制,使得这种自由和自主存在相当的局限。正是对这种限制和局限的了解,为本文下面逐一分析已婚青年的年龄、文化程度、职业、城乡背景等因素与择偶方式的关系提出了要求。

最后,[同样是先总结总体的规律和特点]总体上看,未婚青年通过工作关系结识的不到15%,通过父母家人和同事朋友介绍的也不到15%。而偶然机会相识和其他方式相识的比例则超过了20%。这可以说是未婚青年择偶的又一个特点。[然后揭示形成这种特点的原因]其原因或许是由于未婚青年参加工作的时间相对较短,因而从工作中结识对象的比例不大。但如果把问卷中"偶然机会相识"和"其他方式相识"的回答中的相当部分理解成目前兴起的网络交友、媒介交友等新的结识方式的话,那么可以看出这些新的结识方式在现代城市青年择偶的结识方式中无疑占据了一定的地位,值得引起重视。实际上,本研究中未将这些新的结识方式单独在调查问卷中列出,或许也是本研究存在的主要不足之一。

正是按照这种"先总体后局部"、"先描述后解释"的表达方式进行写作,使得研究者对结果的分析显得更加条理清晰、层次分明,也非常便于读者阅读。

(二)定性研究论文中"结果与分析"部分的撰写

相比于定量研究论文来说,定性研究论文的写作较少格式化。或者说,定性研究论文在具体写作的形式上相对更加多样化。不同的研究论文不仅在论文的结构上互不相同,不同的研究者在写作的风格上也往往有比较大的差别。但从常见的情况看,比较多的研究者在定性研究论文中常常遵循着"典型现象描述—原因或机制分析"的写作模式来对研究的结果进行表达和分析。

比如,一位研究者在其关于"乡镇的村庄选举"的实地研究论文中,首先用了一节的篇幅生动地描述了白杨村、林荫村、三石村这三个村庄的选举过程,即讲了三个村庄选举的"故事片段"。在接下来的一节中,作者基于这些微观层次的故事片段，尝试解释村庄选举制度演变的过程和机制。其写作方法正如作者自己所说："首先，通过几个具体故事说明在村庄选举中面临的问题及其复杂性；其次，从组织与环境关系的角度研究分析镇政府角色转变及其背后的过程和机制；最后，讨论村庄选举这一制度对中国农村仍在宏观制度变迁的过程。"①在另一篇关于"草根动员与农民群体利益的表达机制"的定性研究中，作者也是先用一节的篇幅详细描述了四个农村基层中村民底层抗争的个案，然后在接着的一节中，分别从"草根动员与群体行动的发生究竟是何关系"、"草根行动者基本的身份特征究竟是什么"、"草根行动者究竟是携私的小人还是理想主义的英雄"、"草根动员究竟如何选择群体利益表达行动的类型"以及"草根动员的组织化和政治化程度究竟如何"这五个方面，对这些个案进行了综合比较分析，很好地概括了研究者从实地研究中得到的基本事实。②

六、总结与讨论

"总结与讨论"（或"小结与讨论"）部分是研究报告、学术论文、学位论文行文主体内容中的最后一个部分。这一部分的主要作用是简要地总结研究的发现，同时针对研究的结果或发现，在更广泛的意义上展开相对更深入的讨论。因此一般来说，"总结与讨论"部分在内容上往往包含两个层面，在写作上往往也分成两个部分：一个部分是对研究结果和发现进行总结，另一个部分则是从研究结果和发现中提出相关的问题展开讨论（含对研究不足和局限性的说明，以及对进一步研究的建议）。具体来说，总结与讨论就需要写作以下四个方面的内容：对研究结果的小结，对相关问题的进一步讨论，对研究不足和局限性的说明，对进一步研究的建议。

（一）定量研究中"总结与讨论"部分的写作

1. 对研究结果的小结

前面"结果与分析"部分主要是对细节的详细展示，其内容往往较多，不便于读者抓住研究的主要结果和本质结论。因此，在行文的最后一部分中，作者需要对研究的主要结果或发现进行总结，以便让读者对研究的最重要内容、特别是研究的主要结论有较好的把握。这就需要研究者撰写一个简单、明确的小结。小结的写法要点是：突出重点、短小精练、简明扼要，必要时可用类似"研究结论"、"研究小结"这样的小标题，也可以将结论的要点用"1、2、3、4"进行排列。下面是

---

① 周雪光：《一叶知秋：从一个乡镇的村庄选举看中国社会的制度变迁》，载《社会学研究》2009 年第 3 期。

② 参见应星：《草根动员与农村群体利益的表达机制——四个个案的比较研究》，载《社会学研究》2007 年第 2 期。

小结的一个例子：

例：《独生子女青少年的社会化过程及其结果》一文中所撰写的小结：①

研究的基本结论

从总体上看，独生子女青少年的社会化状况与同龄非独生子女基本一致，二者之间的相同之处远远多于不同之处。在同龄非独生子女这一参照系下，在本研究所涉及的经验指标范围内，可以认为：中国第一代独生子女青少年的社会化发展是正常的，他们身上并不存在着与普通儿童大不相同的人格缺陷，他们并非一代"问题儿童"。

从社会化发展的具体方面看，两类青少年之间存在下列主要差别：(1) 在性格及行为特征上，"懒惰"是独生子女青少年的明显不足。此外，"动手能力差"，"责任心差"，也是他们弱于非独生子女的方面，值得引起广大家长和社会的关注。(2) 在生活自理能力上，10 岁左右是两类儿童差别最大的时期。低年龄时两类儿童在这方面所存在的差别，随着年龄的增长逐渐消失；到高年龄时仍有差别的方面，则往往是独生子女强于非独生子女。(3) 在社会交往方面，独生子女青少年的能力更强，发展得比同龄非独生子女更好。(4) 在未来职业期望上，独生子女希望从事知识类职业的比例明显高于非独生子女，而希望从事有一定危险性的职业的比例则明显低于非独生子女。

2. 对相关问题的进一步讨论

讨论部分的内容常常包含着对导言部分所提出的问题及文献回顾部分所综述的理论观点进行的回应，也包含着与前人的研究结果、研究结论进行的对话。此外，在讨论部分的最后，常常还要指出本研究存在的局限性，或者提出进一步研究的可能方向或建议。

在写作方式上，可以将讨论部分与导言部分联系起来进行对比。如果说导言部分的写作要求，是要从宽泛的、意义重大的研究背景中逐渐聚焦到研究所关注的相对狭窄、相对具体的问题的话，那么，讨论部分的写作要求则恰好相反，即要从研究所得出的相对具体的研究结果中，延伸、拓展到更为宽泛的研究背景中，去讨论一些既与研究结果相关，又与研究结果有所不同的重要问题。在内容上，这种讨论既包括对导言部分、文献回顾部分涉及的相关理论或概念所进行的讨论，也包括对研究结果中的某些重要发现进行的更为深入的探讨，还包括对本研究结果与前人研究结果之间差异的分析和解释等。正是通过这种既与前人结果紧密相连、又跳出具体研究结果范围的深入讨论，研究结果的意义得到进一步

① 风笑天：《独生子女青少年的社会化过程及其结果》，载《中国社会科学》2000 年第 6 期。

的增强。例如《城市居民家庭生活质量:指标及其结构》①一文的作者,在讨论中结合研究结果,就探讨了与更广泛意义上的生活质量研究密切相关的三个重要问题:第一,个人生活质量与家庭生活质量。第二,客观生活质量与主观生活质量。第三,研究的结果与现有结论的若干差异。显然,这三个方面的问题,既与该研究的结果直接相关,又超出了该研究的具体结果范围。这种讨论无论是在内容的深度上,还是在所涉及的广度上,都比研究的具体结果进了一大步。因此,它也就大大地提升了研究结果和结论的意义。

3. 对研究不足和局限性的说明

由于社会研究对象的特殊性以及社会研究面临的各种客观困难,任何一项具体的经验研究都会或多或少地存在某种局限性,存在这样或那样的不足。作为研究者,我们既要承认这种局限性,又要正确认识这种局限性,同时还要实事求是地向读者报告和说明自己研究中的局限性。

从理论上,人们往往都会承认这种局限性的存在,思想上也会十分清楚地意识到这种局限性,特别是对于旁观者和评论者。但是,当研究者自己进行经验研究时,特别是研究者在总结通过自己的经验研究所得到的结论时,则往往又会自觉不自觉地忽视这种局限性,忘掉这种局限性,甚至完全意识不到这种局限性,在研究成果中自然也就不会去讨论这种局限性了。在承认并如实报告研究的局限性这方面,英克尔斯等人的"现代人研究"同样给我们做出了榜样。例如,在其研究成果的总结部分,英克尔斯等一方面如实地报告了其研究中所采用的自变量组产生的复相关系数范围,指出它们"解释了综合现代性分数中 32%到 62%的变化"。同时,他又明确指出"还有许多变化尚待解释","这些尚待解释的变化,一部分无疑是由于测量错误,因为无论是综合现代性量表还是自变量或解释性变量的测量都远不是完美可靠的。必定还有一些我们没有加以测量的因素,它们很可能发挥了实际的作用"。将作者的这段话转换成另一种说法,实际上是在告诫读者:本研究无论是在对研究变量的测量上,还是在影响因素的选取上,都存在着明显的缺陷。或者更直接地说,本研究的结果具有十分明显的局限性和相对性。

任何一项研究都不会是完美的,当我们结束了自己的这项研究,回过头来进行总结时,往往会发现一些遗憾,或者有一些事后认识到十分重要但自己并未在研究中深入研究,回过头来进行总结时才发现的概念、变量和问题等。因此,在论文的讨论部分中,我们可以将这些问题提出来,告诉读者自己的研究中有哪些主要的不足,提醒他们在阅读研究结论时加以注意。比如,下面一篇论文中的讨

① 风笑天:《城市居民家庭生活质量:指标及其结构》,载《社会学研究》2000 年第 4 期。

论部分都涉及论文不足的内容：

例：《独生子女青少年的社会化过程及其结果》一文中，在讨论的最后一段写道：①

本研究也还存在一些缺陷和遗憾之处。比如在调查内容上，对道德规范、自私特性等一些重要方面还涉及不够；对作为参照对象的非独生子女，也没有进一步细分为老大、中间和老幺等不同类别来与独生子女进行比较；在资料来源上还缺乏深入的个案与典型材料等等。这些都是将来进一步研究时应有所考虑和改进的。同时，笔者还想提醒读者注意以下几个与方法有关的问题：第一，对青少年社会化现状的测量，是本研究的基础。由于定量研究的操作化要求，我们只能将原本十分复杂、内涵十分丰富的概念转化为若干具体的、相对简单的测量指标。这种指标的选择以及指标数目的确定，既受到研究者学识水平的影响，也受到一项具体研究所拥有的人力、物力和时间等客观条件的制约。因此，本研究的操作化只是众多可能的途径中的一种。读者在解读本研究的结果时，应留意这些结论所依据的经验基础。第二，关于调查对象的选择，或许更为客观也更为全面的方法是增加教师作为第三类评价者。因为教师对于学生与家长对于自己的孩子，其评价的角度和方式是有很大不同的。第三，自填问卷所收集的资料具有一个鲜明的特征：它们都是被调查者的自我报告，而非研究者的实地观察。尽管本研究考虑了学生与家长的不同角度，也考虑了时间变量，但这些都没有改变资料本身的性质。如果今后有采用心理学实验方法和人类学实地观察方法所得资料的进一步佐证，本研究所描绘的情形就将具有更大的真实性和可靠性。

4. 对进一步研究的建议

在指出自己的研究所存在的不足的同时，研究者还可以依据自己研究的结果和研究的局限，指出今后有哪些问题值得进一步研究，有哪些方向值得今后进一步探索。这样的内容往往会给以后的研究者提供一定的方向和启发。下面是一个这方面的例子：

例：一篇探讨跨省外迁三峡移民社会适应的论文结尾，作者依据研究发现提出了一个值得进一步研究的问题：②

本研究中一个十分重要的发现是，移民与当地居民之间的交往状况对他们的社会适应具有重要的影响。这一点是以往研究中所未曾注意到的，也是跨省外迁移民的这种分散安置方式所带来的一个重要变化。原来的移民安置形式多

① 风笑天：《独生子女青少年的社会化过程及其结果》，载《中国社会科学》2000年第6期。

② 风笑天：《生活的移植：跨省外迁三峡移民的社会适应》，载《江苏社会科学》2006年第3期。

为几十户移民成建制地集中安置，即在安置地建立新的移民村。在那种情况下，在小的社区范围内，无论是语言、习俗，还是生活方式，都是相同的、故有的移民熟悉的。移民相互之间的交往也相对频繁，与当地居民之间的交往则相对较少。移民的社会适应也成为在小社区范围内具有相同文化背景条件下的适应。而现在这种分散安置打破了原有安置方式的那些条件，移民们更多的是单家独户地置身于当地居民、当地社区环境中，面临新的生活环境、语言、习俗、文化背景。正是在这种条件下，与当地居民之间的交往就成了移民适应当地社会生活的一种重要途径。无论是自觉的还是被迫的，与当地居民交往越多，移民的社会适应就会越好。由此我们可以提出一种假设：与通常认为的移民集中安置有利于其适应当地社会生活的看法相反，似乎越是分散安置，越有利于移民的社会适应。当然，验证这种假设将是今后研究的一项任务。

这篇论文的最后，作者根据研究的发现，提出了一个新的假设。而正是针对与这假设有关的问题，作者后来又进行了一项专门的研究，专门探讨了跨省外迁移民的社会适应问题，特别是集中检验了安置方式、人际交往与跨省外迁移民社会适应之间的关系，从而将这一领域中的研究和探讨向前推进了一步。有兴趣的读者可查阅这篇论文。①

（二）定性研究中“总结与讨论”部分的写作

一般来说，定性研究成果的逻辑是归纳的，因此在“总结与讨论”部分中，除了与定量研究一样要对研究的结果进行小结外，十分重要的一点是要在此基础上概括、抽象出某种理论性的概念或范式。而做好这一点恰恰是定性研究中最为困难的一部分。下面是定性研究成果中“总结与论”部分写作的例子。

例：“乡镇的村庄选举”的定性研究论文中的“总结与讨论”部分：②

首先，制度变迁需要时间，而时间又是理解制度变革过程的重要维度。以这一地区的村庄选举为例，根据我在实地研究中所收集的逸闻趣事，自20世纪80年代末以来的很长一段时期内，村庄选举在很大程度上只是镇政府操纵下的象征性行为。我们看到，几个重要过程的演变——镇政府角色的转变、村民之间的学习过程、镇政府和村之间关系的松散化，都经过了长时间的过程。在这个过程中，选举行为有了明显的质的变化。这意味着，如果我们在不同的时点进入这一漫长的过程，将会得到或者过于悲观、或者不切实际过于乐观的不同结论。

其次，制度变迁涉及多重过程，而这些过程大多是彼此独立的。比如，地方

① 风笑天：《安置方式、人际交往与移民适应》，载《社会》2008年第2期。

② 周雪光：《一叶知秋：从一个乡镇的村庄选举看中国社会的制度变迁》，载《社会》2009年第3期。

政府角色的转变依赖于发生在其他领域中的几个关键过程,有些甚至发生在十多年前。20世纪90年代中期的财政改革,是中央政府实现资源分配集权化举措的一部分,但这一政策实施过程中一个没有预测到的后果就是削弱了地方政府对农村地区的控制力。随着时间的变化,这一状态促成地方政府在村庄选举中扮演了一个中立角色。新近的废除农业税的举措也与村庄选举没有直接关系,但却在很大程度上使得镇政府从与村干部的庇护主义关系中脱离出来。城市和农村之间的农民工流动,以及附近地区商业机会的出现,经济的快速增长,都增加了那些有意进入政治的村民的"退出"激励,从而在一定程度上缓和了选举过程中的冲突对峙情形。我们看到,这些过程产生于各自的领域,大多是彼此不同,相互独立的,与村庄选举制度并没有直接关联。但是,它们在特定时空条件下的交织则可能会产生推动村庄选举制度化所需的制度条件。

最后,重大制度的变迁通常不是出自于理性设计,而是来自多种相互独立的过程之间的互动及其始料未及的结果。很明显,镇政府的转变并不是因为官员们有了推动政治改革的意图,而是由逃避责任和避免过失的动机所驱使。但正如本研究所提出的,这些行为的结果的确对中国正在发生的制度变迁有着不可低估的贡献。再如"党领导下的村民自治"是政府设计村庄选举政策的初衷,但是,村庄选举的重心却慢慢地转移到当选村干部身上,从而削弱了现存权威的合法性基础。这些多重、独立过程的相互作用,其结果往往难以预料,有时甚至连那些卷入这一过程的当事人也对这些结果感到意外。

[从制度变迁的时间、多重过程,以及这种多重过程的相互作用三个方面,总结了该研究的主要结论。]

这些观察提出了如何分析转型经济中制度变迁的方法论问题。首先,我们需要在调查中采用过程视角。这意味着我们对正在发生的制度变迁下结论的时候需要耐心。其次,虽然因果关系的理论模型在社会科学中有着独特魅力,但我们所关心的多个过程相互作用及其意外结果意味着,实际的过程可能更为复杂。所以近距离的观察和阐释的方法有着独特的优势,使得我们能更好地分析和把握变迁过程的复杂性和微妙性(Zhou,2000)。

在我看来,村庄选举的制度化可能是中国政治改革的重要推动力量。在现代中国,农村地区经常扮演社会变革催化剂的角色。"农村包围城市"的战略最终使得中国共产党于1949年执掌政权。在20世纪70年代末,正是农村地区的土地改革启动了中国的经济改革。在我看来,村庄选举的成功制度化极有可能对中央政府的进一步改革提供正面反馈,而农村政权和国家政权之间的松散化,有可能促使独立于国家干预的公共空间的扩大,从而分散改革的政治压力和政治风险，降低无组织的集体行为的可能性(Zhou,1993)，为其他领域和城市地区的政治改革拉开序幕。

当然，并不是每个人都对村庄选举拍手称快，尤其那些职位和利益受到威胁的村干部对此很有意见。一位村支书这样抱怨道："跟我们相比，城里人文化程度更高，也更有知识，政府不允许他们选举他们单位的领导，却偏偏给农民最重要的选举权，这是一件很荒谬的事情……"实际上，当占中国总人口 2/3 的农民习惯于运用他们手中的权力去选举自己的领头人的时候，城市地区和其他领域的公民距离这个目标也就不远了。不过，与所谓的特洛伊木马故事不同的是，村庄选举作为一种新兴制度，它的轨迹并不是按照人们理性设计或西方民主制度的版本那样如期展现的，而是在中国社会多重的互为独立过程的交互作用下，在历史条件和已有制度环境的制约下发展演变的(Stark,1996)，在这个意义上，FS镇的村庄选举故事告诉我们，应该以一种开放、耐心的态度去看待中国社会正在经历的恢宏的转型，同时要有心理准备去迎接这个过程中那些始料未及的变化。

[从研究的具体结论中，研究者进一步拓展到对制度变迁研究的方法论问题的讨论、对村镇选举制度化对于中国政治改革所具有的意义的讨论，以及对应该如何看待这种制度变迁过程的讨论。这使得本研究结论的意义得到了升华。]

七、参考文献与注释

(一) 参考文献和注释是学术规范的特定要求

学术研究的规范表现在很多方面，其中参考文献和注释就是表达学术规范的必不可少的选项。事实上，无论研究报告的写作，还是学术论文、研究生学位论文的写作，只要遵循参考文献和注释方面的学术规范，就能有效规避抄袭这种学术不端行为的风险。也就是说，无论是参考文献还是注释，都具有这样一个功能，就是向读者表明研究者所撰写的论文中，哪些内容并不是作者自己的。在这里我们专门讨论参考文献和注释的写作问题，实际上也是在提醒大家，在写作自己的研究成果时，要严格遵守这方面的学术规范要求，避免犯抄袭他人成果的错误——无论是有意的抄袭，还是由于研究者无意(不懂得或无察觉)所造成的抄袭。

Booth 等人在其著作《研究的艺术》中指出："无论是否蓄意，使用他人文字或想法却没有注明原作者，导致读者认为这些文字是你自己的，这便构成抄袭。"这段话十分明确地界定了抄袭的本质，这就是将他人的文字和想法作为自己的展现在读者面前。Booth 等人在这本著作中还指出了几种抄袭的具体表现：一种是直接对文字进行抄袭。即有些研究者在写作过程中，见到他人文章或著作中的一段话或者一段分析十分符合自己的想法，就将其一字不漏地直接写进自己的成果，而不注明原作者及这段话的来源。这样，原本属于他人的文字及这段文字所反映的思想，就变成作者自己的了。另一种是对他人思想的抄袭。即有的虽然没有直接将他人的文字一字不差地写进自己的成果而不注明出处，但是将他人的某个观点、或者他人在某段话中的主要思想用自己的语言写进了自己的成果中，并且也没有提到原作者的名字。这种行为也构成了抄袭。因此需要强调的是，一个研究者在自己的研究成果中，无论是直接用其他作者的原话，还是用自己的话来表述原作者的观点和思想时，都要注明原作者的名字，并注明出处。还有一种是间接的文字抄袭。这种情况常常发生在概述或改写他人资料时。现实生活中，有的抄袭行为，影响了学术研究的声誉，甚至影响了后来自己的人生与职业发展，教训极其深刻。希望大家在实际撰写自己的研究成果的过程中避免犯这样的错误。请大家切记：别人的就是别人的，不要企图以各种方式将它们变成自己的；在采用他人的任何一点资料、观点、结论时，一定记得加上原作者的名字和资料的来源。

（二）参考文献及其表示方法

“参考文献”指的是研究者在撰写研究成果的过程中所参考和引用过的各种文献。在文本写作时，需要将这些参考文献的目录列在正文的后面。这既是规范的学术论文的一种格式要求，也是科学研究结果表达的一种要求。

比如研究生在写作学位论文或写作用于在期刊上发表的论文的时候，常常对参考文献的数量、类型等存在一些疑问。一篇用于在学术期刊上发表的论文需要列出多少篇文献？研究生的学位论文又需要列出多少篇文献？这既是一个没有具体答案的问题，同时又是一个有唯一答案的问题。说没有具体答案，是因为不同的论文实际引用和提及的文献数目显然是不同的；说有唯一的答案，则是因为无论哪篇论文，在列出参考文献方面所遵循的都是完全一样的原则。因此，一般来说，根据参考文献的定义，我们在用于期刊发表的论文中主要列出论文中引用过、提及过的文献的目录就行了。至于研究生学位论文，则可以在此基础上适当增加一些在选题、研究和写作过程中曾经阅读、参考过的其他文献，特别是一些经典的文献。

关于参考文献的具体格式和标注方法，中国国家标准化管理委员会有一个十分详细的规定，即《信息与文献　参考文献著录规则》。其内容涉及与此相关的众多方面，十分繁杂。在其规定中，以附录的形式展示了在撰写研究成果时最常遇到的几种文献形式的表达方式，包括：A.1 普通图书；A.2 论文集、会议录；A.3 报告；A.4 学位论文，A.5 专利文献；A.6 标准文献；A.7 专著中析出的文献；A.8 期刊中析出的文献；A.9 报纸中析出的文献；A.10 电子资源（不包括电子专著、电子连续出版物、电子学位论文、电子专利）等。①

① 参见中华人民共和国国家质量监督检验检疫总局、中国国家标准化管理委员会：《信息与文献　参考文献著录规则》（GB/T 7714—2015）。

需要注意的是，国内学术期刊对参考文献写作的要求千差万别，有的要求按照中国传统的汉字书写习惯写作，有的要求对照西方通行的标准规范写作。由于差距太大，我们在这里没有办法一一列举，仅选取国内采用西式写法要求的《社会学研究》这本杂志作为例子，供大家学习运用参考。

《社会学研究》杂志采用的参考文献方式是文中注释（即夹注）的格式，如图 10-2 和图 10-3 列出的“正文内容片段图”和“参考文献片段图”匹配关系。①

联的社会文化现象的新的研究工具。卜玉梅从方法论的角度对此进行了介绍，从互联网与文化的关联出发，按虚拟田野的定位、在线参与观察的实现、线上田野作业向线下的拓展以及研究伦理几个方面，对虚拟民族志所牵涉的问题进行了梳理和评述。在此基础上作者指出，作为一种建基于传统民族志而又与之有所不同的研究方法，虚拟民族志首先挑战了传统意义上的“田野”，即将非实体的虚拟社区及其具体表现形态作为研究的田野。研究者和被研究者也不再是面对面的交流，因而参与观察的方法必须有所调整。同时，虚拟民族志方法的讨论也将随着互联网自身的发展以及研究的需要而变得日益重要（卜玉梅，2012）。

……

种合适的策略，系统地连接资料和合适的资料分析方法。作者通过总结自己的研究发现指出，采用混合研究方法进一步丰富和深化了研究的结论，而且通过定量和定性研究方法的结合能够提高研究发现的可靠性和深入性（朱迪，2012）。

图 10-2 正文内容片段

参考文献：

卜玉梅，2012《虚拟民族志：田野、方法与伦理》，《社会学研究》第 6 期。

蔡禾、赵巍，1994《社会学的实证研究辨析》，《社会学研究》第 3 期。

陈向明，1997，《质的研究中的“局内人”与“局外人”》，《社会学研究》第 6 期。

——，2001，《文化主位的限度与研究结果的真实》，《社会学研究》第 2 期。

陈云松，2012《逻辑、想象和诠释：工具变量在社会科学因果推断中的应用》，《社会学研究》第 6 期。

方文，1995《重审实验》，《社会学研究》第 2 期。

风笑天，1994《方法论背景中的问卷调查法》，《社会学研究》第 3 期。

——，1997，《社会调查方法还是社会研究方法？——社会学方法问题探讨之一》，《社会学研究》第 2 期。

——，1999《社会学者的方法意识和方法素养》，《社会学研究》第 2 期。

……

杨善华、孙飞宇，2005《作为意义探究的深度访谈》，《社会学研究》第 5 期。

尹海洁，2000《科学的方法应予以科学的应用——与童星、刘松涛商榷》，《社会学研究》第 6 期。

张小山，1991，《实证主义社会学面临挑战》，《社会学研究》第 5 期。

张小天，1994《论操作化》，《社会学研究》第 1 期。

张杨，2007，《证伪在社会科学中可能吗？》，《社会学研究》第 3 期。

周华山，2001，《女性主义田野研究的方法学反思》，《社会学研究》第 5 期。

朱迪，2012《混合研究方法的方法论、研究策略及应用——以消费模式研究为例》，《社会学研究》第 4 期。

图 10-3 参考文献片段

---

① 风笑天：《推动与引领：〈社会学研究〉三十年来的方法研究论文回顾》，载《社会学研究》2016 年第 6 期，第 49～72 页。

(三) 注释及其表示方法

注释主要有两种基本功能:一是标注并说明论文中所引用的文字、材料或观点的来源或出处,以体现学术规范的要求;二是对正文中某些需要专门解释的内容进行补充说明。从目前情况看,各种不同的学术著作和刊物中,对注释方式的要求往往各不相同,这无疑会给初学者带来一些困惑。在这里我们仅简单介绍西方学术界中常用的APA(美国心理学会)格式,以及国内《中国社会科学》这本学术杂志所采用的注释格式。

APA格式采用的是文中注释(即夹注)的格式。即在所引用的文字后,用圆括号将这段文字的作者名以及文献发表的年代标识出来,二者之间用逗号连接。比如:

"科学精神是社会研究的立命之本"(风笑天,2004)。

如果括号中的文献是著作,则还要在年代后面加上分号,再列出引用的这段文字所在的页码。比如:

"大众传播媒介在形成个人的现代性方面是一个真正独立的力量"(英克尔斯等,1992;P220)。

然后在文末的"参考文献"栏目下,分别列出括号中所注释的文献的全部信息。

《中国社会科学》杂志采用的注释方式是脚注(即页下注)的格式。即在所引用的文字后右上角,标上一个比引文字小一号的阿拉伯数字,比如:

"大众传播媒介在形成个人的现代性方面是一个真正独立的力量"①。

同时在该页的下面,用一条短横线将注释与正文隔开,按注释的号码顺序,列出这段话的出处。即:

[美]阿列克斯·英克尔斯、戴维·H.史密斯:《从传统人到现代人——六个发展中国家中的个人变化》,中国人民大学出版社1992年版,第220页。

需要说明的是,这种脚注的方式中,不同的刊物所用的阿拉伯数字序号表达形式不太一样,有的用①②③④等,如上例;有的用[1][2][3][4]等;还有的则直接用1.2.3.4.等。

思考与练习

1. 从本专业学术期刊上选择几篇论文,讨论这些论文的标题、摘要和导言的写法。

2. 从本专业学术刊物上选择几篇论文，隐去原文的标题、摘要和关键词，阅读原文，分别写出论文标题、摘要和关键词。

3. 论文的导言通常包含哪几个方面的内容？这些内容在论文中起到什么样的作用？

4. 讨论本章最后部分所列举的那篇论文的导言的写法。

5. 从学术刊物上选择几篇经验研究的论文，阅读原文中的文献回顾，体会和分析文献回顾的常见结构与写作方法。

6. 从学术刊物上选择 3～5 篇分别采用调查研究、实地研究、文献研究方式的经验研究论文，阅读并讨论原文的方法部分，加深对方法部分内容结构和写作方法的理解。

7. 找出几篇学术刊物上发表的论文，讨论作者"结果与分析"、"总结与讨论"的写作方法。

8. 找定量与定性研究的论文各一篇，组织学生讨论两种类型论文在"结果与分析"、"总结与讨论"部分的写作方法上有什么不同。

9. 参考文献的作用是什么？在论文中应该如何写作参考文献？讨论对不同的注释方法的看法。

10. 讨论在写论文时应该如何遵守学术规范。

参考文献

[1] 阿特斯兰德.经验性社会研究方法[M].李路路,林克雷,译.北京:中央文献出版社,1995.
[2] 巴比.社会研究方法[M].8版.邱泽奇,译.北京:华夏出版社,2000.
[3] 贝利.现代社会研究方法[M].上海:上海人民出版社,1986.
[4] 波普尔.科学发现的逻辑[M].查汝强,等译.北京:中国美术学院出版社,2008.
[5] 伯克.历史学与社会理论[M].上海:上海人民出版社,2001.
[6] 卜茂亮,罗华江,周耿.Internet对劳动力市场的影响:基于中国家庭动态跟踪调查(CF-PS)数据的实证研究[J].南方人口,2011(5).
[7] 布东.社会学方法[M].上海:上海人民出版社,1987.
[8] 曹堂哲.公共管理研究方法[M].北京:北京大学出版社,2014.
[9] 常江.费孝通江村调查60年的启示[J].苏州大学学报(哲学社会科学版),1997(3).
[10] 陈那波.历史比较分析的复兴[J].公共行政评论,2008(3).
[11] 陈向明.质的研究方法与社会科学研究[M].北京:教育科学出版社,2000.
[12] 陈振明.社会研究方法[M].北京:中国人民大学出版社,2012.
[13] 戴维,萨顿.社会研究方法基础[M].陆汉文,等译.北京:高等教育出版社,2008.
[14] 丹斯考姆.做好社会研究的10个关键[M].北京:北京大学出版社,2007.
[15] 德兰逖.社会科学:超越建构论和实在论[M].张茂元,译.长春:吉林人民出版社,2005.
[16] 德维利斯.量表编制:理论与应用[M].魏勇刚,等译.重庆:重庆大学出版社,2010.
[17] 邓津,林肯.定性研究(第1卷):方法论基础[M].风笑天,等译.重庆:重庆大学出版社,2007.
[18] 邓津,林肯.定性研究(第2卷):策略与艺术[M].风笑天,等译.重庆:重庆大学出版社,2007.

[19] 邓津，林肯.定性研究（第 3 卷）：经验资料收集与分析的方法[M].风笑天，等译.重庆：重庆大学出版社，2007.
[20] 邓津，林肯.定性研究（第 4 卷）：解释、评估与描述的艺术及定性研究的未来[M].风笑天，等译.重庆：重庆大学出版社，2007.
[21] 迪尔凯姆.社会学方法的规则[M].胡伟，译.北京：华夏出版社，1999.
[22] 杜维运.史学方法[M].北京：北京大学出版社，2006.
[23] 费孝通.江村经济[M].南京：江苏人民出版社，1985.
[24] 风笑天.独生子女：他们的家庭、教育和未来[M].北京：社会科学文献出版社，1992.
[25] 风笑天.妇女形象的变迁：对《中国妇女》杂志的内容分析[J].社会，1992(7).
[26] 风笑天.社会调查方法还是社会研究方法[J].社会学研究，1997(2).
[27] 风笑天.城市居民家庭生活质量：指标及其结构[J].社会学研究，2000(4).
[28] 风笑天.独生子女青少年的社会化过程及其结果[J].中国社会科学，2000(6).
[29] 风笑天.社会学研究方法[M].北京：中国人民大学出版社，2001.
[30] 风笑天.中国独生子女研究：回顾与前瞻[J].江海学刊，2002(5).
[31] 风笑天.生活质量研究：近三十年回顾及相关问题探讨[J].社会科学研究，2007(6).
[32] 风笑天.青年个体特征与生育意愿：全国 12 城市 1786 名在职青年的调查分析[J].江苏行政学院学报，2009(4).
[33] 风笑天.论社会研究中的文献回顾[J].华中师范大学学报，2010(4).
[34] 风笑天.生育二胎："双独夫妇"的意愿及相关因素分析[J].社会科学，2010(5).
[35] 风笑天.社会研究方法[M].4 版.北京：中国人民大学出版社，2013.
[36] 风笑天.社会研究：设计与写作[M].北京：中国人民大学出版社，2014.
[37] 风笑天.我国大学生就业研究的现状与问题：以 30 项重点经验研究为例[J].南京大学学报，2014(1).
[38] 风笑天.现代社会调查方法[M].5 版.武汉：华中科技大学出版社，2016.
[39] 风笑天.定性研究与定量研究的差别及其结合[J].江苏行政学院学报，2017(2).
[40] 风笑天，易松国.城市居民家庭生活质量、指标及其结构[J].社会学研究，2000(4).
[41] 弗里克.质性研究导引[M].重庆：重庆大学出版社，2011.

[42] 格罗夫斯，福勒，库珀. 调查方法[M]. 重庆：重庆大学出版社，2017.
[43] 葛懋春，姜义华. 历史计量研究法[M]. 济南：山东教育出版社，1987.
[44] 公婷，吴木銮. 我国2000—2009年腐败案例研究报告：基于2800余个报道案例的分析[J]. 社会学研究，2012(4).
[45] 郭志刚. 社会统计分析方法：SPSS软件应用[M]. 北京：中国人民大学出版社，1999.
[46] 韩映雄，马扶风. 文献综述及其撰写[J]. 出版与印刷，2017(1).
[47] 侯俊霞，胡志雯，朱亚宗. 社科伦理审查制度的引进与文化适应性研究[J]. 湖南大学学报(社会科学版)，2013(5).
[48] 胡仕勇，叶海波. 操作化流程及其在社会研究中的应用探讨[J]. 武汉理工大学学报(社会科学版)，2003(5).
[49] 怀特. 街角社会[M]. 北京：商务印书馆，1996.
[50] 蒋逸民. 作为"第三次方法论运动"的混合方法研究[J]. 浙江社会科学，2009(10).
[51] 景天魁. 社会科学走向现代化的理论思考[J]. 求是，1994(22).
[52] 凯博. 历史比较研究导论[M]. 赵进中，译. 北京：北京大学出版社，2009.
[53] 科瓦利琴科. 计量历史学[M]. 成都：四川人民出版社，1987.
[54] 克雷斯维尔，查克. 混合方法研究：设计与实施[M]. 重庆：重庆大学出版社，2017.
[55] 克雷斯维尔. 混合方法研究导论[M]. 上海：上海人民出版社，2015.
[56] 库恩. 科学革命的结构[M]. 北京：北京大学出版社，2003.
[57] 李沛良. 社会研究中的统计分析[M]. 武汉：湖北人民出版社，1986.
[58] 李银河. 当代中国人的择偶标准[J]. 中国社会科学，1989(4).
[59] 梁莹，等. 公共管理研究方法[M]. 武汉：武汉大学出版社，2010.
[60] 林南，敖丹. 社会资本之长臂：日常交流获取工作信息对地位获得的影响[J]. 西安交通大学学报(社会科学版)，2010(6).
[61] 罗素. 哲学问题[M]. 北京：商务印书馆，2007.
[62] 洛柯，斯波多索，斯尔弗曼. 如何撰写研究计划书[M]. 5版. 重庆：重庆大学出版社，2009.
[63]《马克思主义与社会科学方法论》编写组. 马克思主义与社会科学方法论[M]. 北京.高等教育出版社，2013.
[64] 马奇，麦克伊沃. 怎样做文献综述：六步走向成功[M]. 陈静，肖思汉，译. 上海：上海教育出版社，2011.
[65] 马妍. 吉年生吉子？中国生肖偏好的实证研究：基于1949—2008年出生人

口数[J]. 人口研究,2010(5).
[66] 米尔斯. 社会学与社会组织[M]. 杭州:浙江人民出版社,1986.
[67] 默顿. 论理论社会学[M]. 北京:华夏出版社,1990.
[68] 纽曼. 社会研究方法:定性与定量的取向[M]. 5 版. 北京:中国人民大学出版社,2007.
[69] 彭玉生. "洋八股"与社会科学规范[J]. 社会学研究,2010(2).
[70] 乔金森. 参与观察法[M]. 重庆:重庆大学出版社,2009.
[71] 乔晓春. 中国社会科学离科学还有多远?[M]. 北京:北京大学出版社,2017.
[72] 全国科学道德和学风建设宣讲教育领导小组. 科学道德与学风建设宣讲参考大纲(试用本)[M]. 北京:中国科学技术出版社,2012.
[73] 萨尔金德. 社会科学研究方法 100 问[M]. 赵文,等译. 北京:北京大学出版社,2014.
[74] 盛智明. 超越定量与定性研究法之争[J]. 公共行政评论,2015(4).
[75] 水延凯,江立华. 社会调查教程[M]. 6 版. 北京:中国人民大学出版社,2014.
[76] 斯梅尔塞. 社会科学的比较方法[M]. 王宏周,周平平,译. 北京:社会科学文献出版社,1992.
[77] 谭深. 中国农村留守儿童研究述评[J]. 中国社会科学,2011(1).
[78] 特纳. 社会学理论的结构[M]. 杭州:浙江人民出版社,1987.
[79] 王芳,荣岩. 从电视相亲节目看男性择偶:以江苏卫视《非诚勿扰》344 位男嘉宾为例[J]. 青年研究,2011(2).
[80] 王晓晖,风笑天. "多元建构"视角对问卷调查的方法论意义[J]. 南京社会科学,2017(5).
[81] 王悠然. 警惕社科研究中的伦理陷阱[N]. 中国社会科学报,2014-11-21.
[82] 韦伯. 社会科学方法论[M]. 朱红文,等译. 北京:中国人民大学出版社,1992.
[83] 韦伯. 经济与社会[M]. 北京:商务印书馆,1997.
[84] 韦伯. 新教伦理与资本主义精神[M]. 李修建,张云江,译. 九江:九江出版社,2007.
[85] 吴大嵘,赖世隆. 中医学健康概念及其测量操作化探讨[J]. 中国中西医结合杂志,2007(2).
[86] 吴明隆. 问卷统计分析实务:SPSS 操作与应用[M]. 重庆:重庆大学出版社,2010.

[87] 夏禹龙,刘吉,冯之浚,等.科学学基础[M].北京:科学出版社,1983.
[88] 徐浩,侯建新.当代西方史学流派[M].2版.北京:中国人民大学出版社,2009.
[89] 杨国枢,文崇一,吴聪贤,等.社会及行为科学研究方法[M].重庆:重庆大学出版社,2006.
[90] 殷.案例研究方法的应用[M].重庆:重庆大学出版社,2004.
[91] 英克尔斯,史密斯.从传统人到现代人:六个发展中国家中的个人变化[M].北京:中国人民大学出版社,1992.
[92] 应国瑞.案例学习研究:设计与方法[M].广州:中山大学出版社,2003.
[93] 应星.草根动员与农民群体利益的表达机制:四个个案的比较研究[J].社会学研究,2007(2).
[94] 袁方.社会研究方法教程[M].北京:北京大学出版社,1997.
[95] 袁方.社会调查原理与方法[M].北京:高等教育出版社,2000.
[96] 张冠生.探寻一个好社会:费孝通说乡土中国[M].南宁:广西师范大学出版社,2016.
[97] 张绘.混合研究方法的形成、研究设计与应用价值:对"第三种教育研究范式"的探析[J].复旦教育论坛,2012(5).
[98] 张建民.公共管理研究方法[M].北京:中国人民大学出版社,2012.
[99] 张梦中,霍哲.案例研究方法论[J].中国行政管理,2002(1).
[100] 张文波.混合方法研究的类型与程序设计[J].华北水利水电大学学报(社会科学版),2010(4).
[101] 张夏靖.试论高校人文社会科学的功能[J].杭州师范学院学报,1998(2).
[102] 张小山.社会学四大范式,你知道吗?[N].中国社会科学报,2015-05-22.
[103] 张小天.论操作化[J].社会学研究,1994(1).
[104] 张新庆,邱仁宗.合成生命的伦理问题与社会规制[M].北京:科学出版社,2011.
[105] 折晓叶.村庄的再造:一个超级村庄的社会变迁[M].北京:中国社会科学出版社,1997.
[106] 周璐.社会研究方法实用教程[M].上海:上海交通大学出版社,2009.
[107] 周敏.唐人街:深具社会经济潜质的华人社区[M].北京:商务印书馆,1995.
[108] 周雪光.一叶知秋:从一个乡镇的村庄选举看中国社会的制度变迁[J].社会,2009(3).
[109] 朱红文.人文科学与社会科学关系之争述评[J].哲学动态,1994(9).

[110] 朱红文,冯周卓.社会科学方法论研究的意义和视角[J].求索,2003(5).
[111] BABBIE E. The practice of social research[M]. Belmont, CA: Wadsworth Publishing Company Inc,1979.
[112] BABBIE E. The practice social research[M]. 4th edition. Belmont,CA: Wadsworth Publishing Company Inc,1986.
[113] BAILEY K D. Methods of social research[M]. 3rd ed. New York:Free Press,1987.
[114] BRAEMBUSSCHE A A. Historical explanation and comparative method:towards a theory of the history of society[J]. History and Theory,1989,28(1).
[115] CRESWELL J W,CLARK V L P. Designing and conducting mixed methods research[M]. London:Sage Publications Inc,2007.
[116] DAVID, SUTTON. Social research: the basics[M]. London: Sage Publication Inc,2004.
[117] DE VAUS D A. Surveys in social research[M]. London:George Allen & Unwin Ltd,1986.
[118] DENZIN N K. The art and politics of interpretation[M]//DENZIN N K,LINCOLN Y S. Handbook of qualitative research. Thousand Oaks: Sage,1994.
[119] ECO U. Interpretation and overinterpretation[M]. UK: Cambridge University Press,1992.
[120] ELLEN F R. Ethnographic research:a guide to general conduct[M]. Orlando:Academic Press,1984.
[121] FINK A. Conducting research literature reviews[M]. London: Sage Publication Inc,1998.
[122] FRANKFORT-NACHMIAS C,NACHMIAS D. Research methods in the social sciences[M]. 6th ed. New York:Worth Publishers,2000.
[123] GUO G,VAN WEY L K. Sibship size and intellectual development:is the relationship causal? [J]. American Sociological Review,1999,64(2).
[124] HENSHEL R L,WALLANCE W L. The logic of science in sociology [M]. Chicago:Aldine-Atherton Inc,1971.
[125] JARY D,JARY J. The harper collins sociology dictionary[M]. New York:Harper Perennial,1991.
[126] JOHNSON D R,CREECH J C. Ordinal measures in multiple indicator

models: a simulation study of categorization error [J]. American Sociological Review, 1983, 48(3).
[127] KOHN M L . Cross-national research as an analytical strategy [J]. American Sociological Review, 1987, 52.
[128] LEEM Y, SAPP S G, RAY M C. The reverse social distance scale[J]. Journal of Social Psychology, 1996, 136(1).
[129] LEECH N L. ONWUEGBUZIE A J. A typology of mixed methods research designs[J]. Quality and Quantity, 2009, 43(2).
[130] MORSE M, RICHARD L. Read me first for a user guide to qualitative methods[M]. London: Sage, 2002.
[131] PUNCH K F. Introduction to social research : quantitative and qualitative approaches[M]. London: Sage, 1998.
[132] PUNCH K F. Introduction to social research : quantitative and qualitative approaches[M]. London: Sage, 1998.
[133] SIEBER J E. Planning ethically research [M]. Newbury Park: Sage, 1992.
[134] SMELSER N J. Notes on the methodology of comparative analysis of economic activity[J]. Social Science Information, 1967, 6(2-3).
[135] STACK C B. All are our kin[M]. New York: Harper & Row, 1974.
[136] YERG B J. Reflections on the use of the RTE model in physical education[J]. Research Quarterly for Exercise & Sport, 1981, 52(1).

后　记

我给研究生同学讲社会研究方法这门课程若干年来，一直想着是否可以编写一本更加适合研究生教学的教材。在多年的教学过程中，也有一些相关的领导和同事，以及不少研究生同学都曾多次表达过一个想法，希望由我主编一本这个方面的教材，但是我考虑到自己的水平有限，一直未敢轻举妄动。恰逢近年来中国矿业大学公共管理学科建设与教学改革迎来新契机，自己也被委以重任，负责为公共管理硕士（MPA）研究生以及相关学科的学术型的研究生，编写社会科学研究方法课程（本课程是全国 MPA 教指委规划的系列核心课程之一）的教材。接受任务真正着手开始编写工作后，更是印证了自己以前的许多担心，为研究生同学编写一本比较适用的研究方法的教材的确十分困难。社会研究领域的著名专家风笑天教授在他所著述的一本教材中曾经指出：写一本指导研究生们如何做研究的书，这是一件十分困难的事情。因为在一定意义上，研究的能力不是教会的，而是靠不断的学习和实践慢慢增强的。一本教材所能给予研究生们的，常常只能是一般性的原则、具体的研究实例以及一些相关的提示。[①] 作为该领域的顶尖级学者的风笑天老师尚且有如此的感受，何况笔者仅仅是一个才疏学浅的普通教师，所面临的挑战可想而知。加之个人总是觉得，作为大学老师，担负着教书育人的天职，不管是搞教学或是带学生，也不管是做点研究抑或仅仅编写一本教科书，均必须对得起这份职业良心。也就是说，大学教师这个职业所赋予我们的责任和使命决定了自己绝不敢草率行事。正如早年我在北京大学访问学习期间的导师王思斌教授曾经教诲的，作为大学老师要对自己的学术声誉负责，不能为了迎合某些方面的需要忘却了一个大学教授的名声。也正是基于这些方面的认识，促使自己在本教材的编写工作中更加谨慎，从反复酝酿、修改写作大纲，到书中各章节内容行文的语言表述以及标点符号等每个具体细节，都可以说谨行慎言，一点也不敢马虎和粗心。毫不夸张地说，编写这样的教材已经在很多方面超出了个人的学识和能力范围，因此，本书中肯定会存在这样或那样的缺陷、不足甚至错误之处，在此笔者真诚恳请读者予以批评指正，同时也恳请大家给予谅解。当然，我更加看重的是，本书的编写过程正是给自己提供了一个

① 风笑天：《社会研究：设计与写作》，中国人民大学出版社 2014 年版，序言。

深化学习的机会,期盼借此也能够促进自己教学和研究水平有所提升。

本书在内容结构上分为上下两篇:上篇属于基础理论部分,包括社会研究的概念和方法体系,社会科学研究的逻辑与过程,测量、操作化、抽样等专题的内容;下篇属于实践应用或实际操作部分,包括选题艺术、文献述评与研究设计,研究方式的设计与运用,资料分析的操作,研究成果的表达等专题的内容。同时,绝大多数章节均安排了扩展阅读的材料,以及每章的后面均列出了思考与练习的题目。需要说明的是,本书内容处理的主要考虑是:在注重相对系统地介绍基本理论知识的基础上,力求凸现实践操作性特色,对于应用操作性的内容,尽可能地结合大量实例进行比较深入和详尽的论述。

本书的写作分工如下:尹保华(中国矿业大学公共管理学院)撰写第一章,第二章,第三章第二节,第四章,第五章,第六章,第七章,第八章第一节、第三节,第十章。周云圣(中国矿业大学公共管理学院)撰写第三章第一节、第三节,第九章第一节。尹保华和周云圣共同撰写第九章第二节。曹堂哲(中央财经大学政府管理学院)撰写第八章第二节。尹保华负责拟定写作大纲和全书的统稿工作。

本书的写作与出版得到了很多方面的关心和支持,在此我谨代表各位撰稿人一并表达最真诚的谢意:作为编著类的教材,本书参考了学界同仁的众多相关研究成果,尤其是引用和转述了风笑天教授的大量研究成果,在此一并向各位专家学者表示真诚的感谢和敬意,如若本书中有引用或转述不当的现象,恳请各位予以批评指正和谅解。由衷感谢中国矿业大学公共管理学院和 MPA 中心领导的热情关心和大力支持以及同事们的鼓励和帮助。中国矿业大学的研究生刘田芳、郝云伟、蒋雨晴、李珊珊、李香玉等同学做了大量的资料整理工作,尤其是刘田芳同学花费了很多劳动,感谢她们所付出的努力。本书的出版得到了中国矿业大学出版社的鼎力相助,真诚感谢出版社的相关负责人和本书的责任编辑侯明同志,对各位付出的辛勤劳动表达由衷的敬意。当然,必须感谢的还有自己的家人以及各位亲朋好友的关心、体贴和支持。

尹保华

2017 年 7 月 1 日

于中国矿业大学文昌山麓